Our 5 Core Values

5つの価値

1 学部の基本理想
2 総合大学ならではの多角的教育・研究
3 独自の医学・医療ネットワーク
4 多彩なキャリアパス
5 グローバルな教育への取り組み

◆2024年度慶應義塾大学医学部医学科入学試験概要

学部	募集人員	第1次試験日	第1次合格発表日	第2次試験日	第2次合格発表日
医学部	66名	2月19日(月)	2月26日(月)	3月1日(金)	3月5日(火)

◆2024年度入試出願期間 ※出願に関する詳細は一般入学試験要項で確認して下さい。

「出願登録(インターネット)」および「入学検定料の支払」 2023年12月25日(月) ～ 1月19日(金) ※締切日は17:00まで
「出願書類の郵送」 2024年1月4日(木) ～ 1月19日(金) ※締切日消印有効

◆入学試験科目(1次試験)

理科	物理(物理基礎・物理)、化学(化学基礎・化学)、生物(生物基礎・生物)のうち2科目選択
数学	数学I・数学II・数学III・数学A・数学B 数学Aからは「場合の数と確率」・「整数の性質」・「図形の性質」を出題範囲とする。 数学Bからは「数列」・「ベクトル」を出題範囲とする。
外国語	コミュニケーション英語I・コミュニケーション英語II コミュニケーション英語III・英語表現I・英語表現II

◆入学試験科目(2次試験)…小論文・面接

慶應義塾大学 医

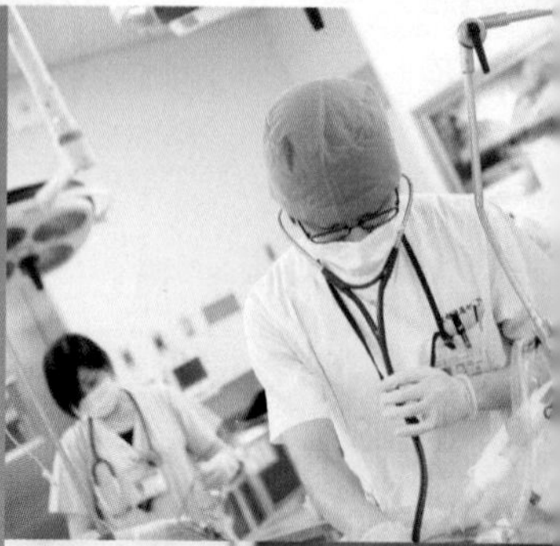

帝京大学 医学部医学科

2024年度医学部入試日程

一般選抜

学部・学科・コース	時期区分	出願期間〈締切日必着〉	選考試験日	合格発表日	入学手続締切日	試験場
医学部	一次選考	2023年12月19日(火) ～2024年1月15日(月)	【試験日自由選択制】 1月25日(木) 1月26日(金) 1月27日(土)	1月30日(火)	—	板　橋
	二次選考 ※二次選考試験日は出願時にどちらか1日選択となります。	—	《一次選考合格者のみ》 2月6日(火) または 2月7日(水)	2月10日(土)	2月19日(月)	板　橋

大学入学共通テスト利用選抜

学部・学科・コース	時期区分		出願期間〈締切日必着〉	選考試験日	合格発表日	入学手続締切日	試験場
医学部	前期	一次選考	2023年12月19日(火) ～2024年1月12日(金)	大学入学 共通テスト	2月10日(土)	—	—
		二次選考	—	《一次選考合格者のみ》 2月16日(金)	2月20日(火)	3月11日(月)	板　橋

※詳細は本学ホームページで公開している「入学試験要項２０２４」をご確認ください。

帝京大学入試センター

〒173-8605 東京都板橋区加賀 2−11−1　TEL 0120-335933

https://www.teikyo-u.ac.jp

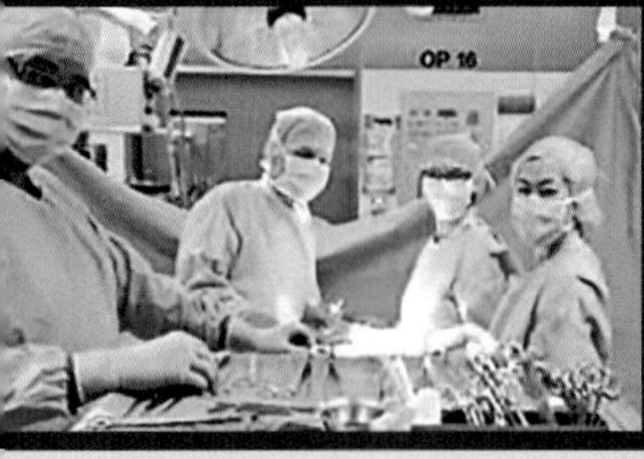

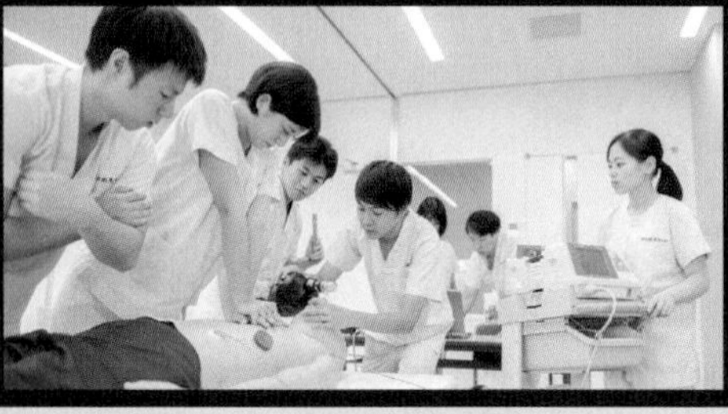

2024年度　入学試験概要

一般入試　※北里大学の入学試験はすべてWeb出願です。紙の「願書」、「募集要項」は配付していません。
北里大学受験生サイトをご利用ください。　URL　https://www.kitasato-u.ac.jp/jp/goukaku/index.html

募集人員　75名<相模原市修学資金枠２名を含む>

出願期間　2023年12月15日（金）～2024年1月17日（水）当日消印有効
※相模原市修学資金枠の相模原市への出願期間：2023年12月15日（金）-2024年1月12日（金）

試験日　〈1次試験〉2024年1月26日（金）
〈2次試験〉2024年2月3日（土）、2月4日（日）、2月5日（月）　試験日選択（出願時に希望日を選択）
※相模原市修学資金枠を希望する場合は2月3日（土）、4日（日）のみ選択可

試験場　〈1次試験〉相模原キャンパス・横浜会場（パシフィコ横浜ノース）（出願時に選択）
〈2次試験〉相模原キャンパス

合格発表日　〈1次試験〉2024年2月1日（木）15：00
〈2次試験〉2024年2月7日（水）15：00

手続締切日　2024年2月14日（水）

試験科目および配点

1次試験	理科	200点	次のうちから2つを選択[100点×2科目] ①物理基礎、物理（「原子」を除く）　②化学基礎、化学　③生物基礎、生物
	数学	150点	数学Ⅰ（「データの分析」を除く）・数学Ⅱ・数学Ⅲ・数学A・数学B（「確率分布と統計的な推測」を除く）
	外国語	150点	コミュニケーション英語Ⅰ・コミュニケーション英語Ⅱ・コミュニケーション英語Ⅲ・英語表現Ⅰ・英語表現Ⅱ
2次試験	1次試験合格者のみ		論文、面接、出身学校長の調査書等

北里大学医学部
Kitasato University School of Medicine

〒252-0374 神奈川県相模原市南区北里一丁目15番1号
TEL 042-778-9041（医学部入試係）

医志

人をみる。心をみる。

Aichi Medical University

愛知医科大学

〒480-1195 愛知県長久手市岩作雁又1番地1
TEL:0561-62-3311　https://www.aichi-med-u.ac.jp/

第117回 医師国家試験合格率
100%達成
受験者数 115名・合格者数 115名

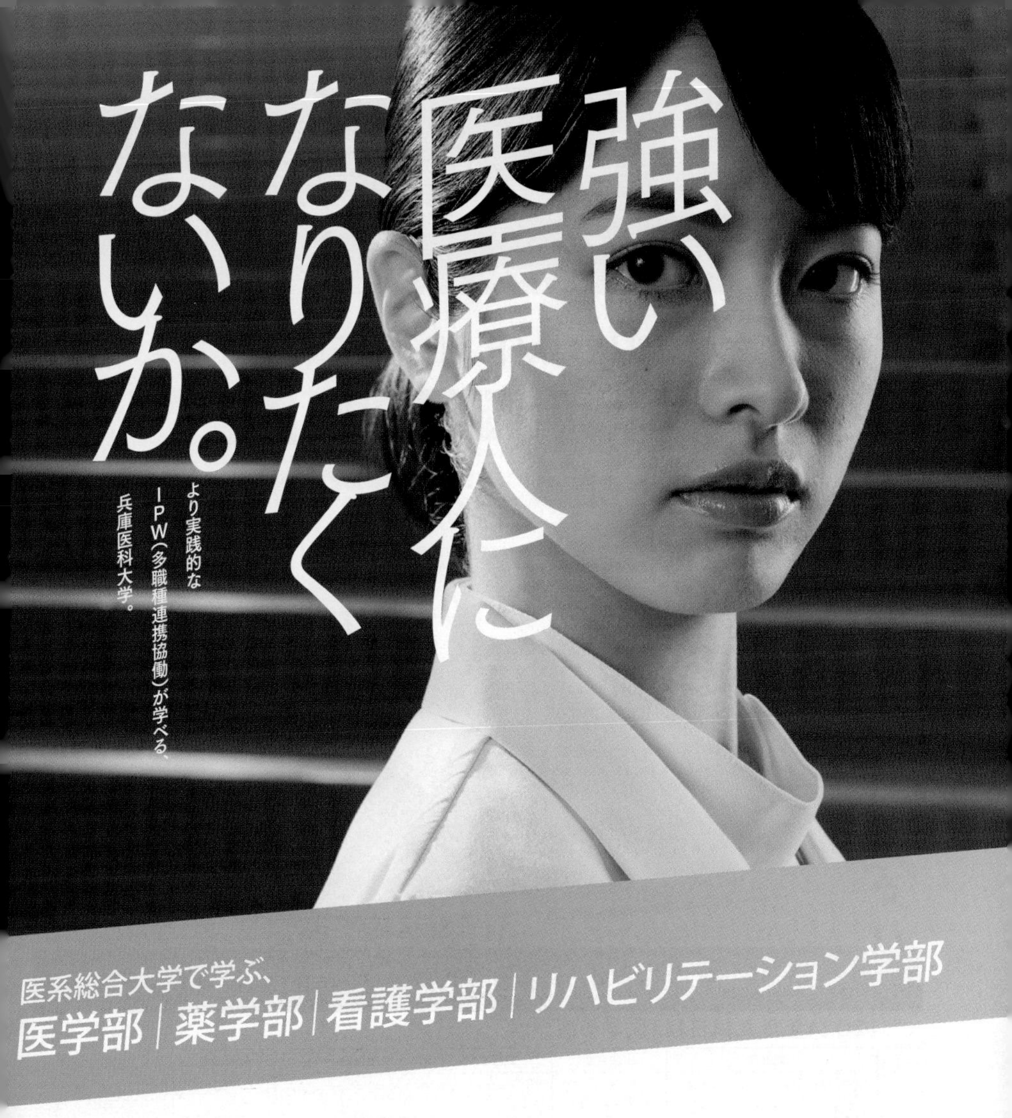
強い医療人になりたくないか。
より実践的な
IPW(多職種連携協働)が学べる、
兵庫医科大学。

日本大学

〒173-8610
東京都板橋区大谷口上町30-1
03-3972-8188（医学部入試係）
www.med.nihon-u.ac.jp/

2024年度　日本大学医学部 一般選抜（N全学統一方式　第１期）

募集人員　90名
出願期間　2024年1月5日（金）～1月19日（金）

一次試験

試験日　2月1日（木）
試験場　N全学統一方式第１期実施試験場の中から希望する受験地を選択
合格発表日時　2月6日（火）　午後4時

二次試験

試験日　2月11日（日・祝）
試験場　医学部校舎
合格発表日時　2月16日(金)　午後1時

試験科目 時間 配点等				
一次試験	理科	「物理基礎・物理」、「化学基礎・化学」「生物基礎・生物」の３科目の中から２科目選択	120分（各60分）	200点
	外国語	「コミュニケーション英語Ⅰ・コミュニケーション英語Ⅱ・コミュニケーション英語Ⅲ・英語表現Ⅰ・英語表現Ⅱ」	60分	100点
	数学(2)	「数学Ⅰ・数学Ⅱ・数学Ⅲ・数学A・数学B（確率分布と統計的な推測を除く）」	60分	100点
二次試験	数　学	「数学Ⅰ・数学Ⅱ・数学Ⅲ・数学A・数学B（確率分布と統計的な推測を除く）」（記述式）	60分	60点
	外国語	「コミュニケーション英語Ⅰ・コミュニケーション英語Ⅱ・コミュニケーション英語Ⅲ・英語表現Ⅰ・英語表現Ⅱ」	60分	60点
	面 接		約20分	30点

※ アドミッション・ポリシーに基づき，面接評価を重視し，調査書等を含めて多元的な尺度から複数の評価者により適格性の評価を判定する。したがって，学力検査の成績に関わらず不合格となることがある。
※一般選抜における主体性等の評価について，インターネット出願サイトのマイページに入力した内容を面接時の参考資料として活用します。

2024年度　日本大学医学部 一般選抜（N全学統一方式第2期）

募集人員　15名
出願期間　2024年1月5日（金）～2月23日（金・祝）

一次試験

試験日　3月4日(月)
試験場　N全学統一方式第２期実施試験場希望する受験地を選択
合格発表日時　3月13日（水）　午後４時

二次試験

試験日　3月17日（日）
試験場　医学部校舎
合格発表日時　3月22日（金）　午後1時

試験科目 時間 配点等				
一次試験	理科	「物理基礎・物理」、「化学基礎・化学」「生物基礎・生物」の３科目の中から２科目選択	120分（各60分）	200点
	外国語	「コミュニケーション英語Ⅰ・コミュニケーション英語Ⅱ・コミュニケーション英語Ⅲ・英語表現Ⅰ・英語表現Ⅱ」	60分	100点
	数学②	「数学Ⅰ・数学Ⅱ・数学Ⅲ・数学A・数学B（確率分布と統計的な推測を除く）」	60分	100点
二次試験	数　学	「数学Ⅰ・数学Ⅱ・数学Ⅲ・数学A・数学B（確率分布と統計的な推測を除く）」（記述式）	60分	60点
	外国語	「コミュニケーション英語Ⅰ・コミュニケーション英語Ⅱ・コミュニケーション英語Ⅲ・英語表現Ⅰ・英語表現Ⅱ」	60分	60点
	面 接		約20分	30点

※ アドミッション・ポリシーに基づき，面接評価を重視し，調査書等を含めて多元的な尺度から複数の評価者により適格性の評価を判定する。したがって，学力検査の成績に関わらず不合格となることがある。
※一般選抜における主体性等の評価について，インターネット出願サイトのマイページに入力した内容を面接時の参考資料として活用します。
地域枠詳細：https://www.med.nihon-u.ac.jp/RegionalSelection/index.html

令和６年度入学者選抜に新たに
「グローバル特別選抜」を導入します。
前期試験に福岡会場を新設します。

私たちは、常に進化する医学を次世代へと伝えるための未来型医学教育を実践しています。

令和6年度　入学者選抜実施要項（抜粋）

総募集人員　125名

Ⅰ. 一般選抜　119名

区分	前期試験、地域枠	グローバル特別選抜	後期試験、地域枠
募集人員	76名（内 地域枠　14名） 千葉4名、埼玉1名、静岡3名、東京5名、新潟1名	10名	33名（内 地域枠6名） 千葉3名、埼玉1名、静岡1名、新潟1名
特待生	35名※1	10名※2	3名※1
共通テスト国語試験日	—	令和6年1月13日（土）	—
1次試験日	令和6年2月1日（木）		令和6年2月28日（水）
1次試験会場	1.東京会場　武蔵境校舎及びベルサール渋谷ガーデン 2.福岡会場　駿台予備学校 福岡校		武蔵境校舎
2次試験日	令和6年2月9日（金） 10日（土）　※3		令和6年3月10日（日）
2次試験会場	千駄木校舎		千駄木校舎

※１成績上位者〔前期３５名、後期３名〕のうち入学した者を特待生とし、入学時の授業料（250万円）を免除します。
※２成績上位者10名のうち入学した者を特待生とし、1年次と2年次の授業料（500万円）を免除します。
※３・受験する日を希望することができますが、受験希望者数により希望に沿えない場合があります。
　・東京都地域枠の1次試験合格者は選択した希望日に関わらず2月10日（土）に実施します。
詳細は「令和6年度入学者選抜実施要項」を確認してください。

Ⅱ. 学校推薦型選抜（指定校）　6名

・早稲田大学高等学院、早稲田大学本庄高等学院、早稲田実業学校高等部から各2名

実施要項QR

医学部予備校
MEDICAL
医学部予備校
代官山 MEDICAL
医学部予備校

渋谷「1校舎」からの医学部合格実績

代官山*MEDICAL*では「年度別の合格実績」を出しています。

2023年合格実績

Annual Performance 2023

本科生 医学部 進学者 **101名**

＊それぞれ実数。生徒一人当たりダブルカウントしていません。
＊講習生（短期）は含みません。
＊二次対策講座のみ受講した外部生は含みません。
＊**代官山*MEDICAL*は、提携塾や姉妹校はありません。**合格者数は1校舎単体の実数となります。

本科生 医学部 2次合格者 **264名**

このほか、1年で多くの代官山MEDICAL生が医学部で活躍中!!!

東京医科大
2次合格者20名
うち**12名**が進学

昭和大医学部
2次合格者15名
うち**10名**が進学

聖マリアンナ医科大
2次合格者19名
うち**7名**が進学

日本医科大
2次合格者6名
うち**5名**が進学

日本大医学部
2次合格者11名
うち**7名**が進学

北里大医学部
2次合格者21名
うち**7名**が進学

帝京大医学部
2次合格者20名
うち**7名**が進学

獨協医科大
2次合格者14名
うち**7名**が進学

東京慈恵会医科大
2次合格者3名
うち**2名**が進学

順天堂大医学部
2次合格者3名
うち**2名**が進学

横浜市立大医学部
2次合格者1名
うち**1名**が進学

東北医科薬科大
2次合格者17名
うち**5名**が進学

東京女子医科大
2次合格者10名
うち**4名**が進学

医学部の合格実績の見方

◆**代官山** *MEDICAL*では、合格者数より医学部進学者数を明確に公表しています。
◆単なる合格者の総数ではなく、自分が実際に通う「1校舎」にどれだけの合格者がいるのか、これが最も大切な指標です。
さらにその「校舎」にどれだけ優秀な講師陣がいて、どれくらいの熱量で指導に当たっているのか、そしてそのプロフィールを公表しているのか、これが次に重要な指標です。
◆**代官山** *MEDICAL*では、夏期講習・冬期講習のみの短期講習や2次対策のみの生徒は含みません。
◆**代官山** *MEDICAL*は、提携塾や姉妹校はありません。従って、合格者数は1校舎単体の実数となります。

※一次合格者とは、渋谷1校舎に在籍した生徒の中で一次試験を合格突破できた生徒実数。
※二次合格者とは、上記の一次合格した生徒の中で二次試験を合格突破できた生徒実数。
※進学者とは、二次試験を合格した者のなかでその大学に実際に進学した者の数。

速報

2023年私立医学部 2次最終合格者数集計
2023年4月9日(日)現在
延べ人数

2023年医学部 2次最終合格者 264名

岩手医科大医学部 31名2次合格	大阪医科薬科大 1名2次合格	金沢医科大 3名2次合格	川崎医科大 2名2次合格	関西医科大 1名2次合格	北里大医学部 21名2次合格	杏林大医学部 18名2次合格
近畿大医学部 1名2次合格	久留米大医学部 2名2次合格	国際医療福祉大 11名2次合格	埼玉医科大 15名2次合格	順天堂大医学部 3名2次合格	昭和大医学部 15名2次合格	聖マリアンナ医科大 19名2次合格
帝京大医学部 20名2次合格	東海大医学部 4名2次合格	東京医科大 20名2次合格	東京慈恵会医科大 3名2次合格	東京女子医科大 10名2次合格	東邦大医学部 8名2次合格	東北医科薬科大 17名2次合格
獨協医科大 14名2次合格	日本医科大 6名2次合格	日本大医学部 11名2次合格	福岡大医学部 1名2次合格	藤田医科大 1名2次合格	兵庫医科大 1名2次合格	自治医科大 1名2次合格
防衛医科大学校 1名2次合格	福島県立医科大 1名2次合格	横浜市立大医学部 1名2次合格				

※通年生のみの実績
(夏期講習・冬期講習など短期の受講生は含まず)

※年間通じての通学生のうち判明分のみ(単科講習生含まず)

信頼の合格実績!

合格

"旧設医大"に強い!!
"正規合格"が多い!!

代官山*MEDICAL*は、渋谷1校舎で一人ひとりに目を配り、塾生一人ひとりを確実に合格させることに心を砕きます。
「面倒見のよさ」・「優れた講師力」・「最高の学習環境」・「正確な情報力」すべてを一極集中させることで、年々医学部合格者数が増加しています。
全国の医学部のキャンパスでは、**代官山***MEDICAL*出身者が数多く活躍中です。次は"君の番"です。

渋谷「1校舎」からの医学部合格実績

代官山 *MEDICAL*では「年度別の合格実績」を出しています。

2022年合格実績

Annual Performance 2022

本科生 医学部進学者 **100名**

＊それぞれ実数。生徒一人当たりダブルカウントしていません。
＊講習生（短期）は含みません。
＊二次対策講座のみ受講した外部生は含みません。
＊代官山*MEDICAL*は、提携塾や姉妹校はありません。合格者数は1校舎単体の実数となります。

本科生 医学部2次合格者 **265名**

昭和大医学部
2次合格者11名
うち**10**名が進学

杏林大医学部
2次合格者31名
うち**10**名が進学

日本大医学部
2次合格者10名
うち**9**名が進学

順天堂大医学部
2次合格者3名
うち**3**名が進学

このほか、1年で多くの代官山MEDICAL生が医学部で活躍中!!!

東京女子医科大
2次合格者14名
うち**7**名が進学

聖マリアンナ医科大
2次合格者25名
うち**8**名が進学

金沢医科大
2次合格者8名
うち**5**名が進学

北里大医学部
2次合格者21名
うち**6**名が進学

岩手医科大医学部
2次合格者29名
うち**8**名が進学

東京医科大
2次合格者9名
うち**4**名が進学

琉球大医学部医学科
2次合格者1名
うち**1**名が進学

防衛医科大学校
2次合格者1名
うち**1**名が進学

東北医科薬科大
2次合格者17名
うち**5**名が進学

医学部の合格実績の見方

◆代官山 *MEDICAL*では、合格者数より医学部進学者数を明確に公表しています。
◆単なる合格者の総数ではなく、自分が実際に通う「1校舎」にどれだけの合格者がいるのか、これが最も大切な指標です。
さらにその「校舎」にどれだけ優秀な講師陣がいて、どれくらいの熱量で指導に当たっているのか、そしてそのプロフィールを公表しているのか、これが次に重要な指標です。
◆代官山 *MEDICAL*では、夏期講習・冬期講習のみの短期講習や2次対策のみの生徒は含みません。
◆代官山 *MEDICAL*は、提携塾や姉妹校はありません。従って、合格者数は1校舎単体の実数となります。

※一次合格者とは、渋谷1校舎に在籍した生徒の中で一次試験を合格突破できた生徒実数。
※二次合格者とは、上記の一次合格した生徒の中で二次試験を合格突破できた生徒実数。
※進学者とは、二次試験を合格した者のなかでその大学に実際に進学した者の数。

速報

2022年私立医学部 2次最終合格者数集計
2022年4月9日(土)現在　延べ人数

2022年医学部 2次最終合格者 265名

順天堂大医学部 3名2次合格	昭和大医学部 11名2次合格 Ⅰ期8名 Ⅱ期3名	東京医科大 9名2次合格	東邦大医学部 7名2次合格	日本大医学部 10名2次合格 Ⅰ期7名 Ⅱ期3名	東京女子医科大 14名2次合格	杏林大医学部 31名2次合格
聖マリアンナ医科大 25名2次合格 前期24名 後期1名	国際医療福祉大 4名2次合格	北里大医学部 21名2次合格	獨協医科大 20名2次合格	愛知医科大 23名2次合格	帝京大医学部 5名2次合格	東海大医学部 2名2次合格
川崎医科大 5名2次合格	埼玉医科大 8名2次合格 前期8名 後期0名	岩手医科大医学部 29名2次合格	東北医科薬科大医学部 17名2次合格	金沢医科大 8名2次合格 前期8名 後期0名	福岡大医学部 2名2次合格	関西医科大 1名2次合格
大阪医科薬科大 1名2次合格	藤田医科大 1名2次合格 前期1名 後期0名	久留米大医学部 2名2次合格(前期)	日本医科大 1名2次合格 前期0名 後期1名	防衛医科大学校 1名2次合格	琉球大医学部医学科 1名2次合格	※通年生のみの実績(夏期講習・冬期講習など短期の受講生は含まず)

※年間通じての通学生のうち判明分のみ(単科講習生含まず)

信頼の合格実績!

合格

“旧設医大”に強い!! “正規合格”が多い!!

代官山*MEDICAL*は、渋谷1校舎で一人ひとりに目を配り、塾生一人ひとりを確実に合格させることに心を砕きます。
「面倒見のよさ」・「優れた講師力」・「最高の学習環境」・「正確な情報力」すべてを一極集中させることで、年々医学部合格者数が増加しています。
全国の医学部のキャンパスでは、**代官山*MEDICAL***出身者が数多く活躍中です。次は“君の番”です。

渋谷「1校舎」からの医学部合格実績

代官山 *MEDICAL*では「年度別の合格実績」を出しています。

2021年合格実績

Annual Performance 2021

本科生 医学部進学者 **119名**

本科生 医学部2次合格者 **375名**

＊それぞれ実数。生徒一人当たりダブルカウントしていません。
＊講習生（短期）は含みません。
＊二次対策講座のみ受講した外部生は含みません。
＊代官山*MEDICAL*では外部から参加する夏期ホテル合宿・冬期ホテル合宿は行っていません。

東京医科大
2次合格者22名
うち**11**名が進学

杏林大医学部
2次合格者33名
うち**13**名が進学

東京女子医科大
2次合格者24名
うち**13**名が進学

東京慈恵会医科大
2次合格者6名
うち**6**名が進学

このほか、1年で多くの代官山MEDICAL生が医学部で活躍中!!!

日本大医学部
2次合格者17名
うち**9**名が進学

東邦大医学部
2次合格者19名
うち**8**名が進学

昭和大医学部
2次合格者15名
うち**6**名が進学

北里大医学部
2次合格者40名
うち**7**名が進学

岩手医科大医学部
2次合格者37名
うち**6**名が進学

慶應義塾大医学部
2次合格者1名
うち**1**名が進学

埼玉医科大
2次合格者14名
うち**8**名が進学

順天堂大医学部
2次合格者3名
うち**3**名が進学

日本医科大
2次合格者9名
うち**5**名が進学

信州大医学部医学科
2次合格者1名
うち**1**名が進学

聖マリアンナ医科大
2次合格者30名
うち**5**名が進学

獨協医科大
2次合格者13名
うち**5**名が進学

医学部の合格実績の見方

◆**代官山** *MEDICAL*では、合格者数より医学部進学者数を明確に公表しています。

◆単なる合格者の総数ではなく、自分が実際に通う「1校舎」にどれだけの合格者がいるのか、これが最も大切な指標です。
さらにその「校舎」にどれだけ優秀な講師陣がいて、どれくらいの熱量で指導に当たっているのか、そしてそのプロフィールを公表しているのか、これが次に重要な指標です。

◆**代官山** *MEDICAL*では、夏期講習・冬期講習のみの短期講習や2次対策のみの生徒は含みません。

※一次合格者とは、渋谷1校舎に在籍した生徒の中で一次試験を合格突破できた生徒実数。
※二次合格者とは、上記の一次合格した生徒の中で二次試験を合格突破できた生徒実数。
※進学者とは、二次試験を合格した者のなかでその大学に実際に進学した者の数。

速報

2021年私立医学部 2次最終合格者数集計
2021年4月1日(木)現在 延べ人数

2021年医学部 2次合格者 375名 ※(注)

東京慈恵会医科大	順天堂大医学部	日本医科大	昭和大医学部	東京医科大	東邦大医学部	日本大医学部
6名2次合格	4名2次合格	9名2次合格 前期8名 後期1名	15名2次合格 I期14名 II期1名	22名2次合格	19名2次合格	17名2次合格
東京女子医科大	**杏林大医学部**	**聖マリアンナ医科大**	**国際医療福祉大**	**北里大医学部**	**獨協医科大**	**愛知医科大**
24名2次合格	33名2次合格	30名2次合格	6名2次合格	40名2次合格	13名2次合格	34名2次合格
帝京大医学部	**東海大医学部**	**川崎医科大**	**埼玉医科大**	**岩手医科大医学部**	**東北医科薬科大医学部**	**金沢医科大**
11名2次合格	3名2次合格	3名2次合格	14名2次合格 前期14名 後期0名	37名2次合格	13名2次合格	9名2次合格 前期9名 後期0名
福岡大医学部	**近畿大医学部**	**大阪医科薬科大**	**藤田医科大**	**久留米大医学部**	**慶應義塾大医学部**	**信州大医学部**
3名2次合格	3名2次合格	1名2次合格	2名2次合格 前期2名 後期0名	2名2次合格(前期)	1名2次合格	1名2次合格

※年間通じての通学生のうち判明分のみ(単科講習生含まず) ※通年生のみの実績(夏期講習・冬期講習など短期の受講生は含まず)
※(注)2021年度表示より、2次最終合格者数となっております。

信頼の合格実績!

合格

“旧設医大”に強い!!
“正規合格”が多い!!

代官山*MEDICAL*は、渋谷1校舎で一人ひとりに目を配り、塾生一人ひとりを確実に合格させることに心を砕きます。
「面倒見のよさ」・「優れた講師力」・「最高の学習環境」・「正確な情報力」すべてを一極集中させることで、年々医学部合格者数が増加しています。
全国の医学部のキャンパスでは、**代官山***MEDICAL*出身者が数多く活躍中です。次は“君の番”です。

渋谷「1校舎」からの医学部合格実績

代官山*MEDICAL*では「年度別の合格実績」を出しています。

2020年合格実績

Annual Performance 2020

＊それぞれ実数。生徒一人当たりダブルカウントしていません。
＊講習生（短期）は含みません。
＊二次対策講座のみ受講した外部生は含みません。

本科生 医学部進学者 **98名**

本科生 医学部 2次合格者 **220名**

昭和大医学部
2次合格者10名
うち**7名**が進学

杏林大医学部
2次合格者18名
うち**10名**が進学

日本大医学部
2次合格者11名
うち**7名**が進学

東京慈恵会医科大
2次合格者3名
うち**3名**が進学

このほか、1年で多くの代官山MEDICAL生が医学部で活躍中!!!

北里大医学部
2次合格者8名
うち**7名**が進学

東邦大医学部
2次合格者10名
うち**6名**が進学

聖マリアンナ医科大
2次合格者14名
うち**8名**が進学

金沢医科大
2次合格者18名
うち**8名**が進学

帝京大医学部
2次合格者15名
うち**6名**が進学

岩手医科大医学部
2次合格者16名
うち**6名**が進学

東北医科薬科大
2次合格者13名
うち**5名**が進学

東京女子医大
2次合格者10名
うち**4名**が進学

埼玉医科大
2次合格者5名
うち**5名**が進学

愛知医科大
2次合格者15名
うち**5名**が進学

日本医科大
2次合格者6名
うち**3名**が進学

他にも多数進学しています!!

医学部の合格実績の見方

◆単なる合格者の総数ではなく、自分が実際に通う「1校舎」にどれだけの合格者がいるのか、これが最も大切な指標です。
さらにその「校舎」にどれだけ優秀な講師陣がいて、どれくらいの熱量で指導に当たっているのか、そしてそのプロフィールを公表しているのか、これが次に重要な指標です。
◆**代官山** *MEDICAL*では、夏期講習・冬期講習のみの短期講習や2次対策のみの生徒は含みません。
◆**代官山** *MEDICAL*は、提携塾や姉妹校はありません。従って、合格者数は1校舎単体の実数となります。

※一次合格者とは、渋谷1校舎に在籍した生徒の中で一次試験を合格突破できた生徒実数。
※二次合格者とは、上記の一次合格した生徒の中で二次試験を合格突破できた生徒実数。
※進学者とは、二次試験を合格した者のなかでその大学に実際に進学した者の数。

速報

2020年私立医学部 2次最終合格者数集計
2020年4月1日(水)現在　延べ人数

2020年医学部 2次最終合格者 220名

東京慈恵会医科大 3名2次合格	順天堂大医学部 2名2次合格	日本医科大 6名2次合格 前期6名 後期0名	昭和大医学部 12名2次合格 I期10名 II期2名	東京医科大 4名2次合格	東邦大医学部 10名2次合格	日本大医学部 11名2次合格
東京女子医科大 10名2次合格	杏林大医学部 19名2次合格	聖マリアンナ医科大 14名2次合格	国際医療福祉大 4名2次合格	北里大医学部 8名2次合格	獨協医科大 10名2次合格	自治医科大 1名2次合格
愛知医科大 15名2次合格	帝京大医学部 14名2次合格	東海大医学部 1名2次合格	川崎医科大 1名2次合格	埼玉医科大 13名2次合格 前期5名 後期8名	岩手医科大医学部 16名2次合格	東北医科薬科大医学部 13名2次合格
金沢医科大 19名2次合格 前期18名 後期1名	福岡大医学部 3名2次合格	近畿大医学部 2名2次合格	大阪医科薬科大 2名2次合格	藤田医科大 5名2次合格 前期4名 後期1名	久留米大医学部 2名2次合格(前期)	※通年生のみの実績(夏期講習・冬期講習など短期の受講生は含まず)

※年間通じての通学生のうち判明分のみ(単科講習生含まず)

信頼の合格実績!

合格

"旧設医大"に強い!! "正規合格"が多い!!

代官山*MEDICAL*は、渋谷1校舎で一人ひとりに目を配り、塾生一人ひとりを確実に合格させることに心を砕きます。
「面倒見のよさ」・「優れた講師力」・「最高の学習環境」・「正確な情報力」すべてを一極集中させることで、年々医学部合格者数が増加しています。
全国の医学部のキャンパスでは、**代官山***MEDICAL*出身者が数多く活躍中です。次は"君の番"です。

渋谷「1校舎」からの医学部合格実績

代官山 *MEDICAL*では「年度別の合格実績」を出しています。

2019年合格実績

Annual Performance 2019

＊それぞれ実数。生徒一人当たりダブルカウントしていません。
＊講習生（短期）は含みません。
＊二次対策講座のみ受講した外部生は含みません。
＊**代官山*MEDICAL*は、提携塾や姉妹校はありません。合格者数は1校舎単体の実数となります。**

本科生 医学部 進学者 85名

本科生 医学部 2次合格者 228名

東邦大医学部
2次合格者18名
うち9名が進学

埼玉医科大
2次合格者19名（前期13名 後期6名）
うち8名が進学

日本大医学部
2次合格者9名
うち6名が進学

杏林大医学部
2次合格者15名（前期11名 後期4名）
うち6名が進学 定員10名のうち

このほか、1年で多くの代官山MEDICAL生が医学部で活躍中!!!

東京医科大
2次合格者7名
うち5名が進学

獨協医科大
2次合格者15名
うち5名が進学

聖マリアンナ医科大
2次合格者19名
うち5名が進学 うち1名特待合格

愛知医科大
2次合格者18名
うち5名が進学

東京女子医科大
2次合格者9名
うち5名が進学

日本医科大
2次合格者7名（前期5名 後期2名）
うち4名が進学 うち1名特待合格

北里大医学部
2次合格者16名
うち4名が進学

岩手医科大医学部
2次合格者18名
うち4名が進学

昭和大医学部
2次合格者12名（I期10名 II期1名）
うち4名が進学

帝京大医学部
2次合格者4名
うち3名が進学

国際医療福祉大
2次合格者4名
うち2名が進学

東京慈恵会医科大
2次合格者2名
うち2名が進学

信州大医学部
2次合格者1名
うち1名が進学

医学部の合格実績の見方

◆単なる合格者の総数ではなく、自分が実際に通う「1校舎」にどれだけの合格者がいるのか、これが最も大切な指標です。
さらにその「校舎」にどれだけ優秀な講師陣がいて、どれくらいの熱量で指導に当たっているのか、そしてそのプロフィールを公表しているのか、これが次に重要な指標です。

◆代官山 *MEDICAL*では、年間通じての通学生のみ。

◆代官山 *MEDICAL*は、提携塾や姉妹校はありません。従って、合格者数は1校舎単体の実数となります。

※一次合格者とは、渋谷1校舎に在籍した生徒の中で一次試験を合格突破できた生徒実数。
※二次合格者とは、上記の一次合格した生徒の中で二次試験を合格突破できた生徒実数。
※進学者とは、二次試験を合格した者のなかでその大学に実際に進学した者の数。

速報

2019年私立医学部 2次最終合格者数集計
2019年4月1日(月)現在　延べ人数

2019年医学部 2次最終合格者 228名

信州大医学部医学科	東京慈恵会医科大	順天堂大医学部	日本医科大	昭和大医学部	東京医科大
1名2次合格	2名2次合格	2名2次合格	7名2次合格 前期5名 後期2名	12名2次合格 I期10名 II期 2名	7名2次合格
東邦大医学部	**日本大医学部**	**東京女子医科大**	**杏林大医学部**	**聖マリアンナ医科大**	**国際医療福祉大**
18名2次合格	9名2次合格	9名2次合格	15名2次合格 前期11名 後期 4名	19名2次合格	4名2次合格
北里大医学部	**獨協医科大**	**自治医科大**	**愛知医科大**	**帝京大医学部**	**東海大医学部**
16名2次合格	15名2次合格	1名2次合格	18名2次合格	4名2次合格	2名2次合格
川崎医科大	**埼玉医科大**	**岩手医科大医学部**	**東北医科薬科大医学部**	**金沢医科大**	**福岡大医学部**
2名2次合格	19名2次合格 前期13名 後期 6名	18名2次合格	5名2次合格	11名2次合格 前期10名 後期 1名	3名2次合格
関西医科大	**近畿大医学部**	**大阪医科薬科大**	**防衛医科大学校**	**藤田医科大**	**久留米大医学部**
前期2名2次合格	2名2次合格	1名2次合格	1名2次合格	1名2次合格	前期2名2次合格

※年間通じての通学生のうち判明分のみ(単科講習生含まず)

信頼の合格実績！

合格

"旧設医大"に強い!! "正規合格"が多い!!

代官山*MEDICAL*は、渋谷1校舎で一人ひとりに目を配り、塾生一人ひとりを確実に合格させることに心を砕きます。
「面倒見のよさ」・「優れた講師力」・「最高の学習環境」・「正確な情報力」すべてを一極集中させることで、年々医学部合格者数が増加しています。
全国の医学部のキャンパスでは、代官山*MEDICAL*出身者が数多く活躍中です。次は"君の番"です。

2023年度更新

代官山MEDICALから医学部へ進学した先輩方

大学別進学者出身校一覧 全国版

君の高校の先輩が代官山MEDICALを卒業して、医学部で活躍しています。

岩手医科大医学部 進学者

氏名	出身高校	氏名	出身高校
荒井啓佑	海城	酒井翔太	京華
中村晟也	浜田	小松紗千佳	田園調布雙葉
加島弘貴	高輪	村瀬花野	埼玉県立大宮
磯村洸香	跡見学園	渡辺慶	学習院高等科
近藤康平	獨協	見城通友	茨城
渡邉幸彦	水城	宮川聖史	岩手県立水沢
中村隆宏	帝京冨士	小澤樹央	桐蔭学園
五味亮	長野県諏訪清陵	種田宙	獨協
小川野乃花	会津学鳳	小関瞬彦	茨城
黄川田智之	長野日大	二村華代	秀明
小野田紫苑	星陵	村上高徳	青森県立青森
笠井亮希	東海	三原彪	江戸川学園取手
宮下真奈	静岡雙葉	王泰士	城北
中澤悠里	栄東	世継高大	成蹊
坂本ミラ	桐朋女子	大根麻梨奈	聖心女子学院
青木成曉	水城	八鍬佑子	山形県立山形東
大場崇弘	川越東	岡田哲朗	秀明
平井拓真	世田谷学園	山田都	鷗友学園女子
水谷航太	東京都市大学付属	林ゆき音	秀明
本田香織	岩手県立盛岡第一	永塚圭	岩手
亀森智宏	秀明	安齋潤	福島県立安積
北御門健	秀明	片山渚	淑徳巣鴨
髙橋友徳	桐朋	林昂彦	秀明
加藤陽佳	岩手県立盛岡第一	長谷川靖	獨協
大弓紗由莉	真和	渡辺涼太	加藤学園暁秀
藤森大輝	松本深志	佐々木麗人	國學院

東北医科薬科大医学部 進学者

氏名	出身高校	氏名	出身高校
阿久津一馬	作新学院	N.Y	江戸川学園取手
稲葉悠介	秋田	宮下裕美	佐久長聖
齋藤優希	逗子開成	渡辺昭洋	松本深志
堤優志	野沢北	關山馨弘	足立学園
栗原聖奈	栄東	菅野由貴	桜蔭
寺﨑巧	片山学園	田部井美月	本庄東
千葉浩気	盛岡第一	吉岡雛	成蹊
島田夏菜子	能代	小川 恭平	秀明
地原健人	栄東	久保田芳人	秀明
市川司邦	富士	吉成智之	水戸葵陵
千田知佳	仙台青陵中等教育		

順天堂大医学部 進学者

氏名	出身高校
岩科小夏	青稜
髙谷修志	芝
島田泰隆	市立太田
長谷川れい佳	聖心女学院
山藤里奈	雙葉
村松周哉	桐光学園
牧健太郎	都立桜修館
石岡直留	昌平
大谷真佑奈	東洋英和女学院
古坂隆幸	都立西
長谷川沙紀	雙葉
牧野晃大	芝
日根野龍	渋谷教育学園幕張

東海大医学部 進学者

氏名	出身高校
杉村駿樹	神奈川大学附属
古川 遼	桐朋
椿翔吾	佐原
鈴木丈一郎	九段中等教育学校
荻久保雄高	湘南学園
足立海陸	京都共栄学園
林広樹	東海大附属望洋
丸茂正展	多摩大学附属聖ヶ丘
石田雄太郎	東海大附属相模
大久保文子	土佐
宮川滝彦	敦賀気比
大脇優	帝京大学
U.K	帝京大学可児

東京慈恵会医科大 進学者

氏名	出身高校	氏名	出身高校	氏名	出身高校	氏名	出身高校
堤勇太	麻布	山内紀乃	雙葉	長岡慈明	獨協	小川胡桃	桐朋女子
鋪屋瑠美	頌栄女子学院	老川開都	青山学院高等部	寺門英里子	吉祥女子	斎藤玄徳	灘
深井悠介	学習院高等科	高橋秀	湘南学園	清水響子	UWCSEA DOVER	金世奈	森村学園高等部
原島弘典	札幌光星	田崎翔太	渋谷教育学園幕張	鹿山竜輔	前橋	丹治芳明	海城
京極政樹	浜松西	井上紗智乃	筑波大付属	小川大貴	暁星	塩飽克庸	都立国立
山田祐輔	暁星	長岡鈴佳	東京女学館	鈴木理咲子	学習院女子	新村一	巣鴨
清水遥	長野						

北里大医学部 進学者

氏名	出身高校	氏名	出身高校
依光汐音	桐朋女子	竹越亜弓	横浜共立学園
小澤繁弘	桐蔭学園	佐藤景一朗	平塚江南
池田純	獨協	中田敬介	海城
石坂駿	桐朋	細矢恵弘	高輪
大島世名	穎明館	奈良禄太郎	本郷
山中優佳	田園調布雙葉	佐原雄大	海城
福島帆香	大妻	堀之内達大	東京都市大学付属
小柳伶央那	新潟明訓	山口大輔	仙台育英学園
岡本岳斗	東海	本多遼太郎	栄光学園
四ヶ所咲良	湘南白百合学園	稲葉絵理子	秀明
須藤晶紀	東京女学館	望月美波	静岡雙葉
水口ひなた	青山学院高等部	石川慶太	桐蔭学園
犬塚知己	佐世保西	藤野真子	淑徳与野
大西義基	獨協	浅香昌市	秀明
杉本彩乃	吉祥女子	小長井涼太	静岡聖光学院
陳真龍	佼成学園	伊賀元朗	新潟県立新発田
H.Y	田園調布雙葉	宮澤聡明	いわき秀英
湯原宏和	清真学園	石橋正毅	清真学園
高橋康汰	自修館	土屋起三子	都立西
渡部宏毅	函館ラ・サール	阿部翠	明大中野八王子
髙橋沙里	田園調布雙葉	石井航太	秀明
九里光政	私立武蔵	種田将	芝
印南優衣	東京学芸大学附属	金川明功	北海道立網走南ヶ丘
太田朋花	玉川学園	小平采果	白百合学園
荒田裕貴	佼成学園	岸本悠希	佐野日本大学
上村幸正	東京学芸大学附属	佐久間悠希	筑波大学附属
今西佑	攻玉社		

埼玉医科大 進学者

氏名	出身高校	氏名	出身高校
小牧明路葉	都立白鴎	藤川晴英	長野日本大学
華岡紗弓	田園調布雙葉	髙野恭輔	学習院高等科
密田兼聖	芝	百瀬あゆこ	松本深志
吉川由華	樟南	長棟淳史	江戸川学園取手
盧雛乃	西武学園文理	厚海真琴	日大東北
相羽まどか	静岡雙葉	堀内大史	山梨学院
金子真維愛	秀明	小島光博	成城
源河朝巳	桐朋	吉見慎太郎	長崎県立長崎西
小原久幸	佼成学園	井原佑基	立命館慶祥
萩原千咲子	穎明館	齋藤暢	皇学館
葉山稜太	清真学園	坂本有輝也	暁星
吉水一成	King's Christian College	齋藤知菜	青森県立弘前
前原由依	筑波大学附属	高沢理沙	水城
藤田祐菜	東洋英和女学院高等部	三好晃太朗	愛媛県立新居浜西
髙嶋隆之典	獨協	内野大介	大分県立大分上野丘
中井幹太	高輪	林将平	春日部共栄
田辺梨々子	駿台甲府	林泰輔	立教新座
荒井陽菜穂	田園調布雙葉	持丸浩太郎	獨協
土谷彩香	熊本県立熊本	宮田柾秀	茗渓学園
清水諒	川越東	太田陽一朗	青山学院高等部
岩科夏二朗	弘学館	櫻井裕	学習院高等科
相良黎輔	麗澤	近江光	日本大第一
辻野恵	聖心女子学院	伊藤華奈子	札幌第一
小倉朋之	巣鴨	桑澤徹	那須高原海城
沼賀早紀	佐久長聖	坂戸崇俊	佐久長聖
佐川慎太郎	群馬県立前橋	田中亮多	城北埼玉
増山拓哉	秀明	岡田莉子	加藤学園暁秀
菅原成美	秀明	山原万由子	南山
箱島開智	茨城県立土浦第一		

東京女子医科大 進学者

氏名	出身高校	氏名	出身高校
広瀬彩衣	東京女学館	青木菖	開智
小尾花怜	田園調布雙葉	辻本星花愛	福井県立藤島
石坂美涼	法政大国際	飯塚尚子	向陽台
山口恵	光塩女子学院	林佳苗	学習院女子
角田百萌子	清泉女学院	川村美琴	広尾学園
松原有希	明星学園	石井千媛	東京女学館
黄川田眞子	雙葉	太田亜希子	山形県立山形東
平松葵良莉	学習院女子	伊藤乃波	カリタス女子
松本莉奈	秋田	椿野瑞希	横浜雙葉
山田なつみ	玉川学園	肥田美由紀	田園調布雙葉
奥村美夏	静岡	相葉南	東京女学館
石川はな	淑徳与野	中澤菜月	山梨学院大学付属
堤鈴葉	岡山白陵	石原瑶子	昭和薬科大学附属
田中理絵	新潟明訓	龍野暁世	日本女子大学附属
草野真理	新潟	牧野七海	創価
阿部愛加	大妻	船橋香	秀明
髙山瑛里子	宇都宮海星女子学院	池田万優子	筑波大附属
古田貴栄	宝仙学園	菊池まほみ	田園調布学園
本田優奈	千葉	駒井有衣	東京女学館
村林果帆	東京農業大学第一	貝谷房香	慶応湘南藤沢高等部
豊福祐佳莉	鴎友学園女子	大城沙大里	横浜雙葉
陳優樺	学習院女子	広瀬唯衣	東洋英和女学院
中野慧美里	恵泉女学園	別府萌佳	お茶の水大学附属
阿部蘭	雙葉	塚﨑彩乃	青雲
志野原唯妃	桐光学園		

日本医科大 進学者

氏名	出身高校	氏名	出身高校
大野眞理子	東邦大付属東邦	酒井美波	雙葉
押久保勇斗	芝浦工業大学附属	赤岡春菜	駿台甲府
清水楽詩	成蹊	T.N	渋谷幕張
松脇世尚	海陽中等教育学校	鈴木志歩	吉祥女子
亀田ももみ	秀明	高見俊也	成蹊
古川優奈	田園調布雙葉	今下彗星	都立駒場
鈴木孝典	慶應義塾	大石橋龍	広尾学園
町田慧	成蹊	吉田匠	都立青山
塩尻愛菜	東京女学館	郷野瑞希	獨協
大竹理央	雙葉	薗田大二郎	長野県立上田
百瀬慧	松本深志	井上佳弥乃	鴎友学園女子
宮田隆宏	駒場東邦	山口裕平	駒場東邦
井上瑞木	山手学院	亀山まどか	恵泉女子学園
若林桃子	清泉女学院	石橋祐輔	清真学園
菅波賢真	海城	寺門誠雄	城北
原木健伍	立教池袋	渡辺慎太郎	慶応義塾
鄭京華	雙葉	鄭知華	光塩女子学院
服部愛	中京大学附属中京	門屋貴大	いわき秀英
吉野暁帆	横浜共立学園	渡部りさ子	雙葉
小川真由	横浜雙葉	寺門万里子	成城学園
梶浦淳史	神奈川県立平塚江南	毛利悠汰	秀明
宮本優子	吉祥女子	金由梨	森村学園高等部
水野和佳子	渋谷教育学園渋谷	權頭嵩	熊本県立人吉
神武航	青山学院高等部	加藤俊平	広島城北
井上里菜	東洋英和女学院	渡邉宇蘭	西武学園文理

聖マリアンナ医科大 進学者

氏名	出身高校	氏名	出身高校
船井茉奈	東京女学館	増田涼	聖心女子学院高等科
吉川裕二朗	慶應義塾	小松淳之介	松本深志
渡辺雄一	世田谷学園	平沼志歩美	松本深志
谷野俊	高松	福田正穂	駒場東邦
金治里奈	品川女子学院	鳥居美鈴	品川女子学院
櫻井理沙	田園調布雙葉	伊藤葵	愛知淑徳
長井花蓮	横浜雙葉	小野晴香	桐蔭学園
中澤早紀	広尾学園	山本紘基	桐蔭学園
檜山佳那	実践女子学園	国生華奈	都立日比谷
佐藤友香	安積	高良知大	函館ラ・サール
二神拓路	高輪	北倉えり茅	福井県立藤島
星野気佑	広尾学園	森谷亜希子	目黒星美学園
上原瑛美	金蘭千里	福村健太	藤嶺学園藤沢
桐原若奈	昭和学院秀英	黒須理恵	江戸川女子
高橋麗	洗足学園	米澤唯	女子学院
仁科英彬	駒場東邦	佐々木雅也	宮城県立仙台第二
永長愛莉	フェリス女学院	竹内研人	獨協
吉田彩花	東京女学館	萩原琢也	北海道立札幌南
石津瑞香	普連土学園	桑野将史	桐蔭学園
長谷川亮	獨協	内山直人	桐蔭学園
若山健太郎	秀明	根岸由衣	森村学園
森本紘平	青山学院高等部	櫻井亮佑	栃木県立栃木
北林諒	海陽中等教育学校	小山美穂	秀明
冨永怜子	仙台白百合学園	柴田宗一郎	京華
佐久間萌音	青山学院高等部	池羽宇宙	本郷
佐藤梨音	東京女学館	會澤真緒	公文国際学園
小川智成	サレジオ学院	東田美紗子	四天王寺
坂口知仁	暁星	小倉恵理子	市川
木下友博	青稜	尾形萌々子	東京女学館
森岡信治	青稜	稗田美音葉	明治学園
山内健	巣鴨	足立博俊	慶應義塾
吉見侑大	名古屋	早川功之助	桐蔭学園
奥脇瑠根	桐朋女子	T.M	渋谷教育学園渋谷
沖和浩	暁星		

杏林大医学部 進学者

氏名	出身高校	氏名	出身高校
山本藍	桐朋女子	N.Y	大妻
秋山美月	立教女学院	佐伯理花子	鷗友学園女子
齊藤寧	雙葉	坂路菜々子	成田
後藤駿太	桐朋	山本俊太郎	都立新宿山吹
荒田ほのか	田園調布雙葉	豊島さくら	雙葉
中村眞衣	恵泉女学園	森杏菜	筑紫女学園
竹永萌夏	八王子学園八王子	佐藤怜奈	大妻
永野玲音	東京横浜独逸	吉村悠平	済美平成中等教育学校
水谷真菜	浦和第一女子	牧岡彩	田園調布雙葉
千葉朱里	盛岡第一	今井ゆうか	茨城
品川慎之介	巣鴨	富田一毅	愛光
宇塚天音	広尾学園	大槻幹太	栄東
長澤奈々乃	広尾学園	山内優美	秀明
安永尚生	西南学院	濱田泰彦	世田谷学園
平川知宏	開智	津田泰祐	成蹊
小澤実宏	山手学院	新藤夏帆	都立青山
大西杏佳	加藤学園暁秀	百瀬利一	松本深志
永川太暉	広尾学園	須長幸嗣	志学館
進藤晃仁	穎明館	佐藤遼	新潟明訓
石川倭子	白百合学園	奥山祐奈	山形県立山形東
水貝祐大	暁星	富田茉友香	雙葉
中山佳奈	鷗友学園女子	松田理紗	鈴鹿
中村隆成	筑波大学附属	君塚拓也	秀明
森口徳之	世田谷学園	榊原聡	立教新座
田中瑠	学習院高等科	宮島義明	秀明
深江桃	札幌南	廣瀬圭太	茨城
岸川桃子	洗足学園	保田都	静岡県立浜松北
村山詠美	西武学園文理	鈴木大輝	私立星陵
林杏奈	光塩女子学院	佐藤理子	共立女子
安部由起	成蹊	阿部尚樹	江戸川学園取手
小川加奈子	横浜雙葉	鷲見惟心	暁星
名倉晴香	学習院女子高等科	本保太郎	成蹊
桑満隆生	慶應義塾	A.S	西武文理
髙田真帆	恵泉女学園	M.H	早稲田佐賀
山田のどか	山手学院		

東邦大医学部 進学者

氏名	出身高校	氏名	出身高校	氏名	出身高校	氏名	出身高校
隠土未亜	青山	山本百合	桐朋女子	近藤ゆりあ	雙葉	秋山実季	晃華学園
榎本由香	Walnut Grove Secondary	唐澤真里奈	松本深志	軽部遥希	立教池袋	坪水花絵	東京女学館
奈良井理恵	松本秀峰中等教育	齋藤香奈子	麻布大学附属	白須大士	横浜翠陵	武田尚明	長野県立須坂
星雅人	江戸川学園取手	渡辺志龍	成城	R.M	広尾学園	五十嵐良太	高輪
松下菜々子	川村	溝口怜実	筑紫女学園	関口大誠	淑徳	山本咲	青山学院高等部
石原彰悟	国分寺	佐藤祐輝	新潟明訓	植松智子	大妻	神山和久	立教池袋
荒木ののか	東京都市大学等々力	高安涼太	成田	山藤綾華	雙葉	廣田愛	神奈川県立小田原
川嶋希望	水城	淺木崇彰	国学院久我山	内山幸洋	獨協	竹中祐希	駒場東邦
近藤慶哉	酒田東	石黒香帆	佐久長聖	髙田ひかる	聖心女子学院	鈴木啓太	佐久長聖
陳真博	佼成学園	野崎季一郎	いわき秀英	谷口ゆき乃	日本女子大学附属	辻大成	都立杉並
江幡萌	山脇学園	石塚健介	玉川学園	村山優綺	東洋英和女学院	田原由利子	三輪田学園
小泉祐達	慶応義塾	池田まどか	昭和女子大附属	宮本秀太郎	青山学院高等部	井吹拓馬	桐蔭学園
関ひかり	東京学芸大学附属国際中等教育	平野遥彦	筑波大附属	S.K	滝	T.K	巣鴨
S.W	吉祥女子						

帝京大医学部 進学者

氏名	出身高校	氏名	出身高校
秋山開	県立宇都宮	篠原陸男	西武学園文理
須藤友文	青山学院	横井文彦	広尾学園
宮澤咲帆	盛岡中央	愛甲尚哉	東邦大学付属東邦
小高遼太	清水東	渡部真帆	白百合学園
武田将信	獨協	宮地鉱生	北陸
安藤結	東京女学館	北濱眞子	西武学園文理
長尾快作	巣鴨	淺谷ひとみ	鴎友学園女子
齊藤寧	雙葉	吉川嘉之	淑徳
倉岡 翔	進才	佐久間彗輔	青山学院高等部
土田 裕規	成蹊	早川淳	帝京
源河彩由	桐朋女子	石川聡美	白百合学園
三鶴隆晃	青山学院高等部	袴田悠暉	静岡聖光学院
堀音貴	宇都宮中央女子	二木修平	城北
伊藤誠悟	暁星	土本優源	帝京
松崎薫	栄東	新保雅大	東邦大学付属東邦
水村泰輝	成蹊	越後谷雅一	桐蔭学園
富田龍一郎	鎌倉学園	藤多照久	湘南学園
黄川田祥子	光塩女子学院	市瀬彩	諏訪二葉
中山統一朗	新潟明訓	山﨑裕子	日本大学習志野
近藤悟	静岡県立浜松北	安齋仁志	福島県立磐城
北原礼子	白百合学園	池田佳之	秋田県立秋田
山﨑あすか	普連土学園	渡邉裕佳	田園調布雙葉
草野達哉	福島県立磐城	田中陽来	自修館中等教育
霜村真梨花	山梨学院		

獨協医科大学 進学者

氏名	出身高校	氏名	出身高校
村井成美	星稜	相原沙代子	群馬県立高崎女子
北原麟太郎	安積	内田明太	静岡県立掛川西
太田節	佐久長聖	手塚尊俊	栃木県立宇都宮
大森正太郎	佐野日本大学	木村直暉	東京農業大学第二
長谷川晶大	暁星	朝倉充司	暁星
藤井伶衣	田園調布雙葉	竹山太朗	池田学園
松田弥	成蹊	細川奈於	私立武蔵
今井杏奈	お茶の水女子大学附属	小嶋茅乃	東京女学館
吉田蓮	品川女子学院	太田三春	佐久長聖
馬庭崇寿	出雲	小河原聡一郎	群馬県立高崎
柳川由衣	佐野日本大学中等教育	佐藤友紀	栄東
吉住拓真	成蹊	呉崇禎	広尾学園
奥田晃規	桐朋	岡宮海	高輪
西田宗平	愛知	高瀬穣	桐蔭学園中等教育
溝口竜太郎	獨協	大髙遼太郎	函館ラサール
三好哲平	愛媛県立新居浜西	大垣圭太郎	開智
大竹佑樹	秀明	石井沙安也	秀明
齋藤大介	新潟県立新潟	ト部一弘	作新学院
遠藤美羽	福島県立会津	平澤樹	宮城県立仙台第二
保坂洵	日本大学山形	小俣有生	森村学園
藤崎美樹	茗溪学園	大西真理子	淑徳

日本大医学部 進学者

氏名	出身高校	氏名	出身高校
垣花惟玖	那覇	佐々木青葉	東京女学館
堤祐尋	米子東	清野駿	巣鴨
南彩百合	白百合学園	渡邊智也	日本大学東北
渡邉葵	新潟第一	千釜絵莉	日本大学鶴ヶ丘
鳥山美紀	淑徳与野	栗原尚哉	秀明
小野徳起	学習院	小林桃子	秀明
村林浩介	戸山	藤下沙紀	青山学院高等部
馬場崇平	精道三川台	吉田仁美	福島県立磐城
大山智子	東京女学館	足立光	愛知淑徳
藤井恵	AICJ	齋藤剛熙	湘南学園
今井希	青山学院	大橋和記	学習院高等科
林梨杏	横浜雙葉	中野樹莉亜	都立日比谷
小林徳秀	秀明	仲野瑞樹	逗子開成
関和政	芝	橋本佳穂	田園調布学園
橋本麻莉夏	浦和明の星女子	井上卓	東邦大学付属東邦
及川陽向	世田谷学園	武石白馬	日本大学三島
福田雄斗	世田谷学園	庄司夕季乃	東洋英和女学院
小川菜々花	本庄東	長谷川和喜	桐蔭学園
島田雛子	清泉女学院	石倉智枝里	秀明
松前和輝	水戸第一	上村宗平	東京学芸大附属
八巻達哉	秀光中等教育	岡本峻	富山県立高岡
神谷仁人	洛南	榊原昌	日本大第二
金源太郎	安積	内ヶ﨑祥乃	秀明
四ヶ所大生	世田谷学園	田﨑健太	渋谷教育学園幕張
谷野菜々子	香川県立高松	橋本直起	桐朋
金子江舞	日本大学	藤沢祈里	青山学院高等部
原拓也	京都共栄学園	外田真暉	山形県立山形長井
三刀屋佑	開智	生田稜	秀明
石川直毅	獨協	加藤将宏	秀明
吉江満理奈	東洋英和女学院	菅原大樹	城北
青嶋桃佳	森村学園	原田正晴	松本深志
ファムレフグエン	群馬県立高崎	森口鳳之	世田谷学園
陳業隆	郁文館	川島綾美	白百合学園
松本美穂	光塩女子学院	大石真穂	大阪女学院
奈良自由造	都立保谷	符淳	巣鴨
臼井亮輔	長崎日本大	髙田真央	桐蔭学園
宇津野将也	学習院高等科	S.K	南山
井原幸佑	川越東		

東京医科大 進学者

氏名	出身高校	氏名	出身高校
立山和果奈	フェリス女学院	藤井拓	船橋市立船橋
玉舎佑都	桐蔭学園	小川隆志	筑波大附属
田村萌々奈	作新学院	金沢慶	成城
八木理利花	筑波大付属	内山莉佳子	洗足学園
中谷七海	大妻	間島理	大手前高松
清水さくら	雙葉	高木央	私立武蔵
富永遥	白百合学園	林聖来	田園調布雙葉
中澤すみれ	雙葉	相川咲子	東京女学館
藤井祐	成蹊	高橋愛梨	白百合学園
三橋清哉	暁星	古坂美奈子	雙葉
原口果子	雙葉	山口智之	秀光中等教育学校
中尾香音	智弁学園和歌山	清水康喜	山梨学院
近藤有華	浜松北	梁宇哲	本郷
國香杏奈	鴎友学園女子	牧野成真	北嶺
大塚新太郎	桐蔭学園	岩間佳奈美	King'sChristian
鈴木雄哉	成蹊	深井亮祐	獨協
松脇伊吹	高輪	石田由利	桐蔭学園
鈴木優	山脇学園	秋山真哉	静岡県立静岡
竹吉亮裕	奈良学園	神谷知紀	麻布
鈴木航大	芝	野原有由	東洋英和女学院
益田大貴	淑徳	茂手木壽明	江戸川学園取手
渡辺愛音	東洋英和女学院	芝入雄一	巣鴨
雨宮楓	駿台甲府	加藤大明	明治学院
渡辺凜汰朗	城北	森川紗希	広島女学院
辻雄次郎	智辯和歌山	内田みちる	前橋女子
梅原菜摘	成蹊	土師野良真	青山学院高等部
赤岡大地	駿台甲府	北條茉由子	桐蔭学園
櫻田正智	慶応義塾	岡村博紀	函館ラ・サール
鈴木盛夫	本庄東	西村直記	西武学園文理
穴吹智弘	加藤学園暁秀	松脇萌恵	栄東
須藤幹	東京成徳大学	R.M	横浜雙葉
塩口滉一郎	都立日比谷	A.S	女子学院

昭和大医学部 進学者

氏名	出身高校	氏名	出身高校
長田純奈	学習院女子	伊藤旦	青稜
山﨑みのり	大妻	大嶋明仁	青山学院高等部
塩島功生	九段中等教育	武田真輝	東京都市大学付属
木下圭子	光塩女子学院	林靖衡	成蹊
佐分咲輝	西武学園文理	黒坂陽一郎	暁星
原夕理奈	青山学院	山岡愛英	田園調布雙葉
松野仁美	光塩女子学院	鈴木將嘉	桐蔭学園
伊藤沙桜	田園調布雙葉	小森秀一	青稜
陳業森	獨協	矢口まいか	女子学院
川島怜大	暁星	唐アリス	東京女学館
鈴木美結	宇都宮女子	藤川千絋	雙葉
東星来	立命館慶祥	鄭裕華	雙葉
山口拓巳	桐蔭学園中等教育	畑貴之	都立青山
鈴木万尋	浜松日体	平菜月	青山学院高等部
荒田智浩	ラ・サール	角田尊	巣鴨
西川日向子	田園調布学園	城井正彦	秀明
飯田すず	雙葉	三浦瑠衣子	筑波大付属
伊藤友梨那	立教女学院	門屋怜奈	いわき秀英
見崎友香	東洋英和女学院	山本謙	青山学院高等部
矢島瑞己	早稲田実業学校	横山美樹	桐陰学園
今泉力	日比谷	関谷樹	群馬県立前橋
沖田花奈	東京女学館	大鹿颯大	青山学院高等部
星尚輝	芝	源河史歩	成城学園
佐藤貴文	岩手県立盛岡第一	奈良拓矢	広島三育学院
新井麻理佳	慶応義塾女子	平井豪	獨協
河野有哉	城北	中村弥貴	東京女学館

横浜市立大医学部医学科 進学者

氏名	出身高校
四ケ所葵	湘南白百合学園

国際医療福祉大 進学者

氏名	出身高校
阿部有理加	東京女学館
益子友里	国府台女子学院高等部
R.S	豊島岡女子学園

慶應義塾大医学部 進学者

氏名	出身高校
大城大揮	慶應義塾
宮永りりか	青山学院高等部

自治医科大 進学者

氏名	出身高校
U.E	青森県立八戸

防衛医科大学校 進学者

氏名	出身高校
檜康友	桐光学園

藤田医科大 進学者

氏名	出身高校
田村壮輝	葛飾野
徳永恵理子	東京学芸大学附属
小島敬一朗	穎明館
鶴町綾子	桐蔭学園
六鹿好志久	玉川学園
小谷燦璃古	玉川学園
K.I	浦和明の星女子

金沢医科大 進学者

氏名	出身高校	氏名	出身高校	氏名	出身高校
紫和 慶多	岡山白陵	服部奨	星城	石井良	秀明
生山洸平	伊那北	中根真世	淑徳与野	金子寿夫	秀明
佐藤豪	新潟明訓	田辺順平	駿台甲府	髙橋ちあき	市原中央
高島梨乃	宇都宮短期大学附属	吉澤哲太郎	秀明	沼澤茂	山形県立山形東
伊藤嘉浩	暁星	岡田悠吾	秀明	大井手亮裕	郁文館
大和田海斗	函館ラ・サール	角田三四郎	芝浦工業大学高校柏	矢野竜基	杉並学院
加藤理沙	愛知淑徳	丸山翔	城北	木戸総一郎	弘学館
河原佳生	駒込	伊藤周祐	暁星	Y.K	東洋英和女学院
中川伶	清風				

信州大医学部医学科 進学者

氏名	出身高校
岩科弘丸	日比谷
堀内沙也花	松本秀峰中等教育学校
佐藤絢飛	駒場東邦

愛知医科大 進学者

氏名	出身高校	氏名	出身高校	氏名	出身高校
杉浦るみの	秀明	酒部裕貴	広尾学園	吉田萌夏	東洋英和女学院
古川敬真	聖光学院	秋山雄哉	静岡大成	平良にな	沖縄県立開邦
佐原佳音	吉祥女子	伊藤嶺奈	白百合学園	嘉本邦生	静岡聖光学院
奥田知宏	桐朋	渡辺秀知	栃木県立栃木	森村和真	浅野
富永仁	平塚学園	太田秋一郎	佐久長聖	荻原熙	青山学院高等部
織田しずく	土佐塾	西村彩花	三重	齊藤優希乃	普連土学園
古川城太郎	海城	玉木圭	広尾学園	藤村幸士	巣鴨

名古屋市立大医学部 進学者

氏名	出身高校
齋藤拓眞	鹿島学園

近畿大医学部 進学者

氏名	出身高校
景山なる美	清泉女学院
赤坂政哉	本郷
水谷紀江	豊島岡女子学園
三輪龍介	獨協
平山美姫	福山暁の星女
宮田大道	西南学院
河野友勝	秀光中等教育学校

関西医科大 進学者

氏名	出身高校
宍戸 鈴美	西武学園文理
五藤未来	親和女子

久留米大医学部 進学者

氏名	出身高校
小倉 慧人	巣鴨
名護 仁秀	筑紫丘
比嘉蓮菜	弘学館
坂本広樹	芝
伊敷美優	沖縄カトリック
加藤翔太	山口県立下松
權頭英	熊本県立人吉
才原望夢	樟南
花田基成	志學館高等部

福岡大医学部 進学者

氏名	出身高校
猪俣 丈	桐蔭学園
大鳥栄美子	国府台女子学院
岡田和麗	普連土学園
河野廉汰朗	新潟
風間克彦	逗子開成
石川雄太	高輪
佐藤大介	成田
長田佳憲	自修館
長尾快登	巣鴨
R.Y	広尾学園

川崎医科大 進学者

氏名	出身高校
櫻田翼	韮山
櫻本有規	駿台甲府
加藤瞳	岐阜県立岐阜
加藤万紀子	広島女学院
勝田圭貴	広島修道
中村 龍	八王子拓真

大阪医科薬科大 進学者

氏名	出身高校
三村 華弘	南山
大﨑赳文	富山中部
石代俊也	郁文館
間瀬泰我	北嶺
早川舞由香	秋田

兵庫医科大 進学者

氏名	出身高校
大山裕之	弘学館

琉球大学医学部医学科 進学者

氏名	出身高校
福地貴斗	八重山

◆代官山MEDICALは

提携塾や分校はありません。

従って、合格者数は1校舎単体の実数となります。

INDEX

2次面接対策の心得

面接の目的

医学部を志望する受験生の皆さんにとって、避けて通れない選抜方法の一つとして、「面接」があります。これは、「学科試験」では判断できない医療者としての「適性と目的意識」を評価し、将来の医療者に必要な「人間性」を総合的に審査しています。

〈適性〉

1. コミュニケーション能力
2. 協調性
3. 問題解決能力
4. 論理的思考力
5. リーダーシップ
6. 奉仕的精神

など

〈目的意識〉

1. 自分の意志で医師になりたい
2. 本学へ入学したい
3. 医学・医療に興味・関心を持つ
4. 学習意欲があり、明確な将来像を持つ

など

面接の実施方法

面接の実施方法には、大別して次の３通りがあります。

1. 個人面接：受験生1人に対して、面接官2・3人の形式で、所要時間は10分～15分

①面接官が受験生本人をじっくりと観察できるため、多くの大学がこの形式を採用しています。
②個人面接ではいかに自分らしさがだせるか、自己表現ができるかがポイントです。

【実施校】
岩手医科大学、自治医科大学、獨協医科大学、埼玉医科大学、北里大学、杏林大学、慶應義塾大学、順天堂大学、昭和大学、帝京大学、東京医科大学、東京慈恵会医科大学、東京女子医科大学、東邦大学、日本大学、日本医科大学、聖マリアンナ医科大学、東海大学、愛知医科大学、近畿大学、関西医科大学、兵庫医科大学、川崎医科大学、久留米大学、産業医科大学、東北医科薬科大学、国際医療福祉大学、藤田医科大学

2. グループ面接：複数の受験生に対して、面接官も複数の形式で、所要時間は20分～30分前後

①同じ質問を全員にしたり、１人ずつ質問を変える場合もあり、個々の受験生の比較がねらいです。
②他の受験生がどのように答えているのかを注意深く聞き、面接官の印象に残るような独自の回答を心がけます。

【実施校】
大阪医科薬科大学、福岡大学、北里大学

3. グループ討論：

複数の受験生が与えられたテーマについて、自由討論に入るのが一般的で、面接官も複数です。所要時間は40分～ 50分程度

①グループの中で他人の話をきちんと聞けるかどうか、どれだけ自分の意見を言えるか、積極性・協調性・論理性、リーダーシップといった点をみています。
②議論に勝つのが目的ではなく、仮に反論されても感情的になったり、相手を追い込んだりせず、建設的な意見を述べます。
③司会者を務めるのも高評価のポイントですが、逆にグループ全体をまとめ切れない場合のリスクも高く、無理をしてまで司会者に立候補する必要もないと言えます。むしろ、他人の意見をどのように汲んで発言できるかに集中し、様々な視点・立場に立って考えられる資質が求められています。
④テーマについての回答や結論を期待しているというよりも、むしろ討論中の展開や議論の過程を重視しているとも言えます。

【実施校】
自治医科大学、日本医科大学、金沢医科大学、東邦大学、福岡大学

面接の質問内容

どの大学の面接試験でも、共通して問われる質問内容に関しては、自分なりの考えをまとめ、自分の言葉で表現できるように準備しておくことが大切です。特に大学志望理由では、なぜ「A医科大学・B大学医学部」でなければならないのか、ということを明確に説明するためには、「建学の精神」から始まり、アドミッションポリシー、教育内容の特色、カリキュラムなど大学の特徴を調べておく必要があります。また、時事問題、医学・医療問題に対応するためにも日頃から新聞に目を通して、世の中の動きを把握します。特に社説などを読んで自分なりの意見をまとめることも重要です。それでは主な質問例を挙げておきます。

1. 一般的な質問

・大学志望理由　・医師志望理由
・理想の医師像
・将来は臨床か研究か
・将来は何科に進みたいか
・併願校　・大学入学後の抱負
・出身校、高校生活（部活動も含めて）
・調査書の内容
・自己PR（長所・短所など）
・家族の職業　・趣味
・尊敬する人
・得意科目、苦手科目
・寮生活　など

2. 時事問題に関する質問

・格差社会
・地球温暖化
・少子高齢化
・死刑制度
・最近、印象に残ったニュース　など

3. 医学・医療に関する質問

・脳死、臓器移植
・遺伝子診断
・医師の偏在（診療科、地域）
・医師の過重労働
・医療過誤、医療事故、医療訴訟
・再生医療
・がん告知
・日本の医療制度
・地域医療、へき地医療
・救急医療　など

4. グループ討論のテーマ例

・救急患者のたらい回し
・裁判員制度
・医療崩壊
・薬害問題
・医師不足
・小学校の英語教育
・食の安全性
・派遣労働　など

面接の評価法

学科試験の成績が良くても、面接の評価が悪ければ不合格ということもあり、最終合否を左右する大きな選考のポイントです。通常合否判定は学科試験と小論文・面接、調査書などの総合判定で行われます。
面接の評価は次の３通りの方法が考えられます。特に「段階評価」では、面接の結果を数段階から５段階に分けて評価し、学科試験の得点に加味して合否を決定しています。この場合、末端の評価では学科試験の結果にかかわらず、正規合格を勝ち取ることは難しいと思われます。
また、「点数化や段階評価をしない方法」では、総合判定の資料として使われ、面接官とコミュニケーションがとれ、性格的に特に問題がなければ学科試験通りに合否が決定すると考えられます。

1 点数化　2 段階評価　3 点数化や段階評価をしない方法（総合判定の資料）

面接上の注意点

面接官とのコミュニケーションの主体は「言葉」や「マナー」です。その基本である服装・身だしなみ、立ち居振舞い・言葉遣いなどの注意点をまとめてみました。

服装・身だしなみ

・基本は清潔感があり、こざっぱりとした服装を心がけてください。
・現役生で学校の制服がある人は、制服がベストです。
・制服のない高校生や既卒生の場合、紺・グレー系のスーツやジャケットがよく、ネクタイはきちんとしめてください。
・耳と額が髪で隠れていると、暗い印象を与えてしまうので注意してください。
・茶髪、ピアス、マニキュアはＮＧです。
・パーマや化粧も不適切です。
・制服でもスーツでも、アクセサリーは不要です。

チェックポイント

（男性）
①髪の毛はきれいに整っているか
②ヒゲのそり残しはないか
③肩のフケはないか
④服は清潔か、シャツの袖や襟はきれいか
⑤スラックスはしっかりプレスしてあるか
⑥靴は黒が基本で、きれいに磨いてあるか
⑦靴下は清潔、色は黒、グレー、白など地味目の色か

（女性）
①髪の毛は清潔か、お辞儀をした時に顔に髪がかからないか
②ゴムやヘアピンの使い過ぎはないか
③服は清潔か、色やデザインは派手すぎないか
④靴はきれいに磨いてあるか
⑤サンダルは不適切、スーツの場合、ヒールの高さは5㎝程度か
⑥スカートの丈は短すぎないか

立ち居振舞い・言葉遣い

（1）入室時
・受験番号を呼ばれたら、「はい」と明るく、大きな声で返事をしましょう。
・自分でドアを開けて入っていく場合、ノックを２回して、「どうぞ」と言われてから、ドアを開けて入室しましょう。
・ドアの開閉はくれぐれも丁寧に行いましょう。
・イスに座るときも、「どうぞ」と言われてから、座るように。

(2) 挨拶

・入室したら、「失礼します」と挨拶し、面接官に向かって一礼しましょう。
※お辞儀は深すぎず、浅すぎず、その角度は 30 度です。男性は腕を脇に付けたまま、女性は両手を膝の前で合わせましょう。

(3) 着席

・指示があるまで着席せず「おかけください」と言われてから腰をかけましょう。
・椅子に深く腰掛け、背中は背もたれから握りこぶし 1 つ分のスペースをとりましょう。
・背筋を伸ばし、あごを引きましょう。
・男性は握りこぶし 2 つ分膝を開き、女性は両膝からつま先までつけましょう。
・男性は軽く手を握って腿の上に置き、女性は指先を伸ばして腿の上で軽く重ねましょう。
・学生服のボタンはすべて留めましょう。
・スーツやジャケットの第一ボタンも忘れずに留めましょう。

(4) 質疑応答

・問答の開始時に心がけたいあいさつは、「よろしくお願いします」。
・うつむいて話すのは印象が悪いので、視線は面接官の口元から首あたりに向け、質問に答える際は面接官の目をしっかり見て話しをします。
・複数の面接官がいる場合、上半身を少しひねって体を面接官に向けて答えます。

(5) 退室時

・「終了です」と言われたら、ゆっくりと立ち上がり、「ありがとうございました」とお辞儀をしましょう。
・面接官に向かって「失礼します」と挨拶してから、ドアを閉めましょう。

(注) 緊張している状態で慣れない敬語で話しをしていると、説明したいことがうまく伝わりません。面接官は年上の方です。日頃から学校の先生やご両親と話しをする際に、目上の方に接する正しい言葉遣いで話すよう心がけてください。

・ 2024年 私立医学部 一般選抜／共通テスト利用選抜 入試カレンダー ・

表内の色分け

… 1次試験　　1次発表
… 2次試験　　2次発表
… 共テ/その他2次試験　　… 2次対策@代官山

1月～2月　2024.jan~feb

mon	tue	wed	thu	fri	sat	sun
1/8	9	10	11	12	13 2024年度　共通テスト	14
15	16 愛知医科大学（一般／一次）	17 国際医療福祉大学（一般／一次） 岩手医科大学（一般・地域枠 C/ 一次）	18	19 杏林大学（一般・東京都・新潟県地域枠／一次）	20 東北医科薬科大学（一般／一次）	21 川崎医科大学（一般・岡山地域枠［専願］/ 一次） 獨協医科大学（一般前期 / 一次・21 日 22 日両日受験可） 国際医療福祉大学（一般/一次発表15:00）
22 自治医科大学（一般／学力試験） 獨協医科大学（一般前期 / 一次・21 日 22 日両日受験可） 国際医療福祉大 ★二次対策	23 自治医科大学（一般／面接試験） 岩手医科大学（一般・地域枠C/一次発表） 川崎医科大学（一般・地域枠/一次発表）	24 兵庫医科大学（一般 A・B/ 一次） 国際医療福祉大学（一般／二次・【指定：24 日～ 29 日の 6 日間のうちいずれか一日】）	25 帝京大学（一般・地域枠／一次・自由選択・3 日受験可） 愛知医科大学（一般/一次発表） 岩手医科大 ★二次対策	26 北里大学（一般・学士／一次） 東北医科薬科大学（一般/一次発表） 杏林大学（一般・地域枠/一次発表） 獨協医科大学（一般前期/一次発表） 自治医科大学（一般/一次発表） 岩手医科大学（一般・地域枠 C/ 二次・選択）	27 関西医科大学（一般前・地域枠・共テ一般前併 / 一次） 川崎医科大 ★二次対策 獨協医科大前期 ★二次対策	28 近畿大学（一般前期 A/ 一次）
29 川崎医科大学（一般・岡山地域枠［専願］/ 二次・【指定】） 国際医療福祉大学（一般／二次・【指定】） 愛知医科大 ★二次対策 自治医科大 ★二次対策	30 金沢医科大学（一般前期／一次・選択） 帝京大学（一般／一次発表） 獨協医科大学（一般前期／二次・選択） 杏林大医学部 ★二次対策	31 自治医科大学（一般／二次） 愛知医科大学（一般／二次・選択）	2/1 日本大学（N 方式Ⅰ期／一次） 久留米大学（一般前期／一次） 日本医科大学（一般前期・地域枠／一次） 東京女子医科大学（一般／一次） 北里大学（一般・学士／一次発表 15:00） 兵庫医科大学（一般 A/ 一次発表） 杏林大学（一般・東京都・新潟県地域枠／二次・【指定】） 川崎医科大学（一般・地域枠/二次発表） 岩手医科大学（一般・地域枠C/二次発表） 兵庫医科大 ★二次対策 東北医科薬科大 ★二次対策	2 昭和大学（一般Ⅰ期／一次） 東海大学（一般／一次・選択） 埼玉医科大学（一般前期／一次） 福岡大学（一般／一次） 北里大医学部 ★二次対策	3 順天堂大学（一般A・B・共テ前・共テ併・地域枠／一次） 東北医科薬科大学（一般／二次・【指定】） 北里大学（一般・学士／二次・3 日間から選択） 兵庫医科大学（一般 A/ 二次・選択） 国際医療福祉大学（一般/二次発表15:00）	4 藤田医科大学（一般前期・地域枠／一次）

※詳細につきましては、必ず募集要項でご確認ください。

2月

2024.feb

mon	tue	wed	thu	fri	sat	sun
2/5 北里大学(一般・学士/二次・3日間から選択) 帝京大医学部★二次対策	6 東邦大学(一般・千葉県地域枠/一次) 日本大学(N方式Ⅰ期/一次発表) 関西医科大学(一般前期・地域枠/一次発表) 金沢医科大学(一般前期/一次発表) 帝京大学(一般/二次・選択)	7 東京医科大学(一般/一次) 昭和大学(一般Ⅰ期/一次発表) 久留米大学(一般前期/一次発表) 近畿大学(一般前期A/一次発表) 日本医科大学(一般前・地域/一次発表) 獨協医科大学(一般前期/二次発表) 杏林大学(一般・地域枠/二次発表) 北里大学(一般・学士/二次発表15:00) 日本医科大前期★二次対策	8 聖マリアンナ医科大学(一般前期/一次) 順天堂大学(一般A・共テ前・地域枠・研究医/一次発表) 愛知医科大学(共テ前期/一次発表) 埼玉医科大学(一般前期/一次発表) 東京女子医科大学(一般/一次発表) 福岡大学(一般・共テ/一次発表) 東海大学(一般・共テ・地域枠/一次発表) 藤田医科大学(一般前・地域枠・共テ前/一次発表) 愛知医科大学(一般/二次発表) 昭和大医学部Ⅰ期★二次対策 関西医科大前期★二次対策 近畿大医学部前期★二次対策	9 関西医科大学(共テ前・共テ一般併/一次発表) 東邦大学(一般・千葉県地域枠/一次発表正午) 兵庫医科大学(一般B/一次発表) 日本医科大学(一般前期・地域枠/二次・選択) 自治医科大学(一般/二次発表) 兵庫医科大学(一般A/二次発表) 東北医科薬科大学(一般/二次発表) 金沢医科大前期★二次対策 久留米大医学部★二次対策 順天堂大医学部★二次対策	10 大阪医科薬科大学(一般前期・地域枠/一次) 帝京大学(共テ/一次発表) 順天堂大学(一般A・共テ前・地域枠/二次・10日〜12日【指定】) 昭和大学(一般Ⅰ期/二次・出願時選択) 関西医科大学(一般前期・地域枠/二次) 帝京大学(一般/二次発表) 日本大医学部Ⅰ期★二次対策 藤田医科大前期★二次対策 兵庫医科大前期★二次対策 東海大医学部★二次対策	11 近畿大学(一般前期A/二次) 埼玉医科大学(一般前期/二次) 日本大学(N方式Ⅰ期/二次) 東海大学(一般・共テ・地域枠/二次・選択)
12 順天堂大学(一般A・共テ前・地域枠/二次) 金沢医科大学(一般前期/二次・選択) 兵庫医科大学(一般B/二次) 藤田医科大学(一般前・共通テスト前/二次・選択) 東海大学(一般・共テ・地域枠/二次・選択) 産業医科大学(一般学力検査/二次) 東邦大医学部★二次対策 福岡大医学部★二次対策	13 国際医療福祉大学(共テ/一次発表) 久留米大学(一般前期/二次) 日本医科大学(一般前・地域/二次発表) 昭和大学(一般Ⅰ期/二次発表)	14 聖マリアンナ医科大学(一般前期/一次発表) 杏林大学(共テ/一次発表) 近畿大学(共テ前期・中期/一次発表) 東邦大学(一般・千葉県地域枠/二次・【指定】) 福岡大学(一般・共テ/二次) 藤田医科大学(一般前・地域枠・共通テスト前/二次発表)	15 東京医科大学(一般・共テ/一次発表) 金沢医科大学(一般前期/二次発表) 埼玉医科大学(一般前期/二次発表) 関西医科大学(一般前期・地域枠/二次発表) 東京女子医科大★二次対策 聖マリアンナ医科大前期★二次対策	16 国際医療福祉大学(共テ/二次小論文) 帝京大学(共テ/二次) 日本大学(N方式Ⅰ期/二次発表) 東京医科大★二次対策	17 大阪医科薬科大学(一般前期・共テ・地域枠/一次発表) 順大堂大学(一般B・共テ後/一次発表) 聖マリアンナ医科大学(一般前期/二次・【指定】) 東京女子医科大学(一般/二次・【指定】) 東京医科大学(一般・共テ/二次) 関西医科大学(共テ前・共テ一般併/二次) 東海大学(一般/二次発表) 順天堂大学(一般A・共テ前・地域枠・研究医/二次発表) 東邦大学(一般・千葉県地域枠/二次発表正午) 大阪医科薬科大学大前期★二次対策	18 東京慈恵会医科大学(一般/一次) 近畿大学(共テ前期・中期/二次) 杏林大学(共テ/二次個別学力検査)
19 慶應義塾大学(一般/一次)	20 大阪医科薬科大学(一般前期・地域枠/二次) 国際医療福祉大学(共テ/二次面接) 兵庫医科大学(一般B/二次発表) 帝京大学(共テ/二次発表)	21 久留米大学(一般前期/二次発表) 杏林大学(共テ/二次発表)	22 愛知医科大学(共テ前期/二次) 大阪医科薬科大学(一般前・地域枠・共テ/二次発表) 東京医科大学(一般・共テ/二次発表) 関西医科大学(一般前・共テ前・共テ一般併/二次発表) 東京女子医科大学(一般/二次発表) 聖マリアンナ医科大学(一般前期/二次発表) 福岡大学(一般・共テ/二次発表)	23 近畿大学(一般前期A/二次発表)	24 近畿大学(一般後期/一次)	25

2月～3月 2024.feb~mar

mon	tue	wed	thu	fri	sat	sun
2/26 東京慈恵会医科大学（一般／一次発表） 慶應義塾大学（一般／一次発表） 国際医療福祉大学（共テ／二次発表） 産業医科大学（一般A・B小論文・面接受験資格者発表）	27 獨協医科大学（一般後期／一次） 東北医科薬科大学（共テ／一次発表） 近畿大学（共テ前期・中期／二次発表） 東京慈恵会医科大 ★二次対策	28 日本医科大学（一般後期・地域／一次） 大阪医科薬科大学（共テ／二次） 慶應義塾大医学部 ★二次対策	29 東京慈恵会医科大学（一般／二次・2/29～3/1・3/2の３日間から選択） 愛知医科大学（共テ前期／二次発表）	3/1 金沢医科大学（一般後期／一次） 獨協医科大学（一般後期・共テ／一次発表） 慶應義塾大学（一般／二次） 大阪医科薬科大学（共テ／二次発表）	2 昭和大学（一般Ⅱ期／一次） 関西医科大学（一般後期・地域枠／一次） 埼玉医科大学（一般後期／一次） 近畿大学（一般後・共テ後／一次発表） 獨協医科大後期 ★二次対策	3 藤田医科大学（一般後期・地域枠／一次）
4 日本大学（N方式Ⅱ期／一次） 順天堂大学（一般B・共テ後／二次小論文・英作文）	5 聖マリアンナ医科大学（一般後期／一次） 金沢医科大学（一般後期／一次発表） 獨協医科大学（一般後期・共テ／二次） 順天堂大学（一般B・共テ後／二次面接） 東北医科薬科大学（共テ／二次） 慶應義塾大学（一般／二次発表） 産業医科大学（一般C/小論文・面接受験資格者発表） 近畿大医学部後期 ★二次対策	6 昭和大学（一般Ⅱ期／一次発表） 日本医科大学（一般後・地域・共テ併／一次発表） 東北医科薬科大学（共テ／二次）	7 愛知医科大学（共テ後期／一次発表） 藤田医科大学（一般後期・共テ後期／一次発表） 埼玉医科大学（一般後期・共テ／一次発表） 近畿大学（一般後期・共テ後／二次） 日本医科大後期 ★二次対策	8 久留米大学（一般後期／一次） 関西医科大学（一般後・地域枠・共テ後／一次発表） 獨協医科大学（一般後期・共テ／二次発表） 昭和大医学部Ⅱ期 ★二次対策	9 昭和大学（一般Ⅱ期／二次） 順天堂大学（一般B・共テ後／二次発表） 東京慈恵会医科大学（一般／二次発表） 金沢医科大後期 ★二次対策 埼玉医科大後期 ★二次対策	10 大阪医科薬科大学（一般後期／一次） 埼玉医科大学（一般後期・共テ／二次） 日本医科大学（一般後期・地域／二次）
11 金沢医科大学（一般後期／二次） 昭和大学（一般Ⅱ期／二次発表）	12 久留米大学（一般後期／一次発表） 聖マリアンナ医科大学（一般後期／一次発表） 関西医科大学（一般後・地域枠・共テ後／二次） 産業医科大学（小論文・面接／二次） 愛知医科大学（共テ後期／二次） 東北医科薬科大学（共テ／二次発表） 藤田医科大後期 ★二次対策	13 日本大学（N方式Ⅱ期／一次発表） 金沢医科大学（一般後期／二次発表） 日本医科大学（一般後・地域／二次発表）	14 藤田医科大学（一般後期・地域枠・共テ後／二次） 埼玉医科大学（一般後期・共テ／二次発表） 愛知医科大学（共テ後期／二次発表） 聖マリアンナ医科大後期★二次対策 久留米大医学部後期 ★二次対策	15 大阪医科薬科大学（一般後期／一次発表） 聖マリアンナ医科大学（一般後期／二次） 藤田医科大学（一般後・地域枠・共テ後／二次発表） 関西医科大学（一般後・地域枠・共テ後／二次発表） 近畿大学（一般後・共テ後／二次発表）	16 久留米大学（一般後期／二次） 大阪医科薬科大後期★二次対策 日本大医学部Ⅱ期 ★二次対策	17 日本大学（N方式Ⅱ期／二次）
18 大阪医科薬科大学（一般後期／二次）	19 産業医科大学（一般／二次発表） 久留米大学（一般後期／二次発表）	20	21 大阪医科薬科大学（一般後期／二次発表） 聖マリアンナ医科大学（一般後期／二次発表）	22 日本大学（N方式Ⅱ期／二次発表）	23	24

2023年11月28日現在　※今後、諸事情により変更の可能性もあります。出願時各自必ず今年度の募集要項を確認してください。

総合型選抜・編入学試験

■総合型選抜・編入学試験データ(2023年度)

大学名	種別	募集人員	志願者	合格者
大阪医科薬科大学	「至誠仁術」入試(専願制)	3	9(4)	1
	「至誠仁術」入試(併願制)	5	53(38)	3
金沢医科大学	総合型選抜	14	222(89)	13(5)
獨協医科大学	総合型選抜	3以内	13(7)	1(1)
北里大学	学士入学	若干名	19(11)	3(2)
東海大学	希望の星育成	10	109	15
	特別選抜(展学のすすめ)	10	199	10
藤田医科大学	ふじた未来高3枠	高3・卒合わせて約12	96(42)	13(8)
	ふじた未来高卒枠		71(39)	4(2)
岩手医科大学	学士編入学	若干名	21(8)	3(0)

()は女子内数

■2024年度(2023年実施) 総合型選抜・編入学試験(受験の資格・条件)

大学名	種別	募集人員	資格	編入学
大阪医科薬科大学	至誠仁術入試(併願制)	5	現役、1浪のみ	—
金沢医科大学	総合型選抜	23	25歳以下、詳しくはHPを参照	—
川崎医科大学	総合型選抜	約25	中国・四国地域出身者、霧島市地域枠、特定診療科選抜枠。詳しくはHPを参照	—
産業医科大学	総合型選抜	10以内	現役、1浪	—
昭和大学	卒業生推薦入試	7	現役のみ。祖父母もしくは両親のいずれかが昭和大学の卒業生である者。詳しくはHPを参照	—
獨協医科大学	総合型選抜	3以内	大学卒業者・在籍者(2年次まで修了)、令和6年4月1日現在で30歳未満の者	—
北里大学	学士入学	若干名	4年制大学既卒者または、令和6年3月31日卒業見込みの者、詳しくはHPを参照	1年次後期編入
東海大学	総合型選抜(希望の星入試)	10	現役のみ、3.8以上、共通テスト必須。2名以上の「人物評価表」提出	—
	特別選抜(展学のすすめ)	10	4年生大学既卒者、2年以上4年生大学在学で62単位以上修得者等。詳しくはHPを参照。	—
岩手医科大学	学士編入学	若干名	歯学部を令和2年3月以降に卒業した者等、詳細はHPを参照	3年次編入
東邦大学	総合入試	約10	1浪まで。3.8以上、数学・理科が4.0以上。	—
兵庫医科大学	総合型選抜	一般枠5・卒業生子女枠3以内	1浪まで。合格した場合に入学を確約できる者。	
藤田医科大学	ふじた未来入試	高3枠・独創一理枠合わせて12名	1浪まで。専門医プログラムへの参加。	—

■2024年度(2023年実施) 総合型選抜・編入学試験(試験内容と日程)

大学名	種別	試験	小論文	面接	出願	選考日	発表
大阪医科薬科大学	至誠仁術入試(併願制)	1次:共通テスト 2次:小論文・面接	1次— 2次○	2次のみ○	12/11~1/12	1次 1/13・14 2次 3/12	1次 2/14 2次 3/15
金沢医科大学	総合型選抜	1次:基礎学力テスト 2次:面接、自己推薦書	—	2次のみ○ (約15分)(個人)	11/6~11/11	1次 11/18 2次 12/3	1次11/22 2次12/7
川崎医科大学	総合型選抜	1次:総合適性試験、小論文 2次:面接	1次○ 2次—	2次のみ○	11/1~11/7	1次 11/11 2次 11/18	1次 11/14 2次 11/21
昭和大学	卒業生推薦入試	基礎学力試験、小論文、面接	○	○	11/1~11/10	11/25	12/1
獨協医科大学	総合型選抜	1次:書類審査、適性検査、小論文、面接 2次:プレゼンテーション、面接	1次○ 2次—	2次のみ○ (60分)(MMI)	9/1~9/15	1次 9/30 2次 10/14	1次 10/11 2次 11/1
北里大学	学士入学	1次:数学・理科(化学基礎+化学、生物基礎+生物)・英語 2次:論文・面接	1次— 2次○	2次のみ○ (個人・グループ)	12/15~1/17	1次 1/26 2次 2/3・4・5 (選択)	1次 2/1 2次 2/7
東海大学	総合型選抜(希望の星入試)	1次:小論文・面接 オブザベーション評価 (120分程度) 2次:共通テスト(英・数・理2科)	1次○ 2次—	1次○ (20~30分程度)	9/20~10/10	1次 10/22 2次 1/13・14	1次 11/1 2次 2/8
	特別選抜(展学のすすめ)	1次:英語・小論文 2次:面接	1次○ 2次—	2次のみ○	9/11~9/29	1次 10/28 2次 11/19	1次 11/6 2次 12/1
岩手医科大学	学士編入学	1次:学科試験(生命科学全般)、小論文	1次○ 2次—	2次のみ○	1/22~2/2	1次 2/13 2次 2/22	1次 2/16 2次 2/28
東邦大学	総合入試	1次:適性試験、基礎学力 2次:面接、調査書	—	2次のみ○	11/1~11/8	1次 11/17 2次 12/2	1次 11/27 2次 12/6
兵庫医科大学	総合型選抜	1次:書類審査、基礎適性検査(英語・理科)小論文 2次:プレゼンテーション	1次○ 2次—	2次のみ○	10/16~10/31	1次 11/19 2次 12/3	2次12/1 3次12/8
藤田医科大学	ふじた未来入試	1次:英・数・小論文 2次:講義課題、面接	1次○ 2次—	2次のみ○ (個人・グループ)	10/2~11/2	1次 11/12 2次 11/19	1次 11/16 2次 11/22

※必ず、大学HPまたは募集要項をご確認ください。

医学部の学校推薦型選抜

指定校推薦

医学部の指定校推薦は他の学部と異なりすべての推薦を受けた受験生が合格できるわけではありません。例えば聖マリアンナ医科大学医学部の指定校推薦は約300校の学校に指定がありますが、定員は約20名となっています。指定校推薦の受験資格等詳細は指定された高校のみに開示されます。現浪での受験資格は金沢医科大学が1浪まで。その他が現役のみ受験資格があります。

■ 指定校推薦入試データ(2023年度)

大学名	募集人員	志願者	合格者
金沢医科大学	6	8(4)	3(1)
北里大学	51※1	104(57)	51(33)
東京女子医科大学	10	9	9
獨協医科大学	20	54(24)	20(11)

()は女子内数　※1地域枠指定校を含む。

地域枠推薦

地域枠推薦は、医師及び診療科の偏在により医療体制に様々な問題が生じており、地方における深刻な医療環境を打開すべく、将来指定された地域で働く医師を育成するための推薦枠となっています。受験資格は出身高校の所在地で定められる場合と、出身地に関係なく将来の勤務義務のみで条件があるものがあります。

■ 地域枠推薦入試データ(2023年度)

大学名	募集人員	志願者	合格者
愛知医科大学(A方式)	約5	12(7)	4(1)
岩手医科大学(地域枠A)	15	29(17)	15(8)
岩手医科大学(地域枠B)	8	15(11)	8(8)
岩手医科大学(秋田県地域枠)	2	2(2)	2(2)
久留米大学(久留米大学特別枠)	約20	107(50)	20(9)
久留米大学(福岡県特別枠)	約5	32(17)	5(4)
埼玉医科大学	19	42(27)	19(14)
東京医科大学	茨城8以内、山梨2以内、新潟3以内	54(28)	13(5)
東邦大学	千葉5、新潟2	42(26)	8(5)
獨協医科大学	10	40(22)	10(6)
兵庫医科大学	5位内	31(17)	5(4)
福岡大学	10	38(24)	10(7)

()は女子内数　※必ず、大学HPまたは募集要項をご確認ください。

■ 2024年度(2023年実施)地域枠推薦入試(受験資格・条件)

大学名	種別	募集人員	資格	評定	地域指定	その他の条件
愛知医科大学	地域特別枠	A方式 約5	現役・一浪	3.7	愛知県内の高校に在学・出身または出願時に本人または保護者が愛知県内に居住する者	卒業後、本学で5年間勤務し、その後指定医療機関で5年間勤務
岩手医科大学	地域枠A	15	現役・一浪	4.3	岩手県内の高校に在籍又は卒業、および本人または保護者が3年前から岩手県在住の者	卒業後、9年間岩手県内の公的病院等での勤務を確約できる者。地域枠Bと併願可。
岩手医科大学	地域枠B	8	現役・一浪	4.0	岩手県以外の東北5県の高校に在籍又は卒業、および、本人または保護者が3年前から岩手県在住の者	卒業後、岩手県の地域医療のために9年間勤務を確約できる者
岩手医科大学	秋田県地域枠	2	現役・一浪	4.0	秋田県内の高校に在籍又は卒業した者	卒業後、秋田県の地域医療のために9年間勤務し、うち4年間は知事が指定する公的医療機関等で従事することを確約できる者
久留米大学	久留米大学特別枠	約20	現役・一浪・二浪	—	—	卒業後久留米大学病院または久留米医療センターで臨床研修(2年)と4年間勤務を誓約する者
久留米大学	福岡県特別枠	5	現役・一浪・二浪	—	—	福岡県の地域医療に貢献でき、県が実施する奨学金制度に応募する者
埼玉医科大学	埼玉県地域枠	19	現役・一浪	4.0 (指定校3.8)	—	卒業後、埼玉県並びに本学が指定する医療機関又は特定診療科に医師として勤務
聖マリアンナ医科大学	神奈川県地域枠	7	現役	3.8	神奈川県内に通算1年以上居住(令和6年4月1日時点)したことがある者または神奈川県内の高等学校(中等教育学校を含む)を卒業見込みの者	神奈川県地域医療医師修学資金貸付制度の利用を確約できる者
東京医科大学	茨城県/新潟県 埼玉県地域枠	茨城8以内、新潟3以内、埼玉2以内	現役・一浪	4.0	茨城県内の高校在学・卒業の者、または保護者が各県内に3年以上居住している者。新潟県枠・埼玉県枠は出身地および出身高等学校の所在地等を問わず出願可能	一般公募と併願可(現役のみ)
東邦大学	新潟県地域枠 千葉県地域枠	新潟6 千葉3	現役・浪人	—	—	(新潟県地域枠)本学卒業後に医師として新潟県が指定する医療機関等に9年間従事できる者 (千葉県地域枠)本学卒業後に「千葉県キャリア形成プログラム」と則り医師として千葉県が指定する医療機関において修学資金の貸与期間の1.5倍の期間従事できることを誓約できる者
獨協医科大学	地域特別枠	10	現役	4.0	北関東3県(栃木・群馬・茨城)、埼玉県・福島県及び東京都の高校在学の者、および、本人または保護者が令和3年4月1日から在住の者	卒業後北関東3県(栃木・群馬・茨城)、埼玉県および福島県のいずれかの地域で医師として医療に従事する意志のある者。指定校推薦との併願可。
兵庫医科大学	地域指定	5以内	現役・一浪	現役4.0/ 一浪4.2	保護者等が1年以上兵庫県に在住、または兵庫県内の高校に在籍中または卒業した者	—
福岡大学	地域枠	10	現役・一浪	3.7	本人または保護者が九州・山口県内に居住する者、九州・山口県内の高校在学・卒業の者	在学中の実習および研修・卒後臨床研修・地域医療プログラムに参加できる者

※必ず、大学HPまたは募集要項をご確認ください。

■ 2024年度(2023年実施) 地域枠推薦入試(試験内容と日程)

大学名	種別	試験	小論文	面接	出願	選考日	発表
愛知医科大学	地域特別枠 A方式	英語・数学	○	○	11/1～11/10	11/25	12/7
岩手医科大学	地域枠A・B/ 秋田県地域枠	基礎学力試験(英・数・理科2科)	—	○	11/1～11/10	11/18	12/1
久留米大学	久留米大学特別枠/ 福岡県特別枠	基礎学力テスト(英語・数学)	○	○	11/1～11/8	11/18	12/1
埼玉医科大学	埼玉県地域枠	適性検査 (英語系・数学系・理科系)	○	○	11/2～11/10	11/19	12/1
東京医科大学	茨城県・新潟県 埼玉県地域枠	基礎学力検査 (数学・物理・化学・生物)	○	○	11/6～11/17	12/2	12/7
獨協医科大学	地域特別枠	基礎適性試験(英語・数学)	○	○	11/1～11/7	1次:11/11 2次:11/17	1次:11/15 2次:12/1
東邦大学	新潟県地域枠 千葉県地域枠	適性試験・基礎学力・面接	—	○	11/1～11/8	1次:11/17 2次:12/2	1次:11/27 2次:12/6
兵庫医科大学	地域指定	基礎学力検査(英語・数学・理科2科)	○	○	11/1～11/9	11/19	12/1
福岡大学	地域枠	英語・数学テスト	—	○	11/1～11/9	11/26	12/8

※必ず、大学HPまたは募集要項をご確認ください。

付属校内部推薦

付属校内部推薦のある私立医学部は、慶應義塾大学医学部、東海大学医学部、日本大学医学部、近畿大学医学部、川崎医科大学、東邦大学医学部、帝京大学医学部、獨協医科大学、福岡大学になります。東海大学や日本大学は全国に附属高校がありますが、医学部に多くの進学実績のある高校とほとんど進学実績のない高校に分かれています。
内部推薦では、それぞれの高校で約2年間の優秀な成績及び学力試験、小論文、面接、適性試験などが必要です。学力試験では一般入試よりは比較的易しい問題が課されますが、面接時に社会科に関わる質問がされるなど、高校でのすべての学習が身についているかが試されることもあります。慶應義塾大学医学部のように内部での競争が激しく、一般受験よりも難易度が高いと言われる場合もあります。

公募制推薦(一般推薦)

各医学部によって呼称は異なりますが、高校を指定してない推薦になります。そのため倍率も高くなっています。公募制推薦は、それぞれの大学の定める評定平均をクリアした上で、基礎学力試験、適性試験、小論文、面接などが課されます。また、東京医科大学など1つの高校から2名までなど、規定の人数のみが受験できると定めている場合、学内での選抜も考えられます。

■ 公募制推薦(一般推薦)入試データ(2023年度)

大学名	募集人員	志願者	合格者
愛知医科大学	約20	79(42)	20(7)
岩手医科大学	12程度	32(11)	10(3)
関西医科大学	10	348(207)	16(6)
近畿大学	25	681	55
久留米大学	約10	68(34)	10(6)
埼玉医科大学	14	42(22)	14(10)
産業医科大学	25以内	100(62)	25(15)
聖マリアンナ医科大学	約25	24(15)※1	11(6)※1
帝京大学	15	66	15
東京医科大学	20以内	98(55)	20(14)
東京女子医科大学	23	59	30
兵庫医科大学	約13	43(23)	17(9)
福岡大学	40※2	134	29

()は女子内数　※1併願含む　※2地域枠推薦(10名)と附属校推薦(最大8名)を含む

■ 2024年度(2023年実施) 一般公募推薦入試(受験資格・条件)

大学名		募集人員	資格	評定	その他の条件
愛知医科大学		約20	現役・一浪	3.7	
岩手医科大学		12程度	現役・一浪	4.0	1高校から2名まで
大阪医科薬科大学		10	現役	4.0	
関西医科大学(一般枠)		10	現役・一浪	3.5	
関西医科大学(特色選抜)		7	現役・一浪 (国際型は現役のみ)		英語型、国際型、科学型それぞれ条件異なる
近畿大学		25	現役・一浪		
久留米大学		約8	現役・一浪		久留米大学特別枠、福岡県特別枠との併願可
埼玉医科大学	一般枠	14	現役・一浪	4.0	1高校から2名まで
埼玉医科大学	特別枠	2	現役・一浪		英語資格検定試験の好成績 (例:英検1級、TOEFLiBT100以上等) または科学オリンピック等好成績
産業医科大学		25以内	現役・一浪	4.3	全国を3ブロックに分けて選抜
聖マリアンナ医科大学		約25	現役	3.8	
帝京大学		15	現役	4.0	
東京医科大学		20以内	現役	4.0	1高校から2名まで
東京女子医科大学		約33	現役・一浪	4.1	
兵庫医科大学		約15	現役	4.0	
福岡大学		40※	現役・一浪	3.7	

※地域枠推薦(10人)と附属校推薦(最大8人)を含む

■ 2024年度(2023年実施)一般公募推薦入試(試験内容と日程)

大学名	試験	小論文	面接	出願	選考日	発表
愛知医科大学	数学・英語	○	○	11/1～11/10	11/23	12/7
岩手医科大学	基礎学力試験(英語・数学・理科2科目選択)	×	○	11/1～11/10	11/18	12/1
大阪医科薬科大学	基礎学力試験(数学・理科)	○	○	11/1～11/8	11/18	12/1
関西医科大学 (一般枠、特色選抜)	適性検査(数理的問題・英文問題含む)	○	○ (2次)	11/1～11/27	1次 12/10 2次 12/16	1次 12/13 2次 12/22
近畿大学	数Ⅰ・Ⅱ・A・B(数列、ベクトル) コミュニケーション英語Ⅰ・Ⅱ・Ⅲ、 理(物基・物、化基・化、生基・生から1科目)	○ (2次)	○ (2次)	11/1～11/9	1次11/19 2次12/3	1次 11/29 2次 12/13
久留米大学	基礎学力テスト(数学・英語)	○	○	11/1～11/8※1	11/18	12/1
埼玉医科大学	適性検査(英語・数学・理科)	○	○	11/2～11/10	11/19	12/1
産業医科大学	総合問題	×	○	11/1～11/7	12/6	12/15
聖マリアンナ医科大	基礎学力試験(英語、数学、理科)	○	○	11/1～11/7	11/25	12/1
帝京大学	基礎能力適性検査(英・数・理科1科目選択)	○	○	11/1～11/7	11/12	12/1
東京医科大学	基礎学力検査(数学、物理、化学、生物)	○	○	11/6～11/17	12/2	12/7
東京女子医科大学	思考力試験、グループ討論	○	○	11/1～11/8	11/18・19	12/1
兵庫医科大学	基礎学力検査 (数ⅠAⅡB、理科2科目選択、英)	○	○	11/1～11/9	11/19	12/1
福岡大学	英語・数学テスト	×	○	11/1～11/9	11/26	12/8

※1 出願登録と入学検定料払込の期間。出願書類提出締切は11/9必着
※必ず、大学HPまたは募集要項をご確認ください。

医学部の大学入学共通テスト利用選抜

大学入学共通テストは1月第2土曜日・第3日曜日に実施される予定です。私立医学部の一般選抜がその翌週から始まることが主なので、私立専願の受験生にとっては、大学入学共通テストを受験するかどうか、難しい判断になることでしょう。

私立医学部の大学入学共通テスト利用選抜は、全ての大学で2次試験も課されます。特に順天堂大学医学部、東京医科大学、国際医療福祉大学医学部、愛知医科大学(後期)、関西医科大学(前期・一般併用)大学入学共通テスト利用選抜では国公立大学医学部と同じだけの5教科7科目の点数が必要となりますので、大学入学共通テスト利用選抜で該当各校の受験のみを考えている場合は回避するのが無難な選択肢かもしれません。

逆に、杏林大学医学部(前期)、獨協医科大学、帝京大学医学部、近畿大学医学部、関西医科大学(後期)は私立医学部で必要な科目のみで受験できます。そのため、合格に必要な得点も高くなり、どの医学部も9割得点することが合格するための目標になります。ですが、国公立との併願者や一般選抜ともほぼすべての受験生が併願しているので、8割台の得点で合格することも多くあります。ですので、大学入学共通テストで必要科目を8割以上取れる受験生は可能性の1つとして視野にいれてみましょう。

また、産業医科大学医学部では、一般選抜を受験するすべての受験生に大学入学共通テストが課せられます。

■大学入学共通テスト利用入試データ(2023年度)

( )内は女子数

大学名	募集人員	志願者	受験者A	合格者B※	倍率A/B
愛知医科大学(前期)	15	809(365)	803(364)	64(31)	12.5
愛知医科大学(後期)	5	116(56)	114(56)	7(4)	16.3
大阪医科大学	10	675(298)	672(297)	60(24)	11.2
関西医科大学(前期)	12	1115(478)	1109(476)	59(28)	18.8
関西医科大学(後期)	5※2	135(80)	32(14)	3(2)	10.7
関西医科大学(セ・一般併)	13	931(415)	199(80)	90(43)	2.2
杏林大学	15	943(417)	924(412)	26(12)	35.5
近畿大学(前期)	5	557		32	17.4
近畿大学(中期)	3	213		18	11.8
近畿大学(後期)	2	144		6	15.8
国際医療福祉大学	15	921(458)	906(449)	48(27)	18.9
埼玉医科大学	10	581(250)	576(249)	13(10)	24.9
産業医科大学	約80	1315(527)	1094(441)	98(27)	11.2
順天堂大学(前期)	10	705(302)	620(273)	27(8)	23.0
順天堂大学(後期)	5	270(137)	267(136)	10(6)	26.7
順天堂大学(セ・一般併)	12	541(274)	504(258)	34(20)	14.8
昭和大学(地域別選抜)	19	262(100)	233(87)	21(6)	11.1
帝京大学	8	626	621	18	34.5
東海大学医学部	10	657	654	54	12.1
東京医科大学	10	769(309)	759(307)	49(22)	15.5
獨協医科大学	10	553(210)	549(210)	36(14)	15.3
福岡大学	5	434(191)	432(190)	26(10)	16.6
藤田医科大学(前期)	10	702(323)	699(322)	48(21)	14.6
藤田医科大学(後期)	5	104(53)	103(53)	8(4)	12.9

※1 合格者Bは正規合格者数を表示しておりますが、繰上合格者数を含んでいる場合がありますので、詳しくはHPなどでご確認ください

※2 一般後期と合せて10

■入試科目と配点（2024年度）

大学名	英語	数学	理科	国語	社会	小論文	面接	その他個別試験	共通テスト合計
愛知医科大学（前期・地域枠B方式）	リスニング含む	ⅠAおよびⅡB	物・化・生から2	近代以降		―	○	―	
	200 リーディング160 リスニング40	200	200	100			5段階		700
愛知医科大学（後期）	リスニング含む	ⅠAおよびⅡB	物・化・生から1	近代以降、古・漢	地歴公民から1※6	―	○	―	
	200 リーディング160 リスニング40	200	100	200	100		5段階		800
大阪医科薬科大学（共通テスト利用入試）	リスニング含む	ⅠAおよびⅡB	物・化・生から2	近代以降		○	○	―	
	200 リーディング160 リスニング40	200	200	100					700
大阪医科薬科大学「至誠仁術」入試（併願制）	リスニング含む	ⅠAおよびⅡB	物・化・生から2	近代以降		○	○	―	
	200 リーディング160 リスニング40	200	200	100					700
関西医科大学（前期）	リスニング含む	ⅠAおよびⅡB	物・化・生から2	近代以降	地歴公民から1※6	―	○	―	
	200 リーディング75%・リスニング25%	200	200	100	100		段階評価		800
関西医科大学（後期）	リスニング含む	ⅠAおよびⅡB	物・化・生から2				○		
	200 リーディング75%・リスニング25%	200	200				段階評価		600
関西医科大学（共通テスト・一般併用）	リスニング含む	ⅠAおよびⅡB	物・化・生から2	近代以降	地歴公民から1※6		○	一般前期試験	
	100 リーディング75%・リスニング25%	100	200	100	100		段階評価		600
杏林大学	高得点1科目※3	ⅠAおよびⅡB	物・化・生から2	高得点1科目※3		○	○	―	
	200 リーディング100・リスニング100	200	200	200					600
近畿大学（前期）	リスニング含む	ⅠAおよびⅡB	物・化・生から2			○	○	―	
	100	200	200			段階評価	段階評価		500
近畿大学（中期）	リスニング含む	高得点1科目※1	物・化・生から2	高得点1科目※1		○	○	―	
	100	100	200	100		段階評価	段階評価		400
近畿大学（後期）	リスニング含む	高得点2科目※2	高得点2科目※2	高得点2科目※2		○	○	―	
	100	100	100	100		段階評価	段階評価		300
国際医療福祉大学	リスニング含む	ⅠAおよびⅡB	物・化・生から2	近代以降・古・漢	地歴公民から1※4	○	○		
	200 リーディング100・リスニング100	200	200	200	100	段階評価	段階評価	学力試験（英語）	900
埼玉医科大学	リスニング含む	ⅠAおよびⅡB	物・化・生から2	国語		○	○	―	
	150 リーディング75% リスニング25%	100	200	100					550
産業医科大学※3（一般選抜A）	リスニング含む	ⅠAおよびⅡB	物・化・生から2	国語	地歴公民から1※4	○	○	2次学力検査（英語＋数学＋理科2）	
	60 リーディング80% リスニング20%	60	80	60	40	50		600	300
産業医科大学（一般選抜C）	リスニング含む	ⅠAおよびⅡB	物・化・生から2	国語	地歴公民から1※4	○	○		
	200 リーディング80% リスニング20%	200	200	200	100	50			900
順天堂大学（前期）	リスニング含む	ⅠAおよびⅡB	物・化・生から2	近代以降・古・漢	地歴公民から1※4	○	○		
	200 リーディング160 リスニング40	200	200	200	100				900
順天堂大学（後期、一般独自併用）	リスニング含む	ⅠAおよびⅡB	物・化・生から2	近代以降・古・漢	地歴公民から1※4	○	○	小論文と同時に英作文	
	200 リーディング160 リスニング40	200	200	200	100			独自併用は英語＋理科2	900
帝京大学※5	リスニング含む	Ⅰ、Ⅱ、ⅠA、ⅡB	物・化・生	近代以降・古・漢		―	○	英語（長文読解）	
	100	2科目選択 各100						課題作文	300
東海大学医学部（神奈川県・静岡県地域枠も同様）	リスニング含む	ⅠAおよびⅡB	物・化・生から2			○	○		
	200 リーディング160 リスニング40	200	200						600
東京医科大学	リスニング含む	ⅠAおよびⅡB	物・化・生から2	国語	地歴公民から1※6	○	○		
	200 リーディング150 リスニング50	200	200	200	100	60	40		900
獨協医科大学	リスニング含む	ⅠAおよびⅡB	物・化・生から2			○	○	―	
	100	100	200						400
日本医科大学（グローバル特別選抜）				近代以降・古・漢		○	○	1次学力検査（英語＋数学＋理科2）	
				200					200
福岡大学	リスニング含む	ⅠAおよびⅡB	物・化・生から2	近代以降		―	○	調査書（面接の参考資料）	
	200 リーディング160 リスニング40	200	200	100			50		700
藤田医科大学（前期、後期）	リスニング含む	ⅠAおよびⅡB	物・化・生から2	現代文のみ		―	○	後期のみ	
	200 リーディング150 リスニング50	200	200	100			40 5段階評価	総合問題	700

※詳細につきましては、必ず募集要項でご確認ください。

※1 数学の「数Ⅰ・数A」、国語の「近代以降」→1科目選択　※2 数学の「数Ⅰ・数A」、国語の「近代以降」、物、化、生の中の1つ→2科目選択　※3 英語の「リーディング100・リスニング100」、国語の「近代以降」→1科目選択。　※4「日本史A」、「地理A」、「世界史A」は選択不可　※5 国語は、近代以降の文章（100点満点）と、近代以降の文章＋古典（古文・漢文）（100点満点に圧縮）の2通りを算出し、高得点のほうを採用。英語はリーディングのみ（100点満点）と、リーディング（80点満点に圧縮）＋リスニング（20点満点に圧縮）の2通りを算出し、高得点のほうを採用。数学2科目の組み合わせは認めません。　※6 地歴公民は「世界史A」、「世界史B」、「日本史A」、「日本史B」、「地理A」、「地理B」、「現代社会」、「倫理」、「政治・経済」、『倫理、政治・経済』から1科目。全科目、第一解答科目を指定。

2024 私立医学部入試の変更点

大学名	方式	変更項目	変更内容
大阪医科薬科大学	一般選抜	試験時間	前期試験と後期試験で数学の試験時間を変更：数学100分→数学90分
		募集人員	前期の募集人員の変更：77名→68名
	総合型選抜	募集枠	「至誠仁術」(専願制)の廃止：「至誠仁術」(専願制)、「至誠仁術」(併願制)→「至誠仁術」(併願制)のみ実施、1浪まで定員：5名、一次試験：共通テスト(数学ⅠA・数学ⅡB、理科2科目、英語、国語「現代文のみ」])、二次試験：小論文、面接
	学校推薦型選抜	募集枠	公募制推薦入試(専願制)を追加：公募制推薦入試(専願制)を実施、専願・現役のみ、定員：10名 試験内容：基礎学力試験(数学・理科)、小論文、面接
金沢医科大学	学校推薦型選抜	募集人員	募集人員の変更：6名→5名
	総合型選抜(AO入試)	募集人員	募集人員の変更：14名→15名
関西医科大学	共通テスト利用選抜	募集枠	大学入試共通テスト <5教科型 > を導入：大学入試共通テスト <5教科型 >
	一般選抜	選抜方法	英語外部試験を評価に加えるようになる。：英語外部試験の評価はなし。→英語外部試験を評価に加える。
北里大学	一般選抜	募集人員	募集人員の変更：74名→75名
杏林大学	一般選抜	試験時間	一次試験の数学の試験時間の変更：60分→70分
	共通テスト利用選抜	試験科目	英語または国語の選択になる:英語、数学(ⅠA・ⅡB)、理科(物理・化学・生物から2科目選択)→英語または国語(近代以降)、数学(ⅠA・ⅡB)、理科(物理・化学・生物から2科目選択)
久留米大学	学校推薦型選抜	募集人員	学校推薦型選抜(一般)の募集人員の変更：約10名→約8名
		出願資格	学習成績の状況を出願資格から外す。：3.8以上→なし
産業医科大学	一般選抜	募集人員	募集人員を変更し、3つの区分に分割：約80名→一般A：約60名(共通テスト＋英語・数学・理科2科目＋小論文・面接)一般B：5名以内(英語・数学・理2科目＋小論文・面接)一般C：5名以内(共通テスト＋小論文・面接)
	総合型選抜	募集枠	総合型選抜を追加：10名以内、1浪まで 一次試験：小論文。面接、二次試験：共通テスト(数学・理科・英語)の得点の合計が80%以上
	学校推薦型選抜	選抜方法	1校についての推薦人数の制限を廃止、共通テストによる評価を導入、面接時間の変更・・1校につき4名以内(内3名は現役生)・評定平均4.3以上・面接：1人約30分間→・1校からの推薦人数に制限なし・評定平均4.3以上または2023年度共テ5教科6科目で80%以上・面接：1人約20分間
順天堂大学	地域枠	募集人員	募集人員の内訳の変更：東京10名、新潟2名、千葉5名、埼玉7名、静岡5名、茨城2名→東京10名、新潟1名、千葉5名、埼玉10名、静岡5名、茨城2名
昭和大学	一般選抜	配点	Ⅰ期の二次試験の配点の変更：小論文：30点、面接：70点→小論文：20点、面接：100点
聖マリアンナ医科大学	学校推薦型選抜	出願資格	一般公募制・神奈川県地域枠ともに、高3の1学期までの評定平均値の基準を変更:総合で4.0以上、数学・理科・外国語のそれぞれが4.0以上→総合で4.0以上、数学・理科・外国語のそれぞれが3.8以上
		募集人員	神奈川県地域枠の募集人員の変更：5名→7名
東京医科大学	一般選抜	募集人員	募集人員を変更：74名→79名
	学校推薦型選抜	募集方式	全国ブロック別学校推薦型選抜を開始：32名以内→全国都道府県を6ブロックに分け、各ブロック1名を定員とする。
東京女子医科大学	学校推薦型選抜	募集枠	指定校推薦を廃止：一般推薦、指定校推薦、「至誠と愛」推薦を実施→一般推薦、「至誠と愛」推薦を実施
		募集人員	一般推薦の募集人員の変更：約23名→約33名
東邦大学	学校推薦型選抜	募集人員	学校推薦型選抜(新潟県地域枠)の募集人員の変更：約5名→約6名
獨協医科大学	学校推薦型選抜	募集人員	募集人員を変更：10名以内→約10名
	共通テスト利用選抜	募集人員	募集人員を変更：10名→5名
		試験科目	大学入学共通テストの指定教科に国語を追加：英語・数学・理科→英語・数学・理科・国語(近代以降の文章)
		試験日程	2次試験の日程を変更：一般選抜(後期)2次試験と別実→一般選抜(後期)2次試験と同日
	一般選抜	募集人員	後期試験を実施、前期の募集人員を変更、前期に埼玉県・茨城県・新潟県地域枠を導入:前期:57名、栃木県地域枠：5名→前期：52名、後期：10名 前期で栃木県地域枠5名、埼玉県地域枠2名、茨城県地域枠2名、新潟県地域枠2名
		受験対象者	栃木県地域枠の受験対象者の変更：共通テスト利用選抜と一般選抜の受験者から選考→一般選抜(前期)の受験者から選考
	総合型選抜	選抜方法	ワークショップをプレゼンテーションに変更：ワークショップ→プレゼンテーション(事前課題と当日課題を課し、2次試験において発表し、それを評価する)
	入学定員	―	入学定員の変更：120名→126名

大学名	方式	変更項目	変更内容
日本医科大学	一般選抜	入試科目	昨年まで後期試験で行っていた共通テスト「国語」併用入試を前期試験で行うように変更。また、英語外部試験を評価に加えるようになる。：・後期試験で共通テスト「国語」併用入試を実施・英語外部試験の評価はなし。→・前期試験で共通テスト「国語」併用入試を実施・英語外部試験を評価に加える。【対象となる試験】ケンブリッジ英語検定、実用英語技能検定（英検）、GTEC、IELTS、TEAP、TEAP CBT、TOEFL iBT テスト
		試験会場	前期試験の会場に福岡会場を追加：東京会場→東京会場、福岡会場
	グローバル特別選抜	募集枠	グローバル特別選抜（前期）を追加：募集人員：10名 大学入学共通テスト：国語、一次試験：外国語（300点・90分）、数学（300点・90分）理科2科目（400点・120分）、二次試験：小論部（60分）、面接
兵庫医科大学	一般選抜	募集人員	一般選抜 A(4科目型）の一般枠募集人員の変更：一般枠約71名、兵庫県推薦枠3名→一般枠約67名、兵庫県推薦枠3名
	学校推薦型選抜	募集人員	一般公募制の募集人員の変更：約13名（関西学院高等部からの特別選抜3名以内を含む）→約15名（関西学院高等部からの特別選抜3名以内を含む）
		試験時間	英語基礎適正検査の試験時間の変更：50分→60分
	総合型選抜	募集人員	一般枠の募集人員の変更：一般枠3名以内、卒業生子女枠3名以内→一般枠約5名、卒業生子女枠3名以内
		選抜方法	3次試験の廃止：1次試験：書類審査、2次試験：基礎適正検査（英語、理科）・小論文、3次試験：プレゼンテーション試験・面接→1次試験：基礎適正検査（英語、理科）・小論文・書類審査、2次試験：プレゼンテーション試験・面接
		試験時間	英語基礎適正検査の試験時間の変更：50分→60分
藤田医科大学	ふじた未来入試	募集枠	専願枠を廃止、独奏一理枠を追加：高3枠と専願枠を合わせて12名→高3一般枠と独創一理枠を合わせて12名
		配点	小論文、講義課題、面接の配点を変更：小論文：40点、講義課題：60点、面接：140点→小論文・講義課題・面接を合わせて200点

2024年11月21日現在　※情報は随時更新されています。必ず最新の情報をご確認ください。

2024年度医学部［一般選抜］出願日程

大学名	区分	出願期間				投函日	
愛知医科大学		2023年12月4日(月)	～	2024年1月4日(木)	消印有効	投函日	月　日
岩手医科大学		2023年12月4日(月)	～	2024年1月5日(金)	消印有効	投函日	月　日
大阪医科薬科大学	【前期】	2023年12月11日(月)	～	2024年1月23日(火)	消印有効	投函日	月　日
	【後期】	2023年12月11日(月)	～	2024年2月28日(水)	消印有効	投函日	月　日
金沢医科大学	【前期】	2023年12月18日(月)	～	2024年1月17日(水)	消印有効	投函日	月　日
	【後期】	2024年1月15日(月)	～	2024年2月17日(土)	消印有効	投函日	月　日
川崎医科大学		2023年12月1日(金)	～	2024年1月10日(水)	必着	投函日	月　日
関西医科大学	【前期】	2023年12月23日(土)	～	2024年1月11日(木)	消印有効	投函日	月　日
	【後期】	2024年2月1日(木)	～	2024年2月16日(金)	消印有効	投函日	月　日
北里大学		2023年12月15日(金)	～	2024年1月17日(水)	消印有効	投函日	月　日
杏林大学		2023年12月4日(月)	～	2024年1月5日(金)	必着	投函日	月　日
近畿大学	【前期】	2023年12月15日(金)	～	2024年1月11日(木)	消印有効	投函日	月　日
	【後期】	2024年2月1日(木)	～	2024年2月13日(火)	消印有効	投函日	月　日
久留米大学	【前期】	2023年12月11日(月)	～	2024年1月11日(木)	1/12郵送必着	投函日	月　日
	【後期】	2024年2月6日(火)	～	2024年2月26日(月)	2/27郵送必着	投函日	月　日
慶應義塾大学		2024年1月4日(木)	～	2024年1月19日(金)	消印有効	投函日	月　日
国際医療福祉大学		2023年12月19日(火)	～	2024年1月5日(金)	消印有効	投函日	月　日
埼玉医科大学	【前期】	2023年12月4日(月)	～	2024年1月22日(月)	1/23郵送必着	投函日	月　日
	【後期】	2024年2月5日(月)	～	2024年2月20日(火)	2/21郵送必着	投函日	月　日
産業医科大学	A	2023年12月1日(金)	～	2024年1月12日(金)	消印有効	投函日	月　日
	B	2023年12月1日(金)	～	2024年1月19日(金)	消印有効	投函日	月　日
	C	2023年2月19日(月)	～	2024年2月29日(木)	消印有効	投函日	月　日
自治医科大学		2024年1月4日(木)	～	2024年1月16日(火)	消印有効	投函日	月　日
順天堂大学	【A方式】	2023年12月11日(月)	～	2024年1月11日(木)	必着	投函日	月　日
	【B方式】	2023年12月11日(月)	～	2024年1月11日(木)	必着	投函日	月　日
昭和大学	【Ⅰ期】	2023年12月6日(水)	～	2024年1月10日(水)	必着	投函日	月　日
	【Ⅱ期】	2024年2月1日(木)	～	2024年2月14日(水)	必着	投函日	月　日
聖マリアンナ医科大学	【前期】	2023年12月18日(月)	～	2024年1月29日(月)	1/30郵送必着	投函日	月　日
	【後期】	2024年2月13日(火)	～	2024年2月26日(月)	2/27郵送必着	投函日	月　日
帝京大学		2023年12月19日(火)	～	2024年1月15日(月)	必着	投函日	月　日
東海大学		2024年1月4日(木)	～	2024年1月20日(土)	1/23郵送必着	投函日	月　日
東京医科大学		2023年12月11日(月)	～	2024年1月10日(水)	消印有効	投函日	月　日
東京慈恵会医科大学		2024年1月4日(木)	～	2024年1月25日(木)	消印有効	投函日	月　日
東京女子医科大学		2023年12月21日(木)	～	2024年1月16日(火)	1/16支払期限 1/18郵送必着	投函日	月　日
東邦大学		2023年12月11日(月)	～	2024年1月24日(水)	必着	投函日	月　日
東北医科薬科大学		2023年12月6日(水)	～	2024年1月5日(金)	1/7郵送必着	投函日	月　日
獨協医科大学	【前期】	2023年12月4日(月)	～	2024年1月9日(火)	1/10郵送必着	投函日	月　日
	【後期】	2024年1月15日(月)	～	2024年2月15日(木)	2/16郵送必着	投函日	月　日
日本医科大学	【前期】	2023年12月22日(金)	～	2024年 1月23日(火)	消印有効	投函日	月　日
	【後期】	2024年2月1日(木)	～	2024年2月20日(火)	消印有効	投函日	月　日

日本大学	【前期】	2024年1月5日(金) ～	2024年1月19日(金)	必着	投函日	月　日
	【後期】	2024年1月5日(金) ～	2024年2月23日(金)	必着	投函日	月　日
兵庫医科大学	【A】	2023年12月11日(月) ～	2024年1月15日(月)	消印有効	投函日	月　日
福岡大学		2023年12月21日(木) ～	2024年1月12日(金)	消印有効	投函日	月　日
藤田医科大学	【前期】	2023年12月11日(月) ～	2024年1月26日(金)	1/29郵送必着	投函日	月　日
	【後期】	2024年1月23日(火) ～	2024年2月27日(火)	2/28郵送必着	投函日	月　日

WEB出願の大学は、WEB締切時間も確認して下さい。
※今年度は随時変更があり得ます。今年度は特に募集要項を確認し出願しましょう。

2023年12月1日現在

2024年度医学部［共通テスト利用選抜］出願日程

大学名	区分	出願期間			投函日	
愛知医科大学	【前期】	2023年12月4日(月) ～	2024年1月12日(金)	消印有効	投函日	月　日
	【後期】	2023年12月4日(月) ～	2024年2月28日(水)	消印有効	投函日	月　日
大阪医科薬科大学		2023年12月11日(月) ～	2024年1月12日(金)	消印有効	投函日	月　日
関西医科大学	【前期】	2023年12月23日(土) ～	2024年1月11日(木)	消印有効	投函日	月　日
	【後期】	2024年2月1日(木) ～	2024年2月16日(金)	消印有効	投函日	月　日
関西医科大学	共通テスト・一般選抜試験併用	2023年12月23日(土) ～	2024年1月11日(木)	消印有効	投函日	月　日
杏林大学		2023年12月4日(月) ～	2024年1月12日(金)	必着	投函日	月　日
近畿大学	【前期】	2024年1月3日(水) ～	2024年1月12日(金)	消印有効	投函日	月　日
	【中期】	2024年1月3日(水) ～	2024年2月1日(木)	消印有効	投函日	月　日
	【後期】	2024年2月2日(金) ～	2024年2月22日(木)	消印有効	投函日	月　日
国際医療福祉大学		2023年12月19日(火) ～	2024年1月11日(木)	消印有効	投函日	月　日
埼玉医科大学		2023年12月4日(月) ～	2024年1月12日(金)	1/13郵送必着	投函日	月　日
順天堂大学	【前期】	2023年12月11日(月) ～	2024年1月11日(木)	必着	投函日	月　日
	【後期】	2023年12月11日(月) ～	2024年1月11日(木)	必着	投函日	月　日
	共通テスト・一般独自併用選抜	2023年12月11日(月) ～	2024年1月11日(木)	必着	投函日	月　日
帝京大学		2023年12月19日(火) ～	2024年1月12日(金)	必着	投函日	月　日
東海大学	(神奈川・静岡県地域枠含む)	2024年1月4日(木) ～	2024年1月12日(金)	1/16郵送必着	投函日	月　日
東京医科大学		2023年12月11日(月) ～	2024年1月10日(水)	消印有効	投函日	月　日
東北医科薬科大学		2024年1月15日(月) ～	2024年2月13日(火)	2/15郵送必着	投函日	月　日
獨協医科大学		2023年12月4(月) ～	2024年1月11日(木)	1/12郵送必着	投函日	月　日
日本医科大学	グローバル特別選抜(前期)	2023年12月22日(金) ～	2024年1月23日(火)	消印有効	投函日	月　日
福岡大学		2023年12月21日(木) ～	2024年1月12日(金)	消印有効	投函日	月　日
藤田医科大学	【前期】	2023年12月11日(月) ～	2024年1月12日(金)	1/15郵送必着	投函日	月　日
	【後期】	2024年1月23日(火) ～	2024年2月27日(火)	2/28郵送必着	投函日	月　日

2次繰り上げ時連絡方法一覧

大学名	連絡方法
愛知医科大学	合格発表と同時に補欠者に「補欠通知」を郵送し、募集人員に欠員が生じたときは、補欠者のうちから成績順に繰り上げ合格者を決定する。繰上げ合格者には、インターネット出願時に入力された電話番号に連絡する。
岩手医科大学 医学部	入学手続き期間終了後、募集人員に欠員が生じた場合は、繰上合格の決定を行うことがあります。繰上合格の連絡は、成績上位順に、インターネット出願時に入力された連絡先を通じて、志願者本人等に電話にてご連絡いたします。なお、医学部一般選抜の繰上合格候補者については、合格発表(令和6年2月1日(木)12:00頃)の合否結果の表示に併せてお知らせいたします。繰上合格候補者内の順位については、書面により通知いたします。 (注)1　本学からの電話連絡の際、不在等のために確認ができない場合は、入学の意思が無いものとして取り扱うことがあります。 (注)2　本学からの電話連絡の際、本学入学の意向が確認できた方には書類を郵送し、書類に記載の期日までに所定の手続きを完了された方を繰上合格者といたします。 (注)3　繰上合格候補者に欠員が生じた場合は、不合格者の中から成績上位順に繰上合格候補者を追加することがあります。
大阪医科薬科大学 医学部	1次試験合格発表と同時に繰り上げ合格候補者(補欠)も発表する。繰り上げ合格候補者の受験番号を本学本部キャンパス内掲示板(総合研究棟1階)および本学受験生サイトに掲示する。また、繰上げ合格者を対象に面接試験を行う。(3/4本学本部キャンパス、集合時刻、場所は繰り上げ合格候補者発表時に通知する。)入学予定者に欠員が生じた場合に限り、順次繰り上げて合格者を決定し、通知する。繰り上げ合格候補者への合格通知は、電話により本学入学の意志確認ができた人について、受験者本人宛に郵送する。
金沢医科大学	第2次選抜合格者の発表と同時に繰り上げ合格候補者(補欠)を決定し、本人(保護者住所宛)に補欠順位を記載した繰り上げ合格候補者(補欠)通知書を書留速達郵便で通知する。合格者に欠員が生じた場合、繰り上げ合格候補者(補欠)の総合成績上位者から順次繰り上げて合格者を決定し、郵送または電話にて通知しますので、確実に連絡の取れる電話番号を入力してください。
川崎医科大学	合格者の入学手続状況により欠員が生じた場合は、順次繰り上げて追加合格者を決定します。追加合格者には、Web出願の際に登録したメールアドレスに通知されますので、指定された手続期間内に入学手続を完了してください。「見落とし」「見間違い」等による入学手続期間の延長等は一切行いませんので、メールを毎日確認してください。追加合格に関する問い合わせには一切応じません。
関西医科大学	合格者の発表と同時に、補欠者の受験番号を発表し、本人宛に「補欠通知書」を簡易書留・速達郵便により通知します。繰り上げ合格は、合格者に欠員が生じた場合に成績順に行い、電話により本学入学の意思確認ができた方について、簡易書留・速達郵便により通知します。入学手続き期限は、発表後概ね５日以内として、繰り上げ合格と同時に本人に通知しますので、期限内に手続きをしてください。指定の期日までに入学手続きを完了しない場合や連絡なく手続き未了の場合は合格を取り消します。 ※繰り上げ合格状況に関する問い合わせには一切応じません。
北里大学医学部	合格発表と同時に補欠者を発表する場合がある。補欠者は合格者ではない。合格者の入学手続状況により欠員が生じた場合は、補欠者から順次繰り上げ合格者を発表し、合否結果確認画面の表示内容が更新される。なお、電話連絡をして入学の意思を確認することがある。
杏林大学医学部	補欠者は2023年3月31日まで、合否照会システムで補欠順位を確認することができます。補欠通知書は郵送されません。 ※補欠者は、正規合格者の入学手続状況に欠員が生じた場合、補欠順位上位順から順に繰上合格となります。繰上合格が決定次第、本学より通知します。
近畿大学医学部	補欠内定者には二次試験合格発表日に補欠内定通知書を発送する。入学手続き者に欠員が生じた場合に限り、順次繰り上げて合格候補者を決定し通知する
久留米大学医学部	合格発表日当日にUCAROで繰り上げ合格候補者を発表します。合格者の入学手続きにおいて欠員が生じた場合に繰り上げ合格候補者の順位に従い、順次合格者を決定します。問い合わせには応じません。合格者には、合格通知書及び入学手続書類一式を、UCAROへアップロードします。各自で印刷してください。 ※合格通知書及び入学手続書類は郵送しません。
慶應義塾大学 医学部	合格発表と同時に補欠者も発表する。合格者の入学手続き状況により、欠員が生じた場合に限り、順次入学を許可する。入学が許可された場合には、マイページの合否結果確認画面の表示内容が更新される。必ず自己の責任においてこまめに確認すること。同時にマイページに登録されているメールアドレス宛に合否結果の確認を促すメールが送信されるが、これは補助的なお知らせであり、合否結果ではない。メールの不着や確認漏れを理由とした入学手続の遅延・未完了に対する特別措置は一切認められない。 補欠者のうち入学を許可された人の入学手続期間は、マイページの「入学手続き」上に表示されるので、所定の期間内に手続を行うこと。所定の期間内に入学手続を完了しなかった場合、入学資格を失う。気付いた時には、手続期間が過ぎていたということがないように注意すること。 入学を許可する場合には遅くとも3月末日までにマイページの合格結果確認画面の表示内容を更新する。 医学部補欠者には電話連絡をして入学の意思を確認することがある。電話連絡は2024年3月25日(月)以降、第2次試験時の調書に記入した電話番号に随時連絡を行う可能性があるので、連絡があった場合に備え、入学を希望するか否かを予め家族等と相談して決めておくこと。本件に関する電話問い合わせには応じない。
国際医療福祉大学 医学部	●一般選抜、大学共通テスト利用選抜では、補欠候補者を発表する場合があります。補欠候補の順位をインターネット出願サイトの「マイページ」で通知します。 ●補欠候補者は合格者ではありません。合格者の入学手続き状況により欠員が生じた場合に限り、繰上合格となることがあります。繰上合格については、本学より本人に電話連絡の上、入学の意思を確認します。 ●合格者の入学手続および辞退の状況により、不合格者に対し追加合格を通知する場合があります。追加合格については、本学より本人に電話連絡の上、入学の意思を確認します。 ●繰上合格に関する個別の問い合わせには一切応じません。

大学名	連絡方法
埼玉医科大学	補欠合格候補者は2次試験合格発表と同時に発表する。合格者に欠員が生じた場合には、補欠順位に従い、順次繰り上げ合格の連絡をする。
産業医科大学	(一般選抜Aのみ) (1)入学手続き締切日において募集人員に満たない時は、追加合格を行う。追加合格は補欠者発表した者の中から行う。 (2)追加合格によっても募集人員に満たない場合は、さらに補欠発表されなかった者の中から追加合格の通知を行うことがある。
自治医科大学	第2次試験合格発表と同時に補欠者を発表する。ホームページに当日17:00から、2/13の9:00まで掲載する。合格者の入学手続き状況により欠員が生じた場合、速やかに補欠者の中から繰り上げ合格者を順次決定する。補欠者への繰上げ合格の連絡は電話及び郵便で行う。
順天堂大学医学部	補欠繰り上げ合格は、合格者の入学手続き状況により欠員が生じた場合に限り行う。補欠対象ß者については合格発表時に知らせる。補欠繰り上げ合格の連絡はインターネット出願で登録した電話番号へ連絡する。電話に出なかった場合や電話がつながらなかった場合は、繰り上げ連絡の順番が前後することがあるので注意。
昭和大学医学部	補欠者は合格発表と同時にインターネット出願サイト「合否サービス」にて発表する。合格者の手続状況等により欠員が生じた場合は補欠者を順次合格とする。原則、本学より、本人に電話連絡の上、入学の意思を確認する。入学の意思があると確認できた場合、合格者とし、合格証を郵送する。電話連絡の際は、入学志願票に記載されている電話番号に連絡をし、不在の場合は一定の時間折り返しの連絡を待つが、それ以降は次の候補者に連絡する。
聖マリアンナ医科大学	補欠者からの繰り上げは、合格者の手続状況により欠員が生じた場合に補欠順位に従って順位の上位より順次合格とする。本人宛に合格証と手続き書類を簡易書留速達で郵送する。
帝京大学医学部	入学手続状況により欠員が生じた場合、成績上位者より順に相応人数の追加合格を出すことがある。追加合格を出す場合、本学より本人に郵便または電話にて連絡する。追加合格状況に関する問い合わせについては一切答えない。
東海大学医学部	合格者の入学手続の結果、欠員が生じた場合に限り「補欠者」の中から、繰り上げて合格を決定する場合がある。繰り上げ合格者には、インターネットで知らせる(大学から通知を郵送することはない)。
東京医科大学	補欠合格者の発表はUCAROで行う。合否照会期間にUCAROにアクセスし、受験一覧から合否照会画面に進み、結果を確認する。補欠者には補欠順位を知らせる。補欠合格者は合否照会画面で合格通知書をダウンロード可能。補欠合格発表日以降に合格者の入学手続状況により、欠員が生じた場合に限り、補欠者の上位からUCAROに登録された電話番号へ本学から直接電話で連絡する。なお24時間以内に連絡がつかない場合は、辞退とみなされることがある。補欠者の繰り上げ合格の状況は本学受験生サイトにて随時更新する。
東京慈恵会医科大学	補欠者は順位をつけて発表する。補欠の繰り上げ状況はホームページで知らせる。 電話での問い合わせには応じられない。
東京女子医科大学	補欠者は令和6年3月5日(火)以降に合格者の手続き状況などにより欠員が生じた場合に順次繰上げて合格者を決定します。繰上げ合格者には、入学志願票に記入の本人宛または保護者宛の連絡先に連絡しますので、必ず確実に連絡の取れる電話番号を記入してください。補欠該当者の繰上げ合格発表は本学ホームページ上に掲載します。ホームページのURLとパスワード等は補欠該当者のみに通知します。
東邦大学医学部	補欠合格者の繰り上げは、第2次試験受験者の中から行い、該当者に電話で連絡するとともに、志願票で選択した住所へ文書をもって本人宛に通知する。 最終繰り上げは3月末頃まで順次行う。
東北医科薬科大学医学部	合格者の入学手続状況により欠員が生じた場合に限り、繰上げ合格を順次実施する。繰上げ合格は、「繰上げ合格対象者」の中から成績順位と希望枠･方式に従って決定する。また既に合格し、入学手続きを完了している場合も、欠員状況に応じて希望上位の枠･方式へ自動的に繰上げを行う。この際、いかなる理由があっても、その時点で合格(手続)している枠･方式に留まることはできないので、出願の際には希望しない枠･方式は選択しないようにすること。繰上げ合格者には、出願時に入力した受験者本人(または保護者)の連絡先に4月上旬までに電話連絡するので、確実に連絡のとれる電話番号を登録すること。1日経過しても連絡がつかない場合等は入学の意志が無いものとみなし、次の「繰上げ合格対象者」を合格者として処理する場合がある。
獨協医科大学	合格者の入学手続状況により、欠員が生じた場合に限り繰上げ合格を実施する。繰上げ合格者は本学掲示板に発表するとともに、本人宛に合格通知書と入学手続書類を簡易書留･速達で郵送する。繰上げ合格者には志願票に記載された受験者本人(または保護者等)の連絡先に電話連絡するので確実に連絡のとれる電話番号を登録すること。なお、電話連絡で本学への入学の意志確認ができた場合、本人宛に合格通知書と入学手続書類を郵送する。繰上げ合格者については、入学手続期間が大変短くなるので速やかに手続きが行えるよう準備すること。
日本医科大学	合格発表と同時に補欠者を繰上げ合格順(成績順)に発表する。補欠者からの繰上げ合格は、合格者の入学手続状況により成績順位に従って、上位より順次通知する。
日本大学医学部	学部･方式により追加合格を出す場合があります。追加合格を出す場合には「インターネットによる合否案内」を実施するので、インターネット出願の「マイページ」内の「合否案内」より確認してください。追加合格発表の合格通知書の郵送及び学内掲示は行いません。
兵庫医科大学	補欠者は、合格者発表と同時に本人あてに補欠通知書を簡易書留郵便で送付する。また、インターネットでの照会も可能。補欠者については、合格者に欠員が生じた場合、順次繰り上げて合格者を決定し、郵送又は電話にて通知する。
福岡大学医学部	2月22日(木)の2次合格発表と同時に、追加合格予定者に追加合格予定順位を入試制度ごとに郵送にて通知する。3月31日(日)までに追加合格予定者の中から追加合格者を決定し、本人宛に郵送または電話にて通知する。
藤田医科大学	補欠者には合格発表と同時にインターネット出願画面のマイページに補欠通知書をアップする。学費等納入金の〈2次〉納入期限以降に欠員が生じた場合は、補欠者を順次繰り上げて合格者を決定する。繰り上げ合格者には、インターネット出願時に入力された電話番号に連絡するので、確実に連絡の取れる電話番号を複数入力すること。電話連絡が取れない場合は、下位の順位の補欠者を優先する場合がある。電話連絡で本学入学の意思が確認できた繰り上げ合格者には、「合格通知書」及び「入学手続要領」等の書類をインターネット出願画面のマイページにアップする。

医学部1次試験東京会場案内

1次試験の東京会場を紹介します。ほとんどの大学で、1次試験は本学以外にも受験会場を設定しています。杏林大学医学部のように東京に本学がありながら、東京会場を設定する場合もあります。当日あせらないように、きちんと確認して予習しておきましょう。また試験当日、電車トラブルや天候の影響などで交通機関の乱れも考えられます。余裕を持って試験会場に着けるようにしておきましょう。もしもの時のために、受験会場への別ルートを調べておくと安心です。

大学名	試験日	会場
愛知医科大学	1月26日	東京流通センター
岩手医科大学	1月17日	ベルサール高田馬場、ベルサール新宿グランド
大阪医科薬科大学	2/10前 3/10後	前期:大手町サンケイプラザ　後期:大手町サンケイプラザ
金沢医科大学	1/30、31前 3/1後	前期:東京流通センター　後期:東京流通センター
川崎医科大学	1月21日	本学
関西医科大学	1/27前 3/2後	前期:ベルサール新宿グランドコンファレンスセンター　後期:本学
北里大学	1月26日	パシフィコ横浜ノース、本学相模原キャンパス
杏林大学	1月19日	ベルサール新宿グランド、ベルサール東京日本橋、本学三鷹キャンパス
近畿大学	1/28前 A 2/24後	前期:大手町プレイスカンファレンスセンター 後期:TKPガーデンシティPREMIUM田町
久留米大学	2/1前 3/8後	前期:ベルサール汐留、本学御井キャンパス　後期:本学御井キャンパス
慶應義塾大学	2月19日	日吉キャンパス
国際医療福祉大学	1月17日	五反田TOC、本学成田キャンパス
埼玉医科大学	2/2前 3/2後	前期:東京流通センター　後期:東京流通センター
産業医科大学	2月12日 （学力検査）	ベルサール汐留
自治医科大学	1月22日	出願地となる各都道府県が指定する場所
順天堂大学	2月3日 一般A·B	幕張メッセ国際展示場9～11ホール
昭和大学	2/2 Ⅰ期 3/2 Ⅱ期	Ⅰ期:パシフィコ横浜ノース Ⅱ期:パシフィコ横浜ノース
聖マリアンナ医科大学	2/8前 3/5後	前期:パシフィコ横浜ノース　後期:パシフィコ横浜ノース
帝京大学	1/25·26·27 （自由選択）	本学板橋キャンパス
東海大学	2/2・3 （自由選択）	TOC有明コンベンションホール
東京医科大学	2月7日	本学、ベルサール新宿グランド
東京慈恵医科大学	2月18日	東京流通センターイベントホール
東京女子医科大学	2月1日	京王プラザホテル

大学名	試験日	会場
東邦大学	2月6日	パシフィコ横浜ノース･東邦大学大森キャンパス
東北医科薬科大学	1月20日	ベルサール渋谷ガーデン、ＴＯＣ有明
獨協医科大学	1/21･22前 (自由選択) 2/27後	前期：五反田TOC 後期：本学
日本医科大学	2/1前 2/28後	前期：本学武蔵境校舎、ベルサール渋谷ガーデン 後期：本学武蔵境校舎
日本大学	2/1N 第1期 3/4 N 第2期	N方式 第1期 ：N方式実施試験会場の中から希望する受験地を選択 N方式 第2期 ：N方式実施試験会場の中から希望する受験地を選択
兵庫医科大学	1/24 A･B	ＴＯＣ有明 ※一般選抜Ｂのみ出願する者は大阪会場で受験
福岡大学	2月2日	ベルサール汐留
藤田医科大学	2/4前 3/3後	前期：五反田ＴＯＣビル　後期：五反田ＴＯＣビル

医学部試験東京会場案内図

五反田 TOC ビル／五反田 TOC メッセ

最寄り駅：五反田駅、不動前駅、大崎広小路駅

代官山 *MEDICAL* から
会場まで約25分

東京での受験の拠点となる【五反田 TOC】。皆さんも何度も訪れることになると思いますので、必ず場所の確認はしておきましょう！

大手町サンケイプラザ

最寄り駅：大手町駅、東京駅

至高島平
至巣鴨
至池袋
至上野
神田橋出口
首都高速都心環状線
経団連会館
KDDI
大手町フィナンシャルシティ
NTT大手町ビル
大手町一丁目三井
東京サンケイビル 大手町サンケイプラザ
読売新聞社
大手町
半蔵門線
丸の内線
大手町ビル
アーバンネット大手町ビル
一方通行
大手センタービル
大手町ファーストスクエア
大手町タワー
大手町野村ビル
新大手町ビル
東西線
三井住友銀行
三井住友銀行 東館
丸の内永楽ビル
三菱UFJ信託銀行本店
日本工業倶楽部
丸の内センタービル
丸の内北口ビル
日本生命丸の内ビル
オアゾ 丸の内ホテル
東京銀行協会
丸の内北口
都営三田線
千代田線
新丸ビル
東京
JR東京
丸の内中央口
丸の内南口
至日比谷
至新橋
丸ビル

京王プラザホテル

最寄り駅：新宿駅、都庁前駅

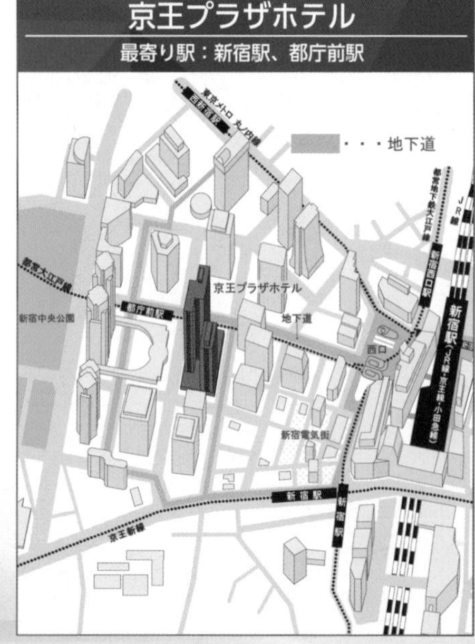

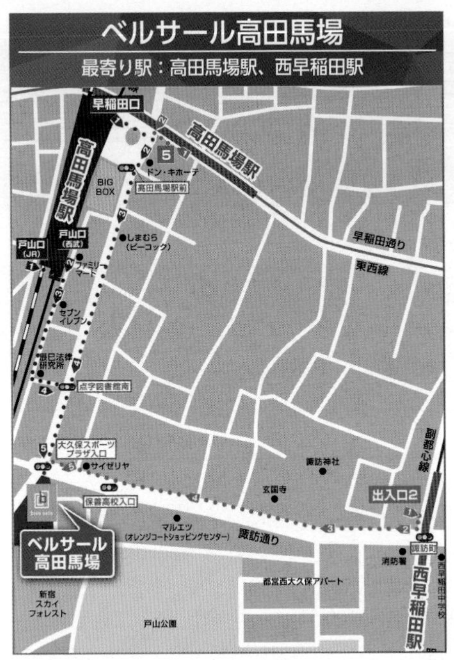
ベルサール高田馬場
最寄り駅：高田馬場駅、西早稲田駅
早稲田口
高田馬場駅
BIG BOX
ドン・キホーテ
高田馬場駅前
戸山口 (JR)
戸山口 (西武)
しまむら (ピーコック)
ファミリーマート
セブンイレブン
日本点字図書館
早稲田通り
東西線
点字図書館南
大久保スポーツプラザ入口
サイゼリヤ
諏訪神社
玄国寺
出入口2
保善高校入口
マルエツ (オレンジコートショッピングセンター)
諏訪通り
諏訪町
消防署
副都心線
西早稲田駅
ベルサール高田馬場
新宿スカイフォレスト
都営西大久保アパート
戸山公園

大手町プレイスカンファレンスセンター
最寄り駅：大手町駅
東京メトロ丸ノ内線
首都高速都心環状線
経団連会館
KDDI大手町ビル
読売新聞ビル
大手町パークビルディング
東京メトロ半蔵門線
大手町駅
大手町プレイスカンファレンスセンター
アマン東京 OOTEMORI
パレスホテル東京
東京メトロ東西線
永代通り
内堀通り
都営三田線
東京メトロ千代田線
丸ノ内ホテル
新丸の内ビル
東京駅
丸の内ビル
丸の内北口
大丸東京店
外堀通り

幕張メッセ
最寄り駅：海浜幕張駅
JR 海浜幕張 駅
徒歩約5分
国際展示場 9-11ホール
幕張イベントホール
国際会議場
国際展示場 1-8 ホール
幕張メッセ
幕張メッセ駐車場

ベルサール新宿グランド
最寄り駅：西新宿駅、都庁前駅
淀橋
税務署通り
ココ
成子天神社
出光GS
ファミリーマート
住友不動産西新宿ビル
成子天神下
西新宿駅
1出口
セブンイレブン
大江戸線
新宿オークタワー会議室 (住友不動産新宿オークタワー)
十二社通り
公園通り
ヒルトン東京
新宿西口駅
西新宿五丁目駅
新宿中央公園
新宿住友ホール・新宿住友スカイルーム (新宿住友ビル)
都庁前駅
京王プラザホテル
東京都庁
西口
新宿駅
JR線

ベルサール汐留
最寄り駅：汐留駅、新橋駅、東銀座駅
外堀通り
松坂屋
東銀座駅
歌舞伎座
銀座線
銀座出入口
土橋出入口
博品館
三井ガーデンホテル
日比谷線
新橋駅
新橋出入口
昭和通り
新橋演舞場
ベルサール汐留 (住友不動産汐留浜離宮ビル)
パナソニック電工
昭和シェル
汐留シティセンター
国立がんセンター中央病院
銀座支店
築地市場駅
日本テレビタワー
電通
朝日新聞社
汐留駅
首都高速都心環状線
東京汐留ビルディング (コンラッド東京)
新大橋通り
大江戸線
汐留JTC
汐留出入口
汐留住友ビル (ヴィラ フォンテーヌ汐留)
浜離宮庭園
中央卸売市場 築地市場

TOC 有明
最寄り駅：国際展示場駅、
国際展示場正門駅、
有明駅
国道357号線
首都高速湾岸線
国道357号線
りんかい線
TOC有明
倉庫棟
駐車場棟
ウエスト タワー
イースト タワー
水の 科学館
武蔵野大学
消防署
有明 センタービル
ホテルサンルート
有明 スタジオ
パナソニック センター
国際展示場駅
徒歩3分
通り抜け通路
有明駅
つどい橋
センター プロムナード
イースト プロムナード
徒歩4分
東京ベイ 有明ワシントン ホテル
有明 パークビル
ホテル トラスティ 東京 ベイサイド
アニヴェルセル 東京ベイ
西館
TFTビル 東館
有明 フロンティア ビル
有明セントラルタワー
徒歩4分
ゆりかもめ
国際展示場正門駅
東京国際展示場 (ビッグサイト)

ベルサール渋谷
ガーデン／ファースト
最寄り駅：神泉駅、渋谷駅
①渋谷ガーデン　②渋谷ファースト
SHIBUYA 109
道玄坂下
1番出口
ハチ公像
渋谷駅
銀座線
ヒカリエ
渋谷クロスタワー
セブンイレブン
六本木通り
アベニュー口
中央口
東口
道玄坂上交番前の出口
渋谷マークシティ
京王井の頭線
階段
三井住友銀行
渋谷警察署
金王八幡宮
西口
セブンイレブン
住友不動産渋谷 ヒューマックスビル
誘導看板
ファミリーマート
渋谷道玄坂 郵便局
首都高速3号渋谷線
セルリアンタワー 東急ホテル
東急東横線
首都高渋谷出口
ローソン
ローソン
道玄坂上 (バス停)
渋谷インフォスタワー
渋谷インフォスウイング
明治通り
渋谷インフォスアネックス
デニーズ
渋谷エリアには「ベルサール」が2会場ございます。ご注意ください。

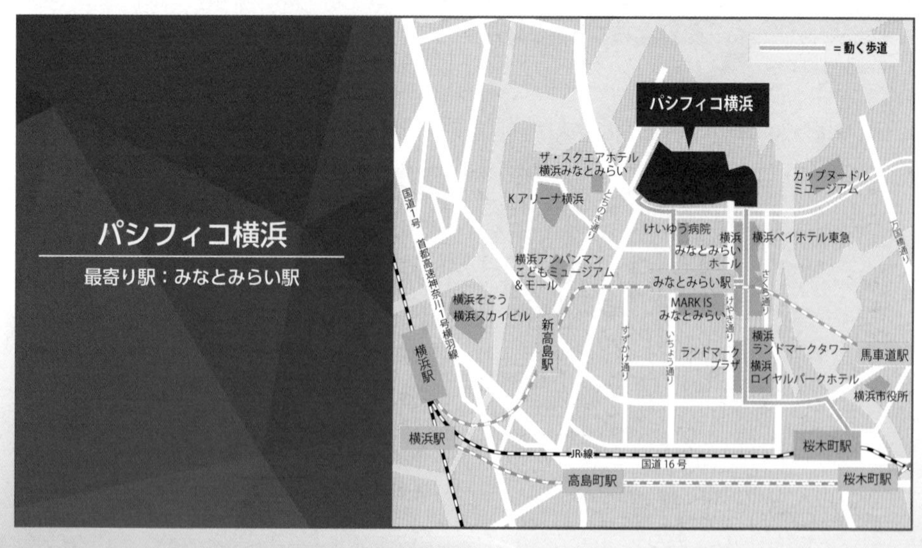
パシフィコ横浜
最寄り駅：みなとみらい駅
＝動く歩道
パシフィコ横浜
ザ・スクエアホテル 横浜みなとみらい
カップヌードル ミュージアム
Kアリーナ横浜
国道1号
首都高速神奈川1号横羽線
とちのき通り
けいゆう病院
横浜 みなとみらい ホール
横浜ベイホテル東急
万国橋通り
横浜アンパンマン こどもミュージアム ＆モール
みなとみらい駅
さくら通り
横浜そごう 横浜スカイビル
新高島駅
MARK IS みなとみらい
けやき通り
すずかけ通り
いちょう通り
ランドマーク プラザ
横浜 ランドマークタワー
横浜 ロイヤルパークホテル
馬車道駅
横浜市役所
横浜駅
横浜駅
JR線
桜木町駅
国道16号
高島町駅
桜木町駅

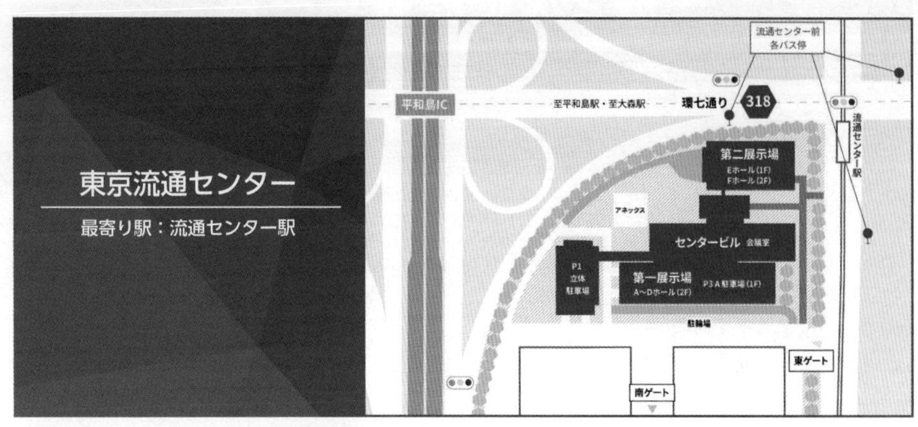
東京流通センター
最寄り駅：流通センター駅
流通センター前
各バス停
平和島IC
至平和島駅・至大森駅
環七通り
318
流通センター駅
第二展示場
Eホール(1F)
Fホール(2F)
アネックス
センタービル
会議室
P1
立体
駐車場
第一展示場
A〜Dホール(2F)
P3 A駐車場(1F)
駐輪場
東ゲート
南ゲート

ベルサール東京日本橋
最寄り駅：日本橋駅
日本橋三越
三越前駅
半蔵門線
永代通り
呉服橋出口
大手町駅
江戸橋Jct
鉄鋼
ビルディング
三井住友
銀行
ベルサール
八重洲
日本橋
郵便局
東京証券
取引所
コレド日本橋
大丸
東京店
日本橋駅
東
京
駅
八重洲
北口
丸善
東西線
イオン銀行
日本橋高島屋
中央署
八重洲
中央口
ベルサール東京日本橋
（東京日本橋タワー）
茅場町駅
八重洲通り
外堀通り
銀座線
浅草線

TKP ガーデンシティ
PREMIUM 田町
最寄り駅：田町駅
三田駅
建築会館
ファミリーマート
田町駅北店
三田
図書館
三田駅
都営浅草線
森永プラザビル
本館
TKP ガーデンシティ
PREMIUM 田町
TKP 田町
カンファレンス
センター
田町
センタービル
第一京浜
田町
ステーションタワーN
田町駅
芝浦公園
三田労働基準
監督署
プルマン東京
田町
芝浦口
（東口）
しばうら
保育園
東京工業大学
田町キャンパス
田町
ステーションタワーS

一般2次試験会場一覧

大学名	会場	最寄り駅からの交通手段
愛知医科大学	本学1号館	地下鉄東山線「藤が丘駅」下車、名鉄バス(快速)で約15分
岩手医科大学	本学(矢巾キャンパス)	JR矢幅駅下車、徒歩約17分
	東京(ベルサール東京日本橋)	東京メトロ「日本橋駅」直結、東京メトロ「三越前駅」、徒歩3分 JR「東京駅」八重洲北口、徒歩6分
	大阪(大阪ガーデンパレス)	JR「新大阪駅」、徒歩10分
大阪医科薬科大学医学部	本学(本部キャンパス)	阪急京都線「高槻市駅」下車すぐ、JR京都線「高槻駅」下車、徒歩約8分
金沢医科大学	本学	北陸鉄道「内灘駅」下車、「金沢医大病院行」または「白帆台ニュータウン行」のバスを利用、「大学前」下車(約10分)
川崎医科大学	本学	JR「中庄駅」下車、徒歩約15分、タクシー 3分
関西医科大学	本学枚方学舎医学部棟	京阪電車「枚方市駅」下車、徒歩3分
北里大学	本学相模原キャンパス	小田急線「相模大野駅」下車、北里大学病院行・北里大学経由相模原駅南口行バスを利用(約25 ~ 40分) JR横浜線「相模原駅」下車、相模大野駅北口行、北里大学病院・北里大学行バスを利用(25分)
杏林大学医学部	本学三鷹キャンパス	JR「三鷹駅」下車 バスで杏林大学病院前又は杏林大学病院入口下車(所要時間約20分)。JR「吉祥寺駅」下車、バスで杏林大学病院前又は杏林大学病院入口下車(所要時間約20分)
近畿大学医学部	本学大阪狭山キャンパス	南海高野線「金剛駅」または泉北高速鉄道「泉ケ丘駅」下車、バス約15分
久留米大学医学部	本学御井キャンパス(前期)	JR「久留米大学前駅」下車、徒歩3分 西鉄「久留米駅」下車、バス約15分
	本学旭町キャンパス(後期)	西鉄「久留米駅」下車、西鉄バス系統番号8(大学病院、高専方面行にて大学病院または医学部前下車)で約17分
慶應義塾大学医学部	本学日吉キャンパス	東急東横線・東急目黒線・横浜市営地下鉄グリーンライン「日吉駅」下車、徒歩1分
国際医療福祉大学医学部	成田キャンパス(医学部棟)	京成本線「公津の杜駅」から徒歩1分
	東京(東京赤坂キャンパス)	銀座線・丸ノ内線「赤坂見附駅」下車、徒歩3分 有楽町線・半蔵門線・南北線「永田町駅」下車、徒歩3分 千代田線「赤坂駅」下車、徒歩8分 銀座線・南北線「溜池山王駅」下車、徒歩12分
埼玉医科大学	本学毛呂山キャンパス カタロスタワー	東武越生線「東毛呂駅」下車、徒歩20分 JR八高線「毛呂駅」下車、徒歩5分
産業医科大学	北九州(西日本総合展示場) ※学力試験のみ	JR「小倉駅」下車、徒歩5分
	東京(ベルサール汐留) ※学力試験のみ	大江戸線・ゆりかもめ「汐留駅」下車、徒歩5~10分。JR・ゆりかもめ・東京メトロ銀座線・浅草線「新橋駅」下車、徒歩5~10分
	本学 ※面接、小論文のみ	JR「折尾駅」から、市営バスで「産業医科大学病院入口」下車、10分

大学名	会場	最寄り駅からの交通手段
自治医科大学	本学	JR 宇都宮線(東北本線)「自治医大駅」下車、徒歩15分、または接続バスで5分
順天堂大学 医学部	本学本郷・お茶の水キャンパスセンチュリータワー	JR 「御茶ノ水駅」下車、徒歩7分 東京メトロ丸ノ内線「御茶ノ水駅」下車、徒歩7分
昭和大学医学部	本学旗の台キャンパス	東急池上・大井町線「旗の台駅」東口下車、徒歩5分
聖マリアンナ 医科大学	本学	小田急線「向ヶ丘遊園駅」下車、バス「聖マリアンナ医科大行」15~20分。東急田園都市線「あざみ野駅」下車、バス「向ケ丘遊園行」25~30分
帝京大学医学部	本学板橋キャンパス	JR 「十条駅」下車、徒歩約15分
東海大学医学部	本学伊勢原校舎	小田急小田原線「伊勢原駅」下車、バス「東海大学病院行」利用(所要時間約10分)
東京医科大学	本学	副都心線・都営新宿線「新宿三丁目駅」下車、徒歩10分 東京メトロ丸ノ内線「新宿御苑前駅」下車、徒歩7分
東京慈恵会医科 大学	本学西新橋キャンパス・大学1号館	都営地下鉄三田線「御成門駅」下車、徒歩約3分 JR 「新橋駅」下車、徒歩約12分
東京女子医科 大学	本学	都営地下鉄大江戸線「若松河田駅」下車、徒歩約5分 JR 新宿駅から東京女子医科大行きバスで終点下車、徒歩約3分
東邦大学医学部	本学大森キャンパス	JR 「蒲田駅」から大森駅行きバスで約4分、「東邦医大前」下車、徒歩2分。京浜急行線「梅屋敷駅」及び「大森町駅」下車、徒歩10分
東北医科薬科大学 医学部	本学小松島キャンパス	ＪＲ仙山線「東照宮駅」下車、徒歩15分 仙台市地下鉄南北線「仙台駅」より泉中央行「台原駅」、徒歩15分
獨協医科大学	本学	東武宇都宮線「おもちゃのまち駅」西口下車徒歩約15分(バスにて約3分「獨協医大病院」下車)
日本医科大学	本学千駄木校舎 (医学部教育棟)	東京メトロ千代田線「千駄木駅」または「根津駅」下車、徒歩8分 東京メトロ南北線「東大前駅」下車、徒歩8分 都営三田線「白山駅」下車、徒歩10分
日本大学医学部	経済学部校舎3号館	JR 中央総武線「水道橋駅」東口より徒歩3~5分 都営地下鉄三田線「水道橋駅」下車、徒歩3~6分 都営地下鉄新宿線、三田線、東京メトロ半蔵門線「神保町駅」下車、徒歩5~8分
兵庫医科大学	本学西宮キャンパス	阪神電鉄「武庫川駅」下車、徒歩約5分
福岡大学医学部	本学	地下鉄七隈線「福大前駅」下車、駅前すぐ、ＪＲ博多駅からバスで約45分(福大前または福大正門前)下車
藤田医科大学	本学大学2号館	＜名鉄＞名古屋本線「名鉄名古屋駅」より豊橋方面、「前後駅」下車、名鉄バス利用(所要時間約15分)

※詳細につきましては、必ず募集要項でご確認ください。

医学部データ一覧

1次試験マーク式OR記述一覧（前年度実績）

2023年11月8日現在

大学名	英語	数学	化学	生物	物理
愛知医科大学	マーク	記述	記述+選択	記述+選択	記述+選択
岩手医科大学	マーク	マーク	マーク	マーク	マーク
大阪医科薬科大学	記述	記述	記述	記述+選択	記述
金沢医科大学	マーク	マーク	マーク	マーク	マーク
川崎医科大学	マーク	マーク	マーク	マーク	マーク
関西医科大学	記述+選択	記述	記述+選択	記述+選択	記述
北里大学 医学部	マーク	記述	マーク	マーク	マーク
杏林大学 医学部	マーク	マーク	マーク	マーク	マーク
近畿大学 医学部	マーク	記述	記述+選択	記述+選択	記述
久留米大学 医学部	マーク+記述	マーク	記述+選択	記述+選択	記述+選択
慶應義塾大学 医学部	記述+選択	答えのみ記述	記述+選択	記述+選択	記述+選択
国際医療福祉大学	マーク	マーク	マーク	マーク	マーク
埼玉医科大学	マーク	マーク	マーク	マーク	マーク
産業医科大学	記述	記述	記述+選択	記述+選択	記述+選択
自治医科大学	マーク	マーク	マーク	マーク	マーク
順天堂大学 医学部	マーク+記述	マーク+記述	マーク+記述	マーク+記述	マーク+記述
昭和大学 医学部	記述+選択	記述	記述+選択	記述+選択	記述
聖マリアンナ医科大学	記述+選択	記述	記述+選択	記述+選択	記述+選択
帝京大学 医学部	記述+選択	答えのみ記述	記述+選択	記述+選択	記述
東海大学 医学部	記述+選択	答えのみ記述	マーク+記述	記述+選択	マーク+記述
東京医科大学	マーク+記述	マーク	マーク	マーク	マーク
東京慈恵会医科大学	記述+選択	記述	記述+選択	記述+選択	記述
東京女子医科大学	マーク+記述	記述	マーク+記述	マーク+記述	記述
東邦大学 医学部	マーク	マーク	マーク	マーク	マーク
東北医科薬科大学 医学部	マーク	マーク	マーク	マーク	マーク
獨協医科大学	マーク	マーク	マーク	マーク	マーク
日本医科大学	マーク+記述	記述	記述+選択	記述+選択	記述
日本大学医学部	マーク	マーク	マーク	マーク	マーク
兵庫医科大学	記述+選択	記述	記述+選択	記述+選択	記述
福岡大学 医学部	記述+選択	記述	記述+選択	記述+選択	記述+選択
藤田医科大学	マーク+記述	マーク+記述	記述+選択	記述+選択	記述

※選択式…マークではないが番号、記号を選ぶ問題　※数学の記述…小問は答えのみを記述する場合を含む

2024年度 一般選抜科目別配点(前期入試)/小論文・面接

大学名	英語(外国語)	数学	理科	小論文	面接	
	配点	配点	配点	試験区分	試験区分	面接形式
愛知医科大学	150点	150点	200点	2次試験 (5段階評価)	2次試験 (5段階評価)	個人
岩手医科大学	100点	100点	150点	実施なし	2次試験	個人
大阪医科薬科大学	100点	100点	200点	1次試験 (段階評価)	2次試験	グループ
金沢医科大学	100点	100点	150点	2次試験 (配点:60点)	2次試験 (配点110点)	グループ
川崎医科大学	100点	100点	150点	1次試験	2次試験 (100点+段階評価)	個人
関西医科大学	100点	100点	200点	実施なし	2次試験 (段階評価)	個人
北里大学 医学部	150点	150点	200点	2次試験	2次試験	個人+グループ
杏林大学 医学部	100点	100点	150点	2次試験	2次試験	個人
近畿大学 医学部	100点	100点	200点	2次試験 (段階評価)	2次試験 (段階評価)	個人
久留米大学 医学部	100点	100点	200点	2次試験 (配点:50点)	2次試験 (配点:50点)	個人
慶應義塾大学 医学部	150点	150点	200点	2次試験	2次試験	個人
国際医療福祉大学	200点	150点	200点	1次試験 (段階評価)	2次試験	個人
埼玉医科大学	100点	100点	200点	1次試験 (段階評価)	2次試験	個人
産業医科大学※1	200点	200点	200点	2次試験 (2次学力検査合格者のみ/配点:50点)	2次試験 (2次学力検査合格者のみ)	個人
自治医科大学	1次:25点 2次:12.5点	1次:25点 2次:12.5点	1次:50点 2次:なし	実施なし	1次試験 2次試験	個人+グループ
順天堂大学 医学部	200点	100点	200点	1次試験 (1次試験合格者のみ判定)	2次試験	個人
昭和大学 医学部	100点	100点※2	200点	2次試験 (配点:20点)	2次試験 (配点:100点)	個人
聖マリアンナ医科大学	100点	100点	200点	2次試験 (配点:50点)	2次試験 (配点:50点)	個人
帝京大学 医学部 ※3	100点(必須)	100点	100点(1科目)	2次試験 (※課題作文)	2次試験	個人
東海大学 医学部	100点	100点	100点	2次試験	2次試験	個人
東京医科大学	100点	100点	200点	2次試験 (配点:60点)	2次試験 (配点:40点)	個人
東京慈恵会医科大学	100点	100点	200点	2次試験 (配点:25点)	2次試験 (配点:30点)	個人
東京女子医科大学	100点	100点	200点	1次試験 (1次試験合格者のみ判定)	2次試験	個人
東邦大学 医学部	150点	100点	150点	1次試験 (※基礎学力試験)	2次試験	個人+グループ
東北医科薬科大学	100点	100点	200点	2次試験 (5段階評価)	2次試験 (5段階評価)	個人
獨協医科大学	100点	100点	200点	2次試験	2次試験	個人
日本医科大学	300点	300点	400点	2次試験	2次試験	個人+グループ
日本大学医学部	1次:100点 2次: 60点	1次:100点 2次: 60点	1次:200点 2次:なし	実施なし	2次試験 (配点:30点)	個人
兵庫医科大学	150点	150点	200点	1次試験 (1次試験合格者のみ判定、配点:50点)	2次試験 (配点:100点)	個人
福岡大学 医学部	100点	100点	200点	1次試験	2次試験 (配点:50点)	グループ
藤田医科大学	200点	200点	200点	実施なし	2次試験※4 (5段階評価、配点:40点)	個人

※1 一般選抜Aおよび一般選抜Bの2次学力検査の配点　※2 国語(現代文のみ)・数学から選択　※3 国語(100点)選択可
※4 面接・提出書類と合わせて40点

学納金：初年度／6年間費用・キャンパス情報

大学名	初年度に必要な費用	6年間に必要な費用	寮生活
愛知医科大学	8,500,000	35,100,000	無
岩手医科大学	9,400,000	34,450,000	1年生全員
大阪医科薬科大学	6,100,000	29,075,000	無
金沢医科大学	11,000,000	39,500,000	無
川崎医科大学	12,250,000	47,400,000	1年生全員
関西医科大学	3,060,000	21,280,000	無
北里大学	9,000,000	38,900,000	無
杏林大学 医学部	10,090,700	37,590,700	無
近畿大学 医学部	6,824,500	35,857,000	無
久留米大学 医学部	9,313,000	36,378,000	無
慶應義塾大学 医学部	3,903,350	22,419,600	無
国際医療福祉大学	4,500,000	18,500,000	無
埼玉医科大学	8,820,000	39,570,000	無
産業医科大学	6,122,800	36,612,800	無
自治医科大学	5,000,000	23,000,000	1年～6年全寮制
順天堂大学 医学部	2,900,000	20,800,000	コロナのため入寮できない可能性あり
昭和大学 医学部	4,595,000	27,345,000	1年生全員
聖マリアンナ医科大学	7,287,000	28,593,700	無
帝京大学 医学部	9,370,140	39,380,140	無
東海大学 医学部	6,673,200	35,518,200	無
東京医科大学	4,993,600	30,283,600	無
東京慈恵会医科大学	3,500,000	22,500,000	無
東京女子医科大学	11,598,000	47,088,000	無
東邦大学 医学部	5,297,800	26,297,800	無
東北医科薬科大学	6,528,800	34,137,000	無
獨協医科大学	9,300,000	34,500,000	無
日本医科大学	4,797,800	22,297,800	無
日本大学医学部	6,350,000	31,350,000	無
兵庫医科大学	9,025,000	37,600,000	無
福岡大学 医学部	8,626,710	37,738,260	無
藤田医科大学	6,596,000	30,526,000	無

成績開示について

2023年11月14日現在

大学名	開示情報
愛知医科大学	一般選抜の第1次試験不合格者本人から申請があった場合に限り開示する。 申請方法等は2024年5月ごろにホームページにて知らせる。
岩手医科大学	試験については個人成績を開示。請求方法については大学ホームページで確認。
大阪医科薬科大学	受験者本人の申請により、医学部一般選抜(前期・後期、大阪府地域枠)について1次試験の総得点を開示。 申請受付期間は令和6年5月1日(水)～5月31日(金)消印有効。
金沢医科大学	一般選抜(前期・後期)の個人成績について、開示希望者に対し、科目別の得点、合計得点をネット出願サイトで開示。 申込期間:各出願期間と同じ。
川崎医科大学	一般選抜及び地域枠選抜の第一次試験不合格者(受験生本人に限る)に対し、科目別の得点を開示。
関西医科大学	一般選抜・大学入学共通テスト・一般選抜併用試験の第1次試験不合格者に対し、受験生本人から申請があった場合に限り、科目別の得点を開示。申請期間は令和6年5月1日(水)～5月9日(木)消印有効。
北里大学 医学部	一般選抜の不合格者を対象に成績を開示。A～Eの5ランク。開示期間は2024年5月7日(火)～5月31日(金)17:00。
杏林大学 医学部	一般選抜1次不合格者を対象に受験生本人の申請により入学試験(学科試験)の総得点および順位を開示。申込受付2024年4月中旬(予定)。
近畿大学 医学部	不合格者には、受験ポータルサイト「UCARO」にて総得点を掲載する。(共通テスト利用方式を除く)
久留米大学 医学部	希望者に対し、入試成績を開示する。成績開示の申し込みはインターネット出願時にのみ受け付ける。
慶應義塾大学 医学部	一般選抜一次試験不合格者を対象に成績を開示。申請期間:2024年4月5日(金)10:00～4月19日(金)16:30
国際医療福祉大学	一般選抜一次試験不合格者を対象に点数を開示。入試得点通知書の申請手続きを完了した受験者本人にのみ直接通知。
埼玉医科大学	一般選抜 1 次試験の不合格者のうち希望者を対象に個人成績(総合得点)を開示。詳細は 2024 年 4 月中旬頃、本学ホームページに掲載。開示の申請には受験票が必要。
産業医科大学	医学部学校推薦型選抜および一般選抜の個人成績を受験者本人に限り開示。受験者本人からの申請に基づき、受験者本人の住所に「産業医科大学医学部入学者選抜情報開示通知書」を送付。各試験の総得点及び合格者最低点。面接、調査書、志望理由書、特別活動記録の総合評価を開示。
自治医科大学	一次試験不合格者及び二次試験不合格者及び補欠者で繰上げ合格にならなかった者に対し、学力試験科目別点数を開示。申請期間は4月上旬から8月末まで。
順天堂大学 医学部	一般選抜、共通テスト・一般独自併用選抜、地域枠選抜の不合格者かつ申請者に対し、個人の点数の合計点を開示。
昭和大学 医学部	一般選抜一次試験不合格者を対象に成績開示。入学支援課に本人が電話し、成績開示の希望を伝える。 大学入学共通テストの点数は、成績開示に含まれない。
聖マリアンナ医科大学	一般選抜(第1次試験)の個人成績を一般選抜(第1次試験)不合格者本人からの申請があった場合に限り、開示。開示請求の手続きや詳細に関しては、4月中旬頃本学ホームページにて公開。
帝京大学 医学部	成績開示はしていない。
東海大学 医学部	成績開示はしていない。
東京医科大学	2024年度入学者選抜の成績をUCAROで開示。成績開示期間は2024年6月1日(土)10:00～6月21日(金)23:59
東京慈恵会医科大学	一般選抜一次試験不合格者に対し、受験生本人からの申請に基づき開示。受験票が必要。 申請期間は4月1日から5月末日まで。
東京女子医科大学	一般選抜一次試験不合格者(本人)に限り科目別得点と合計得点を開示。理科3科目については選択した科目によって有利不利が無いように標準化した値。
東邦大学 医学部	一次試験不合格者を対象に開示。詳細は2024年4月1日から大学ホームページに掲載。 申請受付期間は2024年4月8日(月)～4月12日(金)。申請には受験票が必要。
東北医科薬科大学	成績開示はしていない。
獨協医科大学	一般選抜一次試験不合格者本人から申請があった場合に限り成績開示する。申請方法は2024年4月中旬頃に医学部Webサイトにて知らせる。
日本医科大学	一般選抜(前期・後期・地域枠)不合格者を対象に受験者本人からの申請に基づき一次試験の総得点および科目毎の得点を開示。
日本大学医学部	一般選抜の不合格者を対象に科目別得点、合計得点および合格最低点を開示。開示期間は2024年5月1日(水)～5月31日(金)。
兵庫医科大学	受験者本人から申請があった場合に限り、一般選抜(一次試験)の合計点(小論文除く)を開示。申込期間は2024年4月1日(月)～4月12日(金)消印有効。封筒の表に「入試成績開示希望」と朱書して、「成績開示申請書」「宛先を記入した返信用封筒」(簡易書留料金分の切手を貼付した長形3号)「受験票」を郵送する。
福岡大学 医学部	一般選抜一次試験不合格者を対象に一次試験の総得点を開示。照会期間は2024年5月1日(水)10:00～5月31日(金)23:59
藤田医科大学	受験生全員に対し、「インターネット出願」ページから一般入試(前期・後期)は1次試験の科目別の得点(マークシート・筆記別)、順位、英語、数学のマークシート基準点、2次試験の面接の得点を開示。共通テスト利用入試(前期・後期)では1次試験の合計得点、順位、2次試験の総合問題(後期のみ)、面接の得点を開示。開示期間:(前期)2024年2月14日(水)17時頃～2024年2月21日(水)、(後期)2024年3月15日(金)17時頃～2024年3月22日(金)

※詳細は各大学ホームページで確認して下さい。

116回～117回（2022～2023年度）医師国家試験合格者数一覧

大学名	総数							
	2023				2022			
	出願者数	受験者数	合格者数	合格率	出願者数	受験者数	合格者数	合格率
愛知医科大学	140	123	119	96.7%	120	108	98	90.7%
岩手医科大学	139	135	116	85.9%	155	143	129	90.2%
大阪医科薬科大学	115	114	106	93.0%	131	128	121	94.5%
金沢医科大学	130	113	100	88.5%	142	128	111	86.7%
川崎医科大学	178	155	139	89.7%	167	117	106	90.6%
関西医科大学	129	122	111	91.0%	118	112	106	94.6%
北里大学医学部	135	120	114	95.0%	140	127	121	95.3%
杏林大学医学部	122	120	112	93.3%	118	108	98	90.7%
近畿大学医学部	124	115	108	93.9%	144	135	131	97.0%
久留米大学医学部	150	130	120	92.3%	146	135	105	77.8%
慶應義塾大学医学部	117	117	113	96.6%	116	114	110	96.5%
国際医療福祉大学	134	125	124	99.2%				
埼玉医科大学	129	129	118	91.5%	126	125	115	92.0%
産業医科大学	110	102	100	98.0%	128	123	116	94.3%
自治医科大学	125	122	121	99.2%	131	125	125	100%
順天堂大学医学部	141	141	141	100%	140	139	134	96.4%
昭和大学医学部	127	125	119	95.2%	116	116	111	95.7%
聖マリアンナ医科大学	132	128	114	89.1%	126	122	112	91.8%
帝京大学医学部	144	140	116	82.9%	170	164	146	89.0%
東海大学医学部	142	130	103	79.2%	138	134	111	82.8%
東京医科大学	127	123	118	95.9%	129	126	118	93.7%
東京慈恵会医科大学	113	112	108	96.4%	114	114	111	97.4%
東京女子医科大学	127	125	106	84.8%	126	125	111	88.8%
東邦大学医学部	129	125	108	86.4%	127	127	113	89.0%
東北医科薬科大学	101	95	94	98.9%	95	93	90	96.8%
獨協医科大学	122	115	107	93.0%	147	138	128	92.8%
日本医科大学	122	121	117	96.7%	120	120	113	94.2%
日本大学医学部	136	136	112	82.4%	124	122	110	90.2%
兵庫医科大学	119	115	112	97.4%	115	115	111	96.5%
福岡大学医学部	126	118	105	89.0%	110	101	95	94.1%
藤田医科大学	128	118	114	96.6%	127	117	112	95.7%
合　計	4013	3809	3515	92.3%	3906	3701	3418	92.4%

新卒								既卒							
2023				2022				2023				2022			
出願者数	受験者数	合格者数	合格率	出願者数	受験者数	合格者数	合格率	出願者数	受験者数	合格者数	合格率	出願者数	受験者数	合格者数	合格率
131	115	115	100%	113	102	96	94.1%	9	8	4	50.0%	7	6	2	33.3%
123	120	109	90.8%	138	128	123	96.1%	16	15	7	46.7%	17	15	6	40.0%
108	108	101	93.5%	114	111	108	97.3%	7	6	5	83.3%	17	17	13	76.5%
113	96	90	93.8%	117	104	94	90.4%	17	17	10	58.8%	25	24	17	70.8%
167	144	132	91.7%	150	100	94	94.0%	11	11	7	63.6%	17	17	12	70.6%
121	114	107	93.9%	105	110	98	98.0%	8	8	4	50.0%	13	12	8	66.7%
128	114	110	96.5%	136	123	118	95.9%	7	6	4	66.7%	4	4	3	75.0%
114	112	108	96.4%	110	100	94	94.0%	8	8	4	50.0%	8	8	4	50.0%
120	111	105	94.6%	127	118	116	98.3%	4	4	3	75.0%	17	17	15	88.2%
120	102	102	100%	115	105	90	85.7%	30	28	18	64.3%	31	30	15	50.0%
113	113	112	99.1%	110	109	108	99.1%	4	4	1	25.0%	6	5	2	40.0%
134	125	124	99.2%					0	0	0	0.0%				
118	118	110	93.2%	118	118	110	93.2%	11	11	8	72.7%	8	7	5	71.4%
103	95	93	97.9%	125	120	113	94.2%	7	7	7	100%	3	3	3	100.0%
125	122	121	99.2%	131	125	125	100%	0	0	0	0.0%	0	0	0	0.0%
135	135	135	100%	134	134	131	97.8%	6	6	6	100%	6	5	3	60.0%
121	120	117	97.5%	109	109	107	98.2%	6	5	2	40.0%	7	7	4	57.1%
121	117	104	88.9%	121	118	108	91.5%	11	11	10	90.9%	5	4	4	100.0%
125	123	109	88.6%	141	136	133	97.8%	19	17	7	41.2%	29	28	13	46.4%
119	109	92	84.4%	123	119	102	85.7%	23	21	11	52.4%	15	15	9	60.0%
119	115	111	96.5%	123	120	117	97.5%	8	8	7	87.5%	6	6	1	16.7%
110	110	107	97.3%	108	108	106	98.1%	3	2	1	50.0%	6	6	5	83.3%
113	111	99	89.2%	113	113	104	92.0%	14	14	7	50.0%	13	12	7	58.3%
115	112	99	88.4%	119	119	112	94.1%	14	13	9	69.2%	8	8	1	12.5%
98	92	91	98.9%	95	93	90	96.8%	3	3	3	100%	0	0	0	0.0%
111	104	99	95.2%	140	131	124	94.7%	11	11	8	72.7%	7	7	4	57.1%
115	114	112	98.2%	113	113	108	95.6%	7	7	5	71.4%	7	7	5	71.4%
123	123	104	84.6%	106	105	100	95.2%	13	13	8	61.5%	18	17	10	58.8%
115	111	109	98.2%	108	108	104	96.3%	4	4	3	75.0%	7	7	7	100.0%
120	112	102	91.1%	95	86	84	97.7%	6	6	3	50.0%	15	15	11	73.3%
122	113	111	98.2%	123	113	109	96.5%	6	5	3	60.0%	4	4	3	75.0%
3720	3530	3340	94.6%	3580	3388	3226	95.2%	293	279	175	62.7%	326	313	192	61.3%

Aichi Medical University
愛知医科大学

所在地　〒480-1195 愛知県長久手市岩作雁又1番地1
問合先　〒480-1195 愛知県長久手市岩作雁又1番地1
医学部入試係（Tel.0561-61-5314）

■交通手段

地下鉄東山線「藤が丘駅」下車、名鉄バスで約15分

■附属病院・関連施設

医学情報センター、情報処理センター、災害医療研究センター、国際交流センター、産業保健科学センター、大学病院、メディカルクリニック、先端医学研究センター、加齢医科学研究所、分子医科学研究所、運動療育センター、学際的痛みセンター、医学教育センター、総合医学研究機構

■沿 革

1971年　愛知医科大学（医学部医学科）設置認可

アピールポイント

愛知医科大学

建学の精神

新時代の医学知識、技術を身につけた教養豊かな臨床医、特に時代の要請に応えて地域社会に奉仕できる医師を養成し、あわせて医療をよりよく発展向上させるための医学指導者を養成することを目的とする。

医学部の理念

医学知識や技術の修得はもとより、医学を志す者として教養豊かな人間性を涵養すること。すなわち、建学の精神及び学是に基づいた科学的・倫理的判断力、社会貢献の自覚を養い、情緒と品格を兼ね備えた医療人を育成すること。

教育目標

①将来の医学・医療の様々な分野に共通して必要な基本的知識、技能及び態度を身につけ、生涯にわたる学修の基礎をつくります。

②自主性・創造性を身につけ、問題解決能力を高める。
そして、医学の進歩と、医療をめぐる社会情勢の変化に対応できる能力を涵養します。

③医療を、予防・診断・治療から社会復帰までの包括的なものとしてとらえ、自然科学のみならず、その背景にある心理的・社会的諸問題をも含めて総合的に対応できる能力を涵養します。

**2023年度 一般選抜
合格者の男女比**

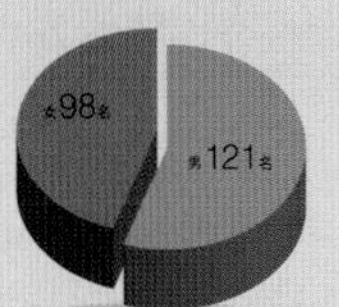

〈219名中〉

**2023年度 一般選抜
入学者の男女比**

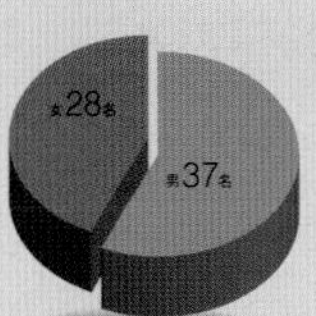

〈65名中〉

**2023年度 学校推薦型選抜
（公募制・地域枠A方式）
入学者の男女比**

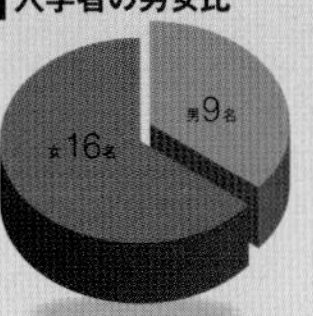

〈25名中〉

**2023年度 一般選抜
合格者の現浪比**

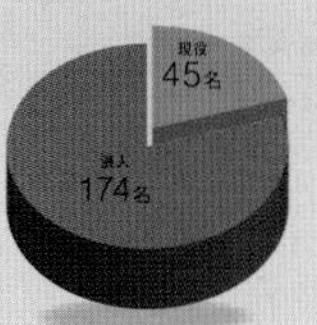

〈219名中〉

**2023年度 一般選抜
入学者の現浪比**

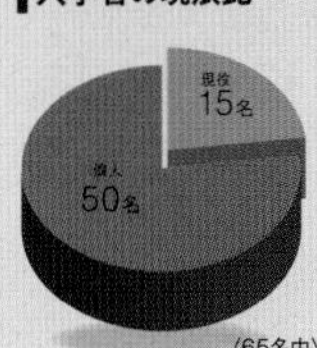

〈65名中〉

**2023年度 推薦入試
（公募制・地域枠A方式）
入学者の現浪比**

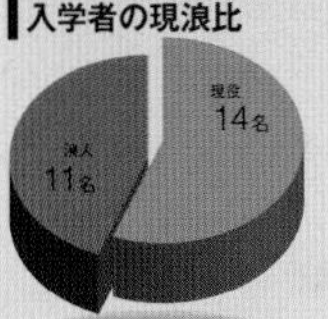

〈25名中〉

志願者の推移（一般選抜）

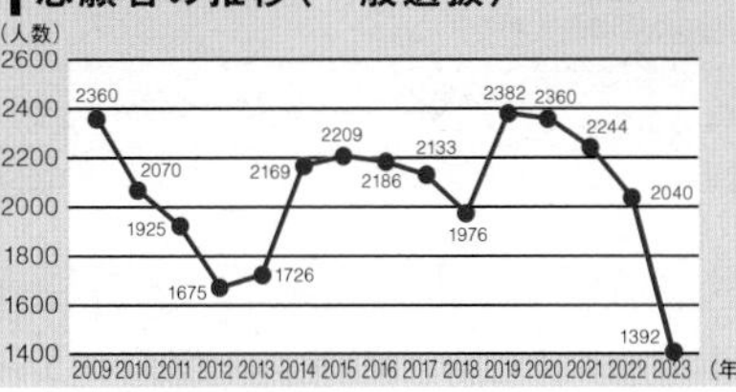

2024年度入試情報

入試内容

区分	試験	教科	時間	配点	科目内容
一般選抜	1次	理科	100分	200点	物基・物、化基・化、生基・生→2科目当日選択[※1]
		数学	80分	150点	数Ⅰ・数Ⅱ・数Ⅲ・数A・数B（数列・ベクトル）
		外国語	80分	150点	コミュニケーション英語Ⅰ・Ⅱ・Ⅲ、英語表現Ⅰ・Ⅱ
	2次	小論文	60分	5段階評価	テーマ型で600字以内。
		面接	約20分	5段階評価	個人面接
大学入学共通テスト利用選抜（前期・愛知県地域特別枠B方式）	大学入学共通テスト	国語	80分	100点	国（近代以降）
		数学	Ⅰ·A70分、ⅡB60分	各100点	「数Ⅰ・数A」および「数Ⅱ・数B」
		理科	各60分	各100点	物、化、生→2科目選択
		外国語	110分	200点	英語（リーディング160点、リスニング40点に換算）
	2次	面接	約20分	5段階評価	個人面接
大学入学共通テスト利用選抜（後期）	大学入学共通テスト	国語	80分	200点	国（近代以降の文章、古典（古文・漢文））
		数学	Ⅰ·A70分、ⅡB60分	各100点	「数Ⅰ・数A」および「数Ⅱ・数B」
		理科	60分	100点	物、化、生→1科目選択 但し2科目受験した場合は高得点の1科目を利用。
		外国語	110分	200点	英語（リーディング160点、リスニング40点に換算）
		地歴・公民	60分	100点	全科目のうち1科目選択 但し2科目受験した場合は高得点の1科目を利用。
	2次	面接	約20分	5段階評価	個人面接

※詳細については、必ず募集要項を確認ください。

区分	出願資格	教科	時間	配点	科目内容
学校推薦型選抜（公募制）／学校推薦型選抜（愛知県地域特別枠A方式）	3.7以上（一浪まで）	書類審査			
		小論文	60分	5段階評価	
		数学	60分	100点	数Ⅰ・数Ⅱ・数Ⅲ・数A・数B（数列・ベクトル）
		外国語	60分	100点	コミュニケーション英語Ⅰ・Ⅱ・Ⅲ、英語表現Ⅰ・Ⅱ
		面接	約20分	5段階評価	個人面接
※国際バカロレア入学の入試内容の情報はHPを参照してください。					

※愛知県地域特別枠（A方式・B方式）は、下記のいずれかに該当する者。
・愛知県内に所在する高等学校又は中等教育学校の出身者。　・出願時において本人又は保護者が愛知県内に居住する者。

試験日程

区分	募集人員	出願期間（消印有効）	1次試験日	1次合格発表日	2次試験日	合格発表日	入学手続き締切日
一般選抜	約65	12/4～1/4	1/16	1/25 11時	1/31・2/1（選択）	2/8 18時	2/19
大学入学共通テスト利用選抜（前期）	約15	12/4～1/12	1/13・14	2/8 18時	2/22	2/29 18時	3/8
大学入学共通テスト利用選抜（後期）	約5	12/4～2/28	1/13・14	3/7 11時	3/12	3/14 18時	3/22
学校推薦型選抜（愛知県地域特別枠A方式）	約5	11/1～11/10	11/25	—	—	12/7 18時	12/19
大学入学共通テスト利用選抜（愛知県地域特別枠B方式）	約5	12/4～2/28	1/13・14	3/7 11時	3/12	3/14 18時	3/22
学校推薦型選抜（公募制）	約20※1	11/1～11/10	11/25	—	—	12/7 18時	12/19

※1 国際バカロレア入学若干名を含む　※2 入学辞退者の学費返還申出期限は3/31（日）17:00（必着）

試験会場

一般選抜
1次＝東京（東京流通センター）、大阪（ナレッジキャピタルコンベンションセンター）
福岡（福岡ファッションビル）、名古屋（名古屋コンベンションホール）
2次＝本学1号館

学校推薦型選抜（公募制・愛知県地域特別枠A方式）国際バカロレア入学
本学1号館

大学入学共通テスト利用選抜（前期・後期・愛知県地域特別枠B方式）
1次＝大学入学共通テスト受験会場
2次＝本学1号館

繰上げ合格について

合格発表と同時に補欠者に「補欠通知」を郵送し、募集人員に欠員が生じたときは、補欠者のうちから成績順に繰り上げ合格者を決定する。繰上げ合格者には、インターネット出願時に入力された電話番号に連絡する。

学納金免除制度

2年次以上の成績優秀者で他の学生の模範となる勉学態度である者に、前学期授業料100万円（最高500万円）を減額。

繰上げ合格者数＜一般入試＞

2023	2022	2021	2020	2019	2018	2017	2016	2015	2014	2013	2012
89	137	94	59	137	58	66	175	92	95	42	49

合格最低点・最高点＜一般入試一次＞

2023 合格最高点	2023 合格最低点	2022 合格最高点	2022 合格最低点	2021 合格最低点	2020 合格最低点	2019 合格最低点	2019 合格最高点	2018 合格最低点	2017 合格最低点	2017 合格最高点	2016 合格最低点	2016 合格最高点	2015 合格最低点	2015 合格最高点	2014
418/500	251/500	414/500	281/500	262/500	281/500	264/500	399/500	304/500	285/500	420/500	260/500	411/500	303/500	452/500	307/500

2023年 医学部レベル判定模試合格判定ライン 235/400点

入試結果

2023年度までの志願者数などの推移

( )内は女子内数

年度	方式	募集人員	志願者数	受験者数	一次合格者数	2次正規合格者数	第一次補欠者	第二次補欠者	繰上げ合格者数	一次合格最低点	総合格者数	入学者数
2023	一般選抜	65	1,392(591)	1,327(568)	402(159)	130(56)	152(68)	59(10)	89(42)	251/500	219(98)	65(28)
	共通テスト利用(前期)	15	809(365)	803(364)	264(126)	38(18)	39(21)	25(6)	26(13)		64(31)	15(5)
	共通テスト利用(後期)	5	116(56)	114(56)	68(28)	6(4)	24(6)	6(1)	1(0)		7(4)	5(2)
	公募制推薦	20	79(42)	77(42)		20(15)			0(0)		20(15)	20(15)
	国際バカロレア	若干名	5(3)	5(3)		2(1)			0(0)		2(1)	1(0)
	愛知県地域特別枠 A方式5	10	12(7)	12(7)		4(1)			0(0)		4(1)	4(1)
	愛知県地域特別枠 B方式5		47(19)	47(19)	39(17)	6(4)	20(10)		6(2)		12(6)	6(4)
2022	一般選抜	約65	2,040(783)	1,989(765)	409(130)	188(58)	137(60)	73(10)	137(60)	281/500	325(118)	63(23)
	共通テスト利用(前期)	約15	603(266)	594(263)	276(113)	30(11)	46(20)	46(18)	30(14)	非公表	60(25)	16(6)
	共通テスト利用(後期)	約5	57(25)	57(25)	45(20)	5(4)	19(9)	6(2)	3(2)	非公表	8(6)	6(4)
	公募制推薦	約20	96(50)	95(50)		20(9)			0(0)		20(9)	20(9)
	国際バカロレア	若干名	2(1)	2(1)		2(1)					2(1)	2(1)
	愛知県地域特別枠 A方式約5	約10	12(7)	12(7)		2(1)			0(0)	非公表	2(1)	2(1)
	愛知県地域特別枠 B方式約5		41(19)	41(19)	37(18)	8(3)	29(19)		17(9)	非公表	25(13)	8(3)
2021	一般選抜	約65	2,224(839)	2,179(816)	445(146)	181(63)	106(46)	137(30)	94(42)	262/500★	275(105)	66(19)
	共通テスト利用(前期)	約15	713(320)	705(317)	251(110)	31(17)	48(21)	36(18)	50(22)	非公表	81(39)	15(6)
	共通テスト利用(後期)	約5	63(28)	62(27)	42(20)	5(0)	17(13)	3(0)	8(6)	非公表	13(6)	5(5)
	公募制推薦	約20	106(67)	105(66)		20(12)					20(12)	20(12)
	国際バカロレア	若干名	3(1)	2(1)		2(1)					2(1)	0(0)
	愛知県地域特別枠 A	約10	25(18)	25(18)		5(3)					5(3)	5(3)
	愛知県地域特別枠 B		35(22)	35(22)	28(16)	5(4)	22(12)		8(4)	非公表	13(8)	5(2)
2020	一般試験	65	2,360(875)	2,304(860)	432(127)	183(60)	107(39)	129(26)	59(17)	281/500	242(77)	65(20)
	センター試験利用(前期)	15	955(412)	947(408)	285(117)	35(12)	37(16)	68(29)	26(13)	—	61(25)	15(8)
	センター試験利用(後期)	5	68(28)	65(26)	46(19)	5(3)	13(8)	9(2)	5(3)	—	10(6)	5(3)
	公募制推薦	20	88(51)	88(51)		20(9)					20(9)	20(9)
	国際バカロレア	若干名	3(2)	3(2)		3(2)					3(2)	3(2)
	愛知県地域特別枠 A方式約5	約10	14(6)	14(6)		5(2)					5(2)	5(2)
	愛知県地域特別枠 B方式約5		33(17)	33(17)	26(13)	5(3)	18(9)		10(6)		15(9)	5(3)

※代官山*MEDICAL*調べ
★2021年度一般選抜2次合格最高得点 406/500点
愛知県地域枠A＝学校推薦型
愛知県地域枠B＝共通テスト利用型

代官山*MEDICAL* OBレポート

愛知医科大学の面接・小論文はこうだった！

面接試験

①形式：個人面接（面接官3名）

②時間：約20分（5段階評価）

（注）必要な場合、面接終了後
健康診断あり

③面接室の配置

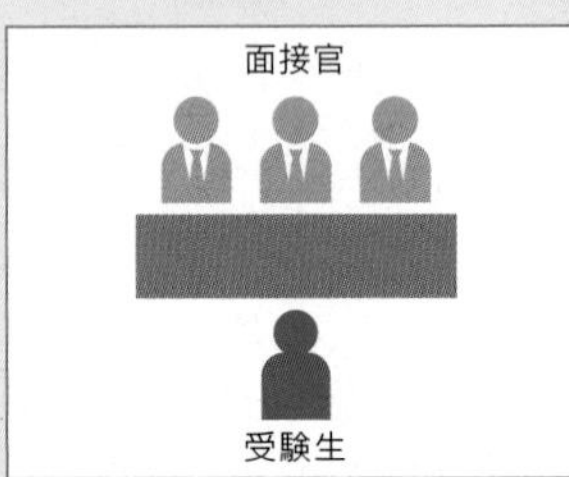

④質問内容

❶ここまでどうやって来たか
❷面接官を新しい同級生だと思い自己紹介（30秒程度）
❸一次試験の出来について
❹予備校生活について
❺予備校を変えて、効果はあったか
❻調査書の評定が良くないが、原因は？
❼願書の志望理由書は自分で書いたか
❽なぜ一浪のとき失敗したか
❾学力の成長について（苦手科目の克服）
❿併願校について（合否に関係ないと前置きあり）
⓫地方より東京の大学の方が良いのではないか
⓬昨年の合格校について
⓭愛知医科に進学した先輩の話
⓮モチベーションの上げ方（落ち込んだ時）
⓯医師として働く時に落ち込んだらどうするか
⓰出身校について
⓱高校で学ぶ国語や社会は必要か
⓲部活動について（勉強との両立。学んだこと）
⓳部活以外で熱中したことはあるか（趣味など）
⓴夜遅くまで働くことについてどう思うか（志望書を見て）
㉑医師が医学以外で必要とする学問は？
㉒大学に入ってからやりたいこと
㉓「若者には、何でも見るぞ、何でもしてやるぞという意識を持って欲しい」という内容の国連難民高等弁務官の緒方貞子さんの発言についてどう思うか
㉔医学部入学後、単位を落としてしまったとする。その原因は？
㉕積極的に人と話す方か
㉖友達と話す時、相手の立場に立って話すことは得意か
㉗知識がまだあまりない時点での医療現場における実習で、何に気を付けたらよいか
㉘病院実習において医学生として患者さんにどのように接したらよいか
㉙患者さんとの会話で何が必要か
㉚誠実とはどのようなことか　具体的にどう実践したか
㉛必要悪はあるか　医師の世界にもあるか
㉜「現存の仕事で機械に代替出来る割合」（運転手70%・カウンセラー10%・医者30%…）を示した図を見て、どう思うか
㉝医師が機械に変わることのメリットは？（具体的に二つ）
㉞「究極の自由は究極の不自由である。本当の自由は［　　　］」何が入るか
㉟これから6年間の学生生活が始まるがどう思うか

代官山*MEDICAL* 小論文科が分析する

愛知医科大学小論文の特徴!!

【形式】60分　5段階評価　横書き　600字以内
【内容】《テーマ型》—短文および一行テーマあるいは絵や写真について、意見ないし考えを述べる

2011年より、問題傾向がかわり、さまざまな出題形式で的を絞らせないようになった。私立医学部の中で、最もユニークな出題校の一つ。多様な出題に対応する偏りのない対策が必要である。

たとえば、2022年は悩み相談について意見を述べるという問題も出題された。過去には彼女へのお別れの手紙を書く、動物園の動物は幸せか、などという日常的であるが、日々の生活に問題意識をもっていなければ解答できない内容も出題されている。

対策《設問に正確に応答する力》

見かけのユニークさ、難しさに惑わされないようにすることが大切。以下のアドミッション・ポリシーにある5つの資質を兼ね備えていること、大きく逸脱していないことを文章で示せばよい。①医学への強い志向と学習意欲を持つ人、②医学を学ぶために必要な基礎学力と問題解決能力を備えた人、③人間性と教養が豊かで倫理的価値判断に優れた人、④協調性を持ちコミュニケーション能力に富んだ人、⑤誠実で常に努力を怠らない人。最も重要なことは、設問の条件を逸脱しないこと。設問に適切に答えた形式をとることが最も注意すべきこと。

※代官山*MEDICAL*調べ

Iwate Medical University
岩手医科大学

所在地 〒020-8505 岩手県盛岡市内丸19-1
※1～4年次は矢巾キャンパス⇒
〒028-3694岩手県紫波郡矢巾町西徳田2-1-1
問合先 〒020-8505 岩手県盛岡市内丸19-1
入試・キャリア支援課 Tel.019-651-5163(直通)

■交通手段

JR「盛岡駅」→(バス10分)→中央通り一丁目「岩手医科大前」下車、徒歩2分
※矢巾キャンパスはJR矢幅駅下車徒歩約17分

■附属病院・関連施設

附属病院、PET・リニアック先端医療センター、循環器医療センター、腫瘍センター、岩手県高度救命救急センター、医師卒後臨床研究センター、歯科医療センター、歯科医師卒業後臨床研究センター、附属花巻温泉病院、治験管理センター

■沿 革

1897年 私立岩手病院に医学講習所併設(創立)
1928年 財団法人岩手医学専門学校設立認可
1947年 財団法人岩手医科大学に組織変更
1951年 学校法人岩手医科大学に組織変更
1952年 新制岩手医科大学発足

アピールポイント 岩手医科大学

建学の精神

『医療人たる前に誠の人間たれ』

アドミッション・ポリシー

本学は、「医療人たる前に、誠の人間たれ」という建学の精神のもとに、地域医療に貢献する医療人育成を使命として設立されました。学則には、「まず人間としての教養を高め、充分な知識と技術とを習得し、更に進んでは専門の学理を極め、実地の修練を積み、出でては力を厚生済民に尽くし、入っては真摯な学者として、斯道の進歩発展に貢献する」ことが掲げられています。医学教育・教養教育を通して、優れた資質と深い人間愛を有する医療人、研究者、人格的に成長できる人材の育成が、本学の目指すところです。(岩手医科大学公式HPより)

求める学生像

1. 生命倫理を尊重し、医学を修得し実践するための知性と科学的論理性を有している。
2. 広い視野でものごとを捉え、自律的かつ積極的に課題を発見し、解決することができる旺盛な探求心を有している。
3. 病む人・悩める人の心を理解し、彼らに向きあう強い意志と情熱を有している。
4. 世界的視野から医学の進歩と発展に貢献するという向上心を有している。
5. さまざまな地域において、医療に誠意をもって貢献しようとする利他精神を有している。
6. 生涯にわたる継続的な学修をするため、自ら学ぶ意欲と積極性を有している。
7. 自己の身体的および精神的健康にも気を配る実績を有している。

2023年度一般選抜 志願者の男女比

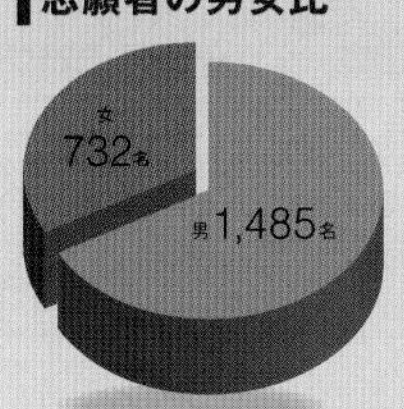

〈2,217名中〉

2023年度一般選抜 合格者の男女比

女81名
男140名

〈221名中〉

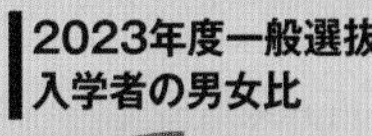

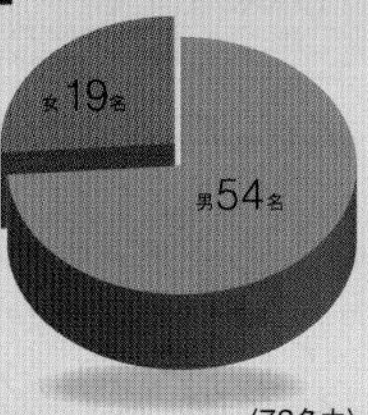

〈73名中〉

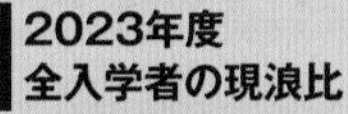

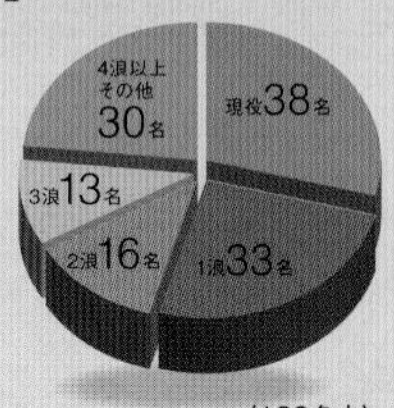

〈130名中〉

志願者の推移（一般選抜）

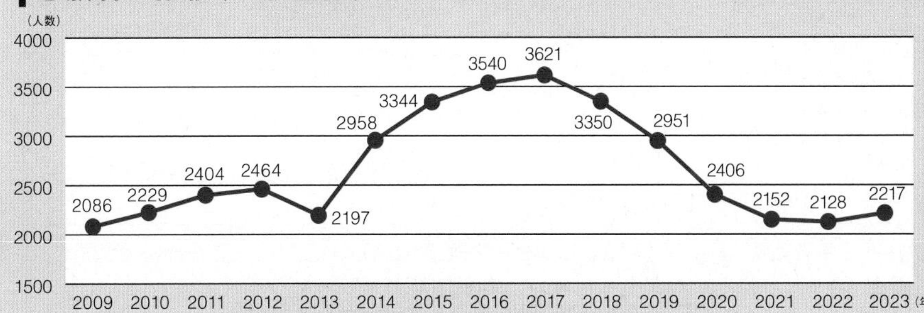

2024年度入試情報

入試内容

区分	試験	教科	時間	配点	科目内容
一般選抜（地域枠C、地域枠Dを含む）	1次	数学	合わせて120分	100点	数Ⅰ・数Ⅱ・数Ⅲ・数A・数B（列べ）
		英語		100点	コミュニケーション英Ⅰ・Ⅱ・Ⅲ、英語表現Ⅰ・Ⅱ
		理科	120分	各75点	物基・物、化基・化、生基・生→2科目選択
	2次	面接	15分程度	50点	大学の指定時刻に行う

※詳細については、必ず募集要項を確認ください。

区分	出願資格	教科	時間	配点	科目内容
学校推薦型選抜（総合型を含む）	<公募制> 4.0以上の1浪まで <地域枠A> 4.3以上の1浪まで 岩手出身者 <地域枠B> 4.0以上の1浪まで 東北出身者 <秋田県地域枠> 4.0以上の1浪まで 秋田県出身者 <地域医療医師育成特別枠> 3.8以上の2浪まで 卒業後、本学附属病院で2年間の臨床研修を行う者。	基礎学力試験（数学）	合わせて80分	100点	数Ⅰ・数Ⅱ・数A〈記述式〉
		基礎学力試験（英語）		100点	コミュニケーション英Ⅰ・Ⅱ・Ⅲ、英語表現Ⅰ・Ⅱ〈記述式〉
		基礎学力試験（理科）	60分	各75点	物基・物、化基・化、生基・生→2科目選択〈記述式〉
		面接	15分程度／5分×2回	100点	個人面接／課題型面接（個人）※1

※1 課題型面接（個人）：事前に課題を課し、それに対する設問を行う形式の面接。

区分	出願資格	試験	教科・科目	時間	配点	科目内容
学士編入学	歯学部を令和2年3月以降に卒業した者、または令和6年3月31日までに卒業見込みの者で歯科医師免許を取得または取得見込みの者で卒業後、本学附属病院および本学関連病院に通算6年以上(本学附属病院での臨床研修2年を含む)勤務し、岩手県の地域医療に従事することを確約できる者	1次	学科試験①	60分	100点	生命科学全般〈マークシート〉
			学科試験②	60分	100点	
			小論文	60分	50点	記述式
		2次	面接	約20分	50点	大学指定の時刻

試験日程

区分		募集人員	出願期間(消印有効)	1次試験日	1次合格発表日	2次試験日	合格発表日	入学手続き締切日
一般選抜	一般	73	12/4～1/5	1/17	1/23 14時	1/26・1/27(選択)	2/1 12時	2/8
	地域枠C	5						
	地域枠D	7						
学校推薦型選抜	公募制	12程度	11/1～11/10	―	―	11/18	12/1 17時	12/11
	地域枠A	15						
	地域枠B	8						
	秋田県地域枠	2						
総合型選抜	地域医療医師育成特別枠	8名程度	11/1～11/10	―	―	11/18	12/1 17時	12/11
学士編入学		若干名	1/22～2/2	2/13	2/16	2/22	2/28 17時	3/4

※入学辞退者の学費返還申出期限は3/29必着(窓口:午後5時まで)。

試験会場

一般選抜 1次＝本学(矢巾キャンパス)、札幌(札幌ガーデンパレス)、東京(ベルサール高田馬場、ベルサール新宿グランド)、大阪(大阪ガーデンパレス)、福岡(TKPエルガーラホール)、名古屋(TKP名鉄名古屋駅カンファレンスセンター)
2次＝本学(矢巾キャンパス)、東京(ベルサール東京日本橋)、大阪(大阪ガーデンパレス)

総合型選抜 本学(矢巾キャンパス)

学校推薦型選抜 本学(矢巾キャンパス)

学士編入学 本学(矢巾キャンパス)

繰上げ合格について

入学手続き期間終了後、募集人員に欠員が生じた場合は、繰上合格の決定を行うことがあります。繰上合格の連絡は、成績上位順に、インターネット出願時に入力された連絡先を通じて、志願者本人等に電話にてご連絡いたします。なお、医学部一般選抜の繰上合格候補者については、合格発表(令和6年2月1日(木)12:00頃)の合否結果の表示に併せてお知らせいたします。繰上合格候補者内の順位については、書面により通知いたします。

(注)1 本学からの電話連絡の際、不在等のために確認ができない場合は、入学の意思が無いものとして取り扱うことがあります。
(注)2 本学からの電話連絡の際、本学入学の意向が確認できた方には書類を郵送し、書類に記載の期日までに所定の手続きを完了された方を繰上合格者といたします。
(注)3 繰上合格候補者に欠員が生じた場合は、不合格者の中から成績上位順に繰上合格候補者を追加することがあります。

学納金免除制度

一般選抜合格者のうちの成績が優秀な者については、初年度学納金の一部を減免する。
(1位の合格者:3,000,000円、2位の合格者:2,000,000円)

繰上げ合格者数＜一般選抜＞

2023	2022	2021	2020	2019	2018	2017	2016	2015	2014	2013	2012
81	92	88	76	106	51	69	110	80	84	60	84

2023年 医学部レベル判定模試合格判定ライン 220/400点

岩手医科大学

入試結果

2023年度までの志願者数などの推移

（　）内は女子内数

方式		募集人員	志願者数	受験者数	一次合格者数	2次正規合格者数	繰上げ合格者数	2次合格最高点	2次合格最低点	入学者数	合格者総数
2023	一般選抜	73	2,226(732)	2,164(718)	466(141)		190	346/400	276/400	73(19)	221(81)
	一般地域枠選抜C	5	80(31)	79(30)				330/400	264/400	5(2)	23(6)
	公募推薦	12	32(11)	32(11)		10(3)		337.8/450	242.2/450	10(3)	10(3)
	推薦地域枠A	15	29(17)	29(17)		15(8)		301.4/450	242.2/450	15(8)	15(8)
	推薦地域枠B	8	15(11)	15(11)		8(8)		285/450	204.1/450	8(8)	8(8)
	推薦(秋田県地域枠者枠)	2	2(2)	2(2)		2(2)		259/450	212.8/450	2(2)	2(2)
	学士編入(3年次編入)	若干名	21(8)	21(8)	7(0)	3(0)		198/300	181.3/300	3(0)	3(0)
	総合型選抜	8名以内	32(8)	32(8)		10(2)				10(2)	10(2)
2022	一般選抜	73	2,128(702)	2,081(692)	488(140)	140	92	364/400	269/400	73(18)	232
	一般地域枠選抜C	5	71(29)	71(29)	14(5)	5	1	302/400	260/400	5(3)	6(3)
	公募推薦	15	57(20)	57(20)		15(4)		338.4/450	226.2/450	15(4)	15(4)
	推薦地域枠A	15	27(13)	27(13)		15(8)		320.1/450	234.4/450	15(8)	15(8)
	推薦地域枠B	8	19(10)	19(10)		8(5)		282.4/450	212.8/450	8(5)	8(5)
	推薦(秋田県地域枠者枠)	2	5(2)	5(2)		2(1)		282.9/450	250.8/450	2(1)	2(1)
	学士編入学	4	16(7)	16(7)	9(3)	4(3)		185.8/300	167.3/300	4(3)	
	総合型選抜	5名以内	35(11)	35(11)		5(3)		337.4/500	279/500	5(2)	6(3)
2021	一般選抜	78	2,152(730)	2,097(716)	497(148)	136	88	293/400	230/400	78(25)	224(77)
	一般地域枠選抜C	5	52(21)	52(21)	12(5)	5	2	238/400	208/400	5(2)	7(3)
	公募推薦	15	42(20)	41(19)		15		338.7/450	222.6/450	15(8)	15(8)
	推薦地域枠A	15	29(17)	29(17)		15		336.4/450	236.4/450	15(7)	15(7)
	推薦地域枠B	8	21(14)	21(14)		8		226.9/450	221.6/450	8(6)	8(6)
	学士編入学	4	23(9)	22(9)	8(2)	4(1)		211.3/300	194.8/300	4(1)	4(1)
2020	一般入試※1 ※6	80	2,406(793)	2,317(765)	546(130)	140	76	348/450	255/450	80(17)	216(49)
	一般地域枠入試C※2 ※7	5	14(5)	14(5)	11(4)	5	3	300/450	228/450	5(2)	8(2)
	一般推薦※3	15	73(36)	72(35)		15(7)	−(−)	301.0/450	263.8/450	15(7)	−
	推薦地域枠A※4	15	34(19)	33(18)		15(8)	−(−)	308.1/450	249.0/450	15(8)	−
	推薦地域枠B※5	8	21(14)	20(13)		8(6)	−(−)	307.6/450	223.3/450	8(6)	−
	学士編入学	4	15(5)	15(5)	8(1)	4(1)	−(−)	−	−	4(1)	−

※代官山*MEDICAL*調べ

代官山*MEDICAL* OBレポート

岩手医科大学の面接・小論文はこうだった！

面接試験

①形式：個人面接（面接官2名）
②時間：15分程度
個人（15分）に加え、
課題型面接（5分×2回）
※広い会場の中に仕切りがある
　声の大きさに注意しよう
アンケート：あり（次ページ参照）

③面接室の配置

④質問内容

❶自己PR(1～3分まで幅あり)
❷医師志望理由
❸いつから医師を目指したか
❹医師以外になりたかった職業はないか
❺出席日数について（欠席の理由）
❻評定が悪いがどうしてか
❼岩手について知っていること
❽へき地などに派遣することもあるが大丈夫か
❾岩手は寒いけど大丈夫か
❿岩手の高齢者は病院への交通手段に困っているが、どういう対応が必要か
⓫岩手でどう貢献したいと思うか
⓬将来岩手に残る気はあるか
⓭寮生活に心配はあるか
⓮太っているが高校の頃からそうなのか
⓯好きな科目について(好きな分野)
⓰部活動について
⓱部活動で得たことが、どう医療に活かせるか
⓲部長をしていて反省した点
⓳新しいことを立ち上げたり、人を集めたりするのは得意か
⓴体力に自信はあるか
㉑苦しかったこと
㉒失敗したこと
㉓長所・短所（短所の解決策）
㉔自分が医師に向いている点
㉕大学志望理由（他大学との違い）
㉖アドミッションポリシーについて
㉗「誠の人間」についてどう思うか
㉘国家試験をストレートで通るにはどうしたらよいか
㉙チーム医療についてどう思うか
㉚あなたは医師で、看護師と、患者さんのことで意見が対立した。どうするか
㉛研究したいテーマはあるか
㉜地域医療についてどう思うか
㉝地方における医療の問題点は？　その解決法は？
㉞岩手医科医科に入学できたら、どのように貢献できるか
㉟岩手医科にどのような機器があるか知っているか
㊱医師にとって最も大切なこと
㊲6年間やっていく覚悟はあるか？
そのための明確な目標はあるか？
㊳最近気になるニュース(医療、それ以外)とその対策
㊴コロナについて
㊵新型出生前診断について

※代官山*MEDICAL*調べ

DAIKANYAMA's Eye

▶ 岩手医科大の大学の特色

1947年に設置された旧設医科大学で、岩手県盛岡市に位置する医療系大学である。
医学部、薬学部、歯学部を有する。医学部の1～4年生が通う矢巾キャンパスは閑静な田舎にある。
車が必須。

▶ 岩手医科大の入試の変更点

2022年度より小論文が廃止となった。
学校推薦型選抜に秋田県地域枠が新設された。
2次試験の面接は東京会場で受験できるが、出願の際に気を付けること。

▶ 【重要】面接の前に事前アンケートあり

性格に関するアンケートが20～30項目程度あり
○△×で答える。（※なるべく△はつけないようにする）
例：「リーダーシップはある方だ」「一人でいるよりたくさんの人といる方が好きだ」

Osaka Medical and Pharmaceutical University

大阪医科薬科大学

所在地 〒569-8686 大阪府高槻市大学町2-7
問合先 〒569-8686 大阪府高槻市大学町2-7
広報・入試部(Tel.072-684-7117)

交通手段

阪急京都線「高槻市駅」下車駅前、
JR 京都線「高槻駅」下車、徒歩約8分

附属病院・関連施設

大学病院、健康科学クリニック
LD センター、訪問看護ステーション

沿 革

1927年 財団法人大阪高等医学専門学校の設置認可
1946年 旧制大学令による大阪医科大学の設置認可
1952年 新制度の大阪医科大学の設置認可

アピールポイント 大阪医科薬科大学

建学の精神

医療人育成機関の使命は、教育と研究であり、またこれらは医療の実践に活かすことで達成される。

教育理念

「建学の精神及び学是(至誠仁術)に基づき、国際的視野に立った教育、研究或いは良質な医療の実践をとおして、人間性豊かで創造性に富み人類の福祉と文化の発展に貢献する医療人を育成する。」

その他のポイント

・「早期体験実習」・・・入学後すぐにスタートする「早期体験実習」では、附属病院に来られた患者さんをお帰りになるまでエスコートしたり、手術室、薬剤部、病棟をはじめとする病院各部署において医療チームの一員としての医師のあり方を学ぶなど、患者さん、医師以外の医療スタッフの立場、目線などを学びます。
・「PBLチュートリアル」・・・3年次～4年次を通じて行われる「PBLチュートリアル」は、医療現場で求められる臨床能力を高める学習システムとされ、本学では全国でいち早くカリキュラムに捉え、改訂を重ねてきました。PBLとは「全身倦怠感と意識障害を訴える男性(56歳)が来院。」など与えられたシナリオに対し、7～8名のグループで討論を重ね、治療方法を抽出するプロセスを繰り返し学びます。この学びにより医療現場で求められる臨床能力を高められるのです。医師としての基礎能力を高める「PBLチュートリアル」は、今後も本学カリキュラムの中核を担います。

2023年度一般選抜（前期）受験者の男女比

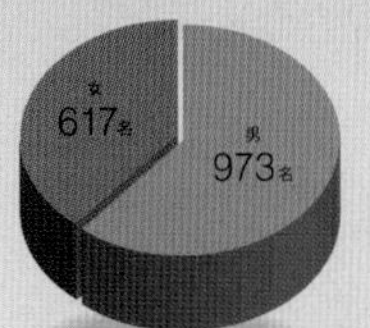

〈1,590名中〉

2023年度一般選抜（前期）受験者の現浪比

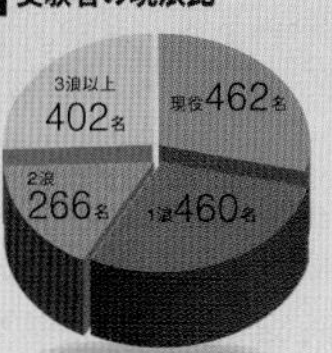

〈1,590名中〉

2023年度一般選抜（前期）入学者の男女比

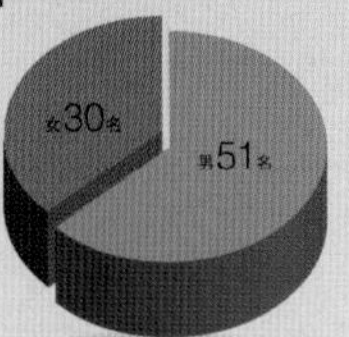

〈81名中〉

2023年度一般選抜（前期）入学者の現浪比

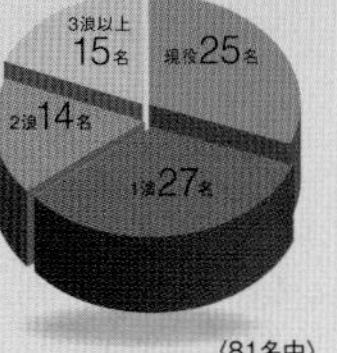

〈81名中〉

2023年度一般選抜（後期）受験者の男女比

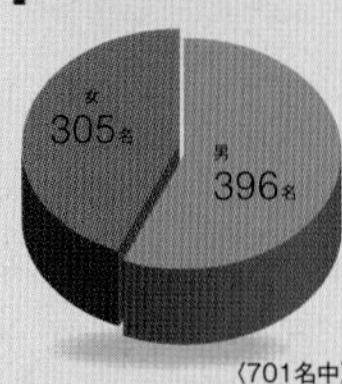

〈701名中〉

2023年度一般選抜（後期）受験者の現浪比

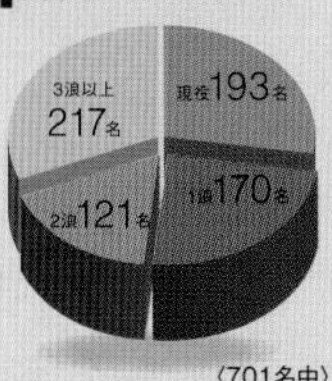

〈701名中〉

2023年度一般選抜（後期）入学者の男女比

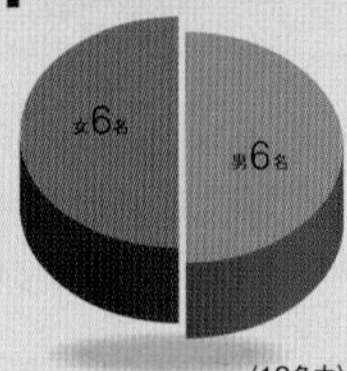

〈12名中〉

2023年度一般選抜（後期）入学者の現浪比

3浪以上
4名
現役6名
2浪2名

〈12名中〉

志願者の推移

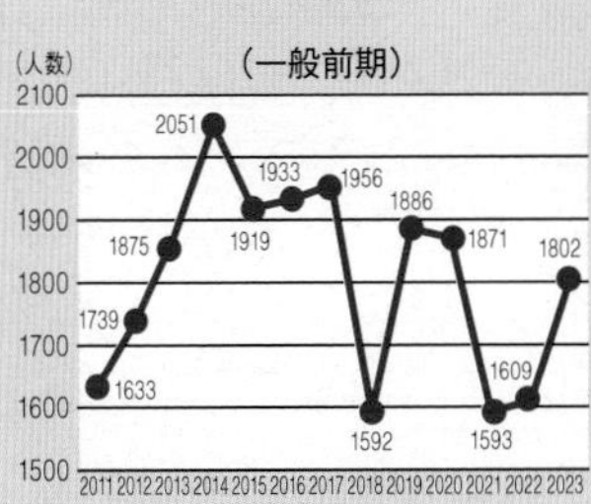

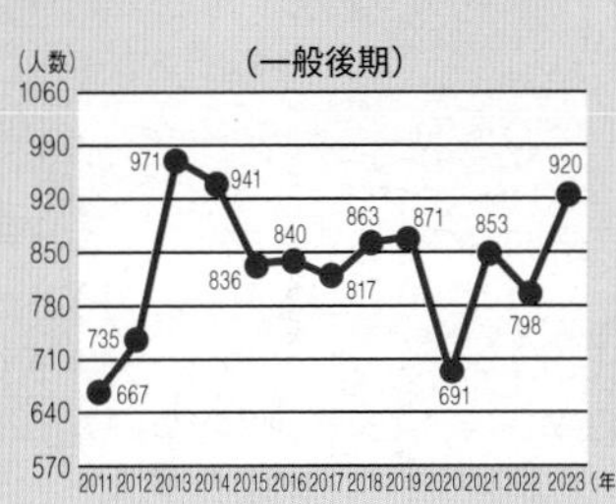

2024年度入試情報

入試内容

区分	試験	教科	時間	配点	科目内容
一般選抜 （前期・後期） （大阪府地域枠）	1次	理科	120分	200点	物基・物、化基・化、生基・生→２科目選択
		数学	90分	100点	数Ⅰ・数Ⅱ・数Ⅲ・数A「場合の数と確率」、「整数の性質」、「図形の性質」・数B（列べ）
		外国語	80分	100点	コミュニケーション英語Ⅰ・Ⅱ・Ⅲ、英語表現Ⅰ・Ⅱ
		小論文※1	30分	段階評価	テーマ（課題）は幅広い分野から出題される専門知識を問うものではない。400字程度。
	2次	面接	―	段階評価	小論文および出願時提出書類も資料として活用し、意欲、資質、表現力等について評価を行う。
大学入学 共通テスト 利用入試	共通 テスト	国語	80分	100点	近代以降の文章のみ
		数学	Ⅰ·A70分 Ⅱ·B60分	200点	数Ⅰ・数A、数Ⅱ・数B
		理科	各60分	200点	物、化、生→２科目選択
		外国語	110分	200点	英（リーディング160点・リスニング40点）
	2次	小論文	―	段階評価	テーマ（課題）は幅広い分野から出題される専門知識を問うものではない。400字程度。
		面接	―	段階評価	小論文および出願時提出書類も資料として活用し、意欲、資質、表現力等について評価を行う。

※詳細については、必ず募集要項を確認ください。
※1 小論文は1次試験の合否判定には使用しない。1次試験合格者を対象に実施する2次試験の合否判定時に使用する。

区分	出願資格	試験	教科	時間	配点	科目内容
学校推薦型選抜 公募制推薦入試 (専願制)	4.0以上の 現役	基礎学力試験(数学)		60分	100点	数Ⅰ、数Ⅱ、数Ⅲ、数A(場合の数と確率、図形の性質、整数の性質)、数B(数列、ベクトル)
		基礎学力試験(理科)		90分	150点	「物理基礎・物理」、「化学基礎・化学」、「生物基礎・生物」の中から2科目選択
		小論文		30分	一点	面接資料とする
		面接		—	一点	小論文および出願時提出書類を資料として活用し、主体性・協調性・思考力・判断力・表現力等の資質また本学及び医学への関心・意欲を評価する
総合型選抜 「至誠仁術」 入試(併願制)	現役、1浪	1次試験: 大学共通 テスト	国語	80分	100点	国語(近代以降の文章のみ)
			数学	Ⅰ・A70分 Ⅱ・B60分	各100点	数Ⅰ:数A、数Ⅱ:数B
			理科	各60分	各100点	物、化、生→2科目選択
			外国語	110分	200点	英語(リーディング160点・リスニング40点)
		2次試験	小論文、面接試験	—	一点	出願時に提出された調査書、活動報告書、志願者評価書、出願確認票を面接時の資料として活用し、小論文および複数回の面接試験を実施する

試験日程

区分	募集人員	出願期間(当日消印有効)	1次試験日	1次合格発表日	2次試験日	2次合格発表日	入学手続き締切日
学校推薦型選抜 公募制推薦入試 (専願制)	10名	11/1~11/8		—	—	11/18	12/15
総合型選抜 「至誠仁術」 入試(併願制)	5名	12/11~1/12	1/13・14	2/14	3/12	3/15	3/22
一般選抜 (大阪府地域枠)	2	12/11~1/23	2/10	2/17	2/20	2/22	3/1
一般選抜(前期)	68	12/11~1/23	2/10	2/17	2/20	2/22	3/1
一般選抜(後期)	15	12/11~2/28	3/10	3/15	3/18	3/21	3/26
大学入学共通 テスト利用選抜	10	12/11~1/12	1/13・14	2/17	2/28	3/1	3/8

※入学辞退者の学費返還申出期限は3/31 17時。

試験会場

一般選抜(前期)・大阪府地域枠 1次=大阪(関西大学千里山キャンパス)、名古屋(TKPガーデンシティPREMIUM名古屋駅前)、東京(大手町サンケイプラザ)　2次=本学本部キャンパス

一般選抜(後期) 1次=大阪(本学千里山キャンパス)、東京(大手町サンケイプラザ)
2次=本学本部キャンパス

大学入学共通テスト利用入試 1次=大学入学共通テスト試験会場　2次=本学本部キャンパス

学校推薦型選抜公募制推薦入試(専願制) 本学本部キャンパス

総合型選抜「至誠仁術」入試(併願制) 1次=大学入学共通テスト試験会場　2次=本学本部キャンパス

繰上げ合格について

1次試験合格発表と同時に繰り上げ合格候補者(補欠)も発表する。繰り上げ合格候補者の受験番号を本学本部キャンパス内掲示板(総合研究棟1階)および本学受験生サイトに掲示する。また、繰上げ合格者を対象に面接試験を行う。(3/4本学本部キャンパス、集合時刻、場所は繰り上げ合格候補者発表時に通知する。)入学予定者に欠員が生じた場合に限り、順次繰り上げて合格者を決定し、通知する。繰り上げ合格候補者への合格通知は、電話により本学入学の意志確認ができた人について、受験者本人宛に郵送する。

合格最低点

2023			2022			2021			2020			2019			2018	2017	2016	2015
一般前期	一般後期	共通テスト	一般前期	一般後期	共通テスト	一般前期	一般後期	共通テスト	一般前期	一般後期	センター	一般前期	一般後期	センター				
234/400	231/400	600/700	238/400	250/400	559/700	241/400	251/400	604/700	232/400	258/400	652/750	270/400	273/400	680/750	268/400	233/400	277/400	256/400

2023年 医学部レベル判定模試合格判定ライン 270/400点

入試結果

2023年度までの志願者数などの推移

［ ］内は現役　（ ）内は女子内数

方式		募集人員	志願者数	受験者数	一次合格者数	正規合格者数	補欠候補者	合格者最高点	合格者最低点	入学者数
2023	一般前期	75	1,802 [496] (689)	1,590 [462] (617)	200 [78] (65)	163 [62] (55)	168 [内40人繰上合格]		245/400	81 [25] (30)
	一般後期	15	920 [251] (392)	701 [193] (305)	34 [11] (14)	15 [6] (7)	12 [内1人繰上合格]		238/400	12 [6] (6)
	共通テスト利用	10	675 [261] (298)	672 [261] (297)	150 [66] (55)	60 [27] (24)			609/700	13 [7] (5)
	「至誠仁術」入試【専願制】	3	9 (4)	9 (4)	4 (2)	3 (2)				1 (0)
	「至誠仁術」入試【併願制】	5	53 (38)	53 (38)	14 (10)	3 (3)				1 (1)
	大阪府地域枠	2	40 (10)	35 (9)	2 (1)	2 (1)				2 (1)
2022	一般前期	79	1,609 (611)	1,402 (550)	202 (75)	166 (60)	160 [内87人繰上合格]		241/400	88 (36)
	一般後期	15	798 (311)	595 (250)	34 (10)	15 (6)	9 [内5人繰上合格]		252/400	15 (7)
	共通テスト利用	10	461 (189)	454 (186)	100 (35)	31 (11)	[内13人繰上合格]		560/700	6 (2)
	「至誠仁術」入試【専願制】	3名程度	13 (7)	13 (7)	7 (4)	3 (3)				1 (1)
	「至誠仁術」入試【併願制】	5名程度	68 (38)	63 (35)	28 (19)	3 (2)				2 (2)
2021	一般前期	84	1,593 (576)	1,399 (518)	203 (69)	158 (53)	164 [内60人繰上合格]		263/400	87 (27)
	一般後期	15	853 (319)	658 (254)	31 (11)	15 (6)	12 [内4人繰上合格]		256/400	15 (6)
	共通テスト利用	10	422 (169)	420 (168)	100 (43)	37 (17)	11 [内3人繰上合格]		616/700	10 (5)
	建学の精神入試	3名程度	8 (3)	8 (3)	4 (2)	2 (1)				0
2020	一般前期	84	1,871 (674)	1,663 (611)	204 (81)	164 (70)	161	−	232※/400	92 (37)
	一般後期	15	768 (289)	591 (225)	34 (9)	16 (3)	10	−	258※/400	15 (2)
	センター利用	10	449 (198)	448 (197)	100 (39)	31 (13)	−	−	652※/750	4 (2)
	建学の精神入試	3程度	22 (10)	22 (10)	6 (3)	3 (3)	−	−	−	1 (0)
	大阪府地域枠	−	−	−	2 (−)	2 (−)	4	−	−	−
2019	一般前期	89	1,886 (653)	1,656 (583)	207 (61)	167 (51)	39	343/400	270/400	112 (34)
	一般後期	15	871 (305)	685 (253)	31 (10)	15 (6)	12	294/400	273/400	
	センター利用	5	466 (205)	462 (204)	90 (42)	25 (12)	20	719/750	680/750	
	建学の精神入試	3程度	10 (4)	10 (4)	6 (2)	3 (2)	−	−	−	

※代官山*MEDICAL*調べ　※2022年度〔一般入試前期〕2次正規合格最低点 255点／400点
〔一般入試後期〕2次正規合格最低点 258点／400点
〔共通テスト利用〕2次正規合格最低点 568点／700点

代官山*MEDICAL* OBレポート

大阪医科薬科大学の面接・小論文はこうだった！

面接試験

①形式：グループ面接（受験生3名、面接官3名）

②時間：15分

③面接室の配置

④質問内容

※事前に面接資料（アンケート）を記入する。
→医師志望理由などを3行ぐらいで。

❶併願校とその合否
❷センター試験の受験の有無
❸センター試験の得点（素点）
<センター受験した場合>
❹これまでの人生で、学習面、社会面、運動面で、頑張ってきたことを教えてください。
❺小論文試験であなたが書いた内容を30秒～1分で教えてください。
＊面接官が小論文の答案を見ながら文法的な誤りや誤字脱字について言及してくる。
❻君にとって関西はなじみの少ない異文化みたいだけれど、大丈夫なのか？
❼大学志望理由
❽医師志望理由
❾どんな医師になりたいか
❿何科を目指しているか
⓫開業医か研究者か
⓬併願校
⓭本学に入学する意思はあるか
⓮医師はマスコミに批判を浴びているが、どう思うか
⓯小論文対策は何をしてきたか
⓰高校生活、部活動
⓱浪人生活
⓲趣味
⓳長所、短所
⓴体力はあるか
㉑親の職業
㉒大学に入って勉強以外にやりたいこと
㉓なぜ再受験したのか
㉔どうして地元ではないのに本学を受験したのか
㉕国立公立大学は併願するのか

※代官山*MEDICAL*調べ

代官山MEDICAL 小論文科が分析する

大阪医科薬科大学小論文の特徴!!

※小論文は1次試験時に実施される。段落評価され、2次試験での評価に用いられる。

【形　式】30分　評価は非公表　横書き　二つのテーマのうち一つを選んで、400字以内で書く

【内容】《テーマ型》―短文および1行テーマについて、意見を述べる

　与えられたテーマに関して、自らの考えを述べる。制限時間が大変短く、書き慣れていないと焦る。準備が重要。2つのテーマのうち、一つ目は「提供したい医療」、「再生医療」、「インフォームド・コンセント」など、医学部受験生にとって、常識的な医療系のテーマが出題される。もう一つは、「労働者人口の減少」、「代替エネルギー」や「SNS」など時事的な話題が中心。近年では、「飲食店での喫煙について」「自分の遺伝情報について」「健康格差について」が出題されている。

対策《即座に正当な意見を作る瞬発力》

　医療系のテーマを選ぶ受験生が多いと思われる。しかしながら、せっかく選択の機会を与えられているのだから、自分が書きやすいものを選んだほうが良い。400字なので、3～4段落に分けて書く。30分と短いので、手早く処理する必要がある。

　意見を書くときに忘れてはならないのは、独創的なものを書こうと過剰に思わないようする。何度も書くと、書けるようになるので過大な心配をする必要はない。本番では問題用紙を精読し、相対化することを心がけ、構想を練ること。

※代官山MEDICAL調べ

Kanazawa Medical University

金沢医科大学

所在地　〒920-0293 石川県河北郡内灘町大学1-1
問合先　〒920-0293 石川県河北郡内灘町大学1-1
入学センター（Tel.076-218-8063）

交通手段

北陸鉄道「内灘駅」下車、「金沢医大病院行」または「白帆台ニュータウン行」のバスを利用、「大学前」下車

附属病院・関連施設

大学病院、21世紀集学的医療センター、氷見市民病院、能登北部地域医療研究所、総合医学研究所

沿 革

1972年　金沢医科大学開学

アピールポイント　金沢医科大学

建学の精神

「良医を育てる」・「知識と技術をきわめる」・「社会に貢献する」

教育目標

本学における6年間の医学部での教育の目標は、医師に必要な病者に対応する態度を育成し、各種の病態を医学的に認識・理解して適切なプライマリーケア（初期診療）を行うことができる能力を身につけることにある。

求める学生像

①医学を学ぶために必要な基礎学力と問題解決能力のある人
②知的好奇心が旺盛で、学ぶことへの集中力、忍耐力、持続性を備えている人
③周囲に対する協調性や思いやりの心を持ち、あらゆる面で自己啓発を怠らない人
④建学の精神を理解したうえで本学の伝統を継承し将来発展させる人

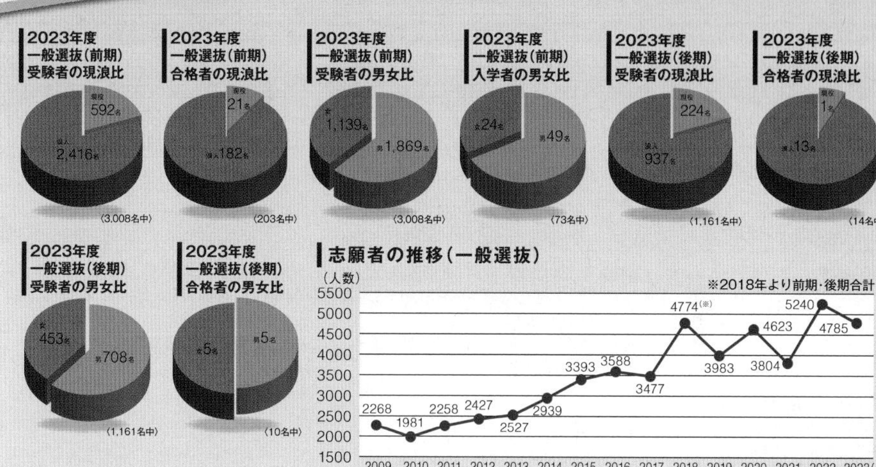

2024年度入試情報

入試内容

区分	試験	教科	時間	配点	科目内容
一般前期	1次	外国語	60分	100点	コミュニケーション英語Ⅰ・Ⅱ・Ⅲ、英語表現Ⅰ・Ⅱ
		数学	60分	100点	数Ⅰ・数Ⅱ・数Ⅲ・数A・数B(数列・ベクトル)
		理科	90分	150点	物基・物、化基・化、生基・生→2科目選択
	2次	小論文	60分	60点	出題された文章を読み関連した課題に文章で答える
		面接	20分	110点	グループ面接、調査書等の評価を含む
一般後期	1次	外国語	60分	100点	コミュニケーション英語Ⅰ・Ⅱ・Ⅲ、英語表現Ⅰ・Ⅱ
		数学	60分	100点	数Ⅰ・数Ⅱ・数A・数B (数列・ベクトル)
	2次	小論文	60分	60点	出題された文章を読み関連した課題に文章で答える
		面接	20分	110点	グループ面接、調査書等の評価を含む

区分	出願資格	試験	教科	時間	配点	科目内容
総合型選抜(AO入試)	25歳以下※1	1次	基礎学力テスト	100分	200点	英語、数学、理科、一般問題※2
		2次	個人面接	約15分	140点	調査書、履歴書、活動実績書を含む
			自己推薦書		60点	
総合型選抜(卒業生子女入試)	本校卒業生の子女で25歳以下の者※3	1次	基礎学力テスト	100分	200点	数学、理科、英語、一般問題※2
		2次	個人面接	約15分	140点	調査書、履歴書、活動実績書を含む
			自己推薦書		60点	
学校推薦型選抜(指定校・指定地域)	現役・1浪(詳しくはHP参照)※4	1次	基礎学力テスト	100分	200点	数学、理科、英語、一般問題※2
		2次	個人面接	約15分	140点	調査書、履歴書、活動実績書を含む
			自己推薦書	―	60点	

※1 AO入試の出願要件は、卒業後、金沢医科大学病院または金沢医科大学氷見市民病院において臨床研修(5年間)を行うことを保護者が同意の上、確約できる者。
※2 基礎学力テストは医学を修得するための基礎学力を判断するもので、数学は数Ⅰ・数A、理科は物基・化基・生基→2科目選択、英語はコミュニケーション英語Ⅰ・Ⅱ・英語表現Ⅰ、一般問題は文章理解能力や一般常識的な問題。
※3 卒業生子女入試の出願要件は、卒業後、金沢医科大学病院または金沢医科大学氷見市民病院において臨床研修(5年間)を行い、その後も引き続き4年間の勤務を行うことを保護者が同意の上、確約できる者。
※4 指定校、指定地域の出願要件は卒業後、金沢医科大学病院または金沢医科大学氷見市民病院において臨床研修(5年間)を行うことを保護者が同意の上、確約できる者。

試験日程

区 分	募集人員	出願期間（消印有効）	1次試験日	1次合格発表日	2次試験日	合格発表日	入学手続き締切日
一般前期	72	12/18～1/17	1/30,31（選択）	2/6 17時30分	2/12・13（選択）	2/15 17時30分	2/22 15時
一般後期	10	1/15～2/17	3/1	3/5 17時30分	3/11	3/13 17時30分	3/21 15時
総合型選抜（AO入試）	15	11/6～11/11	11/18	11/22 17時30分	12/3	12/7 17時30分	12/14 15時
学校推薦型選抜（指定校・指定地域）	5	11/6～11/11	11/18	11/22 17時30分	12/3	12/7 17時30分	12/14 15時
総合型選抜（卒業生子女）	8	11/6～11/11	11/18	11/22 17時30分	12/3	12/7 17時30分	12/14 15時

※入学辞退者の学費返還申出期限は3/30 正午必着（一般選抜）

試験会場

一般選抜

前期 1次＝本学、東京（東京流通センター）、大阪（大阪アカデミア）、名古屋（TKPガーデンシティPREMIUM名古屋新幹線口）、福岡（福岡ガーデンパレス）
2次＝本学
後期 1次＝本学、東京（東京流通センター）、大阪（天満研修センター）
2次＝本学

学校推薦型選抜（指定校・指定地域）
総合型選抜（AO入試）
総合型選抜（卒業生子女入試）

1次＝本学　2次＝本学

繰上げ合格について

第2次選抜合格者の発表と同時に繰り上げ合格候補者（補欠）を決定し、本人（保護者住所宛）に補欠順位を記載した繰り上げ合格候補者（補欠）通知書を書留速達郵便で通知する。合格者に欠員が生じた場合、繰り上げ合格候補者（補欠）の総合成績上位者から順次繰り上げて合格者を決定し、郵送または電話にて通知しますので、確実に連絡の取れる電話番号を入力してください。

特待生制度

一般選抜（前期）合格者の中から入学者選抜成績上位者に対し、人物評価を考慮し10名を決定し初年度の入学金を除く学納金等450万円（授業料165万円、設備更新費85万円、教育充実費200万円）を免除する。

繰上げ合格者数＜一般入試＞

2023		2022		2021		2020	2019		2018	2017	2016	2015	2014	2013
前期	後期	前期	後期	前期	後期	前期	前期	後期						
108	4	63	5	104	8	117	86	3	非公開	非公開	非公開	100前後	70前後	60前後

合格最低点 ※2018年度以前は一般入試前期1次試験合格者の点数

2023		2022		2021		2019		2018	2017	2016	2015	2014	2013
前期	後期	前期	後期	前期	後期	前期	後期						
214/350	131/200	201.5/350	133/200	204/400	129/200	264/400	139/200	271/400	273/400	268/400	269/400	284/400	247/400

2023年 医学部レベル判定模試合格判定ライン

入試結果

2023年度までの志願者数などの推移

[ ]内は現役 ( )内は女子内数

年	方式	募集人員	志願者数	受験者数	一次合格者数	2次正規合格者数	補欠者数	繰上げ合格者数	一次合格最高点	一次合格最低点	入学者数
2023	一般(前期)	72	3,490 [648] (1,299)	3,008 [592] (1,139)	539 [50] (169)	95 [8] (35)	208	108 [13] (38)	310/350	214/350	73 [9] (24)
	一般(後期)	10	1,295 [245] (514)	1,161 [224] (453)	77 [13] (32)	10 [0] (6)	20	4 [1] (2)	171/200	139/200	10 [1] (5)
	総合型選抜(AO)	14	222 [37] (89)	220 [37] (89)	75 [5] (31)	18 [2] (5)					16
	卒業生子女	8	37 [11] (13)	37 [11] (13)	17 [3] (7)	8 [2] (3)					8 [2] (3)
	指定校・指定地域推薦	6	8 [5] (4)	8 [5] (4)	3 [1] (1)	3 [1] (1)					3 [1] (1)
	総合型選抜(研究医枠)	1	10 [0] (4)	10 [0] (4)	6 [0] (3)	6 [0] (1)					1 [0] (1)
2022	一般(前期)	65	3,914 (1,370)	2,396 (1,230)	497 (166)	98 (44)	216	63 (19)	252/350	202/350	65 (29)
	一般(後期)	10	1,326 (492)	1,180 (442)	80 (30)	10 (4)	20	5 (4)	165/200	133/200	10 (7)
	総合型選抜(AO)	20	221 (86)	221 (86)	92 (40)	22 (15)					21 (14)
	卒業生子女	8	40 (15)	40 (15)	27 (11)	8 (4)					8 (4)
	指定校・指定地域推薦	6	14 (5)	14 (5)	11 (5)	6 (4)					6 (4)
2021	一般(前期)	65	2,481 (914)	2,205 (840)	465 (174)	91 (42)	213	104 (44)	288/350	204/350	66 (31)
	一般(後期)	10	1,323 (516)	1,179 (463)	75 (28)	10 (5)	12	8 (3)	159/200	129/200	10 (6)
	総合型選抜(AO)	20	208 (88)	208 (88)	82 (41)	19 (13)					18 (13)
	卒業生子女	7	40 (23)	40 (23)	36 (21)	8 (5)					8 (5)
	指定校・指定地域推薦	5	10 (4)	10 (4)	10 (4)	5 (3)					5 (3)
2020	一般(前期)	65	3,038 (1,113)	2,810 (1,023)	457 (142)	72 (33)	–	117	–	–	65 (24)
	一般(後期)	10	1,585 (630)	1,425 (573)	78 (31)	10 (8)	–	–	–	–	10 (7)
	特別推薦(AO)	20	224 (101)	217 (97)		22 (14)	–	–	–	–	20 (12)
	卒業生子女	7	51 (23)	49 (23)		7 (5)	–	–	–	–	7 (5)
	指定校・指定地域推薦	5	13 (9)	13 (9)		4 (4)	–	–	–	–	4 (4)
2019	一般(前期)	65	2,440 (821)	2,333 (795)	506 (150)	109 (35)	263	86	357/400	264/400	65 (24)
	一般(後期)	10	1,543 (630)	1,407 (577)	99 (41)	10 (3)	39	3	174/200	139/200	10 (4)
	特別推薦(AO)	15	339 (141)	333 (141)		28 (18)		非公表	–	–	27 (18)
	指定校・指定地域推薦	5	10 (6)	10 (6)		5 (4)		非公表	–	–	5 (4)
	編入学(H31年度)	3	44 (20)	41 (20)	11 (6)	3 (1)			149/200	118※/200	10/31時点未発表
	編入学(H30年度)	5	68 (29)	67 (29)	–	5 (2)			–	–	5 (2)
2018	一般(前期)	65	3,286 (2,144)	3,189 (1,116)	598 (223)	110 (50)		非公表	345/400	271/400	63 (20)
	一般(後期)	10	1,488 (611)	1,249 (526)	155 (56)	10 (5)		非公表	181/200	140/200	12 (4)
	特別推薦(AO)	27	455 (179)	448 (176)		27 (13)		非公表	–	–	27 (13)
	指定校・指定地域推薦	3	7 (3)	7 (3)		3 (2)		非公表	–	–	3 (2)
	編入学	5	91 (26)	85 (26)		6 (0)		非公表	–	–	5 (0)

※代官山*MEDICAL*調べ　※正規合格最低点

代官山*MEDICAL* OBレポート

金沢医科大学の面接・小論文はこうだった！

面接試験

①形式：グループ討論（受験生3~6名、面接官3名）

②時間：20分~ 25分

③面接室の配置

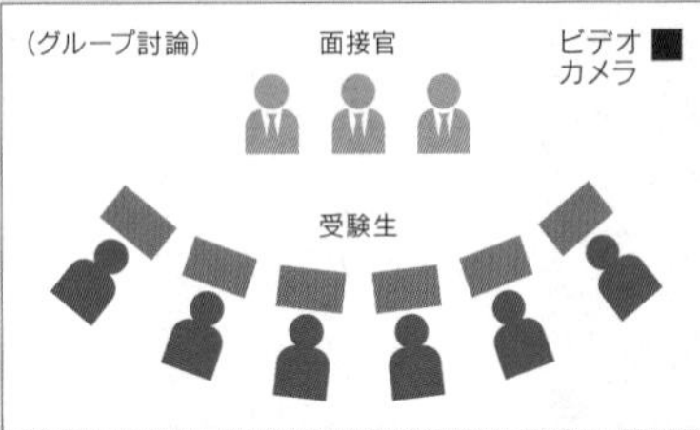

④質問内容

●アンケート：あり
面接後に本学志望理由、本学について知っていること、本学の気に入った点、履歴、家族構成、父親の職業、併願校、部活動、課外活動などについてアンケートに記入する。

●面接控室
資料（課題文:600字～）とメモ用紙を渡され、約9分間資料を読み、要点をメモする。

●面接室
自己紹介と資料についての意見や考えを1分程度で受験番号の若い順に述べ（メモを見ながらでもよい）、その後自由討論に入る。→自分の考えを挙手して述べていく方式。

・過去には自分の意見を発言する代わりに、個々の課題文に書いてある問題の答えと、話し合いたいテーマについて2分程度にまとめる形式だった。こうした変更は今後もあり得るので、注意が必要だ。
・基本的に討論中、面接官は話をしない。ただし、全く意見が出ず、沈黙があると誘導する場合がある。
・結論が出なくても時間がくれば終了する。
※なるべく早めに多く発言した方がよい
・ビデオカメラで討論の様子を撮影している。

❶医師不足
❷地球温暖化
❸格差社会について
❹公共施設での全面禁煙
❺子供と携帯電話
❻インターネットと犯罪
❼チーム医療について
❽ガンの告知の是非について
❾安楽死、尊厳死について
❿最近の若者の職業意識の低さについて
⓫内面と外見について
⓬認知症の老人に医師として何をすべきか
⓭高齢者の社会参加について
⓮平均寿命と健康寿命について
⓯高齢者がペットを飼うことの賛否
⓰和の心について
⓱遺伝子操作により生まれた子どもの倫理性と安全性について
⓲医療における過剰な検査についての問題点
⓳現実世界の広告とネット世界の広告について

※代官山*MEDICAL*調べ

代官山MEDICAL 小論文科が分析する

金沢医科大学小論文の特徴!!

【形式】60分　配点60点　横書き　要約200字以内 意見200字以内
【内容】《要約&意見型》―要約に加え意見も要求される

従来通りの資料文の要約に加え、近年は意見記述が追加された。データを含む資料文と制限時間60分は変わらないため、効率的に解く必要がある。設問一は200字要約。字数が減り時間もないため、全体の要旨が書いてある段落を見つけて骨格とし、キーワードを用いて手早く整えていくとよい。設問二の200字の意見は、設問の条件をよく読み、設問一の要旨に触れつつ、意見をまとめる。字数は短くとも、必ず理由や根拠を述べること。

資料文は、前回は全て平易な文体で書かれた文章が多いが、今までの傾向を踏まえると社会・人文系など幅広い出題もありうるので、社会全体の動きに関心を持つようにしよう。

対策《要約練習と意見作成》

量が増えたため、時間内に終えるには時間配分が重要だ。読解と要約を20分程度で済ませ、意見は10分で構成、20分で清書の配分がベスト(残りは見直しと修正)。要約する力を鍛えることは、他の教科でも設問文の言いたいことを捉える訓練にもなるので、苦手な人は何度か練習してみることをお勧めする。

意見を述べる力を養うために、読んだものに対する意見を根拠とセットで即座に出す練習をするとよい。データの読みとりもトレーニングしておきたい。

※代官山MEDICAL調べ

DAIKANYAMA's Eye

▶ 金沢医科大のグループ討論について

2020年度入試の小論文では、「医療における過剰な検査」がテーマ。

①課題文を9分読んでメモする。
↓(試験室へ移動)
②まず自分の意見を1分半述べる。(ディスカッションしたい内容を述べる場合もあり)
↓(討論開始)
③討論する相手は番号で呼びながら討論する。
↓
④時間をタイマーできっちり計っているため、議論の途中でもブザーが鳴ったら強制終了。

川崎医科大学

所在地　〒701-0192 岡山県倉敷市松島577
問合先　〒701-0192 岡山県倉敷市松島577
入試係(Tel.086-464-1012)

■交通手段

JR「中庄駅」下車、徒歩約15分

■附属病院・関連施設

附属病院
川崎医科大学(川崎医科大学総合医療センター)
現代医学教育博物館
高度救命救急センター
臨床教育研修センター

■沿 革

1968年　「学校法人川崎学園」設立準備期成会設置認可
1970年　川崎医科大学設置認可

アピールポイント　川崎医科大学

建学の精神

良医育成をめざして
川崎医科大学は昭和45年に学園創設者 川崎祐宣によって、「人間をつくる 体をつくる 医学をきわめる」を建学の理念として設立された。

求める人材像

1. 意志と情熱
地域社会に関心を持ち、医学・医療を通して、そこで生活する人々の健康と福祉に貢献する強い意志と情熱を有する。
国内外の医療に関心を持ち、広い視野から人々の健康と福祉を考える姿勢を有する。

2. 共感性と思いやり
他者の尊厳を尊重し、他者の「こころ」や痛みに共感できる思いやりと優しさをもって行動できる。

3. 協調性とコミュニケーション能力
他者と良好な関係を築き協働するための基本的なコミュニケーション能力を有する。
チーム内に生ずる困難に対して、誠実かつ適切に対処する姿勢を有する。
自らの考えをわかりやすく伝えることができる。

4. 知識と技能
基礎的な知識と技能を幅広く体系的に修得している。
自らの知識と技能を持続的に発展させることができる学習能力を有する。

5. 科学的思考力・課題解決能力と表現力
自ら課題にチャレンジし、科学的思考方法に基づいて課題を解決する姿勢を有する。
課題解決のプロセスや結果を的確に伝えるための基本的な表現力を有する。

6. 振り返りと自律性
自らの健康を維持管理し、規則正しい生活ができる。
他者の意見を謙虚に聞き入れる姿勢を有し、自らの向上につなぐことができる。
社会規範を守り礼節をもって、他者に信頼される行いができる。

川崎医科大学

2023年度 総入学者の現浪比

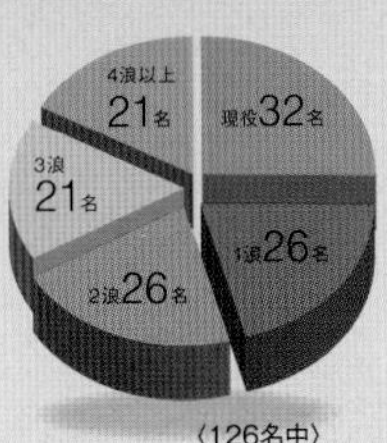

〈126名中〉

2023年度 総入学者の男女比

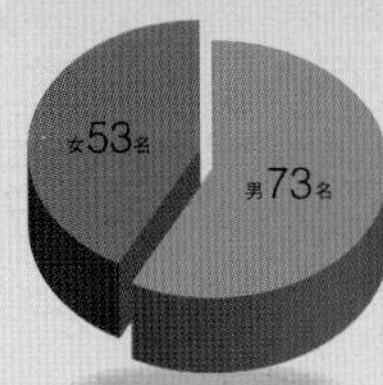

〈126名中〉

2023年度 一般選抜・地域枠選抜 入学者の現浪比

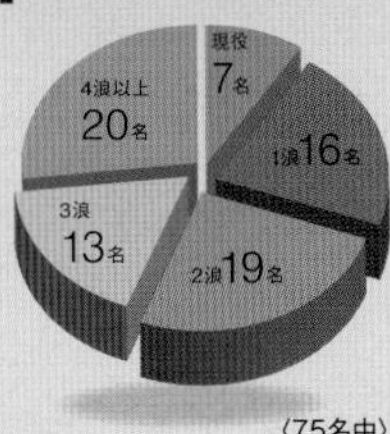

〈75名中〉

2023年度 一般選抜・地域枠選抜 入学者の男女比

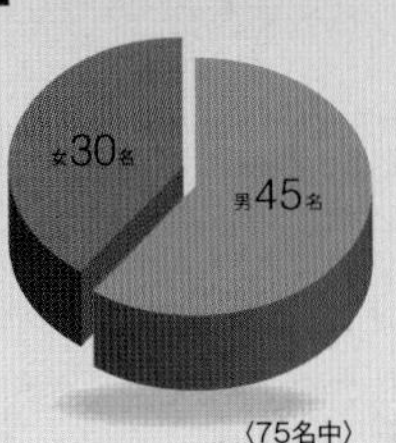

〈75名中〉

志願者の推移

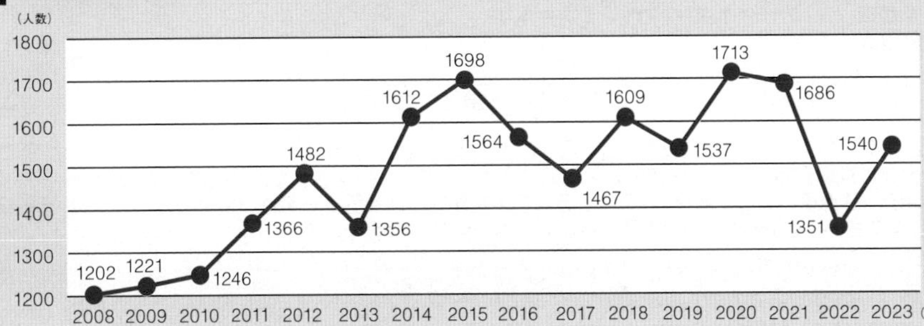

2024年度入試情報

入試内容

区分	試験	教科・科目	時間	配点	科目内容
一般選抜・地域枠選抜 ※4	1次 ※1	英語	80分	100点	コミュニケーション英語Ⅰ・Ⅱ・Ⅲ、英語表現Ⅰ・Ⅱ
		数学	80分	100点	数Ⅰ・数Ⅱ・数Ⅲ・数A・数B※3
		理科	120分	150点	物基・物、化基・化、生基・生→2科目選択
		小論文	50分	ー点	段階評価
	2次	面接	10分	ー点	一般選抜:100点十段階評価 地域枠選抜:150点十段階評価
総合型選抜（中国・四国地域出身者枠・霧島市枠・特定診療科選攻枠） ※2	1次	総合適性試験	ー分	ー点	総合読解力・論理力などを問う試験※5
		小論文	ー分	ー点	
	2次	面接	ー分	ー点	

※1 英語・数学・理科を第一次試験合格判定に使用し、小論文は第二次試験合格判定に使用。
※2 第一次試験合格者は総合適性試験で判定する。第二次試験合格者は、総合適性試験、小論文、面接、調査書等を多面的・総合的に評価し判定する。
※3「確率分布と統計的な推測」を除く
※4 地域枠選抜と一般選抜を同時出願した受験者のうち地域枠選抜に合格しなかった者は、一般選抜の選抜対象とする。
※5 英語、数学、理科（物理・化学・生物より2科目選択）、国語・一般教養（時事問題を含む）
※詳細については、必ず募集要項を確認ください。

試験日程

区分	募集人員	出願期間（必着）	1次試験日	1次合格発表日	2次試験日	合格発表日	入学手続き締切日
一般選抜	約45	12/1～1/10	1/21	1/23 12時	1/29·1/30(指定)	2/1 12時	2/6
地域枠選抜	約26※1	12/1～1/10	1/21	1/23 12時	1/29·1/30(指定)	2/1 12時	2/6
総合型選抜（中国·四国地域出身者枠·霧島市地域枠·特定診療科専攻枠）	約25※2	11/1～11/7	11/11	11/14 12時	11/18	11/21 12時	11/29

※1 地域枠入試の募集人員は、岡山県地域枠約10名、静岡県地域枠10名、長崎県地域枠6名。
※2 中国·四国出身者枠約20名、霧島市地域枠約1名、特定診療科専攻枠約4名。
※入学辞退者の学費返還申出期限は3/31 17:00。

試験会場

一般選抜·地域枠選抜·総合型選抜 ▶▶▶ 1次＝本学、 2次＝本学

繰上げ合格について

合格者の入学手続状況により欠員が生じた場合は、順次繰り上げて追加合格者を決定します。追加合格者には、Web出願の際に登録したメールアドレスに通知されますので、指定された手続期間内に入学手続を完了してください。「見落とし」「見間違い」等による入学手続期間の延長等は一切行いませんので、メールを毎日確認してください。追加合格に関する問い合わせには一切応じません。

特待生制度

本学学生表彰規程に基づき、1学年～5学年の成績優秀者には、翌年度の特待生として川崎学園育英会から授業料相当額の奨学金が給付される。

一次合格最低点<一般選抜>

2023	2022	2021	2020	2019	2018	2017	2016	2015	2014	2013	2012
206.3/350	208.5/350	229.8/350	253/350	210/350	221.5/350	222.5/350	241.3/350	245.0/350	234.8/350	224/350	230/350

2023年 医学部レベル判定模試合格判定ライン　210/400点

入試結果

2023年度までの志願者数などの推移＜一般入試＞

(　)内は女子内数

年度	方式	募集人員	志願者数	受験者数	一次合格者数	2次合格者数	繰上げ合格者数	一次合格最低点	入学者数
2023	一般	45	1,331 (467)	1,252 (456)	403 (134)	67		206.3/350	49 (18)
	総合型選抜 中国・四国地域出身者出願	20	56 (18)	56 (18)	31 (12)				20 (11)
	一般 岡山県地域枠	10	53 (19)	53 (19)	18 (8)	10			10 (4)
	一般 静岡県地域枠	10	60 (25)	58 (24)	20 (7)	10			10 (4)
	一般 長崎県地域枠	6	38 (12)	38 (12)	11 (5)	6			6 (4)
	推薦(附属)		29 (10)	29 (10)					26 (10)
	総合型選抜（特定診療科専攻枠）		19 (5)	19 (5)	13 (4)				4 (2)
2022	一般	約50	1,351 (462)	1,296 (444)	368 (126)	106	非公開	208.5/350	68 (26)
	総合型選抜 中国・四国地域出身者出願	約20	68 (26)	68 (26)	31 (15)	20 (13)	非公開		20 (13)
	一般 岡山県地域枠	約10	73 (25)	72 (25)	15 (7)	10 (5)	非公開		10 (5)
	一般 静岡県地域枠	10	70 (21)	69 (21)	15 (7)	10	非公開		9 (5)
	一般 長崎県地域枠	6	36 (17)	34 (16)	11 (3)	6 (1)	非公開		5 (1)
	推薦(附属)	約30	19 (6)	19 (6)		14 (5)			14 (5)
2021	一般	約50	1,427 (506)	1,393 (496)	330 (120)	91	–	229.8/350	61 (22)
	特別推薦 中国・四国地域出身者出願	約20	72 (27)	71 (27)	30 (10)	20 (7)	–		20 (7)
	一般 岡山県地域枠	約10	64 (31)	64 (31)	15 (7)	9 (6)			9 (6)
	一般 静岡県地域枠	10	67 (25)	67 (25)	15 (8)	10 (6)			10 (6)
	一般 長崎県地域枠	4	30 (14)	30 (14)	10 (5)	4 (1)			4 (1)
	推薦(附属)	約30	26 (16)	26 (16)		23 (14)			23 (14)
2020	一般	約50	1,404 (515)	1,352 (498)	375(131)	65(27)		253/350	65 (27)
	特別推薦 中国・四国地域出身者出願	約20	98 (36)	98 (36)	39 (14)	20 (5)	–	–	20 (5)
	一般 岡山県地域枠	約10	85 (34)	85 (34)	6 (3)	4 (3)	–	–	4 (3)
	一般 静岡県地域枠	10	70 (30)	67 (29)	15 (3)	10 (3)	–	–	10 (3)
	一般 長崎県地域枠	4	29 (11)	28 (10)	7 (4)	4 (3)	–	–	4 (3)
	推薦(附属)	約30	27 (16)	27 (16)		23 (14)	–	–	23 (14)

※代官山*MEDICAL*調べ

代官山MEDICAL OBレポート

川崎医科大学の面接・小論文はこうだった！

面接試験

①形式：個人面接（面接官3名）

②時間：10分

・アンケート：あり
「併願校について」「センターの得点」など
（※合否に関係ないと書いてある）

③面接室の配置

④質問内容

❶医師志望理由
❷理想の医師像。叶えるためにすべきこと。
❸本学の志望理由
❹他にはない川崎医科の特色は何か
❺本学の学是（他の大学との違い）
❻全寮制について　ルールは守れるか？
❼大学に入ってからしたいこと
❽医師としてどのようなリーダーが理想か
❾チーム医療で一番重要なことは？
❿リーダーになったことはあるか　何が大変だったか
⓫部活動について　苦労したことは？　役職は？
⓬調査書の内容
⓭あなたの地元はどんなところか
⓮地元で知られたくないところは？
⓯あなたが思う「地域」とはどのようなところか
⓰志望している診療科はあるか（その科の教授の名前も聞かれた）
⓱体力に自信はあるか
⓲医師の偏在と解決策
⓳「病める人を治す」とはどういうことか
⓴治すと癒すの違いは何か
㉑心のケアとはどんなものか
㉒高校時代の部活動について

※代官山MEDICAL調べ

代官山MEDICAL 小論文科が分析する

川崎医科大学小論文の特徴!!

【形式】50分　配点　非公表　横書き　800字以内で意見を述べる
（※2018年度までは要約200字と意見600字だった）
【内容】《読解型》―課題文を踏まえて、設問について意見を述べる

ここ数年で、小問2題で計800字であったものが、1題で800字に変更となった（また戻る可能性はある）。資料文も標準的で、本格的かつ典型的な小論文の問題である。これを50分以内で800字に仕上げるとなると相当な実力が要求される。それだけに、差がつきやすいといえる。くれぐれも途中答案にならないよう、時間配分に注意したい。読解力を強化しておきたい。

また、小論文は一次試験の日に実施されるので、注意したい。

対策　《小論の典型問題　型が利用しやすい》

評論の読解は、全体を読んで論旨をとらえる必要がある。本文から離れたことを書いても、得点にはつながらないであろう。時間がタイトなので、要領よくまとめたい。途中答案では合格はおぼつかない。ある程度の自分の型を作ることを意識する。「この型で書ける」という自信をもつことが大切。

※代官山*MEDICAL*調べ

DAIKANYAMA's Eye

▶ 川崎医科大医学部の面接の特色

受験生1名VS面接官3名。控室からアンケートを書く別屋に誘導されて、そこでアンケートを書き、面接時間まで自由に待機してよい。面接時間になると、受験生がA～Fの部屋に振り分けられて、面接室へ移動する。それぞれA～Fの部屋で面接が行われる。

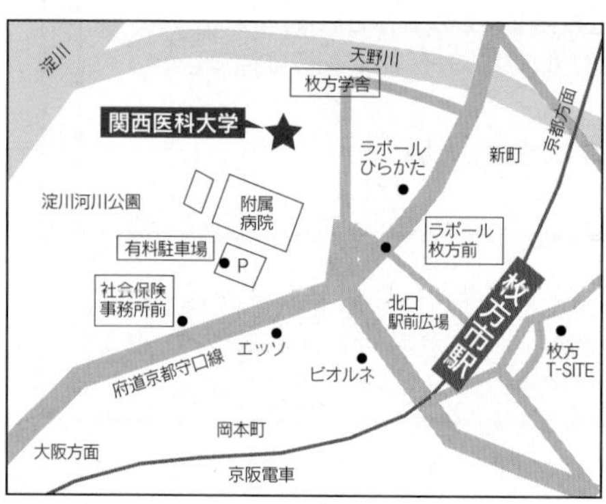

交通手段

京阪電車「枚方市駅」下車、徒歩約3分

附属病院

関西医科大学附属病院、関西医科大学総合医療センター、関西医科大学香里病院、関西医科大学天満橋総合クリニック

沿革

1928年　大阪女子高等医学専門学校設立認可
1947年　大阪女子医科大学設立認可
1954年　校名を関西医科大学と改称、男女共学制実施

アピールポイント

関西医科大学

建学の精神

慈仁心鏡：本学は、慈仁心鏡、すなわち慈しみ・めぐみ・愛を心の規範として生きる医人を育成することを建学の精神とする。

教育理念

本学は、建学の精神に則り、自由・自律・自学の学風のもと、生涯にわたり学問的探究心を備え、幅広い教養と国際的視野をもち、地域社会に貢献する人間性豊かな良医を育成することを教育の理念とする。

1.科学的な観察力・思考力・表現力を身につける。
2.社会的・国際的に貢献できる医学知識と実践的医療技術とを修得する。
3.患者の痛みの分かる心をもち、患者の立場になって行動する態度を身につける。
4.自ら問題を解決する能力と生涯にわたって学習を継続する姿勢とを養う。

2023年度 志願者の現浪比

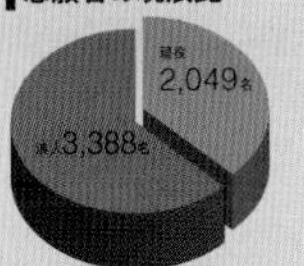

2023年度 2次試験 正規合格者数の現浪比

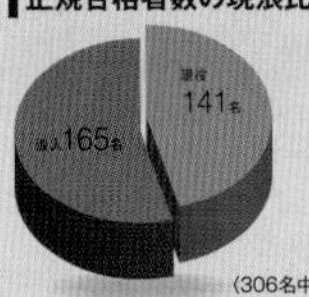

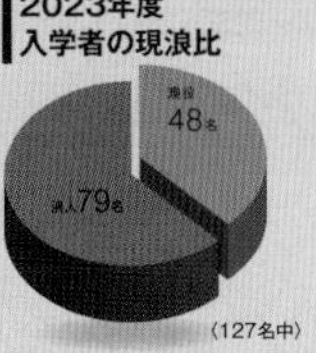

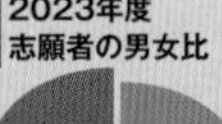

2023年度 2次試験 正規合格者数の男女比

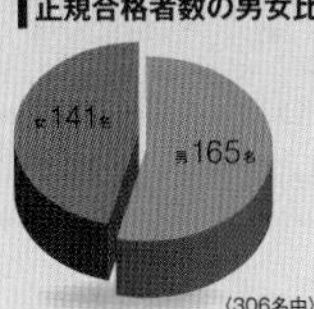

2023年度 入学者の男女比

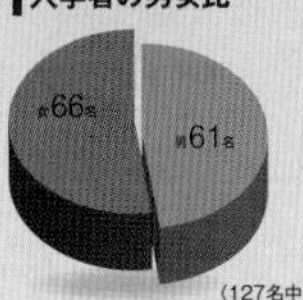

志願者の推移(一般選抜・共通テスト利用入試)

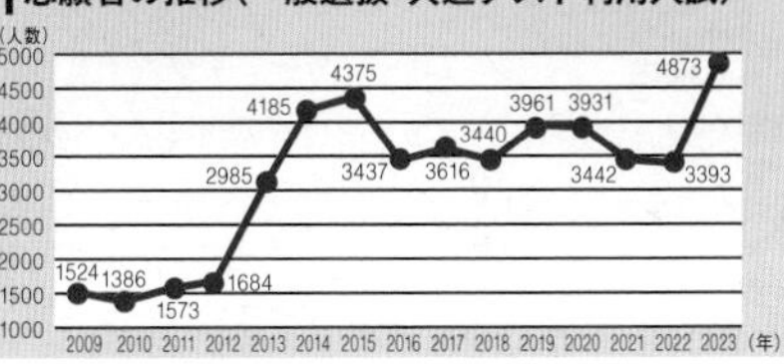

2024年度入試情報

入試内容

区分	試験	教科	時間	配点	科目内容
一般選抜(前期・後期)	1次	数学	90分	100点	数Ⅰ・数Ⅱ・数Ⅲ・数A・数B(数列・ベクトル)
		外国語	80分	100点	コミュニケーション英語Ⅰ・Ⅱ・Ⅲ　英語表現Ⅰ・Ⅱ
		理科＊1	120分	200点	物基・物、化基・化、生基・生→2科目選択(試験場で問題配布後選択)
	2次	面接		段階評価	個別(2回面接の場合あり)
大学入学共通テスト利用選抜(前期)	共通テスト	国語	80分	100点	国(近代)
		地歴公民	60分	100点	世A・世B、日A・日B、地A・地B、現社、倫、政経『倫理、政治・経済』→1科目選択＊2
		数学	Ⅰ・A70分、ⅡB60分	200点	数Ⅰ・数A、数Ⅱ・数B
		理科	各60分	200点	物、化、生→2科目選択
		外国語	110分	200点	英(リスニングを含む)リーディング:リスニング=3:1
	2次	面接		段階評価	個別(2回面接の場合あり)
大学入学共通テスト利用選抜(後期)	1次	数学	Ⅰ・A70分、2・B60分	200点	数Ⅰ・数A、数Ⅱ・B
		理科	各60分	200点	物、化、生→2科目選択
		外国語	110分	200点	英(リスニングを含む)リーディング:リスニング=3:1
	2次	面接		段階評価	個別(2回面接の場合あり)
大学入学共通テスト・一般選抜併用	共通テスト	国語	80分	100点	国(近代)
		地歴公民	60分	100点	世A・世B、日A・日B、地A・地B、現社、倫、政経『倫理、政治・経済』→1科目選択＊3
		数学	Ⅰ・A70分、ⅡB60分	100点＊3	数Ⅰ・数A、数Ⅱ・数B→2科目選択
		理科	各60分	200点	物、化、生→2科目選択
		外国語	110分	100点＊3	英(リスニングを含む)リーディング:リスニング=3:1
	1次	数学	90分	200点	数Ⅰ・数Ⅱ・数Ⅲ・数A・数B(数列・ベクトル)
		外国語	80分	200点	コミュニケーション英語Ⅰ・Ⅱ・Ⅲ　英語表現Ⅰ・Ⅱ
		理科＊1	120分	200点	物基・物、化基・化、生基・生→2科目選択(試験場で問題配布後選択)
	2次	面接		段階評価	個別(2回面接の場合あり)

※1:理科は問題配布後に2科目を選択。　※2:2科目受験した場合は、高得点の方を採用。
※3:数学、外国語は200点満点を100点に換算。

区分	出願資格	試験	教科	時間	配点	科目内容
特別枠学校推薦型選抜(専願制)※1	4.0以上1浪まで	提出書類	ー	ー	ー	web入学志願票、調査書、推薦書、課題等
一般枠学校推薦型選抜	3.5以上1浪まで	1次	小論文	50分	ー	
			適性能力試験	130分	ー	数理的問題、英文問題を含む
特色選抜※2	1浪まで※3	2次	面接		段階評価	個別(2回面接の場合あり)

※1 卒業後、原則2年間の臨床研修を本学で行い専門研修以降に本学が指定する医師不足地域・診療科に臨床研修を含め10年以上勤務する医師となる学生を選抜することを目的とする。
※2 英語型、国際型、科学型の受験区分がある。それぞれの区分の出願資格について等、詳しくは募集要項をご覧下さい。
※3 国際型は現役のみ。

試験日程

区分	募集人員	出願期間(当日消印有効)	1次試験日	1次合格発表日	2次試験日	合格発表日	入学手続き締切日
一般選抜(前期)	53名	12/23~1/11	1/27	2/6 10時	2/10	2/15 10時	2/26 15時
大学入学共通テスト利用選抜(前期)	12名	12/23~1/11	1/13·14	2/9 10時	2/17	2/22 10時	3/1 15時
大学入学共通テスト・一般併用選抜	13名	12/23~1/11	共通テスト1/13·14、1次1/27	2/9 10時	2/17	2/22 10時	3/1 15時
一般選抜(後期)	合わせて5名	2/1~2/16	3/2	3/8 10時	3/12	3/15 10時	3/22 15時
大学入学共通テスト利用選抜(後期)		2/1~2/16	1/13·14	3/8 10時	3/12	3/15 10時	3/22 15時
特別枠学校推薦型選抜(専願制)	10	11/1~11/27	12/10	12/13 10時	12/16	12/22 10時	1/5 15時
一般枠学校推薦型選抜	10	11/1~11/27	12/10	12/13 10時	12/16	12/22 10時	1/5 15時
特色選抜※1	7	11/1~11/27	12/10	12/13 10時	12/16	12/22 10時	1/5 15時

※入学辞退者の学費返還申出期限は3/31 17時
※1 特色選抜の出願資格については、募集要項を確認して下さい。

試験会場

一般選抜(前期) 1次＝大阪(インテックス大阪)、東京(ベルサール新宿グランドコンファレンスセンター)、名古屋(ＴＫＰガーデンシティ PREMIUM 名古屋ルーセントタワー)
福岡(南近代ビル)
2次＝本学枚方学舎医学部棟

一般選抜(後期) 1次＝本学枚方学舎医学部棟、2次＝本学枚方学舎医学部棟

学校推薦型選抜・特色選抜 1次＝本学枚方学舎医学部棟、2次＝本学枚方学舎医学部棟

大学入学共通テスト利用選抜(前期・後期) 1次＝大学入学共通テスト会場、2次＝本学枚方学舎医学部棟

大学入学共通テスト・一般併用選抜 1次＝大学入学共通テスト会場、一般入試(前期)試験会場
2次＝本学枚方学舎医学部棟

繰り上げ合格について

合格者の発表と同時に、補欠者の受験番号を発表し、本人宛に「補欠通知書」を簡易書留・速達郵便により通知します。繰り上げ合格は、合格者に欠員が生じた場合に成績順に行い、電話により本学入学の意思確認ができた方について、簡易書留・速達郵便により通知します。入学手続き期限は、発表後概ね５日以内として、繰り上げ合格と同時に本人に通知しますので、期限内に手続きをしてください。指定の期日までに入学手続きを完了しない場合や連絡なく手続き未了の場合は合格を取り消します。
※繰り上げ合格状況に関する問い合わせには一切応じません。

特待生制度

一般入試(前期)第1次試験合格者のうち成績優秀者の上位30名には、勉学奨励を目的として初年度納入金のうち授業料、実験実習費、施設設備費および教育充実費の全額、合計190万円を免除する。

正規合格最低点＜一般入試＞(2次正規合格者)

2023		2022		2021		2020		2019		2018	2017	2016	2015	2014
前期	後期	前期	後期	前期	後期	前期	後期	前期	後期					
254/400	291/400	250/400	255/400	272/400	261/400	246/400	246/400	249/400	223/400	298/400	203/400	230/400	251/400	300/400

2023年 医学部レベル判定模試合格判定ライン 260/400点

入試結果

2023年度までの志願者数などの推移＜一般選抜＞

［ ］内は現役 （ ）内は女子内数

年度	方式	募集人員	志願者数	受験者数	一次合格者数	2次正規合格者数	補欠者	繰上げ合格者数	2次正規合格者最高点	2次正規合格者最低点	入学者数
2023	一般選抜前期	55	2,224 [731] (889)	2,086 (836)	352 (139)	127 [55] (51)	187 (80)	55 (24)	351/400	254/400	69 [24] (34)
2023	一般選抜後期	5	468 (227)	374 (187)	35 (16)	3 (1)	21 (10)	3 (1)	314/400	291/400	5 (2)
2023	共通テスト利用後期		135 (55)	134 (55)	32 (18)	3 (2)	0 (0)		581/600	540/600	1 (1)
2023	共通テスト利用入試(前期)	12	1,115 [449] (478)	1,109 (476)	146 (71)	53 [22] (27)	72 (37)	6 (4)	763/800	688/800	4 [1] (3)
2023	共通テスト一般併用	13	931 [369] (415)	880 (387)	199 (80)	68 [37] (33)	103 (41)	22 (10)	1036.5/1200	840.2/1200	13 [6] (6)
2023	学校推薦(一般枠)	10	348	331	17	16					4
2023	学校推薦特別枠(専願)	10	60	60	15	10					10
2023	学校推薦地域枠大阪府(専願)	5	31	30	8	5					5
2023	学校推薦地域枠静岡県(専願)	8	46	46	12	8					8
2023	学校推薦地域枠新潟県(専願)	2	11	11	3	2					2
2022	一般選抜前期	55	1,755 (709)	1,616 (670)	313 (107)	110 (37)	166 (59)	165	304/400	250/400	58 (17)
2022	一般選抜後期	5	486	393	18	5	10	非公表	284/400	255/400	10
2022	共通テスト利用後期		77	77	13	0	0				0
2022	共通テスト利用入試(前期)	12	590 (266)	584 (264)	137 (58)	84 (36)	18 (4)		743/800 (一次合格最高点)	626/800 (一次合格最低点)	12 (3)
2022	共通テスト一般併用	13	485 (220)	457 (209)	130 (54)	79 (35)	35 (12)		986/1200 (一次合格最高点)	784/1200 (一次合格最低点)	11 (5)
2022	学校推薦(一般枠)	10	256 [119]	237	25	16 [7]			–	–	4 [2]
2022	学校推薦特別枠(専願)	10	43 [24]	41	16	10 [3]			–	–	10 [3]
2022	学校推薦地域枠(専願)	15	106 [22]	106	33	15 [3]			–	–	15 [3]
2022	特色選抜(英語型・国際型・科学型)	7	63 (46)	58 (44)	15 (9)	14 (8)			–	–	7 (3)
2021	一般前期	55	1,764 (715)	1,612 (650)	312 (116)	110 (38)	163 (66)	非公表	364/400	272/400	59 (23)
2021	一般前期	10★1	589 (259)	513 (230)	71 (30)	8 (3)	46 (24)	非公表	285/400	261/400	7 (3)
2021	共通テスト利用入試(前期)	10	561 (262)	557 (259)	101 (56)	48 (26)	29 (15)	非公表	786/800	690/800	5 (2)
2021	共通テスト利用入試(後期)	10★2	59 (21)	59 (21)	18 (9)	2 (1)	5 (3)	非公表	576/600	522/600	3 (2)
2021	共通テスト一般併用	10	469 (216)	433 (195)	121 (55)	67 (33)	39 (17)	非公表	1,120/1,200	876/1,200	10 (3)
2021	学校推薦	10	209 (122)	204 (117)	18 (5)	17 (5)			–	–	11 (4)
2021	特色入学試験(英語型・国際型・科学型)	7	49 (37)	47 (35)	15 (9)	14 (8)			–	–	7 (5)

★1 共通テスト利用後期を合わせて10名　★2 一般後期と合わせて10名
※代官山*MEDICAL*調べ

代官山*MEDICAL* OBレポート

関西医科大学の面接・小論文はこうだった！

①形式：個人面接（面接官3名）

②時間：10 ~ 15分

③面接室の配置

④質問内容

❶大学志望理由
❷医師志望理由
❸どんな医師になりたいか
❹医師に向いている点、向いていない点
❺外科と内科どちらに向いているか
❻理想の医師に近づくためには何が必要か
❼医師の良い点、悪い点
❽併願校
❾小論文について
❿調査書について
⓫本学の教育理念
⓬本学のイメージは何色か
⓭大阪のイメージ
⓮部活動について
⓯得意科目、苦手科目
⓰両親について
⓱最近読んだ本
⓲なぜ私立大学か
⓳大学に入ったら何をしたいか
⓴研究についてどう思うか
㉑校舎についてどう思ったか
㉒臨床医と研究医、どちらを志望するか
㉓最近気になるニュースについて
㉔共テは受験したか

※代官山*MEDICAL*調べ

代官山MEDICAL 小論文科が分析する

関西医科大学小論文の特徴!!

【形式】45分　配点　段階評価　横書き　500字以内
【内容】《テーマ型》—1行問題について、自らの考えを述べる

問題用紙には、「小論文課題」として、題が大きく印刷されているだけで、それについて意見を書くのか、感想を書くのか、一切指示がない。身近な事柄が出題テーマとして選ばれる。何を書いても自由だが、テーマを外さないことが大切。それと一行問題だけに、分析をしっかり行うことが求められている。その前提として、社会テーマに対する考

2023年度入試から
一般選抜で
小論文の試験が
なくなりました。

Kitasato University

北里大学医学部

所在地　〒252-0373 神奈川県相模原市南区北里1-15-1
問合先　〒252-0374 神奈川県相模原市南区北里1-15-1
入学センター（Tel.042-778-9760）

交通手段

小田急線「相模大野駅」下車、神奈川中央交通バス1番乗り場より乗車「北里大学病院・北里大学」下車（約25分）

附属病院・関連施設

大学病院、北里生命科学研究所、東病院、東洋医学総合研究所、北里研究所病院、臨床薬理研究所、北里大学メディカルセンター、北里大学グローバル臨床研究センター、北里大学感染制御研究機構、北里大学臨床研究機構

沿革

1962年　北里研究所創立50周年記念事業として学校法人北里学園を設立、北里大学衛生学部を開設
1970年　医学部〈医学科〉を増設

アピールポイント

願書に役立つ!

「開拓」「報恩」「叡智と実践」「不撓不屈」

医学部基本理念

①人間性豊かで、優れた医師の養成
②学際領域を含む医学研究の推進
③国際貢献の推進と地域医療への協力
④予防医学の推進

求める学生像

①医学の習得に必要な数学・理科・英語の基礎学力に加え、論理的に思考・判断し、表現する能力を持つ学生。
②知的探究心を持ち、自己学習と自己研鑽に努めることができる学生。
③医学並びに医療行為を通じて社会的、国際的に貢献したいと考える学生。
④患者、家族の立ち場に立って物事を考え、行動できる学生。
⑤医師であることはもとより、一人の人間として相手に共感できる思いやりを持つ学生。
⑥社会常識や良識に基づいたコミュニケーション能力を持ち、良好な人間関係を構築できる学生。

2023年度 一般選抜 受験者の現浪比

〈1,907名中〉

2023年度一般選抜 2次試験正規 合格者の現浪比

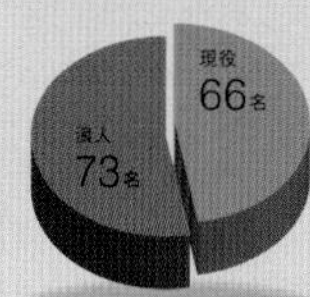

〈139名中〉

2023年度 一般選抜 志願者の男女比

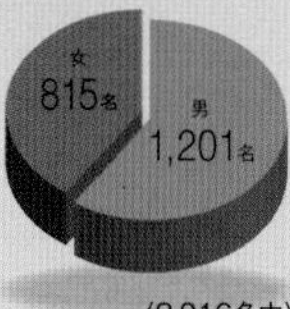

〈2,016名中〉

2023年度 一般選抜 合格者の男女比

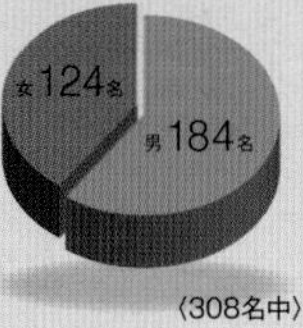

〈308名中〉

2023年度 入学者の 男女比

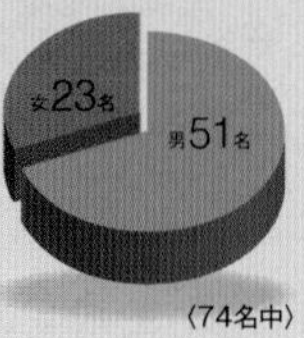

〈74名中〉

志願者の推移(一般選抜)

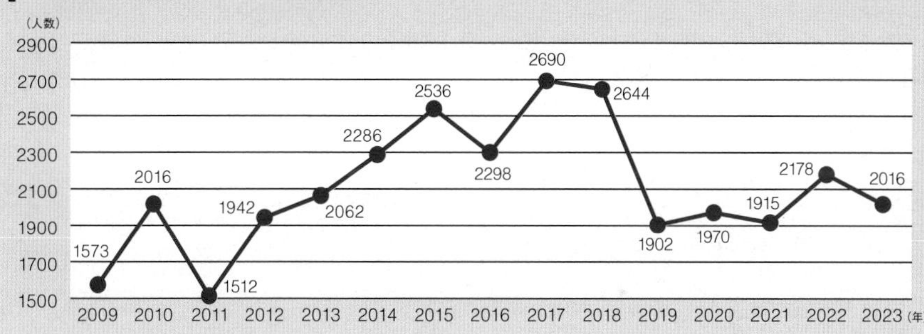

2024年度入試情報

入試内容

区分	試験	教科	時間	配点	科目内容
一般選抜	1次	理科	100分	200点	物基·物(原子を除く)、化基·化、生基·生→2科目選択
		数学	80分	150点	数Ⅰ(「データの分析」を除く)·数Ⅱ·数Ⅲ·数A·数B(「確率分布と統計的な推測」を除く)
		英語	70分	150点	コミュニケーション英Ⅰ·英Ⅱ·英Ⅲ、英語表現Ⅰ·Ⅱ
	2次	論文	90分	―点	1つのテーマについて論述する※1
		面接	―	―点	個人·グループ※2

※1 論文は1つのテーマについて論述し、論理的思考能力、記述力、表現力、理解力を評価する。

※2 面接はグループ面接または個人面接あるいは両方を複合した方式で行い、将来医師としての職業に直結する受験生の人物、意欲、適性を評価する。

※詳細については、必ず募集要項を確認ください。

入試内容

区分	試験	教科	時間	配点	科目内容
学士入学	1次	基礎学力検査	100分	一点	数学・理科(化学・生物)・英語の基礎学力を評価する。学校推薦型選抜試験問題に準ずる。
	2次	論文	80分	一点	1つのテーマについて論述する。※1
		面接	―	一点	個人・グループ※2

※1 論文は1つのテーマについて論述し、論理的思考能力、記述力、表現力、理解力を評価する。
※2 面接はグループ面接または個人面接あるいは両方を複合した方式で行い、将来医師としての職業に直結する受験生の人物、意欲、適性を評価する。
※詳細については、必ず募集要項を確認ください。

試験日程

区分	募集人員	出願期間(消印有効)	1次試験日	1次合格発表日	2次試験日	合格発表日	入学手続き締切日
一般選抜	75※1	12/15～1/17	1/26	2/1 15時	2/3・4・5(選択)	2/7 15時	2/14
学校推薦型選抜(指定校)	35	11/1～11/10	11/19	―	―	12/1 15時	12/8
学校推薦型選抜(地域枠指定校)	16※2						
学士入学	若干	11/1～11/10	11/19			12/1 15時	12/8

※1 一般入試には、相模原市修学資金枠2名を含む。　※2 山梨県2名、茨城県4名、神奈川県5名、埼玉県2名、新潟県3名。
※3 入学辞退者の学費返還申出期限は3/30 12:00。

試験会場

一般選抜
学士入学
第1次試験＝本学相模原キャンパス・横浜会場(パシフィコ横浜ノース)
第2次試験＝本学相模原キャンパス

学校推薦型選抜　本学相模原キャンパス

繰上げ合格について

合格発表と同時に補欠者を発表する場合がある。補欠者は合格者ではない。合格者の入学手続状況により欠員が生じた場合は、補欠者から順次繰り上げ合格者を発表し、合否結果確認画面の表示内容が更新される。なお、電話連絡をして入学の意思を確認することがある。

入学時特待生制度

一般選抜合格者の中から、次の2区分による特待生を選考し、学費の一部または全額を免除します。
第1種(入学金、授業料、施設設備費及び教育充実費の納入免除→学費全額(38,900,000円)
第2種(入学金及び授業料の一部の納入免除)→6年間で19,450,000円

繰上げ合格者数<一般入試>（ ）内は女子内数

2023	2022	2021	2020	2019	2018	2017	2016	2015	2014	2013	2012
134	187	275	106 (34)	161	55	51	89	174	97	102	65

合格最低点<一般入試>（2次試験正規合格者最低点※）※2018年以前は繰上合格者含む

2023	2022	2021	2020	2019	2018	2017	2016	2015	2014	2013	2012
非公開	非公開	非公開	非公開	280/500	282/500	321/500	298/500	294/500	336/500	372/500	333/500

2023年 医学部レベル判定模試合格判定ライン

入試結果

2023年度までの志願者数などの推移

( )内は女子内数

方式		募集人員	志願者数	受験者数	一次合格者数	2次正規合格者数	補欠者数	繰上げ合格者数	合格者総数	合格最高点	一次合格最低点	正規合格最低点	繰上合格最低点	入学者数
2023	一般選抜	74[※1]	2,016(815)	1,907(782)	488	139	非公表	169	308(124)	405/500	273/500			74(23)
2023	指定校推薦	35	64(36)	64(36)		35(22)	0	0	35(22)					35(22)
2023	地域枠指定校推薦	16	40(21)	40(21)		16(11)	0	0	16(11)					16(11)
2023	学士編入	若干名	19(11)	17(10)	4(2)	3(2)	0	0	3(2)					2(1)
2022	一般選抜	74	2,178	2,070(819)	494	139	非公開	187	326(133)	422/500	298/500			74(非公開)
2022	指定校推薦	35	57(26)	57(26)		35(13)	0	0	35(13)	非公開		非公開		35(13)
2022	地域枠指定校推薦	11	12(3)	12(3)		10(3)	0	0	10(3)	非公開		非公開		10(3)
2022	学士編入	若干名	5(4)	5(4)	3(3)	3(3)	0	0	3(3)	非公開		非公開		3(3)
2021	一般選抜	74	1,915(768)	1,826(739)	458(181)	126	200	275	401(168)	460/500	263/500			117(54)
2021	指定校推薦	35	74(36)	74(36)		35(19)			35(19)					35(19)
2021	地域枠指定校推薦	9	23(18)	23(18)		9(7)			9(7)					9(7)
2021	学士編入	若干名	4	4	1	0			0					0
2020	一般入試	74	1,970(723)	1,902(704)	—	129(39)	—	106(34)	235(73)	—	—	—	—	74(19)
2020	指定校推薦	35	78(44)	78(44)	—	35(20)	—	0(0)	35(20)	—	—	—	—	35(20)
2020	地域枠指定校推薦 地域枠一般 山梨県	2	3	3	—	2	—	0	—	—	—	—	—	2
2020	地域枠指定校推薦 地域枠一般 茨城県	2	2	2	—	2	—	0	—	—	—	—	—	2
2020	地域枠指定校推薦 地域枠一般 神奈川県	5	11	11	—	5	—	0	—	—	—	—	—	5
2020	学士編入	若干名	10(6)	9(5)	—	1(1)	—	0(0)	1(1)	—	—	—	—	1(1)
2019	一般入試	84	1,902(692)	1,823(659)	480(169)	129(52)	222	161	290(118)	420/500	—	280/500		81(24)
2019	指定校推薦	35	71(44)	71(44)		38		—	38(23)	—	—	—	—	38(23)
2019	一般(山梨県枠)〔内数〕	〔2〕	〔11〕	〔10〕	〔0〕	〔0〕	非公表	—	—	—	—	—	—	〔0〕
2019	一般(茨城県枠)〔内数〕	〔2〕	〔7〕	〔7〕	〔0〕	〔0〕	非公表	—	—	—	—	—	—	〔0〕
2019	一般(相模原市修学資金枠)〔内数〕	〔2〕	〔105〕	〔102〕	〔2〕	〔2〕	非公表	—	—	—	—	—	—	〔2〕
2018	一般入試	84	2,644(1020)	2,304(898)	478(172)	129(52)	235(87)	55	184	456/500	280/500	286/500	282/500	74
2018	指定校推薦	35	60(40)	60(40)		45(29)		—	45(29)	—		—	—	45(29)
2018	一般(山梨県枠)〔内数〕	〔2〕	〔15〕	〔15〕	〔2〕	〔1〕	〔0〕	—	—	—		—	—	—
2018	一般(茨城県枠)〔内数〕	〔2〕	〔7〕	〔7〕	〔0〕	〔0〕	〔0〕	—	—	—		—	—	—
2018	一般(相模原市修学資金枠)〔内数〕	〔2〕	〔88〕	〔82〕	〔19〕	〔2〕	〔0〕	—	—	—		—	—	—

※2020年度 指定校推薦 募集74名の内、相模原市修学資金枠2名含む
※1 内相模原市就学金枠2名を含む
※**代官山***MEDICAL*調べ

代官山MEDICAL OBレポート

北里大学の面接・小論文はこうだった！

面接試験

①形式：個人面接（受験生1名、面接官3名）
※要項にはグループ面接もあると書かれているが、2020年度から個人面接のみが行われている。

②時間：1回目 15分、2回目 15〜20分

③面接室の配置

④質問内容

❶医師志望理由
❷本学志望理由
❸北里大学、北里柴三郎について知っていること
❹併願校について（国立は受けるか？）
❺去年うちを落ちた時、落ち込んだ？
❻高校の出席について（皆勤した）
❼高校の部活動について
❽趣味について
❾医師であるお父様のライフワークバランスについて
❿お父様を見て、医師の仕事が大変だと思ったことは？
⓫いずれは親の跡を継ぎたいか？
⓬両親の長所と短所
⓭家族とのコミュニケーションについて（昔と今の違い）
⓮得意科目と苦手科目について
⓯困ったことがあった時、誰に相談するか
⓰浪人中規則正しい生活は出来たか？食事はどうしていたか？
⓱北里大学を受診したことはあるか？
⓲大学入学後、入りたい部活はあるか？
⓳6年間しっかり勉強できるか？
⓴大学にはどこから通うのか
㉑この1年、最も影響をうけたことは？（家族以外で）
㉒自分の名前は好きか？由来は？
㉓自分の故郷は好き？
㉔人生で一番嬉しかったこと、辛かったことについて
㉕尊敬する歴史上の人物は？
㉖著名人や周囲の人の言葉で自分を支えているものはあるか？
㉗コロナウイルスに対して、医療人はどうするべきか？
㉘自己PR

《女性の受験生に対して》
㉙女性を減点していた不正入試についてどう思うか？
㉚あなたは結婚した後も働きたいか？
㉛料理はするか？
㉜子どもが出来たらどんな食事を作るか？

《過年度の質問》
㉝大学卒業後の働き方について
㉞三年間の医療過疎地域勤務が義務付けられたらどうするか
㉟医療をテーマにしたドラマをどう思うか
㊱理想のチーム医療はどのようなものか
㊲学費は多額だが、親はどう思っているか
㊳現代の医療の問題点は？

代官山MEDICAL 小論文科が分析する

北里大学小論文の特徴!!

【形式】90分　配点　非公表　　縦書き　小問が3題
(1)タイトル=20字　(2)説明等=200字または400字以内　(3)自分の考え=600または800字
【内容】《読解型》—資料の内容理解と資料にかかわるテーマに関して考えを述べる
　小問の内容は、例年だと問1「本文のタイトル」問2「語句説明」問3「自分の意見を書く」である。課題文は長文であるから、読解力が求められる。内容を把握したうえで問1、問2を答える。問2は語句説明の形式をとっているが、要約の変形であることが多い。問3は600~800字と字数制限にばらつきがある。比較的、時間的余裕は与えられているといえよう。
　一般入学者選抜方針として、「人間性豊かで論理的思考能力、記述力、表現力、考察力、理解力などが優れた学生の入学を希望する」としているところからも分かるように、資料を論理的に理解することが何より大切。その上で、自らの力で考察し、人間性に問題がないことを示せば良い。

対策《身近な例や体験例を生かす》
　評論の読解は、全体を読んで論旨をとらえる必要がある。問2は語句説明の形をとっているが、実質的に要約である。用語の説明問題ではなく、あくまで読解問題であるということを忘れずに。問3は問2を基にして書く。本文から離れたことを書いても、得点にはつながらないであろう。時間に余裕があるので、時間をかけてうまくまとめたい。問1のタイトルは、標準的な内容で足りる。20字の要約問題と捉え、なるべく全文の内容を表すようにしよう。一般入試の過去問は、本学ホームページからも入手可能。

※代官山*MEDICAL*調べ

Kyorin University

杏林大学医学部

所在地　〒181-8611 東京都三鷹市新川6-20-2
問合先　〒181-8612 東京都三鷹市下連雀5-4-1
入学センター(Tel.0422-47-0077)

■交通手段

JR「三鷹駅」下車 バスで杏林大学病院前下車
(所要時間約20分)
JR「吉祥寺駅」下車 バスで杏林大学病院前下車
(所要時間約20分)

■附属病院・関連施設

附属病院がんセンター、高度救命救急センター、脳卒中センター、臓器・組織移植センター、もの忘れセンター、熱傷センター、造血細胞治療センター、総合周産期母子医療センター、腎・透析センター、ヘリポート

■沿 革

昭和28年設立の三鷹新川病院が母体
1966年　杏林学園短期大学開設(保健学部の前身)
1970年　杏林大学医学部および医学部付属病院開設

アピールポイント　杏林大学 医学部

建学の精神

杏林大学の建学の精神は「眞・善・美の探究」です。「眞」は、真実・真理に対して謙虚であるとともに、自ら進んで学び、研究することを意味します。「善」は、倫理観を持った善き人間性・人格を形成すること。他人に対して常に優しく、思いやる心を持った人格を自ら築き上げて人のために尽くすことです。「美」は真理に対し、謙虚に学ぶ姿勢を持ち、他人を尊重し、自らの身を持するのに厳しく、美しいものを美しいと感じる感性を磨くように努めれば、自然に美しく立派な風格のある人間に成長していくことを意味しています。

杏林の由来

「杏林大学」の名は、中国に伝わる一つの故事に由来しています。その昔、中国は廬山というところに董奉(とうほう)という医師がいました。彼は人に尽くすために治療を行ってあえて治療代を受け取らず、その代わりに病気が治った人には、記念として杏の苗を植えてもらいました。そうして、いつしか10万余株の杏の木がうっそうと茂る大きな林ができあがったといわれています。この故事から後世良医のことを「杏林」と呼ぶようになりました。この故事に因んで名付けた杏林大学は、専門的知識や技術にすぐれているだけでなく、立派な人格を持った良き医師など社会に貢献することのできる職業人を育成することを目指しています。

アドミッションポリシー

豊かな人間性の涵養と、医学の発展に対応しうる基礎的及び専門的知識の修得と臨床的技能の修練を通じて、良き医師を養成する。

2023年度 一般選抜 志願者の男女比

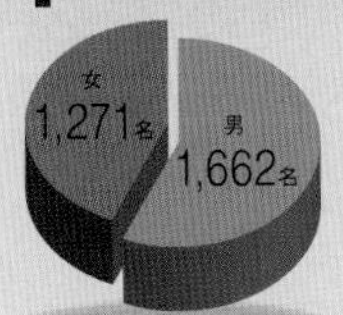

〈2,933名中〉

2023年度 一般選抜 正規合格者の男女比

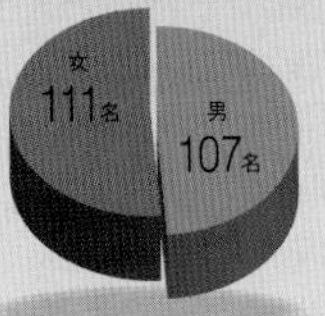

〈218名中〉

2023年度 大学入学共通テスト利用入試 志願者の男女比

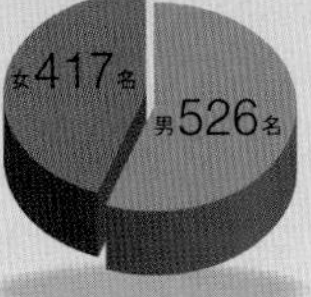

〈943名中〉

2023年度 大学入学共通テスト利用入試 正規合格者の男女比

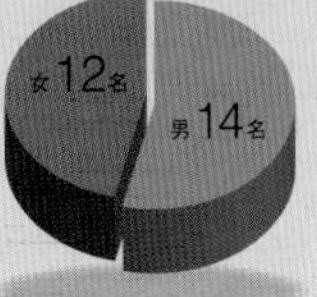

〈26名中〉

志願者の推移

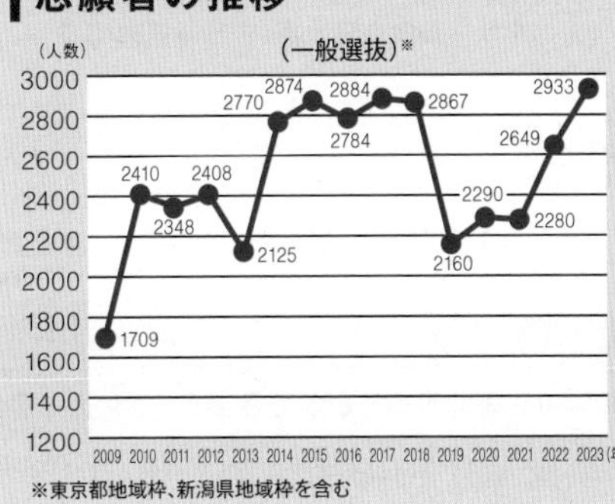

※東京都地域枠、新潟県地域枠を含む

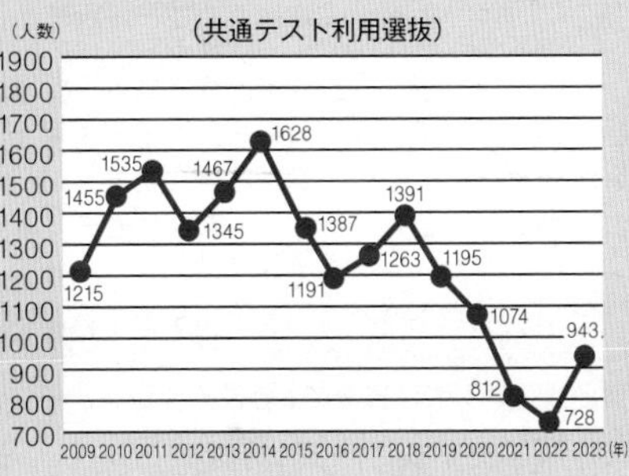

2024年度入試情報

入試内容

区分	試験	教科	時間	配点	科目内容
一般選抜	1次	英語	60分	100点	コミュニケーション英語Ⅰ・Ⅱ・Ⅲ、英語表現Ⅰ・Ⅱ
		数学	70分	100点	数Ⅰ・数Ⅱ・数Ⅲ・数A・数B 「確率分布と統計的な推測」を除く
		理科	100分	150点	物基・物、化基・化、生基・生→問題配布後に2科目選択
	2次	小論文	60分	一点	テーマ型・800字以内
		面接	10分	一点	面接官2名。個人面接。
大学入学共通テスト利用選抜	共通テスト	英語または国語	英110分 国 80分	200点	英語はリーディング100点、リスニング100点 国語は近代以降の文章のみで100点を200点に換算
		数学	Ⅰ·A70分 Ⅱ·B60分	200点	数Ⅰ・数A、数Ⅱ・数B
		理科	各60分	200点	物、化、生→2科目選択
	個別	小論文	60分	一点	テーマ型・800字以内
		面接	10分	一点	面接官2名。個人面接。

※東京都地域枠は2次で東京都による面接を行う。
※詳細については、必ず募集要項を確認ください。

試験日程

区分	募集人員	出願期間（必着）	1次試験日	1次合格発表日	2次試験日	合格発表日	入学手続き締切日
一般選抜・東京都地域枠選抜	89 ※1	12/4～1/5	1/19	1/26 16時～	2/1・2※2	2/7 16時～	2/15 必着
大学入学共通テスト利用選抜	15	12/4～1/12	1/13・14	2/14 16時～	2/18	2/21 17時～	2/29 必着
外国人留学生選抜（AO入試）	1	12/4～1/5	1/19	1/26 16時～	2/1・2※2	2/7 16時～	2/15 必着

※1 一般入試の内訳は、一般枠89名、別途地域枠選抜（東京都・新潟県）を申請中。
※2 合格発表日に指定された1日。地域枠選抜の場合は2/1。
※入学辞退者の学費返還申出期限は3/30（12:00）。

試験会場

一般選抜 1次＝ベルサール新宿グランド、ベルサール東京日本橋（定員超過の場合、本学三鷹キャンパス）
2次＝本学三鷹キャンパス

大学入学共通テスト利用選抜（前期・後期） 1次＝大学入学共通テスト試験会場
2次＝本学三鷹キャンパス

外国人留学生選抜 ベルサール新宿グランド、ベルサール東京日本橋（定員超過の場合、本学三鷹キャンパス）

繰上げ合格について

補欠者は2023年3月31日まで、合否照会システムで補欠順位を確認することができます。補欠通知書は郵送されません。
※補欠者は、正規合格者の入学手続状況に欠員が生じた場合、補欠順位上位順から順に繰上合格となります。繰上合格が決定次第、本学より通知します。

繰上げ合格者数＜一般入試＞

2023	2022	2021	2020	2019			2018		2017		2016	2015	2014	2013
				前期	後期	センター利用	一般	センター利用	一般	センター利用				
非公表	非公表	143	114	185	8	41	非公表	非公表	164	67	135	160	129	81

2023年 医学部レベル判定模試合格判定ライン　245/400点

入試結果

2023年度までの志願者数などの推移<一般選抜>

<　>内は東京都地域枠　〔　〕新潟県地域枠　（　）内は女子内数

方式		募集人員	志願者数	受験者数	一次合格者数	2次試験正規合格者数	補欠者数	繰上げ合格者数	一次合格最低点	入学者数
2023	一般入試前期	89 <10>〔3〕	2,933 (1271)	2,842	651	204 <14>(111)	260	109		
	共通テスト利用前期	15	943 (417)	924 (412)		26 (12)		14		
	共通テスト利用後期									
	AO入試									
2022	一般入試前期	90 <10>	2,649 (1,095)	2,559 (1,087)	653 <25>	182 <10>	216	166	非公開	
	共通テスト利用前期	10	682 (295)	677 (293)	290	18 (8)	46		非公開	
	共通テスト利用後期	5	46 (22)	46 (22)		8 (3)	0		非公開	
	AO入試	1	3 (3)	3 (3)		0 (0)	0		非公開	
2021	一般入試前期	88 <10>	2,280 (962)	2,197 (941)	565 <25>	161 <10>	180 <0>	143	非公開	88
	共通テスト利用前期	10	750	738	297	20	51	32	非公開	10
	共通テスト利用後期	5	62	62	49	5	3		非公開	5
	AO入試	1	8 (6)	8 (6)		0 (0)	0		非公開	0
2020	一般入試前期	98 <10>	2,290 <249>(893)	2,108 <237>(838)	455 <25>	166 <10>(71)	176 <0>	114	–	101 <10>
	センター利用前期	10	1,035 (405)	1,019 (400)	368	20 (7)	86	–	–	10
	センター利用後期	5	39 (18)	38 (18)	26	5 (3)	3	–	–	4
	AO入試	1	18 (10)	18 (10)	7	0 (0)	0	–	–	0
2019	一般(前期)	91	2,160 (860)	1,925 (790)	449 (164)	147 (51)	198	184	非公表	90
	一般(後期)	10	1,439 (575)	1,209 (492)	225 (75)	10 (5)	40	8	非公表	12
	センター試験利用	10	1,195 (465)	1,173 (460)	251 (103)	17 (5)	45	41	非公表	14
	AO入試	5	59 (33)	59 (33)	59 (33)	1 (1)			非公表	1 (1)
2018	一般	91	2,867	2,742 (1071)	440	145 (66)	225	非公表		92
	センター試験利用	25	1,391	1,365 (554)	非公表	41 (14)	100	非公表		25
	一般 東京都地域枠	10	244	237		10				10
	一般 茨城県地域枠	2	6	6		0				0
2017	一般	91	2,884 (1,073)	2,764 (1,045)	445 (144)	123 (43)	247 (83)	164	非公表	92 (32)
	センター試験利用	25	1,263 (512)	1,240 (507)	–	41 (20)	179 (83)	67	非公表	25 (12)

※代官山*MEDICAL*調べ　※2020年度：東京会場2,136名　350点満点　一般入試前期 合格者総数270名

代官山*MEDICAL* OBレポート

杏林大学の面接・小論文はこうだった！

面接試験

①形式：個人面接（面接官2名）

②時間：10分

・アンケート：あり

大学に入ってしたいこと

特技・ボランティア、趣味、アルバイト経験

部活動について

③面接室の配置

面接官

受験生

④質問内容

❶次の人生、医師以外にやってみたいことは?
❷高校時代どんな高校時代だったか?
❸なんで再受験したの?
❹高校の成績が悪いがどうしたのか?
❺高校の成績は良いがなぜ浪人したのか?
❻本学志望理由に救急救命が充実ってあるけど、他の大学もあるよ?
❼一次試験で何の科目できた?
❽自分を自己分析してみて?
❾控えめに見えるけど自分の性格をどう思う?
・・・・もう一度聞くけどどう思う?
❿大学志望理由
⓫医師志望理由
⓬理想の医師像
⓭どの診療科にいきたいか
⓮面接資料の記入内容について
⓯併願校
⓰部活動、委員会活動
⓱大学に入ったら何がしたいか
⓲大学に入ったらどんな部活に入りたいか
⓳最近のニュースで興味があること
⓴尊敬する人
㉑父親について
㉒自分の性格（長所、短所）
㉓人から言われたことで、医師にふさわしい点
㉔医学部を志望することに対する両親の考えは何か
㉕体力に自信はあるか
㉖苦手科目について
㉗スポーツはやっていたか
㉘身近で見ていて医師は大変だと思うか
㉙患者が医師の指示に従わなかったらどうするか
㉚研究に興味はあるか
㉛将来杏林に残りますか
㉜出身地について
㉝好きな本について
㉞（再受験生に）大学で何をしていたのか
㉟歩きスマホをどう思うか
㊱東日本大震災について
㊲新型コロナについて（隔離について）
㊳小論文の内容について

※代官山*MEDICAL*調べ

代官山MEDICAL 小論文科が分析する

杏林大学医学部小論文の特徴!!

【形式】60分　配点　非公表　　横書き　800字以内
【内容】《テーマ型》―テーマについてどのように考えるかを述べる

一つのテーマに対して、どう考えるかを述べる。14年以降は再びテーマのみに戻った（いわゆる1行問題）。分析力を磨いておくべきである。一行テーマの場合は、社会常識に照らしてしっかりと分析する力が問われている。形式的には成り立っていても、常識に反する答えは書かないようにすること。

なお、課題テーマは多様化しており「表現の自由」などといった社会問題について問われることもある。傾向に偏りはないが、社会問題に対する常識的な見解を述べることが求められているとみていい。医師として必要な、社会に対するものの見方が必要だということだろう。

対策 《弱点をなくす》―あらゆるテーマについて学ぶこと

800字で書く場合、主張の根拠となる事実を多く書く必要がある。自分の意見に対する客観的事実の裏付けを深く、丁寧に書く姿勢が求められているといっていいだろう。その前提として、問われているテーマに対する的確な分析が必要であることはいうまでもない。近年では「自己犠牲」など単語による出題も多いため、何について書くか問題提起を必ず行うようにしよう。賛否が分かれる問題提起をした場合は、自分と反対の意見も述べると字数も稼げるし、多様な意見への理解も示せるのでお薦めしたい。

要するに、小論対策を一通りやっておかなければならない。「なんとかなる」と甘く見ておくと、痛い目にあう可能性がある。特に、時間的制限がやや厳しいので、練習は不可欠。単なる作文にならないように構成にも注意しよう。

※代官山*MEDICAL*調べ

DAIKANYAMA's Eye

▶ 杏林大医学部の面接の特色

受験生1VS面接官2名。10～15分。
面接の前にアンケートを書かされる。医師志望動機。大学志望動機。自己PR。高校卒業後の経歴。社会経験（バイト、就職）。ボランティア活動など。
面接官が、こちらに対し、いかにも興味なさげのとき、特待合格や正規合格の場合、もしくは、その反対でまったく補欠にもひっかかない場合のどちらか。
面接官の質問の発言後、25秒たっても返答できない場合は、圧迫面接と化す。

Kinki University

近畿大学医学部

所在地　〒589-8511 大阪府大阪狭山市大野東377-2
問合先　〒589-8511 大阪府大阪狭山市大野東377-2
医学部入試係(Tel.072-366-0221)

■交通手段

南海高野線「金剛駅」または泉北高速鉄道「泉ケ丘駅」下車、バス約15分

■附属病院・関連施設

附属病院、腫瘍免疫等研究所、堺病院、臨床心理センター、奈良病院、関西国際空港クリニック、総合医学教育研修センター、ライフサイエンス研究所、東洋医学研究所

■沿 革

1949年　大阪専門学校と大阪理工科大学を母体として、近畿大学設立
1974年　医学部設置

アピールポイント

近畿大学 医学部

建学の精神

「実学教育」と「人格の陶冶」

アドミッションポリシー

近畿大学建学の精神に則り、「実学教育」と「人格の陶冶」を重視します。また教育理念に則り、「人に愛され、人に信頼され、人に尊敬される」医師の育成をめざします。本学の「建学の精神」と「教育理念」に共感し、将来、良き医師として社会に貢献することを志望する入学者を受入れます。

1.医学を志し、そのために必要な強い意思と高い理想を持つ人。
2.医学の課程を学ぶために十分な基礎学力を備える人。
3.自ら課題を発見し解決していく意欲にあふれる人。
4.奉仕の精神と協調精神に富む人。
5.倫理観と責任感に富む人。

2023年度 志願者の男女比

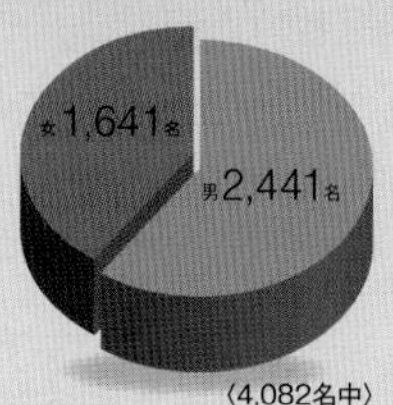

〈4,082名中〉

2023年度 合格者の男女比

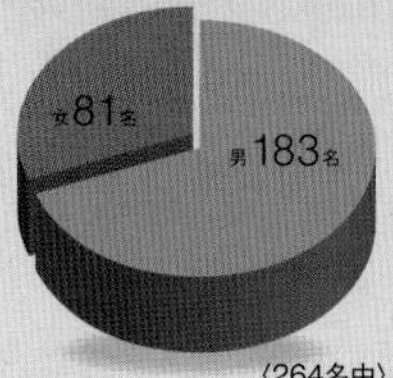

〈264名中〉

2023年度 入学者の男女比

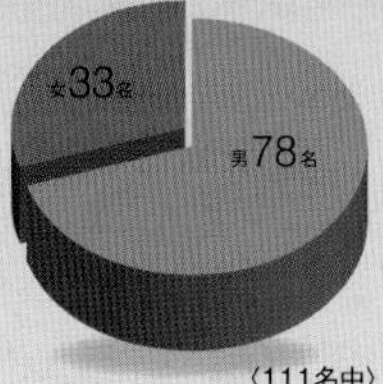

〈111名中〉

2023年度 入学者の現浪比

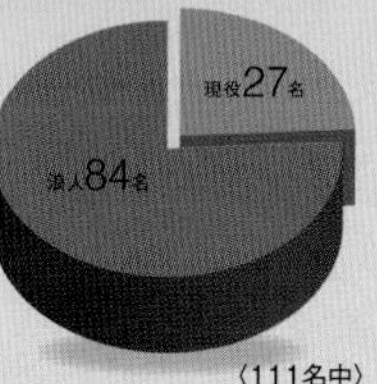

〈111名中〉

志願者の推移(一般選抜)

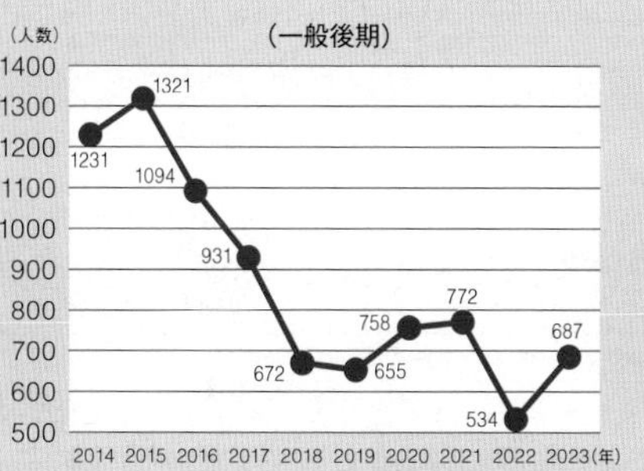

2024年度入試情報

入試内容

区分	試験	教科	時間	配点	科目内容
一般選抜前期・地域枠選抜前期	1次	数学	60分	100点	数Ⅰ・数Ⅱ・数A・数B(数列・ベクトル)
		理科	120分	200点	物基・物、化基・化、生基・生→2科目選択
		英語	60分	100点	コミュニケーション英語Ⅰ・Ⅱ・Ⅲ、英語表現Ⅰ・Ⅱ
	2次	小論文	40分	段階評価	与えられた主題について論述する。
		面接	10分程度	段階評価	個人面接
一般選抜後期・地域枠選抜後期	1次	数学	60分	100点	数Ⅰ・数Ⅱ・数A・数B(数列・ベクトル)
		理科	120分	200点	物基・物、化基・化、生基・生→2科目選択
		英語	60分	100点	コミュニケーション英語Ⅰ・Ⅱ・Ⅲ、英語表現Ⅰ・Ⅱ
	2次	小論文	40分	段階評価	与えられた主題について論述する。
		面接	10分程度	段階評価	個人面接

※詳細については、必ず募集要項を確認ください。

区分	試験	教科	時間	配点	科目内容
共通テスト利用選抜（前期）	共通テスト	数学	I·A 70分、II·B 60分	200点	数I・数A、数II・数B
		理科	各60分	200点	物、化、生→2科目選択
		外国語	110分	100点	英（リスニングを含む）
	2次	小論文	—	段階評価	与えられた主題について論述する
		面接	10分程度	段階評価	個人面接
共通テスト利用選抜（中期）	共通テスト	国語・数学から1科目選択※1	国80分・数70分	100点	国（近代以降）、数I・数A
		理科	各60分	200点	物、化、生→2科目選択
		外国語	110分	100点	英（リスニングを含む）
	2次	小論文	—	段階評価	与えられた主題について論述する
		面接	10分程度	段階評価	個人面接
共通テスト利用選抜（後期）	共通テスト	国語・数学・理科から2科目選択※2	国80分・数70分・理60分	200点	国（近代以降）、数I・数A、物、化、生の中の1つ
		外国語	110分	100点	英（リスニングを含む）
	2次	小論文	—	段階評価	与えられた主題について論述する
		面接	10分程度	段階評価	個人面接

※英語は大学入学共通テストの配点が200点満点のため100点に換算する。
※1 国語・数学において両方受験した場合は、高得点の1科目を合否判定に利用する。　※詳細については、必ず募集要項を確認ください。
※2 3科目以上受験した場合は高得点の2科目を合否判定に利用する。

区分	出願資格	試験	教科	時間	配点	科目内容
学校推薦型選抜（一般公募）	1浪まで	1次	数学	60分	100点	数I・数A、数II・数B（数列・ベクトル）
			理科	60分	100点	物基・物・化基・化・生基・生→1科目選択
			外国語	60分	100点	コミュニケーション英語I・II・III
		2次	小論文	40分	段階評価	与えられた主題について論述する
			面接	10分程度	段階評価	個人面接

※詳細については、必ず募集要項を確認ください。

試験日程

区分	募集人員	出願期間（消印有効）	1次試験日	1次合格発表日	2次試験日	合格発表日	入学手続き締切日
一般選抜前期	55	12/15～1/11	1/28	2/7	2/11	2/23	3/1
一般選抜後期	5	2/15～2/13	2/24	3/2	3/7	3/15	3/21
学校推薦型選抜（一般公募）	25	11/1～11/9	11/19	11/29	12/3	12/13	12/21
地域枠選抜前期	13※1	12/15～1/11	1/28	2/7	2/11	2/23	3/1
地域枠選抜後期	4※2	2/1～2/13	2/24	3/2	3/7	3/15	3/21
共通テスト利用前期	5	1/3～1/12	1/13・14	2/14	2/18	2/27	3/6
共通テスト利用中期	3	1/3～2/1	1/13・14	2/14	2/18	2/27	3/6
共通テスト利用後期	2	2/2～2/22	1/13・14	3/2	3/7	3/15	3/21

※1 大阪府3名、奈良県2名、和歌山県2名、静岡県6名。　※2 静岡県4名
※入学辞退者の学費返還申請期限は3/31。

試験会場

一般選抜（前期）・地域枠選抜（前期）
1次＝東大阪キャンパス、東京（大手町プレイスカンファレンスセンター）、名古屋（TKP名古屋駅前カンファレンスセンター）、広島（TKP広島本通駅前カンファレンスセンター）、福岡（北九州予備校博多駅校）
2次＝大阪狭山キャンパス

一般選抜（後期）・地域枠選抜（後期）
1次＝東大阪キャンパス、東京（TKPガーデンシティPREMIUM田町）
2次＝大阪狭山キャンパス

学校推薦型選抜（一般公募）
1次＝東大阪キャンパス、東京（TKP東京駅大手町カンファレンスセンター）
2次＝大阪狭山キャンパス

共通テスト利用選抜
2次＝大阪狭山キャンパス

繰上げ合格について

補欠内定者には二次試験合格発表日に補欠内定通知書を発送する。入学手続き者に欠員が生じた場合に限り、順次繰り上げて合格候補者を決定し通知する

繰上げ合格者数

2023	2022	2021	2020	2019	2018	2017	2016
非公開	非公開	66 (一般入試)	63 (一般入試)	23 (一般入試)	非公開	非公開	40

正規合格最低点・最高点<一般入試前期・後期>

2023 [前期]最低点	2023 [後期]最低点	2022 [前期]最低点	2022 [後期]最低点	2021 [前期]最低点	2021 [後期]最低点	2020 [前期]最低点	2020 [後期]最低点	2019 [前期]最低点	2019 [後期]最低点	2018 [前期]最低点	2018 [後期]最低点	2017 [前期]最低点	2017 [後期]最低点	2016 [前期]最低点	2016 [後期]最高点
213/400	230/400	214/400	222/400	233/400	242/400	227/400	208/400	222/400	240/400	227/400	225/400	217/400	271/400	374/600	353/400

2023年 医学部レベル判定模試合格判定ライン 255/400点

入試結果

2023年度までの志願者数などの推移

(　)内は女子内数　<　>内は静岡県枠　〔　〕内は内大阪枠(追加)

	方式	募集人員	志願者数	受験者数	一次合格者数	合格者総数	繰上げ合格者数	正規合格者最低点	2次正規合格者数	入学者数	満点
2023	一般前期(A日程)	55	1,522	1,426	228	114	6	213	108		400
	一般後期	5	696	557	50			230	13		400
	一般推薦	25	681	677	77			222	55		300
	一般前期地域枠(大阪)	3	39	38	6			198	3		
	一般前期地域枠(奈良)	2	34	33	5			198	2		
	一般前期地域枠(和歌山)	2	18	18	5			191	2		
	一般前期地域枠(静岡)	10	73	70	12			197	5		
	共通テスト利用前期	5	557		102				32		500
	共通テスト利用中期	3	213		49				18		400
	共通テスト利用後期	2	144		41				6		300
2022	一般前期(A日程)	55	1519(557)	1397(538)	218(65)	−	−	−	104(26)	47(9)	400
	一般後期	5<4>	546<95>	444<85>	45<14>	13<6>	−	−	13<6>	9<6>	400
	一般推薦	25	608(288)	605(286)	80(35)	−	−	−	60(30)	13(7)	300
	一般前期地域枠(大阪)	3	28	28	6	3	−	−	3	3	−
	一般前期地域枠(奈良)	2	32	31	5	2	−	−	2	2	−
	一般前期地域枠(和歌山)	2	31	31	5	2	−	−	2	2	−
	一般前期地域枠(静岡)	6	77	72	12	6	−	−	6	4	−
	共通テスト利用前期	5	451(167)	−	99(36)	31(10)	−	−	31(10)	8(1)	500
	共通テスト利用中期	3	201(84)	−	47(20)	22(9)	−	−	22(9)	3(1)	400
	共通テスト利用後期	2	95(42)	−	43(16)	6(3)	−	−	6(3)	5(2)	300
2021	一般前期(A日程)	55	1,519(557)	1,397(583)	218(65)	162<2>	−	−	104(26)	47(9)	−
	一般後期	5<4>	546<95>	444<85>	45<14>	13<6>	−	−	13<6>	9<6>	−
	一般推薦	25	608(288)	605(286)	80(35)	13(7)	−	−	60(30)	13(7)	−
	共通テスト利用前期	5	451(167)	−	99(36)	31(10)	−	−	31(10)	8(1)	−
	共通テスト利用中期	3	201(84)	−	47(20)	22(9)	−	−	22(9)	3(1)	−
	共通テスト利用後期	2	95(42)	−	43(16)	6(3)	−	−	6(3)	5(2)	−
2020	一般前期地域枠(大阪)	3	28	28	6	3	−	−	3	3	−
	一般前期地域枠(奈良)	2	32	31	5	2	−	−	2	2	−
	一般前期地域枠(和歌山)	2	31	31	5	2	−	−	2	2	−
	一般前期地域枠(静岡)	6	77	72	12	6	−	−	6	4	−
	C方式中期	3	236(90)	183	43(13)	−	−	−	10(0)	3(0)	−
	C方式後期	2	93(36)	81	28(8)	−	−	−	4(2)	3(1)	−
2019	一般前期	65	1,327(430)	1,250(408)	253	126	23	222	103	56(15)	400
	一般後期	5	655(231)	561(209)	29	10(3)	0	240	10(3)	6(2)	400
	C方式前期	10	600(223)	590(221)	108	非公表	非公表	非公表	28(14)	8(5)	500
	C方式中期	3	183(53)	182(53)	40	非公表	非公表	非公表	10(4)	4(1)	500
	C方式後期	2	81(28)	81(28)	29	非公表	非公表	非公表	4(1)	1(0)	400
	推薦	30	656(319)	646(314)	50	非公表	非公表	189	44(20)	11(7)	350

※2020年度：地域枠 大阪2名、奈良2名、和歌山2名

★2017・2018・2021年の正規合格者最低点は、すべて一次試験合格最低点です。　※代官山*MEDICAL*調べ

代官山*MEDICAL* OBレポート

近畿大学の面接・小論文はこうだった!

①形式:個人面接(面接官2名)

②時間:10分

③面接室の配置

④質問内容

面接の前にアンケート記入あり(志望動機など)

❶医師志望理由
❷近畿大学志望理由
❸学生時代何を一生懸命やったか
❹最近一番感動したこと
❺将来何科に進みたいのか
❻アンケートの内容について説明してください
❼最近、一番不条理を感じたこと
❽英語は好きか?
❾医師をいつごろから目指そうとしたのか
❿最近気になったニュース(社会・医療)
⓫自分の長所と短所
⓬なぜ再受験したのか
⓭AIについてどう思うか
⓮なぜ大阪の大学を受けるのか
⓯医師として望ましいのは
　Q:専門性があるorやさしさがある
　A:専門性がある
⓰センター受験の有無について
⓱卒業後地元に帰るのか
⓲広い知識と高度な知識、どちらが重要か
⓳苦手な人とグループを組む際、どうするか
⓴信頼できる医師になるにはどうしたらよいか
㉑社会に貢献するにはどうすればよいか
㉒チーム医療について
㉓安楽死について

※代官山*MEDICAL*調べ

代官山*MEDICAL* 小論文科が分析する

近畿大学小論文の特徴!!

【形式】時間:40分　　配点:段階評価　　横書き　400字以内
【内容】《テーマ型》―1行問題について、意見を述べる

医療にかかわる課題が出題されることが多い(医師の資質、医師不足、チーム医療、高度先進医療、再生医療、混合診療、医学の基礎研究など)。論題が与えられているだけで、設問がないこともあるので注意する。字数が短いので、言いたいことを端的に表現できる練習をする必要がある。本学入試講評にこうある。「医学部学生にとって…自分の知識や考えを簡潔にまとめて整理することが必要…近畿大学医学部への入学者には、平素からこういう習慣を身につけようとする努力を期待する。小論文の中に、受験者に医学部教育に耐えうる素質の有無を見出そうとした」。

対策 《頻出テーマへの一問一答》―「まとめノート」を作ろう

与えられたテーマについて、争点をのべた上で、解決案などを書いていく。テーマの分析をしっかりすること、コンパクトに表現する練習が大切。対策を立てないと、何も書けないという最悪の事態が訪れうる。出題者は次のように言っている。「医師を志す者として」の「一般常識」はわきまえよ。書いてはいけないのは、「単なる感想文の域を出ないもの」、「根拠のない発想をのべた文」。

※**代官山***MEDICAL*調べ

Kurume University

久留米大学医学部

所在地　〒830-0011 福岡県久留米市旭町67
問合先　〒839-8502 福岡県久留米市御井町1635
入試課(Tel.0942-44-2160)

■交通手段

JR「久留米駅」下車、「大学病院、高専方面行」バス利用、大学病院又は医学部前下車（JR 久留米駅から7分）

■附属病院・関連施設

大学病院、先端癌治療研究センター、医療センター、分子生命科学研究所、がんワクチンセンター、健康・スポーツ科学センター、歯科口腔医療センター、循環器病研究所、高次脳疾患研究所、リハビリテーションセンター、皮膚細胞生物研究所

■沿 革

1928年　九州医学専門学校を設置
1946年　久留米医科大学及び同予科を設置
1952年　久留米大学医学部を開設

アピールポイント

久留米大学 医学部

本学の理念

「真理と正義を探求し、人間愛と人間尊重を希求して、高い理想をもった人間性豊かな実践的人材の育成を目指すとともに、地域文化に光を与え、その輝きを世界に伝え、人類の平和に貢献することを使命とする」

医学科理念

「国手の理想は常に仁なり」のもと、「時代や社会、そして地域の多様なニーズに対応できる実践的でヒューマニズムに富む医師を育成するとともに、高水準の医療や最先端の研究を推進する」という目的に対する知識と技術を習得できる学生を求めています。

医学部の3大目標

①医師や研究者として職責を果たすのに必要な知識と技能を修得する。
②患者に寄り添うとともにチーム医療の実践に必要な態度と習慣を身につける。
③時代や社会、そして地域の多様なニーズに対応できる人間性と良識を涵養する。

2023年度一般前期 受験者の男女比

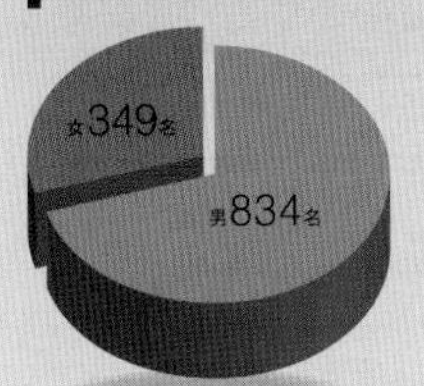

〈1,183名中〉

2023年度一般前期 合格者の男女比

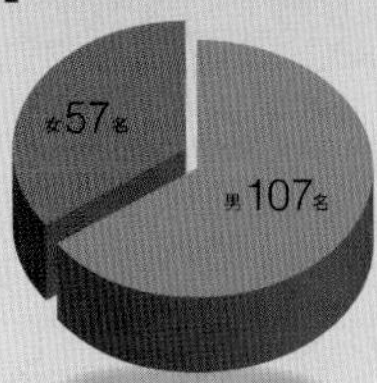

〈164名中〉

2023年度 受験者総数の男女比

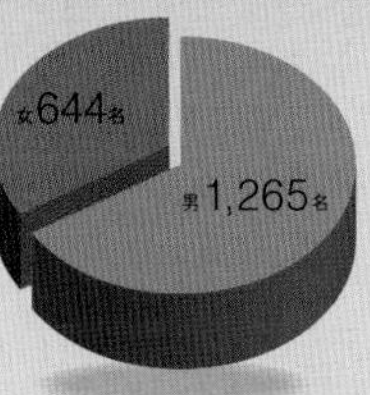

〈1,909名中〉

2023年度 正規合格者総数の男女比

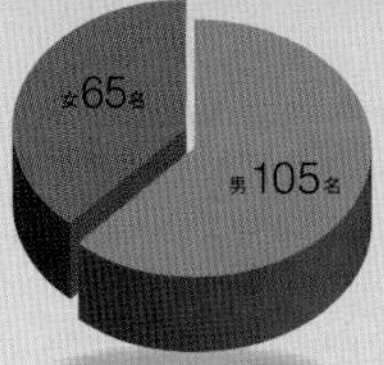

〈170名中〉

2023年度一般後期 受験者の男女比

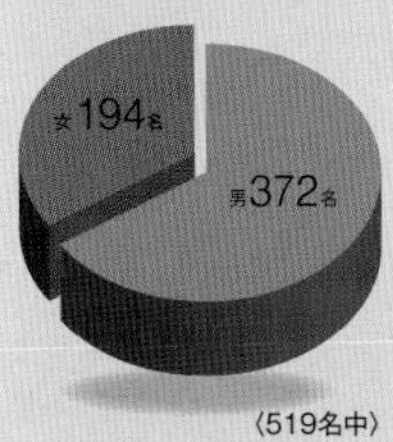

〈519名中〉

2023年度一般後期 合格者の男女比

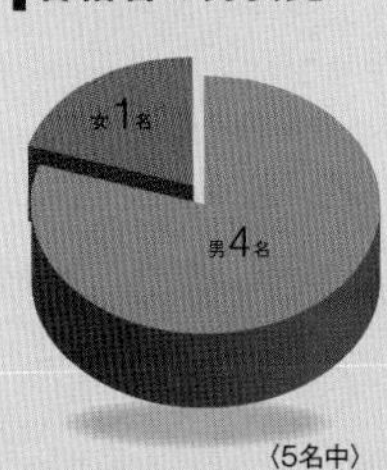

〈5名中〉

志願者の推移（一般入試）

2024年度入試情報

入試内容

区分	試験	教科・科目	時間	配点	科目内容
一般選抜（前期・後期）	1次	外国語	90分	100点	コミュニケーション英Ⅰ、Ⅱ、Ⅲ、英語表現Ⅰ・Ⅱ
		理科※1	120分	200点	物基・物、化基・化、生基・生→2科目選択
		数学	90分	100点	数Ⅰ・数Ⅱ・数Ⅲ・数A・数B（数列・ベクトル）
	2次	小論文	60分	50点	テーマを与え、論述する。800字以内。
		面接	10分	50点	個人面接

※1 理科の各科目間で、原則として15点以上の平均点差が生じ、これが試験問題の難易差に基づくものと認められる場合には得点調整を行う。
※詳細については、必ず募集要項を確認ください。

区分	出願資格	教科	時間	配点	科目内容
学校推薦型選抜（一般）	現役・1浪※2	基礎学力テスト（英語）	60分	100点	コミュニケーション英Ⅰ・Ⅱ・Ⅲ、英語表現Ⅰ・Ⅱ
		基礎学力テスト（数学）	60分	100点	数Ⅰ・数Ⅱ・数A・数B（数列・ベクトル）
久留米大学特別枠推薦型選抜・福岡県特別枠推薦型選抜※1	現役・1浪・2浪※2	小論文	60分	50点	テーマを与え、論述する。800字以内。
		面接		50点	個人面接

※1 久留米大学特別枠、推薦型選抜は地域医療の発展に貢献する強い意志があり、卒業後、久留米大学病院または久留米大学医療センターにおいて臨床研修（2年）を行い、臨床研修終了後、それらのいずれかの病院に4年間勤務することを誓約する者で、高等学校長が推薦した専願者。福岡県特別枠推薦型選抜は、福岡県内の地域医療に貢献する明確な意思を持つ者で、高等学校長が推薦した専願者
※学校推薦型選抜（一般）・久留米大学特別枠推薦型選抜・福岡県特別枠推薦型選抜は併願可
※2 学習成績の状況を出願資格としない

試験日程

区 分	募集人員	出願期間	1次試験日	1次合格発表日	2次試験日	合格発表日	入学手続き締切日
一般選抜(前期)	約75	12/11～1/11※1	2/1	2/7	2/13	2/21	3/21 必着
一般選抜(後期)	約5	2/6～2/26※1	3/8	3/12	3/16	3/19	3/25 必着
学校推薦型選抜(一般)	約8	11/1～11/8※1	−	−	11/18	12/1	12/19 必着
久留米大学特別枠推薦型選抜	約20	11/1～11/9※1	−	−	11/19	12/1	12/19 必着
福岡県特別枠推薦型選抜	5	11/1～11/9※1	−	−	11/19	12/1	12/19 必着

※1 出願登録と入学検定料払込期間。出願書類の提出締切は出願登録期間末日の翌日必着。

試験会場

一般選抜(前期)・福岡県特別枠入試 ▶▶▶ 1次＝本学御井キャンパス、東京(ベルサール汐留)
2次＝本学御井キャンパス

学校推薦型選抜(一般)・久留米大学特別枠推薦型選抜・福岡県特別枠推薦型選抜 ▶▶▶ 本学旭町キャンパス

一般選抜(後期) ▶▶▶ 1次＝本学御井キャンパス
2次＝本学旭町キャンパス

繰上げ合格について

合格発表日当日にUCAROで繰り上げ合格候補者を発表します。合格者の入学手続きにおいて欠員が生じた場合に繰り上げ合格候補者の順位に従い、順次合格者を決定します。問い合わせには応じません。合格者には、合格通知書及び入学手続書類一式を、UCAROへアップロードします。各自で印刷してください。
※合格通知書及び入学手続書類は郵送しません。

繰上げ合格者数<一般入試>

( )内は女子数

2023		2022		2021		2020	2019		2018	2017	2016	2015
前期	後期	前期	後期	前期	後期	前期	前期	後期				
34 (12)	0	34 (7)	0	27	3	38 (14)	33 (7)	3 (0)	31 (8)	33 (7)	30 (10)	9 (1)

正規合格最低点<一般入試>

2023				2022				2021				2020				2019				2018	2017
前期		後期		前期		後期		前期		後期		前期		後期		前期		後期			
1次	2次	1次	2次	1次	2次	1次	2次	1次	2次	1次	2次	1次	2次	1次	2次	1次	2次	1次	2次		
226/400	319/500	252/400	351/500	234/400	321/500	267/400	367/500	264/400	350/500	264/400	368/500	310/400	395/500	308/400	409/500	286/400	334/450	283/400	333/400	317/450	326/450

2023年 医学部レベル判定模試合格判定ライン　240/400点

入試結果

2023年度までの志願者数などの推移＜一般選抜＞

(　)内は女子内数

方式		募集人員	志願者数	受験者数	一次合格者数	2次正規合格者数	繰上げ合格者数	一次合格最低点	2次合格最低点	入学者数
2023	一般(前期)	75	1,279	1,183	351	130				
	一般(後期)	5	609	519	48	5				
	一般推薦	10	68	68		10	0			
	福岡県特別枠推薦	5	32	32		5	0			
	久留米大学特別枠選抜	20	107	107		20	0			
2022	一般(前期)	75	1,571 (508)	1,398 (453)	353 (120)	115 (47)	34 (7)	234/400	321/500	
	一般(後期)	5	650 (219)	558 (186)	46 (12)	5 (1)	0 (0)	267/400	367/500	5 (1)
	一般推薦	10	81 (35)	81 (35)		10 (7)	0 (0)			10 (7)
	福岡県特別枠推薦	5	49 (23)	49 (23)		5 (2)	0 (0)			5 (2)
	地域枠推薦	20	117 (54)	117 (54)		20 (9)	0 (0)			20 (9)
2021	一般(前期)	75	2,034 (675)	1,888 (627)	352 (107)	127 (47)	27 (8)	264/400	350/500	
	地域枠推薦	20	174 (79)	173 (79)		20 (5)	0 (0)			20 (5)
	福岡県特別枠推薦	5	76 (40)	76 (40)		5 (5)	0 (0)			5 (5)
	一般(後期)	5	688 (220)	587 (189)	49 (15)	6 (3)	3 (0)	264/400	368/500	5
	一般推薦	10	138 (67)	137 (67)		10 (7)	0 (0)			10 (7)
2020	一般(前期)	約75	2,056 (678)	1,823 (619)	322 (98)	120 (38)	38 (14)	310/400	395/500	–
	地域枠推薦	約20	164 (78)	164 (78)		20 (10)	–	–	–	–
	福岡県特別枠推薦	約5	92 (45)	92 (45)		5 (1)	–	–	–	–
	一般(後期)	約5	941 (322)	836 (47)	51 (11)	5 (2)	0 (0)	308/400	409/500	–
	一般推薦	約10	134 (60)	134 (60)		10 (6)	0 (0)	–	–	–
2019	一般推薦	約10	104 (53)	104 (53)	–	10 (7)	0	–	–	117
	地域枠推薦	約15	93 (48)	93 (48)	–	15 (8)	0	–	–	
	一般(前期)	約80	1,798 (576)	1,568 (513)	394 (96)	137 (37)	33 (7)	286/400	334/450	
	一般(後期)	約5	867 (274)	782 (246)	61 (15)	8 (2)	3 (0)	283/400	333/450	
	福岡県特別枠入試	約5	55 (24)	51 (22)	5 (2)	2 (0)	0	–	–	

※ 2020年度　合格者総数：一般(前期)158人(52人)　一般(後期)5人(2人)
※1次合格最低点は、小論文５０点を含まない。　**※代官山*MEDICAL*調べ**

代官山*MEDICAL* OBレポート

久留米大学の面接・小論文はこうだった！

面接試験

①形式：個人面接（面接官2名：一般入試）

②時間：10分

③面接室の配置

④質問内容

❶大学志望理由
❷医師志望理由
❸次の人生、医師以外にやってみたいことは？
❹学科試験、小論文の出来具合
❺高校時代どんな高校時代だったか？
❻なんで再受験したの？
❼高校の成績が悪いがどうしたのか？
❽調査書について
❾本学志望理由に救急救命が充実ってあるけど、他の大学もあるよ？
❿一次試験で何の科目できた？
⓫自分を自己分析してみて？
⓬取得している資格
⓭ストレス解消法
⓮地域医療について
⓯大学で勉強以外にやりたいこと
⓰控えめに見えるけど自分の性格をどう思う？
　・・・・もう一度聞くけどどう思う？
⓱将来は何科に進みたいか
⓲最近感動したことは何か
⓳グループの中で、1人だけ他と異なる意見を言う人がいたらどうするか
⓴オープンキャンパス以外で病院見学に行ったことがあるか
㉑大学病院と一般の病院の違いは何か
㉒臨床医と研修医のどちらに関心があるのか
㉓多浪について
㉔他に合格している大学はあるか　本学が受かったらどちらに行くか
㉕理想の医師像に近づくにはどうしたら良いか
㉖九州についてどう感じたか
㉗本学は全面禁煙だが問題ないか

※代官山*MEDICAL*調べ

代官山*MEDICAL* 小論文科が分析する

久留米大学小論文の特徴!!

【形式】時間:60分　配点:50点　　縦書き　800字以内
【内容】《テーマ型》—1行テーマについて、意見を述べる

テーマが受験会場の黒板に板書される。テーマは、医療問題が出題されたり「生きる意味」について問われたりといろいろなテーマが出題される。短い問題文の中に、あらゆる分野の知識を問おうという意図が見受けられる。また、テーマを通して受験者のパーソナリテイーを問われていると思われる。同時に、社会への関心も問われているということができよう。ここしばらくは、「我が国の再生医療」や「医師のワークライフバランス」など時事に絡んだ医療系の問題が多い。どんな問題にも対応できるよう、新聞などから最新情報を仕入れておく必要がある。

800字と書く字数が多く、充分な準備が必要である。日頃から、なぜ医師を目指すのかを問い直す作業が必要。また、社会性も問われている。

対策《医療、医師の理想像をイメージできる》

800字以内という文字数の設定である。この場合、何字くらい書くべきなのか。一般に8割以上説、9割以上説などがある。実際のところ、医学部受験では95%程度は書くべきである。本学の場合、字数が少ないだけで評価が下がるともいわれている。自分の立場を明確にしたうえで、丁寧に根拠となる事実をあげていく姿勢が望まれる。そうすれば、自然と文字数は増えていくものである。小論文の配点は50点ある。2次試験で逆転もありうる配点なので、しっかり対策したい。

※**代官山***MEDICAL*調べ

■交通手段

JR「信濃町駅」下車、徒歩1分
都営大江戸線「国立競技場駅」下車徒歩5分

■附属病院・関連施設

病院、先端生命科学研究所、月が瀬リハビリテーションセンター、総合医科学研究センター、クリニカルリサーチセンター、スポーツ医学総合センタ

■沿 革

1858年　福澤諭吉、蘭学の家塾を開く
1868年　塾名を「慶應義塾」と命名
1920年　医学部開設、大学病院開院
1952年　新制大学医学部設置

アピールポイント　慶應義塾大学 医学部

卒業の認定に関する方針(ディプロマポリシー)

医学部の使命、教育目標に基づき、カリキュラム・ポリシーに沿った全科目を履修し、学則で定める8つの卒業時コンピテンスを修得した学生に学士(医学)の学位を授与します。

日吉第1学年に設置している、外国語、人文・社会科学、基礎科学、医学基礎から構成される「基礎教育科目」43単位の取得と、第2～6学年に設置している、基礎・社会医学系科目、総合臨床・社会医学系科目、臨床医学系科目から構成される「専門教育科目」全科目に合格することを学位授与要件として学則で規定している。医学部では、豊かな人間性と深い知性を併せ持つ人材の育成、基礎医学と臨床医学を融合し、実学としての医学を高次で追究する教育・研究を目標としており、多岐にわたる学問分野の科目を必修として課すとともに、厳格な進級・卒業条件を設定している。卒業条件に、以下に定める7つの卒業コンピテンスを修得することを設定している。

I. プロフェッショナリズム　II. 医学知識　III. 診療の実践　IV. コミュニケーション　V. チーム医療の実践
VI. 医療・福祉への貢献　VII. 科学的探究　VIII. 国際医療人としての資質

入学者受入方針(アドミッションポリシー)

「基礎臨床一体型の医学・医療の実現」の理念の下、患者中心の医療を実践し、医学・医療に貢献してきた本学医学部は、次世代を先導し、豊かな人間性と深い知性を併せ持つ医学生を強く求める。そのために、創立者 福沢諭吉の「一身独立(自ら考え実践する)」の考えを理解し、世界に雄飛し、患者中心の医療を実現できるphysician scientist(科学的思考力を備えた医師)となりうる医療人として資質、使命感、学習意欲を重視し、卒業コンピテンスを修得しうる人材を選抜する。

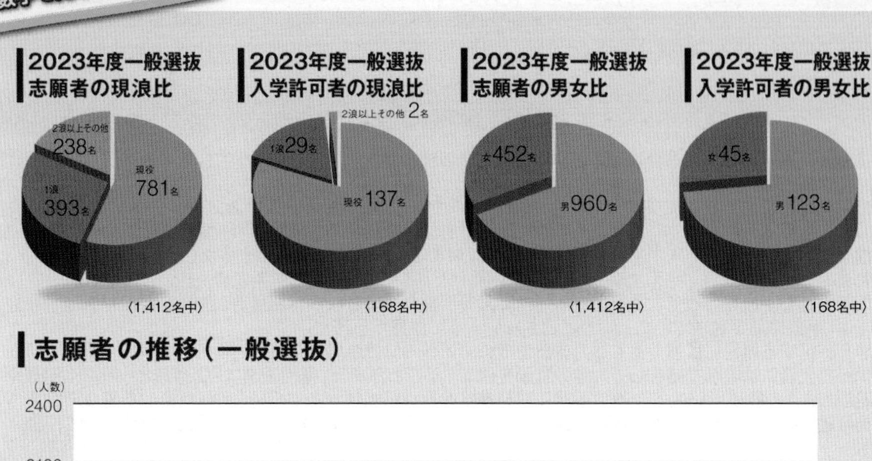

志願者の推移（一般選抜）

(人数)
2400
2100
1800
1500
1200
1989 1879 1780 1712 1734 1784 1758 1689 1578 1525 1528 1391 1248 1388 1412
2009 2010 2011 2012 2013 2014 2015 2016 2017 2018 2019 2020 2021 2022 2023 (年)

2024年度入試情報

入試内容

区分	試験	教科·科目	時間	配点	科目内容
一般選抜	1次	理科	120分	200点	物基·物、化基·化、生基·生→2科目選択
		数学	100分	150点	数Ⅰ·数Ⅱ·数Ⅲ·数A·数B
		外国語	90分	150点	コミュニケーション英語Ⅰ·Ⅱ·Ⅲ、英語表現Ⅰ·Ⅱ
	2次	小論文	60分	一点	2問で600字。医師としての資質の有無を見定める。
		面接	10分×2回	一点	面接官2名。

※数学Aからは、「場合の数と確率」·「整数の性質」·「図形の性質」を出題範囲とする。数学Bからは「数列」·「ベクトル」を出題範囲とする。
※詳細については、必ず募集要項を確認ください。

試験日程

区分	募集人員	出願期間（消印有効）	1次試験日	1次合格発表日	2次試験日	合格発表日	入学金等振込期限
一般選抜	66	1/4～1/19	2/19	2/26	3/1	3/5	3/12

※入学辞退者の学費返還申出期限は3月27日15:00。急な事由に伴いやむを得ず入学辞退を希望する場合に限り、3月29日15:00まで受け付ける。

試験会場

一般選抜 ▶▶▶ 1次＝日吉キャンパス
2次＝日吉キャンパス

※詳細については、必ず入学試験要項を確認ください。

繰上げ合格について

合格発表と同時に補欠者も発表する。合格者の入学手続き状況により、欠員が生じた場合に限り、順次入学を許可する。入学が許可された場合には、マイページの合否結果確認画面の表示内容が更新される。必ず自己の責任においてこまめに確認すること。同時にマイページに登録されているメールアドレス宛に合否結果の確認を促すメールが送信されるが、これは補助的なお知らせであり、合否結果ではない。メールの不着や確認漏れを理由とした入学手続の遅延・未完了に対する特別措置は一切認められない。
補欠者のうち入学を許可された人の入学手続期間は、マイページの「入学手続き」上に表示されるので、所定の期間内に手続を行うこと。所定の期間内に入学手続を完了しなかった場合、入学資格を失う。気付いた時には、手続期間が過ぎていたということがないように注意すること。
入学を許可する場合には遅くとも３月末日までにマイページの合格結果確認画面の表示内容を更新する。
医学部補欠者には電話連絡をして入学の意思を確認することがある。電話連絡は2024年3月25日（月）以降、第2次試験時の調書に記入した電話番号に随時連絡を行う可能性があるので、連絡があった場合に備え、入学を希望するか否かを予め家族等と相談して決めておくこと。本件に関する電話問い合わせには応じない。

特待生制度

医学部合格時保証金制度　一般選抜成績上位者10名程度に第1～第４学年の各年度で継続的に１人あたり年間200万円（総額800万円）を給付する

繰り上げ合格者数

2023	2022	2021	2020	2019	2018	2017	2016	2015	2014	2013	2012
27	44	43	41	27	49	53	43	40	16	50	49

合格最低点＜一次試験＞

2023	2022	2021	2020	2019	2018	2017	2016	2015	2014	2013	2012
315/500	308/500	251/500	303/500	303/500	305/500	266/500	282/500	299/500	287/500	279/500	271/500

2023年 医学部レベル判定模試合格判定ライン

入試結果

2023年度までの志願者数などの推移<一般選抜>

( )内は女子内数

方式		募集人員	志願者数	受験者数	一次合格者数	2次正規合格者数	補欠発表者	繰上げ合格者数	一次合格最低点	入学許可総数
2023	一般選抜	66	1,412 (452)	1,219 (382)	260 (70)	141	92	27	315/500	168 (45)
2022	一般選抜	66	1,388 (418)	1,179	279	134	119	44	308/500	178 (43)
2021	一般選抜	66	1,248 (421)	1,045 (343)	266 (83)	128	114	43	251/500	171 (56)
2020	一般入試	66	1,391 (401)	1,170	269	125	113	41	303/500	166 (43)
2019	一般入試	68	1,528 (427)	1,296	274	132	117	27	303/500	159 (33)
2018	一般入試	68	1,525 (400)	1,327	271	131	111	49	305/500	180 (35)
2017	一般入試	68	1,578	1,384	268	126	91	53	266/500	179
2016	一般入試	68	1,689	1,436	270	124	95	43	282/500	167
2015	一般入試	68	1,758	1,503	268	118	104	40	299/500	158
2014	一般入試	68	1,784	1,487	271	128	93	16	287/500	144
2013	一般入試	68	1,734	1,434	273	121	91	50	279/500	171
2012	一般入試	68	1,712	1,461	272	124	91	49	271/500	173

※詳細については、必ず募集要項を確認ください。

※代官山*MEDICAL*調べ

代官山*MEDICAL* OBレポート

慶應義塾大学の面接・小論文はこうだった！

面接試験

①形式：個人面接（面接官2名）

②時間：10分×2回

③面接室の配置

④質問内容	
※事前に面接資料を記入する。	⓬大学に入ったら何をしたいか
❶大学志望理由	⓭何科に興味があるか
❷医師志望理由	⓮どんな医師になりたいか
❸併願校	⓯医師に必要なものは何か
❹学科試験の出来具合	⓰もし自分が医療ミスをしたらどうするか
❺不合格だったらどうするか	⓱人間関係を作るのは得意か
❻部活動	⓲嫌いな人にはどう接するか
❼親の職業	⓳総合大学の医学部としてのメリットは何か
❽自分の性格の良いところ、悪いところ	⓴高校時代に打ち込んだことは何か
❾趣味、特技	㉑奨学金制度についてどう思うか
❿最近読んだ本	㉒長所と短所
⓫得意科目とその理由	

※代官山*MEDICAL*調べ

代官山*MEDICAL*小論文科が分析する

慶應義塾大学小論文の特徴!!

【形式】時間:60分　配点　非公表　　縦書き　2問で600字
【内容】《文章読解＋自分の意見を述べる型》―様々な角度から、医師としての資質の有無を見定める

例年の傾向としては、まず第1問で文章の理解を問う問題が出される。次に、2問目で本文を踏まえた自分の意見を述べる問題となっている。課題文が対話の形式をとっている場合(通称:太郎と花子問題)もあり、いろいろな文章が出題される。以上のことから、高度な読解力を求められ、かつ、それに基づく自分の意見を述べる力が求められているといえよう。問題文は公表されていないが、他学部だと、経済学部の形式が近いといえる。一番やってはいけないことは、設問意図を外すこと。あくまで、設問条件の中で、記述すること。

対策《設問に応答する分析力、読解力、表現力》

分析力、読解力、加えて表現力が求められる。日頃から社会に関する関心をもち、一般論だけではなく自分なりの意見をもつ姿勢が望まれる。そのうえで、第三者と話し合いをするなどというトレーニングが必要であろう。社会性、共感されるような意見でなければならないからである。そのためには、私大専願の受験生であるならば、受験科目ではない現代文や社会科の授業も疎かにせず、知識を吸収しておくのが望ましい。

国立と併願であれば、共通テスト対策が小論文対策にもつながる。

※**代官山***MEDICAL*調べ

所在地　〒286-8686 千葉県成田市公津の杜4丁目3　成田キャンパス
問合先　〒286-8686 千葉県成田市公津の杜4-3
国際医療福祉大学成田キャンパス 医学部入試事務室
Tel.0476-20-7810

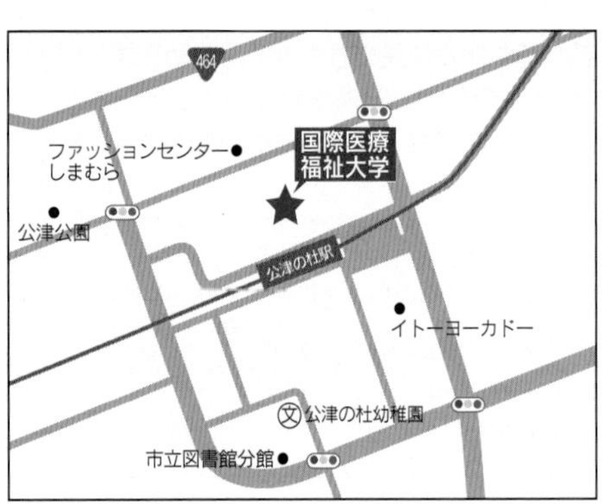

交通手段

京成本線「公津の杜駅」下車、徒歩で約1分

附属病院・関連施設

国際医療福祉大学三田病院、
国際医療福祉大学病院、
国際医療福祉大学 塩谷病院、
国際医療福祉大学 熱海病院、
山王病院、山王バースセンター、
化学療法研究所附属病院

沿 革

2016年　国際医療福祉大学（医学部医学科）設置認可

アピールポイント　国際医療福祉大学

建学の精神

「人間中心の大学」、「社会に開かれた大学」、「国際性を目指した大学」という3つの基本理念と、この理念を実現するための7つの教育理念（人格形成、専門性、学際性、情報科学技術、国際性、自由な発想、新しい大学運営）を掲げ、病める人も、障害を持つ人も、健常な人も、互いを認め合って暮らせる「共に生きる社会」の実現を目指した教育を行う。

アドミッションポリシー

1. 本学の基本理念及び教育理念を十分に理解し、専門職業人として「共に生きる社会」の実現に貢献する強い意志を有していること
2. これからの時代の保健、医療、福祉分野を担っていこうとする情熱を持ち、自ら積極的に学ぶ意欲と能力を有していること
3. 保健、医療、福祉分野における情報科学技術の高度化、専門化及び国際化に対応するための努力を継続できる者であること
4. 幅広い教養と視野を備えた豊かな人間性を養うため、積極的に自らを磨いていける者であること
5. あらゆる人に対して自らの心を開き、コミュニケーションをとれる者であること
6. 学業・社会貢献・技術・文化・芸術・スポーツの分野で優れた活動実績を有し、本学で修得した技術をもとに、将来それぞれの分野で活躍したいという意欲をもつ者であること
7. 本学での学びを生かし、将来、母国あるいは国際社会において、保健、医療、福祉分野の発展に貢献したいという強い意志を持つ者であること

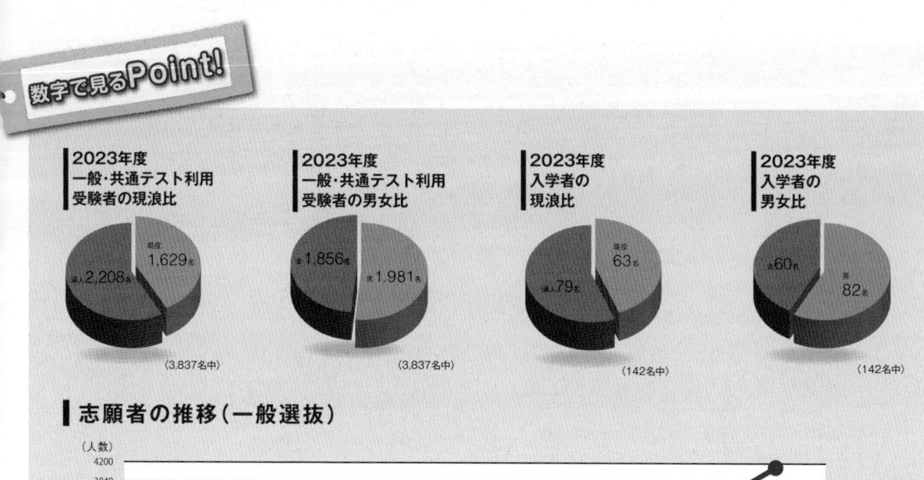

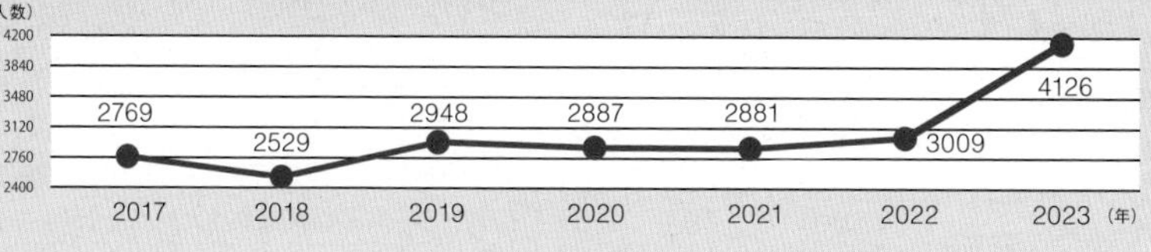

2024年度入試情報

入試内容

区分	試験	教科	時間	配点	科目内容
一般選抜	1次	理科	120分	200点	物基・物、化基・化、生基・生→2科目※当日選択(マークシート方式)
		数学	80分	150点	数Ⅰ・数Ⅱ・数Ⅲ・数A・数B(数列、ベクトル)(マークシート方式)
		英語	80分	200点	コミュニケーション英語Ⅰ・Ⅱ・Ⅲ、英語表現Ⅰ・Ⅱ(マークシート方式)
		小論文	60分	段階評価	600字以内、(短文読解、テーマ型)
	2次	面接	約60分	段階評価	個人面接(約30分×2回)
大学入学共通テスト利用試験	共通テスト	国語	80分	200点	国語(近代以降の文章および、古典(古文、漢文))
		地理歴史・公民	60分	100点	世界史B、日本史B、地理B、倫理・政治・経済→1科目選択※1
		数学	Ⅰ・A70分 Ⅱ・B60分	各100点	「数Ⅰ・数A」および「数Ⅱ・数B」
		理科	各60分	各100点	物、化、生→2科目選択
		外国語	110分	200点	(リーディング100点、リスニング100点)
	2次	英語	60分	100点	記述式
		小論文	60分	段階評価	600字以内、(短文読解、テーマ型)
		面接	約60分	段階評価	個人面接(約30分×2回)
留学生特別選抜(第1回)(第2回)	1次	英語	50分	200点	英語(マークシート方式)
		理科	80分	各100点	物、化、生→2科目選択(マークシート方式)
		数学	80分	200点	数学(マークシート方式)
		小論文	60分	段階評価	
	2次	面接	約60分	段階評価	個人面接(約30分×2回)

※小論文の評価結果は一次選考では使用せず、二次選考の合否判定に使用する。
※1但し、2科目受験した場合は高得点の1科目を利用。

区分	試験	教科	時間	配点	科目内容
帰国生および外国人学校卒業生特別選抜（第1回）（第2回）	1次	英語	50分	200点	英語（マークシート方式）
		理科	80分	200点	物、化、生→2科目選択（マークシート方式）
		数学	80分	200点	数学（マークシート方式）
		小論文	60分	段階評価	
	2次	面接	約60分	段階評価	個人面接（約30分×2回）英語で実施

※小論文の評価結果は一次選考では使用せず、二次選考の合否判定に使用する。

試験日程

区分	募集人員	出願期間	1次試験日	1次合格発表日	2次試験日	合格発表日	入学手続き締切日（消印有効）
一般選抜	105	12/19～1/5消印有効	1/17	1/21 15時	1/24～1/29（指定）	2/3 15時	2/9
大学入学共通テスト利用選抜	15	12/19～1/11消印有効	1/13･14	2/13 15時	学力試験･小論文 2/16 面接試験 2/20	2/26 15時	3/6
留学生特別選抜	20	第1回 8/15～8/24必着	9/5	9/11 15時	9/16	9/29 15時	10/6
		第2回 11/1～11/9必着	11/25	12/4 15時	12/9	12/15 15時	12/22
帰国生および外国人学校卒業生特別選抜	若干名	第1回 8/15～8/24必着	9/5	9/11 15時	9/16	9/29 15時	10/6
		第2回 11/1～11/9必着	11/25	12/4 15時	12/9	12/15 15時	12/22

※入学辞退者の学費返還申出期限は3/31　17時（必着）

試験会場

一般選抜 ▶▶▶ 1次＝千葉（成田キャンパス）、
東京（五反田TOC）、
大阪（TKP新大阪駅前カンファレンスセンター）、
福岡（福岡キャンパス）
2次＝千葉（成田キャンパス）、東京（東京赤坂キャンパス）

大学入学共通テスト利用選抜 ▶▶▶ 1次＝大学入学共通テスト試験会場
2次＝千葉（成田キャンパス）、東京（東京赤坂キャンパス）

留学生特別選抜（第1回･第2回） ▶▶▶ 1次、2次＝東京（東京赤坂キャンパス）

帰国生および外国人学校卒業生特別選抜（第1回･第2回） ▶▶▶ 1次、2次＝東京（東京赤坂キャンパス）

※詳細は必ず募集要項でご確認ください。

繰上げ合格について

●一般選抜、大学共通テスト利用選抜では、補欠候補者を発表する場合があります。補欠候補の順位をインターネット出願サイトの「マイページ」で通知します。
●補欠候補者は合格者ではありません。合格者の入学手続き状況により欠員が生じた場合に限り、繰上合格となることがあります。繰上合格については、本学より本人に電話連絡の上、入学の意思を確認します。
●合格者の入学手続および辞退の状況により、不合格者に対し追加合格を通知する場合があります。追加合格については、本学より本人に電話連絡の上、入学の意思を確認します。
●繰上合格に関する個別の問い合わせには一切応じません。

特待生制度

各入試区分において特に成績優秀で人物識見ともに優れる者を医学部特待奨学生として選抜する。
医学部特待奨学生S：一般選抜20名　入学金150万円、1年次300万円、2～6年次280万円（毎年次）を免除。上記に加え、本学学生寮の寮費を全額給付。
医学部特待奨学生A：一般選抜25名、共通テスト利用選抜5名、留学生特別選抜･帰国生および外国人学校卒業生特別選抜 若干名　入学金150万円、1年次250万円、2～6年次230万円（毎年次）を免除。

2023年 医学部レベル判定模試合格判定ライン　255/400点

入試結果

2023年度までの志願者数などの推移＜一般選抜＞

＊一般選抜、共通テスト利用、留学生枠含む　[　]内は現役　(　)内は女子内数

方式		募集人員	志願者数	受験者数	一次 合格者数	2次正規 合格者数	補欠者数	補欠繰上 合格者数	合格者総数	入学者数
2023	一般	105	3,027 [1,256] (1,440)	2,931 [1,703] (1,407)	688	300	329		367 [182] (150)	142(60)
	共通テスト 利用	15	921 [410] (458)	906 [401] (449)	211	45	34		48 [26] (27)	
	留学生 特別選抜	20	116 [25] (44)	102 [25] (39)	38	23	3		25 [10] (11)	
	帰国生特別選抜	若干名	62 [28] (34)	60 [27] (33)	9	3	4		6 [4] (4)	
2022	一般	105	3,009 (1,434)	2,938 (1,408)	635	278	316	84		＊140(54)
	共通テスト 利用	15	828 (438)	809 (427)	186	31	21	2		33(15)
	留学生 特別選抜	20	110 (53)	103 (50)	28	23	1	1		24(7)
	帰国生特別選抜	若干名	66 (41)	63 (40)	14	5	1	3		8(7)
2021	一般	105	2,881 (1,381)	2,793 (1,339)	640	280	321			140(56)
	共通テスト 利用	15	740 (378)	719 (367)	177	30	18	0		
	留学生 特別選抜	20	62 (32)	59 (31)	24	19	5	1		
	帰国生特別選抜	若干名	51 (31)	49 (30)	9	6	2	1		
2020	一般	105	2,887 (1306)	2,798 (1274)	600	249	282	98		140(60)
	センター 一般入試	15	972 (483)	949 (473)	230	30	47	11		
	留学生 特別選抜	20	102 (46)	95 (44)	25	20	2	2		
	帰国生特別選抜	若干名	40 (22)	40 (22)	3	3	0	0		
2019	一般	105	2,948	2,856	596	225	300	D(3/30)		140(66)
	センター試験 利用	15	1,082	1,053	322	30	45	–		
	留学生特別選抜 (第1回＋第2回)	20	98	87	28	20	4	–		
	帰国生 特別選抜入試	若干名	64	62	7	1	0	–		

※2021年度　合格者総数：一般354人(149人)・共通テスト利用30(16)・留学生特別選抜20(9)・帰国生特別選抜7(5)
　正規合格平均点：一般 77.5%　共通テスト利用 88.7%

※2020年度　合格者総数：一般入試 347人(141人)　センター一般入試 41人(17人)　留学生特別選抜 22人(9人)　帰国生特別選抜 3人(3人)
　正規合格平均点：一般入試 67.80%　センター一般入試 91.10%

※代官山*MEDICAL*調べ

代官山*MEDICAL* OBレポート

国際医療福祉大学の面接・小論文はこうだった！

面接試験

①形式：個人面接（面接官3名）×2回

②時間：約30分×2回

③面接室の配置

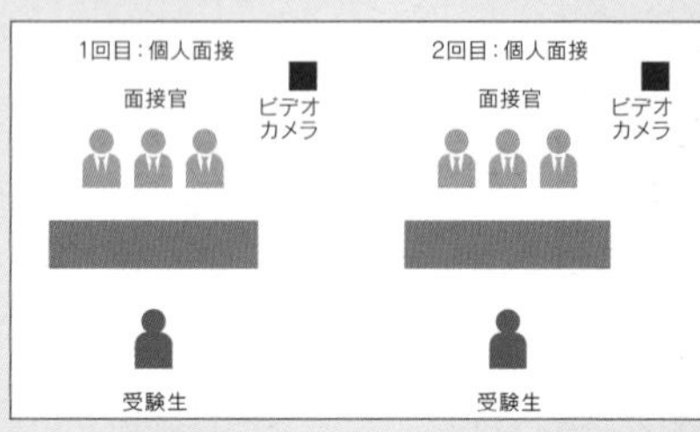

④質問内容

《1回目の面接》

❶志望理由
❷長所と短所
❸併願校について
❹趣味について
❺医師に必要な資質は？
❻調査書について
❼好きな本は？
❽部活について、またそれを通して得たものは？
❾勉強以外に熱中したものは？
❿本学志望理由
⓫本学を何で知ったか
⓬オープンキャンパスに参加したか
⓭出身高校の長所と短所
⓮今までの人生で学んだこと
⓯（将来日本で働きたいと言ったら）海外で働かないのに、国際性は必要か
⓰海外で医療を学ぶことに興味あるか
⓱留学するなら、どこで学びたいか
⓲チーム医療での医師の役割
⓳最後に自己アピールして下さい。

《2回目の面接》

❶気になるニュースは？
❷コミュニケーション能力をつけるにはどうしたらよいか？
❸AIは医療でどういったところで役立つか？
❹日本の死因第1位は？その対策は？
他は？他は？
❺海外でも働きたいか？
❻もし海外で働くとすれば、最先端か発達途上か、WHOか？
❼相手の立場に立って考えてみたことある？
どうしたらそれが身につく？
❽日本の医師国家試験は1回合格すれば一生医師として働けるが、海外では何年かに1回あって、何度か受験しなければいけない。生涯学習が必要。このことについてどう思う？
❾医師の働き方改革について
❿地球温暖化についてどう思うか？
⓫子どものスマホ使用
⓬医療費が増大しているがどう思うか
⓭環境問題について
⓮認知症について
⓯「ユニバーサルヘルスカバレッジ」を説明せよ
（憶測で構わない）
（正しい説明があった後）世間に知られている概念か？　推進していくべきか？
⓰女子受験生の差別について
⓱何か質問や言いたいことはあるか
⓲SDGsについて知っていることを述べる

代官山MEDICAL 小論文科が分析する

国際医療福祉大学小論文の特徴!!

【形式】時間：60分　600字以内
【内容】《短文読解・テーマ型。》

「外国人労働者」、「子どもの読解力低下」といった社会問題からも出題されたことがある。医療だけではなく、社会全体に対する関心をみていると思われる。資料として与えられた文章は短いが、専門用語が使われている場合が多く、読解は容易ではない。正確にテーマを理解したうえで、自分の考えを述べさせる。このタイプの問題は、知識を並べて書き立てても、ほとんど評価されないので注意が必要である。

対策《社会への関心を深める》

知識を詰め込むだけでは限界がくる。また、医学部受験生にとって、市販の医学部小論文対策等に書かれた内容を全て暗記する時間はないと思われる。さらに、中途半端な知識を書くと減点の対象ともなりかねない。ではどうするか。社会問題に対する一般的な分析方法を身に着けておくしかないのである。そのうえで、論理的な文章により構成された小論文としての形式に乗せることが求められる。面接・小論文とも、医療だけでなく、政治経済・国際関係を含む幅広い知識が要求されるため、毎日欠かさず新聞を読むことを習慣づけよう。

1次試験の時に書くことになる。中途半端な準備で臨むと、1次試験通過後に響いてくるおそれがあるので注意すること。

※代官山*MEDICAL*調べ

DAIKANYAMA's Eye

▶ 国際医療福祉大の面接について

1回目は調査書の内容などパーソナル系、2回目は社会ニュース系が質問の傾向。
時間が長いので一言一言ゆっくりと話すことが肝心。面接官の方々はうなずきながらじっくりと聞いてくれて、話やすい雰囲気を作っていただけます。
こちらが言ったことに対して、「もっと具体的に」「そういう経験今まである?」と具体例を求められたり、「その時どう思った?」とか何度も「ほかには?」と聞かれたりします。
ほかの大学以上に面接を重視している傾向あり。

所在地 〒350-0495 埼玉県入間郡毛呂山町毛呂本郷38
問合先 〒350-0495 埼玉県入間郡毛呂山町毛呂本郷38
学生課／医学部入試事務室
(Tel.049-276-1109／049-295-1000)

■交通手段

東武越生線「東毛呂駅」下車
徒歩20分、タクシー5分、
路線バス約5分（埼玉医大行）
JR 八高線「毛呂駅」下車　徒歩3分

■附属病院・関連施設

埼玉医科大学病院、医学研究センター、医学教育センター、総合医療センター、かわごえクリニック、国際医療センター、情報技術支援推進センター、IRセンター、リサーチアドミニストレーションセンター、アドミッションセンター、医療人育成支援センター、地域医学推奨センター、国際交流センター、教職員学生健康支援センター

■沿 革

1892年　毛呂病院設立
1952年　毛呂病院、社会福祉法人に移行
1971年　社会福祉法人毛呂病院を母体として、埼玉医科大学設置申請
1972年　埼玉医科大学開学

アピールポイント　埼玉医科大学

願書に役立つ！

建学の精神

①『生命への深い愛情と理解と奉仕に生きるすぐれた実地臨床医家の育成』
②『自らが考え、求め、努め、以て自らの生長を主体的に開展し得る人間の育成』
③『師弟同行の学風の育成』

本学の期待する医療人像

「高い倫理観と人間性の涵養」
「国際水準の医学・医療の実践」
「社会的視点に立った調和と協力」

カリキュラム・ポリシー

①自己を律し、自ら成長し続けることができる成熟した人格形成を促すカリキュラム
②医学の基礎となる知識と概念を修得するリベラルアーツを含むカリキュラム
③医学に関する知識の修得と概念を理解するカリキュラム
④実地臨床の場で医学を実践する力を養成するカリキュラム
⑤高度な医学・医療を目指して前進し続ける意欲と意志力を養成するカリキュラム
⑥質の高い医療を社会で実践するための態度と技能を養成するカリキュラム

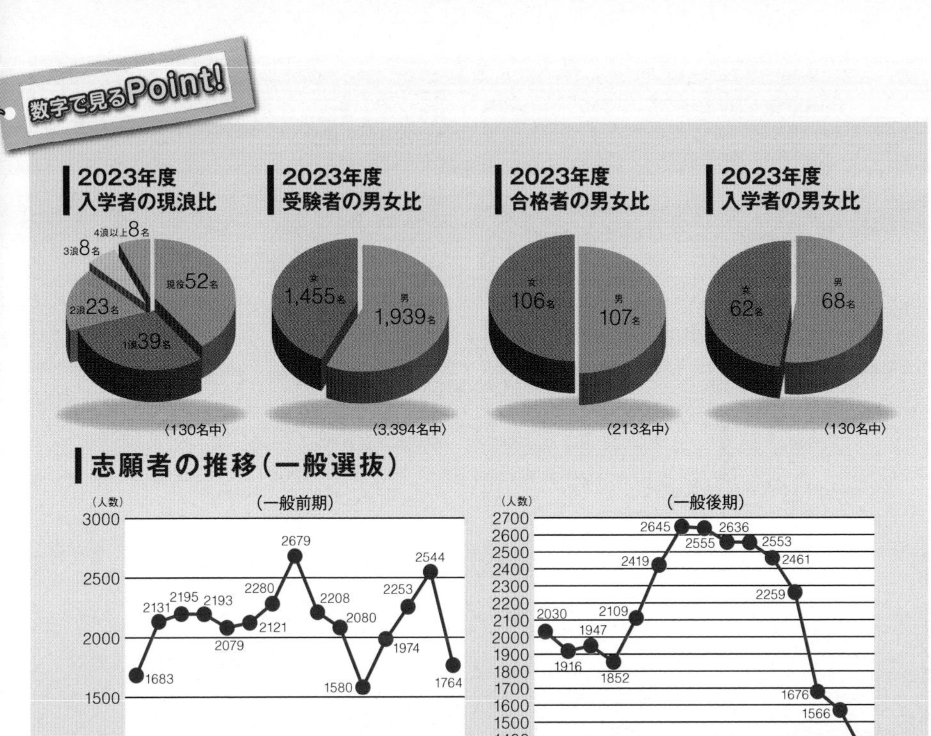

2024年度入試情報

入試内容

区分	試験	教科	時間	配点		科目内容
一般選抜（前期・後期）	1次※1	数学	50分	100点	合計400点	数学Ⅰ・数学Ⅱ・数学Ⅲ・数学 A・数学 B（数列、ベクトル）
		理科	90分	各100点		物基·物、化基·化、生基·生から2科目を選択。
		英語	70分	100点		コミュニケーション英語Ⅰ・Ⅱ・Ⅲ、英語表現Ⅰ・Ⅱ
		小論文※2	60分	段階評価	ー点	和文・英文
	2次	面接	ー分	ー点		面接の前に面接票の記入があります
大学入学共通テスト利用選抜	1次（大学入学共通テスト受験科目、4教科6科目）	国語	80分	100点	合計550点	国語
		外国語	110分	150点		英語（リーディング：リスニング＝３：１）
		数学	I·A70分 II·B60分	100点		数学Ⅰ・数学 A、数学Ⅱ・数学 B、２科目必須
		理科	各60分	200点		物理、化学、生物　から２科目を選択
	２次	小論文	ー分	ー点		和文
		面接	ー分	ー点		面接の前に面接票の記入があります

※1 数学、理科、英語はマークシート方式。
※2 2次試験の判定に使用

区分	教科	時間	配点	科目内容
学校推薦型選抜※1（指定校枠 一般公募枠 埼玉県地域枠 特別枠）	適性検査Ⅰ(数学系分野)※2	30分	20点	数学 Ⅰ・数学 Ⅱ 数学 A・数学 B(数列、ベクトル)
	適性検査Ⅰ(理科系分野)※2	60分	40点(20点×2)	物理(物理基礎・物理)、 化学(化学基礎・化学)、 生物(生物基礎・生物)から2領域を選択
	適性検査Ⅰ(英語系分野)※2	30分	20点	コミュニケーション英語Ⅰ・Ⅱ・Ⅲ、 英語表現Ⅰ・Ⅱ
	適性検査Ⅱ	30分	20点	小論文(和文)
	面接	－分	－点	面接前に面接票の記入がある
帰国生選抜	適性検査Ⅰ(数学系分野)※2	30分	20点	数Ⅰ学Ⅱ　数A数B（数列、ベクトル）
	適性検査Ⅰ(理科系分野)※2	60分	40点(20点×2)	物理（物理基礎・物理）、 化学（化学基礎・化学）、 生物（生物基礎・生物）から２科目選択
	適性検査Ⅰ(英語系分野)※2	30分	20点	コミュニケーション英語Ⅰ・Ⅱ・Ⅲ、 英語表現Ⅰ・Ⅱ
	適性検査Ⅱ	30分	20点	小論文(和文)
	面接	－分	－点	面接前に面接票の記入がある

※1 出願資格は、指定校枠：3.8以上1浪まで、一般公募枠：4.0以上1浪まで、埼玉県地域枠：指定校3.8以上・指定校以外4.0以上の1浪まで、特別枠：1浪までで成績の制限なし。
※2 適正検査は全科目記述式。

試験日程

区分	募集人員	出願期間(郵送必着)	1次試験日	1次合格発表日	2次試験日	合格発表日	入学手続き締切日
一般前期	60	12/4～1/22(1/23郵送必着)	2/2	2/8 13時	2/11	2/15 16時	2/22
一般後期	19*1	2/5～2/20(2/21郵送必着)	3/2	3/7 13時	3/10	3/14 16時	3/21
大学入学共通テスト利用選抜	10	12/4～1/12(1/13郵送必着)	1/13・14	3/7 13時	3/10	3/14 16時	3/21
学校推薦型選抜（指定校枠・一般公募枠・埼玉県地域枠・特別枠）	40*2	11/2～11/10	―	―	11/19	12/1 13時	12/12
帰国生選抜	若干名	11/2～11/10	―	―	11/19	12/1 13時	12/12

＊１臨時定員増1名申請予定。
＊２内訳は指定校枠5名、一般公募枠14名、埼玉県地域枠19名、特別枠2名。
入学辞退者の学費返還申出期限日は3/31(日)13:00

試験会場

一般選抜(前期)　１次＝東京(東京流通センター)　２次＝本学毛呂山キャンパスカタロスタワー

大学入学共通テスト利用選抜　１次＝大学入学共通テスト試験会場　２次＝本学毛呂山キャンパスカタロスタワー

学校型推薦選抜・帰国生選抜　本学毛呂山キャンパスカタロスタワー

一般選抜(後期)　１次＝東京(東京流通センター)　２次＝本学毛呂山キャンパスカタロスタワー

繰上げ合格について

補欠合格候補者は2次試験合格発表と同時に発表する。合格者に欠員が生じた場合には、補欠順位に従い、順次繰り上げ合格の連絡をする。

特待生制度

第1種特別待遇奨学生(埼玉県地域枠医学生奨学金受給者)として初年度納付金から550万円を免除(学校推薦型(埼玉県地域枠)で入学した者に限る)。第2種特別待遇奨学生(埼玉医科大学医学部特別奨学金受給者)として、入学金200万円を免除。第3種特別待遇奨学生として、1～5年次の成績優秀者上位10名に次年度学費の100万円を免除(1年間)。

合格最低点

2023	2022	2021	2020	2019	2018	2017	2016	2015	2014
前期 245 後期 251	前期 245 後期 243	前期 238 後期 237	前期 320 後期 315	前期 286 後期 282	前期 306 後期 282	前期 300 後期 273	前期 304 後期 304	前期 313 後期 325	前期 315 後期 325

2023年 医学部レベル判定模試合格判定ライン

入試結果

2023年度までの志願者数などの推移＜一般選抜＞

（　）内は女子内数

年度	方式	募集人員	志願者数	受験者数	一次合格者数	2次正規合格者数	補欠(繰上)合格者数	一次合格最低点	入学許可総数	入学者数
2023	一般選抜前期	60	1,764 (720)	1,593 (666)		76 (37)	81 (0)	245/400	158 (60)	60 (23)
	一般選抜後期	20	1,321 (557)	1,118 (479)		25 (13)	0 (0)	251/400	25 (13)	20 (8)
	共通テスト利用	10	581 (250)	576 (249)		14 (4)	4 (1)	395/550	18 (5)	10 (3)
	一般公募推薦	14	42 (22)	42 (22)		14 (10)	0 (0)		14 (10)	14 (10)
	推薦埼玉県地域枠	19	42 (27)	42 (27)		19 (14)	0 (0)		19 (14)	19 (14)
	推薦特別枠	2	3 (2)	3 (2)		1 (1)	0 (0)		1 (1)	1 (1)
	推薦指定校枠	5	18 (9)	18 (9)		5 (3)	0 (0)		5 (3)	5 (3)
2022	一般選抜前期	60	2,544 (953)	2,133 (836)		70 (37)	64 (25)	245/400	134 (62)	61 (24)
	一般選抜後期	20	1,566 (630)	1,292 (514)		25 (12)	7 (1)	243/400	32 (13)	20 (6)
	共通テスト利用	10	406 (183)	398 (178)		12 (2)	9 (3)	361/550	21 (5)	10 (3)
	一般公募推薦	14	39 (26)	38 (26)		15 (12)	0 (0)		15 (12)	15 (12)
	推薦埼玉県地域枠	19	34 (21)	33 (20)		19 (13)	0 (0)		19 (13)	19 (13)
	推薦特別枠	2	2 (1)	2 (1)		0 (0)	0 (0)		0 (0)	0 (0)
	推薦指定校枠	5	13 (9)	13 (9)		5 (4)	0 (0)		5 (4)	5 (4)
2021	一般選抜前期	65	2,253 (873)	1,934 (765)		78 (38)	67 (31)	238/400	145 (69)	67 (31)
	一般選抜後期	20	1,676 (701)	1,378 (576)		26 (12)	7 (2)	237/400	33 (14)	20 (9)
	共通テスト利用	5	349 (151)	346 (151)		5 (2)	6 (2)	440/550	11 (4)	1 (0)
	一般公募推薦	14	45 (26)	45 (26)		16 (8)	0 (0)		16 (8)	16 (8)
	推薦埼玉県地域枠	19	43 (32)	43 (32)		19 (13)	0 (0)		19 (13)	19 (13)
	推薦特別枠	2	5 (4)	5 (4)		2 (2)	0 (0)		2 (2)	2 (2)
	推薦指定校枠	5	18 (10)	18 (10)		5 (3)	0 (0)		5 (3)	5 (3)
2020	一般入試前期	52	1,974 (767)	1,873 (744)	—	64 (25)	65 (26)	320/500	129 (51)	52 (19)
	一般入試後期	35	2,259 (934)	1,914 (817)	—	51 (23)	20 (8)	315/500	71 (30)	39 (15)
	センター利用	10	847 (371)	839 (367)	—	11 (9)	4 (3)	442/550	15 (12)	5 (5)
	一般推薦	12	46 (19)	46 (19)	—	13 (6)	—	—	13 (6)	13 (6)
	推薦埼玉県地域枠	19	47 (22)	47 (22)	—	19 (6)	—	—	19 (6)	19 (6)
	推薦特別枠	2	5 (3)	5 (3)	—	1 (0)	—	—	1 (0)	1 (0)

※代官山*MEDICAL*調べ

代官山*MEDICAL* OBレポート

埼玉医科大学の面接・小論文はこうだった！

面接試験

①形式：個人面接（面接官4名）

②時間：15分

アンケートあり

※次ページ参照

③面接室の配置

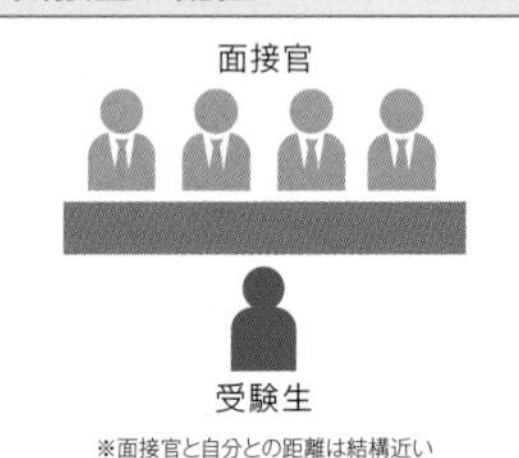

④質問内容

❶今日はどうやって来たか
❷出身地について
❸出身高校について
❹欠席日数について
❺高校で一番頑張ったことは？
❻部活動について（苦労したことと解決策。役職について）
❼高校で一番辛かったこと、一番楽しかったこと
❽苦手科目の克服法
❾好きな作曲家は？何の曲を弾くの？（特技にピアノと書いた）
❿予備校を変えた理由
⓫予備校生活で成長できた点
⓬今までの人生で自分が成し遂げたこと、または、自分が中心となって成し遂げたことはなにか
⓭併願校も全て受かったらどうするか
⓮どのように勉強のモチベーションを維持したか
⓯調査書について（皆勤を褒められた）
⓰評定について（低い科目と改善した方法）
⓱最近読んだ本は？
⓲高校の教育理念。自分はそれにあてはまっていたか
⓳医師の志望理由
⓴将来の医師像
㉑アンケートの大学志望理由がHPを写したように見えるが、どうなのか
㉒大学に入学したら入りたい部活動は？
㉓付属病院（大学病院でなく）の特徴は？
㉔チーム医療について
㉕ホスピスについて知っていること
㉖医師を目指す他の誰よりも負けないことはあるか
㉗卒業後、地元に戻るか
㉘最近気になるニュース（一般、医療とも）
㉙今度、医療の問題にどうかかわっていくか

※代官山*MEDICAL*調べ

代官山MEDICAL 小論文科が分析する

埼玉医科大学小論文の特徴!!

【形式】時間:60分　**和文・英文の出題　段階評価**

※一次試験で実施されるが、今回より二次での評価となり、一次試験の合否には使われない

【内容】**現代文読解(英文含む)中心の記述式テスト**

かつてはマーク式だったが、近年は記述式になる。また、英文の出題も導入されている。下線部問題(理由を述べる。説明する)など国語的な問題や、意見を求める問題(200~400字程度)が出題される。他にも、条件にしたがって短文を作る形式、グラフ読み取り問題、常識問題などの小問題の出題可能性もある。英文の問題は、日本語で要約させるか、下線部問題など、難易度は標準的だと思われる。

対策 《速読即解》ーいかに速く情報を処理し、文章をまとめるか

記述問題で大事なのは、要約力と説明力だ。下線部問題も結局は要約力が必要であり、そのうえで簡潔にまとめる説明力が求められる。訓練として、埼玉医科大学の過去問の課題文を、200字程度で要約していただきたい。兵庫医科大学の小論文も、国語的な記述問題を含むので、参考になるだろう。

英文問題は、埼玉医科大の英語の過去問か旧センター試験の長文を日本語で要約する練習をお勧めしたい。接続詞や強調・否定の副詞に注意しつつ、段落の頭と末尾を中心に、全体の要旨をまとめてみる。

意見記述は、条件に従って、筆者の考えに対する自分の意見と、その根拠・理由を説明できれば良い。普段から新聞記事などを読み、それに対する自分の意見、その根拠・理由をセットで即時に引き出す練習をしておくとよいだろう。全体的に読む量、書く量ともにボリュームがありそうなので、時間配分に気を使い、要領よくまとめられるよう、準備したい。

※代官山MEDICAL調べ

埼玉医科大学

DAIKANYAMA's Eye

▶ 埼玉医科大学の事前アンケートについて

20分の制限時間で、試験本番と同様に行われる。

面接ではここから質問されるので、内容は予め考えていった方がよい

- 医師の志望理由
- 本学の志望理由
- 埼玉医科の志望理由
- 友人との付き合いで気をつけていることは何か
- 大学に入ったら頑張りたいこと(学科以外も可)
- 部活動やボランティア活動で誇れること

University of Occupational and Environmental Health, Japan

産業医科大学

所在地 〒807-8555 福岡県北九州市八幡西区医生ケ丘1-1
問合先 〒807-8555 福岡県北九州市八幡西区医生ケ丘1-1
入試事務室（Tel.093-691-7295）

交通手段

JR「折尾駅」から、市営バスで「産業医科大学病院入口」下車（所要時間バスで約10分、徒歩で20分）

附属病院・関連施設

産業医科大学病院、産業生態科学研究所、教育研究支援施設、産業医実務研修センター、産業医科大学若松病院、デイサービスケアプランセンター虹の丘、株式会社産業医大ソリューションズ、国際交流センター、男女共同参画推進センター、保健センター、情報管理センター、産業保健データサイエンスセンター、ストレス関連疾患予防センター、医学教育改革推進センター、産学連携知的財産本部

沿 革

1977年　学校法人産業医科大学の設立認可及び産業医科大学の設置認可
1978年　産業医科大学開設

アピールポイント　産業医科大学

理念・目的

医学及び看護学その他の医療保健技術に関する学問の教育及び研究を行い、労働環境と健康に関する分野におけるこれらの学問の振興と人材の育成に寄与することを目的及び使命としています。

アドミッション・ポリシー

産業医科大学医学部は、産業医学の振興と優れた産業医の養成を目的として設置された我が国唯一の医学部です。労働環境と健康との関係についての高度な学識を有することが出来るように、標準的な医学教育カリキュラムに加えて、独自の産業医学教育を行い、働く人々の病気の予防と健康の増進に貢献し、健やかに働き豊かに暮らせる社会の実現に寄与できる医師の育成を行っています。以上の目的を十分に理解し、それを遂行し得る学生を全国から募集します。

2023年度 受験者の現浪比

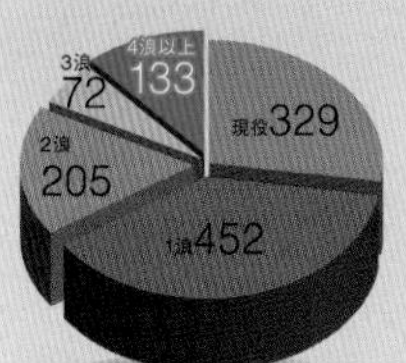

〈1,194名中〉

2023年度 合格者の現浪比

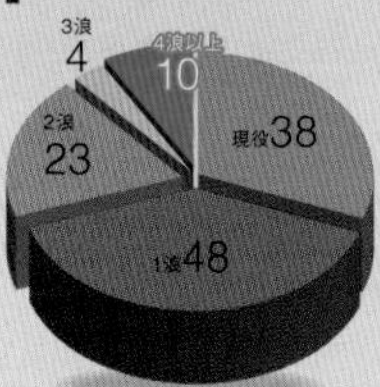

〈123名中〉

2023年度 志願者の男女比

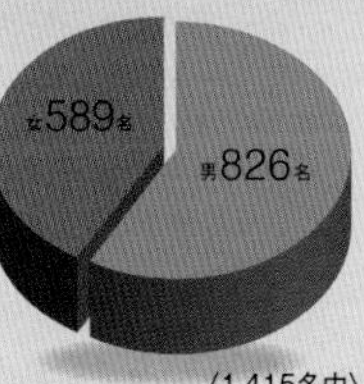

〈1,415名中〉

2023年度 受験者の男女比

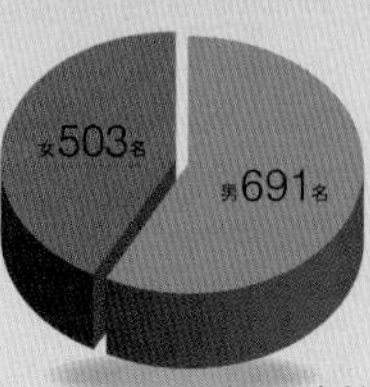

〈1,194名中〉

2023年度 合格者の男女比

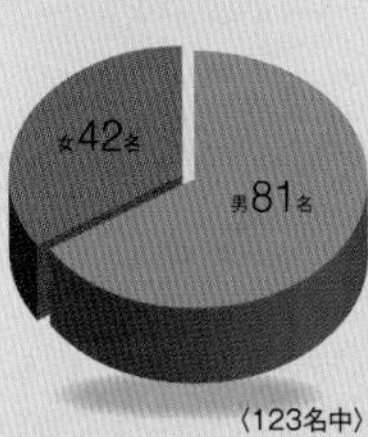

〈123名中〉

2023年度 入学者の男女比

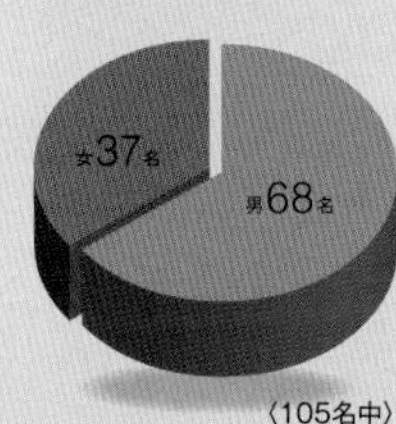

〈105名中〉

志願者の推移（一般選抜）

2024年度入試情報

入試内容

区分	試験	教科	時間	配点	科目内容
一般選抜	大学入学共通テスト〔一般選抜A〕	国語	80分	60点	国
		地歴・公民	60分	40点	世B、日B、地理B、現社、倫、政経、倫・政経→1科目選択
		数学	Ⅰ・A70分 Ⅱ・B60分	60点	「数Ⅰ・数A」および「数Ⅱ・数B」
		理科	各60分	80点	物、化、生→1科目選択
		外国語	110分	60点	英（リーディング80%・リスニング20%）
	大学入学共通テスト〔一般選抜C〕	国語	80分	200点	国
		地歴・公民	60分	100点	世B、日B、地理B、現社、倫、政経、倫・政経→1科目選択
		数学	Ⅰ・A70分 Ⅱ・B60分	200点	「数Ⅰ・数A」および「数Ⅱ・数B」
		理科	各60分	200点	物、化、生→1科目選択
		外国語	110分	200点	英（リーディング80%・リスニング20%）
	2次（学力検査）〔一般選抜A〕〔一般選抜B〕	数学	100分	200点	数Ⅰ・数Ⅱ・数Ⅲ・数A・数B（数列・ベクトル）
		理科	100分	200点	物基・物、化基・化、生基・生→2科目選択（あらかじめ届出）
		外国語	100分	200点	コミュニケーション英Ⅰ・コミュニケーション英Ⅱ・コミュニケーション英Ⅲ・英語表現Ⅰ・英語表現Ⅱ
	2次（小論文・面接）〔一般選抜A〕〔一般選抜B〕〔一般選抜C〕	小論文	120分	50点	
		面接	約20分	―	個人面接。

※センター地歴、公民と理科については、2科目受験している場合は、第1解答科目の得点を用いる。

区分	出願資格	試験	教科	時間	配点	科目内容
学校推薦型選抜	4.3以上の現役・1浪		書類審査			学校長の推薦書、調査書、志望理由書、特別活動記録
			小論文	120分	一点	英文の課題について、読解力・思考力・表現力を問う内容、および自然科学の課題について、論理的思考力や知識を問う内容
			面接	約20分	一点	個人面接
総合型選抜(ラマツィーニ選抜)	現役・1浪	大学入学共通テスト	数学	Ⅰ・A70分 Ⅱ・B80分	200点	「数Ⅰ・A」および「数Ⅱ・B」
			理科	各60分	200点	物、化、生→1科目選択
			外国語	110分	200点	英(リーディング80%・リスニング20%)
		プレゼンテーション試験	自己推薦文および発表資料作成	120分	―	産業保健に関して与える課題について、日本語または英語で作成する。
			発表	10分	―	日本語で行う
			質疑応答	約20分	―	日本語で行う

試験日程

区分※1	募集人員	出願期間	1次試験日	2次(学力検査)	小論文・面接受験資格発表	小論文面接	合格発表日	入学手続き締切日
一般選抜A	約60	12/1～1/12 消印有効	共通テスト 1/13・14	学力検査 2/12	2/26	3/12	3/19	3/25※
一般選抜B	5名以内	12/1～1/19 消印有効	―	学力検査 2/12	2/26	3/12	3/19	3/25
一般選抜C	5名以内	2/19～2/29 必着	共通テスト 1/13・14	―	3/5	3/12	3/19	3/25
学校推薦型選抜	25名以内※2	11/1～11/7 消印有効	―	―	―	総合問題・面接 12/6	12/15	12/21
総合型選抜(ラマツィーニ選抜)	10名以内	10/1～10/28 消印有効	プレゼンテーション試験 11/25 (合格者発表:12/1)	共通テスト 1/13・14	―	―	2/16	2/26

※1 総合型選抜、学校推薦型選抜および一般選抜Ａ～Ｃを併せて募集人員は105名。
※2 全国を3ブロックに分け各ブロック20名以内。　※ 追加合格者は合格通知を受けた翌日から2日以内。

試験会場

一般選抜 ▶▶▶ 1次＝大学入学共通テスト試験会場、2次(学力検査)＝北九州(西日本総合展示場新館)、東京(ベルサール汐留)、2次(小論文・面接)＝本学

学校推薦型選抜 ▶▶▶ 本学

繰上げ合格について

(一般選抜Ａのみ)
(1)入学手続き締切日において募集人員に満たない時は、追加合格を行う。追加合格は補欠者発表した者の中から行う。
(2)追加合格によっても募集人員に満たない場合は、さらに補欠発表されなかった者の中から追加合格の通知を行うことがある。

繰上げ合格者数＜一般選抜＞

2023	2022	2021	2020	2019	2018	2017	2016	2015	2014	2013	2012
18	21	32	17	21	23	25	13	15	17/103	10/95	9/94

合格最低点

2023	2022	2021	2020	2019	2018	2017	2016	2015	2014	2013	2012
606/950	572/950	606/950	553/950	542/950	561/950	542/950	605/950	612/950	586/950	574/900	516/900

2023年一般合格者最低点の内訳

1次(共通テスト)	2次学力検査	小論文	合計
189/300	325/600	22/50	600/950
63.0%	54.2%	44.0%	63.8%

2022年一般合格者最低点の内訳

1次(共通テスト)	2次学力検査	小論文	合計
192/300	302/600	21/50	572/950
64.0%	50.3%	42.0%	60.2%

2021年一般合格者最低点の内訳

1次(共通テスト)	2次学力検査	小論文	合計
213/300	308/600	20/50	606/950
71.0%	51.3%	40.0%	63.7%

2020年一般選抜合格者最低点の内訳

1次(センター)	2次学力検査	小論文	合計
213/300	308/600	20/50	606/950
71.0%	51.3%	40.0%	63.7%

2023年 医学部レベル判定模試合格判定ライン 270/400点

入試結果

2023年度までの志願者数などの推移<一般選抜>

( )内は女子内数

方式		募集人員	志願者数	受験者数	一次合格者数	2次正規合格者数	補欠者数	繰上げ合格者数	入学者最低点	入学者数
2023	一般選抜	80	1,315 (527)	1,094 (441)		80 (19)		18 (8)		80 (22)
	推薦選抜	25	100 (62)	100 (62)		25 (15)		0 (0)		25 (15)
2022	一般選抜	約80	1,265 (497)	1,056 (420)	428 (141)	80 (27)		19 (5)	572/950	78 (24)
	推薦選抜	25以内	82 (55)	82 (55)		25 (16)		2 (1)		27 (17)
2021	一般入試選抜	約85	1,248 (487)	1,071 (428)	424 (169)	85	25	32	606/950	85 (28)
	推薦入試選抜	20以内	69 (41)	68 (41)		20 (12)		0 (0)		20 (12)
2020	一般入試選抜	約85	1,616 (611)	1,459 (560)	423 (136)	85 (26)	25	17 (5)	553/950	85 (25)
	推薦入試選抜	20以内	92 (63)	90 (61)		20 (15)		0 (0)	–	20 (15)
2019	一般	約85	1,868 (687)	1,683 (607)	405 (123)	85 (28)	20	21 (7)	542/950	85 (30)
	推薦	20以内	87 (57)	87 (57)	20 (17)	20 (17)		0	–	20 (17)
2018	一般	約85	2,121 (791)	1,796 (661)	400	85 (26)		23 (11)	561/950	85 (25)
	推薦	20以内	82 (53)	79 (52)		20 (12)		0	–	20 (12)
2017	一般	約85	1,925 (731)	1,605 (588)	407	86 (30)		25 (10)	542/950	86 (28)
	推薦	20以内	90 (59)	87 (58)		20 (14)		0 (0)	–	19 (13)
2016	一般	約85	2,028 (737)	1,683 (600)	423 (135)	85 (36)		13 (5)	605/950	85 (34)
	推薦	20以内	106 (63)	104 (61)		20 (14)		0 (0)	–	20 (14)
2015	一般	約85	2,091 (740)	1,785 (617)	446 (138)	85 (20)		15 (7)	612/950	85 (23)
	推薦	20以内	94 (64)	92 (63)		20 (14)		0 (0)	0 (0)	20 (14)

※代官山*MEDICAL*調べ

代官山*MEDICAL* OBレポート

産業医科大学の面接・小論文はこうだった！

面接試験

①形式：個人面接（面接官3名）

②時間：20分

③面接室の配置

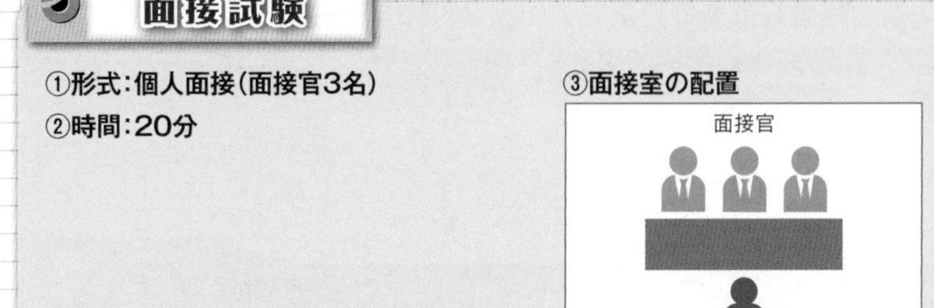

④質問内容

❶大学志望理由
❷医師志望理由
❸建学の目的とは何か
❹産業医とは何か
❺どんな産業医になりたいか、そのために大学で何をするか
❻医師を志したのはいつ頃か
❼修学資金貸与制度についてどう思うか
❽学費が国立より高いことをどう思うか
❾臨床医と産業医の違いは何か
❿臨床医への憧れはないか
⓫最近読んだ医療系の本は何か
⓬メタボリックシンドロームとは何か
⓭長所、短所について

※代官山*MEDICAL*調べ

代官山*MEDICAL* 小論文科が分析する

産業医科大学小論文の特徴 !!

【形　式】時間：120分　配点：50点　2017年以前は、英文による小論文も出題されていたが、2018年以降はなくなっている。再度、出題される可能性もあるので、念のため注意したい。近年の出題形式は、課題文型の問題が1～2題、テーマ型（1行問題）かジョブ型（指示に従って説明を行う小問題）のどちらかが1題という形が定着しつつある。難易度はそれほど高くなく、オーソドックスな出題が多い。時間も2時間あるので、不足することはないだろう。字数は合計800～1000字程度。3年分の内容は以下の通り。今後も傾向が変化する可能性があるので注意したい。※（数字）は大問。

2020年は、（1）「未病を治す」（課題文型　※1文の英文和訳あり）、（2）相手の連絡先を得る方法（ジョブ型）。2019年は、（1）哲学（ジョブ型）、（2）相関と因果関係（課題文型・グラフ資料付き）、（3）「医は仁術」の言葉（テーマ型）。2018年は、（1）教育論（課題文型）、（2）科学論（課題文型・小問でジョブ型あり）、（3）吹き出しを埋める問題（ジョブ型）。

対策 《課題文型》―課題文を読んで、内容を説明する、意見を書く。

説明する場合は、本文中の語句をなるべく使い、本文を読んでいなくても伝わるように分かりやすく書く必要がある。意見を書く場合は最初に問題提起を行い、何について書くのか明確にしよう。（テーマ型問題も、問題提起によって書くべき内容を絞った方が、内容に一貫性が出て、まとめやすくなる。）400字程度であれば、2～3段落で自分の意見とその根拠・理由をはっきり書くようにしよう。9割以上しっかり書くことを心がけること。

※代官山*MEDICAL*調べ

Jichi Medical University

自治医科大学

所在地 〒329-0498 栃木県下野市薬師寺3311-1
問合先 〒329-0498 栃木県下野市薬師寺3311-1
学事課(Tel.0285-58-7045)
または各都道府県庁の担当課

■交通手段

JR 宇都宮線(東北本線)「自治医大駅」下車徒歩15分、または接続バスで5分

■附属病院・関連施設

自治医科大学附属病院、自治医科大学とちぎ子ども医療センター、自治医科大学附属さいたま医療センター

■沿 革

1970年 秋田自治大臣が「医学高等専門学校設立構想」を表明
1971年 医科大学設立発起人会発足、校地は「栃木県河内郡南河内町」、名称は「自治医科大学」と決定
1972年 学校法人自治医科大学設置認可

アピールポイント 自治医科大学

設立の主旨

自治医科大学は、医療に恵まれないへき地等における医療の確保向上及び地域住民の福祉の増進を図るため、昭和47年に設立された。本学は、地域医療に責任を持つ全国の都道府県が共同して設立した学校法人によって運営されている。

教育理念

①人間性豊かな人格の形成に力を注ぎ真に医の倫理を会得しヒューマニズムに徹した医師を育てる。
②ますます複雑化する疾病構造に常に対応しうる高度な医学知識と臨床的実力を身につけた医師を育てる。
③医療に恵まれない過疎地域の医療に進んで挺身する気概を持った医師を育てる。

求める学生像

医師として、社会に貢献する自覚をもち、地域医療に進んで取り組む気概のある次のような人を求めます。

【適性】 ■ コミュニケーション能力が高く、行動力がある。
■ 高い倫理感と幅広い教養を兼ね備える。
■ 困難に直面しても、目標に向かって努力を継続できる。

【基本的学力】 ■ 論理的思考力の高い人 ■ 文章や発表における表現力が高い。
■ 医学習得に必要な能力と十分な意欲を有する。

【地域医療への関心】 ■ 総合的診療能力を有する医師を目指す。
■ 医療を通して地域社会のリーダーを目指す。

2023年度 志願者の男女比

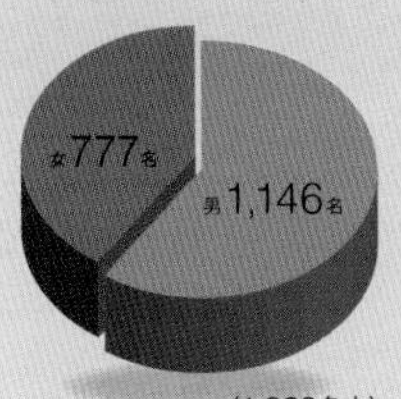

〈1,923名中〉

2023年度 入学者の男女比

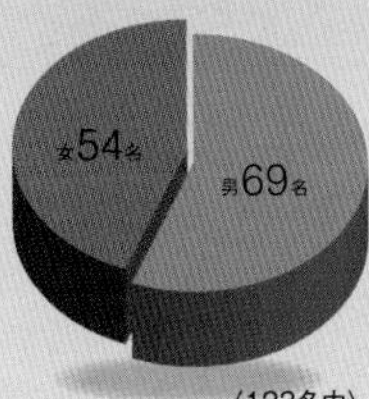

〈123名中〉

2023年度 志願者の現浪比

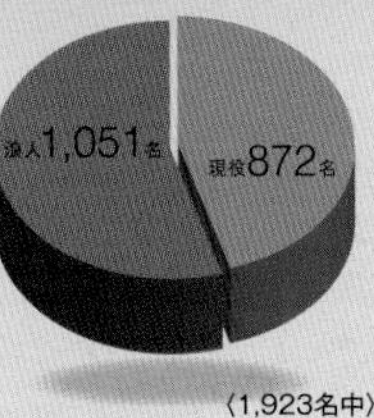

〈1,923名中〉

2023年度 入学者の現浪比

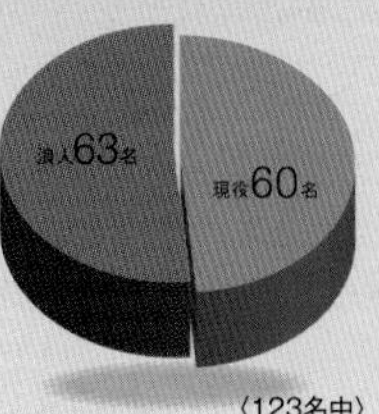

〈123名中〉

志願者の推移（一般選抜）

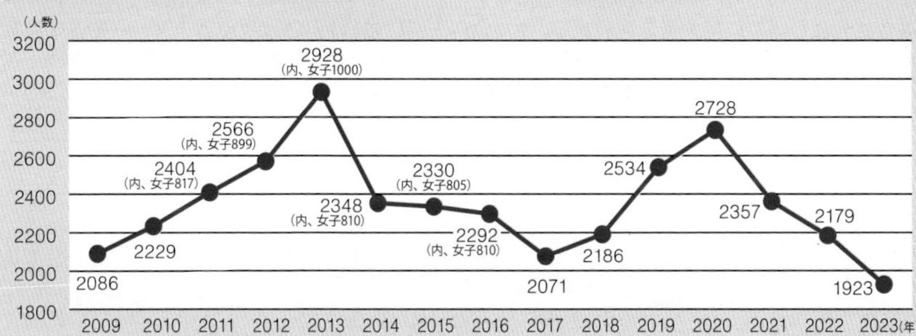

2024年度入試情報

入試内容

区分	試験	教科	時間	配点	科目内容
一般選抜	1次（マークシート式）	数学	80分	25点	数Ⅰ・数Ⅱ・数Ⅲ・数A・数B（数列・ベクトル）
		理科	80分	50点	物基・物、化基・化、生基・生→2科目選択
		外国語	60分	25点	コミュニケーション英語Ⅰ・Ⅱ・Ⅲ、英語表現Ⅰ・Ⅱ
		面接[*1]	個人面接10~20分	一点	学力試験の及第者のみ実施する※1
	2次（記述式）	数学	30分	12.5点	数Ⅰ・数Ⅱ・数Ⅲ・数A・数B（数列・ベクトル）
		外国語	30分	12.5点	コミュニケーション英語Ⅰ・Ⅱ・Ⅲ、英語表現Ⅰ・Ⅱ
		面接	集団面接 約20分 個人面接 約10~15分	一点	都道府県単位で集団面接と個人面接を行う。

＊1 1次試験は、学力試験の及第者のみが面接試験の対象となります。及第者の発表は1/23の9:00までに行います。面接試験開始前に面接シート（調査票）を記入する。

※詳細については、必ず募集要項を確認ください。

試験日程

区分	募集人員	出願期間	1次試験日	1次合格発表日	2次試験日	合格発表日	入学手続き日※1
一般選抜	100	1/4～1/17 17時必着 1/16消印有効	[学力] 1/22 [面接] 1/23	1/26 13時	1/31	2/9 17時	第1回目 2/25 第2回目 3/12

※1 入学手続きは、2/25と3/12の両日に、当該都道府県庁の入試担当課において、必ず本人が所定の手続きを行う。
なお、本人が手続を行わない場合は、失格となる。

試験会場

一般選抜 ▶▶▶ 1次＝出願地となる各都道府県が指定する場所
2次＝本学

繰上げ合格について

第2次試験合格発表と同時に補欠者を発表する。ホームページに当日17:00から、2/13の9:00まで掲載する。合格者の入学手続き状況により欠員が生じた場合、速やかに補欠者の中から繰り上げ合格者を順次決定する。補欠者への繰上げ合格の連絡は電話及び郵便で行う。

2023年 医学部レベル判定模試合格判定ライン 285/400点

入試結果

2023年度までの志願者数などの推移<一般選抜>

[ ]内は現役 ( )内は女子内数

方式		募集人員	志願者数	受験者数	一次合格者数	2次正規合格者数	補欠者	繰上げ合格者数	入学者数
2023	一般選抜	100	1,923 [872] (777)		534 (219)	123 [65] (51)	335 (136)	非公表	123
2022	一般選抜	123 (栃木県地域枠3名含む)	2,179 (872)	2,093 (846)	536 (214)	123 (45)	326 (131)	非公表	123 (43)
2021	一般選抜	123 (栃木県地域枠含む)	2,357 (935)	2,285 (911)	529 (202)	123 (54)	323 (122)	非公表	123 (57)
2020	一般試験	123 (栃木県地域枠含む)	2,728 (1,054)	2,634 (1,030)	534 (172)	123 (48)	336 (97)	非公表	123 (40)
2019	一般試験	123 (栃木県地域枠3名含む)	2,534 (931)	2,446 (897)	523 (180)	123 (43)	333 (114)	非公表	123 (49)
2018	一般試験	123 (栃木県地域枠3名含む)	2,186 (771)	2,140 (757)	442 (145)	123 (49)	261 (86)	非公表	123 (51)
2017	一般試験	123 (栃木県地域枠3名含む)	2,071 (761)	2,035 (750)	443 (140)	123 (36)	280 (91)	非公表	123 (30)
2016	一般試験	123 (栃木県地域枠3名含む)	2,292 (833)	2,258 (824)	446 (150)	123 (42)	278 (91)	非公表	123 (46)
2015	一般試験	123 (栃木県地域枠3名含む)	2,330 (805)	2,294 (795)	442 (147)	123 (42)	262 (89)	非公表	123 (42)
2014	一般試験	123 (栃木県地域枠3名含む)	2,348 (810)	2,301 (799)	442 (123)	123 (31)	265 (79)	非公表	123 (33)
2013	一般試験	123 (栃木県地域枠3名含む)	2,928 (1,000)	2,878 (987)	434 (133)	123 (42)	―	非公表	123 (46)

※**代官山***MEDICAL*調べ

■自治医科大学は都道府県ごとに合格者を選抜するため、合格者、補欠者については都道府県単位での決定・発表となります。

代官山*MEDICAL* OBレポート

自治医科大学の面接・小論文はこうだった！

面接試験

①形式：1次（個人面接：面接官4 ～ 8名）⇒各都道府県指定の会場
　　　2次（個人面接：面接官3名）⇒本学会場
　　　2次（グループ討論：受験生5 ～ 8名、面接官3名）⇒本学会場

②時間：個人面接（1次：10 ～ 20分、2次：10 ～ 15分）集団面接（2次：20分）

③面接室の配置

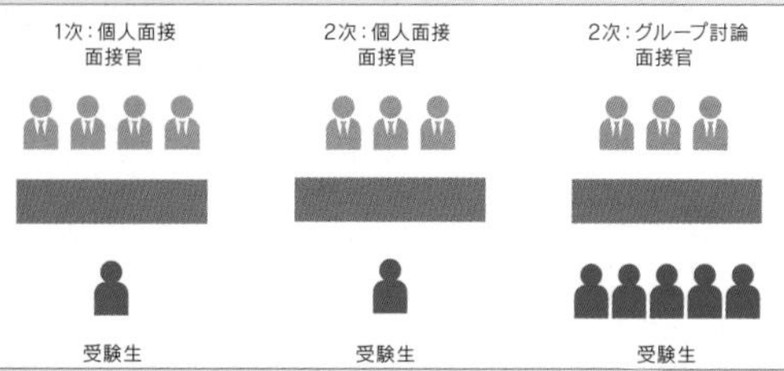

④質問内容［1次・個人面接］

※事前に面接資料を記入する。

❶大学志望理由・医師志望理由
❷どんな医師になりたいか
❸併願校
❹学科試験の出来具合
❺面接資料についての質問
❻高校時代にがんばったこと
❼ボランティア活動について
❽リーダーにふさわしい資質とは
❾専門医療と総合医療のバランスはどのくらいが良いか
❿9年間へき地で働く気持ちはあるか、任期明けでもへき地に残るか
⓫両親から受けた影響は何か
⓬最近気になったニュースは何か
⓭総合医に必要なことは何か
⓮なぜ地域医療をやりたいのか
⓯医師不足の解決策は何か
⓰出身地のへき地はどこか
⓱夜間診療の特別料金の是非について
⓲出身地の地域医療について
⓳へき地の医療についてどう思うか

⑤質問内容[2次・個人面接][2次・集団面接]	
《2次》(個人面接)	
❶大学志望理由	❻地域医療を志したきっかけは何か
❷医師志望理由	❼どんな本を読むか
❸併願校	❽リーダーシップはとれるか
❹グループ討論の感想	❾寮生活に自信はあるか
❺医師に向いている点、向いていない点	❿好きな言葉
《2次》(集団面接)	
❶時間外の診療報酬アップについて	❺インターネットの功罪について
❷自治医科大学で学ぶ意義とは	❻救急患者のたらい回しについて
❸小中学生の携帯電話利用は禁止すべきか	❼夜間診療の特別料金の是非について
❹我が国のリーダーに必要なものは何か	❽リーダーにふさわしい資質とは

※代官山*MEDICAL*調べ

自治医科大学

▶ 自治医科大学二次試験の変更

小論文が廃止になった

※英語と数学の記述式問題(各30分)に変更

(大学HPの学生募集要項に出題例あり)

Juntendo University
順天堂大学医学部

所在地　〒113-8421 東京都文京区本郷2-1-1
※1年次はさくらキャンパス⇒
〒270-1695 千葉県印西市平賀学園台1-1
問合先　〒113-8421 東京都文京区本郷2-1-1
医学部入試係(Tel.03-5802-1021)

■交通手段

JR「御茶ノ水駅」下車、徒歩7分 東京メトロ丸ノ内線「御茶ノ水駅」下車、徒歩9分 ※さくらキャンパス⇒京成電鉄「京成酒々井駅」下車、徒歩20分またはバス5分 JR総武本線「JR酒々井」下車、同駅よりバス10分

■附属病院

順天堂医院、静岡病院、浦安病院、順天堂越谷病院、順天堂東京江東高齢者医療センター、練馬病院

■沿 革

1838年　順天堂医学塾創立
1873年　順天堂医院開院
1943年　順天堂医学専門学校開設
1946年　順天堂医科大学に昇格
1951年　新制・順天堂大学の開学
1952年　医学部医学科を開設

願書に役立つ！

アピールポイント　順天堂大学 医学部

『不断前進』と『仁』を基本理念に、社会へ貢献する健康総合大学である。

順天堂を構成する3つの柱

①教育…「仁」の精神に基づき真のグローバル人材の育成を目指す。
②研究…横断的な中央共同研究体制で、研究のレベルアップを図る。
③診療・実践…日本の医学界をリードするとともに、スポーツの発展に大きく貢献。

求める学生像

医学・医療の知識・技能のみならず豊かな感性と教養を持ち、国際社会や地域社会に貢献し、未来を拓く人間性溢れる医師・医学者を養成するため、次のような学生を求めます。

①一人の人間として、人間と自然を愛し、相手の立場に立つ思いやりと高い倫理観を有する人
②幅広い人間性、柔軟性と協調性を備えた基本的なコミュニケーション能力を有する人
③自ら問題を発掘し、知的好奇心を持って、課題解決に取り組む主体性を有する人
④国際的な視点から医学・医療の進歩に貢献しようとする熱意有する人
⑤入学後も、自己啓発・自己学習・自己の健康増進を継続する意欲を有する人

数字で見るPoint!

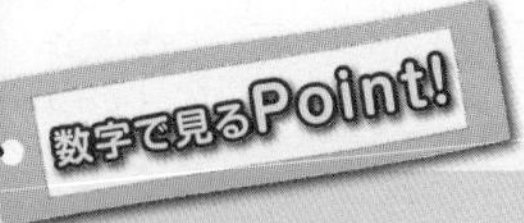

2023年度
総受験者の男女比

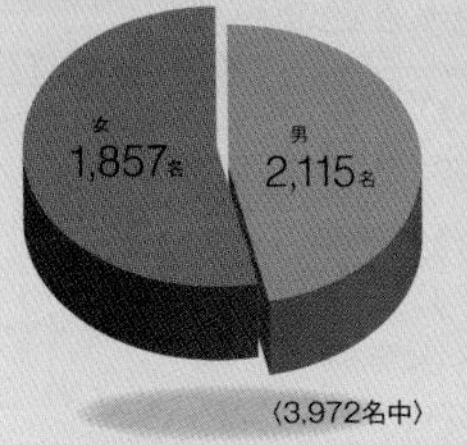
女
1,857名
男
2,115名
〈3,972名中〉

2023年度総合格
(繰上含)の男女比

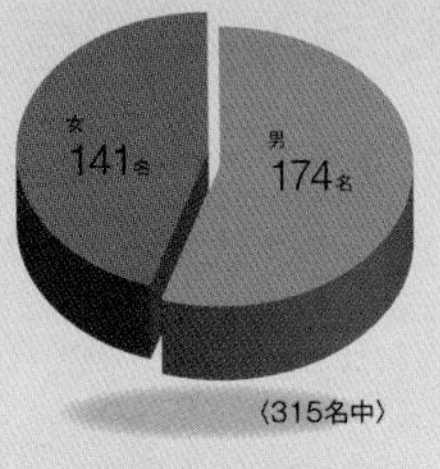
女
141名
男
174名
〈315名中〉

2023年度一般選抜(A·B)
受験者の男女比

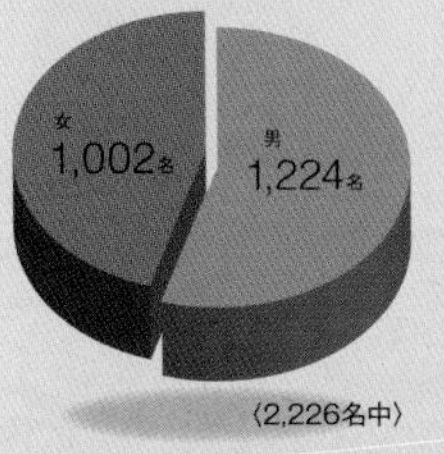
女
1,002名
男
1,224名
〈2,226名中〉

2023年度一般選抜(A·B)
合格者(繰上含)の男女比

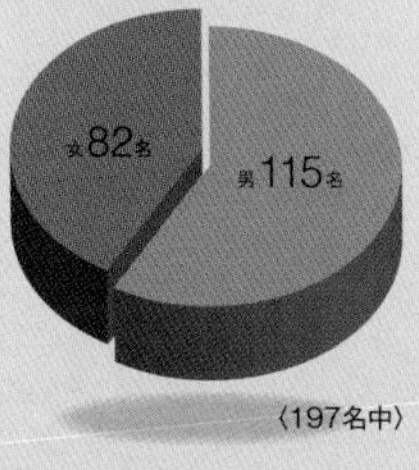
女82名
男115名
〈197名中〉

志願者の推移(一般選抜)

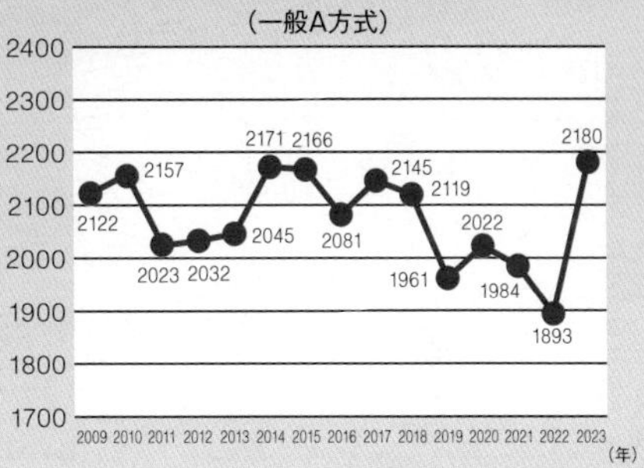
(一般A方式)
2400
2300
2200
2100
2000
1900
1800
1700
2122
2157
2023
2032
2045
2171
2166
2081
2145
2119
1961
2022
1984
1893
2180
2009 2010 2011 2012 2013 2014 2015 2016 2017 2018 2019 2020 2021 2022 2023
(年)

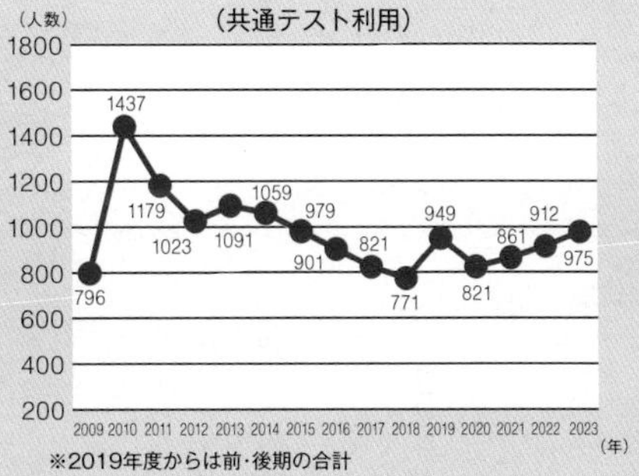
(人数)
(共通テスト利用)
1800
1600
1400
1200
1000
800
600
400
200
796
1437
1179
1023
1091
1059
979
901
821
771
949
821
861
912
975
2009 2010 2011 2012 2013 2014 2015 2016 2017 2018 2019 2020 2021 2022 2023
(年)

※2019年度からは前·後期の合計

2024年度入試情報

入試内容

区分	試験	教科	時間	配点	科目内容
一般A	1次	理科	120分	200点	物基·物、化基·化、生基·生→2科目選択※1
		英語	80分	200点	コミュニケーション英語Ⅰ·Ⅱ、英語表現Ⅰ·Ⅱ
		数学	70分	100点	数Ⅰ·数Ⅱ·数Ⅲ·数A·数B(数列·ベクトル)
		小論文	70分	一点	評価は1次選抜では使用せず、2次で使用する
	2次	面接	約20~30分	一点	
一般B	1次	理科	120分	200点	物基·物、化基·化、生基·生→2科目選択
		英語	80分	200点	コミュニケーション英語Ⅰ·Ⅱ、英語表現Ⅰ·Ⅱ
				25点	TOEFL-iBJ、IELTS、英検、TEAP、TEAP CBT、GTEC CBT、ケンブリッジ英語検定からいずれか1つの成績を利用し、英語の得点に最高25点を加点します。
		数学	70分	100点	数Ⅰ·数Ⅱ·数Ⅲ·数A·数B(数列·ベクトル)
	2次	小論文·英作文	120分	一点	小論文問題と英作文問題が同時に出題され、試験時間内に両方を解答する。
		面接	約20~30分	一点	
地域枠	1次	理科	120分	200点	物基·物、化基·化、生基·生→2科目選択
		英語	80分	200点	コミュニケーション英語Ⅰ·Ⅱ、英語表現Ⅰ·Ⅱ
		数学	70分	100点	数Ⅰ·数Ⅱ·数Ⅲ·数A·数B(数列·ベクトル)
		小論文	70分	一点	評価は1次選抜では使用せず、2次で使用する
	2次 東京	面接①	約20~30分	一点	
	2次 東京	面接②	約10~15分	一点	
	2次 新潟、千葉、埼玉、静岡	面接	約20~30分	一点	

※1 一般選抜A方式、1次学力試験の理科において各科目の平均点に20点以上の差が生じた場合、科目間の公平性を保つため得点を偏差値に換算して得点調整を行う。

順天堂大学

区分	試験	教科	時間	配点	科目内容
前期 共通テスト 利用	大学入学 共通テスト	国語	80分	200点	近代以降の文章および古典(古文、漢文)
		地歴・公民	60分	100点	世B、日B、地理B、現社、倫、政経、倫政経→1科目選択
		数学	I・A70分、II・B60分	200点	数I・数A、数II・数B
		理科	各60分	200点	物、化、生→2科目選択
		英語	110分	200点	リーディング(160点)リスニング(40点)
	1次	小論文	70分	一点	
	2次	面接	約20~30分	一点	
共通テスト・ 一般独自 併用	大学入学 共通テスト	国語	80分	200点	近代以降の文章および古典(古文、漢文)
		地歴・公民	60分	100点	世B、日B、地理B、現社、倫、政経、倫政経→1科目選択
		数学	I・A70分、II・B60分	200点	数I・数A、数II・数B
		理科	各60分	200点	物、化、生→2科目選択
		英語	110分	200点	リーディング(160点)リスニング(40点)
	一般独自試験	理科	120分	100点	物基・物、化基・化、生基・生→2科目選択受験(高得点の1科目を判定に使用する)
		英語	80分	200点	コミュニケーション英語I・II、英語表現I・II
	2次	小論文・英作文	120分	一点	小論文と英作文が同時に出題され、時間内に両方を解答する。
		面接	約20~30分	一点	
後期 共通テスト 利用	大学入学 共通テスト	国語	80分	200点	近代以降の文章および古典(古文、漢文)
		地歴・公民	60分	100点	世B、日B、地理B、現社、倫、政経、倫政経→1科目選択
		数学	I・A70分、II・B60分	200点	数I・数A、数II・数B
		理科	各60分	200点	物、化、生→2科目選択
		英語	110分	200点	リーディング(160点)、リスニング(40点)
	2次	小論文・英作文	120分	一点	小論文と英作文が同時に出題され、時間内に両方を解答する。
		面接	約20~30分	一点	

※詳細については、必ず募集要項を確認ください。
※共通テスト地歴・公民を2科目選択した場合は、第1解答科目の成績を判定に使用する。
※共通テスト英語はリーディング100点を160点、リスニングを100点を40点にそれぞれ換算する。

試験日程

区分	募集人員	出願期間(必着)	1次試験日	1次合格発表日	2次試験日	合格発表日	入学手続き締切日
一般A	64	12/11~1/11	2/3	2/8 正午	2/10~12(面接・指定)	2/17 正午	2/24 12:00
前期共通テスト利用	10	12/11~1/11	1/13・14 2/3(小論文)	2/8 正午	2/10~12(面接・指定)	2/17 正午	2/24 12:00
一般B	5	12/11~1/11	2/3	2/17 正午	3/4(小論文・英作文) 3/5面接	3/9 正午	3/15 17:00
共通テスト・一般独自併用	12	12/11~1/11	1/13・14 2/3	2/17 正午	3/4(小論文・英作文) 3/5面接	3/9 正午	3/15 17:00
後期共通テスト利用	5	12/11~1/11	1/13・14	2/17 正午	3/4(小論文・英作文) 3/5面接	3/9 正午	3/15 17:00
地域枠※	東京10・新潟1・千葉5・埼玉10・静岡5・茨城2	12/11~1/11	2/3	2/8 正午	2/12(東京)、 2/10~12(新潟、千葉、埼玉、静岡)	2/17 正午	2/24 12:00

※出願期間内にインターネット出願の登録と入学検定料の納入を済ませ、なおかつ出願書類が本学に到着していること。
※入学辞退者の学費返還申出期限は、3/30 12:00

試験会場

一般A・B
地域枠選抜
1次=幕張メッセ国際展示場9~11ホール
2次=本郷・お茶の水キャンパス センチュリータワー

共通テスト・一般独自併用
1次=大学入学共通テスト試験会場
幕張メッセ国際展示場9~11ホール(一般独自試験)
2次=本郷・お茶の水キャンパス センチュリータワー

共通テスト利用(前期・後期)
1次=大学入学共通テスト試験会場(共通テスト)
幕張メッセ国際展示場9~11ホール(小論文試験)
2次=本郷・お茶の水キャンパス センチュリータワー

繰上げ合格について

補欠繰り上げ合格は、合格者の入学手続き状況により欠員が生じた場合に限り行う。補欠対象β者については合格発表時に知らせる。補欠繰り上げ合格の連絡はインターネット出願で登録した電話番号へ連絡する。電話に出なかった場合や電話がつながらなかった場合は、繰り上げ連絡の順番が前後することがあるので注意。

特待生制度

医学部入学試験において学力試験および人物識見が極めて優秀な合格者に対して減免する。(対象者:一般選抜A方式合格者の成績上位10名)、1年次は入学金200万円のみとし、授業料・施設設備費・教育充実費(計90万円)を免除する。2年次から6年次の学費は各年100万円とする。6年間の学費総額は700万円となり減免額は1,380万円となる。1年次の寮費・諸会費は減免対象ではない。

2023年 医学部レベル判定模試合格判定ライン

入試結果

2023年度までの志願者数などの推移<一般選抜>

( )内は女子内数

年度	方式	募集人員	志願者数	受験者数	一次合格者数	2正規合格者数	補欠者	合格者数(繰上合格含)	入学者数
2023	一般A方式	64	2,180(934)	1,998(861)				187(77)	
	一般B方式	5	238(146)	228(141)				10(5)	
	共通テスト・一般独自併用	12	541(274)	504(258)				34(20)	
	共通テスト利用前期	10	705(302)	620(273)				27(8)	
	共通テスト利用後期	5	207(137)	267(136)				10(6)	
	地域枠選抜入試	33	311(164)	294(158)				34(19)	
	国際臨床医・研究医枠地域枠	11	64(31)	61(30)				13(6)	
2022	一般A方式	64	1,893(806)	1,676(722)				183(91)	
	一般B方式	5	239(143)	220(132)				12(2)	
	共通テスト・一般独自併用	12	475(244)	443(226)				32(15)	
	共通テスト利用前期	10	628(290)	538(255)				25(12)	
	共通テスト利用後期	5	284(139)	283(138)				13(2)	
	地域枠選抜	31	184(100)	164(92)				31(18)	
2021	一般A方式	64	1,984(846)	1,801	330			175(75)	61(27)
	一般B方式	5	214(132)	198				10(7)	4(4)
	共通テスト・一般独自併用	15	495(237)	462				48(21)	23(12)
	共通テスト利用前期	10	635(283)	634				26(11)	5(2)
	共通テスト利用後期	5	226(109)	226				5(2)	1(1)
	地域枠選抜	31	253(129)	229				31(15)	29(14)
2020	一般A方式	63	2,022(780)	1,820(688)	—	—	—	194(70)	75(27)
	一般B方式	5	233(137)	220(129)	—	—	—	12(5)	4(1)
	センター・一般独自併用	15	623(306)	562(276)	—	—	—	40(19)	15(6)
	センター利用前期	10	711(285)	707(284)	—	—	—	24(8)	2(1)
	センター利用後期	5	223(113)	223(113)	—	—	—	13(6)	2(1)
	地域枠選抜入試	29	233(106)	204(94)	—	—	—	31(11)	29(11)
	国際臨床医・研究医枠地域枠	8	37(24)	35(23)	—	—	—	11(6)	8(4)
2019	一般A方式	61	1,961(790)	1,815(733)	—	—	—	168(71)	76(33)
	一般B方式	10	323(185)	306(175)	—	—	—	13(4)	4(1)
	センター・一般独自併用	20	649(314)	593(284)	—	—	—	60(37)	25(16)
	センター利用前期	10	669(257)	665(256)	—	—	—	28(11)	3(1)
	センター利用後期	5	280(128)	277(127)	—	—	—	6(2)	1(0)
	東京都地域枠	10	210(91)	190(80)	—	—	—	29(11)	28(11)
	新潟県地域枠	2			—	—	—		
	千葉県地域枠	5			—	—	—		
	埼玉県地域枠	7			—	—	—		
	静岡県地域枠	5			—	—	—		
	国際臨床医・研究医枠ABC	5	65(45)	35(24)	—	—	—	5(3)	3(2)
2018	一般A方式	60	2,119	2,045	576	129		—	86
	一般B方式	10	306	298	53	10		—	5
	センター・一般独自併用	24	847	817	257	50		—	18
	センター利用	12	771	769	120	25		—	8
	東京都地域枠	10	116	112	32	10		—	10
	新潟県地域枠	2	5	4	3	2		—	2
	千葉県地域枠	5	24	24	9	1		—	1
	埼玉県地域枠	7	45	45	12	3		—	3
	静岡県地域枠	5	20	19	6	2		—	2
	国際臨床医・研究医枠ABC	5	27	24※1	19	6		—	6

※**代官山***MEDICAL*調べ　※1:書類選考枠の受験含む
※2022年度一般A方式:合格最低点314/500　※2022年度一般B方式:合格最低点362/525
※2022年度共通テスト・一般独自併用:合格最低点930.2/1,200　※2022年度地域枠選抜:合格最低点775/1,400

代官山*MEDICAL* OBレポート

順天堂大学の面接・小論文はこうだった！

面接試験

①形式：個人面接（面接官4人）
②時間：約20～30分

③面接室の配置

④質問内容

❶昨年も順天堂大学を受験したか
❷気になったニュースを3つ
❸面接に持参したものについての質問
❹小論文の内容に基づく質問
❺併願校
❻最後に言いたいこと
❼大学志望理由
❽医師志望理由
❾どんな医師になりたいか
❿学費について
⓫両親について
⓬調査書や小中高の通知表を基にした質問
⓭高校時代の一番の思い出
⓮最近気になったニュースは何か
⓯将来、静岡や千葉の関連病院で働いて欲しいといわれたらどうするか
⓰寮で気の合わない人がいたらどうするか
⓱1人暮らしができるか
⓲自分を色に例えると何色、また動物に例えるとしたら何か
⓳1分間で自己PR、同じく1分間で地元のPR
⓴最近感動したことは
㉑大学生活への抱負
㉒高校で苦しかったこと
㉓高校生活について
㉔国立を受験しない理由
㉕学科の出来具合
㉖チーム医療について
㉗ガンの告知について
㉘人生で腹が立ったこと3つ
㉙なぜ人は自殺すると思うか
㉚英語は得意か
㉛得意科目はなにか
㉜社会世界のニュースについて
㉝寮について
㉞短所について
㉟浪人の良い点、悪い点
㊱部活動について
㊲離島に行けと言われたらどうするか
㊳部活をやめていった人についてどう思うか
㊴「仁」の意味は？
㊵英語教育の問題点を3つ
㊶ミスしていないのに患者が医療過誤があると主張してきたらどうするか
㊷留学に興味はあるか
㊸コロナ以外で気になるニュース3つ

※代官山*MEDICAL*調べ

代官山*MEDICAL* 小論文科が分析する

順天堂大学小論文の特徴!!

【形式】時間:70分　配点:非公表(二次で判断)　横書き　800字以内
【内容】《ビジュアル型》―写真や絵を見て、意見を述べる

写真や絵画などの視覚的な資料をみて、感想を述べる。まず写真や絵で何が描かれているかを説明しなければならない。絵画や写真については、事前課題ではなく、初見のものである。客観的な視点で、資料を紹介する。端的に描写、説明する力が問われている。その次に自らの解釈を述べていく。受験生が自らの感性にもとづき、現場で自由に発想することが求められている。オープンキャンパスでの説明では、背景知識の有無では差をつけない旨の説明がなされたこともあるという。ということは、現場で受験生が一つの正解を導くことは必須ではなく、さまざまな分析をすることも許容されていると思われる。

対策 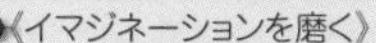
《イマジネーションを磨く》

写真や絵画を見た時に、自分なりに分析できるか。1次試験の日に書くことになるのだから、全受験生が分析力を磨いておく必要がある。絵や写真が象徴している意味、その絵から連想することをどう書くか。芸術家を目指す受験生への試験ではないのだから、一応の妥当性があれば評価対象になる。800字であるので、事実関係を深く、丁寧に書くようにする。小論文試験なので、単なる感想文にならないよう、形式にも注意しよう。

※代官山*MEDICAL*調べ

DAIKANYAMA's Eye

▶ 順天堂大医学部の面接の特色

面接の前に、無記名でアンケートに答える。「どのようにして順天堂を知ったのか」「オープンキャンパスに来たことがあるのか」など。

面接で、よく聞かれる、必ず聞かれる質問は、

「小論文の自分が書いた内容について」
「持参した賞状やトロフィーについて」

で、生徒1名に対し面接官が4名で構成されている。そのうち司会進行の役の先生や、小論文の内容について尋ねてくる役の先生や、持参した賞状やトロフィーについて聞いてくる役目の先生方で構成されている。

Showa University
昭和大学医学部

所在地　〒403-0005 山梨県富士吉田市上吉田4562
※富士吉田キャンパス：1年次の学生が学びます。
〒142-8555 東京都品川区旗の台1-5-8
※旗の台キャンパス：2年次～の学生が学びます。
問合先　〒142-8555 東京都品川区旗の台1-5-8
学事部入学支援課（Tel.03-3784-8026）

■交通手段

富士吉田キャンパス：中央高速バス、「富士急ハイランド」下車、タクシー10分、富士急行「富士山」駅下車、タクシー15分、旗の台キャンパス：東急池上・大井町線「旗の台駅」東口下車、徒歩5分

■付属病院・関連施設

昭和大学病院、昭和大学病院附属東病院、昭和大学藤が丘病院、昭和大学藤が丘リハビリテーション病院、昭和大学横浜市北部病院、昭和大学江東豊洲病院、昭和大学附属烏山病院、昭和大学歯科病院、昭和大学豊洲クリニック予防医学センター

■沿革

1928年　財団法人昭和医学専門学校設立し、昭和医学専門学校開校
1946年　昭和医科大学設置
1964年　学校法人昭和医科大学を学校法人昭和大学に名称変更すると共に、昭和医科大学を昭和大学に名称変更

アピールポイント　昭和大学医学部

建学の精神

「至誠一貫」（常に相手の立場に立ってまごころを尽くすという意味）

大学の教育理念

他に類のない医系総合大学の特徴を活かし、専門領域の高度な知識と技能を身につけるとともに、学部の枠を越えてともに学び、互いに理解し合え、協力できる人材を育成する。そして、その専門職にふさわしい人間豊かな医療が実践できるような、高い倫理性と豊かな社会を備え、生涯にわたって学習・研究を怠らず医療の向上に邁進する、真の医療人たりうる資質を磨き上げる。
医学部の特徴は、学生教育においては、『全人教育』、『問題解決型教育』を基本をして学生自ら問題点を良く考え、ことに臨んでそれを自ら解決していくという基本姿勢にある。

アドミッションポリシー

①常に真心を持って人に尽くす意欲と情熱のある人
②チーム医療を担うための協調性と柔軟性のある人
③医療や健康に関わる科学に強い興味を持つ人
④自ら問題を発見し解決する積極性のある人
⑤医療を通じた国際社会への貢献に関心のある人
⑥1年次の全寮制共同生活・学習に積極的に取り組める人

2023年度 選抜Ⅰ期 受験者の男女比

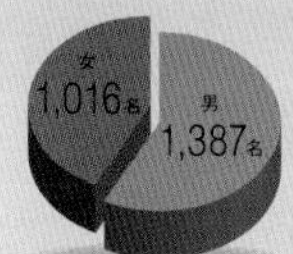

〈2,403名中〉

2023年度 選抜Ⅰ期 合格者の男女比

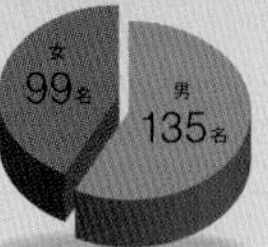

〈234名中〉

2023年度 選抜Ⅱ期 受験者の男女比

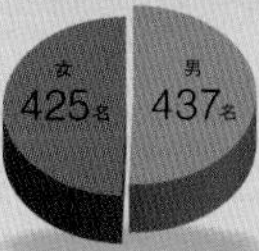

〈862名中〉

2023年度 選抜Ⅱ期 合格者の男女比

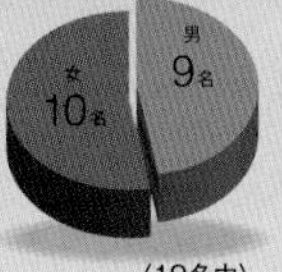

〈19名中〉

2023年度 地域枠選抜 受験者の男女比

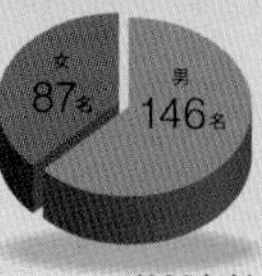

〈233名中〉

2023年度 地域枠別選抜 合格者の男女比

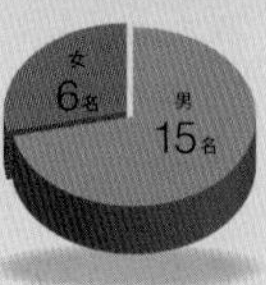

〈21名中〉

志願者の推移(一般選抜)

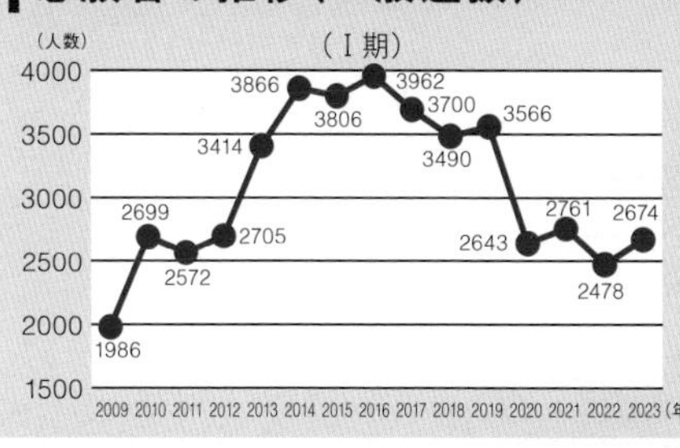

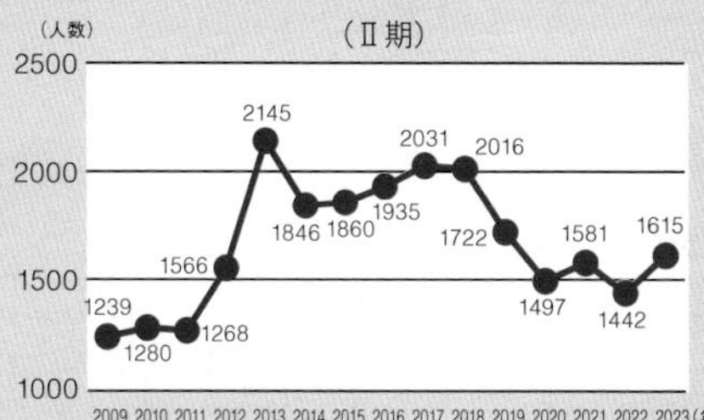

2024年度入試情報

入試内容

区分	試験	教科	時間	配点	科目内容
一般選抜入試(Ⅰ期)・Ⅰ期利用併願・地域枠選抜	1次	英語	140分	100点	コミュニケーション英語Ⅰ・コミュニケーション英語Ⅱ・コミュニケーション英語Ⅲ・英語表現Ⅰ・英語表現Ⅱ
		数学or国語※1		100点	〔数学〕数Ⅰ・数Ⅱ・数Ⅲ・数A・数B 〔国語総合〕現代文のみ
		理科	140分	200点	物基・物、化基・化、生基・生→2科目選択
	2次	小論文	60分	20点	短文の課題・テーマに対し、自ら考えを述べる。
		面接	約10分	100点	面接官2名。
一般選抜入試(Ⅱ期)	1次	英語	140分	100点	コミュニケーション英語Ⅰ・コミュニケーション英語Ⅱ・コミュニケーション英語Ⅲ・英語表現Ⅰ・英語表現Ⅱ
		数学or国語※1		100点	〔数学〕数Ⅰ・数Ⅱ・数Ⅲ・数A・数B 〔国語総合〕現代文のみ
		理科	140分	200点	物基・物、化基・化、生基・生→2科目選択
	2次	面接	—	100点	面接官2名。
卒業生推薦入試	基礎学力試験	英語	140分	50点	コミュニケーション英語Ⅰ
		国語・数学		50点	1教科選択　数学:数学Ⅰ(データの分析を除く) 国語:国語総合(現代文のみ)
		理科		100点	物理(物理基礎)生物(生物基礎)化学(化学基礎) 3科目から2科目選択
		小論文	60分	30点	
		面接	約15分	70点	
学校推薦型選抜	特別協定校推薦のみ。詳細は対象の高校に案内している。				

※1 出願時に選択(出願後の変更は不可)
※詳細については、必ず募集要項を確認ください。
※学力試験　全ての出題科目において、「思考力、判断力、表現力」を評価するため、記述式問題を出題します。

試験日程

区分	募集人員	出願期間（郵送必着）	1次試験日	1次合格発表日	2次試験日	合格発表日	入学手続き締切日
一般選抜（Ⅰ期）	83名	12/6～1/10	2/2	2/7正午	2/10･11（選択）	2/13 12:00	2/20正午
地域枠選抜	21名※2				2/10		
一般選抜（Ⅱ期）	18名	2/1～2/14	3/2	3/6正午	3/9	3/11 12:00	3/18正午
Ⅰ期利用併願	薬学部4名	12/6～1/10	2/2	2/7正午	2/10･11（選択）	2/13 11:00（医学部） 2/13 15:00（薬学部）	2/20正午
学校推薦型選抜	2名※1	11/1～11/10	―	―	11/25	12/1 15:00	12/8 正午
卒業生推薦入試	7名	11/1～11/10	―	―	11/25	12/1 15:00	12/8 正午

※1 募集人員に満たない場合は、欠員は他の入試区分の募集人員に加える。
※2 新潟県7名、静岡県8名、茨城県4名、山梨県2名
※入学辞退者の学費返還申出期限は3/31（12:00）。

試験会場

一般選抜（Ⅰ期）
Ⅰ期利用併願
地域枠選抜
1次＝横浜（パシフィコ横浜ノース）、
大阪（AP大阪茶屋町）、
福岡（南近代ビル）
2次＝本学旗の台キャンパス

一般選抜（Ⅱ期）
1次＝横浜（パシフィコ横浜ノース）
2次＝本学旗の台キャンパス

卒業生推薦入試
本学旗の台キャンパス

繰上げ合格について

補欠者は合格発表と同時にインターネット出願サイト「合否サービス」にて発表する。合格者の手続状況等により欠員が生じた場合は補欠者を順次合格とする。原則、本学より、本人に電話連絡の上、入学の意思を確認する。入学の意思があると確認できた場合、合格者とし、合格証を郵送する。電話連絡の際は、入学志願票に記載されている電話番号に連絡をし、不在の場合は一定の時間折り返しの連絡を待つが、それ以降は次の候補者に連絡する。

特待生制度

一般選抜入試（Ⅰ期）の上位合格者83名は初年度の授業料300万円が免除される。

繰上げ合格者数<一般選抜Ⅰ期>

2023		2022		2021		2020		2019		2018	2017	2016	2015	2014
Ⅰ期	Ⅱ期	Ⅰ期	Ⅱ期	Ⅰ期	Ⅱ期	Ⅰ期	Ⅱ期	Ⅰ期	Ⅱ期					
0	0	0	8	182	3	126	3	97	10	23	17	12	220	210

合格最低点（Ⅰ期一次合格最低点）

2023		2022		2021		2020		2019		2018	2017	2016	2015	2014
Ⅰ期	Ⅱ期	Ⅰ期	Ⅱ期	Ⅰ期	Ⅱ期	Ⅰ期	Ⅱ期	Ⅰ期	Ⅱ期					
231/400	130/200	230/400	268/400	247/400	255/400	238/400	252/400	241/400	258/400	285/400	259/400	274/400	264/400	232/400

2023年 医学部レベル判定模試合格判定ライン　270/400点

入試結果

2023年度までの志願者数などの推移＜一般選抜＞

（　）内は女子内数

年	方式	募集人員	志願者数	受験者数	一次合格者数	正規合格者数	繰上げ合格者数	合格者総数	補欠者数	一次合格最低点	入学者数
2023	選抜Ⅰ期(一般)	83	2,674 (1,114)	2,403 (1,016)	426 (151)		0	234	262	231/400	
	選抜Ⅰ期 (新潟地域枠)	7	101	94	21		1	8	9	180/400	
	選抜Ⅰ期 (静岡地域枠)	8	108	91	24		1	9	11	189/400	
	選抜Ⅰ期 (茨城地域枠)	4	53	48	12		0	4	2	202/400	
	選抜Ⅱ期	18	1,015 (493)	862 (425)	100 (34)		0	19 (10)	59	130/200	
	卒業生推薦入試	7	56 (18)	55 (18)			0	7 (4)	0	−	7 (4)
	学校推薦型選抜	2	2 (2)	2 (2)			0	2 (2)	0	−	2 (2)
2022	選抜Ⅰ期(一般)	82	2,475 (1,063)	2,178 (933)	569 (217)	特待:83 追加正規:154	0	237 (99)	428	230/400	
	選抜Ⅰ期 (新潟地域枠)	7	95	85	35	7	0	7	18	190/400	
	選抜Ⅰ期 (静岡地域枠)	8	113	103	44	8	2	10	26	191/400	
	選抜Ⅰ期 (茨城地域枠)	4	42	41	21	4	0	4	11	191/400	
	選抜Ⅱ期	20	1,442 (654)	1,262 (585)	128 (50)	20	8	28 (18)	84	268/400	
	卒業生推薦入試	5	43 (16)	43 (16)		5 (3)	0	5 (3)		−	
	学校推薦型選抜	2	2 (1)	2 (1)		2 (1)	0	2 (1)		−	
2021	選抜Ⅰ期	75	2,761 (1,160)	2,598 (1,100)	579 (198)	75	182	257 (105)	453	247/400	
	選抜Ⅱ期	20	1,518 (734)	1,406 (665)	117 (48)	20	3	23 (12)	77	255/400	
	地域別選抜 (共通テスト利用)	12	275 (147)	275 (147)	118 (71)	12	1	13 (7)	56	670/900	
2020	選抜Ⅰ期	75	2,643 (996)	2,568 (980)	554 (193)	106(注)	126	232 (91)	455	238/400	
	選抜Ⅱ期	20	1,497 (635)	1,250 (547)	125 (48)	20	3	23 (13)	103	252/400	−
	地域別選抜 (センター利用)	12	279 (133)	279 (133)	145 (64)	12	16	28 (14)	100	606/900	
2019	選抜Ⅰ期	78	3,566 (1,327)	3,468 (1,301)	559 (207)	78	179	257 (113)	418	241/400	
	選抜Ⅱ期	20	1,722 (705)	1,561 (653)	117 (51)	20	10	30 (15)	69	258/400	113
	地域別選抜 (センター利用)	12	362 (155)	362 (155)	144 (50)	12	13	25 (12)	非公表	656/900	
2018	選抜Ⅰ期	78	3,490 (1,287)	3,308 (1,227)	550 (20)	249(注)	23	272 (81)	265	285/400	
	選抜Ⅱ期	20	2,016 (862)	1,885 (826)	115 (55)	24	15	38 (13)	68	274/400	−
	地域別選抜 (センター利用)	12	426 (218)	426 (218)	132 (61)	18	6	24 (10)	59	700/900	

※代官山*MEDICAL*調べ

(注)2018年入試選抜Ⅰ期の正規合格者数249名の内、特待合格は78名。その他171名は正規合格者。
(注)2020年入試選抜Ⅰ期の正規合格者数106名の内、特待合格は75名。その他31名は正規合格者。

代官山*MEDICAL* OBレポート

昭和大学の面接・小論文はこうだった！

面接試験

①形式：個人面接（面接官2名）

②時間：10分

・アンケート：あり

医師志望理由(影響を与えた人)

本学志望理由(影響を与えた人)

入試説明会に来たか。説明会に求めること

高校生活はどうだったか　併願校

感動したこと　医師に適している点

③面接室の配置

※面接官と自分との距離は結構近い

④質問内容

❶小論文の内容について
❷願書の内容について
❸併願校について
❹「至誠一貫」の意味
❺医師志望理由　きっかけとなった人物
❻理想の医師像
❼本学志望理由
❽オープンキャンパスで印象に残ったこと
❾今までで一番つらかったことは？
❿予備校生活について（友人）
⓫なぜ多浪してしまったのか
⓬高校生活について
⓭部活動について
⓮チームの人とうまくいかない時
⓯ボランティア活動について
⓰高校受験を控えた子供のいる面接官に向かって、自分の高校についてプレゼンする
⓱好きな本について
⓲得意科目・苦手科目について
苦手科目の克服法
⓳長所・短所　短所をなくすために何かしたか
⓴医師に向いていると思う点
㉑寮生活を送るにあたり、楽しみな点、不安な点
㉒寮での禁酒を守れるか
㉓寮で苦手な人と一緒になったらどうするか
㉔体力に自信はあるか
㉕チーム医療について
㉖自分にリーダーシップがあると思う理由とエピソード
㉗地域医療について思うこと
㉘地方に行くことに抵抗あるか
㉙研究に興味があるか
㉚希望する診療科について
㉛10年後どうなっていたいか
㉜我々面接官は他に何を知りたいと思うか
㉝コロナウイルスについて、問題と思うことを3〜4つ
㉞国は高齢者と若者のどちらに医療負担をすべきか
㉟iPS細胞について（開発者、現在の状況や課題）
㊱わがままな患者さんがいたらどうするか
㊲最後に自己PR
㊳寮に空気が読めない人がいたらどうするか

※代官山*MEDICAL*調べ

代官山*MEDICAL* 小論文科が分析する

昭和大学小論文の特徴!!

【形式】時間:60分　配点:20点　　横書き　　600字以内
【内容】《テーマ型》―短文の課題に対し、自らの考えを述べる

A4一枚の用紙の中に、問題が書かれている(100~300字)。その設問に答える。大学の理念、建学精神「至誠一貫」、「昭和大学宣言」、アドミッション・ポリシーに基づいて、問題が作られる年度もある。

課題文は短く、一見すると書きやすいように思える。ところが、さまざまなテーマにつき、的確な分析力が求められる難問も出題されることがある。テーマを外すと、何を書いても評価されないので注意が必要だ。「日本食がユネスコ文化遺産に登録された理由」を問うなど、何を書いてよいか見当がつかないような問題も出題される。2020年には早々にコロナが出題されており、年明け後の最新ニュースが出題されることも多いため、注意が必要だ。時に高度な知識が要求され、実は私大医学部小論文の最難問レベルともいえる。

対策《設問応答力と事前準備》―求める人材像を満たしていることを証示する

AIなど近年話題となっているニュースについて、意見を問われることもある。日頃から社会問題に関心をもち、かつ自分の考えも述べられるようにしておく。これは面接の対策にもつながる。

もちろん、形式面に配慮する必要があることは言うまでもない。

大切なことは、設問に正確に応答すること。自分が準備したことをそのまま書いてはいけない。あくまで、設問に応じた形式と内容にすること。わりと差がつきやすく、練習が必要となる。

※代官山*MEDICAL*調べ

DAIKANYAMA's Eye

▶ 昭和大医学部の面接の特色

1回目:11:10~11:20、2回目:11:22~11:32、3回目:11:34~11:44、というように面接の時間がかなり細かく区分され指定されており、面接中に「終了1分前です」「終了時間です」というようにアナウンスが本部から流されます。
各ブース同士の距離が近くて周囲の声が聞こえてくるので意識してハキハキと答える必要あり。

St. Marianna University School of Medicine

聖マリアンナ医科大学

所在地　〒216-8511 神奈川県川崎市宮前区菅生2-16-1
問合先　〒216-8511 神奈川県川崎市宮前区菅生2-16-1
教育課入試係(Tel.044-977-9552)

交通手段

小田急線「向ヶ丘遊園駅」から小田急バスあざみ野行もしくは聖マリアンナ医大行で聖マリアンナ医大下車。(15~20分)
東急田園都市線「あざみ野駅」から小田急バス向ヶ丘遊園行で聖マリアンナ医大下車。(25 ～ 30分)

附属病院・関連施設

聖マリアンナ医科大学大学病院、聖マリアンナ医科大学横浜市西部病院、聖マリアンナ医科大学東横病院、聖マリアンナ医科大学附属研究所ブレスト&イメージング先端医療センター附属クリニック、川崎市立多摩病院(指定管理者 聖マリアンナ医科大学)、聖マリアンナ医科大学大学院附属研究所難病治療研究センター

沿革

1971年　東洋医科大学開学
1973年　東洋医科大学を聖マリアンナ医科大学に名称変更

アピールポイント　聖マリアンナ医科大学

願書に役立つ!

建学の精神

キリスト教的人類愛に根ざした「生命の尊厳」を基調とする医師としての使命感を自覚し、人類社会に奉仕し得る人間の育成、ならびに専門的研究の成果を人類の福祉に活かしていく医師の養成

アドミッションポリシー

聖マリアンナ医科大学は、キリスト教的人類愛に基づき、病める人々の心と体の痛みがわかり、かつ、医学・医療の実践者としての確かな専門知識、豊かな感性ならびに高い能力を有している医師の育成に力を注いでいます。

本学が求める学生像

①医師を目指す明確な目的をもつ人。
②医師になるための品格と倫理観を持ち、多様な文化を受容できる人。
③医師になるための知性と科学的論理性をもつ人。
④豊かな感性をもち、病める人々の心と体の痛みがわかる人。
⑤自分の意見を明確に述べることができるとともに、自己を考察し、他人の意見に耳を傾けることのできる人。
⑥誠実で協調性に優れ、広い視野をもつ人。

2023年度一般選抜 受験者現浪比

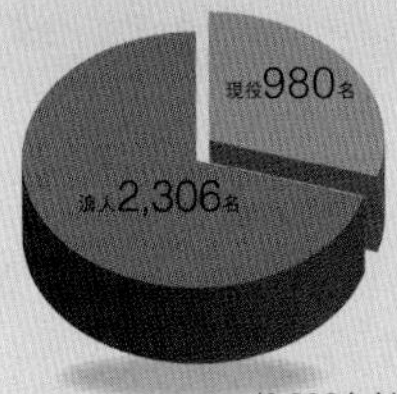

現役980名 / 浪人2,306名 〈3,286名中〉

2023年度一般選抜 合格者現浪比

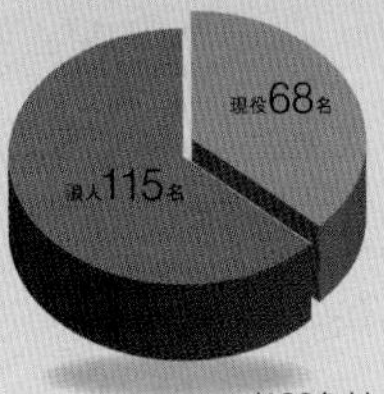

現役68名 / 浪人115名 〈183名中〉

2023年度一般選抜 入学者現浪比

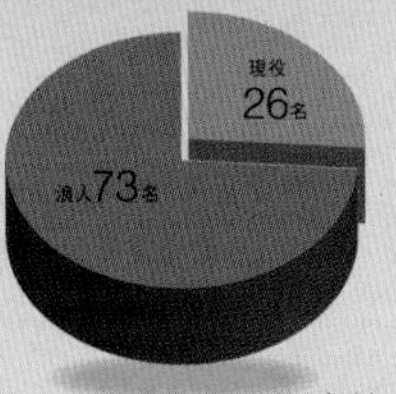

現役26名 / 浪人73名 〈99名中〉

2023年度一般選抜 受験者男女比

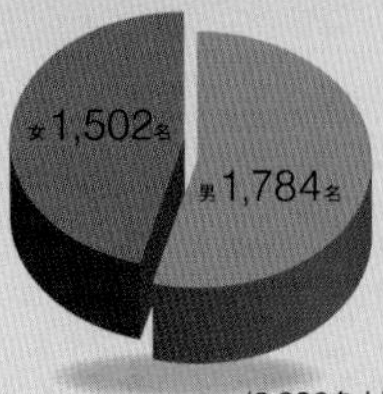

女1,502名 / 男1,784名 〈3,286名中〉

2023年度一般選抜 合格者男女比

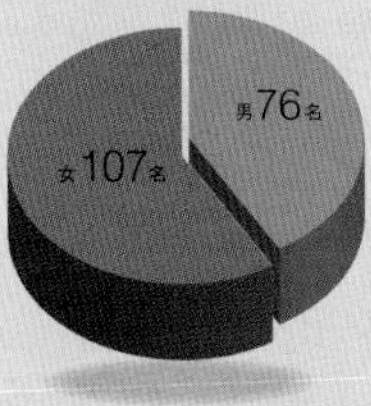

男76名 / 女107名 〈183名中〉

2023年度一般選抜 入学者男女比

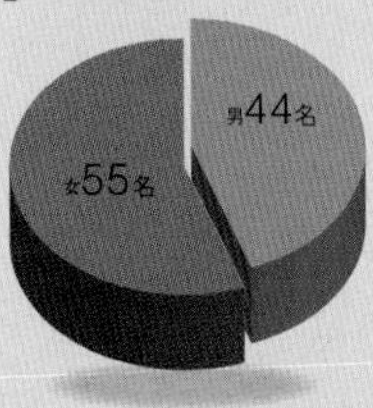

男44名 / 女55名 〈99名中〉

志願者の推移(一般選抜)

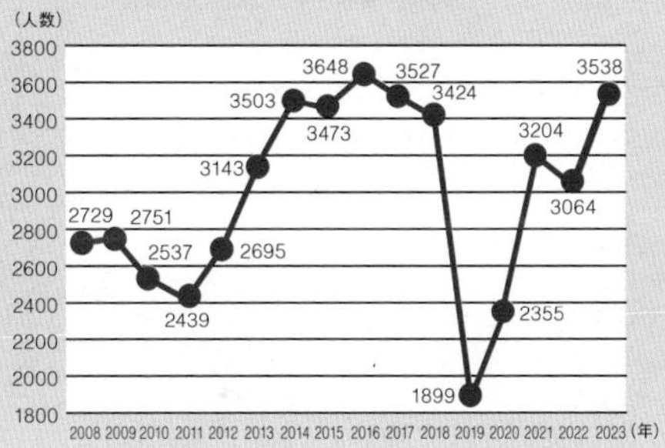

(人数)

年	2008	2009	2010	2011	2012	2013	2014	2015	2016	2017	2018	2019	2020	2021	2022	2023
人数	2729	2751	2537	2439	2695	3143	3503	3473	3648	3527	3424	1899	2355	3204	3064	3538

2024年度入試情報

入試内容

区分	試験	教科・科目	時間	配点	科目内容
一般選抜(前期・後期)	1次	数学	90分	100点	数Ⅰ・数Ⅱ・数Ⅲ・数A・数B※1
		英語	90分	100点	コミュニケーション英Ⅰ・英Ⅱ・英Ⅲ／英語表現Ⅰ・Ⅱ※2
		理科	150分	200点	物基・物、化基・化、生基・生→2科目選択
	2次	適性検査	30分	一点	面接時の参考とする。
		小論文	60分	50点	読解力、理解力、文章表現力、論理性等を評価する
		面接		50点	将来医療を担う人材としての目的意識、態度、表現力、積極性、協調性、社会性等を総合的に評価する
		出願書類	―	―	志願票および調査書は面接時の参考とし、評価結果は面接の評価に加味する。

※1 数学Bは確率分布と統計的推測は除く　※2 英語はリスニング試験は実施しない　※全科目に基準点を設け、1科目でも基準点に達しない場合は、不合格となることがある。※総合得点(500点満点)が同点の場合は、以下の評価により合格者を決定 (1)面接および小論文の合計が高い者 (2)面接の成績が高い者 (3)1次試験の数学および英語の成績が高い者 (4)英語の資格・検定試験成績の取得状況
※詳細については、必ず募集要項を確認ください。

聖マリアンナ医科大学

区分	出願資格	教科	時間	配点	科目内容
学校推薦型選抜（一般公募制）	3.8※以上の現役	基礎学力試験（数学・理科）	90分	200点	数Ⅰ・数Ⅱ・数A・数B※1
		基礎学力試験（英語）	60分	150点	コミュニケーション英Ⅰ・英Ⅱ・英Ⅲ／英語表現Ⅰ・Ⅱ※2
		小論文	60分	50点	読解力、要約力、文章表現力、論理性を評価する。
		個人面接Ⅰ		50点	将来医療を担う人材としての目的意識、態度、表現力、積極性、協調性、社会性等をみる。
		個人面接Ⅱ		50点	
学校推薦型選抜（神奈川県地域枠）	3.8※以上の現役神奈川県内に通算1年以上居住、または県内の高校を卒業見込みの者	基礎学力試験（数学・理科）	90分	200点	数Ⅰ・数Ⅱ・数A・数B※1
		基礎学力試験（英語）	60分	150点	コミュニケーション英Ⅰ・英Ⅱ・英Ⅲ／英語表現Ⅰ・Ⅱ※2
		小論文	60分	50点	読解力、要約力、文章表現力、論理性を評価する。
		個人面接Ⅰ		50点	将来医療を担う人材としての目的意識、態度、表現力、積極性、協調性、社会性等をみる。
		個人面接Ⅱ		50点	

※全体の学習成績が3.8以上で、数学・理科・外国語のそれぞれが4.0以上。
※1 数学Bは確率分布と統計的推測は除く。
※2 英語はリスニング試験を実施しない。

試験日程

区分	募集人員	出願期間	1次試験日	1次合格発表日	2次試験日	合格発表日	入学手続き締切日
一般選抜（前期）	約75名	12/18 ～ 1/29（1/30郵送必着）	2/8	2/14 10:00	2/17・18（いずれか1日）	2/22 10:00	2/29 午後5:00
一般選抜（後期）	約10名	2/13 ～ 2/26（2/27郵送必着）	3/5	3/12 10:00	3/15	3/21 10:00	3/27 午後5:00
学校推薦型選抜（一般公募制）	約25名	11/1 ～ 11/13（11/14郵送必着）	11/25	−	−	12/1 10:00	12/8 午後5:00
学校推薦型選抜（神奈川県地域枠）	7名	11/1 ～ 11/13（11/14郵送必着）	11/25	−	−	12/1 10:00	12/8 午後5:00

※入学辞退者の学費返還申出期限は3/31（正午 必着）。
※神奈川県地域枠と指定校制、一般公募制との併願可（入学検定料90,000円）。神奈川県地域枠に合格した場合、そちらが優先される。この場合入学辞退は認められない。

試験会場

一般選抜（前期） 1次＝東京（パシフィコ横浜ノース1階）
2次＝本学

一般選抜（後期） 1次＝東京（パシフィコ横浜ノース1階）
2次＝本学

学校推薦型選抜 本学

繰上げ合格について

補欠者からの繰り上げは、合格者の手続状況により欠員が生じた場合に補欠順位に従って順位の上位より順次合格とする。本人宛に合格証と手続き書類を簡易書留速達で郵送する。

特待生制度

一般選抜合格者のうち入学者選抜における成績・人物ともに優秀な者は初年度の授業料、教育維持費、教育充実費相当額（547万）を免除する。

繰上げ合格者数

2023		2022		2021		2020	2019	2018	2017	2016	2015
前期	後期	前期	後期	前期	前期						
137	5	148	15	197	8	78	134	50番台	57	135	141

※代官山*MEDICAL*調べ

2023年 医学部レベル判定模試合格判定ライン 220/400点

入試結果

2023年度までの志願者数などの推移＜一般選抜＞

（　）内は女子内数

方式		募集人員	志願者数	受験者数	一次合格者数	2次正規合格者数	補欠者	繰上げ合格者数	合格者総数	入学者数
2023	一般選抜前期	約87	2354 (1053)	2256 (1016)	526 (253)	171 (101)		137	308	87 (48)
	一般選抜後期	約12	1184 (552)	1030 (486)	102 (50)	12 (6)		5	17	12 (7)
	一般公募推薦	約25	24 (15)	24 (15)		11 (6)	0	0	11 (6)	11 (6)
	神奈川県地域枠特別推薦	5	6 (4)	6 (4)		5 (3)	0	0	5 (3)	5 (3)
2022	一般選抜前期	約70	1,867 (815)	1,789 (788)	524 (217)	144 (86)	231	148	292	71 (36)
	一般選抜後期	約10	1,197 (538)	1,038 (477)	77 (35)	11 (7)		15	26	10 (8)
	指定校推薦	約20	52 (39)	52 (39)		19 (18)	0	0	19 (18)	19 (18)
	一般公募推薦	約10	59 (39)	59 (39)		10 (7)	0	0	10 (7)	10 (7)
2021	一般選抜前期	約70	1,992 (834)	1,899 (812)	489 (239)	119 (74)	200	197	316	70 (46)
	一般選抜後期	約10	1,212 (515)	1,073 (472)	80 (30)	10 (4)		8	18	10 (8)
	指定校推薦	約20	75 (49)	75 (49)		20 (13)	0	0	20 (13)	20 (13)
	一般公募推薦	約10	74 (46)	74 (46)		10 (5)	0	0	10 (5)	10 (5)
2020	一般	約80	2,355 (982)	1,993 (871)	523 (253)	129 (69)	–	78	–	77 (38)
	指定校推薦	約20	57 (38)	57 (38)		23 (18)	–	–	–	23 (18)
	一般公募推薦	約10	70 (45)〈併願含む〉	70 (45)〈併願含む〉		10 (6)	–	–	–	10 (6)
	神奈川県地域枠特別推薦	5	14 (11)〈併願含む〉	14 (11)〈併願含む〉		5 (3)	–	–	–	5 (3)
2019	一般	約85	1,899 (710)	1,763 (685)	507 (182)	130 (60)	236	134	非公表	85 (31)
	指定校推薦	約20	67 (33)	67 (33)	–	20 (14)	–	–	–	20 (14)
	一般公募推薦	約10	76 (40)〈指定校との併願含む〉	76 (40)〈指定校との併願含む〉	–	10 (8)	–	–	–	10 (8)
2018	一般	約85	3,424 (1,450)	3,095 (1,347)	517 (204)	130★ (30)	262	50番台	非公表	80 (19)
	指定校推薦	約20	57 (35)	57 (35)	–	25 (17)	–	–	–	25 (17)
	一般公募推薦	約10	59 (35)〈指定校との併願含む〉	59 (35)〈指定校との併願含む〉	–	10 (9)	–	–	–	10 (9)

※代官山*MEDICAL*調べ

★2018年度2次正規合格者130名中に特待合格者5名を含む。

代官山MEDICAL OBレポート

聖マリアンナ医科大学の面接・小論文はこうだった！

面接試験

①形式：個人面接（面接官2名）
②時間：10分～15分
③配点：50点（小論文と合わせ100点満点）
※適性検査あり（次ページ参照）

③面接室の配置

④質問内容

❶緊張しているか
❷適性検査の内容について
❸好きな動物は？
❹好きな食べ物は？
❺友人3人で食事に行こうとしたら、みな食べたいものが異なった。どうする？
❻出身高校の良かったところ
❼もし、入りたくないのに、その高校に入ってしまった子が文句を言っていたらどうする？
❽最も感動したものについて（音楽、映画、本など）
❾好きな場所はどこか。またその魅力について
❿浪人生活について
⓫浪人時代のマイブームは？
⓬（現役合格と比べて）浪人することの利点
⓭調査書について（評点が低いのはなぜ？）
⓮趣味について
⓯部活動について
⓰部活動で得たことで医療に役立つことは？
⓱部活動をしなかった理由
⓲高校時代の委員会活動について（エピソードも）
⓳挫折したことと、それをどう乗り越えたか
⓴親友と話が合わない場合はどうする？
㉑協調性の大切さを実感したエピソードは？
㉒医師志望理由
㉓医師以外でなりたかった職業
㉔なぜ他の職業でなく、医師なのか？
㉕父親は勤務医か
㉖親が働く姿を見て尊敬するところは？
㉗理想の医師像
㉘具体的に何年生の時医師になろうと決めたか
㉙（小学生から目指していたのに）なぜ二浪もしてしまったのか
㉚大学志望理由（複数）
㉛どのような大学生活を送りたいか
㉜なりたい診療科
㉝好きな本について
㉞安楽死について
㉟医師における働き方改革
㊱日本での臓器移植はどうすれば増えるか
㊲犯人と被害者が同時に救急車で搬送されてきたらどうするか？
㊳気になる医療ニュース
㊴1分間で自己PR

代官山*MEDICAL* 小論文科が分析する

聖マリアンナ医科大学小論文の特徴!!

【形式】時間:60分　配点:50点　　縦書き　2023年度は1000字以内
(2022年度までは300字~400字以内だった)

【内容】《現代文型》—現代文読解&説明と意見

文章読解+意見を述べる

近年は漢字などの知識問題は出題されなくなった。1問目でタイトルを考える。問2で内容説明問題。問3で本文を踏まえて自分の意見を述べるという構成。同じ神奈川県内の北里大学と同様のスタイルである。ただ、聖マリアンナ医科大学の場合は、時間が60分と短く制限字数も500~600字程度に抑えられていた。ところが、2023年では1000字以内で書くテーマ型に変更。このスタイルが続く可能性もあり、注意が必要だ。

対策《読解力+表現力》

配点が50点もあるので、2次試験での逆転もありうる。大学が過去問題集を用意しているので、準備したい。問2は語句説明の問題であることが多い。これは、要約を変形するタイプである。本文の論旨を正確にとらえる練習が必要である。また、問3は400字程度の字数制限であるので、コンパクトにまとめていきたい。

昨年のスタイルは杏林大学と似ているのでそちらの過去問をチェックするとよい。

※代官山*MEDICAL*調べ

DAIKANYAMA's Eye

▶ 聖マリアンナ医科大のＹＧ性格検査

質問形式の性格検査の一種である。計120問の質問に「はい」「いいえ」「どちらでもない」の3通りで答えてもらい、その結果から性格特性を測定する。回答・採点が比較的容易にできるため、臨床の場面に限らず教育・産業など日本の幅広い分野で採用されている検査の一つ。判断する項目は、抑うつ性、回帰的傾向、劣等感、神経質、客観性、協調性、攻撃性、一般的活動性、呑気さ、思考的外交、社会的外交の10項目である。

Teikyo University

帝京大学医学部

所在地 〒173-8605 東京都板橋区加賀2-11-1
問合先 〒173-8605 東京都板橋区加賀2-11-1
入試センター 0120-335933(フリーダイヤル)

交通手段

JR「十条駅」下車、徒歩約15分

附属病院・関連施設

附属病院、臨床研修センター、附属溝口病院、ちば総合医療センター、老人保健センター(慈宏の里)

沿 革

1931年 帝京商業学校創立
1966年 帝京大学設立
1971年 医学部設置

アピールポイント

帝京大学 医学部

建学の精神

「努力をすべての基とし偏見を排し、幅広い知識を身につけ、国際的視野に立って判断ができ、実学を通して創造力および人間味豊かな、専門性ある人材の養成を目的とする」

アドミッションポリシー

医学部は、最新の医学・医療に習熟した専門医、チーム医療の中核を担う臨床医、在宅・僻地等で医療を支える地域医療従事者など、社会のニーズを満たすよき医師の育成を目指しています。心身共に健康であり、実習を含む6年間の医学教育に適応でき、かつ高等学校における幅広い学修を通じて、次のような資質を備えている入学者を求めています。

1. 医学を学ぶ上で必要な基礎学力を有している。
2. 高い倫理観と奉仕の心を備えている。
3. 協調性とコミュニケーション能力を有している。
4. 自立した学習態度、問題解決能力を有している。
5. 医学に対する強い熱意・関心・意欲を有している。

2023年度 受験者 入試区分

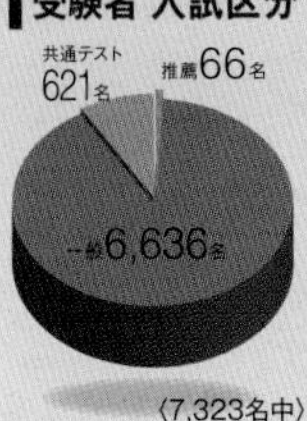

〈7,323名中〉

2023年度 合格者 入試区分

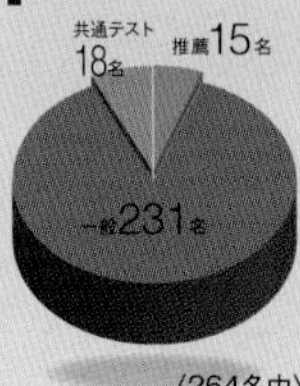

〈264名中〉

2023年度 入学手続者 入試区分

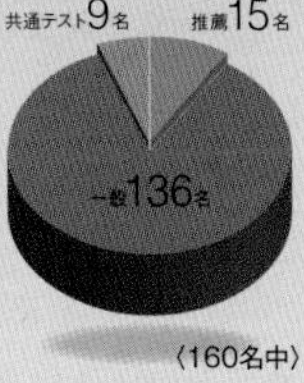

〈160名中〉

2023年度 入学者 現浪比

2023年度 入学者 男女比

志願者の推移（一般選抜）

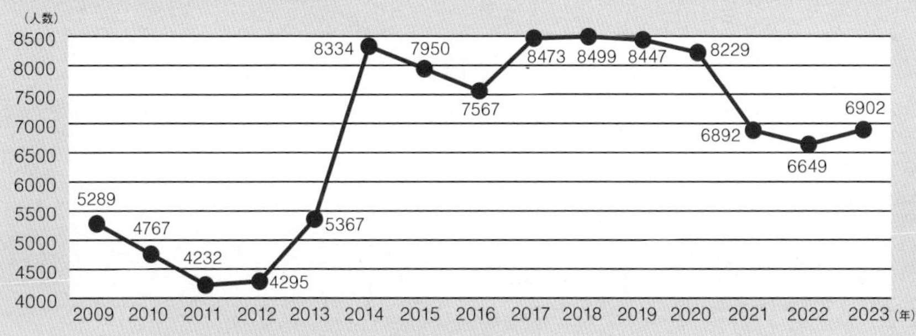

2024年度入試情報

入試内容

区分		科目	出題範囲	科目選択	時間	配点
一般選抜	1次	英語	コミュニケーション英語Ⅰ、コミュニケーション英語Ⅱ、コミュニケーション英語Ⅲ、英語表現Ⅰ、英語表現Ⅱ	必須	60分	各100点
		数学	数学Ⅰ、数学Ⅱ、数学A、数学B（数列、ベクトル）	5科目から2科目選択	120分（2科目）	
		物理	物理基礎、物理			
		化学	化学基礎、化学			
		生物	生物基礎、生物			
		国語	国語総合（古文・漢文を除く）			
	2次	課題作文	出題されたテーマについて、キーワードを全て使って自分自身の考えを書く（300字以内）	—	30分	—
		面接	面接官は2名。		10分程度	—
学校推薦型選抜（公募制4.0以上 現役）		英語	コミュニケーション英語Ⅰ、コミュニケーション英語Ⅱ、コミュニケーション英語Ⅲ、英語表現Ⅰ、英語表現Ⅱ	必須	50分	
		数学	数学Ⅰ、数学Ⅱ、数学A、数学B（数列、ベクトル）		100分（2科目）	
		物理	物理基礎、物理	3科目から1科目選択		
		化学	化学基礎、化学			
		生物	生物基礎、生物			
		小論文	出題されたテーマについて、キーワードを使って自分自身の考えを書く（1,000字以内）	—	30分	—
		面接	面接官は2名。		10分程度	—

※詳細については、必ず募集要項を確認ください。

区分		科目	出題範囲	科目選択	時間	配点
大学入学共通テスト利用選抜	1次	外国語	「英語」※1	必須	110分	各科目100点 合計300点満点 (一次選考)
		数学	「数学Ⅰ」、「数学Ⅰ・数学A」、「数学Ⅱ」、「数学Ⅱ・数学B」	2科目選択※2	Ⅰ・A70分 Ⅱ・B60分	
		理科	「物理」、「化学」、「生物」		60分	
		国語	「国語」※3		80分	
	2次	英語(長文読解)	英語による長文を読み、和文で要旨を200字以内、意見を400字以内で書く		60分	
		課題作文	出題されたテーマについて、キーワードを全て使って自分自身の考えを300字以内で書く		30分	
		面接	受験者1名に対し教員2名10分程度行う		10分程度	

※1「英語」は、リーディング(100点満点)と、リーディング(100点満点)を80点満点に圧縮した点に、リスニング(100点満点)を20点に圧縮して加えた点の2通りを算出し、高得点を採用します。
※2「数学2科目」の組み合わせは認めません。3科目以上受験した場合は、高得点の2科目を合否判定に採用します。
※3「国語」は、「近代以降の文章」(100点満点)と、「近代以降の文章」に「古典(古文・漢文)」(100点満点)を加えた点(200点満点)を100点満点に圧縮した点の2通りを算出し、高得点を採用します。
※詳細については、必ず募集要項を確認ください。

試験日程

区分	募集人員	出願期間(必着)	1次試験日	1次合格発表日	2次試験日	合格発表日	入学手続き締切日
一般選抜	93※1	12/19~1/15	1/25・26・27(自由選択)	1/30	2/6・7(選択)	2/10	2/19
学校推薦型選抜(公募制)	15	11/1~11/7	11/12	—	—	12/1	12/11
大学入学共通テスト利用選抜	8	12/19~1/12	1/13・14	2/10	2/16	2/20	3/11

※入学辞退者の学費返還申出期限は3/31(12:00)。
※1 福島県特別地域枠(2名)、千葉県特別地域枠(2名)、静岡県特別地域枠(2名)、茨城県特別地域枠(1名)を含む。

試験会場

一般選抜 1次=本学板橋キャンパス　2次=本学板橋キャンパス

共通テスト利用選抜 1次=大学入学共通テスト試験会場　2次=本学板橋キャンパス

学校推薦型選抜 本学板橋キャンパス

追加合格について

入学手続状況により欠員が生じた場合、成績上位者より順に相応人数の追加合格を出すことがある。追加合格を出す場合、本学より本人に郵便または電話にて連絡する。追加合格状況に関する問い合わせについては一切答えない。

合格最低点＜一般入試＞

2023	2022	2021	2020	2019	2018	2017	2016	2015	2014	2013	2012
211/300	202/300	176/300	215/300	212/300	217/300	213/300	223/300	233/300	228/300	227/300	229/300

2023年 医学部レベル判定模試合格判定ライン

175※/300点

※3教科分に換算された得点です。

入試結果

2023年度までの志願者数などの推移＜一般選抜＞

方式		募集人員	志願者数	受験者数	合格者総数	入学手続者数	繰上げ合格者数	合格最低点	合格最高点	入学者数
2023	一般選抜	86	6,902	6,442	223	129		211/300	261/300	
	一般選抜（福島枠）	2	75	75	3	2		192/300	204/300	
	一般選抜（千葉枠）	2	38	36	2	2		228/300	247/300	
	一般選抜（静岡枠）	2	64	62	2	2		181/300	196/300	
	一般選抜（茨城枠）	1	22	21	1	1		213/300	213/300	
	共通テスト利用	8	626	621	18	9	18	535/600		
	学校推薦型選抜（公募制）	15	66	66	15	15		171/300	230/300	
2022	推薦選抜	10	49	49	13	13	非公表	165/300	215/300	13
	一般選抜	89	6,390	6,029	171	128	非公表	202/300	276/300	128
	一般選抜（福島枠）	2	110	107	3	2	非公表	201/300	235/300	2
	一般選抜（千葉枠）	2	71	70	2	2	非公表	206/300	221/300	2
	一般選抜（静岡枠）	2	61	59	2	2	非公表	200/300	214/300	2
	一般選抜（茨城枠）	1	17	15	1	1	非公表	204/300	204/300	1
	共通テスト利用	10	581	569	13	10	非公表	442/600	497/600	10
2021	推薦選抜	10	38	38	12	12		176/300	229/300	12
	一般選抜	89	6,640	6,236	172	127		211/300	201/300	
	一般選抜（福島枠）	2	65	57	3	1		191/300	205/300	1
	一般選抜（千葉枠）	2	101	94	3	2		213/300	215/300	2
	一般選抜（静岡枠）	2	67	64	2	2		204/300	205/300	2
	一般選抜（茨城枠）	1	19	19	0	0		−	−	0
	共通テスト利用	10	647	636	13	6		512/600	577/600	
2020	推薦	8	47	47	10	−	−	183/300	227/300	
	一般	91	8,229	7,768	176	−	−	215/300	252/300	−
	センター利用	10	868	852	10	−	−	483/600	543/600	

※代官山*MEDICAL*調べ

代官山*MEDICAL* OBレポート

帝京大学の面接・小論文はこうだった！

①形式：個人面接（面接官1名）②時間：10分

③面接室の配置

●面接官2名

●10分程度に変更

●課題作文あり

出題されたテーマについてキーワードをもとに自分自身の考えを300字以内で書く。

●面接で書類を渡され、それについて問答をすることも

④質問内容

❶一浪してまで医者になりたいと思った理由は？
❷たくさん医学部があるけどどうして帝京なの？
❸大学志望理由
❹医師志望理由
❺併願校
❻学科試験の出来具合は？
❼出身校について
❽どの予備校に通っていたか？
❾高校時代の委員会活動について
❿親族に医師はいるか？
⓫入学後にやりたいことは何か？
⓬調査書について（評定平均値）
⓭出席日数について
⓮委員会について
⓯部活について
⓰父について
⓱浪人生活について
⓲高校に附属中学があるが出身か？外部生か、内部生か？
⓳高校3年間で印象に残ったことは？
⓴得意な科目は何か？
㉑嫌いな科目は何か？
㉒選択した科目について
㉓研究に興味はあるか
㉔医師不足について
㉕好きな本について
㉖自己PR
㉗授業をさぼっている同級生に対して、どう接するか？
㉘テスト前に病気になった。学習計画を変更すべきか、どうか？

※代官山*MEDICAL*調べ

代官山*MEDICAL* 小論文科が分析する

帝京大学小論文・国語の特徴!!

【形式・内容】
《小論文:課題作文》時間:30分　配点:非公開　※一次合格者のみ実施

300字以内で書く課題作文がここ数年で定着している。1行問題に近いテーマ型で出題され、二つのキーワードを必ず使って説明することが求められる。内容は、医師と患者さんとのコミュニケーション、医療費の問題など、医療系の重要テーマに関する出題も多い。そのため、短い字数だからと甘く見ず、簡潔かつ中身のある文章を書く練習を行う必要がある。

《国語》時間60分　配点:100点(※三科目を選択。合計300点)

現代文のみの出題。

現代文は私大現代文らしく、漢字などの知識問題も多く出題される。時間のわりに分量が多く、問題処理能力が問われている。18年から30字以内の記述問題も出題されている。

対策 《処理能力を磨く》

課題作文は、字数が300字と少ないので要領よくまとめる練習をしておきたい。必要なことだけを書く練習をすることが必要である。設問で問われていないことにつき、長々と書かないように普段から心がけるべきだ。社会的なテーマに対応するため、普段から社会問題の分析をしておこう。杏林、東海などの過去問を300字、30分で解く練習が効果的であろう。

現代文は、医学部の過去問を数年分解いておきたい。時間を測って速く、かつ、正確に解けるように練習しよう。ボーダーはかなり高いと思われるので、完答を目標にしてできるだけ高得点がとれるよう、頑張ろう。

※代官山*MEDICAL*調べ

東海大学医学部

所在地　〒259-1193 神奈川県伊勢原市下糟屋143
問合先　〒259-1193 神奈川県伊勢原市下糟屋143
入試広報課（Tel.0463-58-1211）

■交通手段

小田急小田原線「伊勢原駅」下車、
東海大学病院行きバス利用（所要時間約10分）

■附属病院・関連施設

医学部付属病院、医学部付属東京病院、
医学部付属大磯病院、医学部付属八王子病院、
総合医学研究所、スポーツ医科学研究所

■沿革

1942年　学園創設
1946年　旧制大学令により東海大学認可
1974年　東海大学医学部開設

アピールポイント　東海大学 医学部

「科学とヒューマニズムの融和」。それは、東海大学が開学以来大切に受け継ぎ、育ててきた教育のテーマ。あらゆる変革や挑戦の根幹を成す基本精神でもある。
旧来の教育哲学や方法論に固執せず、欧米の先進的な医学教育のスタイルを積極的に取り入れながら、東海大学医学部は独自の教育環境を創り出してきた。COS カリキュラムやクリニカルクラークシップの導入、海外留学のチャンス拡大など、時代に先駆けて行ってきた改革的な取り組みは、他の大学にも波及し、日本の医学教育の変革に大きな影響をもたらした。文部科学省『特色ある大学教育支援プログラム』などにも採択され、東海大学医学部独自の医学教育改革が広く認められることになった。

アドミッションポリシー

「科学とヒューマニズムの融和」の精神のもとで『良医』を育成するとともに、『生命科学研究』を実践することを目的とします。医学部が育成する『良医』とは、幅広い視野に立ち、広範な知識・確かな技能・豊かな創造性を持つとともに、社会的役割を認識し、人に対する尊厳を忘れない人間性豊かな医師です。また、医学部が実践する『生命科学研究』は、生命倫理に対する高い見識に裏付けられた、創造的かつ先進的な研究を指します。この教育目標を理解し、その目標を達成するために自ら学ぶ意欲を持った人を求めます。

2023年度 一般選抜 志願者の現浪比

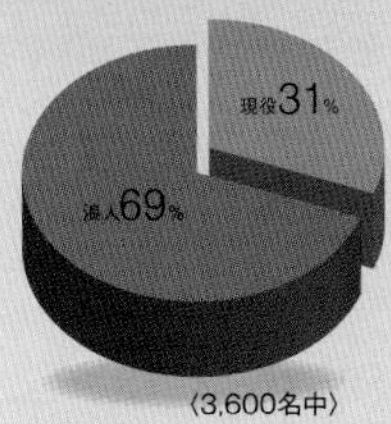

〈3,600名中〉

2023年度 一般選抜 志願者の男女比

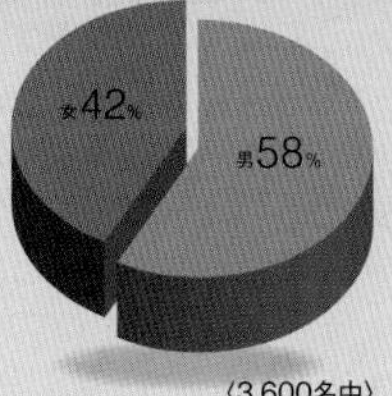

〈3,600名中〉

2023年度 一般選抜 合格者の現浪比

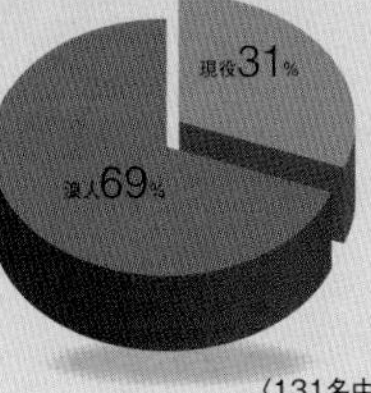

〈131名中〉

2023年度 一般選抜 合格者の男女比

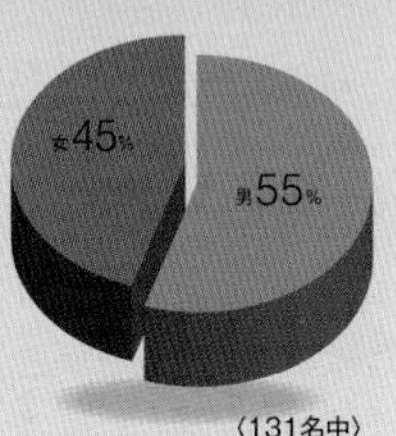

〈131名中〉

志願者の推移（一般選抜）

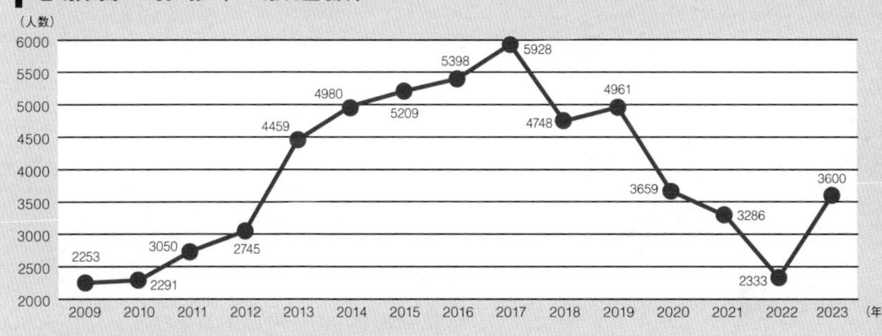

2024年度入試情報

入試内容

区分	試験	教科	時間	配点	科目内容
一般選抜	1次	理科	70分	100点	物基·物、化基·化、生基·生→1科目選択
		数学	70分	100点	数Ⅰ·数Ⅱ·数A·数B（数列·ベクトル）
		英語	70分	100点	コミュニケーション英語Ⅰ·Ⅱ·Ⅲ、英語表現Ⅰ·Ⅱ
	2次	小論文	45分	一点	500字
		面接	10〜20分	一点	個人面接
大学入学共通テスト利用選抜 神奈川県地域枠※ 静岡県地域枠※	共通テスト	外国語	110分	200点	リーディング（160点）·リスニング（40点）
		数学	Ⅰ·A70分 Ⅱ·B60分	200点	数Ⅰ·数A、数Ⅱ·数B
		理科	各60分	200点	物、化、生→2科目選択
	2次	小論文	45分	一点	500字以内
		面接	10〜20分×2※1	一点	個人面接

※出願資格は募集要項をご確認ください。

区分	出願資格	試験	教科	時間	配点	科目内容
総合型選抜（希望の星育成）	現役のみ、評定3.8以上、2名以上の「人物評価書」を提出。	1次	小論文	60分	一点	800字以内
			オブザベーション評価※	120分程度	一点	一
			面接	20～30分程度	一点	一
		2次（共通テスト）	外国語	110分	200点	リーディング（160点）・リスニング（40点）
			数学	Ⅰ·A70分 Ⅱ·B60分	各100点	数Ⅰ·数A、数Ⅱ·数B
			理科	各60分	各100点	物、化、生→2科目選択

※当日発表される課題に対し個人やグループで課題に取り組む態度などを通して思考力、発信力等を評価。　※詳細については、必ず募集要項を確認ください。

区分	出願資格	試験	教科	時間	配点
特別選抜（展学のすすめ）	4年制以上の大学（外国の大学を含む）を卒業した者（学士）あるいは、2年以上在学し62単位以上を修得した者、短大·高専·専門学校を卒業した者及び2023年3月修得見込みの者。	1次	英語	90分	100点
			小論文	80分	100点
		2次	個人面接	20分程度×2	240点
				5分程度×2	

試験日程

区分	募集人員	出願期間	1次試験日	1次合格発表日	2次試験日	合格発表日	入学手続き締切日
一般選抜	60	1/4～1/20※3 23:59まで	2/2·3（自由選択）	2/8	2/11·12（選択）	2/17	2/24（消印有効）
大学入学共通テスト利用選抜·神奈川地域枠·静岡県地域枠※1	18※1	1/4～1/12※4 23:59まで	1/13·14	2/8	2/11·12（選択）	2/17	2/24（消印有効）
総合型選抜（希望の星育成）	10	9/20～10/10（必着）	10/22	11/1	1/13·14※2	2/8	2/16（消印有効）
特別選抜（展学のすすめ）	10	9/11～9/29（消印有効）	10/28	11/6	11/19	12/1	12/14（消印有効）

※1 大学入学共通テスト利用10名、神奈川県枠5名、静岡県枠3名　※入学辞退者の学費返還申出期限は3/30　16時（必着）
※2 2次試験の出願期間は12/11～12/20（必着）　※3 出願書類は1/23郵送必着　※4 出願書類は1/16郵送必着

試験会場

一般選抜　1次＝東京（TOC有明）、横浜（TKPガーデンシティPREMIUMみなとみらい）、名古屋（秀英予備校名古屋本部校）、大阪（CIVI研修センター新大阪東）、福岡（福岡県中小企業振興センター）
2次＝本学伊勢原校舎

大学入学共通テスト利用選抜·神奈川県地域枠·静岡県地域枠　1次＝大学入学共通テスト試験会場
2次＝本学伊勢原校舎

総合型選抜（希望の星育成）　1次＝本学伊勢原校舎　2次＝大学入学共通テスト試験会場

特別選抜（展学のすすめ）　1次＝本学伊勢原校舎　2次＝本学伊勢原校舎

繰上げ合格について

合格者の入学手続の結果、欠員が生じた場合に限り「補欠者」の中から、繰り上げて合格を決定する場合がある。繰り上げ合格者には、インターネットで知らせる（大学から通知を郵送することはない）。

奨学金制度

人物·学業·成績ともに優れ、特定地域医療機関への就職を希望する医学部医学科学生に対して貸与し、本学が指定する特定地域医療機関（臨床研修を本学医学部付属病院とし、その後本学医学部付属病院群）において、原則として卒業後ただちに6年間勤務を果たした場合、返還が免除される。

繰上げ合格者数＜一般選抜＞

2023	2022	2021	2019	2018	2017	2016	2015	2014
50	16	34	62	43	7	70	74	58

2次繰上合格最低得点率＜一般選抜＞（300満点）

2023	2022	2021	2019	2018	2017	2016	2015	2014
非公表	非公表	非公表	非公表	82.0%	84.0%	83.7%	80.9%	73.0%

2023年 医学部レベル判定模試合格判定ライン

※3教科分に換算された得点です。

入試結果

2023年度までの志願者数などの推移＜一般選抜＞

（　）内は女子内数

年度	方式	募集人員	志願者数	受験者数	一次合格者数	2次正規合格者数	補欠者	繰上げ合格者数	合格者総数	一次合格最低点	正規合格最低点	繰上げ合格最低点	入学者数
2023	一般入試	60	3,600	3,186	313	69	−	62	131	−	−	−	−
2023	共通テスト利用選抜	10	657	654	120	16	−	38	54	−	−	−	−
2023	共通テスト利用選抜（神奈川県地域枠）	5	126	125	33	5	−	12	17	−	−	−	−
2023	共通テスト利用選抜（静岡県地域枠）	3	175	175	34	3	−	13	16	−	−	−	−
2023	AO入試（希望の星育成）	10	109	108	45	15	−	−	−	−	−	−	−
2023	特別選抜（展学のすすめ）	10	199	192	28	10	−	−	−	−	−	−	−
2022	一般入試	60	2,333 (824)	2,005 (745)	298 (96)	86 (31)	120 (32)	16 (5)	102 (36)	−	−	−	47 (16)
2022	共通テスト利用選抜	10	445 (189)	442 (187)	121 (39)	26 (6)	22 (6)	4 (2)	30 (8)	−	−	−	10 (2)
2022	共通テスト利用選抜（神奈川県地域枠）	5	74 (43)	74 (43)	35 (18)	5 (2)	20 (13)	7 (4)	12 (6)	−	−	−	5 (3)
2022	共通テスト利用選抜（静岡県地域枠）	3	58 (26)	58 (26)	33 (13)	3 (0)	16 (9)	4 (4)	7 (4)	−	−	−	3 (2)
2022	AO入試（希望の星育成）	10	98 (56)	98 (56)	54 (36)	24 (14)			24 (14)	−	−	−	18 (11)
2022	特別選抜（展学のすすめ）	10	223 (113)	213 (107)	37 (21)	10 (8)			10 (8)	−	−	−	7 (6)
2021	一般入試	60	3,286 (1,275)	2,779 (1,093)	311 (112)	92 (37)	114 (47)	34 (14)	126 (51)				67 (26)
2021	共通テスト利用選抜 神奈川県地域枠・静岡県地域枠	18	804 (353)	792 (350)	191 (86)	29 (12)	54 (24)	31 (13)	60 (25)				15 (6)
2021	AO入試（希望の星育成）	5	49 (29)	49 (29)	30 (22)	22 (17)	0 (0)	0 (0)	8 (6)				4 (2)
2021	一般編入学	15	218 (96)	200 (89)	32 (16)	15 (7)	0 (0)	0 (0)	15 (7)				13 (6)
2020	一般入試	60	3,659	3,205	339	92	151	47	139	−	−	−	−
2020	センター利用	10	903	888	118	25	36	25	50	−	−	−	−
2020	静岡県地域枠	3	123	122	32	3	14	5	8	−	−	−	−
2020	神奈川県地域枠	5	151	150	29	5	18	8	13	−	−	−	−
2020	AO入試（希望の星育成）	5	61	61	33	23	0	−	3	−	−	−	−
2020	一般編入学	15	258	244	40	15	0	−	15	−	−	−	−
2019	一般入試	60	4,961 (1,956)	4,150 (1,965)	387 (149)	88 (42)	191 (73)	62	150 (70)	非公表	非公表	非公表	65 (29)
2019	センター利用	10	1,164 (478)	1,144 (472)	152 (58)	31 (12)	66 (27)	14	45 (20)	非公表	非公表	非公表	10 (4)
2019	静岡県地域枠	3	172 (69)	168 (69)	39 (16)	3 (2)	16 (8)	5	8 (5)	非公表	非公表	非公表	3 (2)
2019	神奈川県地域枠	5	120 (61)	119 (60)	33 (17)	5 (3)	15 (11)	4	9 (6)	非公表	非公表	非公表	5 (2)
2019	AO入試（希望の星育成）	5	69 (40)	68 (39)	31 (16)	11 (6)	−	−	2 (0)	非公表	非公表	非公表	1 (0)
2019	一般編入学(注)	15	241 (110)	236 (107)	60 (19)	15 (6)	5 (2)	0	15 (6)	非公表	非公表	非公表	15 (6)

※代官山*MEDICAL*調べ
※合格最低点は、標準偏差値を用いた標準化後の得点の満点に対する得点率
※2016年度については静岡県地域枠(3名)を一般入試の募集に含む
(注)2017年一般編入学試験については、2016年度の結果を記載
(注)2018年一般編入学試験については、2017年度の結果を記載
(注)2019年一般編入学試験については、2018年度の結果を記載

代官山*MEDICAL* OBレポート

東海大学の面接・小論文はこうだった！

面接試験

①形式：個人面接（面接官2名）

②時間：個人面接（10分～20分×2）

③面接室の配置

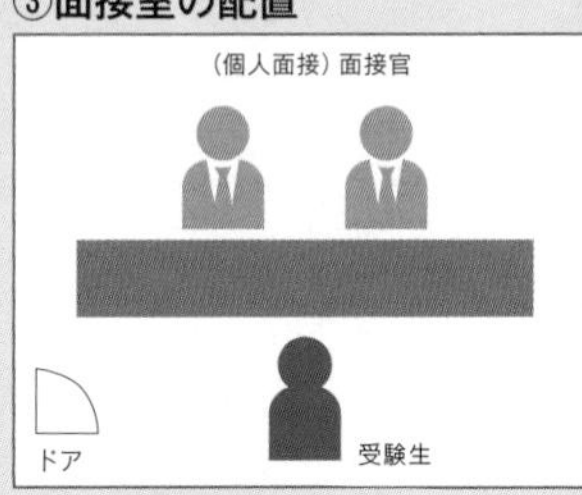

④質問内容

❶1分間のスピーチ（育児休暇取得の是非など）
❷これまでの経験で活かせることはあるか
❸現代の若者の性格上の問題点について どう思うか
❹どんな医師になりたいですか
❺部活動について
❻自己紹介をしてください
❼長所は？具体的なエピソードを教えてください。
❽友達を2人あげて、その思い出について話してください。
❾地元の医療はどう？他はどこを受けた？
❿神奈川だと一人暮らしをしなくちゃいけないけれど大丈夫か
⓫今までで嬉しかったこと、辛かったこと
⓬何科に行きたい？
⓭大学を出たら地元で医師をやるのか。
⓮気になる時事問題
⓯この町に住みたい？
⓰医師不足について
⓱最近読んだ本
⓲科学雑誌を読んだことがあるか
⓳高校生活について
⓴調査書に書いてある活動歴について
㉑医師として患者と向き合う場合、どんな点に気をつけるか
㉒コミュニケーションをとるうえで大切なことは何ですか？

※代官山*MEDICAL*調べ

代官山MEDICAL 小論文科が分析する

東海大学小論文の特徴!!

【形式】時間:45分　配点:4段階評価　　横書き　　500字以内

【内容】《さまざまな形式》―絵や写真、詩に対して感想を述べる問題や、川柳を踏まえる問題など的を絞らせないような多様な出題が多い。2019年度は、テキストを踏まえた上でリンゴの剥き方を説明する問題が、2020年度はシャーロックホームズ「緋色の研究」の本文が、出題されている。一方で、AIが話題になった際にいち早く出題されるなど、最新の時事問題に対する出題も多い。2020年度は前年に焼失したノートルダム寺院への寄付に対する批判的な新聞記事が出題されている。

意表を突く問題が出題されても焦る必要はない。そこから何を感じたか何を表していると思ったのかを示せばよい。制限時間が45分と短いので、要領よく解答を作成することが求められる。途中答案は避けること。

対策 《体験作文の利用》―自己分析に基づき、客観的に書く

段階評価であり、一応の評価を得ることを目標とする。ABCD評価でD判定をとりさえしなければよいと思われる。したがって、攻めの小論文より守りの小論文が大切。時間が短いが、字数不足、途中答案にならないような注意が必要である。出題形式はさまざまであるが、一般的な分析力があれば問題ない。文章読解が出題されたときは、設問の誘導に注意しながらも、論旨を踏まえることを忘れずに。

※代官山MEDICAL調べ

Tokyo Medical University

東京医科大学

所在地　〒160-8402 東京都新宿区新宿6-1-1
問合先　〒160-8402 東京都新宿区新宿6-1-1
学務課入試係（Tel.03-3351-6141）

■交通手段

地下鉄都営新宿線「新宿三丁目駅」下車、徒歩10分
東京メトロ丸ノ内線「新宿御苑前駅」下車、徒歩7分

■附属病院・関連施設

病院、(財)東京医大がん研究事業団、
茨城医療センター、八王子医療センター、
医学総合研究所、上高地診療所

■沿 革

1916年　日本医学専門学校（現日本医科大学）の学生約450名が同盟退学し、医学校新設に奔走
1918年　東京医学専門学校設立の認可
1946年　東京医科大学設立が認可され、附属淀橋病院を東京医科大学病院に改称
1949年　旧制大学学部開設が認可
1952年　新制大学の設置が認可

東京医科大学

願書に役立つ！

建学の精神

本学の建学の精神は『自主自學』であり、自主性を重んじた医学教育を実践している。校是として「正義・友愛・奉仕」を掲げ、患者とともに歩むことのできる医療人を一世紀にわたり育成してきた。
本学では、この建学の精神、校是およびミッションを理解し、多様性、国際性、人間性を兼ね備えた医療人となる高い志を持った、次のようなアドミッションポリシーを持つ人を求めている。

アドミッションポリシー

①十分な基礎学力を持ち、自ら問題を発見し解決しようとする意欲のある人。
②基本的な倫理観と思いやりの心を持ち、利他的に考えることができる人。
③礼節を重んじながら自らの考えを他者に伝えるとともに、他者の多様な意見を理解しようとする協調性と柔軟性に富む人。
④多様な文化・変容する社会の中での自らの使命を理解しようとする人。

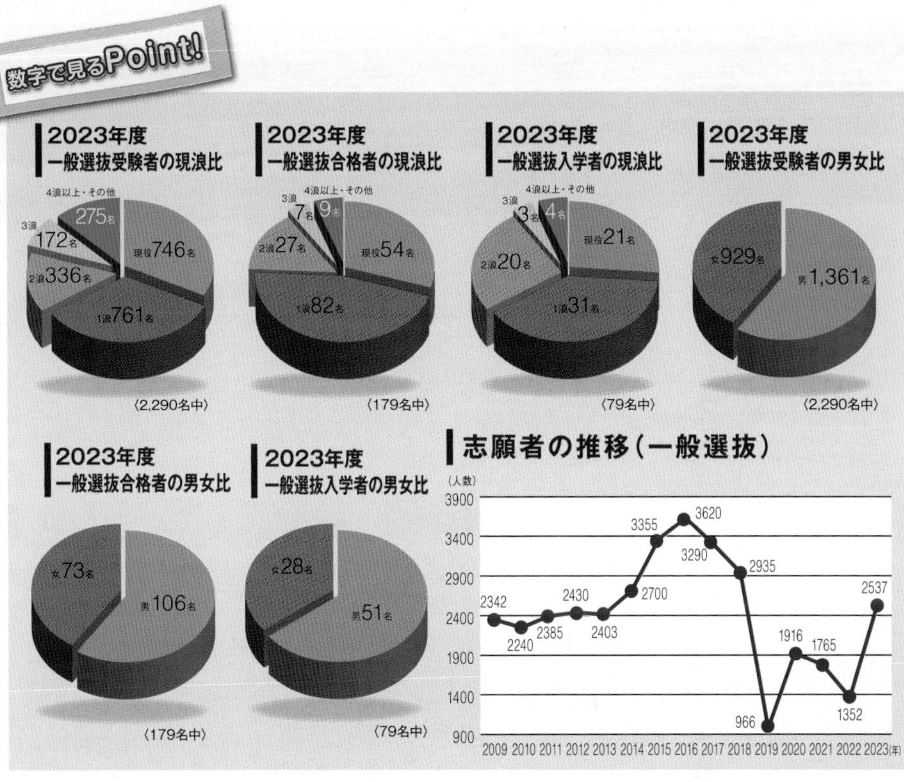

2024年度入試情報

入試内容

区分	試験	教科	時間	配点	科目内容
一般選抜 ※2	1次 ※3	理科	120分	200点	物基・物、化基・化、生基・生→2科目選択※1
		数学	60分	100点	数Ⅰ・数Ⅱ・数Ⅲ・数A・数B（数Bは数列及びベクトルが出題範囲）
		外国語	60分	100点	コミュニケーション英語Ⅰ・コミュニケーション英語Ⅱ
	2次	小論文	60分	60点	
		面接	10分	40点	
共通テスト利用選抜 ※2	1次	国語	80分	200点	国語
		数学	Ⅰ･A70分 Ⅱ･B60分	200点	数Ⅰ・数A、数Ⅱ・数B
		地歴・公民	60分	100点	世A、世B、日A、日B、地理A、地理B、現社、倫、政経、倫・政経→1科目選択
		理科	各60分	200点	物、化、生→2科目選択
		外国語	110分	200点	英（リーディング150点、リスニング50点）
	2次	小論文	60分	60点	
		面接	10分	40点	

※1 理科は試験場で問題配布後の選択となる。理科の科目間で20点以上の平均点の差が生じ、これが試験問題の難易度によるものと認められる場合には、中央値補正法により、得点調整を行なう。
※2 面接が著しく低い場合、合計点に関わらず不合格となる場合がある。
※3 マークシート方式で実施する。ただし、英語については、思考力、判断力、表現力を評価するため一部に記述式問題を出題する。

区分	出願資格	教科	時間	配点	科目内容
学校推薦型選抜※1（一般公募）・地域枠	一般公募は4.0以上の現役、地域枠は県内で4.0以上の現役・1浪	小論文	120分	36点	日本語の課題、英語の課題各1題
		基礎学力検査	70分	100点	数学、物理、化学、生物
		面接	一分	24点	個人面接
		書類審査		12点	推薦書、調査書、志望の動機書、学歴及び職歴（予備校含む）
全国ブロック別学校推薦型選抜※2	4.0以上の現役・1浪	基礎学力検査	70分	―	数学、物理、化学、生物
		小論文	120分	36点	日本語の課題、英語の課題各1題
		面接	一分	32点	MMI※3
		書類審査		12点	推薦書、調査書、志望の動機書、学歴及び職歴（予備校含む）

※面接が著しく低い場合は、合計点に関わらず不合格となることがある。
※1 合計得点が同点の場合は①基礎学力検査の点数により順位付けを行い、この点数も同点の場合には②面接の点数、③小論文の点数により順位付けを行う。
※2 合計得点が同点場合は①面接の得点により、順位付けを行い、この点数も同点の場合には②小論文の点数、③基礎学力検査の点数により順位付けを行う。
※3 基礎学力検査が合格基準点に達した者のみ面接を受験する。
※詳細については、必ず募集要項を確認ください。

試験日程

区分	募集人員	出願期間（消印有効）	1次試験日	1次合格発表日	2次試験日	合格発表日	入学手続き締切日
一般選抜	74	12/11～1/10	2/7	2/15 10時	2/17	2/22 10時	3/4 15時（郵送必着）
共通テスト利用選抜	10以内	12/11～1/10	1/13·14	2/15 10時	2/17	2/22 15時	3/4 15時（郵送必着）
学校推薦型選抜（一般公募）	32以内	11/6～11/17	12/2	―	―	12/7 10時	12/14 12時まで
全国ブロック別学校推薦型選抜	6以内（各ブロックから1名ずつ）	11/6～11/17	12/2	12/7	12/16	12/21 10時	12/28 12時まで

※学校推薦型選抜の募集人員は、一般公募20名以内、茨城県地域枠８名以内、埼玉県地域枠２名以内、新潟県地域枠3名以内。
※一般選抜・共通テスト利用選抜の補欠合格者発表は3/6 10:00

試験会場

一般選抜 1次＝本学、ベルサール新宿グランド
2次＝本学

共通テスト利用選抜 1次＝大学入学共通テスト試験会場　2次＝本学

学校推薦型選抜 本学

繰上げ合格について

補欠合格者の発表はUCAROで行う。合否照会期間にUCAROにアクセスし、受験一覧から合否照会画面に進み、結果を確認する。補欠者には補欠順位を知らせる。補欠合格者は合否照会画面で合格通知書をダウンロード可能。補欠合格発表日以降に合格者の入学手続状況により、欠員が生じた場合に限り、補欠者の上位からUCAROに登録された電話番号へ本学から直接電話で連絡する。なお24時間以内に連絡がつかない場合は、辞退とみなされることがある。補欠者の繰り上げ合格の状況は本学受験生サイトにて随時更新する。

特待生制度

一般選抜成績上位40名まで、共通テスト利用選抜成績上位10名までの者には初年度に納入する授業料290万円を免除する。

繰上げ合格者数（一般入試）

2023	2022	2021	2020	2019	2018	2017	2016	2015	2014	2013
41	126	61	71	99	96	56	79	78	91	68

2023年 医学部レベル判定模試合格判定ライン **265**/400点

入試結果

2023年度までの志願者数などの推移<一般選抜>

( )内は女子内数

年度	方式	募集人員	志願者数	受験者数	一次合格者数	2次正規合格者数	補欠者	2次合格最低点	繰上げ合格者数	合格者総数	入学手続き者数	入学者数
2023	一般	79	2,537 (999)	2,290 (929)	430 (144)	133	186	312/500	46	179 (73)	110 (46)	79 (28)
	共通テスト利用	10	769 (309)	759 (307)	156 (61)	31	51	814/1,000	18	49 (22)	17 (5)	10 (3)
	一般公募推薦	20	98 (55)	97 (55)		20 (14)	0	118/172	0	20 (14)	20 (14)	20 (14)
	茨城県地域枠特別推薦	8	23 (12)	23 (12)		8 (3)	0	115/172	0	8 (3)	8 (3)	8 (3)
	埼玉県地域枠特別推薦	2	16 (10)	16 (10)		2 (1)	0	110/172	0	2 (1)	2 (1)	2 (1)
	新潟県地域枠特別推薦	3	15 (6)	14 (6)		3 (1)	0	112/172	0	3 (1)	3 (1)	3 (1)
2022	一般	79	2,173 (821)	1,940 (748)	423 (126)	119	223	340/500	126	245 (81)	112 (34)	79 (22)
	共通テスト利用	10以内	503 (221)	499 (220)	141 (50)	21	71	739/1000	69	90 (37)	18 (5)	10 (4)
	一般公募推薦	20以内	87 (46)	86 (45)		20 (10)	0	110/172	0	20 (10)	20 (10)	20 (10)
	茨城県地域枠特別推薦	8名以内	29 (10)	29 (10)		8 (3)	0	105/172	0	8 (3)	8 (3)	8 (3)
	山梨県地域枠特別推薦	2名以内	6 (1)	6 (1)		2 (1)	0	108/172	0	2 (1)	2 (1)	2 (1)
	新潟県地域枠特別推薦	2名以内	8 (5)	8 (5)		2 (1)	0	99/172	0	2 (1)	2 (1)	2 (1)
2021	一般	79	1,765 (715)	1,541 (629)	352 (138)	112 (111)	143		161	273 (111)	119 (45)	79 (32)
	共通テスト利用	10以内	537 (242)	536 (241)	158 (66)	14	39		17	31 (11)	12 (4)	10 (4)
	公募推薦	20以内	97 (47)	96 (47)		20 (11)				20 (11)	20 (11)	20 (11)
	茨城県地域枠特別推薦	8以内	22 (10)	22 (10)		8 (5)				8 (5)	8 (5)	8 (5)
	山梨県地域枠特別推薦	2以内	5 (2)	5 (2)		2 (1)				2 (1)	2 (1)	2 (1)

年度	方式	募集人員	志願者数	受験者数	一次合格者数	2次正規合格者数	一次補欠者	二次補欠者	繰上げ合格者数	合格者総数	正規合格最低点	入学者数
2020	一般	75	1,916 (697)	1,579 (593)	408 (138)	97	157		71	168 (57)	–	85 (29)
	センター利用	14	700 (282)	697 (282)	153 (61)	33	60		60	93 (37)	–	5 (5)
	公募推薦	20	83 (41)	83 (41)	–	20 (9)			–	20 (9)	–	20 (9)
	茨城県地域枠特別推薦	8	15 (6)	15 (6)	–	7 (4)			–	7 (4)	–	7 (4)
	山梨県地域枠特別推薦	2	3 (1)	3 (1)	–	2 (0)			–	2 (0)	–	2 (0)
2019	一般	38 (臨時増員4名含む)	966 (352)	786 (288)	379 (135)	34	155		98	132 (48)	268/500※	59 (16)
	一般センター利用	12	347 (138)	342 (136)	141 (58)	12	66		76	88 (36)	–	13 (4)
	公募推薦	20以内	95 (39)	93 (38)	–	20 (7)			0	20 (7)	–	20 (7)
	茨城県特別推薦	8以内	15 (5)	15 (5)	–	6 (3)			0	6 (3)	–	6 (3)
	山梨県特別推薦	2以内	5 (3)	5 (3)	–	2 (1)			0	2 (1)	–	2 (1)
2018	一般	75	2,935 (1,124)	2,614 (1,018)	451 (148)	75	100	61	96	171 (30)		85 (14)
	一般センター利用	15	922 (387)	917 (384)	178 (69)	15	55		28	43 (4)		8 (0)
	茨城県地域枠	3	5 (4)	4 (3)	0	0			0	0		0
	公募推薦	20以内	116 (67)	113 (64)	–	20 (8)			0	20 (8)		20 (8)
	茨城県特別推薦	8以内	20 (10)	20 (10)	–	5 (1)			0	5 (1)		5 (1)
	山梨県特別推薦	2以内	9 (2)	9 (2)	–	2 (0)			0	2 (0)		2 (0)

※**代官山***MEDICAL*調べ
※小論文60点＋面接40点を含む(計500点)、1次合格最低点は184点/400点。

代官山*MEDICAL* OBレポート

東京医科大学の面接・小論文はこうだった！

面接試験

①形式：個人面接（面接官3名）

②時間：10分

[重要] 3年前の4月にアドミッションポリシーが改訂されたので必ず内容を確認しておくこと!!

③面接室の配置

④質問内容

❶面接対策してきた?
❷電車で携帯電話を使っていた人がいたらどうするのか?
❸電車でメイクをしている女性についてどう思うか。
❹あなたの人生で最もつらかったことは?
❺最近読んだ本は?
❻何か今までで問題が起きて解決したことがあるか。どう解決した?
❼倫理的なことについて、今、考えていることある?
❽大学志望理由
❾医師志望理由
❿将来何科に進みたいか
⓫将来は臨床か研究か、勤務医か開業医か
⓬出身校、部活動
⓭ボランティア経験
⓮高校の総合学習について
⓯得意科目・不得意科目
⓰試験会場までどのようにしてきたか
⓱長所、短所
⓲大学でやりたいこと
⓳最近のニュースで興味があること
⓴コミュニケーションで使う英語と受験勉強での英語に違いがあるか
㉑出生率の低下についてどう思うか
㉒マナーの悪い人を見かけるが、どう思うか
㉓父親を尊敬している点、尊敬できない点
㉔今までで苦労したこと
㉕意見のあわない人がいたらどうするか
㉖緊張しているか
㉗昨日はよく寝れたか
㉘医学倫理とは何だと考えるか
㉙中学・高校時代はどんな生活をしていた?
㉚部活は何をしていたか
㉛調査書を見て、検定試験頑張っているけれど、どういう風に勉強していたか
㉜浪人生活の1年間はどうだったか
㉝去年受験した時はどのような気持ちで受験したか?
㉞高校時代の勉強の取り組み方
㉟今回の成績で合格できると思うか
㊱1年間ドイツ語を習っていたが、ドイツ語は話せるか
㊲今までで一番つらいことは?→祖父の死→祖父に何か言われてきたことはあるか
㊳動物の解剖をやったことはあるか
医師になったらもっとやるけれど大丈夫か
㊴最近の社会問題で何か思うことはあるか
㊵SNSについてどう思うか
㊶本学の建学の精神、校是について
本学の理念「自学自習」についてどう思うか。
㊷チーム医療は何が必要か
㊸資料を読んで質問に答える（150字くらい）
テーマは「高齢化について」、「ヒューマンエラーについて」

※代官山*MEDICAL*調べ

代官山MEDICAL 小論文科が分析する

東京医科大学小論文の特徴!!

【形式】時間:60分　配点:60点　横書き　400字ないしは600字以内
【内容】《文章読解型》—かつては要約のみだったが、ここ数年は、要約したうえで自分の意見を述べる、もしくは、条件に基づき下線部を説明する出題が定着している。字数は年度により変わるが、概ね600字程度。文章のテーマは多様なので、基本的な読解力を身につけておく。思いのほか、得点差がつきやすいので注意が必要。

対策《読解力と説明力を磨く》

文章自体は平易だが、人間心理の深い部分にまで及ぶ内容が多く、本質的に理解するための読解力が必要である。日頃から、ある程度まとまりのある文章を読んで、内容を簡潔かつ的確にとらえる練習をしよう。特にエピソード中心の文が多いため、筆者はそのエピソードから何を伝えたいのかをしっかり理解すること。冒頭に筆者の意見を要約する際には、文中のキーワードを使いつつ、足りない部分は自分の言葉で補って整理していくことが重要である。この際、一文が長くなり過ぎないよう(50字程度)、要約部分が多くなりすぎないよう、注意すること。また、設問の条件が複数ある問題も多いので、構成を考える際に必ず条件を満たしているか、確認しよう。意見が求められる場合は、筆者の意見に対して何を述べたいのか、問題提起を行い、結論部でそれに答える形で構成しよう。

※代官山MEDICAL調べ

The Jikei University

東京慈恵会医科大学

所在地　〒105-8461 東京都港区西新橋3-25-8
問合先　〒105-8461 東京都港区西新橋3-25-8
入試事務室(Tel.03-3433-1111)

交通手段

都営地下鉄三田線「御成門駅」下車、徒歩約5分、
JR「新橋駅」下車、徒歩約12分

附属病院・関連施設

附属病院、総合医科学研究センター、葛飾医療センター、附属第三病院、附属柏病院、晴海トリトンクリニック

沿 革

1881年　東京慈恵会医科大学の前身・成医会講習所を開設
1887年　東京慈恵医院と改め、成医会講習所も成医学校に、次いで東京慈恵医院医学校に改称
1907年　社団法人東京慈恵会が設立、東京慈恵医院は東京慈恵会医院に改称
1921年　大学令の公布を機会に東京慈恵会医科大学に昇格

アピールポイント　東京慈恵会医科大学

建学の精神

『病気を診ずして病人を診よ』

大学の教育理念

医学の基本である“知識・技術・医の心”を学ぶことによって医学を深く理解し、豊かな人間性と倫理的・科学的判断力を涵養することである。これらのことはすなわち「病気を診ずして病人を診よ」という建学の精神に基づいて、全人的な医学・医療を実践するための礎を作ることである。

アドミッションポリシー

1.変化する社会、多様な文化や人々の中での医療ニーズを学び、社会における医師の職責について学修することができる。
2.多様な個性・異文化の人々と交流ができる。
3.汎用的技術としての数理的スキル、論理的思考力、問題解決能力を有する。
4.自らの考えをまとめ、それを表現し、他者との対話を通じて協調的に新しい知識を創造できる。

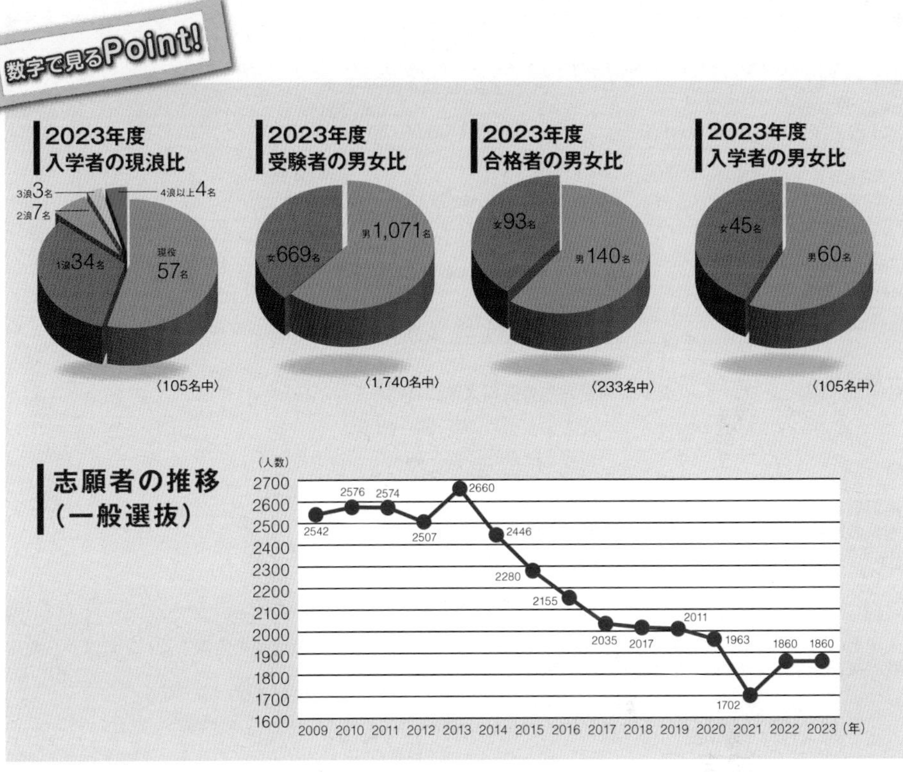

2024年度入試情報

入試内容

区分	試験	教科	時間	配点	科目内容
一般選抜	1次	理科	120分	200点	物基・物、化基・化、生基・生→2科目選択
		数学	90分	100点	数Ⅰ・数Ⅱ・数Ⅲ・数A・数B(数列・ベクトル)
		外国語	60分	100点	コミュニケーション英語 Ⅰ・Ⅱ・Ⅲ、英語表現 Ⅰ・Ⅱ
	2次	面接※1	60分	30点	面接(MMI)は、6名の評価者がそれぞれ5段階評価する。MMI6課題で、6名の評価者と会い、合計6つの面接を行う。1つの面接につき7分。
		小論文※1	90分	25点	1200字以上、1800字以内。複数名の評価者が5段階評価する
		調査書等	—	25点	調査書、履修証明書などのこれまでの学業履歴がわかる参考書類。

※1 面接評価または小論文評価が一定の水準以下の受験生については、個別に検討し、本学の理念およびアドミッションポリシーに適合しないと判断された場合、総合点に関わらず二次試験で不合格とする。
※詳細については、必ず募集要項を確認ください。

試験日程

区 分	募集人員	出願期間（消印有効）	1次試験日	1次合格発表日	2次試験日	合格発表日	入学手続き締切日
一般選抜	105	1/4～1/25	2/18	2/26 15時	2/29·3/1·2(選択)※1	3/9 17時	3/15 15時※2

※入学辞退者の学費返還申出期限は3/31（13:00）。

※1 3日間のうち、都合のつかない日を1日のみ申請できる。受験者数等により、希望にそえない場合がある。都合のつかない日を入学願書の所定の欄に記入する。（2日以上記入した場合、二次試験は受験できなくなる）3日間どの日でも可能な場合はチェックを入れないこと。

※2 入学金·授業料は3/15 15時まで。誓約書·保証書·写真2枚は締切日消印まで。

試験会場

一般選抜

1次＝東京流通センターイベントホール
2次＝東京慈恵会医科大学西新橋キャンパス·大学1号館

繰上げ合格について

補欠者は順位をつけて発表する。
補欠の繰り上げ状況はホームページで知らせる。
電話での問い合わせには応じられない。

特待生制度

入学者のうち入学試験の成績上位５名を特待生とし、初年度の授業料の全額を免除する。２年次から前年度の成績上位５名を特待生とし、当該年度の授業料の半額を免除する。

繰上げ合格者数＜一般入試＞

2023	2022	2021	2020	2019	2018	2017	2016	2015	2014	2013
65	79	73	150	142	103	102	151	184	152	203

合格最低点·最高点＜一般入試一次＞

2023 合格最低点	2022 合格最低点	2022 合格最高点	2021 合格最低点	2021 合格最高点	2020 合格最低点	2020 合格最高点	2019 合格最低点	2019 合格最高点	2018 合格最低点	2018 合格最高点
49.5%	51.8%	79.5%	76.25%	50.50%	49.50%	83.00%	51.75%	81.25%	52.5%	87.0%

2017 合格最低点	2017 合格最高点	2016 合格最低点	2016 合格最高点	2015	2014	2013	2012
44.8%	78.5%	61.5%	86.5%	62.9%（正規）	58.3%	59.3%	53.7%

2023年 医学部レベル判定模試合格判定ライン　290/400点

入試結果

2023年度までの志願者数などの推移<一般選抜>

（　）内は女子内数

方式		募集人員	志願者数	受験者数	一次合格者数	2次正規合格者数	補欠者	繰上げ合格者数	合格者最高点	合格者最低点	入学者数
2023	一般試験	105	1,860 (711)	1,740 (669)	449 (149)	168 (57)	160 (70)	65 (36)	—	79.80%	105 (45)
2022	一般試験	105	1,860 (668)	1,708 (621)	496 (160)	172 (62)	199 (66)	79 (27)	79.50%	51.80%	105 (36)
2021	一般試験	110	1,702 (643)	1,478 (570)	509 (175)	165 (61)	220 (82)	73 (35)	76.25%	50.5%	110 (44)
	東京都地域枠	5	77 (40)	66 (36)	19 (11)	5 (5)	0 (0)	0 (0)	—	—	5 (5)
2020	一般試験	110	1,963 (621)	1,800 (549)	497※1 (126)	171※2 (49)	231 (65)	150 (46)	83.0%	49.5%	110 (39)
	東京都地域枠	—	99 (43)	92 (38)	17 (5)	5 (3)	—	—	—	—	5 (3)
2019	一般試験	110★	2,011 (696)	1,858 (639)	489 (147)	165 (55)	230 (74)	142	81.25%	51.75%	109 (47)
	東京都地域枠	5	86 (34)	82 (33)	8 (6)	5 (4)	0	0	—	非開示	4 (4)
2018	一般試験	105	2,017	1,845	500	165	200	103	87.0%	52.5%	105
	東京都地域枠	5	103	92	17	5	—	0	—	非開示	5
2017	一般試験	105	2,035	1,788	475	165	218	102	314/400	179/400	110
	東京都地域枠	5	95	79	11	5	—	0	—	非開示	5
2016	一般試験	105	2,155	1,959	431	165	206	151	86.5%	61.5%	107
	東京都地域枠	5	121	114	19	5	—	0	—	非開示	5
2015	一般試験	105	2,280	2,076	431	150	225	184	84.9%	62.9%	107
	東京都地域枠	5	120	107	19	5	—	0	—	非開示	5
2014	一般試験	105	2,446	2,368	490	155	269	152	83.5%	58.3%	106
	東京都地域枠	5	128	121	16	5	—	0	—	非開示	5
2013	一般試験	105	2,660	2,557	450	155	239	203		59.3%	107
	東京都地域枠	5	121	115	9	5	—	0		非開示	5
2012	一般試験	105	2,507	2,201	450	155	229	181		53.7%	107
	東京都地域枠	5	136	123	16	5	—	0		非開示	5

※2022年度　一般入試　合格者総数　251名(89名)
※2021年度　一般入試　合格者総数　238名(96名)
(2022年度入試より東京都地域枠は募集しない)
※2020年度　一般入試　合格者総数　321名(95名)　※1 東京都地域枠17名含む　※2 東京都枠5名、地域区分5名含む
★東京都地域枠5名を含む　**※代官山*MEDICAL*調べ**

代官山*MEDICAL* OBレポート

東京慈恵会医科大学の面接・小論文はこうだった！

面接試験

①形式：個人面接（MMI、面接官6名）
②時間：各ブースあたり7分（移動時間も含め合計約40分）
③面接室の配置

※2022年度から面接官6名、時間60分になりました。

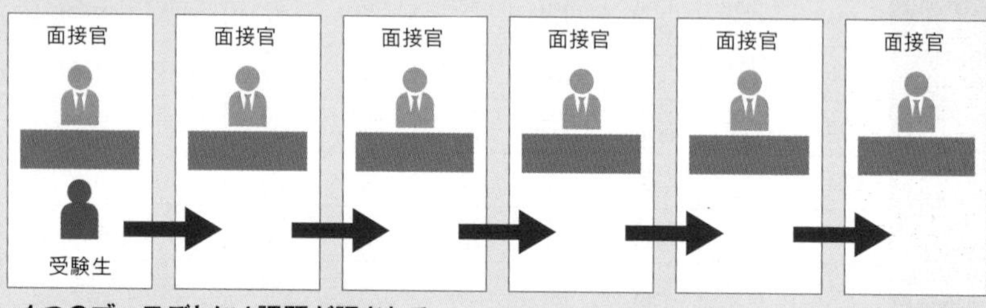

・1つのブースごとに1課題が課される。
・1つのブースあたり制限時間は7分。よって7分×6回の対応が必要。課題は随時変えていく。
・A～Fまでグループがあり、「C-4→C-5→C-6→C-1→C-2→C-3」の順に回る。
・C-2～C-4では、与えられた文章・図を読み（2分）、自分の考えを述べる（3分）。

④質問内容

❶医師志望理由
❷本学志望理由
❸浪人中はどうやって勉強していたか
❹これからの時代に医師に求められること
❺併願校について
❻調査書の成績について
❼部活動について
❽勉強のストレスについて
❾レポート提出について
❿一番つらかったことは?
⓫部活以外の課外活動について
⓬大学に入ったらやりたいこと
⓭「都道府県別の通勤時間と睡眠時間の図」を見て、思ったこと、意見を述べる。
⓮熱中症の年代別患者数グラフを見て、どのような問題が読み取れるか、どのような対策が考えられるか。
⓯妊婦と胎児、どちらか一方しか助けられないならどちらを助けるか。
⓰貧しい国の大統領が国民を救うために、特許を無視して薬を生産した。賛成か反対か、理由と共に論じる。
⓱女子児童の着替えなどの世話を男性保育士が手伝うことについてどう思うか。
⓲「駅員がクレームを言ってきた乗客と口論になり線路に飛び降りた」という実際の新聞記事を読んで感じたことを述べる。
⓳英文を読んで、その内容を答える。
⓴実験をサボっている同級生に注意したらケンカになった。あなたはどのような行動をとるか（選択肢あり）
㉑各国の女性医師の割合と女性教師の割合を示すグラフを見て分かること、根拠をもって推論できること
㉒絵（ジョセフ・ライト作「空気ポンプの実験」）を見て、絵の内容を説明せよ（英語で記述あり）
㉓近年空き家が増加しているという記事を見てどう思うか　空き家を減らすには?その方法に実用性あるか?
㉔サラリーマンの副業についてどう思うか

※代官山*MEDICAL*調べ

代官山*MEDICAL* 小論文科が分析する

東京慈恵会医科大学小論文の特徴!!

【形式】時間:90分　字数は1200~1800字　配点:30点
【内容】《テーマ型》―選択式

受験日によって課題文は異なる。特徴としては、時間設定・字数制限の幅が非常に広い。なぜこのような設定になっているかというと、「60分を経過したうえで退出可能」となり、「1200字以上書いていれば採点対象となる」ということらしい。とはいえ、実際に60分で退出した生徒はあまりいないようだ。複数のテーマから、自分で書きたいテーマを選択する。そのうえで、選択した理由を書いて、自分の意見を書く。

今のところ、私大医学部の小論文ではもっとも多く書くことが求められている。HPでは「世界でたった一人の『自分』が考えたことを『他者』に伝えようと努力する人を求めています」とあることから、個性がある答案が求められているといってよい。

対策　《見抜く力》―自分にとって書きやすいテーマを選ぶ

標準的な600字サイズの小論文を2つないし3つ書くイメージがあれば、構成としては十分といえる。HP上のコメントにあるように、自分の考えをしっかりと示したい。ニュースや記事を写すだけの答案にならないようにすべきである。基本的な分析力をベースにして、自らの体験等に落とし込んでいく姿勢が求められる。そしてこれは、面接のMMI対策ともなりうる。また、時間的にタイトなので、日頃から速く書く練習を積んでおこう。

※代官山*MEDICAL*調べ

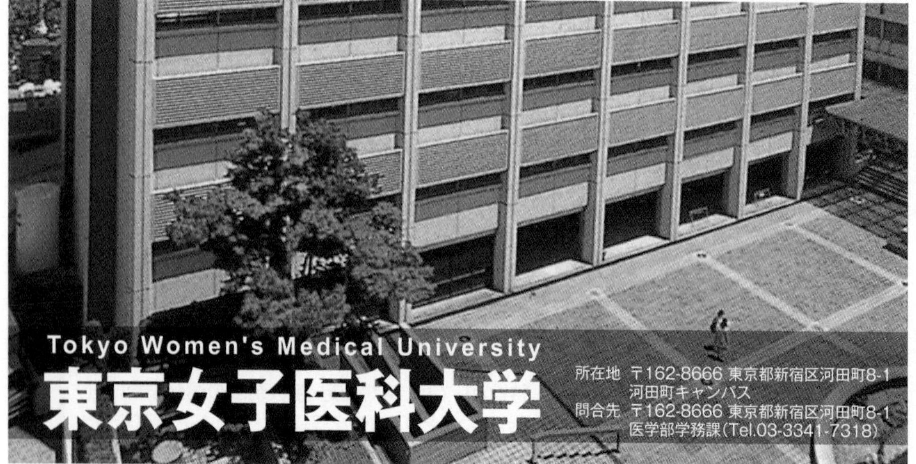

Tokyo Women's Medical University

東京女子医科大学

所在地　〒162-8666 東京都新宿区河田町8-1
河田町キャンパス
問合先　〒162-8666 東京都新宿区河田町8-1
医学部学務課(Tel.03-3341-7318)

■**交通手段**
都営地下鉄大江戸線「若松河田駅」下車、徒歩約5分 JR新宿駅から東京女子医科大行きバスで終点下車、徒歩3分

■**附属病院・関連施設**
東医療センター、附属成人医学センター、附属膠原病リウマチ痛風センター、附属遺伝子医療センター、附属八千代医療センター、附属東洋医学研究所、東京女子医科大学病院、附属成人医学センター、臨床研究支援センター、がんセンター

■**沿 革**
1900年　東京女医学校創立
1912年　東京女子医学専門学校開設
1952年　東京女子医科大学開設

アピールポイント

東京女子医科大学

アドミッション・ポリシー

自らの能力を磨き、医学の知識・技能を修得して自立し、「至誠と愛」を実践する女性医師および女性研究者となるために、学修者自身が問題意識をもち、自らの力で知識と技能を発展させていく教育を行います。
医師を生涯続ける意志を持ち、幅広い視野を身につけ、自ら能力を高め、問題を解決していこうとする意欲に燃えた向学者で、以下のような入学者像を持つ人材を求めます。

医学部が求める入学者像

1.きわめて誠実で慈しむ心を持つ人
2.礼節をわきまえ、情操豊かな人
3.独立心に富み、自ら医師となる堅い決意を持つ人
4.医師として活動するために適した能力を有する人

2023年度 一般選抜 受験者の現浪比

〈873名中〉

2023年度 一般選抜 一次合格者の現浪比

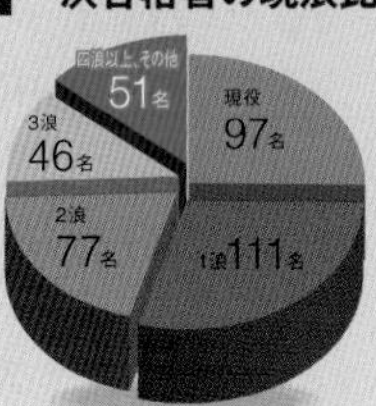

〈397名中〉

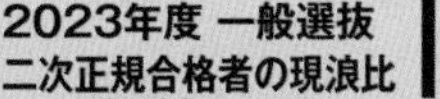

2023年度 一般選抜 二次正規合格者の現浪比

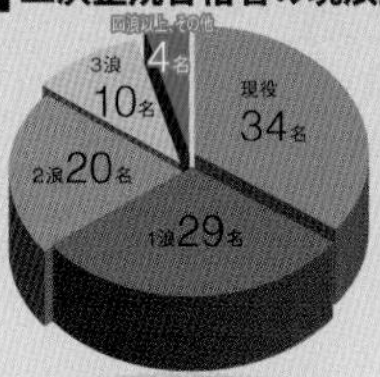

〈99名中〉

2023年度 一般選抜 補欠者の現浪比

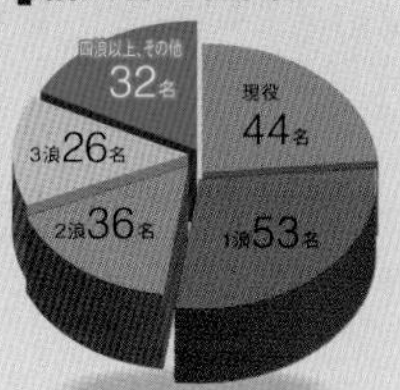

〈200名中〉

2023年度 一般選抜 入学者の現浪比

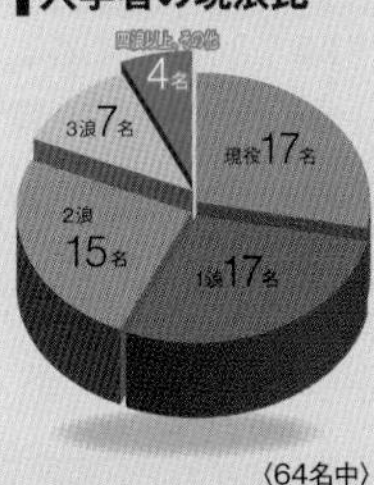

〈64名中〉

2023年度 総入学者の現浪比

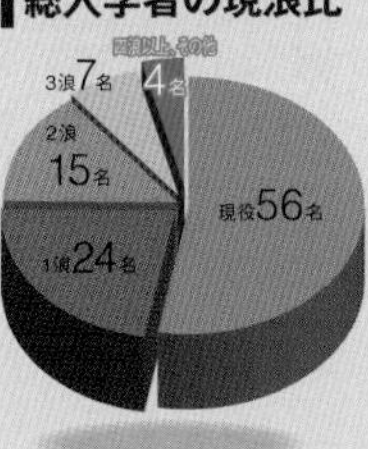

〈110名中〉

志願者の推移（一般選抜）

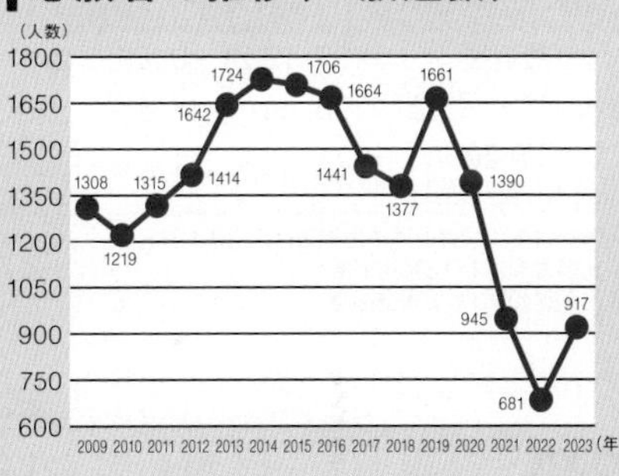

東京女子医科大学

2024年度入試情報

入試内容

区分	試験	教科	時間	配点	科目内容
一般選抜	1次	数学	60分	100点	数Ⅰ・数Ⅱ・数Ⅲ・数A・数B（数列・ベクトル）
		英語	60分	100点	コミュニケーション英Ⅰ・コミュニケーション英Ⅱ
		理科	120分	200点	物基・物、化基・化、生基・生→2科目選択
		適性試験・小論文	60分	一点	共に評価は2次選抜時に使用
	2次	面接	10分	一点	面接官3名。

※学力試験　全ての教科において「思考力・判断力・表現力」を評価するため、記述式問題を出題します。
※詳細については、必ず募集要項を確認ください。

区分	出願資格	教科	時間	配点	科目内容
学校推薦型選抜(一般推薦)※	4.1以上の1浪まで	思考力試験	80分	ー点	文章、データ等を示して、読解、分析、判断の能力を評価する。
		小論文	50分	ー点	
		面接	10分	ー点	面接官3名。
		小グループ討論	60分～70分	ー点	与えられた課題に対して自分の意見を述べる。面接官3名。
学校推薦型選抜(「至誠と愛」推薦)	4.1以上の1浪まで※1	思考力試験	80分	ー点	文章、データ等を示して、読解、分析、判断の能力を評価する。
		小論文	50分	ー点	受験生の建学の精神についての理解を問う小論文。
		面接	ー分	ー点	

※上記の他に「自己評価書」「志望理由書」「調査書」「出身学校長の推薦書」が必要。
※1 これに加え、3等親以内の親族に本学医学部同窓会組織である一般社団法人至誠会の会員または準会員がおり、至誠会の所定の手続きを経て、至誠会の推薦を受けた者。

試験日程

区分	募集人員	出願期間(郵送必着)	1次試験日	1次合格発表日	2次試験日	合格発表日	入学手続き締切日
一般選抜	約67	12/21～1/16※1	2/1	2/8 14時	2/17·18(指定)	2/22 14時	3/4 16時(必着)
学校推薦型選抜(一般推薦)	約33	11/1～11/6※2	—	—	11/18·19	12/1 14時	12/11 16時(必着)
学校推薦型選抜(「至誠と愛」推薦)	約10	11/1～11/6※2	—	—	11/18	12/1 14時	12/11 16時(必着)

※入学辞退者の学費返還申出期限は3/29 13時。
※1 出願書類は1/18郵送必着
※2 出願書類は11/8郵送必着

試験会場

一般選抜 ▶▶▶ 1次＝京王プラザホテル(東京) 2次＝本学

学校推薦型選抜(一般推薦)・「至誠と愛」の推薦入試 ▶▶▶ 本学彌生記念教育棟

繰上げ合格について

補欠者は令和6年3月5日(火)以降に合格者の手続き状況などにより欠員が生じた場合に順次繰上げて合格者を決定します。繰上げ合格者には、入学志願票に記入の本人宛または保護者宛の連絡先に連絡しますので、必ず確実に連絡の取れる電話番号を記入してください。補欠該当者の繰上げ合格発表は本学ホームページ上に掲載します。ホームページのURLとパスワード等は補欠該当者のみに通知します。

特待生制度

一般選抜合格者の成績上位5名を特待生とし、学費負担者の年収に関係なく、授業料(280万)を継続的に4学年迄給付。ただし、入学後の学業が上位31位以下の場合は打ち切り。

繰上げ合格者数<一般選抜>

2023	2022	2021	2020	2019	2018	2017	2016	2015	2014	2013
20	36	99	91	94	39	55	72	67	57	35

入学者最高点・最低点<一般選抜>

2023 最高点	2023 最低点	2022 最低点	2021 最低点	2020	2019 最高点	2019 最低点	2018 最高点	2018 最低点	2017 最高点	2017 最低点	2016 最高点	2016 最低点	2015 最高点	2015 最低点
256/400	195/400	185/400	199/400	非公表	354/400	259/400	323/400	241/400	350/400	257/400	368/400	256/400	346/400	266/400

2023年 医学部レベル判定模試合格判定ライン　245/400点

入試結果

2023年度までの志願者数などの推移＜一般選抜＞

〔　〕内は現役数

年度	方式	募集人員	志願者数	受験者数	一次合格者数	2次正規合格者数	補欠者	繰上げ合格者数	入学者合格最低点	入学者数
2023	一般選抜	67	917〔280〕	873〔269〕	397〔97〕	99〔34〕	200〔44〕	20	195/400	64〔17〕
2023	一般推薦	23	59〔44〕	58〔43〕		30〔25〕	0〔0〕	0		30〔25〕
2023	推薦(至誠と愛)	10	7〔5〕	7〔5〕		7〔5〕	0〔0〕	0		9〔9〕
2023	推薦(指定校)	10	9〔9〕	9〔9〕		9〔9〕	0〔0〕	0		7〔5〕
2022	一般選抜	67	681〔185〕	651〔181〕	370〔76〕	89〔14〕内特待合格者数5名含む	200〔50〕	36	199/400	66〔10〕
2022	一般推薦	20	28〔22〕	28〔22〕		23〔17〕	0〔0〕	0		23〔17〕
2022	推薦(至誠と愛)	11	11〔9〕	11〔9〕		11〔9〕	0〔0〕	0		11〔9〕
2022	推薦(指定校)	10	10〔10〕	10〔10〕		10〔10〕	0〔0〕	0		10〔10〕
2021	一般選抜	約75	945〔265〕	913〔259〕	371〔75〕	99〔17〕	200〔39〕	99	262/400	78〔17〕
2021	一般推薦	20	51〔35〕	51〔35〕		20〔15〕	0〔0〕	0〔0〕		20〔15〕
2021	推薦(至誠と愛)	8	9〔8〕	9〔8〕		8〔7〕	0	0		8〔7〕
2021	推薦(指定校)	7	12〔12〕	12〔12〕		7〔7〕	0〔0〕	0〔0〕		7〔7〕
2020	一般選抜	75	1,390	1,362	380	100	207	91		75
2020	一般推薦	35（推薦すべて含む）	97	97		20				20
2020	推薦(至誠と愛)		8	8		7				7
2020	推薦(指定校)		11	11		9				9
2019	一般選抜	約75	1,661	1,637	412	99（一般特待5名含む）	211	94（うち48名入学）	259/400	74（うち一般特待0名含む）
2019	一般推薦	約20	79	79		26（うち女子枠4名含む）				26
2019	指定校推薦	15	13	13		13				13
2018	一般	75	1,377	1,333	312	109（一般特待5名含む）	118	39（うち25名入学）	241/400	73（うち一般特待2名含む）
2018	推薦（公募・指定校含む）	35	75（推薦(一般)60 指定校15名）	72（推薦(一般)57 指定校15名）		39（推薦(一般)24 指定校15名）				39（推薦(一般)24 指定校12名）

※2020年度：内特待合格者数 一般選抜5名　合格者総数 一般選抜191名 一般推薦20名 推薦(至誠と愛)7名 推薦(指定校)9名
※代官山*MEDICAL*調べ

代官山*MEDICAL* OBレポート

東京女子医科大学の面接・小論文はこうだった！

面接試験

①形式：個人面接（面接官3 ～ 4名）

②時間：10分

・フリップボードを用いる問答あり（MMI）

・アンケート：あり
併願校とその合否
（※合否とは無関係との記述あり）

③面接室の配置

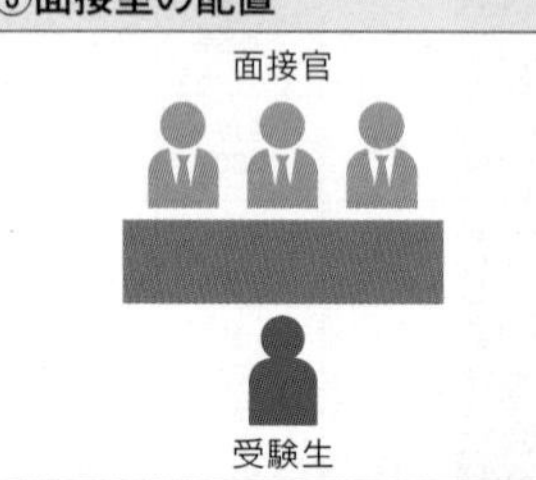

④質問内容

❶学科試験の出来について
❷昨年の一次合格校数、今年の一次合格数
❸なぜ今年は複数一次合格できたと思うか
❹今年どの科目が一番伸びたか
❺本学のアドミッションポリシーについて
❻本学に適していると思う点
❼本学志望理由
❽本学に受かったら入学するか
❾医学部以外の受験を考えなかったのか
❿チュートリアル教育について
⓫予備校で二次対策をしたか
⓬予備校生活について　友人について
⓭医師志望理由
（父の影響と答えたら、他には?と聞かれた）
⓮看護師も消防士も人の命を救うが、なぜ医師なのか
⓯医師以外に興味を持った職業は?
その職業ではなく、なぜ医師を選んだのか
⓰10年後どんな医師になっていたいか
⓱父は女性が医師になることについてどう考えているか
⓲具体的に興味のある分野
⓳研究をしてみたいか
⓴希望する診療科は?
㉑出身高校について
㉒調査書について（たくさん聞かれた）
㉓願書や自己評価書の内容について（たくさん聞かれた）
㉔高校時代の部活動について
㉕浪人して成長したことは?
㉖英語は好きか
㉗医学教育と英語学習について
㉘尊敬する人
㉙医師と子育ての両立に大切なものは?
㉚結婚し子供を持つことと、医師を続けていくことのどちらかしかできないとしたら、どちらを選ぶか
㉛憧れの女性医師はいるか?歴史上の人物も可
㉜母親とは異なる、こうなりたいという女性医師像はあるか
㉝歴史上の人物で自分に影響を与えている人は?
㉞あなたにとって愛とは何か
㉟医学部の不正入試について
㊱新型コロナウイルスについてどう思うか
㊲新型コロナウイルス以外で、最近気になるニュース
㊳日本の医療の良い点、悪い点
㊴女子医大で学ぶことをどう考えているか
女子医大のメリット・デメリットは何か
㊵女子医大が女性を支えるためにやっている取り組みを知っているか
㊶女性医師と医師不足の関係は何か

《ボードを見て答える問題（MMI）》
❶二人が傘立てを挟んで向かい合っている。左側の人「この傘があなたのものでないのなら、きっとさっきの人が持って行ったんだわ」右側の人の吹き出しに言葉を入れる。理由も述べる。
❷左側の人「あなた嘘をついているでしょ。身に覚えがないと言ってもダメ」向かい合う右側の人の吹き出しに言葉を入れる。理由も述べる。
❸空港に向かっていたが、タクシーの運転手に「飛行機の時間に間に合いませんでした」と言われた。これに対する答えとその理由
❹ケーキ屋にいったら丁度ケーキが売り切れていた。あなたは店員になんというか。その理由。
❺病院で予約していたのに「予約は入っていません」と断られたらどうするか

※代官山*MEDICAL*調べ

代官山MEDICAL 小論文科が分析する

東京女子医科大学小論文の特徴!!

【試験日】一次試験

【形　式】時間:適性検査と合わせて60分　字数:800字　配点:二次試験で評価

課題文を読んで自分の意見を書く問題である(非公表)。以前から同様の傾向を示しており、今後も同様の出題が予想される。とはいえ、傾向が変わる可能性もあることから、あらゆる小論文パターンを一通りやっておく必要があるだろう。

テーマ型であるので、分析力が問われる。受験者の身近なテーマについて問われることもある。昨年度は、文学的文章に対する考えを書くものだった。受験者の基本的なものの考え方と社会への関心度が問われるタイプの問題といえる。1次試験の日に小論文が課されるので、十分注意して臨みたい。

対策《テーマを正確に把握する》

1次試験の日に書くことになる。せっかく1次通過しても、小論文が書けていなかったりすると、最終合格の可能性が低くなるので注意したい。対策としては、構成する時間を長めにして、一気に書き上げること。社会問題についての関心を払う必要もあるだろう。日頃から自分の身の回りの出来事に関心をもつことが重要である。そのうえで、いかに他人に理解してもらえるような文章となるか、という点に配慮したい。自分にしか理解できないような見解、分析とはならないようにすべきである。書いた小論文を添削してもらえるような環境を作っておくこと。

※代官山MEDICAL調べ

DAIKANYAMA's Eye

▶ 東京女子医科大学の適性検査

- ・問題数170問程度　・時間:小論文とあわせて60分
- ・性格診断のようなもの(4~5択)
  - 例:信頼できる友達はいるか、やる気が出ない、自分は必要とされていないと思う
  - ※「どちらかといえば当てはまらない」のような曖昧な選択肢は極力選ばないこと
- ・5枚の絵を時系列順に並べる
- ・LINEの会話の中で、次にあなたが言うべきセリフを選ぶ

※問題数が多いが、頑張って必ず全て解答すること!

Toho University

東邦大学医学部

所在地　〒143-8540 東京都大田区大森西5-21-16
大森キャンパス
問合先　〒143-8540 東京都大田区大森西5-21-16
入試事務室(Tel.03-5763-6598)

■交通手段

JR「蒲田駅」から大森駅行きバスで約10分、
「東邦大学」下車 徒歩2分
京浜急行線「梅屋敷駅」及び「大森町駅」から徒歩約10分

■付属病院・関連施設

医療センター大森病院、医療センター大橋病院、羽田空港クリニック、医療センター佐倉病院、羽田空港国際線クリニック、西穂高診療所

■沿 革

1925年　帝国女子医学専門学校設置認可
1950年　東邦大学に改称
1952年　東邦大学医学部医学科(新制)設置認可

アピールポイント　東邦大学 医学部

建学の精神

「自然・生命・人間」

教育目標

本学の建学の精神である「自然・生命・人間」を礎に、自然に対する畏敬の念を持ち、生命の尊厳を自覚し、人間としての謙虚な心を原点として、かけがえのない自然と人間を守るため、豊かな人間性と均衡のとれた知識と技能を有する「より良き臨床医」の育成を医学部の教育目標に掲げています。

教育の特色

①全人的医療人教育
②自学自修の促進
③最先端の施設・設備

求める人物像

医学的知識を修得するための基礎学力、医師としての高度な技能を修得するために不可欠な能動的学習者としての姿勢を求めます。さらに、他者と良好な関係を築くコミュニケーション能力、自然・生命現象に対する科学的探究心、地域社会や国際社会に貢献する意識を有する入学者を求めています。

2023年度一般選抜※ 受験者の男女比

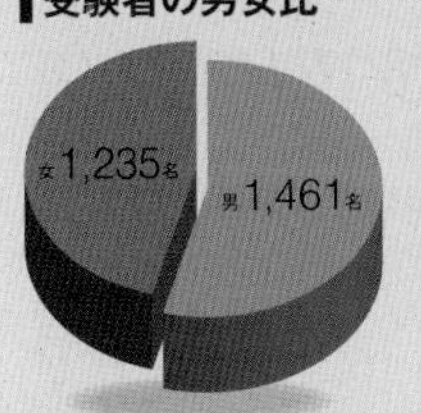

※千葉県地域枠、〈2,696名中〉
新潟県地域枠を含む。

2023年度一般選抜※ 合格者の男女比

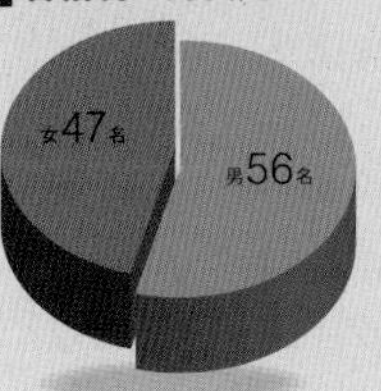

〈103名中〉

2023年度 入学者の現浪比

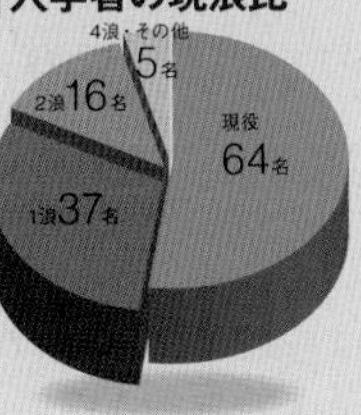

〈122名中〉

2023年度 入学者の男女比

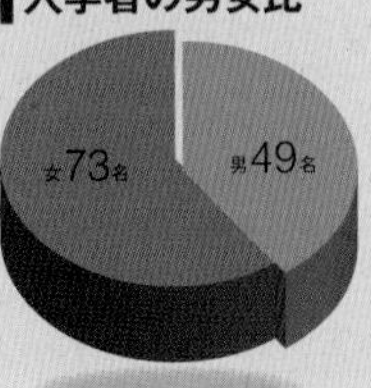

〈122名中〉

志願者の推移（一般選抜）

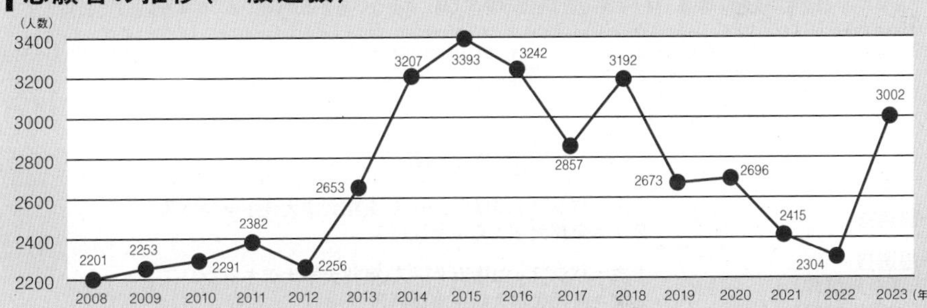

2024年度入試情報

入試内容

区分	試験	教科	時間	配点	科目内容
一般選抜・千葉県地域枠 新潟県地域枠	1次	理科	120分	150点	物基・物、化基・化、生基・生→2科目選択
		数学	90分	100点	数Ⅰ・数Ⅱ・数Ⅲ・数A・数B（数列・ベクトル）
		外国語	90分	150点	コミュニケーション英語Ⅰ・Ⅱ、英語表現Ⅰ
		基礎学力※1	60分		論理的思考能力・数理解析能力等
	2次	面接	40分	一点	集団討論20分、個人面接3分×4回
総合型選抜※2	1次	適性試験	60分	①総合入試の出願資格 2023年3月に卒業した者、又は2024年3月に卒業見込の者で、調査書で評定が全体で3.8以上で、数学と理科がそれぞれが4.0以上。	
		基礎学力	60分		
	2次	面接	約30分		
		調査書	ー		
同窓生子女入試※2	1次	適性試験		②同窓生子女入試の出願資格 東邦大医学部卒業生の血族2親等までの者。 （法定血族の場合は2021年4月1日より以前に養子縁組をしていること）	
		基礎学力			
	2次	面接			
		調査書			
学校推薦型選抜（公募制ー新潟県地域枠、千葉県地域枠）	1次	基礎学力	60分	③新潟県地域枠入試の出願資格 出身学校長の推薦を受けた者。入学後に「新潟県医師養成修学資金」の貸与を受け、本学卒業後に医師として新潟県が指定する医療機関等に9年間従事することを誓約できる者。 ④千葉県地域枠入試の出願資格 出身学校長の推薦を受けた者。入学後に「千葉県医師修学資金」の貸与を受け、本学卒業後に「千葉県キャリア形成プログラム」に則り、千葉県が指定する医療機関において修学資金の貸与期間の1.5倍の期間従事できることを誓約できる者。	
		適性試験	60分		
	2次	面接	約30分		

※1 2次試験合格者選抜の時に使用する。　※2 同窓生子女入試、総合入試推薦入試（付属校制）の併願はできない。
※数学、科学、生物、物理、外国語に基準点を設け、1科目でも基準点に達しない場合、不合格となることもある。　※各科目マークシート式で出題される。ただし基礎学力試験のみ記述がある。　※詳細については、必ず募集要項を確認ください。
※2 同窓生子女入試、総合入試、推薦入試（付属校制）の併願はできない。

東邦大学

試験日程

区分	募集人員	出願期間(必着)	1次試験日	1次合格発表日	2次試験日	合格発表日	入学手続き締切日
一般選抜	約70※1	12/11 ~1/24※2	2/6	2/ 9(正午)	2/14·15(指定)※3	2/17(正午)	2/22
一般選抜(千葉県地域枠)	2	12/11 ~1/24※2	2/6	2/9(正午)	2/14·15(指定)※3	2/17(正午)	2/22
一般選抜(新潟県地域枠)	2						
学校推薦型選抜(付属校制)	約25	11/1 ~11/8	11/17	学校長経由	12/2	学校長経由	12/12
総合型選抜	約10	11/1 ~11/8※4	11/17	11/27(正午)	12/2	12/6(正午)	12/12
同窓生子女入試	約5	11/1 ~11/8※4	11/17	11/27(正午)	12/2	12/7(正午)	12/12
学校推薦型選抜(公募制-新潟県地域枠 千葉県地域枠)	新潟県 6 千葉県 3	11/1 ~11/8※4	11/17	11/27(正午)	12/2	12/6(正午)	12/12

※1 総合入試·同窓生子女入試·推薦入試の結果入学予定者が募集人員に満たない場合は、一般入試の募集人員に充てます。
※2 窓口出願受付は1/23·24 9時~17時。
※3 特別の事情で2次試験日の変更を希望する場合は、振替え受付日時内(2/9正午~17:00、2/10 9:00~正午)に医学部入試係に受験票を持参の上、振替え手続きをして下さい。電話による2次試験日の変更はできません。
※4 窓口出願受付は11/8 9時~17時。
※入学辞退者の学費返還申出期限は3/29 15:00。

試験会場

一般選抜
1次=パシフィコ横浜ノース·東邦大学大森キャンパス
2次=東邦大学大森キャンパス

一般選抜(千葉県地域枠)(新潟県地域枠)
1次=パシフィコ横浜ノース·東邦大学大森キャンパス
2次=東邦大学大森キャンパス

学校推薦型選抜(付属校制) 総合型選抜 同窓生子女入試
1次·2次ともに東邦大学大森キャンパス

学校推薦型選抜(公募制ー新潟県地域枠 千葉県地域枠)
1次·2次ともに東邦大学大森キャンパス

繰上げ合格について

補欠合格者の繰り上げは、第2次試験受験者の中から行い、該当者に電話で連絡するとともに、志願票で選択した住所へ文書をもって本人宛に通知する。
最終繰り上げは3月末頃まで順次行う。

特待生制度

2年次から6年次までの前学年次の学業成績が優秀で、且つ心身ともに健全な学生を対象に、当該年度に納める授業料のうち1人最高100万円(各学年200万円限度)を免除する。

繰上げ合格者数

2023	2022	2021	2020	2019	2018	2017	2016	2015	2014	2013	2012
非公表	非公表	非公表	非公表	非公表	非公表	非公表	非公表	非公表	非公表	非公表	非公表

二次合格最低点<一般入試>

2023	2022	2021	2020	2019	2018	2017	2016	2015	2014	2013	2012
261/400	258/400	286/400	269/400	251/400	271/400	292/400	272/400	278.5/400	300/400	283/400	269.5/400

2023年 医学部レベル判定模試合格判定ライン 250/400点

入試結果

2023年度までの志願者数などの推移<一般選抜>

[　]内は新潟県枠内数 <　>内は千葉県枠内数 (　)内は女子内数

方式		募集人員	志願者数	受験者数	一次合格者数	2次正規合格者数	繰上げ合格者数	正規合格最低点	入学者数
2023	一般入試	70 <5> [2]	2,820 (1,253) <114> [68]	2,537 (1,165) <99> [60]		99 (45) <2> [2]		261.0/400	0 (0) <2> [2]
	同窓子女入試	5	47 (17)	47 (17)		6 (4)			6 (4)
	総合入試	10	89 (53)	89 (53)		18 (10)			
	推薦入試(付属校)		<10> [32]	<10> [31]		<3> [5]			<3> [5]
2022	一般入試	70 <5>	2,169 (976) <87>	2,053 (942) <77>	461 <8>	106 (54) <5>		258.0/400	73 (29) <5>
	同窓子女入試	5	55 (28)	55 (28)		7 (4)		〈230/400〉	7 (4)
	総合入試	10	69 (38)	69 (38)		14 (11)		−	14 (11)
	推薦入試(付属校)	25	非公表	非公表	非公表	非公表		非公表	16 (12)
2021	一般選抜	70	2,415 (1,083)	2,281 (1,025)	533	103 (45)	−	286.0/400	72 (29)
	一般選抜(千葉枠)	5	132	112	21	5	−	282.0/400	5
	同窓子女入試	5	65 (28)	65 (28)		7 (4)	−		7 (4)
	総合入試	10	92 (56)	92 (56)		14 (11)			14 (11)
2020	一般	110 <5>	2,696 (1,183) <93>	2,527 (1,088) <78>	544 <9>	125 (59) <5>	−	269/400 (繰上合格最低点) 250/400 (繰上合格最低点 千葉県枠)	110 (55) <5>
2019	一般	115	2,673 (1,158)	2,467 (1,084)	544	131 (55)	非公開	251/400 (正規合格最低点)	115 (54)
2018	一般	115 (付属校からの推薦者数を含みます)	3,193	2,944	非公開	111	非公開	271(一次合格最低点) 271(正規合格最低点)	115
2017	一般	115	2,857 (1,222)	2,530 (1,109)	526 (−)	127	非公開	292.5/400	115 (50)
2016	一般	115 (付属高校からの推薦者数と千葉県地域枠5名を含みます)	3,242 (1,154)	2,857 (1,154)	525 (−)	129 (54)	非公開	272.0/400	117 (50)

※1次合格者の内、千葉県地域枠との併願9名(計553名)

※代官山*MEDICAL*調べ

代官山MEDICAL OBレポート

東邦大学の面接・小論文はこうだった！

面接試験

①形式：個人面接およびグループ討論（計40分）

②時間：集団討論（1回）15分～20分

個人面接（4回）各3分

・MMIのみである場合が多い

・アンケート：あり

過去3年間で取り組んだこと

将来の医師像

あなたが受けた賞罰

③面接室の配置

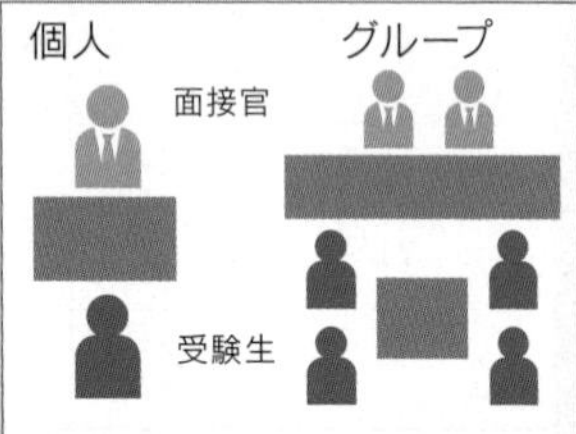

④質問内容

［個人面接］（MMI）

4つのブースを順番に移動しながら、それぞれの部屋で課題が与えられる。

シチュエーションカード（文章及び絵）を見て自分の意見を述べる。

［シチュエーション内容］

❶森の中で一本だけ周囲の倍ほど高い木がある写真を見せられる。その要因、理由、科学的な調査方法を述べる

❷赤い湖の写真を見せられる。原因は何か？
それを突き止めるためになにをするか？
何かおかしい点はあるか？

❸大学の卒論の為に友人と実験をし、書き始める際、友人のデータが不十分だと分かる。必要となる自分のデータを見せるか？

❹外国人が医療機関を受診する際、言葉以外で問題となることは？

❺ホームステイ先の外国人に日本の文化を説明する時に注意することは？（留学生のケースもあり）

❻世界各国の胃がんの発生率の表を見せられる。
国と発生率との関係とその要因は？
それを確かめるために調べるべき内容と具体的な調査方法は？（日本地図のケースもあり）

❼公的保険適用の高額な薬がある。使用するうえで起こる問題は？　その解決方法は？

❽海外からの患者さんが不安がっている。何に対する不安か？（言葉以外で）

❾医療の国際化によるメリット、デメリット

❿ヒトのiPS細胞を用いて、豚などの体内でヒトの臓器を作ることができる。その臓器を移植する際に起こりうる問題点は？　医師としてできることは？
あなたはその臓器を移植するか？

⓫研修で介護施設を訪れた際、不当にベルトで拘束されている入居者を何人も見た。友人は実習成績が落ちるかもしれないから黙っておこうと言う。あなたはどうするか。その理由。

⓬実習で医師のミスがあった場合、報告するか

⓭あなたは研修医、グループでレポート作成する。必要な調査を怠ったメンバーがいる。レポートを出さなければ留年する。どうするか

［集団討論］

最初に短い自己紹介をしてから課題文が与えられ、受験生同士で話し合った結果、出した結論を面接官に報告する。

❶引きこもり問題について原因を3つ大きい順番に並べ、解決策も述べよ

❷SNSによるコミュニケーションが現実と異なる点を、社会に影響が大きい順に3つ並べる。

❸不便だけど残していくべきものトップ3をまとめる。その理由も

❹女性の正規雇用や管理職が現在少ない原因を3つ選んで重要な順に並べ、対策も考える

❺C部長がD主任に調査を命令。一か月たってもDが報告をしてこないので、CはDを叱る。しかし、Dは、「しっかりとデータをそろえなければ…」と反論。
・Cの叱った理由について
・Dの悪かった点
・Dの今後すべきことについて考え、グループリーダーを決めて、面接官に報告する形式。

❻患者Aは骨粗鬆症。看護師BがAさんの世話中にAさんが痛がる。腕が折れていた。Bさんがあやまるが、Aさんは許さず。Aさんは看護師を変えるように要求。Bさんはとても気にしている。この後Bさんや医療スタッフはAさんの気持ちを考え、どのように対処すべきか？

❼面倒をみなければいけないおばあさんを退院させる時に次のどの人に預けるか。話しあって順位を決めてください。
Aさん(長男)会社の部長で妻と子2人がいる。反対された結婚であったので、それ以降会っていない。
Bさん(長女)夫と2人。両親の工場経営がうまくいっておらず、夫婦げんかが多い。
Cさん(次男)フリーターで未婚だが、長年付き合っている彼女がいて患者も彼女を気に入っている。

※代官山*MEDICAL*調べ

代官山*MEDICAL* 小論文科が分析する

東邦大学基礎学力試験の特徴!!

【試験日】一次試験
【形　式】時間:60分　配点:非公表　二次試験で評価
【基礎学力試験】論理的思考力・数理解析能力・漢字などの語彙力等
各種試験で用いられる適性試験や中学受験で出題される算数のような問題に加え、漢字などの語句の知識問題が出題されている。240字程度の要約問題やレポート作成も出題された。
(数理解析能力出題例)
・複数店舗の複数の商品の売上表の数字を読み取り、そこから考察できること。(240字)
・二つのグラフから分かること

※代官山*MEDICAL*調べ

DAIKANYAMA's Eye

▶ 東邦大学医学部の2次試験について

2次の試験日は2日間の内どちらかを出願時に選ぶことができるが、もしほかの大学と日程がかぶるなどした際には、一次合格発表日以降、直接事務で手続きをすれば試験日を変更できる。2013年度から学費減額をきっかけとし、2次試験の面接形式が前年度までと大きく変化した。2018年度には、「自己アピールシート」が導入された。過去3年までさかのぼってその1年ごとに何に最も力を注いだのか、を記入して提出する必要がある。一次合格者が一次発表のページからダウンロードし、記入の上2次試験に持参する形式。

▶ 東邦大学医学部の小論文(基礎学力試験)について

一次試験の最後に小論文まで書かされ、2次試験は面接のみとなる。2014年度から小論文の形式が変更され、マークシート方式と記述方式の併用による基礎学力試験となった。マークシート型の問題は慣用句の意味や資料の読み取り、論理パズル、文章の整序など多様な問題が出題され、記述型は与えられた文章の要点を240字でまとめる要約問題である。

■交通手段

JR仙山線「東照宮駅」下車、徒歩約15分
地下鉄南北線「台原駅」下車、徒歩約15分

■附属病院・関連施設

東北医科薬科大学病院、東北労災病院、仙台医療センター、登米地域医療教育サテライトセンター、石巻地域医療教育サテライトセンター

■沿 革

1949年 東北薬科大学（薬学部薬学科）設置認可
2016年 医学部新設
東北医科薬科大学に名称変更

アピールポイント 東北医科薬科大学

医学部基本構想

地域を支える総合診療医を育成し、東北の復旧と復興を目指します。

- ●地域医療を支える医師の育成
- ●災害医療にも対応できる総合診療医の育成
- ●卒業生の地域定着と医師派遣
- ●薬剤・薬学の基礎知識を持つ医師の育成
- ●被災地域住民に対する健康管理

アドミッションポリシー

1. 本学医学部の使命に共感し、将来、東北地方の地域医療・災害医療に従事して、地域住民の健康を支える使命感に燃えた学生を求めています。
2. 高度で専門的な知識と技能を兼ね備えながら、病める人とその家族の思いに共感できる強い意志と柔らかな心を持った医師を志す学生を求めています。
3. 高等学校等で理科、数学、英語を十分に習得し、論理的に考える姿勢と着実な学習習慣を身につけている学生を求めています。

2023年度 志願者の男女比

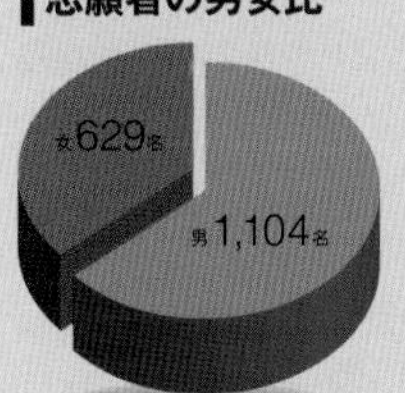

〈1,733名中〉

2023年度 受験者の男女比

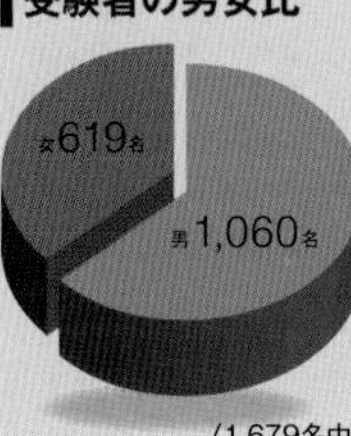

〈1,679名中〉

2023年度 合格者の男女比

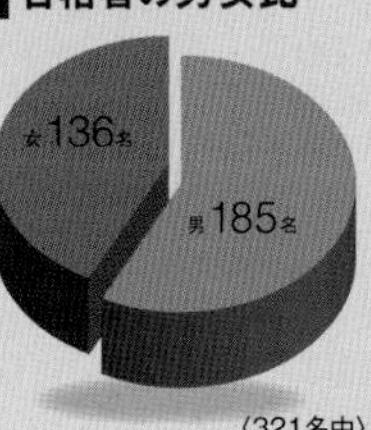

〈321名中〉

2023年度 入学者の男女比

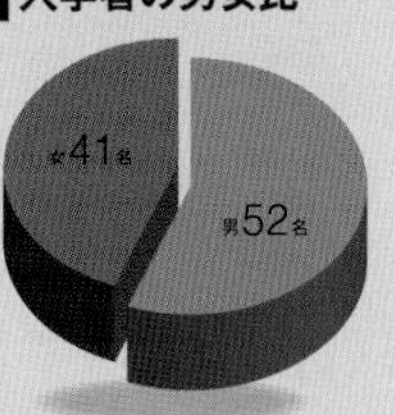

〈93名中〉

志願者の推移（一般選抜）

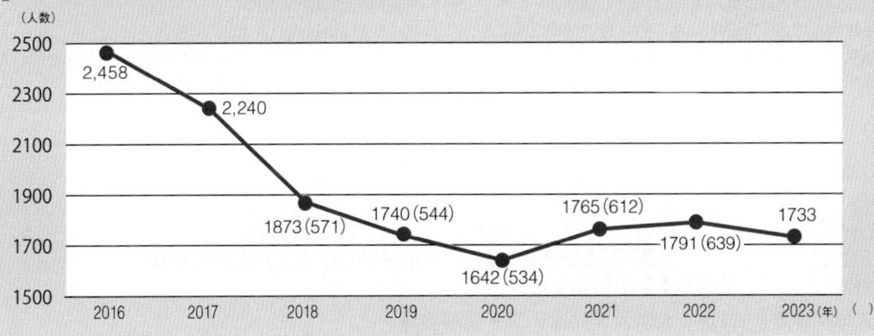

2024年度入試情報

入試内容

区分	試験	教科	時間	配点	科目内容
一般選抜〔修学資金枠（A方式）〕 一般選抜〔修学資金枠（B方式）〕 一般選抜（一般枠）	1次	数学	70分	100点	数Ⅰ・数Ⅱ・数Ⅲ・数A・数B
		外国語	70分	100点	コミュニケーション英語Ⅰ・Ⅱ・Ⅲ、英語表現Ⅰ・Ⅱ
		理科	120分	200点	物基・物、化基・化、生基・生→2科目選択※
	2次	小論文※1	60分	5段階評価を点数化	600字以内、文章や図表の読解力・論理構造の認識力・提案能力、またそれらを的確に文章表現する力を評価する
		面接（個人面接）※1	10～15分	5段階評価を点数化	・自己紹介　・長所と短所　・本学志望理由 ・好きな本　・東北の医師不足の特徴 ・趣味について　・医師不足について ・出身校について　・高校生活・部活動について ・医師志望理由　・修学資金について ・東北に残るか　・へき地の医療について ・理想の医師像
大学入学共通テスト利用選抜（一般枠）	1次	国語	80分	100点	古文・漢文を除く
		理科	各60分	200点	物理・化学・生物から2科目
		数学	Ⅰ・A 70分	200点	数学Ⅰ・A
			Ⅱ・B 60分		数学Ⅱ・B
		外国語	110分	200点	※2

※ 1 小論文または面接の評価が著しく低い場合には、一次試験の成績にかかわらず不合格とすることがある。
※ 2 大学入試センターからリスニングの免除を許可されている場合は、リーディング試験の得点（大学入学共通テストにおける配点100点）を200点満点になるように換算する。なお、その場合には大学入試センターから発行される「受験上の配慮事項審査結果通知書」の写しを出願書類に同封する。
※詳細については、必ず募集要項を確認ください。

試験日程

区分	募集人員	出願期間（必着）	1次試験日	1次合格発表日	2次試験日	合格発表日	入学手続き締切日
一般選抜〔修学資金枠(A方式)〕	35	12/6～1/5 13:00 書類は1/7必着	1/20	1/26 16時予定	2/3·4（指定）※1	2/9 16時予定	2/21 午後2時(納付金納入) 3/7(書類必着)
一般選抜〔修学資金枠(B方式)〕	20						
一般選抜(一般枠)	40						
大学入学共通テスト利用選抜	5	1/15～2/13 13:00 書類は2/15必着	1/13·14	2/27 16時予定	3/6	3/12 16時予定	3/19 午後2時(納付金納入) 3/25(書類必着)

※1 試験日は大学側で指定し、1次試験合格発表の際に合否照会サイトで通知する。やむを得ない理由で試験日変更を申し出る場合は、令和6年1月29日(月)午前10時までに本学ホームページから申請手続きをしてください。

※修学資金枠はA方式が宮城県30名、それ以外の東北5県は各1名。B方式が宮城県以外の東北5県で20名。

※入学辞退を申し出る場合は、締切:3/29(金)(郵送必着)までに本学指定の「入学辞退届」を提出した者に限り、入学金を除いた納付金を返還する。やむを得ず大学窓口で申し出る場合は3/31(日)午前9時から午前11時30分までの間のみ受付する。

試験会場

一般選抜〔修学資金枠(A方式·B方式)·一般枠〕
1次＝本学小松島キャンパス、
東京(ベルサール渋谷ガーデン、ＴＯＣ有明)、
大阪(天満研修センター)、札幌(ACU-A（アスティ 45))
2次＝本学小松島キャンパス

大学入学共通テスト利用選抜
1次＝大学入学共通テスト試験会場
2次＝本学小松島キャンパス

繰上げ合格について

合格者の入学手続状況により欠員が生じた場合に限り、繰上げ合格を順次実施する。繰上げ合格は、「繰上げ合格対象者」の中から成績順位と希望枠·方式に従って決定する。また既に合格し、入学手続きを完了している場合も、欠員状況に応じて希望上位の枠·方式へ自動的に繰上げを行う。この際、いかなる理由があっても、その時点で合格(手続)している枠·方式に留まることはできないので、出願の際には希望しない枠·方式は選択しないようにすること。繰上げ合格者には、出願時に入力した受験者本人(または保護者)の連絡先に4月上旬までに電話連絡するので、確実に連絡のとれる電話番号を登録すること。1日経過しても連絡がつかない場合等は入学の意志が無いものとみなし、次の「繰上げ合格対象者」を合格者として処理する場合がある。

繰上げ合格者数<一般入試>

2023	2022	2021	2020	2019	2018	2017
186	236	237	225	181	127	156

合格最低点·最高点 ※入学者の合格最低点。

2023	2022	2021	2020	2019	2018	2017
非公表	非公表	非公表	非公表	非公表	非公表	非公表

2023年 医学部レベル判定模試合格判定ライン　225/400点

入試結果

2023年度までの志願者数などの推移＜一般選抜＞

＊一般40名Ａ方式35Ｂ方式20　(　)内は女子内数

方式		募集人員	志願者数	受験者数	一次 合格者数	2次正規 合格者数	補欠者数	補欠(繰上) 合格者数	合格者総数	入学者数
2023	一般選抜 (一般・修学資金枠Ａ方式・Ｂ方式)	95	1,733 (629)	1,679 (619)	–	135	–	186	321 (136)	93 (41)
	共通テスト利用	5	73 (35)	73 (35)	–	8	–	14	22 (13)	7 (4)
2022	一般選抜 (一般・修学資金枠Ａ方式・Ｂ方式)	95	1,791 (639)	1,711 (619)	531 (168)	116 (38)	–	236 (90)	352 (180)	98 (40)
	共通テスト利用	5	49 (19)	49 (19)	18 (6)	5 (1)	–	4 (1)	9 (2)	2 (0)
2021	一般選抜 修学資金枠Ａ 35名 修学資金枠Ｂ 20名 一般枠 45名	100	1,765 (612) Ａ＋Ｂ＋一般	1,684 (594)	552 (159)	118 (38)	–	237 (82)	355 (120)	100 (30)
2020	一般入試 修学資金枠Ａ 35名 修学資金枠Ｂ 20名 一般枠 45名	100	1,642 (534) Ａ＋Ｂ＋一般	1,582 (522)	549 (151)	100 (34)	–	225 (63)	325 (97)	100 (21)
2019	一般合計	100	1,740 (544)	1,575 (506)	552	100	–	181	281 (74)	100 (28)
	一般枠	45	–	–	–	45	–		–	–
	修学資金枠Ａ方式	35	–	–	–	35	–		–	–
	修学資金枠Ｂ方式	20	–	–	–	20	–		–	–
2018	一般合計	100	1,873 (571)	1,673 (519)	600	100	127		227(54)	100(30)
	一般枠	45	–	–	–	45	–		–	–
	修学資金枠Ａ方式	35	–	–	–	35	–		–	–
	修学資金枠Ｂ方式	20	–	–	–	20	–		–	–
2017	一般合計	100	2,240 (713)	2,042 (666)	600	100	–		256 (64)	100 (20)
	一般枠	45	–	–	–	45	–		–	45
	修学資金枠Ａ方式	35	–	–	–	35	–		–	35
	修学資金枠Ｂ方式	20	–	–	–	20	–		–	20

※2020年度：一次試験合計400点満点　二次面接小論文の配点非公表

※代官山*MEDICAL*調べ

代官山*MEDICAL* OBレポート

東北医科薬科大学の面接・小論文はこうだった！

面接試験

①形式：個人面接（面接官3名）

②時間：10分～15分

MMIばかりという受験生もいる。

③面接室の配置

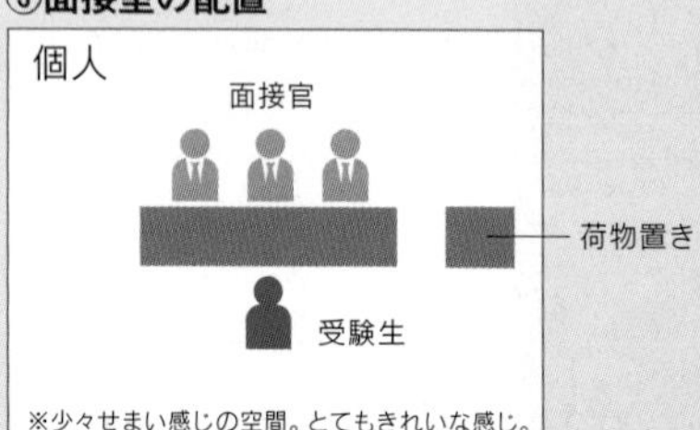

④質問内容

❶ここまでどうやって来たか
❷仙台の印象（寒いか?）
❸東北は寒いが大丈夫か
❹東北の好きな点
❺東北に残るか
❻（残るというと）実家継がなくてもいいのか
❼被災地に来たことがあるか
❽東北の地域医療にどう貢献したいか
❾医師志望理由（志望した時期）
❿志望理由「医師である父親が、患者さんに喜んでもらえることが嬉しいと言っていたから」→具体的な話を聞いたことがあるか?
⓫部活動について（規模、大変だったこと）
⓬学校生活で自分と合わない人がいたらどうするか
⓭1人暮らしで大変だったことと、克服した方法
⓮これまでの人生で乗り越えられなかった壁はあるか
⓯今までで、人と協力して何かを成し遂げたことはあるか
⓰親は東京を離れることに反対しないか
⓱希望する診療科はあるか
⓲将来どのように働きたいか
⓳過疎地の勤務に抵抗はないか
⓴今後様々な人と出会うと思うが、どう接していきたいか
㉑「遠くの親類より近くの知り合い」ということわざを知っているか。このことわざを実感した時があるなら、どんな時か
㉒地球温暖化について
㉓気温上昇に伴い、感染症が流行したらどうするか
㉔近くの人を助けたり、人に助けられたりした経験はあるか
㉕医療現場で意見が対立したらどうする?
㉖海外の医療保険と日本の医療保険のどちらが良いとおもうか。
㉗東北での医師不足が大きな問題となっているけど、原因とその対策って何だと思う?
㉘東北と他地域の医師不足の違いについて
㉙2分間で与えられたテーマについてスピーチして下さい。
例："Badニュースを伝える"ときにどうするか?
㉚総合医について
㉛医師の偏在について
㉜AIやロボットと医療の関係
㉝最後に聞きたいことはあるか
㉞ロシア・ウクライナ戦争を止めるにはどうするか

※代官山*MEDICAL*調べ

代官山MEDICAL 小論文科が分析する

東北医科薬科大学小論文の特徴!!

【形式】時間：60分　横書き　600字以内　段階評価
【内容】《テーマ型》―与えられたテーマについて自分の意見を述べる。

いわゆる1行問題の出題や、グラフなどデータを分析する問題など、さまざまな対策が必要であろう。

社会一般に関する出題が多いので、社会に対する関心があるかどうかを見ていると考えられる。与えられたテーマを分析し、自分の意見を述べる。テーマの分析力が問われている。必ずしも医療系の知識だけが問われるわけではない。そのため、社会全体に対する受験生の関心を問うてきていると思われる。昨年度の出題は「超高齢化社会に対する施策」、「個性を持った他者との調和について」であった。

対策《医療を中心に社会への関心を持つ》

社会問題に対する関心をもっておく必要がある。そのためには、ネット媒体・紙媒体を問わず、ニュースをみて、分析力を養っておこう。社会的テーマへのアプローチの方法をひととおり身につけておく必要がある。また、分析したうえで客観的な視点から小論文を書くことも必要である。その場合、論理的な構成となっていることが不可欠。単なる作文とはならないような文章構成力が求められる。

※代官山MEDICAL調べ

Dokkyo Medical University

獨協医科大学

所在地　〒321-0293 栃木県下都賀郡壬生町北小林880
問合先　入試課(Tel.0282-87-2108)

交通手段

東武宇都宮線「おもちゃのまち駅」西口下車
徒歩約15分
(バスにて約3分「獨協医大病院前」下車)

附属病院・関連施設

獨協医科大学病院、獨協医科大学埼玉医療センター、獨協医科大学日光医療センター

沿 革

1883年　獨逸学協会学校を設立
1947年　獨逸学協会の名称を財団法人獨協学園に変更
1973年　獨協医科大学を栃木県壬生町に開学

獨協医科大学

建学の理念

①人間性豊かな医師並びに看護職者の育成　②能力の啓発に重点を置く教育方針　③地域社会の医療センターとしての役割の遂行
④国際的交流に基づく医学・看護学研究

教育理念

『患者及びその家族、医療関係者をはじめ、広く社会一般の人々から信頼される医師の育成』

教育目標

①教育とは「学生本人の力をひき出し、育む」ことが本意であり、医学を修得するのは学生自身であることを十分認識させ、主体的な学習能力を養う
②医師であると同時に、社会人として心身ともに健康でバランスのとれた人格形成を目指す
③患者の権利と生命の尊厳とを尊重し、医の倫理に則り、思いやりのある医療を実践できる医師としての人格を養う
④患者の身体的・精神的・社会的側面を理解して、問題点を整理し解決する能力を養う
⑤地域社会における保健・衛生及び福祉の向上に独自の計画が立てられる能力と責任感を養う
⑥国際的医療情報の収集及びそれを解析する能力を養う

求める入学生像

・本学の建学の精神、本学医学部の教育理念、カリキュラム・ポリシー及びディプロマ・ポリシーを理解し、賛同できる人
・医学を学ぶ上で必要な数学、理科及び英語を中心とする基礎学力、読解力、表現力を有している人
・医学への強い志を持って社会に貢献する意欲のある人
・計画性を持って学習に臨み、自ら問題を解決する意欲のある人
・社会の一員としての理性と常識を備え、広い視野を持ち適切かつ公正な判断ができる人
・協調性とコミュニケーション能力のある人
・他者の立場になって物事を考え行動できる人
・国際的視野を持って医学を志す人

2023年度 受験者の男女比
※全ての入試を含む

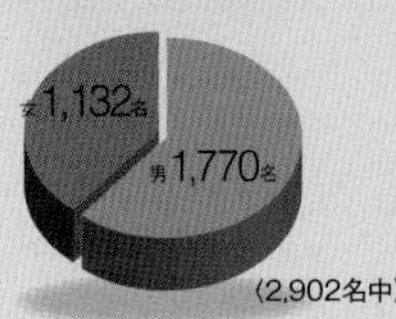

〈2,902名中〉

2023年度 入学者の男女比
※全ての入試を含む

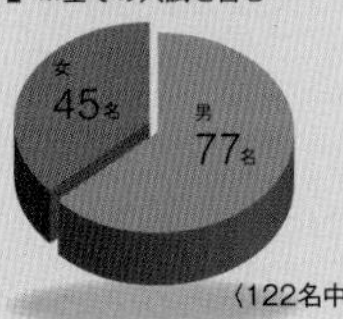

〈122名中〉

2023年度一般選抜 受験者の現浪比

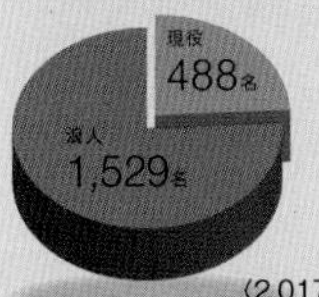

〈2,017名中〉

2023年度一般選抜 入学者の現浪比

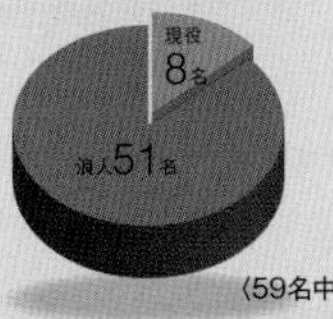

〈59名中〉

2023年度一般選抜 受験者の男女比

〈2,017名中〉

2023年度一般選抜 入学者の男女比

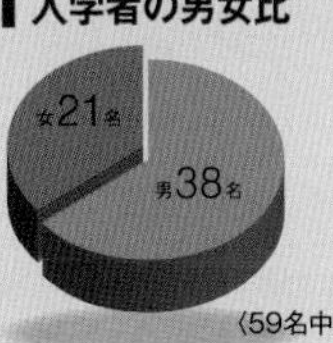

〈59名中〉

志願者の推移

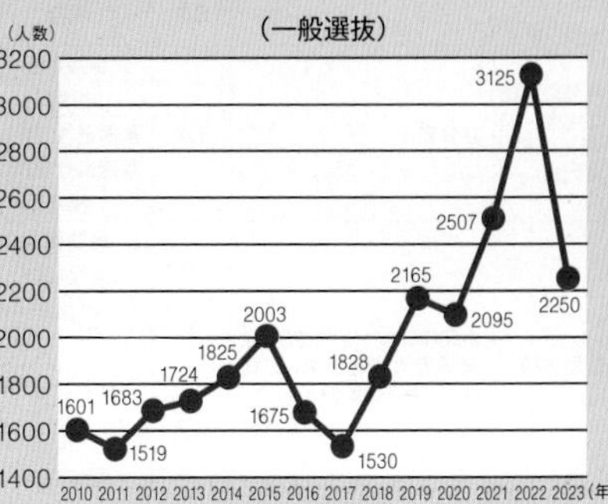

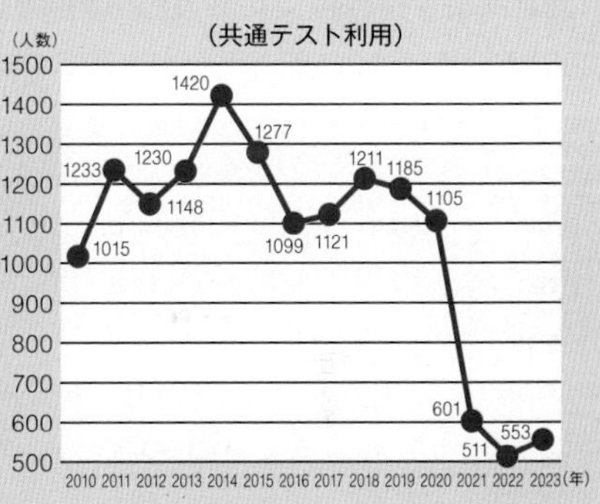

2024年度入試情報

入試内容

区分	試験	教科	時間	配点	科目内容
一般選抜・栃木県地域枠・埼玉県地域枠・茨城県地域枠・新潟県地域枠 ※1	1次	外国語	60分	100点	コミュニケーション英語Ⅰ・Ⅱ・Ⅲ、英語表現Ⅰ・Ⅱ
		数学	60分	100点	数Ⅰ・数Ⅱ・数Ⅲ・数A・数B(数列・ベクトル)
		理科	120分	200点	物基・物、化基・化、生基・生→2科目選択
	2次	小論文	60分	―	課題文の読解力や要約力、良好な倫理観及び解答を明確な分かりやすい文章で表現できるかを評価する。
		面接※2	約10分	―	個人面接※3
共通テスト利用	1次	国語	80分	100点	近代以降の文章
		外国語	110分	100点	リーディング100点、リスニング100点。計200点を100点に換算。
		数学	Ⅰ・A70分 Ⅱ・B60分	100点	数Ⅰ・数A、数Ⅱ・数B
		理科	各60分	200点	物、化、生→2科目選択
	2次	小論文	60分	―	課題文の読解力や要約力、良好な倫理観及び解答を明確な分かりやすい文章で表現できるかを評価する。
		面接	約10分	―	個人面接※3

※1 地域枠で合格とならなかった場合は一般選抜の選考対象とする。
※2 栃木県地域枠は、加えて栃木県の面接試験を実施する。
※3 本学で医学を学ぶにあたっての、動機や意欲のほか、社会に向き合う態度、基本的なコミュニケーション能力、医学に対する志、個性や才能などを評価する。
※4 適正な選抜をするために、各科目の採点結果を標準偏差を用いて標準化する。したがって点数は素点ではなく、相対得点(標準的な得点分布に変換した値)となる。
※詳細については、必ず募集要項を確認ください。

獨協医科大学

区分	出願資格	試験	教科	時間	配点	科目内容
学校推薦型選抜公募(地域特別枠)	栃木・群馬・茨城・埼玉・福島の高校または本人もしくは保護者居住で4.0以上の現役	1次	書類審査		一点	調査書・推薦書・自己申告書
			小論文	60分	一点	課題文の読解力や要約力、良好な倫理観及び解答を明確な分かりやすい文章で表現できるかなどを評価し、点数化する。
			基礎適性(英語)	60分	一点	基本的な学力を有するかを評価する。
			基礎適性(数学)	60分	一点	基本的な学力を有するかを評価する。
		2次	面接	約5分×複数回	一点	MMI方式※1。表現力、判断力や論理的思考力や主体性、協調性及び地域医療貢献への意欲などを評価し、点数化する。
学校推薦型選抜(指定校制・栃木県地域枠・系列校)	非公表	1次	書類審査		一点	非公表
			小論文	一分	一点	
			基礎適性(英語)	一分	一点	
			基礎適性(数学)	一分	一点	
			面接	一分	一点	
総合型選抜	令和6年4/1現在で30歳未満の大学卒業者・在籍者(2年次まで修了)。	1次	書類審査		一点	
			適性試験	180分	一点	科学的分析力・推理力・言語能力を評価する問題を出題する
			小論文	120分	一点	英文の長文課題に基づいた客観的・論理的作文能力を評価する
		2次	プレゼンテーション	一分	一点	事前課題・当日課題それぞれに対しプレゼンテーションを実施する。テーマに基づいた資料ができているか、明確かつ論理的に発表できているかなど、思考力・判断力・表現力を総合的に判断して評価する。
			面接試験	15分×4回	一点	一回あたり15分の個人面接を計4回実施し、多面的かつ総合的に評価する。

※1 MMI(multiple mini interview)は、受験者が評価項目別の面接室を巡り、各々独立した面接を約5分間で複数回行う。

試験日程

区分	募集人員	出願期間	1次試験日	1次合格発表日	2次試験日	合格発表日	入学手続き締切日(必着)
一般選抜(前期)地域枠	一般52 地域枠11※1	12/4~1/9 1/10郵送必着	1/21・22※2	1/26 10時	1/30・31(選択)	2/7 10時	2/14
一般選抜(後期)	10	1/15~2/15 2/16郵送必着	2/27	3/1 10時	3/5	3/8 17時	3/14
共通テスト利用選抜	5	12/4~1/11 1/12郵送必着	1/13・14	3/1 10時	3/5	3/8 17時	3/14
総合型選抜	3以内	9/1~9/15	9/30	10/11 10時	10/14	11/1 10時	11/7
学校推薦型選抜公募(地域特別枠)	10	11/1~11/7	11/11	11/15 10時	11/17	12/1 10時	12/8
学校推薦型選抜(指定校制)	20 栃木県地域枠5以内	11/1~11/7	11/11	—	—	12/1 10時	12/8
学校推薦型選抜(系列校)	約10	11/1~11/7	1日目 11/11 2日目 11/17	—	—	12/1 10時	12/8

※1 栃木県地域枠5名、埼玉県地域枠2名・茨城県地域枠2名・新潟県地域枠2名
※2 志願者は受験日を自由に選択することができる。(1)2日間のうち都合がよい日を1日選んで受験する。(2)2日間とも受験する。(この場合、4科目の合計点が高得点となる日の結果を合格判定に採用する。)
※入学辞退者の学費返還申出期限は3/29(金)17時。

試験会場

一般選抜(前期) ▶▶▶ 1次=五反田TOCビル　2次=本学
一般選抜(後期) ▶▶▶ 1次=ライトキューブ宇都宮　2次=本学
大学入学共通テスト利用選抜 ▶▶▶ 1次=大学入学共通テスト試験会場　2次=本学
学校推薦型選抜・総合型選抜 ▶▶▶ 本学

繰上げ合格について

合格者の入学手続状況により、欠員が生じた場合に限り繰上げ合格を実施する。繰上げ合格者は本学掲示板に発表するとともに、本人宛に合格通知書と入学手続書類を簡易書留・速達で郵送する。繰上げ合格者には志願票に記載された受験者本人(または保護者等)の連絡先に電話連絡するので確実に連絡のとれる電話番号を登録すること。なお、電話連絡で本学への入学の意志確認ができた場合、本人宛に合格通知書と入学手続書類を郵送する。繰上げ合格者については、入学手続期間が大変短くなるので速やかに手続きが行えるよう準備すること。

特待生制度

共通テスト利用選抜並びに一般選抜において
成績優秀者(若干名)は、初年度教育充実費の5割(180万円)を減免する。

▶繰上げ合格者数（一般選抜）

2023	2022	2021	2020	2019	2018	2017	2016	2015
24	54	79	55	55	54	28	非公表	非公表

2023年 医学部レベル判定模試合格判定ライン 220/400点

入試結果

2023年度までの志願者数などの推移<一般選抜>

[ ]内は現役 ( )内は女子内数

年度	方式	募集人員	志願者数	受験者数	一次合格者数	2次合格者合計	2次正規合格者数	繰上げ合格者数	入学者数
2023	一般	57	2,250 [520](853)	2,012 [485](787)	500 [103](179)	127 [38](55)	103	24	59 [8](21)
	共通テスト試験利用	10	553 [172](210)	549 [171](210)	151 [45](50)	36 [15](14)	30	6	10 [2](1)
	栃木県地域枠(一般及び共通テスト利用)	5	219 [64](73)	202 [61](73)	32 [8](9)	5 [3](3)	5	5	
	総合型選抜(現役のみ)	3	13(7)	13(7)	4(2)	1(1)	1(1)		1(1)
	公募推薦(地域特別枠)選抜	10	40(注1) (22)	40 (22)	7 (4)		10(注2) (6)	0 (0)	10(注2) (6)
	推薦選抜(指定校制)栃木県地域枠	5	14(注3) (4)	14 (4)		5 (1)	5(注4) (1)		5 (1)
	推薦選抜(指定校制)	20	54(24)	54(24)		20(11)	20(11)		20(11)
2022	一般	57	3,125(1,128)	2,738(1,035)	450(159)	142(46)	88	54	58(16)
	共通テスト試験利用	10	511(182)	505(181)	153(46)	38(8)	30	8	10(2)
	栃木県地域枠(一般及び共通テスト利用)	5	318(98)	293(95)	47(9)	6(4)	5	1	5(4)
	総合型選抜(現役のみ)	3名以内	18(7)	17(6)	6(5)	3(3)	3(3)	0	3(3)
	公募推薦(地域特別枠)選抜	10	33(18)	33(18)	5(2)	10(6)	10(6)		10(6)
	推薦選抜(指定校制)栃木県地域枠	5名以内	17(7)	17(7)		5(2)	5(2)		5(2)
	推薦選抜(指定校制)	20	52(24)	52(24)		22(10)	22(10)		22(10)
2021	一般	63	2,507(803)	2,269(730)	450(150)	169(60)	90	79	69(27)
	共通テスト試験利用	10	601(229)	589(228)	104(37)	25(6)	15	10	6(1)
	指定校制推薦	20	63(29)	63(29)		23(12)	23(12)		23(12)
	栃木県地域枠入試	5	268(96)	255(88)	28(8)	6(4)	5	1	5(3)
	指定校制推薦(栃木県地域枠)	5	20(8)	20(8)		5(4)	5(4)		5(4)
	総合型選抜(現役のみ)	7名以内	29(12)	28(11)	10(5)	5(4)	5(4)		2(2)
2020	一般	58	2,095(768)	1,824(706)	381(129)	158(55)	103	55	58(18)
	センター試験利用	15	1,105(416)	1,093(411)	251(81)	66(17)	40	26	15(2)
	指定校制推薦	20	67(33)	67(33)		23(12)	23(12)		23(12)
	栃木県地域枠入試	10	355(132)	330(127)	55(19)	11(4)	10	1	10(4)
	公募推薦(地域特別枠)	10	59(26)※2	59(26)※2	5(2)※3	10(5)※1	10(5)※1		10(5)
	AQ一般入試	7以内	19(7)	18(7)	10(3)	―	5(1)		4(1)
2019	一般	58	2,165(758)	1,913(699)	381(143)	148(63)	93	55	61(22)
	センター試験利用	15	1,185(440)	1,166(434)	252(86)	57(15)	40	17	14(3)
	指定校制推薦	20	67(42)	67(42)		22(14)	22(14)		22(14)
	栃木県地域枠	7	319(120)	307(115)	37(15)	11(4)	8	3	8(2)
	公募推薦(地域特別枠)	10	59※2	59※2	7※3	10★(2)	10★(2)		10(2)
	AO栃木県地域枠	3以内	20(11)※4	20(11)※4	10(4)※5	2(1)※6	2(1)※6		2(1)
	AO一般	7以内	31(17)	31(17)	15(7)	4(2)	4(2)		3(1)

※代官山*MEDICAL*調べ
※1:内指定校推薦併願者6名 ※2:内指定校推薦併願者41名 ※3:指定校推薦併願者除く
※4:内AO一般併願者20名 ※5:内AO一般併願者10名 ※6:内AO一般併願者2名
★公募推薦(地域特別枠)の2次合格者総数および2次正規合格者数の10名の中には、指定校推薦の併願者3名が含まれます。
▲2020年度 一般入試合格者総数 158名(内女子55名)
▲2020年度 センター利用合格者総数 66名(内女子17名)
▲2020年度 栃木県地域枠入試合格者総数 11名(内女子4名)
(注1)内指定校制併願者25名 (注2)内指定校制併願者7名 (注3)内指定校制併願者11名 (注4)内指定校制併願者3名

獨協医科大学

代官山*MEDICAL* OBレポート

獨協医科大学の面接・小論文はこうだった！

面接試験

①形式：個人面接（面接官3名）
②時間：10分

③面接室の配置

④質問内容

❶医師志望理由
❷いつ医師を志したか
❸本学志望理由
❹併願校について（合格したか）
❺なぜ浪人してしまったか　多浪した理由
❻ストレスをどう発散したか
❼恐怖にはどう対応するか
❽高校時代に頑張ったこと
❾部活での実績
❿親と普段どのような会話をしているか
⓫勉強以外で大学でやりたいこと
⓬内科医である父の専門は何か
⓭理想の医師像
⓮希望する診療科
⓯最近読んだ本
⓰出身地のPR
⓱これまでに感銘を受けた医療の研究、成果、技術はあるか
⓲親友はいるか？　親友と仲良くなった過程
⓳親友の好きな所は？
⓴親友と意見が対立した時はどうしたか
㉑浪人生活で友人は出来たか
㉒クローン人間が作れるかもしれないが、どう思うか　どうやって規制すればよいか
㉓インフルエンザにかかり、身体が動かせなくなった。どのような影響が考えられるか。思いつく限り上げよ
㉔あなたは美容院に10分遅れた。それによって発生する影響を思いつく限り答えよ。
㉕試験に行く途中で倒れている人がいたらどうするか
㉖現代の医療の問題点と対策

※代官山*MEDICAL*調べ

代官山*MEDICAL* 小論文科が分析する

獨協医科大学小論文の特徴!!

【形式】時間:60分　配点:非公表　横書き
（※要約200字以内、意見論述400字以内）

【内容】《要約&意見型》―要約と意見の区別をハッキリと

A4横書き2枚～3枚弱の文章が資料文。文章は医療関係とは限らない。問一はその要約。全体の要約ゆえ、構成も再現しようと意識して、キーフレーズを中心にまとめる。

問2は自らの考えを述べる。ただし、「具体例」や「自らの体験」を交えてなどの条件がつくので、その条件を守ることが大切。「医師として」などの条件がつく場合もある。自らの意見を述べる際には、資料文の考えと自分の考えの区別づけをしっかりすることが大切。括弧などの引用記号を的確に使えなければならない。資料文で書かれていないことを述べなければ、意見や主張にならない。多様なものの考えができるように日頃からの練習が大切となる。

対策　《要約練習と意見作成》―新聞の社説を読む

要約は難しく見えても、練習を積めば短時間で書けるようになるので、数年分練習してみよう。また、ある程度まとまった文章を読んで、家族や友人に内容を説明してみるのもよい練習になる。医療のみならず、福祉系、仕事論、組織論、統計学、哲学と幅広い分野の文章が出題されているので、普段から欠かさず情報収集することが大事。多様な物の見方を身に着けておこう。

※代官山*MEDICAL*調べ

Nippon Medical University

日本医科大学

所在地　〒113-8602 東京都文京区千駄木1-1-5
問合先　〒113-8602 東京都文京区千駄木1-1-5
学事部教務課（Tel.03-3822-2131）

■交通手段

東京メトロ千代田線「千駄木駅」または「根津駅」下車、徒歩8分、東京メトロ南北線「東大前駅」または「本駒込駅」下車、徒歩8分

■付属病院・関連施設

付属病院、武蔵小杉病院、多摩永山病院、千葉北総病院、呼吸ケアクリニック、腎クリニック、成田国際空港クリニック、健診医療センター（PET検査）、先端医学研究所、ワクチン療法研究施設

■沿 革

1876年	医師養成学校「済生学舎」を設立
1912年	私立日本医学専門学校となる
1926年	大学令により日本医科大学に昇格、予科を併設
1952年	学制改正により新制日本医科大学となる

アピールポイント

日本医科大学

日本医科大学の学是は「克己殉公」“わが身を捨てて、広く人々のために尽くす”ことであり、教育理念として「愛と研究心を有する質の高い医師、医学者の育成」を掲げ、これまでに1万人を超える臨床医、医学研究者、医政従事者を輩出してきました。

アドミッションポリシー

①医学を学ぶ目的意識が明確で、医師、医学者となるに必要な知識・技能の獲得のために自ら努力する人
②生命倫理を尊重し、医学を学ぶための知識・知性と科学的論理性と思考力を備えた人
③病める人の心を理解し、相手の立場で物事を考えることができ、主体性を持ちつつ協働して学ぶことのできる人
④社会的な見識を有し、周囲との協調性を尊重しながら、自らを表現し、判断できる人
⑤世界の医学・医療の進歩と発展に貢献する強い意欲のある人

2023年度 入学者の男女比

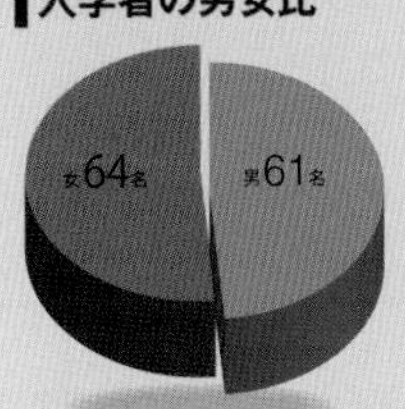

〈125名中〉

2023年度 入学者の現浪比

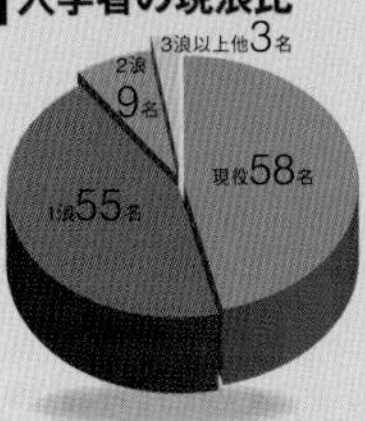

〈125名中〉

2023年度受験者の男女比（前期）

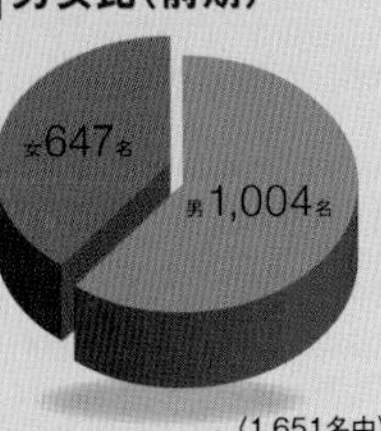

〈1,651名中〉

2023年度2次試験 合格数の男女比（前期）

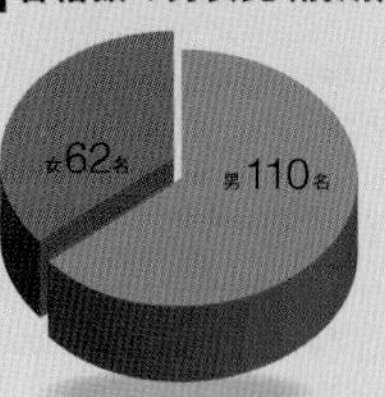

〈172名中〉

2023年度受験者の男女比（後期）

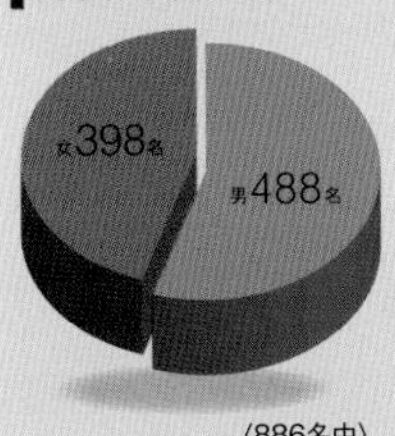

〈886名中〉

2023年度2次試験 合格数の男女比（後期）

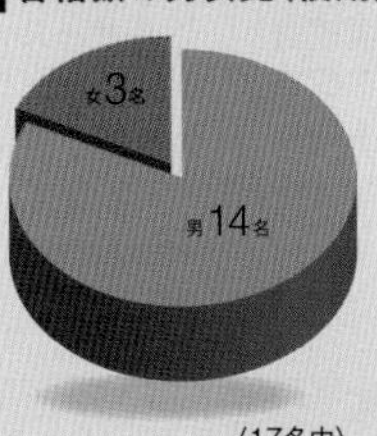

〈17名中〉

志願者の推移（一般選抜）

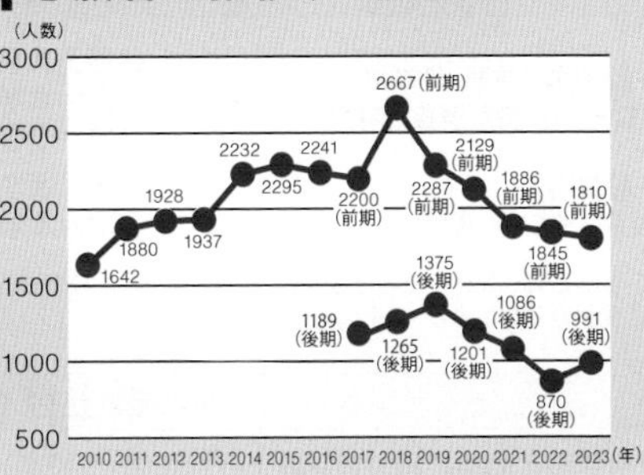

2024年度入試情報

入試内容

区分	試験	教科	時間	配点	科目内容
一般選抜前期・地域枠	1次	英語	90分	300点	コミュニケーション英語Ⅰ・Ⅱ・Ⅲ、英語表現Ⅰ・Ⅱ
		数学	90分	300点	数Ⅰ・数Ⅱ・数Ⅲ・数A・数B（ベクトル・数列）
		理科	120分	400点	物基・物、化基・化、生基・生→２科目選択
	2次	小論文	60分	一点	テーマ型＆グラフ型で600字以内
		面接	一分	一点	グループ討論30分＋個人面接10分
一般選抜後期・地域枠	1次	英語	90分	300点	コミュニケーション英語Ⅰ・Ⅱ・Ⅲ、英語表現Ⅰ・Ⅱ
		数学	90分	300点	数Ⅰ・数Ⅱ・数Ⅲ・数A・数B（ベクトル・数列）
		理科	120分	400点	物基・物、化基・化、生基・生→２科目選択
	2次	小論文	90分	一点	映像を見てから600字を書く
		面接	一分	一点	グループ討論30分＋個人面接10分
グローバル特別選抜（前期）	共通テスト	国語	80分	200点	近代以降の文章及び古典（古文・漢文）
	1次	英語	90分	300点	コミュニケーション英語Ⅰ・Ⅱ・Ⅲ、英語表現Ⅰ・Ⅱ
		数学	90分	300点	数Ⅰ・数Ⅱ・数Ⅲ・数A・数B（ベクトル・数列）
		理科	120分	400点	物基・物、化基・化、生基・生→２科目選択
	2次	小論文	90分	一点	
		面接	一分	一点	

※詳細については、必ず募集要項を確認ください。※後期の小論文及び面接試験は、いわゆる学力の３要素をより多面的、総合的に評価するため、一般選抜（前期）（地域枠）及びグローバル特別選抜（前期）より試験時間が長くなります。※地域枠入試で、各県が定める独自の要件については、各県のホームページで必ず確認してください。

試験日程

区分		募集人員	出願期間(当日消印有効)	1次試験日	1次合格発表日	2次試験日	合格発表日	入学手続き締切日
一般選抜	前期・地域枠	76※1	12/22～1/23	2/1	2/7 17時	2/9・10(選択)※3	2/13 13時	2/16※4(入学金)
	後期・地域枠	31※2	2/1～2/20	2/28	3/6 17時	3/10	3/13 13時	3/18
	グローバル特別選抜(前期)	10	12/22～1/23	共通テスト 1/13 一次2/1	2/7 17時	2/9・10(選択)	2/13 13時	2/16※4(入学金)

※入学辞退者の学費返還申出期限は3/30正午。　※1 内地域枠14名 千葉県4名、埼玉県1名、静岡県3名、東京都5名。
※2 内地域枠6名 千葉県3名、埼玉県、静岡県、新潟県で各1名。　※3 東京都地域枠の1次試験合格者は2次試験を2/10に実施
※4 初年度授業料・施設整備費は2/22まで

試験会場

一般選抜(前期、地域枠)、**グローバル特別選抜(前期)**
共通テスト＝大学入学共通テスト試験会場
1次＝本学武蔵境校舎※1、ベルサール渋谷ガーデン※1
2次＝本学千駄木校舎※1(医学部教育棟)

一般選抜
(後期、地域枠、後期)
1次＝本学武蔵境校舎、駿台予備学校福岡校※2
2次＝本学千駄木校舎(医学部教育棟)

※1 収容定員を超過した場合は、日本医科大学千駄木校舎も併用する。
※2 受験希望数により、東京会場となる場合がある。

繰上げ合格について

合格発表と同時に補欠者を繰上げ合格順(成績順)に発表する。補欠者からの繰上げ合格は、合格者の入学手続状況により成績順位に従って、上位より順次通知する。

特待生制度

入試の成績上位者(前期試験35名、後期試験3名、後期試験・グローバル特別選抜(前期)10名)のうち入学したものを特待生とし、入学時の授業料の250万円を免除する。

繰上げ合格者数

2023		2022		2021		2020		2019		2018		2017		2016	2015	2014
前期	後期	前期	後期	前期	後期	前期	後期	前期	後期	前期	後期	前期	後期			
142	60	134	不明	125	不明	159	14	70番台	53	172	51	189	13	212	243	242

2023年 医学部レベル判定模試合格判定ライン　275/400点

入試結果

2023年度までの志願者数などの推移<一般選抜>

( )内は女子内数

年度	方式		募集人員	志願者数	受験者数	一次合格者数	2次正規合格者数	補欠者	繰上げ合格者数	入学者数
2023	一般選抜前期		72	1,810 (709)	1,651 (647)	352 (127)	172 (62)	142 (54)	76	125(注)
	一般選抜後期		17	991 (445)	886 (398)	140 (57)	17 (3)	60 (33)	22	
	一般選抜前期・後期	東京都枠	5	89★	82★	21	5	5		
		千葉県枠	7	190★	179★	35	10	15		
		埼玉県枠	2	121★	115★	30	2	16		
		静岡県枠	4	136★	129★	34	5	15		
		新潟県枠	2	90★	86★	20	3	8		
	一般入試後期 大学入試共通テスト(国語)併用		10	210 (103)	187 (92)	70 (27)	10 (8)	29 (13)		
2022	一般選抜前期	全体	75	1,845 (675)	1,681 (761)	353 (138)	161 (88)	177 (66)	134	123 (53)
		東京都枠	5	116★	114★	27	5	10		
		千葉県枠	4	151★	148★	35	10	17		
		埼玉県枠	1	95★	93★	31	3	19		
		静岡県枠	3	134★	129★	36	5	18		
	一般選抜後期	全体	14	870 (368)	761 (324)	140 (60)	14 (8)	63 (31)		
		千葉県枠	3	(上記参照)	(上記参照)	20	3	11		
		埼玉県枠	1	(上記参照)	(上記参照)	20	1	11		
		静岡県枠	1	(上記参照)	(上記参照)	20	1	9		
	一般入試後期 大学入試共通テスト(国語)併用		10	247 (114)	218 (102)	70 (30)	10 (3)	30 (15)		
2021	一般選抜前期	全体	81	1,886 (735)	1,715 (670)	350 (137)	169 (84)	145 (79)	125	125 (58)
		千葉県枠	4	251★	235★	16	7	9		
		埼玉県枠	3	203★	186★	16	7	8		
		静岡県枠	3	158★	146★	11	6	5		
	一般選抜後期		17	1,086 (449)	980 (413)	170 (67)	26 (15)	79 (38)		
	後期試験・共通テスト(国語)併用		10	231 (107)	205 (100)	70 (33)	10 (7)	30 (15)		

(注)一般前期・後期＋共通テスト国語併用＋地域枠の合計となります。
★各地域枠については、志願者・受験者ともに前期・後期の合計数
※2021年度：一般選抜前期　補欠候補圏外 24名　合格者総数 294名
※2020年度：一般入試前期　補欠候補圏外 25名　合格者総数 320名
※**代官山*MEDICAL***調べ

代官山*MEDICAL* OBレポート

日本医科大学の面接・小論文はこうだった！

面接試験

①形式：グループ討論（受験生6名、面接官3名）、個人面接（面接官3名）

②時間：グループ討論30分、個人面接10分

③面接室の配置

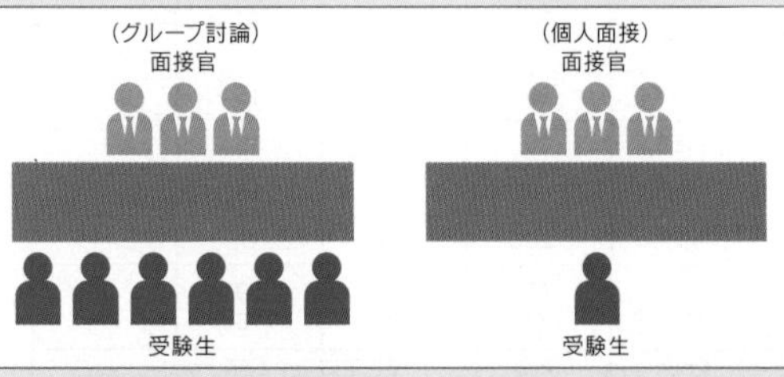

④質問内容

《グループ討論》

※受験生が意見を述べ、面接官がその発言について述べる形式。討論は面接官が司会をして、討論前に自己紹介する。

❶地球温暖化
❷医療費の高騰
❸ワーキングプアについて
❹英語教育の前に日本語教育を充実すべきか
❺原子力発電の存続について
❻生物の多様性について
❼外国人労働者について
❽医師の給与について
❾一人前になるということ
❿SNSを教育に生かすには
⓫高齢化が進む中、地域で出来る取り組み
⓬医師に必要な資質
⓭患者の自己決定権
⓮遺伝子操作は人類を救うか
⓯スマホ依存症について
⓰介護離職を減らすためには、医師として何が出来るか

《個人面接》

※グループ討論終了後、個人面接に入る。

※グループ討論の際の面接官と個人面接の際の面接官が同じことが多い。

❶医師志望理由
❷研究に興味があると調査書に書いてあるけど、どういうこと？
❸国立は受けないの？
❹どんな医師になりたいか
❺集団討論はどうだった？
❻グループ討論で言い忘れたことはあるか
❼高校時代はどう過ごしたか
❽地域医療に興味はある？
❾短所・長所
❿友人関係
⓫家での教育方針
⓬どんな本を読んできたか
⓭対立する人とどう接するか
⓮人から感謝されてうれしかったことは何か
⓯何科に進みたいのか
⓰部活について
⓱医師の大変さ、患者からの過大な要求についてどう思うか
⓲高校、予備校での好きな教師・講師について
⓳大学に入ってから学問以外にやりたい事は？
⓴浪人生活で辛かったこと
㉑浪人生活で学力ついたと思う？
㉒自分の理想の医師
㉓代官山*MEDICAL*ってどんな予備校？
㉔歴史上で好きな人物
㉕尊敬する人物
㉖体力は大丈夫か
㉗自己の誇れるもの
㉘最後に自己アピール

※代官山*MEDICAL*調べ

代官山*MEDICAL* 小論文科が分析する

日本医科大学小論文の特徴 !!

【形式】時間:60分　配点:非公表　横書き　600字以内　(後期 90分)
【内容】《テーマ型&ビジュアル型》―工夫した設問により、医師としての適性を見る

二次試験日が選択式になって、2種類の出題が作問されている。

近年は、写真やデータ分析タイプも出題されている。このタイプの問題を克服するには発想力を要する。現場での発想力を重視する出題といえそうだ。

その反面、以前のような抽象度が高い哲学的テーマは出題されなくなってきている。とはいえ、復活するかもしれないので警戒はしておきたい。

後期試験では、映像をみて、自分の意見を述べる形式も出ることがある。近年は長めの課題文を読んで自分の意見を書く問題も多い。前期よりも時間が長いのは、より重視されているためと思われる。

対策 《対応力》―あらゆる出題にも対応する

前期に関しては、順天堂大学と同じように写真等の分析ができるようにしたい。そのほか、テーマ型の出題に備えて社会の事象を分析しておくことは、面接練習にもつながる。ニュース等をみて、多面的に物事を考える習慣をつけておきたい。そうすれば、後期の小論文対策にもつながる。後期試験については、ドキュメンタリー番組で人物を取り上げている場合がある。その他には、読解力を強化する必要もある。その人物をなぞるだけではなく、受験者の人柄もにじみ出るような書き方を心がけることが大切。かなり高度な訓練が必要なため、過去問に早くから取り組まなければならない。2次試験での逆転も十分ありうる。

※代官山*MEDICAL*調べ

DAIKANYAMA's Eye

▶ 日本医科大学後期試験の2次試験について

小論文はアニメなどの映像を30分間見てから、60分で600字を書かせる。
面接は個人面接とディベートが行われる。個人面接は前期と同じく、グループ討論が行われる。
賛成派と反対派に10名の生徒が2つのグループに分かれて、意見を交わすディベート形式。
テーマは「遺伝子操作について」など。

日本医科大学の募集要項にある「後期試験の小論文及び面接試験は、学力の3要素をより多面的、総合的に評価するため、前期試験より試験時間が長くなります」という文言です。学力の3要素とは、次の3つを言います。

① 知識・技能の確実な習得
②(①を基にした)思考力、判断力、表現力
③ 主体性を持って多様な人々と協働して学ぶ態度

所在地　〒173-8610 東京都板橋区大谷口上町30-1
問合先　〒173-8610 東京都板橋区大谷口上町30-1
医学部入試係（Tel.03-3972-8188）

■交通手段

東武東上線「大山駅」下車、徒歩15分
JR「池袋駅」よりバスで「日大病院」下車（所要時間25分）

■附属病院・関連施設

板橋病院、日本大学病院（健診センター含む）、リサーチセンター、救急救命センター、実験医学研究所

■沿革

1925年　日本大学専門部医学科開設（駿河台）
1942年　医学部に昇格認可（予科3年、学部4年制）
1952年　新学制による医学部医学科への移行認可（入学定員80名）

アピールポイント　日本大学 医学部

医学部の教育理念　醫明博愛（いみょうはくあい）

醫は手技的療法・薬を表し、医療の根幹を表す字義があり、明（みょう）には「あかるい」「あかるくなる」「あきらかにする」「あける」などの漢字として意義があります。以上より、
1.醫療により病める患者に光をあて「あかるくする」
2.醫学の疑問に対し研究をかさね「あきらかにする」
3.醫学を学ぶ者（医学生）に熱意ある教育によりその門を「あける」
の三点から、本学の教育目標をふまえ、「醫明」とすることで3つ意味を持たせています。つまり、醫明博愛とは、博愛すなわち「すべての人を平等に愛し、自己犠牲・献身を惜しまない」心を持って「醫明」につとめることを意味します。

アドミッション・ポリシー

医学部は、自主創造の理念を念頭に醫明博愛を実践する、(1)豊かな知識・教養に基づき社会に貢献する高い人間力を有する医師の育成、(2)高い倫理感のもとに、論理的・批判的思考力を有し、世界へ発信できる学際的視野を持った研究者の育成、及び(3)豊かな個性を引き出し、次世代リーダーを育成する熱意ある教育者を志す人材の育成を目指しています。
従って医学部では、医学・医療の分野で社会に貢献したいという明確な目的意識とそれを実現しようとする強い意志を持ち、目標に向かって意欲的に学修を進めていくことのできる学生を求めています。
入学試験では、このような人材を多元的な尺度で評価し、基礎的な能力や資質に優れた人材を見出します。一次試験では、学科試験（理科、数学、外国語）により、6年間の学修に必要な基本的な知識・技能、判断力、思考力を評価します。二次試験では、個別学力検査により応用力、展開力を評価し、調査書等を参考に思考力、判断力、表現力、主体性を持って多様な人々と協働して学ぶ態度を評価します。

医学部の教育目標

1.豊かな知識・教養に基づき社会に貢献する高い人間力を有する医師の育成
2.高い倫理観のもとに、論理的・批判的思考力を有し、世界へ発信できる学際的視野を持った研究者の育成
3.豊かな個性を引き出し、次世代リーダーを育成する熱意ある教育者の育成

2023年度一般選抜N方式第1期志願者の男女比

女578名
男1,287名

〈1,865名中〉

2023年度一般選抜N方式第1期受験者の男女比

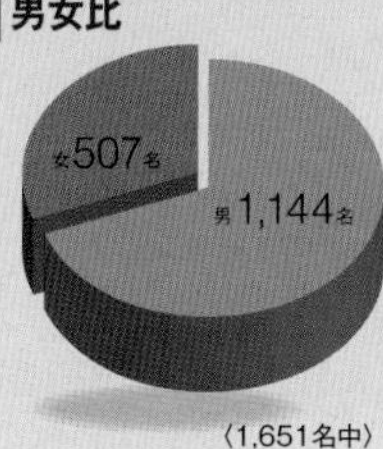

〈1,651名中〉

2023年度一般選抜N方式第1期合格者の男女比

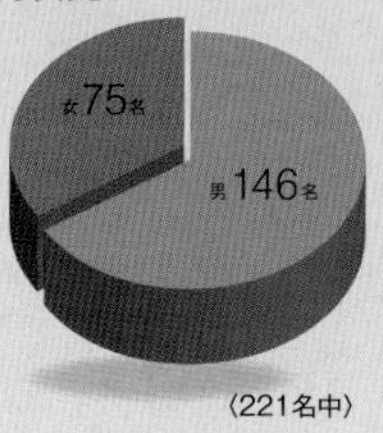

〈221名中〉

2023年度一般選抜N方式第1期入学者の男女比

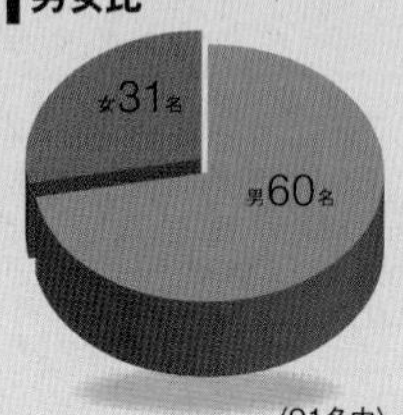

〈91名中〉

志願者の推移（一般選抜）

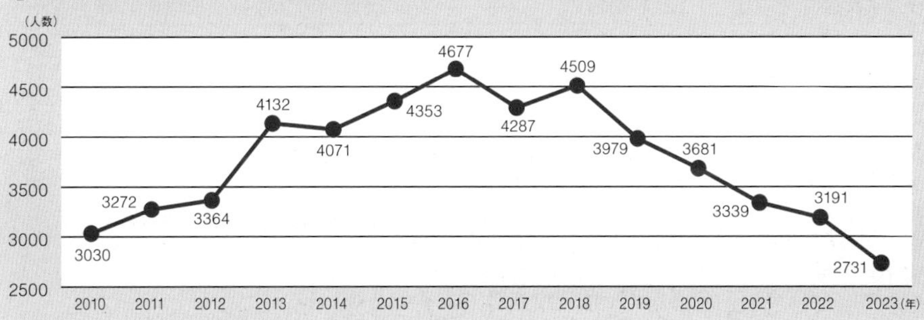

2024年度入試情報

入試内容

区分	試験	教科	時間	配点	科目内容
一般選抜 N全学 統一方式 第1期	1次 ※1	外国語	60分	100点	コミュニケーション英語Ⅰ・Ⅱ・Ⅲ・英語表現Ⅰ・Ⅱ
		数学②	60分	100点	数Ⅰ・数Ⅱ・数Ⅲ・数A・数B （確率分布と統計的な推測を除く）
		理科	各60分	200点	物基・物、化基・化、生基・生→２科目選択
	2次	数学	60分	60点	数Ⅰ・数Ⅱ・数Ⅲ・数A・数B （確率分布と統計的な推測を除く）《記述式》
		外国語	60分	60点	コミュニケーション英語Ⅰ・Ⅱ・Ⅲ・英語表現Ⅰ・Ⅱ
		面接	約20分	30点	※2
一般選抜 N全学 統一方式 第2期	1次 ※1	外国語	60分	100点	コミュニケーション英語Ⅰ・Ⅱ・Ⅲ・英語表現Ⅰ・Ⅱ
		数学②	60分	100点	数学Ⅰ・数学Ⅱ・数学Ⅲ・数A・数B （確率分布と統計的な推測を除く）
		理科	各60分	200点	物基・物、化基・化、生基・生→２科目選択
	2次	数学	60分	60点	数学Ⅰ・数学Ⅱ・数学Ⅲ・数A・数B （確率分布と統計的な推測を除く）《記述式》
		外国語	60分	60点	コミュニケーション英語Ⅰ・Ⅱ・Ⅲ・英語表現Ⅰ・Ⅱ
		面接	約20分	30点	※2

※1　1次試験は得点を標準化得点に換算。　※2　アドミッションポリシーに基づき面接評価を重視し、調査書等を含めて多元的な尺度から複数の評価者により適格性の評価を判断する。したがって学力検査の成績に関わらず不合格となることがある。※詳細については、必ず募集要項を確認ください。

区分	出願資格	試験	教科	時間	配点	科目内容
校友子女選抜	校友の子女（法定血族を含む2親等内直系血族）	1次	理科	各60分	200点	物基・物、化基・化、生基・生→2科目選択
			外国語	60分	100点	コミュニケーション英語Ⅰ・Ⅱ・Ⅲ、英語表現Ⅰ・Ⅱ
			数学	60分	100点	数Ⅰ・数Ⅱ・数Ⅲ・数A・数B（確率分布と統計的な推測を除く）
		2次	面接	約20分	60点	

※詳細については、必ず募集要項を確認ください。

試験日程

区分	募集人員	出願期間（郵送必着）	1次試験日	1次合格発表日	2次試験日	合格発表日	入学手続き締切日
一般選抜（N全学統一方式第1期）	90	1/5～1/19	2/1	2/6 16時	2/11	2/16 13時	2/26
一般選抜（N全学統一方式第2期）	15	1/5～2/23	3/4	3/13 16時	3/17	3/22 13時	3/28
校友子女選抜	5	12/1～12/7	2/1	2/6 16時	2/11	2/16 13時	2/26

※一般選抜の２段階手続き締切日は3/11。
※入学辞退者の学費返還申出期限は3/29（金）17時。

試験会場

一般選抜（N全学統一方式第1期） ▶▶▶ １次試験＝Ｎ方式実施試験会場の中から希望する受験地を選択
２次＝本学経済学部校舎3号館

一般選抜（N全学統一方式第2期） ▶▶▶ １次試験＝Ｎ方式実施試験会場の中から希望する受験地を選択
２次＝本学経済学部校舎3号館

校友子女選抜 ▶▶▶ １次＝本学文理学部校舎
２次＝入学者選抜手引（校友子女）で知らせる

※Ｎ方式第1期受験は主要都市20会場（札幌、仙台、郡山、つくば、佐野、高崎、千葉、東京、東京〈立川〉、横浜、湘南、新潟、長野、三島、名古屋、大阪、広島、福岡、長崎、宮崎）にて実施。Ｎ方式第2期受験は郡山、東京、千葉、湘南にて実施。

繰上げ合格について

学部・方式により追加合格を出す場合があります。追加合格を出す場合には「インターネットによる合否案内」を実施するので、インターネット出願の「マイページ」内の「合否案内」より確認してください。追加合格発表の合格通知書の郵送及び学内掲示は行いません。

奨学金制度

1. 故土岐勝人氏が寄付した基金をもとに設置され、学業及び人物が優秀な者に対し給付する。
2. 故永澤滋博士の功績を顕彰して医学部同窓会が寄付した基金をもとに設置され、学業及び人物が優秀な者に給付する。 3. 医学部同窓会が寄付した基金をもとに設置され、学業及び人物ともに優秀で、入学後第一保証人の事故等により、経済的に修学困難な学生に対し給付する。（1名） 4. 医学部同窓会が寄付した基金をもとに設置され、医学部5～6年次に在籍し学部指定の金融機関で教育ローン契約を締結し、また学費等の支弁が困難であり、学業及び人物がともに優れている者。

繰上げ合格者数＜一般選抜（2022はＮ方式、2021まではＡ方式）＞

2023	2022	2021	2020	2019	2018	2017	2016	2015	2014	2013
131	136	166	67	89	非公表	92	119	106	100	106

合格最低点＜一般選抜（2022はＮ方式、2021まではＡ方式）＞［標準化点］

2023	2022	2021	2020	2019	2018	2017	2016	2015	2014	2013
344.9/580	354.6/580	232.9/400	232.2/400	232.35/400	230.8/400	233.1/400	235.6/400	235.5/400	236.2/400	236.1/400

2023年 医学部レベル判定模試合格判定ライン

入試結果

2023年度までの志願者数などの推移<一般選抜>

( )内は女子内数

年度	方式	募集人員	志願者数	受験者数	一次合格者数	2次正規合格者数	補欠者数	繰上げ合格者数	合格者総数	一次合格最低点	入学者数
2023	一般入試N方式(1期)	90	1,865	1,651		90		131	221	344.86/580	
	一般入試N方式(2期)	15	866	752	100	14		3	17	370.86/580	
	校友子女入試	5									
2022	一般入試N方式(1期)	90	2,054	1,772	320	90	143	136	226	355/580※	90
	一般入試N方式(2期)	15	1,137	1,007	100	10	15	8	23	378/580※	15
2021	一般入試A方式	97	2,737(1,058)	2,502(990)	341(133)	97	200	166	263(110)	232.9/400★	97(32)
	一般入試N方式	10	602(247)	516(211)	30(6)	10	15	13	23(5)	244.1/400★	10(2)
	校友子女入試	3	36(15)	33(14)	4(3)	3		0	3(2)		2(1)
2020	一般入試A方式	97	3,226(1,232)	2,564(992)	355(116)	97	182	67	164(55)	232.2/400	98(30)
	一般入試N方式	10	455(204)	340(154)	30(11)	10	9	7	17(8)	242.8/400	9(5)
	校友子女入試	3	31(13)	30(12)	5(3)	3(1)		–	3(1)	–	3(1)
	付属高校推薦入試	10	10(2)	10(2)		10(2)		–	10(2)	–	10(2)
2019	一般	102	3,979(1,496)	3,465(1,343)	436	102	–	96	198(79)	–	114
	内訳 A方式	92	3,602(1,349)	3,134(1,208)	396	92	241	89	181(71)	232.35/400	
	内訳 N方式	10	377(147)	331(135)	40	10	–	7	17(8)	–	
2018	一般	102	4,509(1,659)	3,945(1,471)	非公表	非公表		非公表	185(39)	–	120
	内訳 A方式	92	3,987(1,464)	3,483(1,296)	非公表	非公表		非公表	173(34)	230.8/400	
	内訳 N方式	10	522(195)	462(175)	非公表	非公表		非公表	12(5)	237.3/400	
2017	一般 A方式	99	4,087(1,483)	3,594(1,291)	484	104		92	196(54)	233.1/400(標準化点)	122
	一般 N方式	3	200(71)	152(58)	17	3		1	4(2)	239.1/400(標準化点)	

※2022年度N方式1期追加繰上合格者数の推移　1次:30名　2次:20名　3次:27名　4次:10名　5次:7名　6次:12名　7次:10名　8次:10名　9次10名　合計136名
※2022年度一般入試N方式前期および後期の2次繰上合格最低点
★2021年度一般入試A方式　2次繰上合格最低点255.2点(430満点)
★2021年度一般入試N方式　2次繰上合格最低点265.5点(430満点)
※2020年度：二次試験合格最低点　一般入試A方式259.2点(430満点)　一般入試N方式264.8点(430満点)
※1 校友子女枠･付属推薦を含めた数字となります。
※代官山*MEDICAL*調べ

日本大学

代官山*MEDICAL* OBレポート

日本大学の面接はこうだった！

面接試験

①形式：個人面接（面接官2名）

②時間：10～20分

③面接室の配置

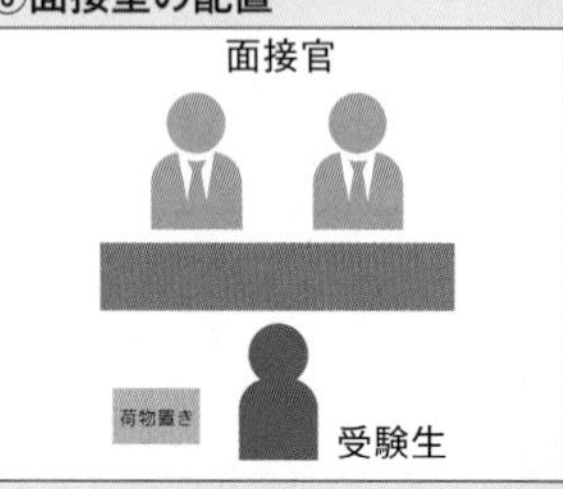

④質問内容

❶自己紹介
❷学科試験の出来
❸併願校について
❹一次合格校について
❺本学校舎の感想（古いでしょ?）
❻長所と短所（エピソードも）
❼長所をチーム医療でどう生かすか
❽短所の改善法
❾趣味は何か
❿好きな科目・嫌いな科目
⓫試験科目でない理科の科目を学習したことはあるか。一年次にまた学習する覚悟はあるか
⓬ストレスの解消法
⓭クラスや部活動における役割
⓮コミュニケーションをとる際、気をつけていること
⓯高校生活に点数をつけると何点か
⓰外国に行ったことはあるか
⓱今までで一番うれしかったこと
⓲医師志望理由
⓳本学志望理由
⓴日本大学の教授で知っている人はいるか
㉑日本大学医学部に対するイメージと、求めること（改善して欲しいこと）
㉒学祖名（山田顕義）
㉓大学で入りたい部活動
㉔好きな本
㉕大学入学後の不安はあるか
㉖医師の適性としてのリーダーシップはあるか
㉗日本の食文化について、1分間プレゼンせよ
㉘少子高齢化の対策2つ
㉙医師の働き方改革について
㉚改革により勤務時間が短縮され、時間外に患者さんが来たらどうするか ルールを破っても良いか
㉛コロナウイルスについて
㉜コロナウイルスの検査の際、検査技師は感染の危険があることを理由に、検査をやりたくないといった。これに対して、医師としてあなたはどうするか
㉝面接の場でもマスクをつけるべきか
㉞医師と他の医療従事者の立場の違いについてどう思うか
㉟日本の医療問題における解決策
㊱医療費増大の改善策
㊲医療費増大で税金が上がっているが、その原因の一つに延命治療があると思う。どう思うか
㊳医師の偏在と解決策
㊴新型出生前診断について
㊵死刑制度を廃止すべきか
㊶あなたは車の部品で言うとなんだと思う?その色は?
㊷面接で聞かれると思ったことは何か
㊸興味のあるニュース
㊹最後に今日の感想

※代官山*MEDICAL*調べ

代官山*MEDICAL* 小論文科が分析する

日本大学小論文の特徴!!

【形式】時間:60分　配点:重視　800字以内
【内容】《文章読解型》—要約+自分の意見を述べる

資料文を正確に読み取れていることは当然として、設問に正確に答えることが何より大切。資料文は総合大学らしく、さまざまなテーマの文章が出題される。過去に、夏目漱石「私の個人主義」、徒然草も出題された。とはいえ、近年は一般的な評論からの出題が多い。ここ数年は、人の生き方・考え方、見ること、日本人のコミュニケーション、子どもの自立など、人に関わる出題が多いようだ。

設問は1つだけだが、前段で条件に従って文章を要約したうえで、後段では自分の意見を求められていることから、実質的に2問の設問があると考えてよい。

対策 《読解力&設問応答力》—設問に一つ一つ答えていく

2022年度入試から
小論文の試験が
なくなりました。

DAIKANYAMA's Eye

▶ 日本大学医学部の適性検査

※どちらもさほど難しくはないが、出来れば一度体験しておくと良い。

◇**クレペリン検査**　時間:60分
隣り合う数字を足した数の下一桁を数字の間に書くことを、ひたすら繰り返すもの。
とにかく最後まで全力で取り組むことが大事。

◇**短文作文**　時間:20分　出題数:10題
指定された複数の単語を使って文章を作るもの。
文章力を測るのと同時に、倫理観や心理状態も見られている可能性あり。

Hyogo College Of Medicine

兵庫医科大学

所在地　〒663-8501 兵庫県西宮市武庫川町1-1
問合先　〒663-8501 兵庫県西宮市武庫川町1-1
学務部入試課(Tel.0798-45-6162)

■交通手段

阪神電鉄「武庫川駅」下車、徒歩約5分

■附属病院・関連施設

大学病院、ささやま医療センター、ささやま老人保健施設、リハビリテーションセンター、先端医学研究所、卒後臨床研修センター

■沿 革

1971年　学校法人兵庫医科大学寄附行為認可及び兵庫医科大学設置認可
1972年　兵庫医科大学開学

アピールポイント

兵庫医科大学

建学の精神

「社会の福祉への奉仕、人間への深い愛、人間への幅の広い科学的理解」

教育の基本方針

①学習意欲を刺激する統合カリキュラム。
②チーム医療に適応できるコミュニケーション能力の養成。
③全国共用試験、医師国家試験に対応した教育。
④問題解決能力の高い実践的な臨床医の育成。

教育の特色

良医へとステップアップする「知・医・技」の学び
①「知」の学びで、幅広い一般知識を身につける。
②専門知識を培い、研究を深める「医」の学び。
③先進の臨床現場で「技」の学びを実践する。
④医師国家試験に合格、研修医としてスタート。

2023年度 受験者の現浪比

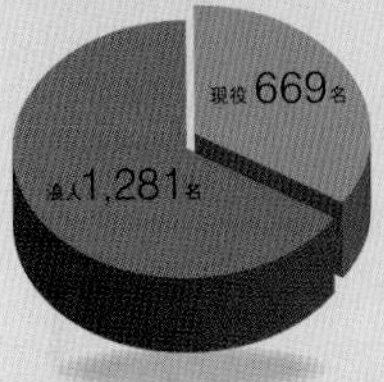

現役 669名
浪人 1,281名
〈1,950名中〉

2023年度 受験者の男女比

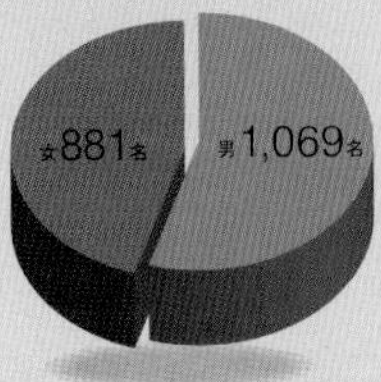

女 881名
男 1,069名
〈1,950名中〉

2023年度 合格者の現浪比

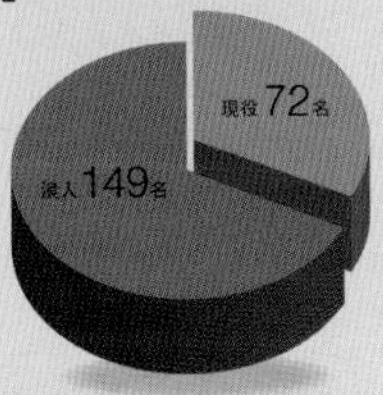

現役 72名
浪人 149名
〈221名中〉

2023年度 合格者の男女比

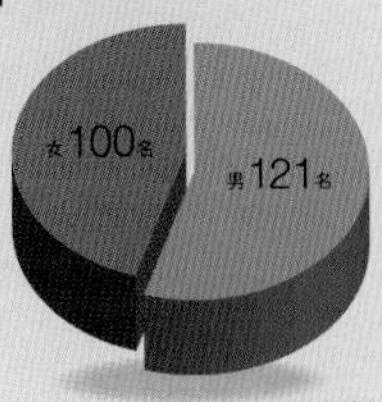

女 100名
男 121名
〈221名中〉

2023年度 入学者の現浪比

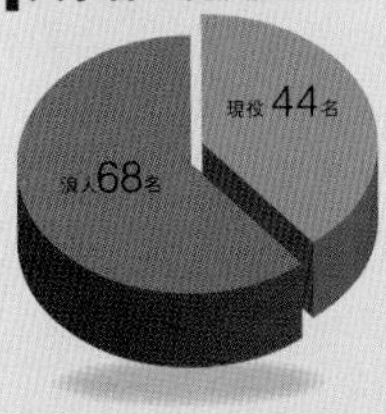

現役 44名
浪人 68名
〈112名中〉

2023年度 入学者の男女比

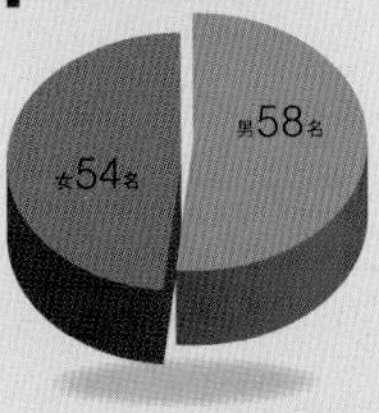

女 54名
男 58名
〈112名中〉

志願者の推移（一般選抜）

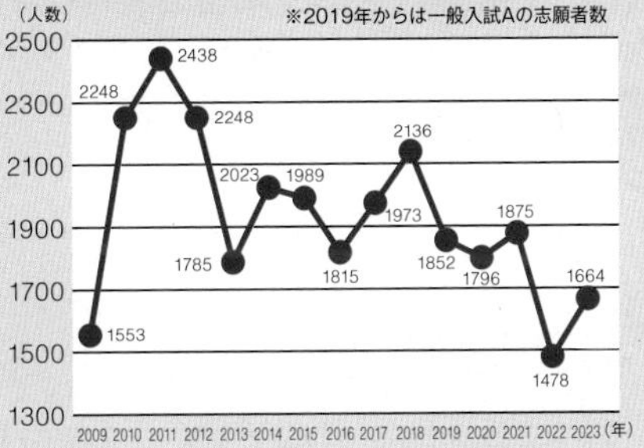

※2019年からは一般入試Aの志願者数

（人数）
2500
2300
2100
1900
1700
1500
1300

2009 2010 2011 2012 2013 2014 2015 2016 2017 2018 2019 2020 2021 2022 2023（年）

1553 2248 2438 2248 1785 2023 1989 1815 1973 2136 1852 1796 1875 1478 1664

2024年度入試情報

入試内容

区分	試験	教科・科目	時間	配点	科目内容
一般選抜A（4科目型）	1次	外国語	90分	150点	コミュニケーション英語Ⅰ・Ⅱ・Ⅲ／英語表現Ⅰ・Ⅱ
		数学	90分	150点	数Ⅰ・数Ⅱ・数Ⅲ・数A・数B（数列・ベクトル）
		理科	120分	各100点	物基・物、化基・化、生基・生→2科目選択
		小論文	60分	50点	2次試験の判定に使用
	2次	面接・調査書		100点	個人面接
一般選抜B（高大接続型）※1	1次	数学	90分	150点	数Ⅰ・数Ⅱ・数Ⅲ・数A・数B（数列・ベクトル）
		理科	60分	100点	物基・物、化基・化、生基・生→1科目選択
		小論文	60分	50点	2次試験の判定に使用
	2次	英語	90分	150点	筆記試験
		面接		40点	課題型面接、個人面接
		英語資格検定試験・調査書		40点	
総合型選抜※2	1次	書類審査	—	—	調査書・志望理由書
		基礎適性検査（英語）	60分	100点	
		基礎適性検査（理科）	80分	各75点	物基・物、化基・化、生基・生→2科目選択
		小論文	60分	50点	
	2次	プレゼンテーション試験	—	50点	
		面接	—	50点	

※詳細については、必ず募集要項を確認ください。※「思考力・判断力・表現力」を評価するため、記述式問題を出題します。
※1 出願時に英語資格・検定試験の基準があります。詳しくは募集要項をご確認ください。
※2 総合型選抜と学校推薦型選抜を両方出願する者については学校推薦型選抜の時間割になります。

区分	出願資格	教科	時間	配点	科目内容
学校推薦型選抜（一般公募制）	4.0以上の現役	基礎適性検査（数学）	60分	100点	
		基礎適性検査（英語）	60分	100点	
		基礎適性検査（理科）	80分	各75点	物基・物、化基・化、生基・生→２科目選択
		小論文	60分	50点	
		面接・調査書	ー分	30点	個人面接
学校推薦型選抜（地域指定制）※	4.0以上の現役または4.2以上の１浪。兵庫県内の高校か保護者が県内居住。	基礎適性検査（数学）	60分	100点	
		基礎適性検査（英語）	60分	100点	
		基礎適性検査（理科）	80分	各75点	物基・物、化基・化、生基・生→２科目選択
		小論文	60分	50点	
		面接・調査書	ー分	30点	

試験日程

区分	募集人員	出願期間（一般は消印有効・推薦は必着）	1次試験日	1次合格発表日	2次試験日	合格発表日	入学手続き締切日
一般選抜Ａ（4科目型）	一般枠約67名 兵庫県推薦枠3名	12/11～1/15	1/24	2/1 17:00	2/3・4（選択）	2/9 10:00	2/16
学校推薦型選抜（一般公募制）	約15名※1	11/1～11/9	11/19	ー		12/1 10:00	12/8
学校推薦型選抜（地域指定制）	５名以内※2	11/1～11/9	11/19	ー		12/1 10:00	12/8
一般選抜Ｂ（高大接続型）	約10名	12/11～1/15	1/24	2/9 10:00	2/12	2/20 10:00	2/29
総合型選抜	一般枠約5名 卒業生子女枠3名以内	10/16～10/31	11/19	12/1 10:00	2次 12/3	12/8 10:00	12/15

※1 関西学院高等部からの学校推薦型選抜（特別選抜）３名以内を含む。
※2 欠員は一般選抜の募集人員に加える。
※入学辞退者の学費返還申出期限は3/31（16:30）。

試験会場

一般選抜Ａ（4科目型）・一般選抜Ｂ（高大接続型） ▶▶▶ １次＝大阪（ATCホール）、東京（ＴＯＣ有明）、福岡（福岡ファッショビルFFBホール）
※一般入試Ｂ高大接続型のみ出願する者は大坂会場で受験となります。
２次＝本学西宮キャンパス

学校推薦型選抜（一般公募制）（地域指定制） ▶▶▶ 本学西宮キャンパス

総合型選抜 ▶▶▶ 1次＝本学西宮キャンパス　2次＝本学西宮キャンパス

繰上げ合格について

補欠者は、合格者発表と同時に本人あてに補欠通知書を簡易書留郵便で送付する。また、インターネットでの照会も可能。補欠者については、合格者に欠員が生じた場合、順次繰り上げて合格者を決定し、郵送又は電話にて通知する。

特待生制度

一般入試Ａ 4科目型の成績上位者5名を対象に、入学手続時納付金のうち実験実習費（50万円）、施設設備費（65万円）、教育充実費（100万円）相当を全額免除する。

繰上げ合格者数＜一般入試＞

2023	2022	2021	2020	2019	2018	2017	2016	2015	2014	2013
46	69	61	82	88	92	86	82	75	81	76

正規合格最低得点率＜一般入試＞

2023	2022	2021	2020	2019	2018	2017	2016	2015	2014	2013
65.7% 427.0/650	59.5% 387.0/650	61.7% 401.0/650	73.6% 404.8/550	65.05% 357.8/550	63.9%	67.5% 371.5/550	61.3%	*56.3%	55.7%	48.6%

2023年 医学部レベル判定模試合格判定ライン 210/400点

入 試 結 果

2023年度までの志願者数などの推移＜一般選抜＞

（ ）内は女子内数

年度	方式	募集人員	志願者数	受験者数	一次合格者数	2次正規合格者数	繰上げ合格者数	合格最低ランク（正規）	入学者数
2023	一般試験A	78	1,664 (710)	1,568 (663)	413 (153)	137 (54)	96	427.0/650	74 (28)
	一般選抜B（高大接続）	10	253 (146)	243 (141)	90 (47)	10 (8)	5 (4)	346.5/530	10 (8)
	地域指定制推薦	5	31 (26)	31 (26)		5 (4)	0 (0)	272/430	5 (4)
	一般公募制推薦	13	43 (43)	43 (43)		17 (17)	0 (0)	255/430	17 (17)
	総合型選抜（一般枠）	3	41 (24)	41 (24)	41 (24)	3 (2)	0 (0)	255/450	3 (2)
	総合型選抜（同窓生子女枠）	3	21 (13)	21 (13)	21 (13)	3 (3)	0 (0)	260.8/450	3 (3)
2022	一般試験A	78	1,478 (619)	1,396 (593)	438 (178)	146 (68)	60 (27)	387.0/650	83 (44)
	一般選抜B（高大接続）	10	232 (140)	226 (135)	88 (45)	10 (6)	9 (8)	324/530	10 (10)
	地域指定制推薦	5	34 (19)	34 (19)		5 (2)	0 (0)	295.7/430	5 (2)
	一般公募制推薦	14	55 (35)	55 (35)		14 (9)	0 (0)	278.3/430	14 (9)
2021	一般選抜A	84	1,540 (625)	1,452 (596)	449 (172)	149 (62)	61 (30)	★401.0/650	84 (37)
	公募制推薦	13	51 (28)	51 (28)		3 (8)	0 (0)	●289/430	13 (8)
	地域指定制推薦	5	36	36		5	0	●●292.8/430	5
	一般選抜高大接続型B	10	248 (145)	238 (138)	89 (47)	10 (6)	3 (2)	★★324.4/530	10 (6)
2020	一般試験A	約85	1,796 (738)	1,711 (707)	435 (170)	142 (62)	82 (36)	73.6% 404.8/550	85 (41)
	公募制推薦	約12	60 (37)	60 (37)		12 (8)		76.2% 304.7/400	12 (8)
	地域指定制推薦	5以内	36 (24)	36 (24)		5 (4)		78.8% 315.2/400	5 (4)
	一般入試高大接続型B	約10	273 (155)	260 (144)	87 (46)	10 (8)	9 (5)	78.8% 315.2/430	10 (7)
2019	公募制推薦	約12	72 (41)	72 (41)		13 (9)		67.8% 271/400	13 (9)
	地域指定制推薦	5以内	33 (20)	33 (20)		5 (3)		72.5% 290/400	5 (3)
	一般試験A	約85	1,852 (724)	1,741 (693)	444 (162)	116 (48)	88 (32)	65.1% 357.8/550	84 (30)
	一般入試高大接続型B	約10	151 (95)	149 (94)	87 (56)	10 (7)	2 (0)	59.6% 256.2/430	10 (5)

★650点満点［英語150、数学150、理科200、小論文50、調査書・面接100］
★★530点満点［英語150、数学150、理科100、小論文50、面接30、調査書50］
●430点満点［英語100、数学100、理科150、小論文50、調査書・面接30］
●●430点満点［英語100、数学100、理科150、小論文50、調査書・面接30］
※2020年度：合格者総数 一般試験A 224人（98人） 公募制推薦12人（8人） 地域指定制推薦 5人（4人） 一般入試高大接続型B 19人（13人）
※代官山*MEDICAL*調べ

代官山*MEDICAL* OBレポート

兵庫医科大学の面接・小論文はこうだった！

面接試験

①形式：個人面接（面接官3名）
②時間：10分（正確に計られる）
③2020年度入試より
　面接重視→100点に

④面接室の配置

④質問内容	
❶大学志望理由	⑯エコロジーについて
❷医師志望理由	⑰地域医療について
❸将来何科に行きたいか	⑱○浪だがどうしてそうなったのか
❹小論文の内容について	⑲再受験について
❺好きな言葉、座右の銘は何か	⑳なぜ他地域から受験したのか
❻嫌いな言葉は何か	㉑趣味について
❼得意科目、苦手科目	㉒予備校生活について
❽親の職業	㉓学科試験の出来
❾体力はあるか	㉔出身校について(特色、良いところ)
❿不合格でもまた医学部を目指すか	㉕友達はいるか（高校、予備校で）
⓫大学入学後何をしたいか	㉖医療関係の仕事は他にもあるが、なぜ医師か
⓬尊敬する人物はいるか、またその理由	㉗併願校と合格の可否
⓭最近気になるニュース	㉘気になるニュース
⓮医師の大変さをどう思うか	㉙本は読むか?
⓯産科、小児科の医師不足について	

※代官山*MEDICAL*調べ

代官山*MEDICAL* 小論文科が分析する

兵庫医科大学小論文の特徴!!

【形式】時間:60分　配点:50点　横書き

【内容】《国語型&論述》―国立文系二次のような問題

現代文の記述問題を含む。国公立大学2次試験なみの記述力が求められている。私大医学部小論文としては珍しい出題である。そのほかに、自分の意見を述べる一般的な小論文も課される。時間の割に解答すべき分量が多いのも特徴のひとつである。

A4用紙、2枚程度の資料の読解問題。グラフが出題されることもある。空欄問題や意味内容説明、理由説明などの国立型の記述問題が出題される。さらに最後の問題で、自らの意見、考えを陳述する。時間制限はかなり厳しい。悩まずに書いていかないと間に合わない。文章やグラフ自体の読み取りはさほど難しくないので、記述説明の練習をすることが一番大切。小論文は1次試験で実施されるため、注意しよう。

対策《国立の現代文&小論文を解く》―文を踏まえて意見を述べる

記述問題については、添削してもらえる環境を確保しておくことが必要である。2～3年分は練習してから受験することが望ましい。うまくいけば、小論文で逆転することもできるであろう。また、自分の意見を述べる小論文を含めると、1問あたりの解答時間は短いので、速く書く練習も必要である。

過去問をまず制覇する。記述答案は必ず先生など専門家に見てもらう。短い時間でまとめる力をつける必要あり。意見の論述は設問読みが最も重要。過去問を合格するまでやり直すのが、一番の近道。練習すれば確実に差をつけられる。

※代官山*MEDICAL*調べ

Fukuoka University
福岡大学医学部

所在地　〒814-0180 福岡県福岡市城南区七隈8-19-1
問合先　〒814-0180 福岡県福岡市城南区七隈8-19-1
入学センター事務室（Tel.092-871-6631）

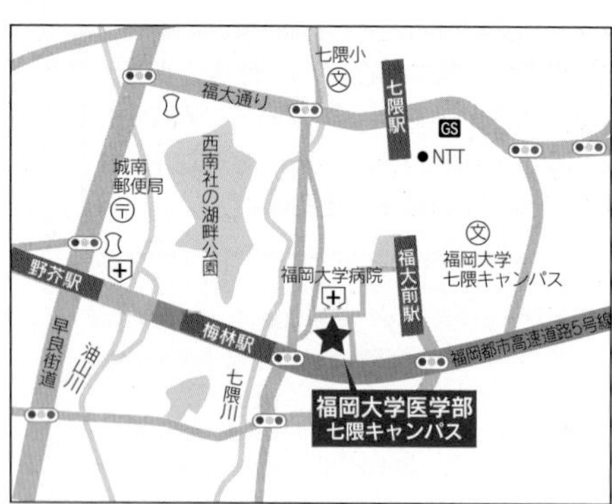

交通手段

地下鉄七隈線「福大前駅」下車、駅前すぐ
JR博多駅からバスで約40分前後（福大前または福大正門前）下車

附属病院・関連施設

大学病院、福岡大学筑紫病院、先端分子医学研究所、てんかん分子病態研究センター、臨床研究支援センター、光学医療研究所、膵島研究所

沿 革

1934年　福岡高等商業学校を創立
1956年　福岡大学と改称
1972年　医学部（医学科）を増設

アピールポイント　福岡大学医学部

建学の精神

「思想堅実・穏健中正・質実剛健・積極進取」
福岡大学医学部では高度な医療・看護の知識と技能を修得し、高い倫理観と豊かな人間性を育む。

医学部の教育がめざすもの

①つめこみ型の医学知識・技術の修得ではなく、生命の尊厳を理解し、常に医の倫理性を念頭においた教育を実践
②ホスピタリティをもった人間性豊かな医療人を育て、地域社会の医療に貢献してきた実績が、教育にも反映
③医学の進歩に対応する最新の教育・研究者を活用し、自修性をもった医療人を育成
④21世紀の先端医学と高度医療を担う人材を育成

学習テーマ

「人が人を治療する」という医の原点に立ち、高度な医療技術と問題解決能力を養う教育により、“人間”としても質の高い医師と育成。

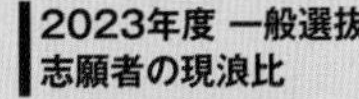

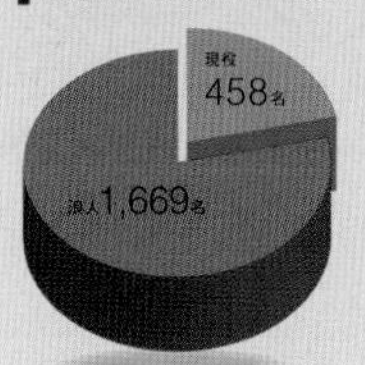

〈2,127名中〉

2023年度一般選抜 受験者の現浪比

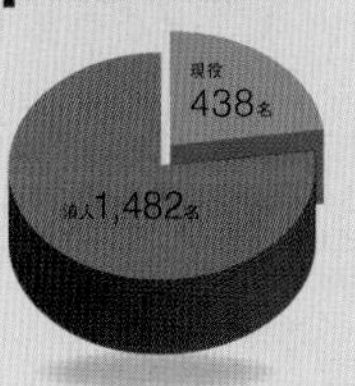

〈1,920名中〉

2023年度一般選抜 合格者の現浪比

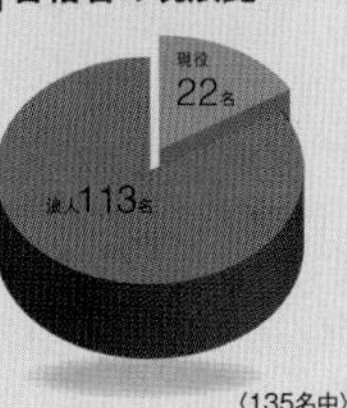

〈135名中〉

2023年度 共通テスト利用選抜 志願者の現浪比

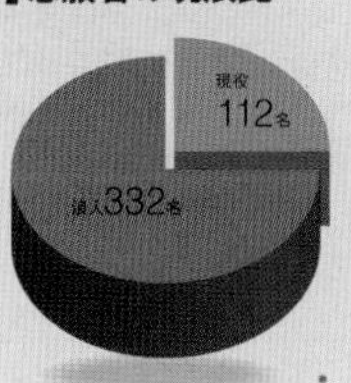

〈434名中〉

2023年度 共通テスト利用選抜 受験者の現浪比

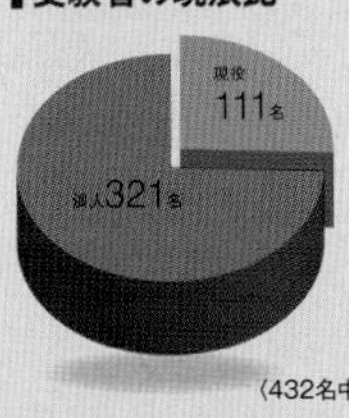

〈432名中〉

2023年度 共通テスト利用選抜 合格者の現浪比

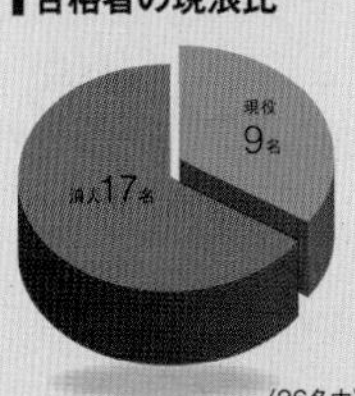

〈26名中〉

志願者の推移（一般選抜）

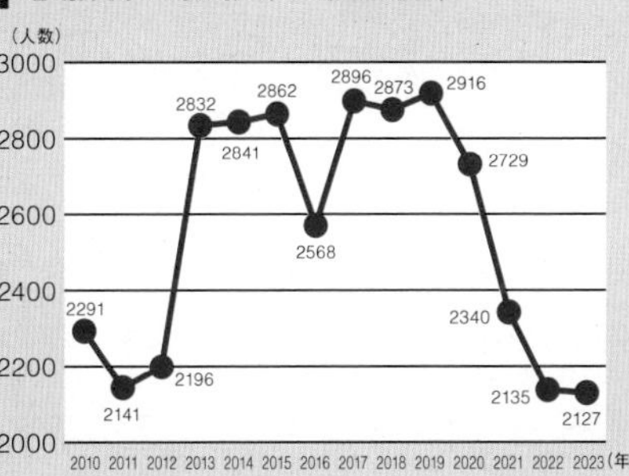

2024年度入試情報

入試内容

区分	試験	教科	時間	配点	科目内容
一般選抜（系統別）	1次	数学	90分	100点	数Ⅰ・数Ⅱ・数Ⅲ・数A・数B（数列・ベクトル）
		理科	120分	200点	物基・物、化基・化、生基・生→2科目選択
		英語	70分	100点	英語コミュニケーションⅠ・Ⅱ・Ⅲ／英語表現Ⅰ・Ⅱ
		小論文	50分		面接評価に活用する
	2次	面接	40分程度	50点	受験生4～6人に対し面接者3人のグループ面接で40分程度
		調査書	—	—	面接評価に活用する
共通テスト利用選抜（Ⅰ期）	共通テスト	国語	80分	100点	国（近代以降の文章）
		数学	Ⅰ·A70分 Ⅱ·B60分	200点	「数Ⅰ・数A」、「数Ⅱ・数B」
		理科	各60分	200点	物、化、生から2科目
		英語	110分	200点	英（リーディング160点・リスニング40点）
	2次	面接	40分程度	50点	受験生4～6人に対し面接者3人のグループ面接で40分程度
		調査書	—	—	面接評価に活用する

区分	試験	教科	時間	配点	科目内容
学校推薦型選抜A方式	3.7以上の現役・１浪	テスト(数学)	60分	50点	数Ⅰ・数Ⅱ・数Ⅲ・数A・数B(数列・ベクトル)
		テスト(英語)		50点	コミュニケーション英Ⅰ・Ⅱ・Ⅲ／英語表現Ⅰ・Ⅱ
		面接	40分程度	20点	受験生4～6人に対し面接者3人のグループ面接で40分程度
		調査書	―		面接評価に活用する
学校推薦型選抜地域枠	3.7以上の現役・１浪。九州(含沖縄)・山口各県内の高校あるいは居住	テスト(数学)	60分	50点	数Ⅰ・数Ⅱ・数Ⅲ・数A・数B(数列・ベクトル)
		テスト(英語)		50点	コミュニケーション英Ⅰ・Ⅱ・Ⅲ／英語表現Ⅰ・Ⅱ
		面接	40分程度	50点	受験生4～6人に対し面接者3人のグループ面接で40分程度
		調査書	―		面接評価に活用する

※面接では個人を特定し質問や確認を行いたい場合に、個人面接を実施することがある。
※詳細については、必ず募集要項を確認ください。

試験日程

区分	募集人員	出願期間(当日消印有効)	1次試験日	1次合格発表日	2次試験日	合格発表日	入学手続き締切日
一般選抜	65	12/21～1/12	2/2	2/8	2/14	2/22	3/8 入学金2/29
共通テスト利用選抜(Ⅰ期)	5	12/21～1/12	1/13·14	2/8	2/14	2/22	3/8 入学金2/29
学校推薦型選抜	40	11/1～11/9	11/26	―	―	12/8	入学金12/20 最終手続3/8

※推薦入学の募集人員には地域枠推薦10名と附属校推薦最大8名を含む。
※入学辞退者の学費返還申出期限は3/31、正午。

試験会場

一般選抜 ▶▶▶ １次＝本学、東京(ベルサール汐留)、名古屋(プライムセントラルタワー名古屋駅前店)、大阪(大阪アカデミア)
２次＝本学

共通テスト利用選抜 ▶▶▶ １次＝大学入学共通テスト試験会場
２次＝本学

学校推薦型選抜 ▶▶▶ 本学

繰上げ合格について

２月22日(木)の２次合格発表と同時に、追加合格予定者に追加合格予定順位を入試制度ごとに郵送にて通知する。３月31日(日)までに追加合格予定者の中から追加合格者を決定し、本人宛に郵送または電話にて通知する。

特待生制度

前年度の学業成績並びに品行の特に優秀な学生を「特待生」として表彰する制度。2年次以上の各学年、選抜より選ばれ奨学金として30万円が授与される。

繰上げ合格者数＜一般選抜＞

2023	2022	2021	2020	2019	2018	2017	2016	2015	2014	2013
16	65	54	86	80	19	62	29	43	65	51

合格最低点＜一般選抜一次＞

2022	2021	2019	2018	2017	2016	2015	2014	2013	2012
246/400	269/400	283/400	281/400	287/400	298/400	288/400	302/400	298/400	285/400

2023年 医学部レベル判定模試合格判定ライン 220/400点

入試結果

2023年度までの志願者数などの推移<一般入試>

( )内は女子内数

年度	方式	募集人員	志願者数	受験者数	一次合格者数	2次正規合格者数	繰上げ合格者数	一次合格最高点	一次合格最低点	入学者数
2023	一般	65	2,127 (737)	1,920 (682)	467 (160)	135 (52)	16	348/400	250/400	
	共通テスト利用入試	5	434 (191)	432 (190)	152 (66)	26 (10)	5			
	推薦A方式	40	134	131		29				
	地域枠推薦入試		38	38		10				
2022	一般	65	2,135	1,991	464	125	65	346/400	246/400	65
	共通テスト利用入試	5	484	479	145	16	35			5
	推薦A方式	40	123	122		24				24
	地域枠推薦入試		31	31		8				8
2021	一般	65	2,340	2,107	457	125	54	365/400	269/400	69
	共通テスト利用入試	5	99	99	60	5	17			5
	推薦A方式	約23	123	122		24				24
	地域枠推薦入試	10	31	31		8				8
2020	一般	60	2,729	2,518	407	111	86	377★/400	275★/400	110
	センター利用入試	10	867	859	162	25	65	—	—	
	推薦A方式	30	162	161	—	27	—	—	—	
	地域枠推薦入試	10	46	45	—	9	—	—	—	
2019	一般	70	2,916	2,543	405	127	80	365/400	283/400	110
	センター利用入試	10	1,002	990	167	17	58	—	—	
	推薦A方式	20	151	151	—	20	—	—	—	
	地域枠推薦入試	10	70	70	—	10	—	—	—	
2018	一般	70	2,873	2,608	379	125	19	348/400	281/400	111
	センター利用入試	10	795	788	163	17	54	—	—	
	推薦A方式	20	195	190	—	21	—	—	—	
	地域枠推薦入試	10	52	52	—	9	—	—	—	

＊2021年度：一般選抜合格者総数 179名　2021年度：共通テスト利用入試 合格者総数 17名
※2020年度：センター試験利用入試 合格者総数 80名
★2020年度：一般入試 正規合格最高点 377/400　一般入試 繰上合格最低点 275/400
※**代官山***MEDICAL*調べ

代官山*MEDICAL* OBレポート

福岡大学の面接・小論文はこうだった！

面接試験

①形式：グループ面接（面接官3名）
1分程度の自己紹介の後、各人に簡単な質問があり、続けて討論に入る（最後に再度質問があることも）

②時間：45分

③2020年度入試より
調査書は面接の参考資料
面接50点

④面接室の配置

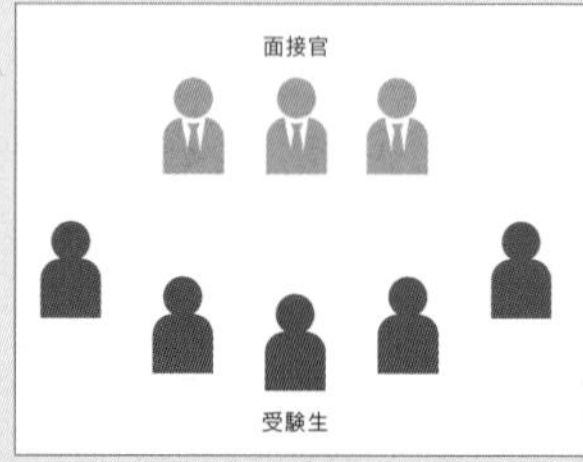

④質問内容

《個別の質問》

❶大学志望理由
❷医師志望理由
❸将来何科に進みたいか
❹医師に必要な能力は何か
❺医師に向いている点
❻併願校
❼本学のイメージ
❽小論文の内容
❾得意科目は?
❿高校時代に一番力を入れたこと
⓫部活動について
⓬親の職業は?
⓭大学に入ったら勉強以外で何をしたいか
⓮へき地医療に関してどう思うか
⓯体力はあるか
⓰女医は結婚するとやめてしまうが、あなたならどうするか
⓱現在の社会問題について思うこと、またその解決策は何か
⓲深刻な医師不足について思うこと
⓳治る見込みの高いがん患者がタバコを吸いたいと言い出したらどうするか
⓴妊婦のたらい回しなどの事件を解決するにはどうするか
㉑高齢化社会の進む日本で君は医師として何をすべきか
㉒再受験について
㉓医学部新設についてどう思うか
㉔外国人が上司であることを受け入れるか
㉕治らない高齢者を受け入れられない状況をどう思うか

《集団討論》

㉖格差社会について
㉗地域医療の対策
㉘若者のモラル低下について
㉙モンスターペイシェントへの対応
㉚SNSの使用について
㉛AIについて
㉜医師の偏在について
㉝一番良い影響を受けた本と一番悪い影響を受けた本について
㉞東京オリンピックで医学部一年生がボランティアで役立てること
㉟高齢者の延命治療と医療費について
㊱中国のゲノム編集ベビーについて
㊲ゲーム依存症について
㊳過労死について
㊴高齢者の定義を変えるべきかどうか
㊵高齢者の運転事故の防止策
㊶TPPについて
㊷ジカ熱について
㊸肺がん患者の所得差による治療費の負担額格差について
㊹インターネットの普及について
㊺自殺について

※代官山*MEDICAL*調べ

代官山MEDICAL 小論文科が分析する

福岡大学小論文の特徴!!

【形式】時間: 50分　配点:面接含め50点、小論文は参考程度　横書き 400字または600字程度
【内容】《読解型》—文章を読んで、自らの意見を述べる
　A4の用紙1枚~3枚程度(年により変わる)の資料を読んで、思うところを述べるのがパターン。比較的長い文章を読んで自分の意見を述べる。
　文章は読みやすいものが多く、私大医学部小論文の中では標準的な問題。近年は高齢者の交通事故、少子高齢化など社会福祉系の出題が増えている。ただし、過去にはグラフなどのデータを用いた出題もあったので、傾向の変化があるかもしれない。そのため、決め打ちは危険である。
　以前は400字で書くこともあったが、近年は字数制限600~700字程度である。

対策 《高得点勝負》—確実に仕上げる
　まずは読解力を身につけることが大切である。論旨を読み取ったうえで書かないと、ほとんど評価されなくなってしまうおそれもあるので注意すること。全般的な注意としては、意見、感想を述べる際、単に思いつきを述べるのでなく、結論妥当性を重視すること。
　そのためには日頃から社会の出来事に関心をもち、分析できるようにトレーニングしておく必要がある。
　例年、さほど難しくないので、多くの受験生が一定の答案を書けると思われる。このような場合には、ミスは禁物である。

※代官山*MEDICAL*調べ

Fujita Health University

藤田医科大学

所在地　〒470-1192 愛知県豊明市沓掛町田楽ヶ窪1番地98
問合先　医学部入試係（Tel.0562-93-2493）

■交通手段

<名鉄>名古屋本線「名鉄名古屋駅」より豊橋方面、「前後駅」下車、名鉄バス利用（所要時間約15分）
<地下鉄>名古屋駅より桜通線「徳重駅」下車、名古屋市営バス徳重13系統または名鉄バス利用（所要時間約16分）

■附属病院・関連施設

大学病院、救命救急センター、坂文種報徳會病院、七栗記念病院、中部国際空港診療所、総合医科学研究所、ダヴィンチ低侵襲手術トレーニングセンター、放射線棟

■沿 革

1964年　学校法人藤田学園設立
1971年　名古屋保健衛生大学医学部設置認可
1972年　同学部開学
1991年　大学の名称を藤田保健衛生大学に変更
2018年　大学の名称を藤田医科大学へ変更

アピールポイント　藤田医科大学

建学の理念

「独創一理」
独創的な学究精神を堅持して真理を探究し、おおらかな誇りをもち、感激性に富む、個性豊かな人格を形成する。

医学部アドミッションポリシー

(ア) 藤田医科大学医学部および藤田医科大学病院の理念を理解し、その発展のために尽くす決意のある人。
(イ) 地域の健康と福祉に貢献する熱意を有し、そのための努力を怠らない人。
(ウ) 職業人として長く社会に貢献する意思のある人。
(エ) 他の医療専門職と連携して、患者および地域住民の健康問題を解決するため、主体性をもって多様な人々と協働して学び、行動しようとする姿勢を有する人。
(オ) 誠実で協調性に優れ、柔軟な心と広い視野を持つ、人間性あふれる人に成長していくための素直な心を持ち、努力を続けられる人。
(カ) 自律的に自らの健康管理、社会規範の遵守ができ、計画的な行動と多面的かつ慎重な判断ができる人。
(キ) 代表される多面的で高い学力を有する人。

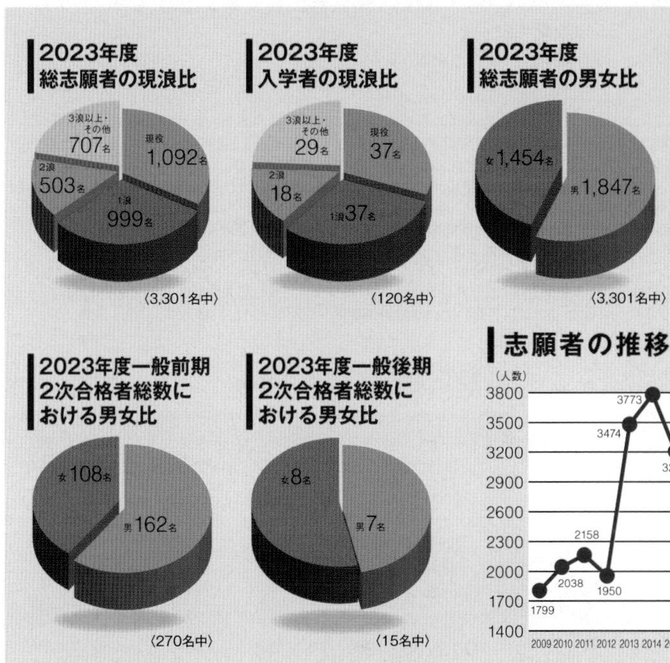

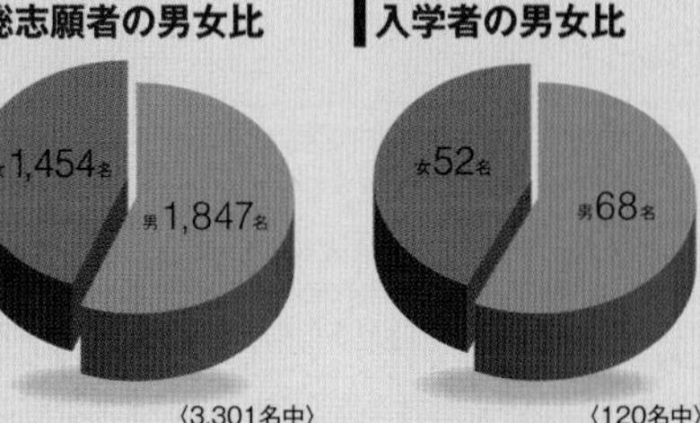

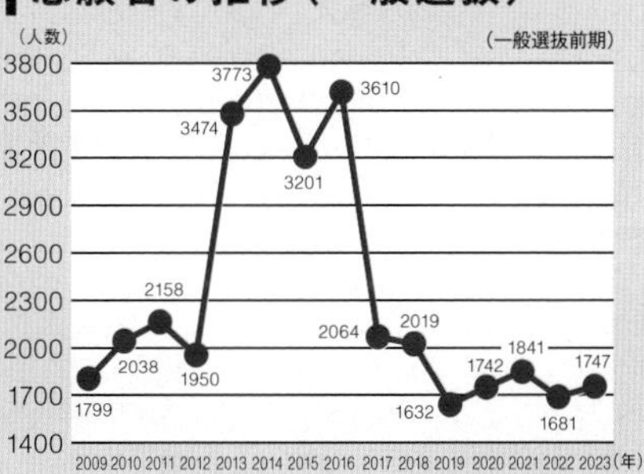

2024年度入試情報

入試内容

区分	試験	教科	時間	配点	科目内容
一般選抜（前期・後期）・愛知県地域枠	1次	外国語※1	90分	200点	コミュニケーション英語Ⅰ・Ⅱ・Ⅲ、英語表現Ⅰ・Ⅱ
		数学※1	100分	200点	数Ⅰ・数Ⅱ・数Ⅲ・数A・数B（数列・ベクトル）
		理科	120分	200点	物基・物、化基・化、生基・生→２科目選択※2
	2次	面接※3	個人10分 MMI 5分×2	40点 （5段階評価）	面接・提出書類と合わせて40点
共通テスト利用選抜（前期・後期）	1次	国語	80分	100点	国（現代文のみ）
		外国語	110分	200点	英（リーディング150点・リスニング50点）
		数学	Ⅰ·A70分 Ⅱ·B60分	200点	数Ⅰ・数A、数Ⅱ・数B
		理科	各60分	200点	物、化、生→２科目選択
	2次	面接※3	ー	40点 （5段階評価）	面接・提出書類と合わせて40点 後期のみ総合問題と口頭試問あり※4（300点） 口頭試問では英語の「聞く力」「話す力」も評価する

※1 外国語、数学はマークシート方式と筆記式で出題し、外国語・数学のマークシート方式に基準点を設定し各教科の得点および合計得点が基準点に満たない場合は不合格とする。
※2「発展的な学習内容」から出題する場合は、設定中に補足事項を記載するなどの配慮をする。
※3 面接試験において、医師としての適性を欠くと判断した場合は、学科試験の点数にかかわらず不合格とすることがある。
※4 総合問題では、思考力・判断力・表現力を評価するため、高等学校の学習内容を踏まえ、英文を含む資料を読み解き内容を的確に把握した上で設問に答え、批判的・論理的に考えをまとめる記述式問題を課す。
※ 2次試験では高校の制服着用不可。
※ 詳細については、必ず募集要項を確認してください。

区分	試験	出願資格	教科	時間	配点	科目内容
ふじた未来入試	1次	高3一般枠は現役のみ 独創一理枠は一浪まで。※1	英語※2	90分	100点	コミュニケーション英語Ⅰ・Ⅱ・Ⅲ、英語表現Ⅰ・Ⅱ
			数学※2	90分	100点	数Ⅰ・数Ⅱ・数Ⅲ・数A・数B（数列・ベクトル）
			小論文※3	50分	200点	
	2次		講義課題※4	―		
			面接※5	―		個人面接※6、グループディスカッション※7
			提出書類	―		

※1 入学を確約でき、卒業後に本学の教育、研究、臨床の分野で貢献する強い意志を有し本学講座が基幹となる専門研修プログラムへの参加を確約できる者。
※2 英語、数学はマークシート方式と筆記式で出題し、英語・数学のマークシート方式に基準点を設定し各教科の得点および合計得点が基準点に満たない場合は不合格とする。
※3 文章や図表の読解力、論理構造の認識力、問題解決能力、提案能力、またそれらを的確に文章表現する力を評価する。
※4 理解力・思考力・表現力を評価するため、20～30分の講義を聴いた後で、講義内容に関する論述問題に解答する。
※5 面接試験の結果、アドミッション・ポリシーで求める基準に合致していないと判断した場合は他科目の得点に関わらず不合格とする。
※6 困難な状況下での行動や過去の具体的行動事例等を通じて、アドミッション・ポリシーで求める人物であるかを評価する。
※7 提示された課題について５～６名のディスカッションを通して、積極性・協調性・リーダーシップ・論理性・コミュニケーション力を評価する。

試験日程

区分	募集人員	出願期間（必着）	1次試験日	1次合格発表日	2次試験日	合格発表日	入学手続き締切日
一般選抜（前期）（愛知県地域枠を含む）	一般枠78名 地域枠5名	12/11～1/26（1/29必着）	2/4	2/8	2/12・13（選択）	2/14	2/21（入学金納入） 3/11（入学金以外納入）
一般選抜（後期）（愛知県地域枠を含む）	一般枠5名 地域枠5名	1/23～2/27（2/28必着）	3/3	3/7	3/14	3/15	3/22
共通テスト利用（前期）	10	12/11～1/12（1/15必着）	1/13・14	2/8	2/12・13（選択）	2/14	2/21（入学金納入） 3/10（入学金以外納入）
共通テスト利用（後期）	5	1/23～2/27（2/28必着）	1/13・14	3/7	3/14	3/15	3/22
ふじた未来入試	高3一般枠と独創一理枠合わせて12名	10/2～11/2（11/6必着）	11/12	11/16	11/19	11/22	11/29

※ 入学辞退者の学費返還申出期限は3/31（日）17時（必着）。ふじた未来入試は3/11（月）17時（必着）

試験会場

一般選抜（前期） ▶▶▶ １次＝東京（五反田TOCビル）、名古屋（名古屋国際会議場）、大阪（新梅田研修センター）
２次＝本学

一般選抜（後期） ▶▶▶ １次＝東京（五反田TOCビル）、名古屋（名古屋コンベンションホール）
２次＝本学

共通テスト利用選抜 ▶▶▶ １次＝大学入学共通テスト試験会場　２次＝本学

ふじた未来入試 ▶▶▶ １次＝本学　２次＝本学

繰上げ合格について

補欠者には合格発表と同時にインターネット出願画面のマイページに補欠通知書をアップする。学費等納入金の〈２次〉納入期限以降に欠員が生じた場合は、補欠者を順次繰り上げて合格者を決定する。繰り上げ合格者には、インターネット出願時に入力された電話番号に連絡するので、確実に連絡の取れる電話番号を複数入力すること。電話連絡が取れない場合は、下位の順位の補欠者を優先する場合がある。電話連絡で本学入学の意思が確認できた繰り上げ合格者には、「合格通知書」及び「入学手続要領」等の書類をインターネット出願画面のマイページにアップする。

成績優秀者奨学金制度

一般入試（前期）（愛知県地域枠を除く）で入学した10名及び、２年修了時に申請手続きをおこなった成績上位5名に対し、年額150万円の奨学金を貸与する。本学を卒業し医師免許取得後、本学病院又は本学が指定した医療施設で奨学金貸与期間と同期間（ただし上限を５年とする）医師の業務に従事した場合は返還を免除する。

繰上げ合格者数

2023	2022	2021	2020	2019	2018	2017	2016
前期 9 後期 33	前期 51 後期 10	前期 49 後期 8	前期 16 後期 14	前期 50 後期 14	30	57※	非公表

※繰上合格・追加合格含む

合格最低点＜一般選抜＞

2023	2021	2020	2019	2018	2017	2016	2015	2014
前期 309/600 後期 395/600	前期 312/600 後期 326/600	前期 297/600 後期 336.8/600	前期 312/600 後期 354/600	319/600	335/600	前期 325/600 後期 376/600	前期 363/600 後期 196/300	前期 220/400 後期189/300

※2017年度、2019年度には地域枠を含む

2023年 医学部レベル判定模試合格判定ライン 220/400点

入試結果

2023年度までの志願者数などの推移＜一般選抜＞

〈　〉内は愛知県地域枠内数　（　）内は女子内数

	方式	募集人員	志願者数	受験者数	一次（学科）合格者数	2次正規合格者数	繰上げ合格者数	一次合格最高点	一次合格最低点	合格者総数	入学者数
2023	一般前期（愛知県地域枠入試）	78〈5〉	1,747（731）	1,673（708）	400	246〈5〉（97）	15		308/600	270（106）	120（52）
	一般後期（愛知県地域枠含む）	5〈5〉	581（266）	517（243）	581	6〈5〉（8）	5			16（8）	
	共通テスト利用前期	10	702（323）	699（322）		33（14）	15			48（21）	
	共通テスト利用後期	5	104（53）	103（53）		5（4）	3			8（4）	
	ふじた未来（AO入試）［高3枠］	12	96	94		12	0			13	
	ふじた未来（AO入試）［高卒枠］		71	71		3	0			4	
2022	一般前期（愛知県地域枠入試）	78	1,746（675）	1,681（652）	325	239〈5〉（70）	51〈23〉		非公表	318（91）	120（48）
	一般後期（愛知県地域枠含む）	10〈5〉	605（257）	549（236）	59	10〈5〉（4）	10		非公表	25（7）	
	共通テスト利用前期	10	500（209）	495（207）		30（12）	17		非公表	47（17）	
	共通テスト利用後期	5	67（31）	67（31）	34	6（2）	6		非公表	12（6）	
	ふじた未来（AO入試）［高3枠］	12	95	95		12	0			12	
	ふじた未来（AO入試）［高卒枠］		95	95		7	0			7	
2021	一般前期（愛知県地域枠入試）	77〈5〉	1,841（729）	1,755（695）	331	239〈5〉（88）	49（20）	451/600	312/600	288（108）	120（50）
	一般後期（愛知県地域枠含む）	13〈5〉	671（271）	580（245）	52	13（6）	8（2）	400/600	326/600	21（8）	
	共通テスト利用前期	10	547（257）	544（254）	119	21（12）	10（2）			31（14）	
	共通テスト利用後期	5	63（19）	50（19）		5（1）	4（1）			9（2）	
	ふじた未来（AO入試）［高3枠］	15	117	116		12	1			13	
	ふじた未来（AO入試）［高卒枠］		91	91		9	0			9	

※1：（センター後期と併せて）地域枠5名含む　※2：内愛知県枠5名、後期6名中5名が成績優秀者奨学金対象者
※3：一般後期との合計　※4：うち6名は成績優秀者奨学金対象者
※5：大学課程履修者若干名を含む一般（愛知県地域枠含む）の2次正規合格者数258★の内、一般枠は247名で地域枠は11名。
（注）2017年度の繰上合格者数には、繰上合格・追加合格を含む。

藤田医科大学

代官山*MEDICAL* OBレポート

藤田医科大学の面接・小論文はこうだった！

面接試験

①個人面接　面接官：2人　時間：5～10分
②MMI　面接官：1人　時間：5分×2回

・個人面接は通常の面接の内容
・MMIは1部屋5分×2回の対応が必要
・アンケート：あり
国立の併願校
私立の併願校（志望順位と合否）
共通テストの点数

③面接室の配置

④質問内容

《個人面接》
❶（2020年度）アドミッションポリシーが書かれた紙を見て、自分にあてはまると思うものはどれか答える。
→答えたものについて、詳しく質問される
※念のため、アドミッションポリシーは把握しておくこと!
（以下、過年度分）
❷モティベーションはどうやって保った？
❸本学志望動機
❹進学説明会とオープンキャンパスは行った？
❺高校の時嫌いな科目は？
❻短所はどんなときに出る？
❼医師志望理由
❽どんな医師になりたいか
❾併願校
❿学科試験の出来具合
⓫部活動について
⓬理科の選択科目
⓭座右の銘
⓮尊敬している人
⓯家族構成
⓰親族に医療関係者はいるか
⓱地域医療とは何か
⓲罪を犯す少年はどういう子か
⓳医師不足の理由は何か
⓴実家を離れることに対して、両親の反応はどうか
㉑一人暮らしはできるか
㉒（現役生）もし、あまり行く気のない大学しか受からなくても、浪人せず、受かったところに行きますか
㉓再受験について

《MMI》
❶期限の異なる複数の教科の課題を、どの順番でこなすか
❷クラスメイトとの人間関係に関する問題に、どう対処するか
❸電車でイヤホンから音漏れしている人がいる。どう行動するか
❹大事な試験日に道路が混み、抜け道を行けば間に合うが、事故の原因になるかもしれない。どうするか
❺三人の友人と遊ぶ際、皆の希望がバラバラ。どうするか
❻追加料金により優先的に診察してもらえる診療所がある。どう思うか

※代官山*MEDICAL*調べ

代官山*MEDICAL* 小論文科が分析する

藤田医科大学小論文の特徴 !!

【入学試験の変更】

平成27年度入学試験より一般入試(前期)の試験科目として小論文を廃止。学科試験の結果において、選抜された受験生には面接試験日に「個人面接」を実施する。

※代官山*MEDICAL*調べ

DAIKANYAMA's Eye

▶ 藤田医科大の面接について

面接試験は、面接官に名前や出身校がわからない状態で行うので、高校がわかるような制服等を着用しないよう促されます。

徹底した少人数制で一人ひとりを確実に合格に導く

代官山メソッド

1年で医学部合格を果たすためのメソッド

塾生一人ひとりの入試とのかかわり方を指導し、一年後見事に医学部入試を突破して、
将来社会に貢献できる立派な医師に育って欲しい、
そんな強い思いから構築した教育システム。
それが"代官山メソッド"です。

1年で確実に突破できる12の理由

Method 01 1日12時間の徹底指導

Method 02 1対9名の少人数授業

Method 03 医学部に強いプロ講師陣

Method 04 14段階レベル別・科目別受講

Method 05 医学部に特化したオリジナルテキスト

Method 06 渾身の夜間演習指導

Method 07 親身の2次面接小論文対策指導

Method 08 医学部受験のノウハウを知り尽くす

Method 09 学院長自らが合格へ導く

Method 10 一人一台の専用自習個別ブースを提供

Method 11 英語の偏差値が全国模試で70を超える!!

Method 12 代官山*MEDICAL*での医学部ガイダンスの開催

Method 01 1日12時間の徹底指導

勉強を自宅に持ち帰らない環境、さぼれない環境

代官山*MEDICAL*では勉強を自宅に持ち帰らずに予習も復習も塾ですべてやる体制、朝9:15 ~夜9:30まで勉強できる体制(自習室は朝6:30 ~)となっています。1年で成果を出せるように毎週、月曜日から土曜日まで、科目別・レベル別にそれぞれ個別のカリキュラムにそって効率よく受験指導を行います。勉強を自宅に持ち帰らずに、予習→授業→復習 全部すべて塾でやり切る環境です。予習・復習の効率的な仕方がわからない人や自宅では集中力が続かない人、家で復習しようと思ってもやらずじまいになったり、規則正しい生活を送れない人は、授業でせっかく理解したことでも知識の定着率は低下してしまい、成績の伸び悩みの原因となります。

“鉄は熱いうちに打て”というように、授業でやったことを“賞味期限内”に、類題で効率よく復習させるシステムがあるからこそ勉強にムラがなくなるのです。知識の虫食い状態をなくし、全範囲網羅性の高い学習ができるはずです。

Method 02 1対9名の少人数授業

塾生一人ひとりの理解を確認しながら進められる適正サイズ

代官山*MEDICAL*の授業は、少人数制で先生が生徒一人ひとりの名前やその学力を把握したうえで授業を進めるので、安心して“授業”についていけます。レベル別、科目別、1クラス9名前後なので、先生との距離が近くて授業に溶け込みやすい雰囲気です。先生は、親身になって学習上の細かなクセなどを修正してくれたり、効率的な勉強法を一人ひとりにしっかりアドバイスし、授業中の疑問や質問にも丁寧に、気さくに答えてくれます。一人ひとりに目が行き届く環境だからこそ、生徒の疑問や悩みに気づき、早期に働きかけることで、後々大きな学力差となってあらわれてきます。

1. 自分の学力レベルにふさわしいテキストで力を伸ばす。
2. 自分の学力レベルに近い人と受講します。
3. 得意科目は上のレベル、苦手科目は下のレベルで受講します。
4. 出欠状況・課題の進捗度など細かく学習管理を行います。

Method 03 医学部に強いプロ講師陣

医学部受験を専門にしたプロ集団が情熱をもって指導する!

代官山*MEDICAL*の講師陣は総勢60名で、大学院生などの学生講師ではなく、すべて指導力の高いプロ講師です。

どの先生も質問に並んだりする必要もなく、気さくに答えてくれて、初歩的な質問でも、丁寧に解説してくれます。

毎年、安定した合格実績を出せる講師メンバーがそろっています。東京慈恵会医科大・日本医科大合格なら英語は石井先生、数学は薄先生、佐藤先生、化学は三上先生、生物は深瀧先生、物理は寺澤先生と野村先生、東京医科大合格なら、英語は石井先生、数学は高橋典先生、平野先生、化学は原先生、生物は緒方先生、物理は小澤先生というように、各大学の合格者を輩出してきたメンバーが今年の君を「合格」へ導いてくれます。

Method 04 学力14レベル別・科目別受講

苦手と得意、学力に応じて個々別の時間割とカリキュラムで対応！

これまでの医学部に多くの合格者を輩出してきたデータをもとに、なにをいつまでに勉強すれば１年で合格できるのか、をわれわれは熟知しています。その経験に基づいて「学習時間」と「学習量」を割り出して作り上げた“学習カリキュラム”があるからこそ最大限の効果を期待できます。

例えば、私立選抜マスターコース(M)の中で4レベルに分け、私立基礎貫徹アドバンスコース(A)私立基礎貫徹ベイシックコース(B)と合わせて全10レベルに分かれます。合計全14レベルに学力別細分化します。

使用テキストレベルや授業進度はクラスごとによって異なります。テキストはゼロからスタートするべき人のために基礎レベルからスタンダードレベル、ハイレベル、さらには難関レベルへと受験生のご要望にお応えできるすべてのレベルが整っています。

４月に第１回のMonthly テスト学力診断を行い、一人ひとり適切なレベル設定をし、適切なレベルから受験勉強をスタートします。成績が上がれば途中から上位クラスへ編入できますし、テキスト進度もやり残しなく移行できます。年に4回(4月・7月・9月・11月)クラス編成が行われます。また、科目別に苦手科目は基礎から、得意科目はハイレベルからといった時間割で個別にカスタマイズしていきます。

Method 05 医学部に特化したオリジナルテキスト

各医科大の出題傾向を徹底分析！医学部受験に的を絞ったオリジナルテキスト

代官山*MEDICAL*で使用するテキスト・教材は、毎年改訂しています。毎年毎年テキストと小テスト類は全て内容は改訂されます。私立医学部、国公立医学部の出題傾向それぞれに特化した内容で「スピード」と「正確さ」という相反する力を養うテキストが代官山*MEDICAL*のオリジナル教材です。

代官山*MEDICAL* 専属の講師が作るテキストは毎年好評で、医学部入試の傾向や流行を的確に押さえています。レベル設定は科目によって3レベルから4レベルに細分化。きめ細かい指導ができるわけです。さらに、反復演習やリピート学習できるようにオリジナルテキストと夜間学習課題は連動しているので自分で何をやるべきなのか考える必要はありません。さらにタイムラグをおいてWeekly テストや復習テストを行って理解を深め、知識の定着を図ることができます。また、年に9回のMonthly テストではその時点で医学部合格判定を行います。

- **医学部小論文模試**…1学期から徹底した2次対策（小論文・面接）を導入し、実践的に書く力や面接力を鍛え、校内模試を実施し成績ランキング発表を行う。
- **夜間演習指導**…午前・午後の授業の理解を深めるために夜に最後の確認演習。本番でのミス対策や授業で扱った内容に関するテーマを類題で復習できるシステム。
- **Weekly Test**…1週間の授業で扱った内容や夜間で扱った内容を土曜日、日曜日までにしっかり復習し、翌の月曜日にテスト形式で知識の定着を図る。テキストと同類の問題や少しひねった問題、さらには授業で説明した周辺事項まで問われます。正答率80%をキープが目標。
- **医学部レベル判定模試（Monthly Test）**…英語70分、数学70分、化学・生物・物理のうち2科目計100分で400点満点。1か月に1度行われる校内模試です。出題形式は小問客観問題から大問融合問題まで、出題範囲は医学部で出題される全範囲になります。これは医学部合格達成度を測るための模試です。過去の合格者のデータに基づき、合格可能性を測定します。本番さながらに緊張感をもって試験慣れすることができます。ライバルとの競争心を高め、目標を確認し、モチベーションを維持するのが狙いです。

- **河合塾全統記述模試**…全国の受験生約20万人を母集団とする全国統一模試（記述）を年2回受験します。“試験慣れ”を磨き、基礎学力の伸長を測定します。

Method 06 渾身の夜間演習指導

毎日の復習と予習を実行させる！

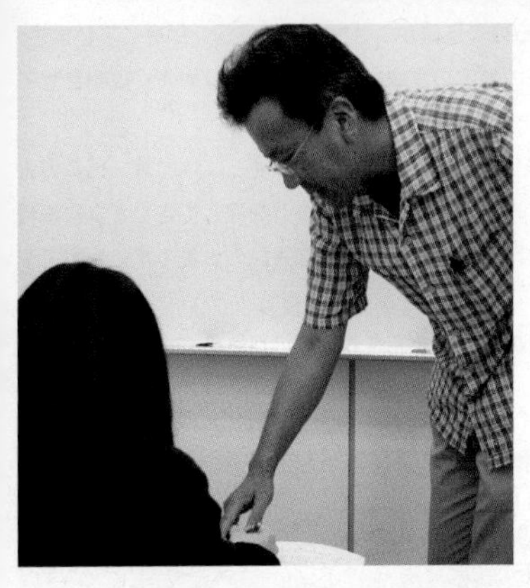

夜間演習指導とは、その日にやったことをその日のうちに、というポリシーで行う指導法です。授業の理解を徹底させる目的で生徒一人ひとりに課題を課し、その場で手を動かして問題と格闘し、疑問が出たらその場で解消する指導です。１学期から「カリキュラム」に沿って、授業の完全復習が出来るのが最大の利点です。

先生の説明を聞いてわかったつもりになってしまっていないかどうか、本当に自分の頭だけで解けるのかを試すために、教室内で先生が一人ひとりをチェックしていきます。

❶復習に関して自分で何をやろうかと考える必要がない。

❷1年間通して単元のやりのこしなく網羅性が非常に高い。

❸昼間の授業で扱ったテキストの問題の類題の演習及び本番ミス対策。

❹講師の先生が一人ひとり質問対応したり、時には授業形式でくわしく解説。

❺その場でテストの合否をチェック。自分の弱点を強化できる！

Method 07 親身の２次面接・小論文対策指導

医学部生としての適性、将来の医師としての適性を磨き上げます！

1学期より通年、小論文授業を行っています。

代官山MEDICALでは、学力面だけでなく、医学部を受験する姿勢や医師を目指す姿勢についても力を注いでいます。補欠者の中でも面接の出来不出来によってランキングが変動することがあります。

また、補欠繰上げ合格が回ってくるスピードについては、２次試験が最終的なカギを握ります。そのため、早いうちから小論文、面接、適性検査はしっかりとした傾向分析をもとに対策を行っていきます。

- **小論文**…1学期からスタートし、夏・冬も通年を通して対策を行います。**代官山MEDICAL**の小論文対策は各医学部の出題傾向を踏まえ、早期から「授業＋添削」のスタイルで対策しておきます。早期からはじめることによって、論述力・記述力を高めます。

- **面接対策**…面接対策では、それぞれの医学部に合わせ、個別面接対策とグループ面接、討論対策を行います。過去の**代官山MEDICAL**卒業生のデータを元に質問傾向を分析して、それぞれの医学部ごとに対策をしていきます。よく問われる質問から、最近気になるニュースまで、それぞれがどんな意図で問われているかという点から指導します。

  ■グループ面接、討論採用大学：日本医科大、東邦大、金沢医科大、福岡大、自治医科大、北里大、東京慈恵会医科大

  ■面接時間の長い大学：東邦大(合計約30～40分)、愛知医科大(約30分)、国際医療福祉大(30分×2回)、自治医科大(40分)、順天堂大(20～30分)、日本医科大(計40分)、東京慈恵会医科大(合計約40分)、福岡大(45分)、藤田医科大(合計20分)

  ■"英語"で面接を行うことがある大学：国際医療福祉大(希望者のみ一部実施)

- **適性検査**…適性検査として聖マリアンナ医科大学で採用されているYG検査など実際の検査と同じ様式のものを使い、適応力を高めます。

- **英語で行う面接対策**…英語に強い**代官山MEDICAL**だからこそ、特別なメソッドで万全の対応ができます。

Method 08 医学部受験のノウハウを知り尽くす

最新の入試情報に加え、医学部をより身近に感じられる機会を用意

代官山*MEDICAL*は、毎年大好評の「私立医学部攻略ガイド」を発行しているので正確かつ豊富な入試情報を保有しています。毎年、私立医学部入試広報・事務局からいただいた情報をもとに、それぞれの数字の意味を読み解きわかりやすく説明させていただきます。

正規合格者の人数、補欠繰り上げ合格者の人数、正規合格の最低点、補欠繰り上げ合格者の最低点、さらには○月○日に何人繰り上げされたのか、など正確な情報は入試攻略の上では欠かすことができません。インターネットを通してさまざまな情報を手に入れることができますが、公表されている情報が必ずしも正しいとは限らないのが、医学部入試の本質です。受験者や関係者の声を通じて、公表したい情報を正確にお伝えしていきます。

入試情報の"数字"の意味をしっかり読み解き、その生徒さん一人ひとり、どの医学部と相性が合うのかを専門家の観点から指導させていただきます。

Method 09 学院長自らが合格へ導く

学院長が一人ひとりの学習状況を把握し、講師と担任でフルサポート

■ 学院長＋講師＋担任が、三位一体となって塾生をフルサポート

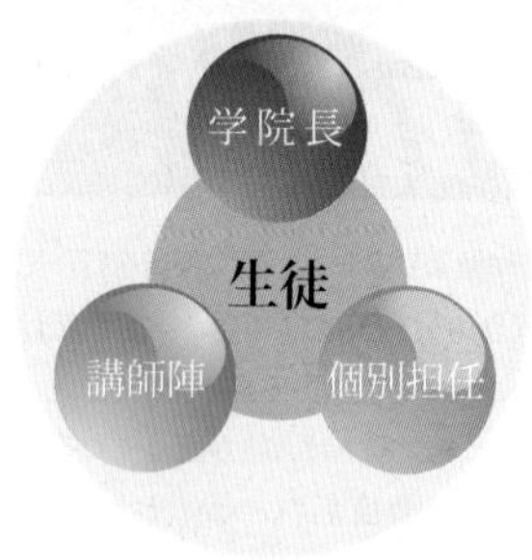

生徒の学習状況や特性を把握し一人ひとりに適切なアドバイスを行うため、個別担任制を設けています。「1学期は順調だったけれど、夏あたりからだらけてしまって…」等、受験生活ではとかくモチベーションにムラが出やすいものです。担任となるスタッフは生徒の授業での様子、自習時間の使い方、さらには日々の表情まで見逃しません。生徒が送るシグナルを授業を担当する講師と連携し、いち早くキャッチして生活習慣の改善や学習計画の確認を行い、受験生活を徹底的にサポートします。学院長みずからが、生徒一人ひとりに声をかけ学習面だけでなく、受験生活全体のアドバイスを行います。また、ご家庭には毎月1回、生徒の出欠状況や成績に関する情報をお送りしています。ご家庭と情報を共有することで、生徒に今、どのようなサポートが必要なのかを共に考え、二人三脚でサポートしていく環境を作りだしております。年2回の公式保護者面談会では、生徒の個人カルテをもとに合格に近づくための的確なアドバイスをさせて頂きます。

■ 受験の戦略をたてた入試プランの設計

どんな生徒にとっても4科目のバランスや学力水準によって受かりやすい医学部、受かりにくい医学部というものが存在しえます。英語が得意なら〇〇大学がいいよ、数学が得意なら〇〇大学を受けたほうが有利だよ、といった相性を踏まえ、さらにそれに加えて入試日程の重複日程などを考慮し「あなたに合う受験プラン」を緻密に設計します。

Method 10 一人一台の専用自習個別ブースで集中！

本館 朝7:00 ～、2号館 朝6:30 ～より開館

代官山*MEDICAL*の本科生(MZ/M/A/B/DP)は、一人一台の専用自習個別ブースが与えられます。照明つき、ワイドな机、疲れにくいイス。自分のパーソナルスペースとして、本館は月～土まで朝7：00 ～夜9：30、日曜は朝7：00 ～夜6：00まで、2号館は月～土まで朝6：30 ～夜9：30、日曜は朝6：30 ～夜6：00まで自由に使うことが出来るのでストレスのたまりにくい受験生活を送ることができます。

Method 11 英語の偏差値が全国模試で70を超える!!

医療問題を扱う長文に触れ、医師として必要な英語力の基礎を固める

代官山MEDICALの信頼の合格実績を裏付けるポイントに、「塾生の英語力を画期的に伸ばす指導力」が挙げられます。
石井雅勇学院長が直接指導することで偏差値が20 ~ 30伸びる塾生も珍しくありません。医学部の問題の出典を徹底的に精査し、なぜここに空所があるのか、なぜこの部分に下線が引かれたのか、など作問者・出題者の意図まで詳しく丁寧に教え、また問題を解く上で効率的な時間短縮法まで余すことなく指導していきます。医学部入試における「英語」の比重は年々高まっています。配点が高いことは言うまでもなく、安定した得点率を稼ぐことができる科目だからこそ、ぜひ自分の得意科目にしてほしいと考えています。
高校時代に英語をフィーリングだけで取り組んできた人には、「英語はこうやってやるんだ!」と、是非、感動を味わう授業を体験してください。入学時に偏差値が30台でも受験時には60台、さらには英語が一番好きになって70を突破する塾生が数多くいます。

Method 12 代官山MEDICALでの医学部ガイダンスの開催

医学部との距離感がグッと縮まる!

毎年、本校には医学部の教授の方や入試広報担当者の先生方が来校されます。各医学部の昨年の入試結果や入学者状況、次年度入試変更点をはじめ、新病院の建設や大学の特色をみなさんの前でプロジェクターを使って詳しく説明していただけます。また当校から合格を果たした生徒諸君の大学でのキャンパスライフの近況や様子についてもお話しいただくこともあります。現場で教鞭をとられている先生の話や医学部生と毎日接しておられる学務課の先生方のお話を身近に聞ける素晴らしい機会をご用意しています。

昭和大学 医学部
大塚 成人 主任教授

昭和大学 医学部
中館 俊夫 教授

昭和大学 医学部
宮崎 章 先生

東海大学 医学部
原 義徳 先生

東海大学医学部
梅原 侑也 先生

東海大学医学部
林 宏幸 先生

東邦大学医学部
竹内 速太 先生

日本医科大学
藍川 伸雄 先生

杏林大学 医学部
藤本 潤吉 先生

杏林大学 医学部
仁科 寛 先生

聖マリアンナ医科大学
青木 恵美子 先生

聖マリアンナ医科大学
松澤 瞳 先生

兵庫医科大学
谷 和彦 先生

医学部に特化した予備校だからできること。

最高の学習環境

予備校は1日の大半を過ごす場所だから、居心地のよい学習環境こそが大切。
個別ブース自習室や、自分専用ロッカーなど生徒一人ひとりを大事にした環境となっています。

Standard 01 一人一台の専用自習ブース完備

既卒生専用です

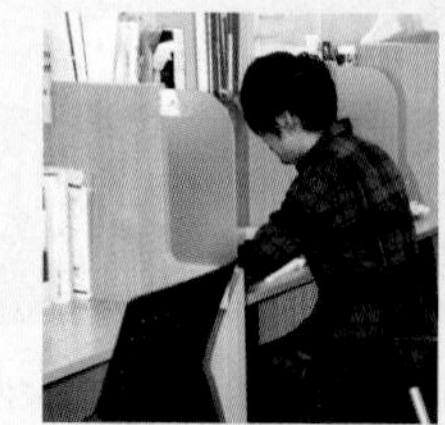

一人ひとりに一台ずつ専用の自習ブースが提供されます。年間にわたって固定席なので、落ち着いて学習に専念できます。平日朝7：00～夜9：30まで（2号館は朝6:30～）、日曜のみ朝7：00～夜6：00まで（2号館は朝6：30～）自由に自席で予習・復習に取り組むことができます。
■本館毎日7:00～　■2号館毎日6:30～（※席の数により定員数を超える場合、入学定員締切）

Standard 02 学院長と担任が各クラスの成績管理を行い、生活習慣まで根気よくフォローします。

毎週月曜日から日曜日まで、朝から夜まで、医学部入試に強いプロの先生と医学部情報や2次対策まで精通したスタッフが近い存在なので、受験勉強の迷いや悩みを親身に気づき対応してくれます。また、一年間の過ごし方や効率的な勉強プランの立て方などをしっかり明示してくれます。スランプに陥ったり途中で失速しない一年を送ることができるのです。

Standard 03 安定した合格実績を生み出せる講師メンバーがそろうのは代官山*MEDICAL*の強み

毎年、安定した合格実績を出せる講師メンバーがそろっています。東京慈恵会医科大合格や日本医科大合格なら英語は石井先生、数学は薄先生、佐藤先生、化学は三上先生、生物は深瀧先生、物理は寺澤先生と小澤先生、東京医科大合格なら、英語は石井先生、数学は平野先生、山室先生、化学は原先生、生物は緒方先生、物理は小澤先生というように、各大学の合格者を輩出してきたメンバーが今年の君を合格へ導いてくれます。

Standard 04 渋谷駅徒歩3分の通学好立地

渋谷駅前の歩道橋をおりて、桜並木を上がればすぐに**代官山*MEDICAL***。文教地区なのでとても静かな落ち着いた環境です。また食事に困らない環境の中にあり、規則正しい生活を送れる健全な環境です。

■歩道橋の上からの景色

■桜並木をあがるとすぐ！

Standard 05 入試情報・医療ニュース最前線コーナー完備

入試情報・医療ニュース最前線コーナーを完備してあるので私立医学部31大学の補欠繰り上げ人数や最低合格点・国公立医学部51大学の合否得点など、いち早くお知らせします。校舎内にある掲示板では、大学からの入試変更点やオープンキャンパスの日程などの受験情報はもとより、2次試験で問われる医療記事についても日々更新されます。

Standard 06 書籍の充実

医学部受験に必要な参考書類は各科目豊富に揃っており、自由に利用できます。私立医学部31大学のすべての赤本と、国公立医学部、獣医学部、歯学部の赤本が随時使用可能です。また、**代官山*MEDICAL***の講師の著書を含め、医学部受験に必要な学習参考書や、「大学への数学」などの受験雑誌までいつでも使用可能です。また、『医療の倫理』や、スマイルズの『自助論』など勉強の合間に是非読んでもらいたい書籍も置いてあります。（小論文記述の際にも使えます。）向学心の高い生徒がいつでも使いやすいように多種多様な書籍を完備しました。

Standard 07 生徒専用コピー機・専用ロッカー

いつでも自由に使える生徒用コピー機があります。また、一般文房具に加えて、断裁機、プリント整理に便利な多穴パンチなども自由に利用でき、自分整理ノートなどの作成にも便利です。また、専用個別ロッカー貸与（無料）していますので、本科生・現役生とも個別に参考書などを整理整頓できます。

Standard 08 写真撮影と万全な出願準備。受験プランの戦略をたてる。

私立医学部の入試出願書類は大学によって異なる様式なのでそれぞれの大学に対し、適切な対応が必要です。各生徒の成績に基づいてどのような戦略で出願するのかプロの視点から指導します。

Standard 09 2次面接対策指導の徹底・強化と志望動機書の指南

面接の目的や質問の意味についてしっかりと解説し、自信をもってしっかりと発言できるように指導します。
面接指導を年に数回、定期的に行い、出願書類の志望動機書もしっかりチェックし、清書会で完成させます。

Standard 10 代官山*MEDICAL*の卒業生がチューター

受験生活で苦労したことや楽しかったことをストレートに後輩に伝えることができるのは、**代官山*MEDICAL***出身のチューターだけです。実際、同じ先生方に習った経験があるからこそ、的確なアドバイスや勉強のコツを教えてくれるはずです。

2023年度医学部合格者(一部紹介)

代官山 *MEDICAL*

A テキストや授業の内容がほぼそのまま入試に出題され、「確かあの授業であの先生がこう言っていたな」と紐づけて思い出し、安心して解き進められた。

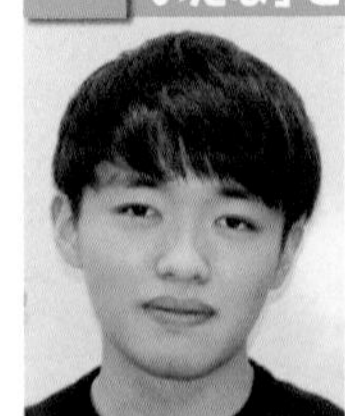

秋山 開君
(県立宇都宮高等学校卒)
帝京大医学部正規合格
埼玉医科大前期正規合格
岩手医科大医学部２次合格

・代官山*MEDICAL*に通って良かったこと
１浪目は大手Ｋ塾に在籍していたが、先生に質問出来る機会はほとんど無く、疑問点をほぼ自分一人で解決する必要があった。代官山ではどの教科においても、疑問点を直ぐに先生に質問出来る環境が整っていた。入試期間中も常に先生がいて質問することが出来、心強かった。同じ目標に向かって共に高め合う友達ができた。私立医学部入試で点数を極限までとれるようにテキストが製作されていた。テキストや授業の内容がほぼそのまま入試に出題され、「確かあの授業であの先生がこう言っていたな」と紐づけて思い出し、安心して解き進められた。二次試験（小論文・面接）のノウハウもしっかり学べ、入試に活かすことが出来た。

・特に好きな授業
高橋典先生のマンツー（入塾した時には数学の成績が壊滅的だったが、高橋典先生のマンツーを1年間取り、基礎からじっくりと学ぶことで、”数学選択”でも正規合格を勝ち取ることができた。）小林先生のマンツー（化学は苦手教科だったが、十分、入試で戦えるようになった。）深瀧先生の授業（生物は比較的得意だと思い込んでいたが、理解や暗記が甘く「あっ、全然違います。」と1年間言われ続けた。沢山間違え解説されることで、より深く理解することができた。）
高橋浩先生の授業・マンツー（代官山に入るまで、まともな二次対策をしていなかった。自分の弱点（端的に話せなかった）を洗い出し対策を講じることにより万全の体制で二次試験を受験することができた。共通テスト対策（国語）の授業も受講し模試の成績が急上昇した。（直前の共テ模試では現代文98/100をマークした。）残念ながら共通テストで本番では得意の文系教科で大失敗したものの、帝京では英国生で正規合格を勝ち取れた。）

・コメント
自分に合った生活リズム（基本的には代官山には出来るだけ早く登校する方がよい）で、授業にしっかり出席し、代官山から提供されるもの（授業・課題など）を着実にこなし、それらを体得することに全力を注いでください。読んで頂いた代官山生全員が第一志望校に入学出来ることを心から願っています。

A 代官山*MEDICAL*は生徒と先生方との距離が近いので、今まで塾ではあまり質問に行かなかった自分でも積極的に質問に行き、疑問点を逐一解決できたのが良かったと思います。

猪俣 丈君
(桐蔭学園高校卒)
福岡大医学部正規合格

代官山*MEDICAL*は生徒と先生方との距離が近いので、今まで塾ではあまり質問に行かなかった自分でも積極的に質問に行き、疑問点を逐一解決できたのが良かったと思います。
好きな授業は数学は薄先生の集団、生物は緒方先生のマンツーと集団、化学は菊本先生のマンツーと集団です。
現役の時は偏差値40もなかった化学をマンツーのプリントなどを使ってやり込んだのが合格に繋がったと思います。生物も同様で、緒方先生のマンツーや単科で知識を固めたら点数が安定しました。英語や数学が苦手な人は理科を極めるというのも手だと思います。ただ、英語や数学が足を引っ張り首都圏は無理でした。また、石井先生のθの授業のおかげで緊張に慣れたためか2次ではあまり緊張せずに話すことができたのも良かったです。

A 前期が終了した途端に夏期の授業が始まり、冬も受験前日まで授業があり、迷う時間なくぎりぎりまで勉強に励むことができました。

大野 眞理子さん
(東邦大学付属東邦高校卒)
日本医科大後期正規合格
岩手医科大医学部正規合格
東北医科薬科大医学部正規合格
昭和大医学部Ⅰ期正規合格
杏林大医学部２次合格
帝京大医学部２次合格
東京医科大２次合格

私は3浪目で代官山*MEDICAL*に入りました。最初はA3で最後はM1まであがることができました。代官山*MEDICAL*に入って良かった事は本当にたくさんあります。１番は、マンスリーテストがあることです。毎月あるので、試験慣れすることができましたし、1週間程ですぐに結果がでるので復習しやすかったです。マンスリーのおかげで自分が予想以上に英語ができないことがわかり、英語を集中的に対策することができました。また、夏と冬の授業が充実していることです。私は以前大手予備校に通っていましたが、その時、講習のない期間はなにをしたらいいかわからず、無駄な時間を過ごしていました。ここでは、前期が終了した途端に下記の授業が始まり、冬も受験前日まで授業があり、迷う時間なくぎりぎりまで勉強に励むことができました。授業が多く疲れた時もありましたが、その忙しさによって悩んだり不安になったりする暇もないので良かったと思います。マンツーマンでは青葉先生と長澤先生と村上先生にお世話になりました。村上先生には前期テキストの復習をして頂き、そのおかげで後期の授業にも取り組めました。長澤先生には、私が苦手な単元や間違えやすい所などを受験前日まで教えて下さりました。青葉先生には、夏から指導して頂きました。文法から長文まで全て教えて頂き、おかげで英語の成績を伸ばすことができました。本当にありがとうございました。先生方から言われたことを迷うことなく素直にやることで成績を伸ばせたと思います。クラス全員が医学部志望なので、みんなで同じ方向を向いて努力できる環境もとてもとても良かったです。悩みを共有できたり、互いに同じ土俵で競え合えたりして、リフレッシュもしながら努力を続けることができました。代官山で学んだことは一生物です。会うたびに話しかけて下さった事務の方々、いつでも快く質問に応じて下さった先生方、本当に感謝してもしきれません。1年間本当にありがとうございました。

A クラスメイトと知識問題を出し合ったり、ライバルとウィークリーテスト、マンスリーテストで競争したりするなど、互いに協力したり、切磋琢磨し合ったりして勉強していました。

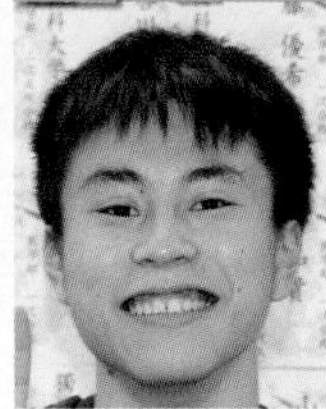

大森 正太郎君
(佐野日本大学高校卒)
獨協医科大正規合格
東北医科薬科大医学部2次合格

代官山*MEDICAL*に通って良かった事、代官山*MEDICAL*を選んで良かった事は、あげるとキリがないですが特に5つあります。1つ目は気軽に質問に行くことができる環境が整っていたことです。本館6階や2号館1階は開放感があり、先生たちも明るく、分からないことを気軽に質問できました。2つ目は、クラスメイトやライバル(勝手に何人か決めていた)の存在です。私は最初A5クラスになりました。そこで、クラスメイトとハンドブックから知識問題を出し合ったり、ライバルとウィークリーテスト(WT)、マンスリーテスト(MT)で競争したりするなど、互いに協力したり、切磋琢磨し合ったりして勉強していました。その結果、クラス分け最後のWTでクラスメイトのほぼ全員がランキング表にのりました。またMTではMクラスの人たちより良い点数をとりたいと毎回思い、真剣に臨んでいました。その真剣さが入試本番にも活かされたと思います。3つ目は空きコマ(自習時間)の使い方を学べたことです。石井先生が空きコマ80分を40/40で分割して勉強しろとおっしゃっていて、実践していくうちに時間を意識して演習、復習に取り組むようになり、結果的に問題を解くスピードがあがりました。4つ目は医学部のいろいろなことを知れたことです。入塾前は私立医学部を7校(慶應、順天、自治、日大、獨協、岩手、埼玉)しか知らず、大学ごとにどんな特徴があるのか全く知りませんでした。しかし、θの授業で石井先生が医学部のことをたくさん話してくれるため、医学部大学毎の特徴を知っていき、身近に感じるようになり医学部に合格したい気持ちがより高まりました。また、二次試験対策講座では、髙橋浩先生がその医学部特有のことや面接で聞かれることを教えてくれたので、安心して面接に臨むことができました。5つ目は食事付きの寮があったことです。毎日おいしく健康的な夕食を食べることができたため、体調を崩さず試験に臨むことができました。好きな授業もたくさんあります。まずは各教科のマンツーの先生たちの授業です。英語では三ツ橋先生、数学は前期に真中先生、夏から啓寿先生、化学は三井先生、生物は前期に緒方先生、夏から深瀧先生、小論文面接は髙橋浩先生のマンツーをとらせていただきました。三ツ橋先生のマンツーでは英文を読みながら単語、熟語、構文とその使い方を学び、偏差値30台から50台に上げてもらいました。真中先生のマンツーでは苦手分野を基礎から教えてもらい、啓寿先生のマンツーでは、プリント演習を通して数学を深く学び、問題を多角的に捉える力を養うことができました。三井先生のマンツーでは前期は主に集団授業で分からなかったことをお手製プリントで徹底的に教えてもらい、後期は発展的な問題にも取り組み、化学を「武器」にさせてくれました。直前期は疎かにしていた無機の知識を一気に詰め込みました。(プリントの量多すぎーw)緒方先生のマンツーでは、一週間の生物の授業で学んだ内容をまとめて発表(時にホワイトボードに図を描きながら)し、しっかり復習、知識が習得できているかチェックしていただきました、深瀧先生のマンツーでは、事前に時間を計って解いた過去問の中で、間違えた部分や解説をして欲しい部分を解説していただきました。考察問題で「じゃあ解説して」と言われ、何度も解説しているうちに、説明力が身につき、記述を何度もしているうちに記述力も身につきました。採点がその場で行われるので、毎回緊張していました(笑)。髙橋浩先生のマンツーではコミュニケーションが下手な私でも面接に対応できるようにマニュアルをつくっていただきました。それを基に何度も練習を重ね、対応できるようになりました。また、髙橋典先生や良平さん、石原先生、Rocky、原先生などの集団授業でも笑いが絶えず、とても楽しく学ぶことができました。
合格のためになったことやものなどとしては、主に4つあります。1つ目は緒方先生特製プリントです。夏から冬まで、単科で得た知識がまとまっており、試験会場でもパッと見て復習できました。二つ目は入試攻略本です。各大学の情報や過去の面接で聞かれた質問などがまとめて掲載されており、役に立ちました。またその本には先輩方の合格の軌跡も掲載されており、なかなか2次合格が来ないときに読んで気持ちを落ち着かせていました。三つ目は語呂です。生物の単語、英単語、数学の公式などほぼ何にでも使える最強の武器なので、是非使ってみて下さい(恥ずかしがらずに!)4つ目はテストです。毎日何かしらテストがあり、週1でWT、月1でMTがあったおかげで、入試本番は過度に緊張せず、全力で臨むことができました。
最後になりますが、たくさんの先生方、受付の方々、一緒に勉強したみんな、寮管理人さん、食堂の方々、1年間お世話になりました。ありがとうございます。そしてお父さん、お母さん、入塾させてくれてありがとう。医学部合格しました。医学部でも頑張ります。

A この過酷な環境下で学習するメリットとしては、自己管理能力の向上と勉強に対する姿勢が大きく変わるということです。

中村 晟也君
(浜田高校卒)
岩手医科大医学部正規合格

代官山*MEDICAL*に通って良かった事は、授業数の多さと定期的に行われるMonthly testやWeekly testの多さです。一見このような環境により自習時間が減るため、授業で習った後のインプットとアウトプットに要する時間が足りなくなるというデメリットがあると思います。しかし、この過酷な環境下でのメリットとしては、自己管理能力の向上と勉強に対する姿勢が大きく変わるということです。自己管理能力の向上に関して言うと、Monthly test、Weekly testで良い点数を取るためには「自分の立ち位置」すなわち「自分の実力がどれくらいなのか」をまず知る必要があると思います。その結果をもとにどの科目にどのくらいの時間を割く必要があるのかを始めて考えることが出来ると思います。そして次に行われるMonthly test、Weekly test、更には授業内確認テストを通じて、自分の立ち位置を再確認し、それに対して自己分析をし、行動ししていく、これらを通して自己管理能力は向上すると考えます。一方で、勉強に対する姿勢に関して、勉強を「受動的」に行うよりも、「能動的」に行うほうが成績は伸びやすいと考えます。「能動的」とは、例えば、自分が授業内で理解できなかったことや不明点などを先生の所に質問に行ったり、授業内のノートやテキストを再確認したりするなどです。そしてこの「能動的」を支えるのが精神面だと考えます。勉強するうえで大切だと私が考える精神面は、学習したものを次々と自分のモノにしようと思う「ハングリー」な側面と、誰にも負けたくないと思う「利己的思考」の側面です。特に「利己的側面」はマイナス面として評価されやすいですが、勉強に関しては利己的であった方が良いと考えます。ただし、他の先生方や周りの生徒に対しては敬意を払うことは忘れてはいけません。具体的には、先生に対しては素直な受け答えをしたり、指示されたことは実際にしてみる、など。また周りの生徒とはトラブルにならないようによく話し合うなど、自分が相手の立場になった時にどのような態度を取れば嬉しい気持ちや悲しい気持ちになるのかを考え、行動すれば「利己的思考」は成績を伸ばす活力になると私は考えます。私はこのような経験を通して、自分の在り方を見つめ直す機会を与えてくれたこの代官山*MEDICAL*に感謝しています。本当にありがとうございました。

M 緒方先生の後期の単科で覚えたことが、入試でたくさん役に立ちました。一番苦手な科目だったのですが、入試本番では克服できました。

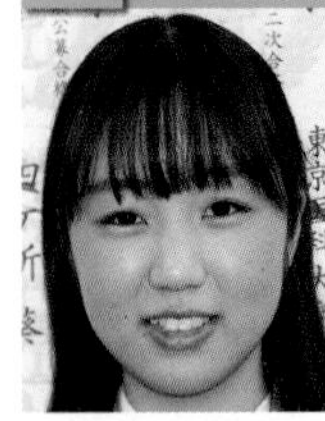

宍戸 鈴美さん
（西武学園文理高校卒）
関西医科大２次合格
国際医療福祉大医学部２次合格
聖マリアンナ医科大前期正規合格
東京医科大正規合格
北里大医学部２次合格

代官山に通って良かった事
・授業数が多い事
・一クラスの人数が少ない事
・個別の自習ブースがあること
・朝早くから空いている事
好きな授業
数学は長澤先生と佐藤（啓）先生の集団とマンツー授業が好きでした。英語は朝岡先生の集団とマンツーが分かりやすかったです。生物は、緒方先生の後期の単科と、石原先生のマンツーで克服することができました。化学は、原先生の集団と三上先生のマンツーで得意科目にすることができました。特に、英語は今年1年で一番伸びたと思います。何回同じことを聞いても毎回丁寧に教えてくれる朝岡先生のお陰だと思います。
合格のためになったこと
・緒方先生の後期の単科で覚えたことが、入試でたくさん役に立ちました。一番苦手な科目だったのですが、入試本番では克服できました。

M ほとんどの授業が、質問されるなどといった生徒参加型であり、退屈になることなく授業を受けることができた。

玉舎 佑都君
（桐蔭学園高校卒）
東京医科大正規合格
帝京大医学部正規合格
聖マリアンナ医科大前期２次合格

・個人用の自習席があったお陰で、集中して勉強に打ち込めた。
・ほとんどの授業が、質問されるなどといった生徒参加型であり、退屈になることなくに受けることができた。
・夏、冬にも授業が詰め込まれており、サボらずに、ひたすらに勉強に取り組めた。
・緒方先生の授業（単科を含む）では、基礎的な知識から発展的な知識・解法を正しく学べ、それらが、そのまま入試に役立った。

A 4月の時点で、高橋典先生に、東医に受かる確率0.0001%と言われる位数弱で、生物選択の私でも東京医科大学に合格することができた。

田村 萌々奈さん
（作新学院高校卒）
東京医科大２次合格
杏林大医学部正規合格
獨協医科大正規合格
聖マリアンナ医科大前期２次合格
北里大医学部２次合格

4月の時点で、高橋典先生に、東医に受かる確率0.0001%と言われる位数弱で、生物選択の私でも東京医科大学に合格することができたので、そんな私を支えてくださった先生たちや、私がやってきたことをお伝えしようと思います。数学は、高橋典先生、長澤先生、平野先生の授業が好きでした。高橋典先生は、難しい問題に手をつける勇気を与えてくれて、数学への苦手意識をやわらげてくれました。長澤先生は、ノートも授業も質問をした時も、いつも必ず納得できるように説明してくださり、マンスリーで良い点をとるといつもほめてくれて、本当にはげみになりました。平野先生は、集団授業が好きで、毎週楽しみな位、分かりやすいかつ楽しい授業をしてくださいました。英語は、ロッキーについていけば大丈夫です。あのパワフルさと、頭にのこりやすいダジャレが最高でした。生物は、全員好きで選べません！FTも、緒方先生も、石原先生も、山崎先生も全員の授業、マンツーが楽しくて、おかげで得意科目にできたと思います。化学は、菊本先生です。冗談抜きで、菊本先生がいなかったら私はどこの合格ももらえていなかったと思うくらいの恩師です。私が化学が苦手な時から休み時間や昼休みに質問に行ってもいやな顔せず対応してくれたおかげで、化学を一番の得意科目にすることができました。（現役時代は河合模試が偏差値40台でしたが、最後には70をこえました。）生物は、つながりを意識して、化学は典型問題を速く正確に解く力を身につけることで、数学は、テキストを何度も復習することで、英語はロッキーにもらったプリントをやることで、成績向上につながったと思います。そして、二次対策は本当に重要です。聖マと東医の一次試験は、家に帰って泣く位できませんでした。一次合格をいただいた時は、どちらも誰かの番号とまちがえられているのかと思うくらいでしたが、蓋を開けば、どちらも早い補欠番号をいただくことができたので、特に二次試験が点数化されている大学では、逆転可能なので、二次対策は怠らない方がいいと思います。私的アドバイスとしては、小論の授業で習った事や、自分の思っていることを、目をキラキラさせて笑顔でハキハキ話せば、大丈夫だと思います（笑）（聖マでは、これでとってもほめられました。）
浪人生は本当につらいです。特に寮の人は帰ってから1人の時間しかないので、気持ちが沈んでしまうことも多いと思います。ですが、今振り返れば、家に帰って解けなかった問題やできなかったマンスリーで泣いたり、次に向けて改善策を立てたり、友達に相談に乗ってもらうことで成長して、乗りこえられたと思います。医者は、病気で弱った患者さんを診る仕事なので、浪人生活辛い時もあるかもしれませんが、将来絶対に浪人して良かったと思う時が来ると思うので、諦めずにがんばってほしいです。辛くて諦めそうになった時は、なぜ自分が医者になろうとおもったのかを思い出してほしいです。**代官山** *MEDICAL*についていけば、必ず合格できます。また、**代官山** *MEDICAL*に入って浪人生活を頑張ろうとしている皆さんは本当に素晴らしいです。心から応援しています。

A 年間スケジュールが徹底して組まれていて、何の迷いなくこの１年間勉強する事ができました。

船井 茉奈さん
（東京女学館高校卒）

聖マリアンナ医科大前期正規合格
東京女子医科大正規合格

1代官山*MEDICAL*に通って良かった事は大きく分けて3つあります。1つ目は、1人1つの専用の自習席がある所です。好きな時間に勉強でき、自分の苦手分野をふせんに書き出して貼る事もできました。そのおかげで授業の間の２０分休みも、復習や予習の時間に使うことができました。2つ目は、授業の質が素晴らしいという所です。年間スケジュールが徹底して組まれていて、何の迷いなくこの1年間勉強する事ができました。入試の基盤を作る前期授業では、先生達が”ここ大事だよ！”“メモしなさい”と頻繁に教えて下さりました。実際、入試本番でたくさん出題されていて、得点することができました。また夏期講習の単科講座も素晴らしかったです。3つ目は、友達と切磋琢磨できる環境であるという所です。受験勉強をするにあたって周りのレベルや自分の位置を知る事はとても重要です。代官山は、毎月あるマンスリーテストのランキングをはり出したり、毎週あるウィークリーテストもはり出すので、日々、自分の位置を自覚しながら勉強できました。

2私の好きな授業は、石井先生のθの授業と青葉先生のマンツー、講習中の数学のテストゼミです。

3この1年勉強してきて医学部合格のために必要なことは、①毎日、なるべく朝早くに来る②切磋琢磨できる友達をつくる（でも一緒に行動しすぎないで、テストゼミとかを一緒に受けれる真面目な子に限る）③不安になりすぎず、“自分はできる！”と常に心のどこかで思う事の3点だと思いました。やっぱり朝早く来るリズムを作る事で、勉強時間も増えるし、リフレッシュした頭で勉強できるので良かったと思います。１５分の数学の計算問題と読んだことのある長文を速読＋その日の授業の予習で1時間半ほど勉強してました。②については、私は友達とあまり群れないようにしよう！とこの1年間心がけていました。けれども、少しの悩み相談や分からない事を話し合える友達がいたからこそ、合格できたと思います。③については、マンスリーでなかなか点数が上がらず不安に思う人も多いと思うんですけど、最後まで成績は伸びるし、受験中にも調整できるので、諦めずに勉強しつづけて欲しいと思います。最後に、この1年間、本当にお世話になりました。ありがとうございました。

A 知識の習得という観点から言うとウィークリーテストはとても効果的でした。テストの前日に、一週間の中でやった問題や知識を嫌でも復習することになるので復習嫌いの僕でも知識の定着ができました。

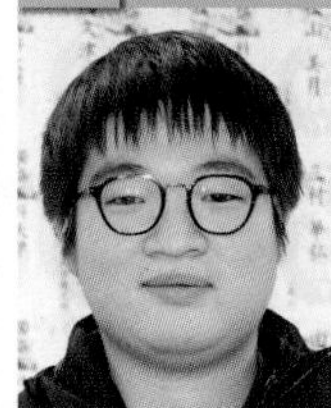

松田 弥君
（成蹊高校卒）

獨協医科大正規合格
埼玉医科大前期２次合格

代官山に通ってよかったことは、一クラスの人数の少なさです。多くても10人ほどだったので、普段先生に質問することに躊躇してしまう僕でも気軽に授業中や演習中に質問することができました。また、知識の習得という観点から言うとウィークリーテストはとても効果的でした。テストの前日に、一週間の中でやった問題や知識を嫌でも復習することになるので復習嫌いの僕でも知識の定着ができました。

今年の受験勉強におけるもっとも大きな心配点は、理科の選択科目を物理から生物に変更したことです。代官山の授業が始まった直後から生物科の先生方のアドバイスを聞いて回ったことを覚えています。個人差があるとは思いますが、結論から言うと選択科目の変更は僕にとってとても良い選択でした。初学ということもあり、生物だけは一年を通してマンツーマンを取っていました。マンツーマンで特にお世話になった石原先生には、感謝してもしきれないです。最終的に、4科目の中で生物が一番偏差値が高くなりました。石原先生に限らず、代官山には個性豊かな先生がたくさんいらっしゃるので、必ず自分に合った先生が見つかると思います。

代官山に通うなかで、復習する習慣がついたことが、合格につながったと実感しています。例えば、東北医科薬科大学の生物の試験において、ちょうど一週間前のマンツーマン授業でやった内容が出題され、1つの大問を完答することができました。大学受験だけでなく将来でも役立つであろう習慣が身についたと思います。4科目のなかでもっとも苦労したのが英語です。非常に基礎的な文法や単語すら知らないといった状況でしたが、マンツーマンでお世話になった田中良平先生や青葉先生、梅田先生が自分の現状の学力レベルに合わせた授業を行ってくれたおかげで、本番の試験で取れなければならないレベルの問題を解くことができるようになったと感じています。ここに書いてない、お世話になった先生含め、本当にありがとうございました。

M 勉強は量を求めることで質もおのずとついてきます。代官山*MEDICAL*の授業やテストを受けながら量をこなす人は“どこが重要なのか”が見えてきます。

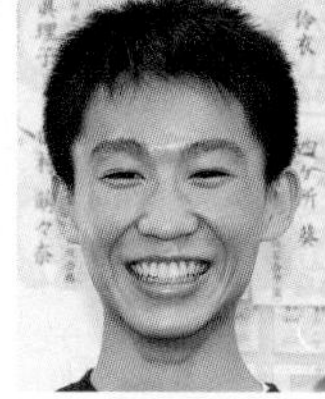

松脇 世尚君
（海陽中等教育学校高校卒）

日本医科大後期正規合格
東京医科大２次特待合格
昭和大医学部I期２次特待合格
帝京大医学部正規合格
国際医療福祉大医学部２次合格
東北医科薬科大医学部２次合格

医学部に入るために僕が常日頃意識していたことは3つあります。1つ目は自分に合った生活リズムを見つけ出し、それを貫くことです。僕は毎朝6：30に起き代官山*MEDICAL*には7：38に着き夜23：30に寝るという生活リズムをしていました。生活リズムというのは人それぞれなので周りにまどわされないことが重要です。2つ目は前日行った勉強内容を次の日の朝もう一度復習することです。これにより確実に勉強の質が上がります。一番重要なこととして3つ目は勉強は量を求めることで質もおのずとついてくるということです。代官山*MEDICAL*の授業やテストを受けながら量をこなす人は“どこが重要なのか”が見えてきます。その重要な部分を完璧にしようとするときに初めて勉強の質が上がると思います。要は努力と気合いだと思います。がんばってください。

マンツーマンに関しては英語は栗原先生と朝岡先生、数学は薄先生と村上先生、化学は三上先生、生物は緒方先生と深瀧先生にお世話になりました。各先生には勉強の基礎から日医・慈恵対策まで幅広くお世話になり、かつ時には厳しく、時にはやさしく寄りそって頂きました。

今僕が日本医科大学に進学できているのは代官山*MEDICAL*の先生や高めあえた友人の存在と家族のおかげだと思います。

一年間ありがとうございました。

M 朝型の生活をするようになり格段に勉強時間を増やすことができました。また、月1回あるマンスリーテストによりモチベーションを維持することができ計画的に勉強することができました。

三村 華弘さん
(南山高校卒)

大阪医科薬科大医学部後期正規合格
東京女子医科大正規合格
獨協医科大2次合格
兵庫医科大2次合格

代官山*MEDICAL*に通って良かった事は朝早くから自習室が開いているため、長時間勉強することができる点です。自然と朝型の生活をするようになり格段に勉強時間を増やすことができました。また、月1回あるマンスリーテストによりモチベーションを維持することができ計画的に勉強することができました。
私は、英語は田中先生、数学は村上先生、化学は菊本先生、生物は石原先生をとっていました。村上先生には特にお世話になりました。数学に苦手意識があったので毎朝8時半には村上先生のもとにプリントを見せに行き指導してもらっていました。どんな簡単な問題を質問してもとことんまで付きあってくださり、また、勉強面だけでなく、精神面でも支えてくださり感謝の気持ちでいっぱいです。毎朝、村上先生が指導してくださった結果、苦手な数学を好きになり得点源にすることができました。毎朝の村上先生との数学特訓は私の楽しみでもありました。
化学では私が苦手意識のある分野に特化したプリントを菊本先生は作ってくださり計算のテクニックや簡潔な解法をマンツーで学び、化学がより正確に早く解けるようになりました。生物では石原先生が正月用の個人プリントを作ってくださり計画的に勉強ができました。また、どんな質問にもしっかり答えてくださり、直前期に生物の成績をのばすことができました。石原先生とのマンツーは楽しかったです。英語では田中先生はどんな時も厳しく指導してくださり、緊張感をもってマンツーを受けることができました。添削もたくさんしていただきました。
小論文と面接は高橋浩先生の指導を受ければ得点源になります。最後になりますが、石井先生をはじめとする講師の方々、事務の方々、友人に感謝の気持ちしかありません。一年間辛いこともありましたが代官山*MEDICAL*に通ってよかったと思います。本当に一年間ありがとうございました。

A 代官山*MEDICAL*で勉強していると朝から勉強したり、テキストを何回も復習することが当たり前なので受験期近くになると「こんなに頑張ったんだから」という自信が持てるようになりました。

宮澤 咲帆さん
(森岡中央高校卒)

帝京大医学部正規合格
岩手医科大医学部2次合格
金沢医科大2次合格

代官山*MEDICAL*に通って良かった事は常に競争する環境で勉強できたことだと思います。授業中には小テストや問題演習をする中で自分がどれだけできるか現状把握ができるだけでなく、周りのスピード感を感じながら取り組めたのが良かったと思います。また、ウィークリーテストやマンスリーテストでは順位や点数が貼り出されるのでもっと上に行きたいという思いが勉強の原動力につながりました。成績次第でクラスも校舎も変わってしまうので1つ1つのテストを大事にして頑張っていました。前期ではA2でギリギリ2号館だったこともあり、このままではいつ本館に行ってもおかしくないというプレッシャーをバネに頑張った結果、後期からはM5に上がれました。
好きな授業は生物です。元々好きな科目でしたが点数が安定しませんでした。深瀧先生の授業は核心をつくような質問をたくさんされるので知識力も考察力も鍛えられました。緒方先生の確認プリントは何回も繰り返すことで本当に忘れなくなるし体系的に覚えられるのでおすすめです。
代官山*MEDICAL*で勉強していると朝から勉強したり、テキストを何回も復習することが当たり前なので受験期近くになると「こんなに頑張ったんだから」という自信が持てるようになりました。去年まで1度も自信が持てず試験会場に行っていたので、そこは私の中で大きな変化でした。代官山では2次対策もしっかりできるので去年は1次全落ちだった私でも1年で合格することができました。

A マンスリーテストやウィークリーテストが頻繁に行われ、ランキングが貼り出されることで、自分の立ち位置を知ることができ、モチベーションにつながっていた。

石坂 駿君
(桐朋高校卒)

北里大医学部2次合格
獨協医科大正規合格

・まずはど底辺だった自分が2年で医学部に合格できたこと。
・高校の時には全くなかった勉強をするという習慣が身に付いたこと。
・たくさんの良き友人に出会えたこと。
・朝から夜まで勉強するための体力がついたこと。
・目上の人との接し方を知ることができたこと。
・高橋（龍）先生のマンツー
・柳瀬先生のテストゼミ
・梅田先生のマンツー
・まわりが同じ医学部を目指す意識の高い人たちだったから自分もくさることな意識高く勉強することが出来た。
・マンスリーテストやウィークリーテストが頻繁に行われ、ランキングがはり出されることで、自分の立ち位置を知ることができ、モチベーションにつながっていた。

M 一人で勉強したい時と、友達と一緒に教えあう時のメリハリがつけられる環境なのが良かった。

隠土 未亜さん
(青山高校卒)

東邦大医学部2次合格
杏林大医学部正規合格

英語以外の数学、物理、化学に苦手意識を感じていたが、代官山*MEDICAL*でその3教科の強化に集中して勉強した。数学は薄先生の単科のプリントをよく復習して、特に苦手だった確率の克服をした。また2学期と冬期講習に田中良平先生のマンツーを受けて、個人的に苦手だった部分の演習をすることで力と自信がついた。物理は基礎演習を繰り返し解いて、基礎から学んでいったことで、応用問題が解きやすくなったと感じた。化学については、私は暗記があまり好きではなかったので2学期でもてこずっていたが、覚えるプリントを大量にもらって、自習中や、夜寝る前に覚えることで、知識面を補えた。一人で勉強したい時と、友達と一緒に教えあう時のメリハリがつけられる環境なのが良かった。マンスリーテストで一喜一憂することもあったが、良い刺激になった。

A 合格のためになったことは、朝や休日も自習室に来ること、先生方の仰ったことを守り４教科を等しく学ぶこと、最後に体に無理な負担はかけないこと。

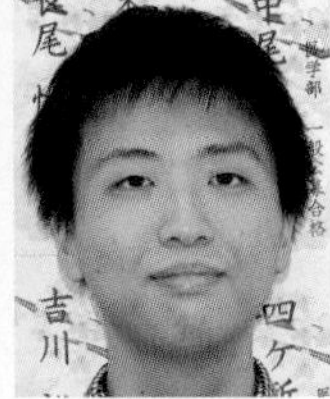

小野 徳起君
(学習院高校卒)

日本大医学部Ⅱ期正規合格
獨協医科大正規合格

私が代官山*MEDICAL*に通い良かったと思う事は、各個人に自習する机が与えられていることだ。私は家では中々勉強できないタイプだったので、自習室で1日の勉強を終わらせるようにしていた。そのため7時～21時30分まで利用できる自習室はとてもありがたかったし、自分の席が決まっているのでそこにテキストや参考書を置いたり、机の壁に符せんで公式などを貼ることができ便利だった。2つ目に良かったと思ったことは授業のコマが多い点だ。代官山は1授業80分で1日に7時間目まである。そのうちの5時間程が授業で自習は2時間程だ。普通に過ごしていたら復習や予習が間に合わなくなってしまう。なので早朝や日曜日を有効に活用しようと自発的に勉強するようになり、これが合格へと導いてくれた。

代官山は先生方の質も高く所謂授業の当たり・ハズレも無かった。その上で個人的に好きな授業だったのは端迫先生の物理と石井先生のθの授業だ。端迫先生は10月の下旬頃からマンツーマンで物理のできない私に本当に基礎から電磁気を教えてくださった。先生は物理は基本を学ぶことが大切というスタンスで、安易な公式頼みの解き方からより根本を考えるように指導していただいた。私は大いに理解を深めることができ、入試でも電磁気の問題は解けるようになった。

石井先生の授業は正直に言うと実際に授業を受けていた時は好きではなかった。と言うのも大勢の前であてられて、間違った答えを言うのが嫌だった。しかし思い返すと石井先生は英語の話だけでなく入試情報や学習の仕方など総合的な事も仰っていて、とても有益だったし聞いていて楽しかった。またθの授業があるおかげで、良い緊張感であったり、もっと英語を頑張らないとと思うキッカケにもなった。

合格のためになったことは私は3つあると思う。1つは朝や休日も自習室に来ること、2つ目は先生方の仰ったことを守り、4教科を等しく学ぶこと、最後は体に無理な負担はかけないことだ。

1つ目は先ほど述べたので割愛する。先生の言われた通りにするというのは簡単に思えるが、実際には難しい。浪人生ともなると自己流の勉強に固執しがちだ。ただ合格するにはその道のプロの言う事に素直に従うのが無難だろう。3つ目の体に無理な負担をかけるなというのは受験の長さに関係している。大学入試となると4月から本番の1月～2月まで9か月はある。今日や、明日頑張れば終わるテストとは違うのだ。長いマラソンのようにコンスタントに学習するのが大切だ。私は朝自習室に行くため、なるべく睡眠を削らないようにして、自習室で眠くなったら散歩をするなど工夫をしていた。

A 毎日化学の暗記を20分くらい友達と一緒に続けることで、絶対的な自信をつけることが出来たし、いつも一緒にいた友達とマンスリーテストを競い合うことで向上心が生まれ、自然と勉強を真面目にすることが出来ました。

北原 麟太郎君
(安積高校卒)

獨協医科大正規合格

代官山*MEDICAL*に通って良かった事は学習環境が充実してることです。いつも自分のことを考えてくれていたマンツーマンの先生や通常授業しかないのに気にかけてくださった先生たちのおかげで心が折れそうな時も耐えることが出来ました。マンスリーテスト全科目のランキングに載った時に喜んでくれたことはすごく嬉しかったし、勉強のモチベーションにもなりました。勉強面だけでなくメンタル面もサポートしてくれる先生たちが多く揃っていることは、医学部合格の為には必要だと感じているので、その点が充実している代官山*MEDICAL*を選択したことは良かったと思っています。また自分は大好きな友達と医学部合格に向けて一緒に勉強し続けたことによって合格することが出来ました。

毎日化学の暗記を20分くらい友達と一緒に続けることで、絶対的な自信をつけることが出来たし、いつも一緒にいた友達とマンスリーテストを競い合うことで向上心が生まれ、自然と勉強を真面目にすることが出来ました。自分の周りで支えて下さった先生達と、支え合ってきた友達には感謝しかないです。ありがとうございます。

A 寮は校舎と目と鼻の先にあったので、「とりあえず起きて、とりあえず勉強を始めよう」という気持ちで一日を始めることができたため、次第に早く起きるようになりました。

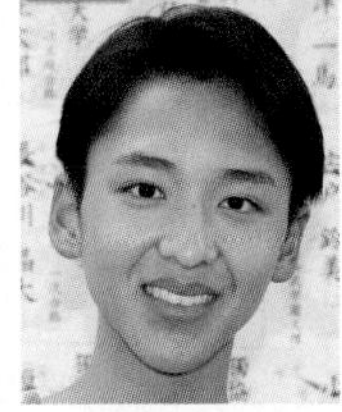

髙谷 修志君
(芝高校卒)

順天堂大医学部２次合格
北里大医学部正規合格
杏林大医学部正規合格
昭和大医学部Ⅰ期正規合格
東邦大医学部正規合格
国際医療福祉大医学部２次合格

代官山*MEDICAL*に通って良かったことは山ほどありますが、特に挙げるとするなら、学習に集中するために最適な環境と先生や事務の方のサポートが充実していた所だと思います。

僕は元々、朝起きるのが大の苦手で、その自分の弱さを克服すべく、代官山*MEDICAL*の寮に入っていました。寮は校舎と目と鼻の先にあったので、「とりあえず起きて、とりあえず勉強を始めよう」という気持ちで一日を始めることができたため、次第に早く起きるようになりました。代官山*MEDICAL*の自習室は朝6：00から夜10：00まで開いていたり、一人一人に専用の自習席があることで、ずっと勉強ができる環境が整っていて、とても助かりました。

僕の好きだった授業は佐藤 啓寿先生の数学の授業です。佐藤先生は目の前の問題の色々な解法パターンを教えてくれるだけでなく、その背景にある法則や関連した問題も紹介してくれたので、数学に対する理解が深まり、得意科目になりました。そして僕が順天堂に受かったのはマンツーマン授業のおかげでした。数学は佐藤先生、英語は青葉先生、物理は柳瀬先生、小論文は髙橋先生に教えて頂き、苦手な部分を克服することができ、成績も伸び勉強の悦びも学べました。

最後に、一年間、僕を支えてくれた先生、事務の方々、大変お世話になりました。代官山*MEDICAL*に来たおかげで、勉強だけでなく沢山のことを学べました。本当にありがとうございました。

A 合格のために一番役に立ったことは、「受かりそうな人」と比べて自分の勉強に対する向き合いかたが正しいか常に見直すことです。

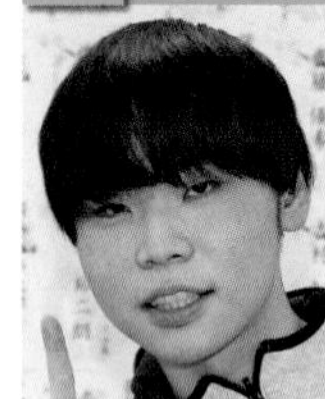

谷野 俊君
(高松高校卒)

聖マリアンナ医科大前期2次合格
岩手医科大医学部正規合格
埼玉医科大前期正規合格

代官山*MEDICAL*は勉強したい人にとって最適な環境だと思います。事務の方々からの声かけや朝早くから夜遅くまで開いている環境、自分の立ち位置が目に見えるようにしてくれるマンスリーが常に安定したモチベーションを維持してくれていました。合格のために一番役に立ったことは、「受かりそうな人」と比べて自分の勉強に対する向き合いかたが正しいか常に見直すことです。比較対象が自分よりすでに賢い人だったり、効率よく勉強する人だったら、その人よりも多く勉強する必要があります。だから、「少なくともこの人よりは勉強しなければ落ちる。」といった意識を持って勉強するようにしていました。あとは、高校の参考書とかは全て放置して、代官山のテキスト、単科のプリント、マンツーのプリントに心中してました。

好きな授業はいっぱいあります。ダントツで好きだったのは高橋典先生の後期の集団授業です。みんなで競い合いながら、高橋典先生に褒められるためにいっぱい問題を解いてました。どの先生方も授業が楽しくて、予習や復習に前向きな気持ちで取り組むことができました。
代官山での1年間はあっという間でした。多くの先生や事務の方々に近い距離間でずっとサポートしてもらいました。勉強に集中できたし、楽かったです。本当にありがとうございました。

M Weekly、Monthlyのランキングが貼り出されるので、自分の立ち位置が分かり、また、友達と比べることで勉強をもっとやらなければという気持ちになった。

富永 遥さん
(白百合学園高校卒)

東京医科大2次特待合格
岩手医科大医学部正規合格
東北医科薬科大医学部2次合格
杏林大医学部2次合格
北里大医学部2次合格
東邦大医学部2次合格
東海大医学部(地域)2次合格

○代官山*MEDICAL*に通って良かった事
・朝の6時から夜の9時半まで自習室が空いていて、一日中勉強できた事。
・自分の自習席が決まっていたので、自分に最適な勉強環境を作ること出来、集中できた事。
・Weekly、Monthlyのランキングが貼り出されるので、自分の立ち位置が分かり、また、友達と比べることで勉強をもっとやらなければという気持ちになった事。
○好きな授業
・英語:朝岡先生のマンツー。苦手だった文法をプリントを使って鍛えていただきました。また、長文のプリントでは、細かい文構造をしっかり教えて下さり、長文に対する苦手意識が少なくなりました。
・数学:村上先生のマンツー。村上先生のプリントを沢山解きました。問題数をこなすことで、色々なパターンに出会うことが出来、また解説もとても分かりやすかったです。
薄先生のレギュラー、単科の授業。薄先生の「少ない知識で多くの問題を解けるようにする」というコンセプトは、私にはぴったりはまり、どんどん数学が伸びていきました。とても分かりやすい先生で、毎回授業は1番前に座って食い入るように受けていました。
・化学:三上先生のマンツー。三上先生のマンツーでは、とにかく問題を解いて解説を受けるということを繰り返しやりました。問題数をこなすことで、早く問題を解けるようになり、Monthlyの得点も上がっていきました。
・物理:野村先生のマンツー。一番得意な科目でしたが、問題を解くと、まだ分からないことがあったので、その解説をしていただきました。分からないことをつぶすことで、さらに物理への理解が深まりました。
○合格のためになったこと。
朝早く来るという生活リズムを続けることで、授業前に勉強時間を作ったことが良かったです。また、腐らず、ほどよく息抜きしながら勉強を続けることが、合格につながりました。1年間、本当にありがとうございました。

M 毎日朝5時台には起きて、6時台には代官山*MEDICAL*に行くことを心がけていて、それを怠ることはありませんでした。そうまでしないと医学部には合格出来ないと思っていました。

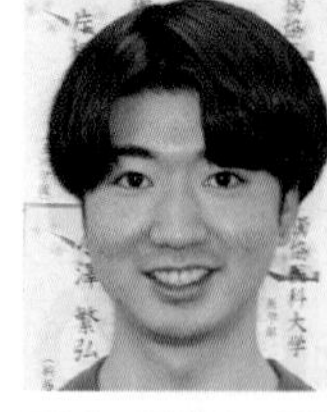

三橋 清哉君
(暁星高校卒)

東京医科大2次合格
埼玉医科大前期正規合格
聖マリアンナ医科大後期正規合格
東北医科薬科大医学部2次合格
帝京大医学部2次合格

代官山に通って良かった事は、まず月曜から日曜まで朝早くから勉強ができた点です。僕は毎日朝5時台には起きて、6時台には代官山に行くことを心がけていて、それを怠ることは直前期までほぼありませんでした。夜は9時台までは残り、勉強しました。そうまでしないと医学部には合格出来ないと思っていました。規則正しい生活をすることによって、受験当日も頭が働きました。また、先生にも質問がしやすい環境であった点も良かったです。元々消極的なタイプではありましたが、ここで質問しないのはもったいないと思い、積極的に活用しました。先生方にも優しく答えて頂き、質問した内容というのは頭に残っているものなので、積極的に活用することをオススメします。
好きな授業は全てですが特に薄先生、平野先生、高橋典先生、石井先生のθ、朝岡先生、原先生、野村先生の授業が好きでした。薄先生は本当に好きで、M1にいた時の確率の授業は本当に分かりやすく、また授業中にもいじられることが多く、楽しかったです。平野先生の授業では1番前に座り毎回当てられ気にかけて下さり、高橋典先生の授業では1番に解きたいと必死に頑張りました。θでは当てられることが多く、緊張感を持って集中して授業を受けました。朝岡先生は面白く、文法力が身につき、受験でも武器になりました。原先生は理論がとても分かりやすく、化学は入塾時から1番伸びました。野村先生には原理から丁寧に教えて頂き、先生は頭脳明晰ですが、かなり面白い所もあります。
また友達の存在も大きかったです。特に直前期や受験期には辛いことが多かったのですが、お互いに励ましあって、受験を乗り越えることが出来ました。同じ苦しみを味わっているので、分かり合えることが多かったです。石井先生、マンツーでお世話になった高橋典先生、原先生、朝岡先生、小澤先生、高橋浩先生、その他の先生方、事務の方々、代官山の友達、そして両親には本当に感謝しています。ありがとうございました。

M 先生方が生徒の学習状況を把握してやるべきことを教えてもらえるので効率よく学習することができました。

堤 勇太君
（麻布高校卒）

東京慈恵会医科大２次合格
国際医療福祉大医学部正規合格
杏林大医学部正規合格
防衛医科大学校正規合格
昭和大医学部Ⅰ期正規合格格

代官山に通って良かったと思うことは2つあります。1つ目は朝6時頃から自習室が開いているということです。朝早くから勉強する習慣をつけることでしっかりと勉強時間を確保することができ学力の向上に役に立ったと思います。2つ目は生徒と先生方の距離が近いことです。先生方が生徒の学習状況を把握してやるべきことを教えてもらえるので効率よく学習することができました。

代官山の授業で1番好きな授業は英語です。三ツ橋先生や田中先生の授業では1回の授業で得られる情報が多く、また、栗原先生の文の構造を正確に把握しながら長文を読む授業も医学部の長文を速く、正確に読むために、役に立ちました。

現役 代官山MEDICALに通って良かったことは、自分専用の自習席があり、しかも朝早くから開いていることでした。自分の席の周りの人も固定なので、居眠りや席を何度も立つことがないよう意識できる、適度な緊張感の中で自習を進めることができました。

四ケ所 葵さん
（湘南白百合学園高校卒）

横浜市立大医学部正規合格
国際医療福祉大医学部２次Ａ特待合格
日本医科大２次特待合格
昭和大医学部Ⅰ期２次特待合格
杏林大医学部正規合格
東京慈恵会医科大正規合格
東邦大医学部正規合格

私は高1の春休みから少しずつ通い始め、部活を引退した高2の春休みから全ての科目の授業を受講し始めました。代官山に通って良かったことは、自分専用の自習席があり、しかも朝早くから開いていることでした。これはよく学校の友達に羨ましがられました。教材を置いておくことができますし、自分の席の周りの人も固定なので、居眠りや席を何度も立つことがないよう意識できる、適度な緊張感の中で自習を進めることができました。

代官山では多くの先生方にお世話になりました。英語は主に青葉先生にお世話になりました。青葉先生はいつも優しいですが時に厳しく指導してくださいました。先生に見捨てられないようにと毎週頂いた課題を必ずこなすようにした結果、英語の成績をどうにか維持することができたように思います。また、石井先生の授業では英語を教わるだけでなく、先輩方の話などを聞くことができ、常に刺激を受けながら受験に対する心構えを身につけることができました。数学は主に小島先生、平野先生、中村先生にお世話になりました。どの先生方もマンツーやレギュラー授業で常に危機感を持たせてくださると同時に励ましてくださるので、必死になりながらも楽しく学習を進めることができました。特に平野先生は受験期だけでなく高二の1年を通して精神面で支えてくださり、感謝しています。化学は小林先生と三上先生にお世話になりました。化学の授業は、学校ではできたつもりになっていた部分が本当は全然理解していなかったと思い知らされることが多く、授業を受ける度に1歩ずつ前に進んでいると実感することができました。生物は緒方先生にお世話になりました。緒方先生の授業はとても楽しくて、1週間で1番楽しみにしていました。先生は夏から課題を個別に出してくださり、そのおかげで夏～2学期にかけて生物がとても伸びました。また、緒方先生はいつでも相談にのって励ましてくださって、心の支えとなってくださいました。特に共テ前や受験期には何度も励ましの言葉を頂き、とても勇気づけられました。高橋浩先生にはマンツーやレギュラー授業を通し、小論文や面接だけでなく共テ対策まで大変お世話になりました。特に面接については、私は面接に対する苦手意識が強かったのですが、一学期からマンツーをとっていたことで受験期には面接関連で困ることが少なく、学科試験の対策に集中できました。このことが受験においてとても大きかったように思います。

代官山での2年間を通し、たくさんの恩師や日々切磋琢磨しあえる仲間に出会い、常に刺激を受けながら成長し、最終的に合格までたどりつくことができました。立派な医師になって恩返しできるようにこれからも頑張ります。最後になりますが、支えて下さった先生方、教務の方々、2年間本当にありがとうございました。

現役 私は自分より努力している人がいることが怖かったので、誰よりも努力すると決めていました。

鋪屋 瑠美さん
（頌栄女子学院高校卒）

東京慈恵会医科大２次合格
北里大医学部正規合格
東邦大医学部正規合格
自治医科大２次合格
日本医科大２次合格
順天堂大医学部２次合格

東京慈恵会医科大学に進学いたします鋪屋 瑠美です。実は私は元々国際医療福祉大学を目指して入塾しました。しかし、それ以上の結果を得ることができたのは代官山で沢山の先生方と出会い支え導いていただいたからこそだと思います。具体的には数学は平野先生、生物は深瀧先生、化学は三上先生、そして英語は青葉先生と田中良平先生にお世話になりました。平野先生には集団授業で一年間、そしてマンツーマンで2学期から直前期まで指導して頂きました。高一で偏差値40だった私でも、平野先生に教わった通り一つ一つプロセスを明確にして解くことで慈恵の数学で得点源と言えるまで克服することができました。辛い時期もいつも気にかけて、信じてくださり最後まで走り抜くことができました。深瀧先生には一学期からマンツーマンでお世話になりました。感覚で解いていて点にならなかった部分を指摘して頂き最後まで一緒に考えて頂きました。また毎休み時間のように丁寧に質問対応もして頂きました。深瀧先生と出会えていなければ日医や慈恵の考察問題を解くことはできなかったと思います。化学は三上先生の言うことを忠実に守って自習することで基本を身に付けることができました。授業もいつも楽しませてくださり感謝の気持ちしかありません。青葉先生と良平先生には順天堂や慶應対策として英作文を二学期には毎週一回、冬からは毎日欠かさず時間を計って見て頂いていました。速さと精度を磨くことができたと思います。これらの先生以外にも、質問しても丁寧に対応して頂き、疑問を溜めることなく効率的に学習することができました。ありがとうございました。

また、代官山の魅力は朝六時から夜九時半まで自分の席で自習することができることです。私は自分より努力している人がいることが怖かったので、誰よりも努力すると決めていました。なので、毎日六時から学校へ行くまで積分23分と理論化学の演習をしていました。この日々の積み重ねにより人と差をつけることができたと思います。最後になりますが、御三家に行きたいと思うなら、慶應を目指すぐらいの意識が必要です。そして誰よりも努力して下さい。応援しています！

現役 朝7:40ぐらいに行くと、これから学校に行く人たちとすれ違ってて、寝坊した罪悪感と他の受験生は私が寝ている間に勉強している、ヤバい！という焦りを感じることが出来ました。

榎本 由香さん
(Walnut Grove Secondary卒)

東京女子医科大正規合格
東邦大医学部２次合格
獨協医科大正規合格

未だ合格できたことが自分でもびっくりですが、合格できたのは代官山*MEDICAL*の先生たちと環境のおかげだと思います。海外の高校を卒業して、理科科目をほとんど知らないまま7月から入塾させてもらって、最初は全くついていけず大変でした。最初のマンスリーテストも分からな過ぎて化学が4点、物理が3点のレベルで、本当に間に合うのかすごく不安でした。でも色んな先生方に、「あなたはこれから伸びる」と言われて、それがすごくモチベーションになっていたと思います。あと、自習室が朝早くから開いているのもすごく良かったです。よく、寝坊して、朝7:40ぐらいに行くと、これから学校に行く人たち（鋪屋 瑠美ちゃんとか）とすれ違ってて、それもすごく刺激的（?）で寝坊した罪悪感と他の受験生は私が寝ている間に勉強している、ヤバい！という焦りを感じることが出来ました。そして、分からない問題をすぐ質問しに行ける環境があったこともすごくありがたかったです。そのおかげで分からないものを放置すること無く勉強できました。好きだった授業は数学と化学です。2学期の木曜日の最後3コマが、薄先生と中村先生の授業で、それが楽しみに一週間を過ごしていました。あと、私が数学を知らなさ過ぎて、中村先生が毎日8限目みたいな、授業終わりの時間を使ってくれて、そこで新しいことを1つずつ教えて下さって、本当にそういうことの積み重ねで数学は間に合わせられたのだと思います。化学は本当に何も知らなくて、授業を聞いても良く分からなかったのですが、質問に行くとどの先生も丁寧に教えて下さって本当に助かりました。授業は三上先生の授業が面白過ぎてすごく楽しく勉強できました。それと、週二回の日の授業で、すごくモチベーションになる話を石井先生から聞けていたので、目的を見失うことなく勉強することが出来ていたと思います。印象に残った石井先生の言葉は自習室の自分の机に貼ったりしていました。受験期間中は一人でいるとすぐネガティブに考え込みがちになっていたので、よく質問もないのに中村先生とか小林先生にただ話に行ったりして、元気をもらっていました。そのおかげで、最後まで心折れることなく頑張れました。代官山*MEDICAL*に来ていなかったら、こんなに勉強していなかったと思うし、本当に通わせてもらえて、こんなに恵まれた環境で勉強できたことは本当に有難いです。沢山お世話になりました。ありがとうございました。

現役 大量のマンスリーとウィークリーは本当に役に立ちました。出来ても出来なくても次へのモチベーションにつながります。名前が貼りだされて自分の位置も分かるので簡単にやる気がでます。

川島 怜大君
(暁星高校卒)

昭和大医学部Ⅰ期正規合格
日本大医学部Ⅰ期正規合格
東京医科大正規合格

代官山*MEDICAL*に通って良かった事は朝6時から夜9時半まで勉強できるところです。僕は学校に行く前に1時間自習して、学校から戻ってきてから9時半まで勉強してました。前期から朝行っていたので習慣化でき、直前期までずっと勉強のリズムを保てました。自分専用の自習席があるから、教材を置くことができるのでテキストやノートを忘れることがなく自習に集中できるのでよかったです。

僕は英語は通常と三ツ橋先生のマンツー、数学は通常と直前期は平野先生のマンツー、理科は2つとも通常、2次対策は後期の途中から高橋浩先生をとってました。英語は最初はなにもできなかったけれど三ツ橋先生のマンツーで普通になったと思います。できてもできなくても三ツ橋先生の反応は変わらなかったので逆に僕にとっては良かったです。数学はハイで平野先生と中村先生が教えてくれて、平野先生は解法を何個も教えてくれて、中村先生は導入をしっかりやってくれたので良かったです。薄先生の単科では数学の点数のとり方を教わったのですごく良かったです。物理は小澤先生のノートが基礎重視なのでその考え方は入試までずっと使えました。2次対策の高橋浩先生は面接練習をやってて、2次試験でもそのまま聞かれたので本当に役に立ちました。化学は三上先生が神でした。

大量のマンスリーとウィークリーは本当に役に立ちました。できてもできなくても次へのモチベーションにつながります。名前がはりだされて自分の位置も分かるので簡単にやる気がでます。

一年間、先生や事務の方にはお世話になりました。本当にありがとうございました。

現役 部活を引退した後は、やることがただ勉強することだけだったので楽しかったです。代官山*MEDICAL*の授業は全部神授業でハズレ無しで超楽しかったです。

鳥山 美紀さん
(淑徳与野高校卒)

日本大医学部Ⅰ期正規合格
埼玉医科大前期正規合格

代官山*MEDICAL*には高校2年生の11月くらいに入りました。最初は数学だけ受講していました。高3の0学期から数学Sta、化学Sta、英語を取りました。部活を週4しながら塾に行くのはしんどかったけど、どの授業も楽しかったので、勉強へのモチベを下げることなく出来ました。

生物は4月からずっと石原先生のマンツーをとっていて、部活を引退した6月から集団クラスに入りました。部活を引退するまでが一番大変でした。勉強したくても時間が無さ過ぎて、まとまった勉強ができなかったので周りとの差を感じてとてももどかしかったです。部活を引退した後は、やることがただ勉強することだけだったので楽しかったです。代官山*MEDICAL*の授業は全部神授業でハズレ無しで超楽しかったです。数学は中村先生、生物は石原先生、緒方先生、化学は（高橋）龍先生、英語は梅田先生、青葉先生、石井先生にお世話になりました。生物が他の人よりも遅れていたので夏に生物をやりまくりました。生物の先生が求めている知識量と私の知識量が違い過ぎて焦り、やり続けました。生物に沢山泣かされた思い出があります。夏に沢山やったので、10月くらいに知識の定着を感じ、河合模試も、マンスリーテストもランキングに載るようになりました。数学は中村先生の言う事を聞いてやっていました。中村先生は数学だけでなく精神的な支えでした。とにかく優しく沢山の助言を頂けたので頑張れました。化学は高橋龍先生が推しだったので、毎週「推しに会いに行くんだ」という不純なモチベでやってました。生物をやりすぎて化学は正直疎かになっていたので冬期で高橋龍先生のマンツーマンを取って、理論を確実に固めました。

英語は4教科のうち一番苦手意識があって、一番成績が悪かったです。梅田先生のマンツーマンで基礎力を固めていただきました。青葉先生には赤本の時間配分を具体的に指導していただきました。1日1回古い長文を読んで、マンツーで新長文を読んで継続したので、最後まで伸ばせました。

代官山*MEDICAL*の先生はめちゃくちゃ分かりやすいだけでなく、精神的にも助言を頂けたのでここまで来れたのだと思います。

A どの科目も非常に質の高い先生がおり、質問をすれば丁寧に教えてもらえます。分からない所や演習量が足りない分野があれば、プリントをもらえたりもします。

馬場 崇平君
(精道三川台高校卒)
日本大医学部Ⅱ期正規合格

私が代官山*MEDICAL*に通って良かったと思ったこと
・各科目に複数の先生がおり、その先生も親身になって教えてくれること
どの科目も非常に質の高い先生がおり、質問をすれば丁寧に教えてもらえます。分からない所や演習量が足りない分野があれば、プリントをもらえたりもします。
・多くのクラスがあること
私がいた頃はA10～M1までの15クラスありました。少人数のクラスなのですぐに友人もできますが、自分がこのクラスでどのくらいの成績なのか分かります。友人が近くで勉強していると刺激になり、「自分も頑張ろう！」という気持ちになります。合格する人はやはり上のクラスが多いですが、1つ1つ階段を上がるように1年を過ごしてください。ことわざで「急がば回れ」という言葉があるように焦ってもすぐに成績は上がりません。自分の苦手な所を1つずつつぶしていき、冬に苦手な分野が減ってきたこと実感できていれば必ず合格します。
・テストが多いこと
受験生にとって必要なことは回数をこなすことだと思います。その中でテストが多いとテストの雰囲気に慣れます。また、すぐ自分に足りない所を見直すことができます。テストが近づくにつれ「やらなきゃ」という気持ちになり、勉強の集中力も高まります。そして冬にテストが終わったとき、そのやってきたテストが自分自身の復習教材になります。自分に足りなかった所を見直して類似の問題をテキストから探し解き直すと頭に定着していきます。
☆最後にアドバイス
4月頃は皆必死に勉強にとりくみますが、夏に入って気持ちが落ち込む人が出てきます。特に多浪している人程、落ち込んだ気持ちに流されやすいです。しかし、グッとこらえて来年3月末まであきらめずに勉強できた人は合格する可能性が非常に高いです。勉強で本当につかれてしまったら、1時間ぐっすり寝るというのも大事です。とにかく、勉強する習慣は身につけて下さい！

A ウィークリーテストに向けて勉強したことは、マンスリーテストにつながり、マンスリーテストに向けて勉強したことは、最終的に入試につながるので、日々、与えられた課題をきちんとこなすことが一番大切だと思います。

木下 圭子さん
(光塩女子学院高校卒)
昭和大医学部Ⅰ期正規合格

私が代官山*MEDICAL*を知ったきっかけは、高校の同級生のお姉さんが代官山*MEDICAL*から医学部に合格したという話を聞いたことです。丁寧な指導や集中して勉強に取り組むことができる環境、月に1回行われるテストなど、医学部に合格するために最適な予備校だと聞き、私は通うことを決めました。実際に通ってみると、先生に気軽に質問ができたり、友人とお互いに高めあいながら学べたり、マンスリーテストに向けて計画的に勉強したりと、充実した浪人生活を送ることができました。ウィークリーテストに向けて勉強したことは、マンスリーテストにつながり、マンスリーテストに向けて勉強したことは、最終的に入試につながるので、日々、与えられた課題をきちんとこなすことが一番大切だと思います。また、予習・復習のしやすいテキストは基礎や、応用力を身に付けるために、とても役立ちました。私はとにかく復習を繰り返して定着させるタイプだったので、代官山のテキストは私にぴったりでした。加えて、少人数制の授業は、生徒全員が主体的に参加でき、先生も生徒1人1人のことを気にかけて下さるので、より集中して学ぶことができました。先生と生徒の距離が近いので、先生に自分の成長を見てもらうことができ、褒めてもらえることが嬉しかったです。マンツーマンの授業では、自分の苦手の部分を先生と楽しく学習でき、今まで自分では解けなかった問題が解けるようになることが嬉しくて、より勉強に力を入れることができました。
代官山*MEDICAL*という素晴らしい予備校に出会えたこと、生徒想いの素敵な先生に教えていただくことができたこと、落ち込んでいるときに声をかけてくれた友人、そして最後まで応援してくれた両親に感謝の気持ちでいっぱいです。ありがとうございました。

M 代官山*MEDICAL*で得たものは知識や合格だけでなく、医師として必要な心もあると思います。

藤井 祐君
(成蹊高校卒)
東京医科大2次合格
北里大医学部正規合格
岩手医科大医学部2次合格

浪人生活を代官山*MEDICAL*で過ごし、とても密度の濃い時間を送ることができました。忙しいカリキュラムの中で勉強する毎日は大変でしたが、先生方との距離の近さや、自分専用の自習席のおかげもあり、合格を達成できました。英語、数学、物理、化学、それぞれ大変多くの先生方にお世話になりました。特に数学は、月曜から順に平野先生、佐藤啓寿先生、薄先生、長澤先生、中村先生、村上先生と単元ごとに細かく指導してくださいました。化学は主に原先生、三上先生にお世話になりました。お2人は、大変親身に、時には厳しく接してくださり、成績の向上を実感しました。物理は小澤先生、寺澤先生、野村先生に、英語は石井先生、田中良平先生、青葉先生、高橋阿里先生に担当していただきましたが、特におすすめしたいのが、寺澤先生の物理、田中良平先生の英語です。寺澤先生の声量、情熱も相まって、授業の内容がそのまま脳内に入ってくる感じがとてもお気に入りな点です。良平先生の授業は圧倒的な情報量で、授業中にどんどん当ててくださるので、必死に食らいつきました。苦手だった英語も克服し、それが合格に繋がったと思います。
予備校内ではふざけずにお互い、切磋琢磨できる友人がおり、励みになりました。予備校は友達をつくる場ではないですが、共に勉強を乗り越えた同期とはとても良い関係をもてたと思います。彼らは今では親友です。暗記のために自習席を付箋だらけにしたり、お昼を5分で食べて、友人と英語長文を読んだりと、とにかく勉強しました。
代官山*MEDICAL*で得たものは知識や合格だけでなく、医師として必要な心もあると思います。大変お世話になりました。

現役 試験終わりに一緒に復習が出来て、二次の対策も一人でやらなくていい環境が一番合格の為になりました。

長尾 快作君
(巣鴨高校卒)
帝京大医学部正規合格

代官山*MEDICAL*は生徒や講師との距離が近い為、問題の質問がしやすいです。自分も三上先生や中村先生、小澤先生にお世話になりました。また、友達同士で教えあうことで知識の定着も図ることができます。自分は自分では勉強が出来ないグータラだったので、友達に質問してもらい、それに答えることで勉強していました。数学や英語は学校の授業をしっかり受けたうえで、通常授業（クラス授業）を受けていたので、どうにか耐えてました。受けていた授業は全部好きで、三上先生は面白くてわかりやすかったです。中村先生や薄先生は単純な解法で全て解けるようにめっちゃ分かりやすく教えてくれました。小澤先生もめっちゃ分かりやすくて、優しいので授業中でもバンバン質問しても答えてくれました。
色々あるけれど、やっぱり一番の魅力は受験仲間が沢山いることだと思います。試験終わりに一緒に復習が出来て、二次の対策も一人でやらなくていい環境が一番合格の為になりました。あとはテストの回数が多いことですね。小まめに自分の立ち位置が確認できるのでとても助かりました。（テストの結果を）気にしすぎても気にしなさすぎてもダメです。現状把握と危機管理が大事だと思います。

A 授業数が多かったため、日々どの勉強をするか迷わずに日々を過ごせた。

渡邉 葵君
(新潟第一高校卒)
日本大医学部Ⅰ期２次合格
岩手医科大医学部２次合格
聖マリアンナ医科大２次合格

良かった事：授業数が多かったため、それの予習や復習で1日が終わる。このため日々どの勉強をするか迷わずに日々をすごせた。前期はインプット中心だったが後期はアウトプット中心の授業内容だったため、前期の内容がちゃんと身についているかの再確認がしやすかった。マンツーマンの授業を受けることで、講師が自分のペースに合わせて教えてくれるので、しっかりと理解できた。
好きな授業：小論…小論文や面接に必要な技能を最小限の時間で効率的に学ぶことができた
数学（後期）…前期に習った範囲を複合した問題を解くことで数学についての理解がより深まった
生物（後期）…上に同じ
合格のためになったこと：マンツーマンの先生は皆、自分に親身に接してくれたため、悩んだりした時でも自信を保ったまま試験にのぞむことができた。

M 結果を出すコツはとにかく先生の言うことを素直に聞くこと。先生の言うことは絶対！！をモットーにしていました。

依光 汐音さん
(桐朋女子高校卒)
北里大医学部２次合格
岩手医科大医学部正規合格
埼玉医科大前期正規合格

携帯、イヤホン禁止だったので自習室で集中できた。先生との距離が近くて質問に行きやすかった。朝早くに登校したり、ウィークリーで成績が良いと、先生や受付の方々が褒めてくださったので頑張れた。
朝は7時、夜は7限が終わるまで残っていました。予習は基本朝やってました。数学の授業で薄先生から朝は必ず15分計算をすると指示を受けたので毎日必ずやってました。夏期からは桐原の文法・語法1000も15分やってました。授業の間の休み時間や空きコマは復習。先生方はほとんどの方が予習より復習が大切だとおっしゃっていたので、英語の長文以外は予習は軽めにしていました。マンツーは前期から冬期まで英語（青葉先生）、生物（石原先生）、面接（高橋先生）とってました。夏期からは数学（長澤先生、高橋典先生）、化学（原先生）もとってました。青葉先生は長文の解説を読み方や文法だけでなく、内容までして下さって印象に残りやすかったです。石原先生は1週間で5枚くらいの考察問題をくれてとにかく量をこなせました。長澤先生は、確率が壊滅的に苦手だった私にプリントをくれて、授業も休み時間も私の疑問が解決するまで対応して下さりました。高橋典先生は複数の解法を提示して下さった上で「君はこの解法がよさそう」とアドバイスして下さいました。原先生は、1つの疑問点をとにかく丁寧に解説して下さり、さらに今までしてきた質問をふまえて、「依光さんはこう考えた方がミスしないと思う」と私に合った考え方を教えて下さいました。高橋浩先生は、全く2次対策をしてこなかった私に一から全て教えて下さり、先生の言う通りにしていたら小論や面接で戸惑うことが減りました。結果を出すコツはとにかく先生の言うことを素直に聞くこと。私はマンツーをとったりして、お気に入りの先生を見つけて質問に行けるようにしていました。マンツーの先生の言うことは絶対！！をモットーにしていました。あとは、ウィークリーにまじめにとりくむこと。一週間の復習になるし、テスト慣れします。最後に、朝は早く来ることをおすすめします！！！

A どの授業でも演習の時間があり、そこで解けなかった範囲を空きコマで復習することが出来て、穴を埋めていくことが出来たと思います。

小尾 花怜さん
(田園調布雙葉高校卒)
東京女子医科大正規合格

朝7時から自習室が開いていたので授業が始まるまでの朝7時～朝9時15分まで時間を有効活用できたと思います。特にⒺの授業は指名されることも多かったので、常に緊張感もあり予習に時間をかけることでしっかり授業の内容を理解することが出来、英語がかなり伸びました。三ツ橋先生のマンツーマンで沢山学ぶことがあり、文法も何も分かってない所から9割近く正解できるようになりました。また、どの授業でも演習の時間があり、そこで解けなかった範囲を空きコマで復習することが出来て、穴を埋めていくことが出来たと思います。授業の寮も多くて1日中勉強することが苦にならなかったので、代官山*MEDICAL*に通って良かったと思います。1年間ありがとうございました。

A 代官山ではクラス替えが3回あるので、上に行けるように毎回マンスリーを頑張りました。近い目標を達成していくうちに、自然と医学部に合格できるくらいの実力がついたのだと思います。

佐分 咲輝さん
（西武学園文理高校卒）

昭和大医学部Ⅰ期特待合格
埼玉医科大前期正規合格
帝京大医学部正規合格
杏林大医学部正規合格
岩手医科大医学部２次合格

代官山は授業のコマ数が多いのが良かったと思います。空きコマは1日に2～3コマと日曜日だけでしたが、自習時間が長いと何をしたらよいのか分からなくなってしまう私にはちょうどよかったです。また、代官山ではマンツーマンを取ることができるのもよかったです。私は現役のときに化学の基礎が固めきれていなかったので、前期から最後まで菊本先生のマンツーマンをとっていました。夏からは物理の野村先生のマンツーもとって、苦手な理科で足を引っ張らないようにしました。比較的得意だった英、数と小論は、夏・冬期講習のみ青葉先生、五十嵐先生、高橋先生のマンツーを取りましたが、実力を伸ばすことができました。マンツーの先生だけでなく、どの先生も生徒の名前を覚えていて下さるので、質問や相談に行きやすかったのも良かったです。さらに、クラス単位の授業なので自然と友達が増えたのは良かったです。勉強面はもちろん、精神面でも支え合うことができました。後期からは平野先生の指導のもと、友達と3人で過去問を解くようになりました。友達がいるのでサボることはできないし、みんながどの問題をとれるのかが分かるので良い環境でした。冬期と直前期は復習と赤本をすることが多かったですが、どの科目も（特に数学は）授業やゼミでやったのと同じ問題が本番も出た、ということが多かったです。やったことがある問題を取りこぼさないように、解法だけでも繰り返し確認するのがよいと思いました。冬期に入る前までは特に、自分の目標や志望校が定まっていませんでした。しかし、代官山ではクラス替えが3回あるので、上に行けるように毎回マンスリーを頑張りました。近い目標を達成していくうちに、自然と医学部に合格できるくらいの実力がついたのだと思います。

A 毎朝７００選とθの中文の写経を続けたり、WIZの単語テストでは毎回最低８割以上はとれるように心がけていました。これらを続けたことで英語の成績を伸ばすことができたと思います。

清水 さくらさん
（雙葉高校卒）

東京医科大正規合格
埼玉医科大前期正規合格
帝京大医学部正規合格
東北医科薬科大医学部正規合格
岩手医科大医学部２次合格
杏林大医学部２次合格
聖マリアンナ医科大前期２次合格
東邦大医学部２次合格

・この1年間特に数学の平野先生と物理の端迫先生にお世話になりました。平野先生には後期にマンツーマンでベクトルや複素数などの苦手だった分野を教えていただき、克服することができました。冬期は過去問を見ていただいたり、東医対策をしていただきました。また、メンタル面でも大きく支えてくださり本当に感謝しています。端迫先生には物理の勉強法を根本から変えてくださりました。授業もとてもわかりやすく、先生のノートの復習を繰り返すことで最後に物理の成績がぐっと伸び、合格につながったと思います。

・私は前期から特に英語の勉強に力を入れていました。毎朝７００選とθの中文の写経を続けたり、WIZの単語テストでは毎回最低８割以上はとれるように心がけていました。また石井先生の授業と長文の授業で扱った長文を何度も繰り返し復習するようにしていました。授業がとてもわかりやすかったのでとても復習しやすかったです。これらを続けたことで英語の成績を伸ばすことができたと思います。

・小論文の授業では書き方をわかりやすく簡潔に教えてくださったので本番も困ることなく書くことができました。また石井先生の特別２次対策や大学別２次対策に欠かさず出席したことで２次落ちすることなく合格できたと思います。

A 代官山*MEDICAL*の先生方の授業とテキストだけに素直についていけば間違いないです。

中澤 すみれさん
（雙葉高校卒）

東京医科大正規合格
聖マリアンナ医科大前期正規合格
岩手医科大医学部２次合格

代官山*MEDICAL*に入ると決めた当初は、勉強の習慣さえも身についていませんでした。しかし絶対に一年で終わらせるという一心で朝に来る時間や夜に帰る時間、休み時間に何をやるかなど全て決めて一年間貫き通せたことが合格につながったと感じています。そのようなつらい生活の中でも努力し続けられたのは、先生方の存在があってこそでした。一番苦手で嫌いだった数学は、前期と夏は佐藤（祐）先生にマンツーでサポートしていただきながら本当にstaのテキストの復習のみを徹底的にしました。一年かけて5，6周はしてました。復習の仕方が身についてから、続けて数学のマンスリーのランキングにのれるようになって、成長が嬉しかったのを覚えています。後期のテキストはhighになって難しくて心が折れそうになりましたが、長澤先生や平野先生に問題を選別していただき、わからないことは質問してその問題だけでも諦めずに繰り返し復習しました。そしたらhighのテキストで学んだ問題が東医で出て、諦めず復習してよかったなと強く思いました。加えて印象に残っているのは寺澤先生の授業です。物理を暗記科目にしようとしていた私にとって、常に変わらない解き方と論理を忠実に理解すれば難問まで解けるということが感動の連続でした。マンツーでも想像しにくいことは絵とストーリーを使って説明してくださる授業が楽しくて、物理はとにかく寺澤先生の解き方をまねして練習を重ねていました。おかげで一から問題を考える姿勢を身につけることができました。代官山の先生方の授業とテキストだけに素直についていけば間違いないです。少しの成長でも褒めてくださり、多くの質問をぶつけても嫌な顔せず対応してくださる先生ばかりでした。勉強面でもメンタル面でもひとりで抱え込まないことが大切です。また、私は常にひとつ目標をもって、自習室に貼っておくということをやっていました。入塾した時はA5クラスでしたが、4月に石井先生から「このクラスの人は次のクラス替えで２号館射程圏内だよ」というお話を伺って、次のクラス替えで２号館に行く！という目標をすぐにたてました。クラスをひとつの指標として目標をもてば、自ずと成し遂げるべきことが具体的になります。なので２号館に行った時も、Mにあがった時も安心せずに常に緊張感をもって過ごすことができていました。おかげで最後には、M3クラスで入試を迎えることができ、大きな自信になりました。最後になりますが、マンツーマンでお世話になった先生方、事務の方々、家族に心から感謝しています。ありがとうございました。

A 同じクラスの人や友達がランキングにのっていると私も頑張ろうと思えた。

藤井 伶衣さん
（田園調布雙葉高校卒）

獨協医科大正規合格

①通って良かった事
分からない事をすぐに先生に聞ける環境がとても良かった。先生もどんな質問でも怒らず丁寧に教えてくださったので勉強に身が入った。また、ランキングが貼り出されるためモチベーションが常にあった。同じクラスの人や友達がランキングにのっていると私も頑張ろうと思えた。
②好きな授業
生物　夏に緒方先生の知識の単科に出てから知識がふえて授業でも答えられる事が多くなっていき楽しく感じるようになりました。

A 良かったことはお互いに高め合える友人ができたこと。点数を勝負することで常に緊張感を持つことができ、本番で落ち着いて解くことができた。

Y.I 君
（秋田高校卒）

東北医科薬科大医学部２次合格
岩手医科大医学部２次合格

良かったことはお互いに高め合える友人ができたこと。実際、マンスリーだけでなく夜間演習の時も点数を勝負することで常に緊張感を持つことができ、本番で落ち着いて解くことができた。
好きな授業は高橋典先生のマンツーと石原先生のマンツー。高橋典先生のマンツーでは、過去問を解きながら自分の立ち位置を確認できた。あと、高橋典先生の授業の特有の空気感がとても好き。石原先生のマンツーでは、自分に合ったやり方を教えてもらうことができたのが良かった。
僕が今年合格できたのは、4月から夏までに基礎をしっかりと固めることができたからだと思う。現役で合格できなかったのは、基礎がほぼ無い状態で受験勉強をしていたからだったので、そこを前半戦で鍛えるのはとても大事だった。石井先生が、スタートダッシュが大事と言っていたが、ここを逃すと基礎を固める時間が無くなってしまうので、そこは頑張ってよかった。
あと僕は1年間、1番前の席に座るのを徹底した。これは結構1年しっかり勉強したという自信がつくので、やってよかったなと思う。

M どの授業も先生が生徒にあてるので、授業に集中でき、ライバルでもある友達のレベルの高さも肌身で感じることができました。

M.Y さん
（大妻高校卒）

福島県立医科大正規合格
国際医療福祉大医学部正規合格
杏林大医学部正規合格
昭和大医学部Ｉ期正規合格

代官山*MEDICAL*に通ってよかったと思うことは3つあります。1つ目は先生と生徒の距離の近さです。少人数での授業やマンツーマンでは先生に質問しやすく、苦手分野を無くすことができました。生物では、授業後に配られる学習目標に対して、自分なりに答案を作り、緒方先生に添削して頂きました。生物の実力がぐんとつき、受験で得点源にすることができました。化学では菊本先生に正誤問題や有機の構造決定のプリントをたくさん頂き、私立医学部だけでなく国公立医学部の対策もして頂きました。数学では、薄先生に苦手な場合の数と確率を1から教えていただきました。平野先生にはマンスリーテストや受験でフィードバックを頂き、福島県立医科大学の過去問の記述も見て頂きました。いつも励ましてもらい、受験期にメンタルを崩すことなく駆け抜けることができました。英語では青葉先生にマンスリーテストのフィードバックや英作文の添削をして頂きました。クリスマスの日に「2か月後には合格というプレゼントがくるよ」と言っていただき、とてもうれしかったです。2つ目は授業の質の高さです。どの授業も先生が生徒にあてるので、授業に集中でき、ライバルでもある友達のレベルの高さも肌身で感じることができました。緒方先生の「知識の総まとめ」という単科では分野別のテストがあり、自分がどれだけその分野を理解できているかが明確になります。また、講義で配られるプリントには大切かつ頻出な知識がたっぷり含まれており、テストとプリントを繰り返し復習することで、実力がつき共通テストでは生物で80点（点数調整によって87点）取ることができました。後期にある薄先生の「私立医系数学完全攻略」という単科では授業内で分野別のテスト＋解説があり、苦手分野克服はもちろんのこと、私立医学部の問題に慣れ、実践演習することができました。3つ目は切磋琢磨できる友達の多さです。生物が得意な友達同士で帰り道や授業前の隙間時間に緒方先生の知識プリントの問題を出し合い、知識の定着ができました。積分計算を習慣化する為に友達同士で積分ノート交換し、気づいた時には化学の無機や高分子の知識問題もノートに書き込むようになっていました。相手の作った問題を解くのに加え、自分も問題を作ることで知識が定着しました。また、数学の過去問グループでは常に1位を目指し問題と向き合うことで、テスト慣れし、数学が安定して点数を取れるようになりました。
最後に、代官山*MEDICAL*にはこの1年大変お世話になりました。特に薄先生、平野先生、長澤先生、山室先生、青葉先生、田中先生、菊本先生、緒方先生、深瀧先生にはマンツーマンや質問対応、精神面のサポートなどたくさんお世話になりました。事務の方にも勉強に集中できる環境を作って頂きました。特に生駒さんにはいつも優しく励まして頂きました。1年間本当にありがとうございました。

M やるべきことは先生方が提示してくださるので、何をやろうかという悩む時間が省かれ、効率よく学べたことが私にとっては大きかったと思います。

K.I さん
（青稜高校卒）

順天堂大医学部２次合格
帝京大医学部正規合格
東京医科大２次特待合格
国際医療福祉大医学部２次合格

自分の自習室がある点がとても良かったです。自分のペースでのびのびと勉強することができました。やるべきことは先生方が提示してくださるので、何をやろうかという悩む時間が省かれ、効率よく学べたことが私にとっては大きかったと思います。特に、生物に関しては緒方先生に言われた通りにすることで、安定して点を稼げる教科にできました。
マンツーは、数学は長澤先生、化学は高橋龍先生、生物は緒方先生をとっていました。数学はとても苦手だったのですが、一年間長澤先生に基礎から教えてもらうことで、最後の方はランキングにも安定して乗るようになりました。人のことをヒトデ呼ばわりするし、厳しい面もたくさんあったんですけど、ここまで数学ができるようになったのは長澤先生のおかげです。本当にありがとうございました。

A 朝早くから夜遅くまで授業があり、怠けることなく勉強に集中できました。

K.Nさん
(横浜雙葉高校卒)

東京女子医科大特待合格
聖マリアンナ医科大前期正規合格
岩手医科大医学部正規合格

○代官山*MEDICAL*に通って良かった事
・毎週ウィークリーテストテスト、毎月マンスリーテストがあり、常に自分の成績に向き合える環境でした。
・朝早くから夜遅くまで授業があり、怠けることなく勉強に集中できました。
・先生方にすぐに質問に行くことができ、自分の苦手を徹底的に埋めることができました。
・個人の自習室が割り当てられていて、自分の勉強する空間を確保でき、しっかりと自習に取り組むことができたと思います。
○好きな授業・合格のためになったこと
・数学：五十嵐先生にマンツーマンをもっていただきました。私がどんなに変な間違いをしても見捨てず面倒を見てくださり、本当に感謝しています。自分の苦手な単元のプリントをもらってくり返し演習ができたことも、本番数学を解くうえで役立ったと思います。
・英語：岩瀬先生にマンツーマンをもっていただきました。覚えにくい単語や文法の語呂を教えていただいたり、文法の演習プリントをいただいたりしました。1年間楽しみつつ英語の力を身につけることができたと思います。
・化学：高橋（龍）先生にマンツーマンをもっていただきました。苦手な単元があると、その単元の授業内演習を増やし、分からないところは丁寧に解説してくだり、化学が苦手だった私でも理解を深めることができました。
・生物：深瀧先生や緒方先生にお世話になりました。現象の流れが理解できないときに質問に行くと非常に丁寧に解説してくださり、ただ暗記するだけでなく、なぜそうなるのか理由までをしっかりと理解できました。
1年間本当にありがとうございました。

A

阿久津 一馬君
(作新学院高校卒)
岩手医科大医学部正規合格
東北医科薬科大医学部２次合格

A

小澤 繁弘君
(桐蔭学園高校卒)
岩手医科大医学部正規合格
北里大医学部２次合格

A

垣花 惟玖君
(那覇高校卒)
杏林大医学部正規合格

A

齋藤 優希君
(逗子開成高校卒)
岩手医科大医学部正規合格
東北医科薬科大医学部正規合格
北里大医学部２次合格

A

櫻井 理沙さん
(田園調布雙葉高校卒)
岩手医科大医学部正規合格
聖マリアンナ医科大前期正規合格

M

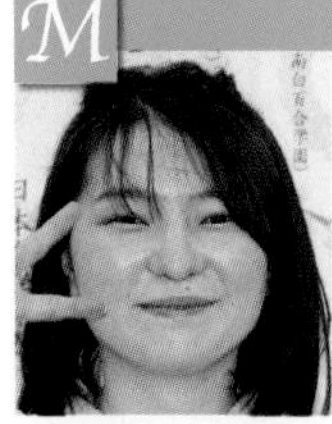

南 彩百合さん
(白百合学園高校卒)
日本大医学部Ⅰ期正規合格
聖マリアンナ医科大前期正規合格
北里大医学部２次合格
杏林大医学部２次合格

A

吉川 裕二朗君
(慶應義塾高校卒)
聖マリアンナ医科大前期２次合格
岩手医科大医学部２次合格

A

大島 世名君
(穎明館高校卒)
北里大医学部正規合格

M

紫和 慶多君
（岡山白陵高校卒）
金沢医科大正規合格
岩手医科大医学部２次合格

現役
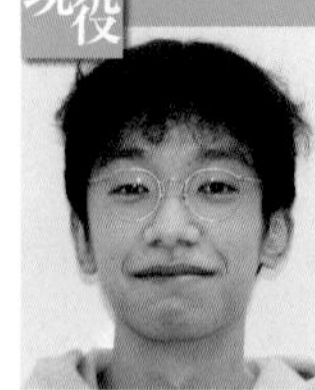

陳 業森君
（獨協高校卒）
昭和大医学部Ⅱ期正規合格
聖マリアンナ医科大前期正規合格
日本大医学部Ⅰ期２次合格
北里大医学部２次合格

現役

広瀬 彩衣さん
（東京女学館高校卒）
東京女子医科大正規合格

現役

村林 浩介君
（戸山高校卒）
日本大医学部Ⅰ期正規合格
獨協医科大２次合格
北里大医学部２次合格
岩手医科大医学部２次合格

現役
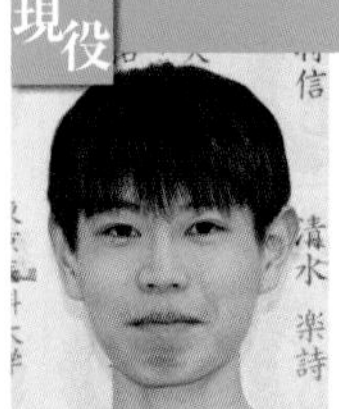

塩島 功生君
（九段中等教育高校卒）
昭和大医学部Ⅱ期正規合格

M

押久保 勇斗君
（芝浦工業大学附属高校卒）
日本医科大前期正規合格
国際医療福祉大医学部Ａ特待合格

A
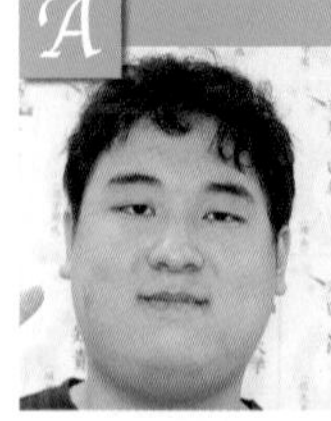

荒井 啓佑君
（海城高校卒）
岩手医科大医学部２次合格
金沢医科大２次合格

A

須藤 友文君
（青山学院高校卒）
帝京大医学部正規合格

A
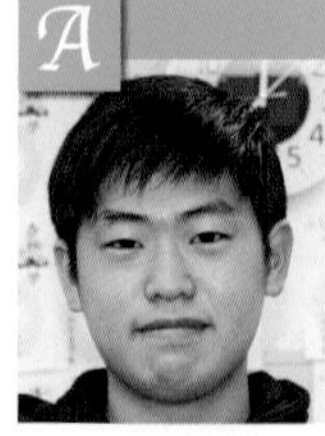

杉村 駿樹君
（神奈川大学附属高校卒）
東海大医学部正規合格
聖マリアンナ医科大前期正規合格

A
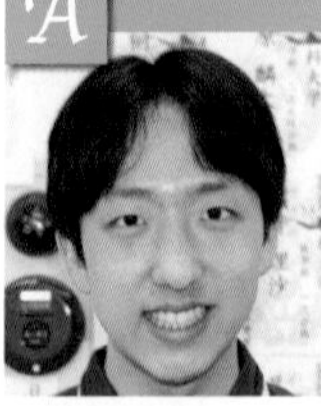

清水 楽詩君
（成蹊高校卒）
日本医科大後期正規合格
東海大医学部２次合格
東北医科薬科大医学部２次合格

A

長谷川 晶大君
（暁星高校卒）
獨協医科大２次合格

A

武田 将信君
（獨協高校卒）
帝京大医学部２次合格

秋山 美月さん
(立教女学院高校卒)

東京女子医科大正規合格
北里大医学部正規合格
杏林大医学部正規合格

M

長田 純奈さん
(学習院女子高校卒)

昭和大医学部Ⅰ期特待合格
帝京大医学部正規合格
東北医科薬科大医学部正規合格
杏林大医学部正規合格

A

栗原 聖奈さん
(栄東高校卒)

東北医科薬科大医学部２次合格
埼玉医科大前期２次合格

A

華岡 紗弓さん
(田園調布雙葉高校卒)

埼玉医科大前期２次合格

M

山中 優佳さん
(田園調布雙葉高校卒)

北里大医学部２次合格

A

小倉 慧人君
(巣鴨高校卒)

久留米大医学部正規合格
帝京大医学部２次合格
岩手医科大医学部２次合格

A

堤 優志君
(野沢北高校卒)

東北医科薬科大医学部２次合格
岩手医科大医学部２次合格

A

太田 節さん
(佐久長聖高校卒)

獨協医科大２次合格

M

金治 里奈さん
(品川女子学院高校卒)

杏林大医学部正規合格
聖マリアンナ医科大前期正規合格

A

立山 和果奈さん
(フェリス女学院高校卒)

東京医科大正規合格
岩手医科大医学部２次合格

M

八木 理利花さん
(筑波大付属高校卒)

東京医科大２次合格
帝京大医学部正規合格
杏林大医学部正規合格

A

山本 藍さん
(桐朋女子高校卒)

杏林大医学部２次合格
北里大医学部２次合格
埼玉医科大前期正規合格
東京女子医科大正規合格
東北医科薬科大医学部２次合格
岩手医科大医学部２次合格

A

小高 遼太君
(清水東高校卒)

帝京大医学部正規合格
岩手医科大医学部正規合格

M

中谷 七海さん
(大妻高校卒)

東京医科大２次合格
日本大医学部Ⅰ期正規合格
北里大医学部２次合格

A

原 夕理奈さん
（青山学院高校卒）

昭和大医学部Ⅱ期正規合格
帝京大医学部正規合格

M

松野 仁美さん
（光塩女子学院高校卒）

昭和大医学部Ⅱ期正規合格
国際医療福祉大医学部２次合格
帝京大医学部正規合格

A

密田 兼聖君
（芝高校卒）

埼玉医科大前期２次合格

現役

原口 果子さん
（雙葉高校卒）

東京医科大正規合格
国際医療福祉大医学部２次合格
帝京大医学部正規合格
聖マリアンナ医科大前期正規合格

A

H.K君
（高輪高校卒）

岩手医科大医学部２次合格

A

M.N君
（筑紫丘高校卒）

久留米大医学部正規合格
近畿大医学部前期正規合格

2022年度医学部合格者（一部紹介）

A テストの点が貼り出されるので、同じクラスの人には負けたくないと思うようになり、さらに勉強に熱が入りました。

小平 采果さん
（白百合学園高校卒）

北里大医学部正規合格
岩手医科大医学部２次合格
聖マリアンナ医科大前期２次合格
金沢医科大前期２次合格
東京女子医科大２次合格

朝早くから自習室が開いているため、朝早くから勉強ができる点。数学の授業では、各大学ごとの傾向を教えてくださったり、1つの問題に対して、多くのアプローチの仕方を教えてくださったので、行きたい大学に合わせた勉強ができた。
1つの問題にかけられる時間が前期は長かったので、自分で考える力がついた。生物の授業では先生が1人1人の記述解答を添削して下さるので、自分の解答の何がいけなかったのかが分かるため、筆記の問題に自信がついた。マンツーマンの授業では、先生のプリント（難易度別）があったので、自分に合うものを選択して、何度も演習することができる。
数学と化学のマンツーマンを取っていました。数学は長澤先生、化学は三井先生と小林先生を取っていました。三井先生は単元ごとに重要な問題をレベル別に分けて冊子にして下さっていたので復習がとてもしやすかったです。小林先生は、苦手な単元の問題を何題も集めてくださったプリントを渡してくださったので、苦手が克服しやすかったです。長澤先生は、全ての単元を1通りやり、苦手な単元を1から丁寧に教えてくださったので、苦手意識が少なくなりました。テストの点が貼り出されるので、同じクラスの人には負けたくないと思うようになり、さらに勉強に熱が入りました。先生方もすぐに名前を覚えてくださるので、とても嬉しかったです。

A 先生ごとに考え方が異なるため１つの解法にとらわれずに多方向から考えるという癖が自然と身につきました。

佐々木 麗人君
（國學院高校卒）

岩手医科大医学部２次合格

代官山*MEDICAL*に通って良かったことは、個々に自習席が与えられるという点です。毎日教材をリュックにつめて持ち帰る必要がなく、とても楽でした。
また、すぐに講師の方々に質問を気軽に出来るという点でもとても良かったと思います。特に、数学はとても奥深く、質問が良く発生するのでマンツーマンを取っている先生の所によく通っていました。
好きな授業については、全体的に好きですが、その中でも特に2号館の数学の授業が好きでした。1～6集を5人の先生が担当しており、先生ごとに考え方が異なるため1つの解法にとらわれずに多方向から考えるという癖が自然と身につきました。授業で紹介されなかった解法を自分で考え、先生方に見せに行くと、「その解法は先生も思いつかなかった！」「良い視点だ！」「そっちの方がむしろ良いね」と褒めてもらえたので最後までモチベーションを保ち続けることができました。合格のためになった事は、毎週のウィークリーテストと月1回のマンスリーテストがあったことだと思います。ウィークリーテストは1教科25点だからといってとても軽いというわけではなく、しっかりと25点分の中に要点のつまっているテストで、自分の弱点を探すのにとても役立ったと思います。マンスリーテストでは授業で得られなかった視点や知識、公式の活用の仕方を解説から学べるのでとても役立ちました。数学に関してですが、昭和のI期はHighのテキストをひたすらやっていれば解ける。II期はマンスリーと似たテーマが出たのでそれを復習していれば気づけたという問題が出てきたので、今まで扱った問題はやはり何度もやれば、本番でも柔軟に対応できる力が身につくということを実感しました。

A ランキングが出ることによって周りにいる人と勝負をし、相乗効果が生まれると思いました。

武田 真輝君
（東京都市大学付属高校卒）

昭和大医学部I期正規合格
杏林大医学部正規合格

まず通って良かったことはクラスの数の多さと授業の多さです。クラスの数の多さつまり人数が多いことで仲間を作りやすい。そうすることで互いに高め合うことができた。
授業の多さは自習時間の時間の使い方が大事だと感じました。なぜなら授業が多いだけだと復習が間に合わないことが十分考えられるけれど、それを順序を決めて行うことで自分の勉強スタイルを確立できたからです。好きな授業は夜間の授業です。特に数学は前期で計算のスピードと正確性を身に付けることができ、それが合格した要因だと思いました。合格のためになったことはたくさんあります。
1つ目は、マンスリーとウィークリーです。ウィークリーは授業内容のテストであり、ほぼ毎週行われるため、モチベーションを保ちながら勉強を続けることができました。さらにランキングが出ることによって周りにいる人と勝負をし、相乗効果が生まれると思いました。マンスリーはその1回を全力で行い、ランキングに載り続けようとしました。そういった積み重ねが合格への近道だと思いました。
2つ目は、自習席があることです。自分だけの自習席を作り、分からない所や苦手な単元を席に貼って毎日目にすることで覚えやすくしました。そういった工夫をすることも大事です。
3つ目は、先生との距離の近さです。先生と仲良くなって、どんどん質問しにいくことで、より理解が深まります。さらに先生たちから気にかけられるようになることで、自分でやる気を失ったり、辛い時に相談相手になってもらい、早めに立ち直る事ができました。最後に1番大切なことは、自分の意識であり、前期の内容をしっかりできるかこの2つです。自分の意識が持てれば、自然とランキングにも載り、戦っていけるようになると思います。そして前期の内容をしっかり行うことで後期や過去問の演習時に十分戦えるようになり、受験時に崩れることがなくなるだろうと感じました。

現役 駿台模試の偏差値は42でした。そんな僕でも現役で医学部に受かれたのは代官山*MEDICAL*のメソッドがマッチしたから。

長尾 快登君
(巣鴨高校卒)
福岡大医学部２次合格

僕は高３の４月の最後の方に代官山に入りました。成績は医学部に受かることなどほぼ不可能なくらい低かったです。実際に高２で受けたセンター同日は900点中396点で高３の時に受けた駿台模試の偏差値は42でした。そんな僕でも現役で医学部に受かれたのは代官山*MEDICAL*のメソッドがマッチしたからだと思います。
好きな授業は本当に全て好きです。僕が毎回特に楽しみにしていたのは週１の数ⅠAⅡBの授業と数Ⅲの授業です。数Ⅲは中村先生の授業でやったことをひたすら何度も復習すれば、絶対に問題ないです。絶対です。中村先生に言われたことをしっかりやれば数Ⅲに関しては受験で戦えるレベルにまで上がります。私が受験勉強で心掛けたのは周りとどうやって差をつける、または差を埋めるかです。現役のStaのみんなは家に帰ってからは勉強しないと聞いたので、6月～1月までは毎日23：30まで勉強していました。みんなが勉強していない時間に勉強することで差を広げようと思っていました。また数学を勉強するのは電車でやっていました。板書を1つのノートにまとめてそのノートをひたすら電車とかバスとかで見返していました。手を動かせと言われることも多いと思いますが、ある程度解けるようになったら、その解法が抜けない程度にやるのが1番効率がいいと思います。英語は得意じゃないので何とも言えませんが、急に伸びる人がまわりに多かったので単語力さえつければある程度戦えると思います。化学は理論が苦手だったので分野をしぼって勉強していました。苦手な分野はセミナーの発展例題まで解けるようにしました。有機、無機、高分子は三上先生の言うことをしっかりと守りやれば大丈夫です。生物は緒方先生の板書を書けるようにすれば大丈夫です。自習室は寝ると後悔するので寝ないでください。僕はすごく後悔しています。

A マンスリーテストで１科目だけでもランキングに載れたら、その教科を起点に勉強することで他の教科も次第にランキングに載っていけるんじゃないかと感じた。

大鹿 颯大君
(青山学院高校卒)
昭和大医学部Ⅰ期正規合格
帝京大医学部正規合格
東北医科薬科大医学部正規合格
北里大医学部正規合格
日本大医学部Ⅰ期正規合格
岩手医科大医学部２次合格
杏林大医学部２次合格

A9からA1にクラスが上がったことは嬉しかった。マンスリーテストで自分の勉強の成果を確認できたことはモチベーションの上昇につながった。夏の単科を31個取ってやり抜いたことで誰よりも勉強したという自信がわいた。今年生物選択にしようと決めて初めて学習する科目だったが生物の先生はみんな分かりやすくて楽しく主体的に参加できる授業だった。
石原先生のマンツーマンを5月から取っていたことで遅れずに生物の勉強ができ、「これを覚えてきたら先生どんな反応するのだろう」と思って資料集を読むことが習慣づけられた。
数学のマンツーマンは早めに積分の典型問題をたくさん解いたから後々の学習がスムーズになった。岩瀬先生の英語のマンツーマンは自分の好きな話題の長文を提供してくれたからすごく読みやすかったし、英語に対する抵抗が気がつくとなくなっていた。化学は三井先生と菊本先生のマンツーマンを取っていて、苦手な範囲や難しい範囲の問題をたくさんくれたからすごく力になったと感じた。全体的にマンツーは多めに取っておいて損はないなと思った。マンスリーテストで1科目だけでもランキングに載れたら、その教科を起点に勉強することで他の教科も次第にランキングに載っていけるんじゃないかと感じた。数学は計算ミスがどれだけ命とりかという事学んだ。あと高得点を取って満足しないことも重要だと思った。謙虚でしたたかに上を狙っている人が２号館に多かった…と思う。交流は比較的多い方がマンスリーテストとかで競える仲間も増えて個人的には良いんじゃないかなと思う。

A 実際に入試を研究して作られたテキストが良かった。本番でもテキストの問題をよく見かけた。

檜 康友君
(桐光学園高校卒)
防衛医科大医学部２次合格
愛知医科大２次合格

よかったことについて
・テキスト：実際に入試を研究して作られたテキストが良かった。本番でもテキストの問題をよく見かけた。
・講師：授業中に基礎から丁寧に教えてくれた。休み時間に質問しに行くと、丁寧に教えてくれたり、関連する問題を渡してくれたりした。
・環境：2号館に居ると、周りの人達のレベルも高く、切磋琢磨できた。
・授業：夜間学習（英語）入試で出された文法問題を年間を通して解き、本番までに必要な文法力の目処が立った。
（数学）1学期は、計算練習で、数学において、必要とされる計算力を身につけることができ、夏期においては、小問集合を解き、基礎力を身につけ、2学期は昭和大学の過去問を解き、受験に必要な応用力を身につけることができた。
（化学）1学期、2学期ともに、入試問題を解いた。1学期の間は、授業で習った範囲のみ解けるようにするだけでも、夏期以降は化学が得点源になる科目かどうか変わってくる。
（物理）授業進度に合わせた夜間学習を行っており、夜間学習を通して、復習の具合を見ることができた。
数学の質問は中村先生の所へよく行っていた。記述の入試に備えて、記述の書き方などでも指導してもらったりした。化学は三井先生と原先生によく質問を行っていた。三井先生と原先生は苦手分野のプリントなどをくれた。

A 前期に同じクラスだった友達と互いに律しあって勉強でき、自習席でも皆が集中しているので、自分も集中しやすかったです。

奈良 拓矢君
(広島三育学院高校卒)

昭和大医学部Ⅰ期正規合格
聖マリアンナ医科大前期正規合格
愛知医科大2次合格
岩手医科大医学部2次合格

薄先生、三上先生、平野先生、太郎先生、村上先生、三ツ橋先生、阿里先生、原先生、五十嵐先生、野村先生、寺澤先生、小澤先生、朝岡先生、石井先生、本当にお世話になりました。
まず通ってよかったことは、授業数が多いこと、質問がしやすいこと、個人の自習席があることの3つです。怠けがちな性格なので、授業内演習が多いのはとても助かりました。また、先生との距離が程よく近いので、分からないところをすぐに聞けました。そして、自習室では各々席が与えられ、自分なりの勉強法を確立しやすかったです。
次に、好きな授業は数学と化学でした。数学では個性豊かで分かりやすい先生方が教えてくださり、単元ごとに質問に行く先生を決めていました。また、化学では、高校では教わらない少しだけ詰め込んだ説明を交えて、なるべく暗記が少なくなるように教えてくださったので、強い関心を持って取り組むことが出来ました。そして合格のためになったことは、周りに医学部を目指す人しかいない、という環境です。前期に同じクラスだった友達と互いに律しあって勉強でき、自習席でも皆が集中しているので、自分も集中しやすかったです。授業でも皆が積極的に取り組むので、とても参加しやすかったと思います。

A 周りの人たちが一生懸命勉強に集中しているのを見て「俺もやらなくては！」と気合が入るのがとても良かった。

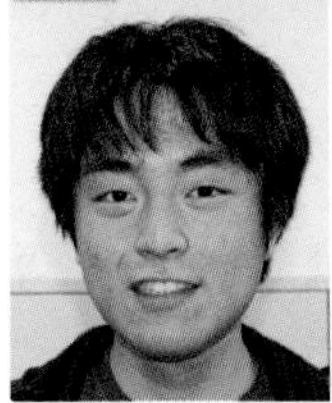

藤川 晴英君
(長野日本大学高校卒)

埼玉医科大後期2次合格

代官山*MEDICAL*に通って良かった事は山ほどありますが、朝から夜までひたすら勉強できる環境や、自分が理解できるまで徹底的に教えてくれるマンツーマン、入試本番で似たような問題に遭遇するほど良問が揃っているテキストなどが挙げられると思います。
学習環境においては特に個別自習室が気に入っており、周りの人たちが一生懸命勉強に集中しているのを見て「俺もやらなくては！」と気合が入るのがとても良かったと思います。マンツーマンでは1年間を通して三ツ橋先生の授業を取り、夏期から冬期まで物理の野村先生、後期で数学の長澤先生、小論の高橋先生の授業を取っていました。英語は元々苦手で、4月中旬から取り始めました。
前期は基本的な文法事項を問題演習を通して押さえていき、夏ごろから志望校や今年受験する大学の過去問を解いていくことで本番でも通用する程の読解力をつけられたと思います。また、11月ごろからは自由英作文や和文英訳も添削してくれたため埼玉後期の小論にある自由英作文でも点数になる答案が書けたのではないかと思っています。野村先生のマンツーマンは主に先生の暮れるプリント（私はノムプリと言ってました）を予め解いて分からなかったところの解説をしてくれるという授業形態でしたが、ノムプリの問題が典型的なテーマを沢山扱っており、大問の後半ではちょっと難しい問題も入っているため、やってて飽きない感じがとても良かったです。長澤先生のマンツーでは扱ってくれる問題がレギュラーで「この問題の類題が○○大で出るから…」と言われた問題を多く扱っており良い演習になりました。浩さん（高橋浩先生）のマンツーは論理的に物事をとらえる練習をして下さるので二次試験でも効果を発揮できたのではないかと思っています。最後にテキストについて、レギュラー授業で扱うテキストは何回も何回も解きまくることで基礎から応用までの力を養うことができ、化学は元々そんなに得意じゃないのにテキストだけでマンスリーにも名前が載る程の成績を出せて、入試でも得点源になりました。講習（特に冬期の単科）で扱うテキストは入試当日にそのまま出てくるような問題ばかりで直前期はそれを使って最終チェックができました。代官山で1年間頑張れて本当に良かったです。ありがとうございました！

M 石井先生に相談ごとに乗ってもらい、自信を失った私の心にとても良く響き、予備校生活をなんとか終わらせるくらい実力をつけてもらいました。

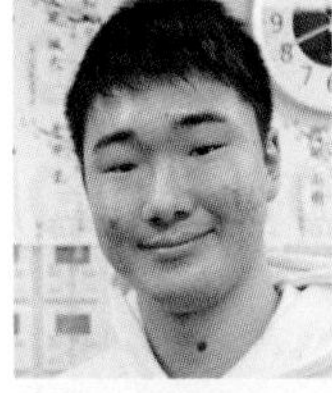

早川 功之助君
(桐蔭学園高校卒)

聖マリアンナ医科大前期2次合格
東北医科薬科大医学部2次合格
岩手医科大医学部2次合格

予備校（代官山*MEDICAL*）に通って良かった事は、甘えを取り除くことができたことです。私は英語が不得意かつ嫌いでした。単語帳を初めて1周したのが浪人生になってからです。
英語の授業も何を言ってるのか分からないくらいダメでした。しかし個別指導で三ツ橋先生に英語についてや論文について、面白おかしく教えて頂きました。また短期間で成績を伸ばせたのも、先生の的確な指示のおかげでした。その指示の内容は英語嫌いな私からすれば地獄のようなものでしたが、それに耐え抜いたとき嫌いは克服していました。自分に甘えずに耐え続けることが苦手克服になると学びました。
数学は中村先生の個別指導を取り、薄先生、平野先生にもよく質問に行きました。特にこの先生方の授業は、厳しく優しい言葉を常に言って下さるので、やる気の向上につながり好きでした。
化学は、横井先生、原先生、三上先生にお世話になりました。分からない所を質問に行った時、分かるまで話してくださりありがとうございました。物理は特に小澤先生の個別を取り、よく叱っていただきました。仲が良くなった分言葉がきつい時もありましたが、小澤先生のおかげで自分の弱さや足りないものに気づくことができたと思っています。石井先生に相談ごとに乗ってもらい、自信を失った私の心にとても良く響き、予備校生活をなんとか終わらせるくらい実力をつけてもらいました。
苦しいと思っていた予備校生活も今では自分には必要だった経験値だと思っています。ありがとうございました。

M 石井先生の「朝早く来る人、忙しい人(=メンタル強い人)は受かる」「成績伸びない、は復習不足」「英語の写経・音読」という言葉などを聞いて、計画的に勉強を進められて合格をつかみ取れました。

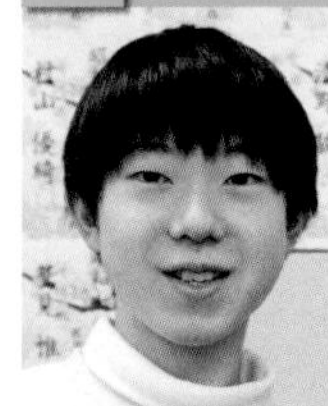

渡邊 智也君
(日本大学東北高校卒)

日本大医学部Ⅰ期2次合格
獨協医科大正規合格

代官山*MEDICAL*があって、本当に良かったと思います。自分専用の自習室や、月一のテスト、細かいテキスト、タイムカード、厳しい規則が僕を駆り立ててくれて、毎日ストイックに勉強できました。
授業を切ったり、休み時間など廊下で話している人は中にはいたけど、そのような人には流されずに過ごせました。特に石井先生のθの授業が浪人している自分を変化させたと感じます。以前は、家で過ごしていると様々な誘惑で全く勉強が手につかなかったけど、石井先生の「朝早く来る人、忙しい人(=メンタル強い人)は受かる」「成績伸びない、は復習不足」「英語の写経・音読」という言葉などを聞いて、計画的に勉強を進められて合格をつかみ取れました。
先生の言われた通り、前期後期にθの予習復習、写経(2冊分)、基礎英文解釈、前置詞、そして朝岡先生のマンツーでの過去問演習、英作文で英語の偏差値が10以上あがり、本番でも7～8割をたたき出すことができました。青葉先生の長文の空所補充、栗原先生の精読も本当にためになりました。数学では、特に薄先生、中村先生に感謝しています。普段の授業や単科に出て、毎回「良いじゃん」「出来るようになってるね」などのコメントを言ってくれるので、その時その時で嬉しかったり、悔しかったりしました。他の人が褒められてるのを見ると悔しくてたまらず、褒められるように頑張りました。佐藤啓寿先生の「見込みあるよ！」とか典(高橋典)先生の「ともくん、できた?」という言葉が純粋に嬉しくてやる気につながってました。化学や物理では、前期三上先生から有機のプリントをもらって見てもらってました。三上先生は怖いけどすごく分かりやすくて驚くほど点につながりました。寺澤先生の迫力のある授業は受けててとても楽しかったです。野村先生はマンツーになるととても面白くなってますます授業が楽しくなり、ピンポイントで教わったところが入試で出て嬉しかったです。小論文の浩(高橋浩先生)先生は、マンツーでは超怖かったです。間違うたびに気分を害してしまったと思ったけれど、そういった厳しい授業のおかげで、二次面接では練習以上に話すことが出来ました。マンツーを取るときに逃げてしまいたかったけど、逃げずに取ったことをとても良かったと思っています。小論のマンツーは自然と勉強法も生活も変化していくので、取るべきです。代官山*MEDICAL*ではなく他の有名予備校にしていたら、もう一浪していたと本当に思います。

M 何気なく先生が生徒に質問したことやノートの内容が試験本番でそのまま出題されて解答できたのは先生のおかげです。

村山 優綺さん
(東洋英和女学院高校卒)

東邦大医学部正規合格
国際医療福祉大医学部2次合格
杏林大医学部2次合格
北里大医学部2次合格

代官山*MEDICAL*には切磋琢磨して共に頑張れる仲間がいたからこそ、勉強に対するモチベーションを維持して一年間を過ごすことが出来ました。
石井先生からは英語のみならず、生活面ではどのようなことに注意するべきかを教えて頂きました。
卒業生の中には朝来る時間がいつも変わらず、1、2分の誤差で登校していた人がいたと伺い、その方を真似して規則正しい生活を送れるようにしていました。数学では薄先生にお世話になりました。どんな質問に対しても私が理解できるようにするために考え方を教えて下さる授業は受験本番で役立ちました。生物では緒方先生にお世話になりました。成績が伸び悩んだ時は今やるべきことを明確に教えて下さると共にメンタルケアをしていただきました。何気なく先生が生徒に質問したことやノートの内容が試験本番でそのまま出題されて解答できたのは先生のおかげです。深瀧先生の授業では考察する時間が多くあり、与えられた情報から何がわかるかを常に考える習慣がつきました。また、ただ暗記するのではなく、理解して覚えることが大切だと教えて頂きました。化学では、小林先生にお世話になりました。小林先生は与えられた情報を図にどのようにまとめていくかということから指導していただきました。苦手な分野はプリントを用意してくださり、そのプリントを何度も繰り返して解法を身に付けることが出来ました。2次対策では高橋先生にお世話になりました。私の話し方の癖などを踏まえてどのように改善するべきか教えて下さり、2次落ちすることがなかったのは先生のおかげです。
一年間勉強面と生活面で先生方や友人に支えられて過ごしたことが受験期間において心の支えとなり、第一志望の大学に合格することが出来ました。最後の数分まで諦めずに一問でも多く得点出来るようにすることが合格へ近づくためには大切だと学びました。
最後に今まで支えて下さった先生方、事務の方々、友人、家族に感謝しています。ありがとうございました。

M 授業や先生のマンツーを受け、復習して、分からない所は質問する、の繰り返しで、1学期には全く手が出なかったような問題も本番では解けるようになった。

小川 加奈子さん
(横浜雙葉高校卒)

杏林大医学部2次合格
聖マリアンナ医科大前期正規合格
岩手医科大医学部2次合格
北里大医学部2次合格

代官山*MEDICAL*の良い所は、頼れる先生方がたくさんいらっしゃる所だと思います。先生方のことを信じて、素直に、謙虚に頑張れば必ず合格できると思います。
英語の青葉先生には、夏頃から毎日のように英作文や過去問の添削やアドバイスをして頂き、得意科目だった英語を更に伸ばすことができました。私は化学がとても苦手で悲惨な出来でしたが、三上先生はそれすらもイジってくれたので、自分が出来ないことをさらけだして、先生が勧めてくれるセミナーなどの基本的な問題から地道に練習したことで成長できたと思います。
また、三上先生の電池・電気分解の授業は本当に分かりやすくて、本番でも得点源にできました。生物の緒方先生の授業はすごく面白いし、分かりやすいです。頭の中で先生の板書を復元できるくらいまで復習したことで、生物を強みにできました。また、先生は何か相談するといつも前向きな言葉をかけてくれるので、入試期間中もとても励まされました。数学の薄先生には今年代官山で1番お世話になったと思います。数学が破壊的に苦手だった私は、数学の授業を受けることすら怖くて、薄先生に怒られる夢を見てうなされたこともありました笑。それでも、先生は苦手な人でも分かるように説明してくれるし、「復習して本番できればいいんだから」と言ってくれて、今まで数学から逃げてきた私でしたが、数学が得意な人に負けないようになりたい！と思えました。授業や先生のマンツーを受け、復習して、分からない所は質問する、の繰り返しで、1学期には全く手が出なかったような問題も本番では解けるようになり、復習して良かったなと思えて嬉しかったです。1年間夜遅くまで私の意味不明な質問に付き合って下さってありがとうございました！
最後になりますが、さまざまなアドバイスをして下さった石井先生や講師の先生方、事務の方、そして傍で日々切磋琢磨できた友達に感謝の気持ちでいっぱいです。ありがとうございました。

A 授業は入試に必要なポイントを押さえながら教えて下さり、どの授業も楽しく勉強できました。

田部井 美月さん
(本庄東高校卒)

東北医科薬科大医学部2次合格

代官山*MEDICAL*に通って良かった事は、受験する環境が整っていることです。
同じように医学部を目指す仲間が常に近くにいて、マンスリーやウィークリーテストで競い合える環境は勉強のモチベーションが上がり集中して取り組めました。
また、先生に質問しやすいため、人見知りな私でも話しかけやすく先生も分かりやすく丁寧に質問に答えて下さりわからないところもすぐに解決でき効率よく勉強ができました。
そして、授業は入試に必要なポイントを押さえながら教えて下さり、どの授業も楽しく勉強できました。石井先生のθでの授業中に話してくださった入試情報や生活習慣、考え方のお話はとても役立ちました。最初の頃にこういう先輩が合格したという話を聞いてから、朝早くに起きる習慣をつけ、勉強時間をとにかく作れるだけ作ることを意識して過ごしました。このような勉強以外の面での自立と生活習慣の見直しが合格に繋がったと思います。石井先生、先生方には感謝しかありません。ありがとうございました。

A やっと医大生になれました。ホンマに夢のようです。

中川 伶君
(清風高校卒)

金沢医科大前期2次合格

僕は2浪目から代官山でお世話になりました。初めて来た時は「A10」からのスタートで散々でした。
それでも諦めず、ひねくれず、最後までやり遂げられたのは、石井先生をはじめとした代官山*MEDICAL*の先生や事務の方々、そして代官山で苦楽を共にした友達の存在があったからこそです。
やっと医大生になれました。ホンマに夢のようです。これからが新たなスタートで本当のスタートですが、全身全霊をかけて精進して参ります。石井先生、長い間お世話になりました。おおきに。

○好きな授業について
英語：BOSS（石井先生）のθ、栗原先生（大恩師）の長文読解＆マンツーマン
数学：薄先生の集団授業、太郎先生（大恩師）のマンツーマン
化学：小椋先生（大恩師）のマンツーマン（土日限定）
生物：山崎先生（大恩師）の集団授業＆マンツーマン

A どんな気分でもとりあえず自習室に座っておけば勉強できると思います。

井吹 拓馬君
(桐蔭学園高校卒)

東邦大医学部2次合格
福岡大医学部正規合格

代官山*MEDICAL*に入って1番良かったのは自習室が長く使えることです。専用の自習室があるので、いつでも好きな時に使えるのが集中できる秘訣だと思います。好きな授業は、浅尾先生と三井先生と小澤先生、梅田先生です。どの先生も面白かったです。
合格のためになったことは、やはり専用の自習室があることだと思います。どんな気分でもとりあえず自習室に座っておけば勉強できると思います。代官山*MEDICAL*に来なければ1年で医学部合格は無理だったと思います。本当にありがとうございました。

僕が受験勉強において心がけていたことは勉強のルーティーンを作ること、手をつけた教材をボロボロになるまで使い古すことでした。

宮本 秀太郎君
（青山学院高等部卒）

東邦大医学部２次合格
聖マリアンナ医科大前期正規合格
愛知医科大正規合格
杏林大医学部正規合格
獨協医科大特待合格
北里大医学部正規合格

代官山*MEDICAL*の魅力の一つとして、朝６時から勉強できる環境が備わっていることが挙げられます。自分は、現役の頃、夜中まで勉強すれば成績が伸びると思っていましたが、この勉強法では寝不足になり、集中力が保たず、結果的に成績はあまり上がりませんでした。
しかし代官山*MEDICAL*に来て、朝型の生活にしたことによって、毎日の勉強リズムができ、集中力も上がり、成績が飛躍的に伸びました。また、代官山*MEDICAL*の授業は各科目の内容を非常に分かりやすく教えて頂けるだけでなく、医学部へ合格するためのテクニックなどを細かく教えて頂けて、医学部への合格の仕方を沢山学ぶことができました。自分が取っていたマンツーマンの先生は、英語は青葉先生、数学は平野先生、化学は三上先生でした。代官山*MEDICAL*の先生方は皆大好きなのですが、特にマンツーマンを取っていた先生方は大好きで、感謝の気持ちでいっぱいです。勉強面から生活面まで全てを相談できたので、ストレス無く受験勉強に取り組むことが出来ました。僕が受験勉強において心がけていたことは勉強のルーティーンを作ること、手をつけた教材をボロボロになるまで使い古すことでした。代官山*MEDICAL*の教材は医学部に合格することが出来るための全てが詰まっているので、何回も反復をして問題を解くことが大事だと思います。僕の勉強のルーティーンは朝来てセブンイレブンのキリマンジャロコーヒーを飲みながら積分計算をすることでした。代官山*MEDICAL*で一年間マジメに勉強に取り組めば、絶対に医学部に合格することができると思うので、先生方を信じて一年間駆け抜けてみてください。

朝型になる訓練になっただけでなく、時間の作り方や使い方を学べていました。

牧野 晃大君
（芝高校卒）

順天堂大医学部２次合格
杏林大医学部正規合格
東邦大医学部２次合格
国際医療福祉大医学部２次合格

好きな授業：
・生物は、先生とコミュニケーションを取りながら授業を進めていました。1クラスの人数が少ないので、1人も遅れをとることは無かったと思います。自分は生物の考察が大好きだったので、先生に貰ったプリントを出来るだけ早く正確に解くことができ、沢山褒めてもらいました。
合格の為になったこと：
・自分に合ったテキストです。前期はM3でした。夏までに基礎固めをしたことで、後期や冬期が楽になりました。その結果、メンタルも大きく壊れることがなかったので合格できたと思います。逆に冬期はM1で高いレベルの問題の演習をしました。繰り返すことで、高い難易度に慣れ、初見の問題にもビビらなくなりました。
代官山*MEDICAL*に通って良かった事：
・この予備校では朝早くから自習室が開放されていました。朝型になる訓練になっただけでなく、時間の作り方や使い方を学べていました。大学でも役立ってます。後期や冬期には過去問を友達と解いてました。代官山*MEDICAL*はシステム上、同じレベルの友達ができるので、ライバルとして互いに高めることが出来ました。
マンツーマン：
・順天堂に受かった大きな要因は、英語のマンツーマンだと思います。朝岡先生に教えて頂いた自由英作文のおかげで、自由英作文は精度やスピードはもちろん、読解や文法にも役立ち、結果全体的にレベルUPできました。理科のマンツーマンは基礎固めになりました。高橋龍先生は自作のプリントで分かりやすく教えてもらいました。また、深瀧先生とは一緒に過去問を解いて考察問題を表面的に解かずに、じっくり考えることを教えて頂きました。精度はかなり上がったと実感しています。

M 授業数が多く全てを完璧にすることは難しいけれど、朝のルーティーンをすることで自信にもなりました。

大石 真穂さん
(大阪女学院高校卒)

日本大医学部Ⅰ期２次合格
東京女子医科大正規合格

○代官山*MEDICAL*に通って良かった事
・先生方に質問をしやすい環境だったので、今まで質問などは行ったことが無かった私でも気軽に行くことが出来ました。また、勉強面の質問だけでなく、勉強の計画や、テストの結果についてもお話をして下さりました。
・朝早くから自習室が開いており、無駄な時間を過ごすことが無く勉強することが出来ました。
・マンスリーテストやウィークリーテストがあったので、ダレることなく頑張れました。
・代官山*MEDICAL*で頑張れば、医学部に合格できるだろうと思うことが出来たので、安心して頑張ることが出来ました。

○好きな授業
・英語：石井先生のθの授業。英語が苦手な私でも分かるくらい詳しく説明してくださりました。また、英語だけでなく、生活面のお話や、医学部に合格するためのお話などをして下さり、勉強のモチベーションを保つことが来ました。ありがとうございました。
・化学：三上先生のマンツー。暗記が苦手でしたが、反応式の考え方を教えて下さったり、一問一答をやって下さったので、知識をつけることが来ました。前期から最後までマンツーでお世話になり、化学の成績がとても上がりました。ありがとうございました。
・物理：野村先生のマンツー。ノムプリが好きで、全問題を終わらせることを目標に頑張ることが出来ました。他では教えてもらったことの無いような考え方や解き方を教えて下さるのが楽しかったです。ありがとうございました。
・数学：平野先生のマンツー。計算ミスが多い私のミスの傾向を教えて下さり、テストで気を付けることが出来ました。薄先生の授業は同じ解き方で難しい問題が解けるのが面白かったです。ありがとうございました。
○合格のためになったこと
・全教科、これだけはやると決めたことが良かったと思います。授業数が多く全てを完璧にすることは難しいけれど、朝のルーティーンをすることで自信にもなりました。沢山の先生方、事務の方々、大変お世話になりました。代官山*MEDICAL*に行ってなければ絶対に医学部に行けてなかったと思います。本当にありがとうございました。

A 代官山*MEDICAL*のテキストを１つ繰り返し何度もやり、どこに何が書いてあるのか覚えるくらいやり込むことが大事だと思います。

佐々木 青葉さん
(東京女学館高校卒)

日本大医学部Ⅰ期２次合格
東北医科薬科大医学部２次合格
埼玉医科大２次合格
獨協医科大２次合格

代官山*MEDICAL*に通って良かった事は、1人ずつに自習席があり朝早くから勉強を始められるところです。授業のコマ数がとても多く、朝の時間や休み時間を使わないと予復習が追い付かないので、少しでも時間を作るために6:30くらいから勉強を始められたのは良かったと思います。
また、先生との距離が近く、遠慮することなく質問に行くことができたことも良かったです。中村先生や緒方先生に10時くらいになっても分かるまで教えて下さり、ありがたかったです。どんなに小さいことでも1つ1つ質問して解決していけたことは勉強を進めていく上でとても大事だったと感じました。どの先生に聞きに行っても丁寧に教えて下さり、＋αの問題やプリントをお願いするとくださるので、自分からどんどんお願いしてもらうといいと思います。そして先生方は勉強面だけでなく、メンタル面でもサポートしてくださり、マンスリーが悪くて落ち込んでいるときは、平野先生、青葉先生、小林先生のところに行ったりして励ましてもらってました(笑)。
合格のためになったことは3つあります。1つ目は、それぞれの科目で1冊のテキストを突き詰めてやることです。色々なテキストや参考書をやるには時間が足りないので、代官山*MEDICAL*のテキストを1つ繰り返し何度もやり、どこに何が書いてあるのか覚えるくらいやり込むことが大事だと思います。私は英語はPOWER STAGE、数学は前期テキスト、化学はハンドブック、生物は緒方先生の板書を1年間ひたすらやっていました。2つ目は自習時間で、覚えるのではなく、授業の中で最大限に吸収し、公式などを覚えたり使えるようにすることです。授業中はノートをとることに集中してしまいがちで、覚えることは後回しにしがちですが、その場で覚えてしまうのが1番効率が良く、分からなければすぐに先生に聞けるので良いと思います。3つ目は、先生の所に行って細かく指示を貰えたことです。自分が今何をやるべきかなのかは、その時で変わりますが、それを自分で分析することはとても難しいです。そこで、先生に教えてもらいその言われたことのみを勉強するのが合格への1番の近道だと思いました。2年間辛いことも沢山ありましたが、多くの先生方に支えて頂き合格することが出来ました。本当にありがとうございました。

M 代官山*MEDICAL*は授業のコマ数が多く授業と自習時間のメリハリをつけやすかった。

松脇 萌恵さん
(栄東高校卒)

東京医科大正規合格
愛知医科大正規合格
岩手医科大医学部正規合格
杏林大医学部正規合格
聖マリアンナ医科大前期２次合格

代官山*MEDICAL*は授業のコマ数が多く授業と自習時間のメリハリをつけやすかったです。そして1つの科目において沢山の先生から教えて頂くことができるので、自分に合った解法を見つけやすかったです。そして、毎月行われるマンスリーテストではランキングが貼り出されるので、モチベーションを保つことが出来ました。
英語科の青葉先生にはマンツーマンで文法をメインに教えて頂きました。先生のおかげで、受験本番も文法問題は素早く処理することができ、そして得点源とすることが出来ました。
物理科の野村先生は、定義から丁寧に私が分かるまで教えてくださいました。微分積分で式の証明をしてくださり、根本から理解することが出来ました。数学科の薄先生は基礎の基礎から数学を教えてくださいました。現役生の頃は基礎をないがしろにし、その問題ごとに解法を変えてしまったりしていたのですが、基礎力をつけることによって色々な問題に同じ解法で対応できるということに身をもって気づかせてくれました。現役生の頃から2年間沢山の先生方、事務員の方々にお世話になりました。ありがとうございました。

M 合格のためになったこと：自習するときにも時間を測りながら問題を解く。

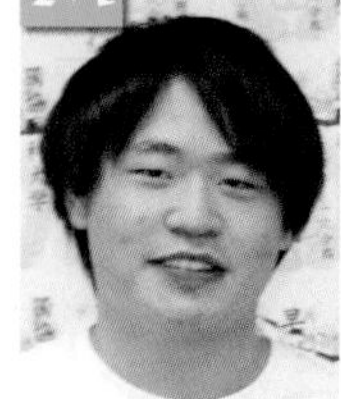

西村 直記君
(西武学園文理高校卒)

東京医科大2次合格
愛知医科大正規合格
岩手医科大医学部正規合格
聖マリアンナ医科大前期2次合格
北里大医学部正規合格

■代官山*MEDICAL*に通って良かった事
・朝6：00から開いていたので自習する時間を長くとれること
・授業が多いのでさぼることなく学習できたこと
・月1回あるマンスリーテストや週一回のウィークリーテストのおかげでモチベーションを維持することができたこと
・試験会場でも代官山生がたくさんいるので緊張をあまりせずに受験することができたこと
■授業について
数学はマンツーをとっていたのでマンスリーテストなどでもいい点を取ることができた。また薄先生の集団の授業もすごくわかりやすかった。英語は苦手だったけど青葉先生のマンツーのおかげである程度まで伸ばすことができた。

■合格のためになったこと
・最後まであきらめなかったこと
・自習するときにも時間を測りながら問題を解くこと
・復習をすること
・特に英数を勉強すること
・目標を立てて頑張ること

M 先生が言ったことをきちんとやる、困ったら先生に相談しに行く、当たり前の事を当たり前にやる、私がいつも心に刻んでいた事です。

川島 綾美さん
(白百合学園高校卒)

日本大医学部Ⅱ期正規合格
東北医科薬科大医学部正規合格
東京女子医科大正規合格
獨協医科大2次合格

代官山*MEDICAL*に通って良かった事は自分のペースで勉強できたことです。朝6時から夜9時まで自分専用の自習室があったことでいつでも集中して取り組むことができました。
集中が途切れてしまった時は科目を変えたり、気分転換に休み時間外に出て、少し歩くことで、決められた自習時間をより有効に活用できたと思います。
先生に質問に行く時も質問に行く時間を決めていました。苦手科目も得意科目もマンツーマンや授業で多くの先生にお世話になりました。英語が苦手だったので三ツ橋先生のマンツーマンで長文や文法、単語を1通り教えてもらい、何とか試験で戦えるレベルにしていただきました。どんなに出来なくても昭和後期まで見捨てないでくれてありがとうございました。
数学は薄先生と平野先生が推しです。薄先生にはいつも基本戻る大切さを教えてもらい、平野先生にはしんどくなった時いつも励ましてもらいました。数学はテキストを何周もすることが近道だと思います。化学は三上先生と原先生の授業が楽しかったです。また、三井先生とのマンツーマンでは苦手な所や理解しにくい所を何度でも説明してもらいました。化学が安定しなかった私がマンスリーで1位を取れたのは三井先生のおかげです。生物は深瀧先生の授業でいつも頭をフル回転して考え、緒方先生に励ましてもらい、そして石原先生のマンツーマンでは知識を使ったり、頭を使って考察したり、尿計算や遺伝の問題を解いたり、色々なことをしました。
最後に毎朝、ウィークリーテストの英語の写経とθの長文を1本読むこと、積分計算を15分やることをルーティーン化していました。先生が言ったことをきちんとやる、困ったら先生に相談しに行く、当たり前の事を当たり前にやる、私がいつも心に刻んでいた事です。携わってくださった全ての方々、ありがとうございました。

A 代官山は二次対策がしっかりしているところがとても助かりました。

井原 幸佑君
(川越東高校卒)

北里大医学部2次合格
東北医科薬科大医学部2次合格
日本大学医学部2次合格

僕は代官山に2年間お世話になり、A8スタートで、最終的にM5まで上がることができました。科目別では、数学は前期のテキストが最強だと思います。僕は今まで数学がずっと苦手だったのですが、約6周ほど前期テキストを復習して入試本番では特に問題なく点数を取ることが出来ました。
また、マンツーマンでは、(佐藤)啓寿先生にお世話になりました。数学の悩みをぶつけると全てプリントを作って下さり、啓寿先生のおかげで数学が楽しくなりました。英語は石井先生と岩瀬先生にお世話になりました。ほとんどθの復習しかしていませんでしたが、入試では安定して得点を取ることが出来ました。
岩瀬先生のマンツーマンを受けていましたが、本当に勉強面だけでなくメンタル面を気遣っていただき本当に感謝しています。化学は、三井先生と三上先生にお世話になりました。三井先生は化学が苦手だった僕にもわかるように説明していただき、先生の有機のプリントは直前期まで使っていました。僕は三上先生の信者だったのですが、特にマンツーマンは神だと思います。僕のノートを覗いて考える過程をみて指導してくれたおかげで様々な入試問題にも対応できるようになりました。
生物は代官山の先生全員にお世話になりました。僕は生物が1番の得意科目だったのですが、授業も楽しく、分かりやすかったので全く負担にならず成績を伸ばすことが出来ました。マンツーマンは特に石原先生にお願いしました。石原先生のマンツーマンは本当に楽しかったし、直前期まで自信が持てなかった僕をとても勇気づけてくださいました。
代官山は二次対策がしっかりしているところがとても助かりました。浩さん(高橋浩先生)の授業やマンツーマンは息抜きにもなり、結果として一次合格4/5で二次合格を貰う事が出来ました。面接では褒められることもあり、ホントに助かりました。
2年間とても忙しく、マンスリーなどで悩むこともありましたが、様々な先生が声をかけてくれたおかげで最後まで頑張りぬくことができました。2年間本当にありがとうございました。

現役 受験をして思ったのは本当に行きたい大学の1個上を目指した方が良い。

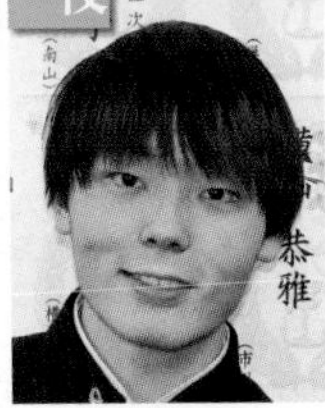

黒坂 陽一郎君
（暁星高校卒）

昭和大医学部Ⅱ期正規合格
岩手医科大医学部正規合格
杏林大医学部正規合格
聖マリアンナ医科大前期正規合格
東邦大医学部２次合格
東京医科大２次合格

まず代官山に通って良かったことは自分の自習室があることです。荷物や教材などを毎日持って帰らずに済んだのでとても楽でした。次に、いつでも先生に質問できることです。これは他塾にはない魅力の一つだと思います。最後に、医学部入試の情報がとても多いという点です。入試は情報が大事なのでやはり合格に左右してくると思います。
僕は英語はレギュラー授業のみ、数学はレギュラー授業、物理はレギュラー授業＋野村先生のマンツー２学期から、化学はレギュラー授業のみ、小論・面接はレギュラー授業＋直前期に高橋浩先生のマンツーを取っていました。授業で分からないことがあったら基本的にその授業をしてくれた先生に質問をしていましたが、特に英語は青葉先生、物理は野村先生、化学は三上先生に質問をしに行くことが多かったと思います。入試全体については石井先生にも行っていました。
僕が受験をして思ったのは本当に行きたい大学の1個上を目指した方が良いということです。僕は慈恵、順天、日医のどこかに行きたかったのですが、結局1次落ちしたり、1次は通っても補欠が回ってきませんでした。この層を目指していたからこそ、昭和、東医、東邦は合格できたのかなと思います。だから本当にそういった上位校に行きたい人には慶應を目指してもらいたいです。現役は本当に最後まで伸びます。実際僕は、化学は夏に物理は冬にとても伸びたと感じました。現役生は英語と数学をしっかり固めることが大事で、理科はおのずと付いてくるはずです。

A 合格のタメになったことは代官山に勉強しに来ているという自覚や人間関係に足を引っ張られないことだと思います。

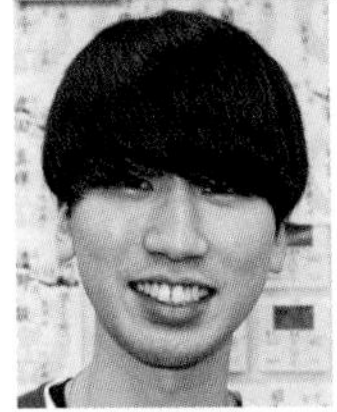

久保田 芳人君
（秀明高校卒）

東北医科薬科大医学部２次合格
金沢医科大前期正規合格
川崎医科大２次合格
藤田医科大２次合格

代官山*MEDICAL*に通って良かった事は、色々な先生の授業を受けられたことや多くの問題演習量を積めたことです。代官山は先生の数が多いため、ある科目の先生がいなくても他の先生に質問をすることができます。
また多くの先生がいることにより先生ごとの問題に対するアプローチの考え方が違うので、とても刺激になりました。また、マンツーマンでは先生ごとにある分野に対しての問題を多く用意してあり、それを解くことにより問題を処理するスピードを上げることができました。計トレなどの授業で問題演習を多く行えたのもためになりました。
自分が好きだった授業は田中良平先生の夜間授業でした。良平先生の単語にまつわる話がとても大好きでした。そして構造等の背景説明も興味深く楽しい授業でした。次に栗原先生の長文の授業がとても面白かったです。英文の時代背景の説明を行っていたり、英文毎の展開や言い換え表現を追っていく読み方は実力がつけられたと思います。また薄先生のレギュラーの5.6集の授業はとても分かりやすく面白くて毎週楽しみにしていました。特に数列の授業やグラフの授業はとてもタメになりました。薄先生が毎回クラスを盛り上げてくれたので笑いが絶えなかったのを覚えています。薄先生自体とても面白かったです。
自分が思う合格のタメになったことは代官山に勉強しに来ているという自覚や人間関係に足を引っ張られないことだと思います。去年自分は対人関係でトラブルを起こして、自分で自分を苦しめていましたが、高橋浩先生のマンツーで何のために代官山に来て何のために医学部に行くのかを強く印象づけてもらったため自覚を持って行動で出来る様になりました。浩先生に感謝しています。また11月頃から朝６時台に毎朝来て自習をするなどの自分を追い込むことにより、こんな苦痛な浪人人生をもう1年過ごす気持ちにさせないことで絶対に合格しようという気持ちになれました。最後に事務の方々が生徒の様子を見て声を掛けてくださったのもとても助かりました。ありがとうございました。

M 最後にずっと見守り続けてくれた山室先生には感謝してもしきれません。「倒して来い！」って試験期間中に鼓舞してくれたおかげで気持ちが楽になったことが何回あったか分かりません。

田中 陽来君
（自修館高校卒）

帝京大医学部正規合格

私が代官山*MEDICAL*に通って良かったと思う事は、たくさんありますが1番は授業数の多さです。1回の授業を内容が盛りだくさんで、毎日せかせかと勉強する事になりますが、復習のペースが上がるので習った内容を何度も繰り返す事ができたと思います。そのおかげでこれまで点と点だった内容が線と線になり、どんどんつながっていく感覚を味わえました。
合格のためになった事は、英語では栗原先生の長文読解だと思います。試験本番で英語を引っ張る科目に成長させたかったので、栗原先生の元で考え方を学び、個別課題やTopのテキストで真似できるように練習しました。その甲斐あってか、マンスリーで1位を取ることができ、自分のことのように喜んでくれた栗原先生を見て、自信につながりました。
数学は基本から応用まで統一感を意識して解くようにと薄先生が教えてくれたので、それを真似していました。単科や後期以降に出会う問題が前期のどの問題の仲間かを考え、テキストに追加するようにしました。これのおかげで解いた問題を一般化して自分の言葉で説明できるようにねと教えてくれた啓寿先生のアドバイスに付いていけた気がしています。化学は三上先生の反応式の考え方が合格のためになりました。暗記していた内容が理解に変わりました。この意識が芽生えた時にマンスリーで1位になれて嬉しかったです。物理は野村先生とノムプリに支え続けられました。手も足も出ない事もよくありましたが、全部大切な内容なので自分ではなぜ？と問いかけながら分からない所をつぶしていけた風に思います。小論文・面接は最終合格のために避けては通れない重要な道だとずっと思っていたので、日曜の帰る20分前にテキストを見直す事を続けました。抜けない状態にするのが大事だと思います。高橋浩先生ありがとうございました。
最後にずっと見守り続けてくれた啓寿先生には感謝してもしきれません。「倒して来い！」って試験期間中に鼓舞してくれたおかげで気持ちが楽になったことが何回あったか分かりません。私が考えすぎている時に少し楽な考えを伝えてくれたことで何度も救われました。本当にありがとうございました。関わった全ての人に感謝しています。ありがとうございました。

M 石井先生の1つ1つの言葉に重みがあって、代官山*MEDICAL*で勉強すれば合格できると本気で思いました。

福地 貴斗君
(八重山高校卒)
琉球大学医学部医学科正規合格
杏林大医学部正規合格

最初、石井先生との面談をした時、石井先生の1つ1つの言葉に重みがあって、代官山*MEDICAL*で勉強すれば合格できると本気で思いました。また、石井先生のθの授業では医学部入試に必要な情報を沢山聞くことができ、非常に役立ちました。
代官山*MEDICAL*で1番良かったと思っているのはマンスリーテストです。毎月ライバル達と勝負が出来て自分の立ち位置を正確に知ることができたので、その後の勉強に活かすことができました。最後のマンスリーテストで2位になれた時は素直に嬉しかったです。また、毎月テストを受けたことで本番はリラックスして試験に挑めました。
代官山の先生はどの先生もとても良くて、特に数学の薄先生や化学の原先生の授業は非常に分かりやすくて、面白い授業でした。化学は自分の中で苦手意識がありましたが先生方のおかげでとても伸びたと感じております。マンツーは啓寿先生（佐藤啓寿先生）、野村先生、高橋浩先生にお世話になりました。ありがとうございました。
先生方が考え抜いて作ってくださったテキストはとても厳選されていて非常に良いテキストでした。代官山のテキストは一生の宝物です。1年間代官山*MEDICAL*で勉強できて最高に良かったです。本当にありがとうございました。

M 授業でわからないことを聞くだけでなく、受験への不安や勉強の仕方などを聞くこともできたのであまり不安を抱えずに受験会場に行くことができました。

広瀬 唯衣さん
(東洋英和女学院高校卒)
東京女子医科大正規合格
獨協医科大正規合格
東北医科薬科大医学部２次合格

先生方に気軽に質問できる環境がとてもよかったです。
どんなにくだらない質問でも嫌な顔1つせず受けてくださったので行きやすかったです。
授業でわからないことを聞くだけでなく、受験への不安や勉強の仕方などを聞くこともできたのであまり不安を抱えずに受験会場に行くことができました。
一番好きな授業は深瀧先生です。深瀧先生が授業中にする質問は考えさせるものが多くとても勉強になったし、自分では考えないようなことを考えることもあって新たな発見があり楽しかったです。
マンツーマンでは生物は深瀧先生の考察の解き方が好きで深瀧先生をとっていました。先生のおかげで考察力もつき最後の2回のマンスリーでは1位を取ることができました。深瀧先生のマンツーマンは本当に1週間の中の唯一の楽しみで、心の支えになっていました。数学は長澤先生をとっていて、どんなに初歩的なことでも噛み砕いて丁寧に教えて下さりとても楽しく受けられました。
英語は青葉先生をとっていました。青葉先生に英文法で教えてもらった所が長文で使えた時のパズルのはまるような瞬間がとても好きでした。時々怖いけどお父さんのような安心感がありました。他にもマンツーマンをとっていなくてもレギュラー授業の際に平野先生や薄先生などが気にかけて下さったので代官山に通っていてあまり長く悩んだことはなかったです。
本当に代官山では先生方に恵まれたと思っています。本当にありがとうございました。

A マンツーマンでは様々な時に先生からの質問の答えに理由を求められたので、自分の理解を深めることができました。

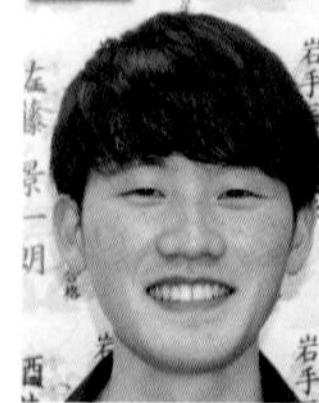

渡辺 涼太君
(加藤学園暁秀高校卒)
岩手医科大医学部２次合格

私は高校3年生の段階で基本的に河合模試の総合偏差値が45くらいしかありませんでした。しかし代官山*MEDICAL*に通ったことで1年で医学部に合格することができました。代官山では特に英語の青葉先生、数学の中村先生、化学の三井先生にお世話になり、4月からマンツーマンで教えてもらっていました。青葉先生には最初のマンツーマンの授業の際に英語の勉強法を教わりました。また毎週の単語テストを行って結果を見てもらっていました。マンツーマンでは様々な時に先生からの質問の答えに理由を求められたので、自分の理解を深めることができました。中村先生は数学の苦手意識でいっぱいだった自分を本番で数学で勝負できる程までに成長させてくれました。
私は数学に関して偏差値40に達しないこともよくあるレベルだったので、数学で先生に厳しいことを言われるのを恐れていましたが、中村先生はミスをした時も私にやさしい言葉をかけてくれました。なので、私は自らの反省をきちんと生かしつつ、自分なりのペースで力を付けることができました。三井先生は兄弟と関わりがあったため3月から見てもらっていました。高校3年生の段階で数学と近いレベルで化学が出来なかったのですが、先生の冊子を解き進めることで実力がつき、本番では多くの問題の解き方を思いつけるようになりました。また3人の先生には困ったことや落ち込んだ時にはマンツーマンや休み時間に話に行っていました。加えて、代官山ではウィークリーやマンスリーで自分の友達数人と本番まで競い合うことが出来、先生や友達と互いに刺激を受けながら勉強できる点が代官山の良い所だと思いました。
私が浪人生活を送る中で合格のためになったことは自分に常に厳しくいようと思うことと、反省点を見つけたらすぐに再発防止に努めたことです。これらの事を1年通して行うことはとても難しいと思うかもしれませんが、自分の中に決して譲れない強い思いを見つけ、それを原動力にできればきっと継続できるはずです。
また、あきらめない事もとても大切です。僕は最初から最後まで数学と化学で偏差値が50を超えられず、テストが返却されるたびに心に傷をおっていましたが、自分や先生を信じ続けたことで入試本番にやっと実力を発揮できました。本気出合格を目指す方はぜひ参考にして欲しいです。こんな私でも医学部に合格できたので自分なりの方法を確立して継続しながら代官山*MEDICAL*で勉強すればきっと合格できるはずです。頑張ってください、応援しています。

A 講師との距離も近く、特に化学の小林先生には多くの相談にものってもらい、支えられました。

酒井 翔太君
(京華高校卒)
岩手医科大医学部２次合格

まず第一に、勉強しなきゃという気持ちを持ち続けられたことが良かったと思います。浪人し、現役時代よりも入試勉強に費やす時間が増えた事もありますが、塾が開く時間が早く、それに合わせ登校し、学習を始めることで、1日多くの時間を勉強に使うことができました。
塾に早く行くのはとてもつらいことでしたが、2ヶ月もすれば、こんな囚人のような生活にも、「来年医学部に入れば釈放だぁ…(白目)。」というふうに慣れ、勉強しやすくならないこともないです。そしてつらい思いがある医学部に入る思いも強くなり、勉強を続けることができました。
冬期は受験直前というのもあり、問題をいかに素早く解くかということを中心に、記述でも答えのみならば、すぐに解ける問題もそれなりにあり、合格した岩手では大問1が5分程度で終わってしまいました。正直笑うしかなかったです。積分では苦労せずに済みました。
講師との距離も近く、特に化学の小林先生には多くの相談にものってもらい、支えられました。レザースーツに渋声も相まって、超かっこよかった。眼福。

M 日常的に気を付けていたのは朝起きる時間と寝る時間を決めること、ON・OFFの切り替えをしっかり作る、メンタルを安定させること。

伊藤 旦君
(青稜高校卒)
昭和大医学部Ⅰ期正規合格
杏林大医学部２次合格

代官山*MEDICAL*に通って良かった事は、2次試験の対策をしっかりと出来たことです。3浪でしたが、初めてきちんと2次対策をして、前年度落ちた理由が2次試験が原因だったことに気づきました。
そのため自分で危機感を覚え、マンツーマンを取りました。基本から丁寧に教えてもらったので、今年は補欠がつかない学校が0になるほどまで出来るようになりました。1番成績が伸びた科目は数学でした。とても授業が分かりやすく、授業内できちんと理解できたので復習もしやすかったです。
先生方が授業中に何度も「復習してね」と言っていたので夏休みが終わるまでは前期テキストを繰り返し復習しました。合格のためになったことは上記の通り何度も復習をしたことだと思います。勉強に大事なことは質より量だと思っている人が多くいると思いますし、自分も初めはそう思ってました。しかし、実際勉強をしてみて、何回もテキストを復習、何回も基本事項を確認して、それらを自分のものにするためにはどうしても量をこなす必要があると思います。多少個人差があるので自分で大丈夫と思えるまで繰り返すことが重要です。基本をしっかりと吸収して初めて応用に対するアプローチが見えるようになって結果的にやらなくても良いことが分かって勉強の質が上がると思います。
僕が日常的に気を付けていたのは朝起きる時間と寝る時間を決めること、ON・OFFの切り替えをしっかり作る、メンタルを安定させることを心がけていました。医学部受験は多少の運もありますが、運に負けないくらい実力をつけられるよう頑張ってください。それと1次試験はもちろん、2次試験対策もしっかりとすれば、きちんと最終合格まで持っていけると思います。

A 少ない時間の中で予習復習をこなしていくことで効率よく勉強できるようになった。

G.H君
(獨協高校卒)
昭和大医学部Ⅰ期正規合格
岩手医科大医学部正規合格
杏林大医学部正規合格
日本大医学部Ⅰ期正規合格
帝京大医学部２次合格
聖マリアンナ医科大前期２次合格
東京医科大２次合格

代官山に通って良かったことは主に2つあります。1つ目は朝6時から夜の9時まで予備校が開いており、勉強時間を多くとれる所です。2つ目は授業がたくさんある所です。入塾してすぐは「こんなに授業ばかりで予習、復習できるのか、自分自身の勉強時間はあるのか」といった不安はありました。しかし、少ない時間の中で予習復習をこなしていくことで効率よく勉強できるようになったうえ、計トレや夜間といった授業自体が復習をかねているようなコマもあるため、自分で何をやろうか考えてやる自分自身の勉強よりも質の良い勉強をすることができました。
私の好きな授業は典さんの数学の授業です。生徒にどう解いたのかを聞いていく授業のスタイルで、授業で他の人の考えを知ることができるうえ、それに対する先生の解き方も鮮やかでとても楽しい授業でした。
合格のためになったことは主に3つあります。1つ目はやることを多くしすぎないことで、同じテキストやプリントを何周もしたことです。確かに「やった方が良いこと」はいくらでもありますが、それをすべてやる時間はないので、先生と相談して厳選したものだけを何度もやるようにしました。2つ目は自分でしっかり考えて、調べてから先生に質問するようにしたことです。分からなかったらすぐに質問する前に一旦自分で考えてみることで、記憶に残りやすくなるうえ、自分で考える力も身につけられました。3つ目は勉強時間を確保するために、朝6時から来たり、休み時間も勉強したことです。他の人が勉強していない時に勉強をすることでアドバンテージを得ることができたと思います。

DP 代官山*MEDICAL*のDPでは常に自分の勉強の進捗や予備校内での順位を確認でき、モチベーションを維持することができました。

竹越 亜弓さん
（横浜共立学園高校卒）

北里大医学部２次合格
金沢医科大前期正規合格
東京女子医科大正規合格
川崎医科大正規合格
藤田医科大前期２次合格
獨協医科大２次合格
埼玉医科大前期２次合格

代官山*MEDICAL*に通って良かったと思う点は、こまめにテストはある点です。私はDPという完全個別の授業を受けていました。個別指導のデメリットとして競争心が薄れてします、自分の立ち位置が分からなくなるという点が挙げられますが、代官山*MEDICAL*のDPでは集団授業の生徒と同じウィークリーテストやマンスリーテストを受ける為、常に自分の勉強の進捗や予備校内での順位を確認でき、モチベーションを維持することができました。
合格のためになったことは素直に先生の言うことを聞いたことだと思います。去年までは自分の勉強のやり方に固執しており、一次合格すら1つもありませんでしたが今年は先生の言うことを素直に聞いたことで成績も順調に伸び、最終的には合格することができました。
「先生の言うことを素直に聞く」ことは想像以上に難しく、私は何度も不安になりました。しかし先生方は医学部受験のプロなので信じてついていくことが大事だと思います。先生方はいつも「基礎を大事にしなさい」と仰っていましたが、受験が終わった今振り返ると、確かに基礎を大事にしたことで成績を底上げすることができました。私はほとんど全ての教科でBasicのテキストを使っていました。スタンダード、ハイレベルのテキストを使っている生徒を見ると劣等感や不安に駆られて辛かったですが（笑）基礎問題を絶対に落とさないことを目標にとにかくテキストとセミナーを回したことで、入試で合格点をとることができたように思います。最後になりますが、勉強面だけでなく精神手にも支えて下さった先生方、事務の方々には感謝しかありません。本当にありがとうございました。

A １年間のマンツーマンでノート30冊分解きました笑

大城 沙大里さん
（横浜雙葉高校卒）

東京女子医科大２次合格

私は1年間、代官山*MEDICAL*にお世話になりました。高校時代にマイクロプラスチックの研究に力を注いだ結果、高３の9月まで論文の執筆と学会での発表に費やしました。このため、現役時は付け焼き刃で化学の問題集をとにかく丸暗記し、数Ⅲに関してはほとんど初学の状態で受験を終えました。
4月になり、代官山*MEDICAL*の門を叩いてからは、壊滅的だった化学に対して、テコ入れを実践しました。毎日のように三井先生に師事し、プリントや冊子をいただいては解くことの繰り返し、1年間のマンツーマンでノート30冊分解きました笑そのおかげで化学は得点源とすることできました。
また、数学は啓寿先生、高橋（典）先生のマンツーマンでお世話になりました。啓寿先生には数Ⅲの概念を納得するまで指導くださり、典さんには問題を解いては丸付けをしてもらい、解説を受けるルーティーンをしてくださいました。典さんとは集団も授業でお世話になりましたが、授業内ではたくさんいじられました笑そんな典さんに直前期にはよく頑張ったと言ってもらえるまでになりました。
英語で論文を書いていたことで、受験での英文の読み方が分からなかった私を、後期のマンツーマンから直してくださった三ツ橋先生には感謝しかありません。英作文の添削もありがとうございました。
生物は深瀧先生に4月から論述の添削をしていただいたのが本当に力になりました。2科目ほぼ初学状態から、東京女子医科大学２次合格、順天堂大学1次合格までいただけたのは代官山の先生方のおかげです。（順天堂の補欠が回って来なかったのは悔しかったですが…）代官山の先生方は皆さん親切に対応してくださいましたが、特にマンツーマンでお世話になった、英語の三ツ橋先生、岩崎先生、酒井先生、数学の啓寿先生、典先生、化学の三井先生、生物の深瀧先生、本当にありがとうございました！

規則正しく生活し、先生とやり取りしやすく、常にランキングを争う仲間がいる恵まれた環境で過ごせる代官山であったから合格を勝ち取る事ができたのだと思いました。

渡邉 裕佳さん
（田園調布雙葉高校卒）

帝京大医学部正規合格
獨協医科大正規合格
東北医科薬科大医学部２次合格

浪人することが決まった2月上旬からお世話になりました。朝から晩まで授業、自習の繰り返しで勉強し続けることが出来る環境は本当にありがたかったです。
夏に本館にクラスが下がってしまいましたが落ち込む暇があるなら勉強しなさいという石井先生の言葉や、悩む時間が無いほど忙しいスケジュールのお陰で、また後期に２号館に戻ることが出来、自分の勉強方法について見直すための良い経験となりました。
マンツーマンは啓寿先生、深瀧先生、岩崎先生、三ツ橋先生、横井先生、高橋浩先生にお世話になりました。
数学については、1番苦手で足を引っ張っていた科目でしたが、啓寿先生の分かりやすい解説やアドバイス集団授業で教わった問題を繰り返し解いたことにより、取れるものを確実に出来るようにすることができたと思います。化学は横井先生に理論の過去問を細かくやって頂き、無機有機は三上先生の単科や集団授業の演習が役立ちました。英語は石井先生、マンツーマンの先生をはじめとしてたくさんの先生方に精読から長文、文法、解く順番など1つのことから色々なものへと派生させて教えてくださり、より力をつけることができました。生物は今年1番のばすことができたと思います。前期からどんどん当てていくスタイルの授業が特に好きでした。夏に深瀧先生に正誤と計算問題をみっちりとやっていただき、後期は緒方先生の考察単科を取り、集団ではひたすらに演習問題をしたことで、夏のMTからコンスタントにランキングに載り続けることができたので自信になりました。二次対策では面接練習をたくさんしていただき、物事の考え方や話し方を身につけることができました。小論文も後期は毎週約30分書かされていたので本番ではどのような試験でも10分以上の余裕がありました。どの科目も前期は基礎を固めて後期は問題演習メインで、医学部に合格するために必要な知識や情報を教えてくださったので、現役の時にはほとんどできなかった問題がだんだん解けるようになっていき嬉しく思うことが多かったです。また、先生や事務の方には、授業や自習で生じた疑問や勉強法、志望校の相談など全て丁寧に聞いてアドバイスをしてくださったので本当に感謝しております。規則正しく生活し、先生とやり取りしやすく、常にランキングを争う仲間がいる恵まれた環境で過ごせる代官山であったから合格を勝ち取る事ができたのだと思いました。1年間ありがとうございました。

A 朝から夜まで代官山で目の前のことに取り組み続けられたからこそ合格をいただけたと思います。

志野原 唯妃さん（桐光学園高校卒）

東京女子医科大正規特待合格
東北医科薬科大医学部２次合格

代官山には２年間お世話になりました。A11からスタートし、勉強面だけではなく、生活面でも未熟な部分がとてもあった私でも、クラス編成テストやマンスリーテストを通じて、成長することができました。
代官山に通ってよかったことは沢山ありますが、1つとして、先生方についていけば確実に実力を伸ばすことができることです。私は、授業で扱ったこと全てを吸収し、点にすることを意識したり、各授業で担当してくださる先生がたが勧めてくれた勉強法をテキストの表紙にメモして、できるだけ実行できるようにしていました。
また授業がとても多く、日曜などの限られた時間の中で沢山のことを処理する必要があったので、集中力が無い私でも自然と集中して勉強することができました。
緒方先生は一年目の地に足が着いていない状態の私にもちゃんと対応していただいたり、結果がパッとしない私にも前向きな言葉をかけて下さりました。原先生には夏からのマンツーでお世話になりました。とても分かりやすいのと同時に、本番でマンツーで習ったおかげで点を稼ぐことができた部分がたくさんあったのでとても感謝しています。高橋浩先生には、マンツーでもお世話になりました。マンツーをとっていなかったら確実に２次合格はもらえていませんでした（笑）
合格のためになったことは、最後まで勉強する手を止めなかったことです。何度も辞めたいと思うことはありましたが、朝から夜まで代官山で目の前のことに取り組み続けられたからこそ合格をいただけたと思います。また原則、日曜日以外は携帯を触らなかったり、9月から入試本番まではほとんど触っていませんでした。触らないことで目の前のことに集中がしやすくなったと思います。
代官山を選んでよかったです。石井先生をはじめとする授業を担当してくれた先生方、事務の方々に感謝しています。ありがとうございました。

M 最後まで諦めないことと、英語にしっかり向き合うことは私立医学部受験においてとても大事。

源河 史歩さん（成城学園高校卒）

昭和大医学部I期正規合格
北里大医学部正規合格
東京医科大正規合格
愛知医科大２次合格
聖マリアンナ医科大前期２次合格

私は思考力ゼロ、暗記力も無く、気合と昭和に対する強い思いだけが取り柄という特殊なタイプの受験生であったため、あまり参考にならないので、1年間マンツーマンでお世話になった先生方についてお伝えします。
数学は太郎先生（中村太郎先生）の授業を受けさせていただきました。現役生の頃から見て頂いてたので、私の性格をよく理解して的確なアドバイスをくださりました。太郎先生は何を言ってもすぐにポジティブな言葉で返してくださるので、最後は私まで明るくポジティブになれました。太郎先生と冬期、直前期にやった問題が入試で数字も全く同じ問題が出た学校は全部合格できました。太郎先生の授業は面白いので数学はとても楽しみながら勉強することができました。
物理は現役生の頃から寺澤先生のマンツーをとってました。物理は全く理解できず訳分からなかったけど、先生のおかげで何故か問題を解くことができ、得点源にすることができました。寺澤先生は常識が無さすぎる私に対し、もう手に負えないと言いつつも最後まで授業をしてくださりとても感謝してます。物理は信じて最後まで頑張れました。たくさんご迷惑をかけた分、結果で返したかったので、とにかく同じ問題を何度も解きました。なかなか一次合格が出なかった時も、昭和だけ受かればいい、とずっと言って下さったので他の学校は楽な気持ちで試験に臨めました。私のマンツーチームはとても最高でした。どの先生も私との相性が良かったので、志望校に合格できたのだと思います。
レギュラー授業では平野先生や三上先生の授業でたくさんの発言をさせていただき、とんでもない事を言うのが多かったですが、楽しかったです。現役から一緒だった友達もみんな真面目だったので、とても良い関係でお互いを高められました。
最後に、受験期は思い通りにならないことが多く、かなり辛かったです。しかし、今自分にできることの最大限をやれるように心がけました。最後まで諦めないことと、英語にしっかり向き合うことは私立医学部受験においてとても大事だと感じました。私の受験生活を支えて下さった全ての皆様に感謝しています。

A 自分よりも成績の良い人と関りを持ち、仲良くなれたことで、より効率の良い勉強法、或いは自分の勉強法の悪いところを知ることができ、成績が徐々に上がりました。

M.Rさん
(S 学院高等科卒)
聖マリアンナ医科大前期正規合格
北里大医学部正規合格
帝京大医学部2次合格

代官山*MEDICAL*は集団授業が主体で、専用自習席、クラス分けテストがあったため、勉強から逃げられない空間でした。現役生の時は逃げられるわけの無い受験から逃げてしまって、全校1次試験で落ちた私でしたが、スケジュールもきっちり管理されていたので受験に正面から向き合うことが出来ました。私の成績は科目別にみると、凸凹で、英語だけ良く他は悲惨な状態でした。
最初のクラス分けで、A3になり、英語だけM5クラス、数学はA4～A6クラスで受けました。自分よりも成績の良い人と関りを持ち、仲良くなれたことで、より効率の良い勉強法、或いは自分の勉強法の悪いところを知ることができ、成績が徐々に上がりました。A3→A1→M4とクラスが上がったことは、自分の中でモチベーションにも、自信にも繋がりました。ランキングを見るのはいつも怖かったのですが、良い結果でも悪い結果でも自分のモチベーションUPに繋げようと、毎回見ることにしました。成績、クラス至上主義とも言える環境の中に属することは、精神的にも辛いこともありますが、メンタル強化にも自信にも繋がったと思います。数学では高橋典先生、化学では三上先生、生物では緒方先生や深瀧先生、英語では朝岡先生の授業が好きでした。高橋典先生は、沢山の解法を教えて下さり、解答に辿り着くまでの考え方のバリエーションが増えました。三上先生は少し厳しく感じることもありますが、授業内での解説や講義は大変分かりやすく、本番で大変役に立ちました。緒方先生の板書はとても見やすく丁寧に教えて下さるので復習がしやすかったです。授業の雰囲気も良く、大好きでした。深瀧先生の授業は基本全員が当てられる授業で、内容の深い部分の質問や生徒としては予想外の質問が多く、緊張する授業でしたが、より深い理解、問題の多様な捉え方に繋がりました。確認小テストや授業内ゲームは暗記に大変役に立ちました。朝岡先生は問題を間違っても否定せず、作文問題も丁寧に添削してくださり、有難かったです。マンツーマンは自分の弱いところを徹底的にカバーできるので取って良かったです。受験に向けて気持ちを張り続けるのは辛く、途中でギブアップしては意味が無いので、適度に息抜きをして、友達と話したり、美味しいものを食べることが大事だと思います。食事を怠るのは本当に良くないのできちんと食べるようにすることも大切にしました。お世話になりました

M

山田 のどかさん
(山手学院高校卒)
杏林大医学部2次合格
川崎医科大正規合格
獨協医科大2次合格

現役

小松 紗千佳さん
(田園調布雙葉高校卒)
岩手医科大医学部2次合格

M

日根野 龍君
(渋谷教育学園幕張高校卒)
順天堂大医学部2次合格
東京医科大(共テ)合格
杏林大医学部2次合格

M

間島 理君
(大手前高松高校卒)
東京医科大正規特待合格
岩手医科大医学部正規合格
杏林大医学部正規合格
東邦大医学部2次合格

A

早川 舞由香さん
(秋田高校卒)
大阪医科薬科大医学部正規合格
獨協医科大正規合格
岩手医科大医学部2次合格
愛知医科大2次合格

A

小俣 有生さん
(森村学園高校卒)
埼玉医科大前期正規合格
獨協医科大2次合格

A

大西 真理子さん
(淑徳高校卒)
獨協医科大2次合格

A

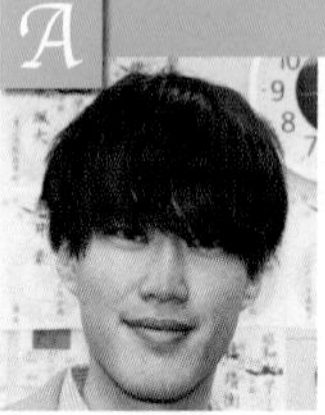

伊藤 周祐君
(暁星高校卒)
金沢医科大正規合格

A

愛甲 尚哉君
（東邦大学附属東邦高校卒）

帝京大医学部２次合格
東北医科薬科大医学部２次合格

A

岡宮 海君
（高輪高校卒）

獨協医科大２次合格
東北医科薬科大医学部２次合格

A

花田 基成君
（志學館高等部高校卒）

久留米大医学部正規合格
愛知医科大２次合格

M

山原 万由子さん
（南山高校卒）

獨協医科大正規合格
埼玉医科大前期２次合格
岩手医科大医学部２次合格

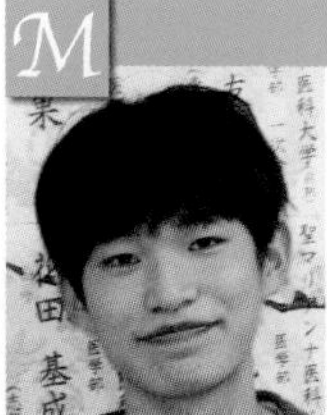

M

林 靖衡君
（成蹊高校卒）

昭和大医学部Ⅰ期正規合格
北里大医学部正規合格
聖マリアンナ医科大正規合格
杏林大医学部正規合格
東京医科大２次合格

M

足立 博俊君
（慶應義塾高校卒）

聖マリアンナ医科大前期２次合格

A

沖 和浩君
（暁星高校卒）

聖マリアンナ医科大前期２次合格

M

長谷川 沙紀さん
（雙葉高校卒）

順天堂大医学部正規合格
愛知医科大正規合格
国際医療福祉大２次合格
杏林大医学部２次合格
東邦大医学部２次合格
聖マリアンナ医科大前期２次合格

A

丸山 翔君
（城北高校卒）

金沢医科大前期２次合格
川崎医科大正規合格

M

稗田 美音葉さん
（明治学園高校卒）

聖マリアンナ医科大前期正規合格

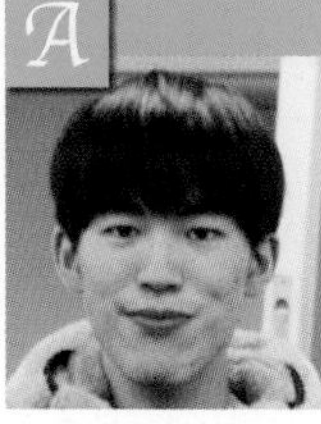

A

鷲見 惟心君
（暁星高校卒）

杏林大医学部２次合格
聖マリアンナ医科大前期正規合格
北里大医学部正規合格

A

益子 友里さん
（国府台女子学院高等部卒）

国際医療福祉大医学部２次合格
杏林大医学部正規合格
愛知医科大２次合格
聖マリアンナ医科大前期２次合格

現役

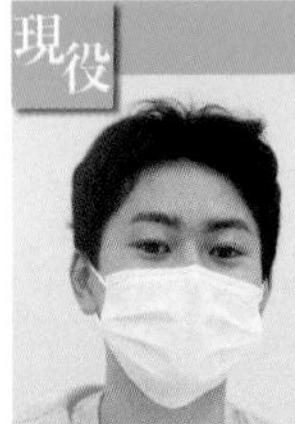

森口 鳳之君
（世田谷学園卒）
日本大医学部Ⅱ期正規合格
岩手医科大正規合格
北里大医学部２次合格
聖マリアンナ医科大後期２次合格

現役

中村 弥貴さん
（東京女学館卒）
昭和大医学部Ⅱ期正規合格
東京女子医科大正規合格
北里大医学部正規合格
杏林大医学部２次合格

A

大弓 紗由莉さん
（真和高校卒）
岩手医科大医学部正規合格

A

岡田 莉子さん
（加藤学園暁秀高校卒）
埼玉医科大前期２次合格

A

河原 佳生君
（駒込高校卒）
金沢医科大前期２次合格

M

菅野 由貴さん
（桜蔭高校卒）
東北医科薬科大医学部２次合格
獨協医科大正規合格

M

佐藤 理子さん
（共立女子高校卒）
杏林大医学部正規合格

A

長谷川 靖君
（獨協高校卒）
岩手医科大医学部正規合格

A

藤森 大輝君
（松本深志高校卒）
岩手医科大医学部２次合格

A

青木 菖さん
（開智高校卒）
東京女子医科大２次合格
東海大医学部２次合格

M

阿部 尚樹君
（江戸川学園取手高校卒）
杏林大医学部正規合格

M

大嶋 明仁君
（青山学院高等部卒）
昭和大医学部Ⅰ期正規合格
北里大医学部正規合格

A

岸本 悠希君
（佐野日本大学高校卒）
北里大医学部正規合格

A

小松 淳之介君
（松本深志高校卒）
聖マリアンナ医科大正規合格
岩手医科大２次合格
杏林大医学部２次合格

A

佐久間 悠希さん
（筑波大学附属高校卒）

北里大医学部２次合格
杏林大医学部２次合格
東京女子医科大２次合格

M

清野 駿君
（巣鴨高校卒）

日本大医学部Ⅱ期２次合格
愛知医科大２次合格

A

中村 龍君
（八王子拓真高校卒）

川崎医科大正規合格

M

藤村 幸士君
（巣鴨高校卒）

愛知医科大２次合格

M

本保 太郎君
（成蹊高校卒）

杏林大医学部正規合格

現役

髙田 真央さん
（桐蔭学園高校卒）

日本大医学部Ⅰ期２次合格
東京女子医科大正規合格
北里大医学部正規合格
岩手医科大正規合格
愛知医科大２次合格

M

N.Hさん
（学習院女子高等科卒）

杏林大医学部２次合格
聖マリアンナ医科大前期正規合格
獨協医科大正規合格
愛知医科大２次合格

M

佐藤 景一朗君
（平塚江南高校卒）

北里大医学部２次合格
岩手医科大医学部正規合格
愛知医科大２次合格

A

高瀬 穣君
（桐蔭学園中等教育高校卒）

獨協医科大正規合格

A

平沼 志歩美さん
（松本深志高校卒）

聖マリアンナ医科大前期２次合格
愛知医科大正規合格

A

別府 萌佳さん
（お茶の水大付属高校卒）

東京女子医科大正規合格
愛知医科大正規合格
岩手医科大医学部２次合格

M

吉成 智之君
（水戸葵陵高校卒）

東北医科薬科大医学部２次合格

M

髙田 真帆さん
（恵泉女学園高校卒）

杏林大医学部２次合格
埼玉医科大後期正規合格
愛知医科大２次合格
東北医科薬科大医学部２次合格

卒業生が語る

合格への軌跡2023年

WAY TO SUCCESS

日本医科大２次正規合格
国際医療福祉大医学部２次Ａ特待合格

自分の高校は、医学部を受ける人がいなくて、一人もいなかったんで。周りに医学部を受ける人がいるっていう環境は、本当にすごい良かったです。

日本医科大進学　押久保 勇斗くん（芝浦工業大学付属高校卒）

ここなら多分、いっぱい勉強できるだろうなって思いました。

浪人を決定しようと思ったときに、最初に駿台の説明会に行ってみて、確かに駿台はすごい有名だけれども、人数多いし、全員の面倒見れてんのかなっていうのを思って。ラボは完全に個別みたいな感じで、他の生徒と触れ合わないと思うんですよ。自分の立ち位置がわからないっていうか、なんで、他に高め合える仲間がいたほうが、モチベーション上がるかなと思って。で次に、代官山MEDICAL来たんですけど、石井先生と最初に面談して、結構、朝早くからやってるから勉強時間も取れるし、人数も、1クラスは少人数だったりするんで、先生がたも、一人一人見てくれると思うし、先生がたにも質問しやすいと思ったんで。駿台は多分、無理かなあみたいな思って、代官山MEDICALにしました、はい。あそこ（メディカルラボ）も、先生にも質問がしにくい環境でだし、先生に、大学生もいらっしゃいますし、先生方もなんか、講師室みたいな所に入ってて、生徒入っちゃ駄目みたいな。最初代官山MEDICALに来たときに、講師室、すごい普通に、行きやすい感じで、質問しやすいなと思いましたね、先生もたくさんいましたし、はい。いっぱい質問に行きました。いろいろな医専の中で、ここって、代官山MEDICALにして、すごいなんか、石井先生はオーラがあって。何だろう、ここなら多分、いっぱい勉強できるだろうなって思いましたね、はい。言葉で言い表しづらいんですけど。なんかもう、本当にオーラがあって、自信に満ちあふれてらっしゃって。ここなら大丈夫かなって、はい、第一印象で、そう思いましたね。はい、最後まで、第一印象が覆される瞬間はなかったです。

記述のとことか実験考察で、先生に、添削とか、質問もすぐそこにいらっしゃるので、とても行きやすかった。

現役のときに全部2次落ちして、代官山MEDICALに来たんですけど。最初は、まだまだだなと思っていて。でも、ま、何個か1次が受かってたんで、そんなに知らないこと、ないだろうと思っていたんですけど。実際、代官山MEDICALの授業とか受けてみて、なんか、普通に自分で勘違いしてたこととか、自分で知らなかったことなどがすごいあって、すごい刺激的でしたね。えっと、僕のクラスは生物の先生が3人いて、深瀧先生と、緒方先生と、石原先生ですね。で、深瀧先生が、結構ずばずば言って、最初からもう、全然違うよとか、結構言ってくださって。授業で順番に1人ずつ当てて答えさせるみたいな形式でやってくれて、それが結構、勉強になるし、僕は自分が間違えたら、結構気にするタイプなんで。それで、ちゃんと覚えられたりして、すごい知識の精度が上がって良かったです。知識として知らないものも結構あって。僕の高校はあんまり医学部行く人がいなくて、僕の代も1人だけで。なんで、あんまり先生がたも、あんまり医学部の問題がどういうのとか、熟知してらっしゃる先生がいないんですけど。代官山MEDICALは、医学部専門なんで、もう医学部のことだけ知ってる方、先生が多いんで。結構、医学部って結構、変な知識とか、細かい知識とか、いっぱい問われるんで、それを知れたので、はい、すごい良かったです。記述が出される上位の難しい大学は、いっぱい記述が出されるんですけど、参考書でやっても、なかなか自分の答案を見てもらう先生がいなかったりして、やりづらいと思うんですけど。代官山MEDICALだったら結構、先生に、例えば添削とか、すぐそこにいらっしゃるので、とても行きやすいですし。マンツーマンでも、例えば、セミナーの後ろのほうにある記述の問題を1週間、1週間で何個やるとか決めて、マンツーのときに出して添削してもらうっていう感じで、強制力みたいに付けてやることができるので、そこはすごい良かったです。考察は深瀧先生に見てもらいました。マンツー取ってたんで。結構もう、すごい研究されてるので、すごい知識も高校生物なんか全然飛び抜けて、大学とかの多分、生物の知識もある方ですし、本当に細かいところまで指導していただいて。記述、確かに、生物に関するミスとかだったりも指摘してくれるんですけど。日本語がなんかおかしいみたいに、てにをはが、おかしいとか、そういうとこもすごい、本当にすごいしっかりしていて、見てくれるので、本当に良かったです。

授業数は多くても、それでかえって、自習時間が十分にとることができるようになった、のは大きいです。環境が大きいです、ほんとに。

僕はあんまりスピードを今まで意識したことがなくて、現役のときにSEGっていう所に通っていて。そこは、医学部専門じゃなくって、東大とか、みんな理工みたいな、すごい塾なんですけど。そこであんまり、あんまスピードを意識しなくて、とにかくなんか、考えようみたいな。時間は無制限でじっくり考えてみようみたいな塾で。まあ、確かにそういうのもいいんですけど、医学部はやっぱ、スピードが、問題量がすごい多いですし、スピードがやっぱ問われるんで。代官

山 MEDICAL の授業は、1 学期は予習してそれを解説してもらって類題を演習していく感じだったんですけど、2 学期からは、テストゼミでみたいな、その場で時間を計って解くみたいな感じで。で、M1 は結構みんな、数学できる人が多くて、全然僕はそんなに、M1 の中では数学はそんなにめちゃめちゃできるっていうほうではなくて。それで結構、競い合ったりして。ノリさん(高橋典先生)の授業では、できた人は、手挙げてみたいな感じで言って。で、答え合わせして、じゃあ次、問題いってね、みたいな感じで、なんか合わないと、先、進ましてくれないんで。それで周りの人が結構、先、進んじゃう、進んでると、なんか、すごいショックなんで、それに負けないように 2 学期は、頑張ってましたね。授業の中では、数学だけじゃなくて他の化学や生物とかも自分で解く時間があるので、演習、結構取れると思いますね。他の授業外でも、結構、代官山 MEDICAL は本当に、やろうと思えばずうっと。僕は朝 7 時ぐらいから来て、授業がずっとあって 9 時くらいで終わると思うんですけど。空きコマとかも活用すれば、本当に、演習量取れる。日曜とかもずっと取れると思うんで、授業数も多いですけど、演習時間もきっちりやろうと思えば、取れると思います。ま、時間管理がうまくなりましたね、本当に。ついつい無駄な時間を無意識に過ごしてしまうところってあると思うんですけど、代官山 MEDICAL で時間の使い方も全然違ってきました。環境は、すごい大きいと思いますね。先ほど申し上げたんですけど、高校は、本当に医学部を受ける人がいなくて、過去問を一緒に解くみたいな人も、一人もいなかったんで。周りに医学部を受ける人がいるっていう環境は、本当にすごい、すごい良かったです。

先生から課題を出されて、しかも僕向けに合わせてくれて段階的にやってもらったのが、すごい良かった。

僕は、場合の数と確率がすごい苦手で、もう本当に、M1 の中では一番できないほうなんですけど。薄先生にプリントをもらってました。場合の数とか、確率のところを何年分もくれて。それをやって、薄先生を見つけたらそれ出しに行って、丸付けてもらうみたいな感じで。あと、もらったのはなんか、薄先生が自分で、過去問を集めたプリントみたいなのも結構、何枚だろう、30 枚ぐらい、ま、苦手だったんで、そもそも、自分でやってたら、基礎的な問題は、どうせできるだろうみたいな感じで、やんないで、なんか苦手なのに、難しいものに手を出しちゃったりして。で、結局、何も身に付かないみたいなこともあったと思うんで。先生からそういう課題を出されて、しかも僕向けに合わせてくれて段階的にやってもらったのが、すごい良かったですね。英語に関しては、θの授業で、石井先生が、ランダムで当ててくださって。M1、上の、確かクラスだと、現役の人もいらっしゃって。その、

現役の人がいるのが、ちょっと、なんか嫌でした(笑)。なんか、そこで、石井先生に当てられて、間違えるのは本当に嫌なんで、はい。なんで、例えば、そのθでやる問題の、分からないところは、全部ちゃんと予習して、辞書で調べて、全部、当てられてもできるようにはしてましたね。それ、それが結構、英語の細かいところもちゃんと調べて、知識として身に付いたんで、はい、すごい良かったですね。大手とかだと多分、そういうのはあんまり。個人的に、あの人に負けたくないなみたいなのは思えないと思うんで。少人数だと、もう知ってる顔とか、名前とかも知ってるんで。間違えたら、多分、あの人、ばかにされてるかなあみたいなの思ったりして。それで、はい、すごいやる気が出ますね。鋪屋さん(頌栄女子学院:東京慈恵会医科大学進学)は、なんかすごい、ばしばし発言するっていうか、すごい気が強いというか。すごい、なんか、何だろう。間違いはあんまり恐れてないみたいな雰囲気があって。負けず嫌いだと思うんですけど。なんか間違えても、あ、違った、これだみたいな、すぐ訂正して、はい、全然、僕とは全然違う対照的な感じです。で、四ケ所さん(湘南白百合学園:横浜市立大学医学部医学科進学)は、基本的に多分、間違えたのを見たことない。僕、本当に、例えば、前行ってた予備校とか、高校とかで、質問とか、あんまりしようと思ってなかったんですよ。何だろう。質問とかして、めちゃめちゃ簡単なことだったら、先生に対して申し訳ないみたいな気持ちになっちゃうんですけど。でも、代官山 MEDICAL、結構みんな、どんどん質問しに行ったりしてるし。結構、みんなが結構質問に行っているんで、楽しそうに。なんで、それで僕もちょっと行こうかな、みたいな感じになって、現役時代よりは、全然質問に行ってましたね。

マンスリーは入試本番を意識して、当日の朝をイメージして、自分のミスを集めたミスノートを作りました。

マンスリーのためになにかをやるっていうんじゃなくて、もう本番、実際の、入試の本番みたいに、もう日々のやってることの実力試しだみたいな感じで。特に、マンスリーに向けてなんかやるっていうよりは、もう

日々に、授業でやってることとか、自分でやってる課題とかを、こなして、それ身に付いたかどうかを試すみたいな感じでやってました。毎回、間違えたところも、小さいノートみたいなの、ミスノートみたいなもの作って、次は絶対、同じとこ間違えないと思ってやってて。本当に本番だと思ってやってたんですよ。実際本番に、例えば、休み時間の使い方とか、マンスリーが始まる朝の使い方とかも、本番を意識してやろうと思ってて。入試本番を考えたときに、まとめたノートを実際に本番に持ってこうと思ってたんで。4月からそういうのを作ってて。ミスノートとか、まとめノートとか作ってたんですけど、それを、マンスリーの休み時間とかで、見るようにして、本番を本当に意識した感じで。結局、そういうのが一番、合否に関わるのかなと思って。多分、そういうのって、他の人は多分、ミスんないから。他の人がミスんないのを間違えちゃうのが多分、一番やばいと思うんで。大手の模試だと、忘れた頃に返ってくるんで、でも、代官山MEDICALのマンスリー、本当に1週間ぐらいで戻ってきますし、やっぱり、結果も早く知りたいじゃないですか。なんで、本当に良かったですね、はい。多分、先生がたが作られてると思うんですけど。本当に医学部を、入試を意識した感じで、絶対取れないような問題とかも1個、入れてたりしてて。マンスリーは、そういうなんか、変な問題、奇問みたいなのがあるんで。それは、はい、すごい良かったです。先生がたも、そういうのを、アドバイスしてくださって。例えば、生物とかでの問題で、このタイプの問題は、結構、時間がかかるから、後回しにして他のやったほうがいいよとか言ってくださって、はい。それもすごい良かったですね。本番、そういうのって多分、本番を意識してるじゃないですか。全部解くんじゃなくて、取れるところを取るみたいな、はい。すごい良かったです。

毎日、勉強のことだけ考えてましたね。もう、1日は、すごい早くて。気づいたら、もう入試直前だみたいな感じでしたね、本当に。

基本的には、本当にずっと勉強のことしか考えてなくて。朝も、コンビニでグミとお茶を買って、2号館に行って、自習室に行ってっていう。その後は、基本的に、もう2号館から出ない。本館に用がある以外は、本当に全く2号館を出ない生活してて。そもそも外に行く用がないし、なんで、席もほぼ立たない。で、トイレと、お昼にお弁当を食べる以外には、基本的には、席を立ってなかったりする。ずっと集中できましたね。2号館1階に先生がいつもいらっしゃるので、成績を見せに行ったりして、落ち込んだ時もメンタル補強してくれたり、緒方先生に、マンスリーを見せに行ったときに、最後は、ちょっと不安になってたんですけど。でも、見せに行ったときに、もう成績的に上昇カーブからみて、大丈夫、大丈夫でしょうみたいな感じに言われて、それがもう、結構良かったと思いますね。例えば、宅浪とかしてたら、絶対、集中力っていうか、受験までモチベーションが保てないと思うんですよ。こういう医学部専門予備校だと、いろんな人からアドバイスもらったりしてやったほうが絶対、いい所行けると思います。はい、もう、ロボットみたいな感じで、なんも考えず過ごしてって感じで決めてました。もう、1日は、すごい早くて。気付いたら、もう入試直前だみたいな感じでしたね、本当に。本当になんか、毎日同じようなこと、行動をしてると本当に、1日は本当に、すごい早いですね、はい。一瞬ですよ。マンスリーとかウィークリーとかで、点数ランキングが70番ぐらいまで張り出されるんで、名前が出てると、それでいい気持ちになったりして、それがすごい、うれしかったんで。何ていうか、勉強は終わりがないですし、なんで、やればやるほどできるようになると思うんで。それで、いろんな新しいこととかを知るのが好きなので、なんで、飽きなかったんだと思います。生物の講師の方々は、本当に代官山MEDICALは、すごいいいですね。多分、もう、日本で一番いい、はい。

最後に、後輩へ一言。

本当に代官山MEDICALは、どの予備校の中でも一番、勉強時間取ろうと思えば取れますし。本当に、ずっとやれば、ずっと勉強していれば絶対、最初はそんなにできなくても、ずっとやってれば、全然上位の御三家とかも、全然狙えると思いますし。先生がたのレベルもすごい高いと思うんで、勉強以外のことは本当に考えずに、ずっと、浪人中は勉強していけば、大丈夫です。確かに、不安とかあると思うんですけど、先生たちに相談すれば、絶対ちゃんとした答えをおっしゃってくれますし、本当に信頼していただいて、勉強してください。応援しています。

卒業生が語る

合格への軌跡2023年

WAY TO SUCCESS

日本医科大後期２次正規合格
昭和大医学部Ｉ期２次特待合格
東京医科大２次特待合格
帝京大医学部２次正規合格
国際医療福祉大医学部２次合格
東北医科薬科大医学部２次合格

先生方には勉強だけなく、いたるところでかけてもらったたくさんの言葉に助けられました。代官山MEDICALじゃなくてほかの予備校だったら不安で押しつぶされて成功できていなかったかも(笑)本当にすごい良かったです。

日本医科大学進学　松脇 世尚くん（海陽中等教育高校）

M1 クラスでスタートしてやろうと思ってたんですけどね。逆に M1 クラスにならなくてよかったのかも。

海陽学園っていう愛知県の寮にあるところだったんで、遠かったんですよね。なんで、高 3 の夏期講習のときだけマンツーマン、化学のマンツーマンとって、でも化学は偏差値が結構上がりましたし、結構できるっていう自信が高 3 のときには持てましたね。でも、やっぱり、化学だけ出来てもうまくいくわけもなく、受験では全滅でした（笑）もう、現役の時の成績だと、お試し受験みたいなとこが多かったですね。もう浪人の準備に入って、実際浪人生活が始まって、最初に躓いてしまって。4 月のマンスリークラス分けテストが思うように全然できなくて。で、もうこれ M クラスじゃないなと思ってたんですけど、まあぎりぎり M クラスの M5 には残れて。でも薄先生には、「おまえ M1 に入れよ！」って言われてて、なのに M5 だったんで、ものすごくショックでしたね。期待させてしまってたなみたいな、なんかごめんなさい、みたいな感じでした、はい。でもそのとき薄先生にも「これぐらいが妥当じゃない？」って言われて、ああやっぱ自分のその、学力って、まだまだこのレベルなんだなっていうのは、見せつけられたっていうか、自覚したって感じです。まだまだこれから一生懸命やんなきゃ駄目だなと。

サボれば簡単に成績は下がる。やればやった分だけ伸びる！

最初のクラス分けテストの化学偏差値 69.3 で、すごく化学できるわ〜って過信してしまって。もう勉強しなくてもいいやって。5 月のマンスリーテストでは偏差値 45.1 ってものすごく落ちちゃいましたね（笑）一方、数学が一番伸びて、最初のクラス分けテストの偏差値 55.1 っていう数字が最終的には 12 月の第 9 回では偏差値 72 になりましたね。やっぱやるべきことやっていると偏差値伸びていくもんですね。今振り返ってみると、このやり方が良かったんだなっていう理由があって。自分の中で「あ、こいつできるな」って思っていた人に「一緒にやらない？」って誘って、グループを作って 11 月から過去問をずっと解いてたんですよ。髙谷（髙谷修志：順天堂大医学部進学：芝高校卒）ってやつとずっと、一緒に自習スペースで勉強してました。そこでずっと、何でこうなるのみたいな質問し合ったりとかして、そういうとこで復習の時間を作ってました。薄先生からもらった“私立医大 50 年分”っていう、過去問集があるんですけど、それを自分よりもレベルが高い人たちと解くことによって、レベル向上を図ったことがものすごく良かったなと思いました。解き合いを始めて、それを先生にも見てもらったわけです。1 週間に 1 回、その過去問解いたやつを持っていって。で、そこで「いや、ここは取れないと駄目でしょ」みたいな駄目出しをしてもらっていました。でもそのおかげで、数学がすごく伸びましたし、最終的に切磋琢磨した人と一緒に大学行けることになってよかったです。

復習する時間がないって思っているうちはダメですね。作ろうとしなきゃ！

最初のほうは結構焦りましたね。結構復習する時間ないなと思ってて。でも、だんだん慣れてくると、無駄な部分がそぎ落とされていって、これぐらいがちょうどいいって思える感じになっていきましたね。やっぱ時間って自分でつくらないといけないですし。ましてや 1 年で合格するってことを考えれば、やはりどれだけ自分の時間を濃密にするかってところが大事ですよ。登校は、絶対 7 時に。いつもと同じ電車乗って、いつもと同じ歩くスピードだときっちり 7 時に来れるんで。それぐらいルーティン化したほうがいいかなと思います。石井先生の授業でもルーティン化しろっていう話あったりしたんですよ。タイムカードも毎日やったほうがいいと思います。自分でこういうのをできない人、サボっちゃう人とかいたと思うんですけど、そういう人見てると、言っていいのか分かんないけど、やっぱり成績がどんどん落ちちゃってて。やっぱり登校時間を意識するっていうのは、勉強への意識にまで反映されてるんだなって思いますね。

石井先生の θ の授業が楽しみすぎて（笑）

石井先生は θ の授業で毎回すごいためになることを、話してくれてましたね。あの授業があったから 1 週間のモチベを保てられたっていう感じのところはあります。「人間は無駄なことをしないと非合理的なことをしないと合理的になれない」っておっしゃられてて、僕はものすごくその言葉が刺さって。僕は現役のとき、本当に無駄なことっていうか、効率の悪い勉強の仕方をずっとやってて。浪人になってしまったけど、僕にとっては現役の時の勉強は無駄じゃない、むし

ろ、それがあったからこそ、浪人になってから効率的に勉強できてるんだろうなって感じていたので。そこで先生がそれをおっしゃられたときに、「ああ僕はやっぱり間違ってなかったんだな」って思えて。その話のおかげでますます頑張ろうという気持ちになれましたね。それだけじゃなくて、人間として成長するためにみたいな話、人生においての知恵、学びなどの話も結構教えてもらいましたね。代官山MEDICAL来る前は、著名人が言ってる言葉をちらっと目にして、「へぇ、そうなんだな、頑張ろうかなぁ」みたいに一瞬だけやる気上がってみたいな感覚だったんですけど。人の話を聞いてここまで身に染みて感じたのは、石井先生の授業が初めてでしたね。すごいいい経験でした。あと、僕は一番前に座ってたんで、もうめっちゃ見てくるんですよ。めっちゃ目が合うんですけど、それでもむちゃくちゃ集中してました。やっぱり緊張するけど、どうしても前に座りたいっていう気持ちもあったんですよ。だって席取りでしたからね。前、絶対前取るって決めてましたね。しかも先生がそういうためになるお話をするときって一番前の人と目を合わせて話してて。一回だけ後ろの席行ったときに「あれ？先生と全然目合わないな」と思って、やっぱ一番前に座ったほうがいいんだなと思ってましたね、はい。

石井先生だけじゃなく、ほかの先生も心に残る言葉をいっぱいもらえました。

いつも薄先生に「ちゃんと人間として真っすぐ生きている人間こそが、上位校に受かるんだ」と言われた言葉があって。僕は今でも性格ひん曲がってますけど、でも昔よりかは結構真っすぐに近くなってきたのかなみたいな。そういう言葉を1年間言い続けてくれた先生のおかげです。薄先生は本当に、ずっと寄り添ってくれましたね。薄先生結構忙しいじゃないですか。だけどもやっぱり忙しいとは言いつつも、話してくれる時間だったり、チャンスだったりっていうのは作ってくれてたんです。薄先生が帰るタイミングで、僕が質問を持って行っちゃったことがあったんですけど。それでも「全然いいよ」って言って、残ってやってくれて教えてくれてということがあって。ああ、本当にいい先生だなって思いました。三上先生に言われた言葉も心に残ってますね〜。11月と12月のどっか忘れちゃったんですけど、その時期に僕が、慈恵と日医の過去問を解いて持ってってたときに、三上先生に「おまえこんなんで受かろうと思ってんの？」みたいに言われて。「え、いや、僕なりにはめっちゃ真面目に解いてったつもりなんですけど？」って思ってて。でも、例えば、計算をする場所とか、その解答の書き方が、雑だったりとかしてたのを先生はちゃんと見抜いてて「いやこれで受かろうとしてるなら無理だよ。このままじゃ受かんないよ」って言ってくれたんですよね。そのときちょっとむっとはなったんですけど、先生が真剣に僕の雑な部分が駄目であることを伝えようとしてくれてることもわかって、「そうだよな、改善しないといけないよな」と思って、あのとき三上先生が厳しいこと言いながらも、慈恵の過去問とか一緒に解いてくれてなかったら、本当に上位校になんか受からなかっただろうなって今では思います。解き方っていうか、そういうのを厳しい言葉を言いながらやってくれたのが、僕にとってものすごくためになったっていうか、三上先生だからこそ、そういうことできるのかなって思います。それで言うと、僕は薄先生と緒方先生にもすごく怒られてるんですよね。僕が10月ぐらいに結構調子に乗っていたタイミングがあって、慈恵とか日医の過去問解きまくっちゃってて。それでそのときに薄先生に「おまえまだこんなに基礎ができてないのに解こうとするなよ、もうちょっと簡単なものをいっぱい解け」ってめちゃめちゃ怒られて。薄先生に初めてそんなに怒られて、しかも薄先生が怒ったっていうエピソードも聞いたことなかったんで、ものすごく悲しくなったのは悲しくなったんですけど、でもあのとき、そのまま止めてくれずに、そのまま日医とか慈恵の過去問を解き続けてたら、全然数学とかも伸びなかっただろうし、受験結果ってどうなってたんだろうっていうか、あんまり想像したくないんですけど、危なかったかもしれないですね。

緒方先生には、あるときのマンスリーテストで、化学を60分かけて解いて、そこから生物を解こうとして、しかもそのときの生物がちょっと難しくて。ああもうこれはもう全然みんな取れないなとか思いながら、記述とかもあんまり書かずに、テスト結果として出したわけなんです。そしたら緒方先生が「なんだ、あの解答用紙は！？慈恵とか日医行くようなやつの解答用紙ではない！」ってめちゃめちゃ怒られて。そのときは総合偏差値ものすごく下がってた時期で、ものすごく気持ちも落ち込んでたときに、ずばって言われて。そこで「もっと貪欲に点数を取りに行けっていう、そういう姿勢が足りなかったんだろうな」と思って、そういうところを分かってくれてるんだなと思って、そのときはものすごくうれしかったです、緒方先生。あ、村上先生に言われて心に残っている言葉もありますね。僕が「マンスリーテスト緊張しちゃって、うまいこと解ききれないんですよね」ってことを言ったら、「いや、スリルは楽しむものだよ」って言われて。よく聞く言葉ではありますけど、そのときの僕にとっては結構刺さって。それ言われてから、僕自分が緊張しているときに客観視できるようになって、「ああ、いい感じの緊張だな」って、客観視して臨めるっていうのが、上位校とかの受験のときにめっちゃ役立ちましたね。

ウィークリーテストもマンスリーテストも試験本番のためにとても役立った。

マンスリーテストは9回もあったんで、テスト慣れっていうのがものすごかったですね。英語のテストを受ける前に、英語の音読をしたほうが長文を早く読めるってことにあるとき気付いて。で、それをやってマンスリーでうまく解ききれるって手ごたえを得て。受験本番もそれをやることで緊張することなくいつものトーンで受けることができましたね。ほかにも試験前にストレッチをマンスリーのときもしてたし、受験本番のときも、周りの目を気にせずできましたね。ウィークリーテストでは、数学はなんかいつも満点取りにいこうっていう感じでやってたんですけど、満点取りにいこうとすると、毎回計算ミスとかしてたんですね。で、「計算ミスをするのは、自分に余裕がないからだ」ってあるとき気づけて。だから自分の余裕を増やすために解法をすんなり出せるようになるとか、そういうところに時間を割くべきだっていうのはウィークリーテストを重ねることで得られたものなんですよね。

成績の上下変動ってあっても、そういうときこそ諦めるわけにいかないぞというふうに自分を立て直してましたね。

夏に成績が一番下がってしまったんですよね。今振り返ってみると、努力してる気になっていたんですよね。じゃあ周りと差をつけるために、どういうことをやればいいかっていうのを夏からずっと考えてて。で、周りと差をつけるためにただ単純に量を増やす。質ってのは代官山 MEDICAL の教材やって、あと集中力さえあれば保てるはずで。でも量ってのは自分次第って感じなんで。あと自分に合った勉強法を確立するってことが、夏で一番大事だなって感じたことですね。例えば、自分が集中のスイッチ入れるときに、単語帳を 10 分見たりとか、英語の文章の音読だったりとかですね。そういうのを確立して、毎日繰り返してたら、10 月ぐらいから成績上がったんです。10 月、11 月ぐらいになるとみんな落ち込むっていうか、結構不安になる時期があると思うんです。けど、そういった時期に“どうやって自分をいい方向に持っていくか”っていうのが、ものすごく自分自身に問われてた気がしてて。僕は、このままじゃ受かんないとか不安に思ってたときには、「ここで諦めたやつが落ちるんだ」「ここで諦めなかったやつがやっと勝負できる」っていうのはずっと心に言い聞かせて、いい方向に持っていこうとやってましたね。あと、薄先生とか緒方先生とかと話してると、もう僕が上位校に進むっていう、それを前提にして話してくれてて。それも気持ちを奮い立たせてくれる言葉でしたよね。そういうふうに先生とか話して、自分のことを支えてくれてる先生がめっちゃ自分のことを思って言ってくれてるのに、ここで諦めるのは違うなって思えましたね。本当に支えてくれた先生たちのためにも頑張ろうと思えましたし。あと、お兄ちゃんお姉ちゃんが、ものすごく勉強の相談に乗ってくれてて。兄ちゃん（松脇伊吹君：東京医大進学 : 高輪高校卒)、姉ちゃん (松脇萌恵さん：東京医科大進学：栄東高校卒) も上位校狙って、兄ちゃんは慈恵 1 次は通ったけど二次はダメだったんで、代官山 MEDICAL 松脇家 3 人目にしてやってやろうっていう気持ちも自分を奮い立たせるものになってましたね。

今年受験を頑張る代官山MEDICAL生にむけて

最後まで諦めないことですね。諦めたくなることが何度もあると思うんですけど、でもそこで諦めちゃうと、やっぱり受かる人も受かんなくなっちゃうんで。本当に諦めないでほしいです。あとそれと似たようなことではあるんですけど、後悔をしない受験生活を送ってくださいってことですね。将来振り返ったときに、自分のことをなんか誇りに思えるような、そういう受験生活を送ってもらいたいです。

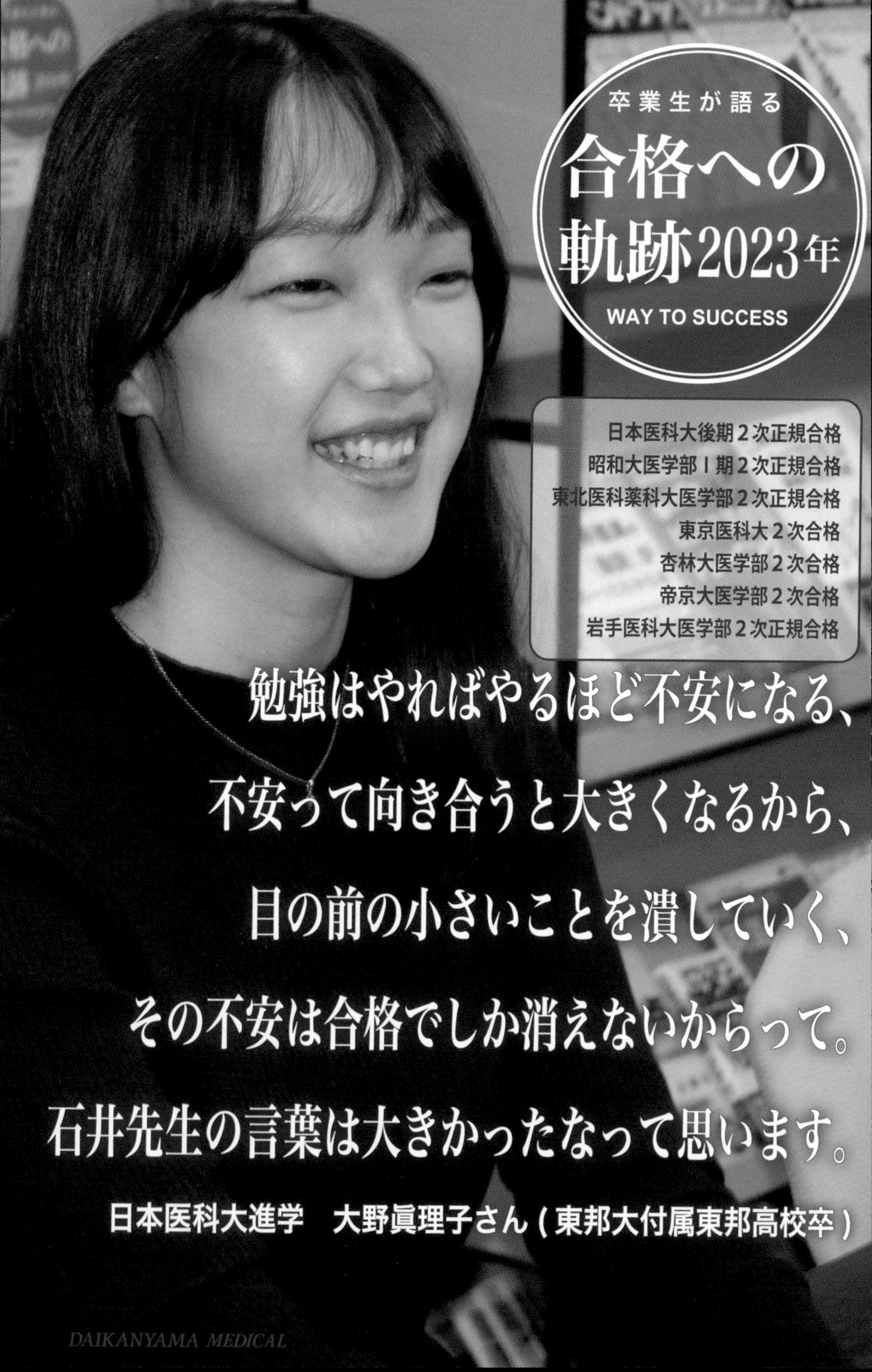

卒業生が語る

合格への軌跡2023年

WAY TO SUCCESS

日本医科大後期２次正規合格
昭和大医学部Ⅰ期２次正規合格
東北医科薬科大医学部２次正規合格
東京医科大２次合格
杏林大医学部２次合格
帝京大医学部２次合格
岩手医科大医学部２次正規合格

勉強はやればやるほど不安になる、
不安って向き合うと大きくなるから、
目の前の小さいことを潰していく、
その不安は合格でしか消えないからって。
石井先生の言葉は大きかったなって思います。

日本医科大進学　大野眞理子さん（東邦大付属東邦高校卒）

代官山 MEDICAL に来た経緯は？

えっと、進学先は日本医科大学です。ハハハ。3浪目で、あ、はい、3浪目でここに来ました。1浪目は、駿、ん違う、四谷学院に行ってて、2浪目は駿台に行ってました。やっぱり、大手だから、一応、担任制みたいなのあるけど、なんか、半年に1回、面談するぐらいだし、すぐ相談行ける先生でもなかったし、まあ、そもそも担任の先生も医学部、詳しいわけじゃなかったっていうか、私に付いてくださった方はあまり詳しくなかったので、医学部何校ぐらい受ければいいですかとか聞いても、「んー、まあ、体力が持てば、受ければいいんじゃない」みたいな感じで、あまり具体的なことはおっしゃってくださらなかったんで大手は、そういう意味だと、ここ(代官山 MEDICAL)は、医学部受験に対するサポートみたいなのはすごい熱いと思います、こっちのほうが全然…。青葉先生とか長澤先生とかにも、そういう面では、ここ受ければいいんじゃないとか、すごい参考になったし、石井先生にも、これでいいと思うっていうふうな言葉をいただけて、本当にこれで、よし、じゃあこれで行こうって、迷わずに決められたのがいいかなと思います。そうですね、なんかもう、石井先生がいいっておっしゃったら、それでいいって、もうそれ以上悩まずに済むので、無駄な時間は少なかったかなと思います。

でも、本当に、なんか、1浪目とか2浪目とかの12月とかが、本当に、人生暗黒期みたいな感じで、なんか正直、本当、2浪の終わって3月、もう3浪、決定してる3月とかが、本当にもう真っ暗過ぎて、もう自分どうなんのみたいな、将来どうなんのみたいな感じで。逆に、4月、代官山 MEDICAL 入って、ここで1年頑張れば、真面目に頑張れば合格できるだろうっていう、なんか、その安心感もあったんで、今年1年は、もちろん、しんどいこともあったけど、勉強が手に付かないほどしんどいみたいなことはなく、結構、安定して勉強できたかなと。山岡さん(山岡愛英：田園調布雙葉：昭和大医学部進学)ていう、昭和の、もう本当に、入塾決めたきっかけみたいな人で。そもそも、2浪の終わった3月のときに、もう本当に、もう、お先真っ暗みたいになって、本当にどうしようって悩んでたときに、代官山 MEDICAL を見たら、3浪の女の子がいるってなって。あ、3浪の女の子って、私以外にもいるんだって、まずなって。さらに、昭和、受かってるってなって。じゃあ、ここで私も受かれるかな、みたいな感じで、もう、なんか結構、勉強、憂鬱になったら、軌跡(合格への軌跡)を読み込んで、みたいな感じでしたね。だから私も、結構、山岡さんみたいになりたいなと思って、ずっと勉強してたんで、本当に、昭和、前期出たときは、本当にガッツポーズしましたね。

目標を見失わずに、そうやって軌跡、読めば、その人の言葉だし、だから、なんか、直接自分に伝わるから、なんか、そういう、ロールモデルじゃないけど、いると、だいぶ、なんか、その目標が達成されたときも、何倍もうれしいし、みたいな感じだと思いますね。

大手と代官山 MEDICAL での時間の使い方って、違いはありましたか？

私は結構、1浪目、2浪目のときは、どちらかというと、自習時間で何やっていいか分かんなくなっちゃうタイプで、なんか取りあえず授業の復習やって、あと、なんか自分で参考書探してやんなきゃいけないのかな…、みたいな感じで、なんか結構、自習時間に手ぶらになっちゃう、みたいなことが多かったんですけど。ここ(代官山 MEDICAL)はもう、本当、授業とその復習だけで本当に、おわっーて、時間がぱんぱんになるし、逆に、本当、決められたことさえやっていれば、もう、どんどん成績は上がっていくみたいな感じだったので、自習時間は私的には、そんな少ないなって感じたことはなかったです。逆に、大手でやってた時より、勉強時間も、結構、代官山 MEDICAL で随分増えたっていう、めちゃめちゃ増えましたね。なんか、高2とか高3のときの自分の受験に対する姿勢がひど過ぎて、1浪目、2浪目も、自分なりには結構、頑張ってるつもりだったけど、今年の1年と比べると振り返えると、もう全然だったなぁって思います。

M コースで入学ですか。最初のクラスはどこからスタートだったのですか？

最初は A3 スタートでした。2浪目のときの11月の模試成績で、なんか普通に、M コース入れたんですけど、4月のマンスリーで、普通に成績順で A3 に入って、最初は本館かって思ったけど、まあ、そこから頑張りました。結構、ショック、そうですね。まず、なんか、普通に2号館に入れるもんだと思ってたので、なんか、いざ本館と思うと、一気になんか、やばいっていう気持ちになって、逆になんか、中途半端に2号館の一番下とかで始めるよりも、なんかエンジンはかかったのかなって。やっぱり、自分の1浪、2浪、振り返って、なんか穴が多いなってことに、思いながらも、逆に下のクラスだからこそ、ここはもう、全ての問題を完璧に解けるようにしようみたいな感じで、本当に完璧にしよう、文字通り完璧にしようと思って、全部ちゃんと復習してやってました。やっぱり、こう、謙虚なところというか、自分に足らないところを、はい、大事だと思うし、やっぱり、1浪とか2浪とかだったら、なんか、ここは出ないかもしれないから、まあいいかって、捨てちゃいがちだったけど、やっぱりそれじゃ無理だなって思って、もう、落ちたんだからスタート地点は、3浪じゃなくて、もう本当に、現役生と一緒みたいな感じで、もう、おごらずに頑張りました。A3 のときは、夏直前ぐらいまで本当に1人でずっとやってて、夏直前ぐらいに佐分さん(佐分咲輝：西武学園文理高卒：昭和大医学部進学)が「夏期講習どうする？」って話し掛けてきてくれて、そっからずっと、佐分さんとは直前期までずっと仲良かったです。

なんか相談できるとかいうのは結構、心強かったと思います。なんか大手って、本当に1人で受けに行って、本当1人で帰ってみたいな生活で、なんか本当に、誰ともしゃべらず1日が終わるみたいな感じで、それが結構、2次にも影響あったなと思うので、こうやって日頃から普通に、何げないことをしゃべることっていうのも、なんかすごい大事だったなと思います。なんか、やっぱ大手だと、私、駿台が市ヶ谷じゃなかったので、普通に東大・京大志望の人たちと同じ教室で、私立医コースの人が10人しかいない、みたいな所で受けてたんですけど、そうするとやっぱ、なんか、東大の人は東大受けるからこの問題解けなきゃ駄目だけど、私は別に私立医だからいいかみたいな感じで、勝手に自分で問題、選別しちゃったところがあったんですけど、ここはそれはないから、自分で本当、出された問題全部解けれるようになればいいし、あと、周りもみんな医学部志望だから、なんか団体戦みたいな感じで受験に挑めるのも、すごい良かったと思います。なんか本当に、実際の受験会場で代官山MEDICALの子いて、なんかライバルってよりかは仲間みたいな感じで、みんなで受かろうみたいな、そういう空気があったのは、すごい力になりました。全然違いますね、安心感が。聖マ(の試験会場)とかは、もう本当に、そこら中に、もう視界に5人ぐらいいました。一緒に自習室、隣だった、長井花蓮ちゃんとか、あと、ずっとA3から一緒だった櫻井理沙ちゃんとかが一緒だったときは、なんか、いつものメンバーみたいな感じで挑めましたね。

授業の中の雰囲気はどうでしたか？

それは、すごく良かったかなって思いました。特に、あの、深瀧先生がめちゃめちゃ当てるんですけど、深瀧先生が最初、こう、端からばーっと当てていくときは、なんか、自分じゃなくても絶対考えるようにして、それで、なんか結構、そう、頭を回転させるみたいな力は、すごい、そこで身に付いたなって思います。やっぱり、グループ面接というか、集団で面接したりとかするときも、相手の話、聞いて、みたいなところありますから、人の発言から何をどう答えようかとか、あの人こう答えるんだとか、それ、もっといい答えだなとか、そこから参考になることもいっぱいあります。医学部だけに絞ってやるっていう環境は、自分にはすごく合ってたと思います、はい。やっぱなんか、私立医っていうふうに、狭めたとこでいくと、やっぱりなんか、もうちょっと代官山MEDICALのほうが特化してるかなっていうふうに思ってて、なんかやっぱ、やっぱその、めっちゃ難しいことができるよりも、基礎が盤石なほうが絶対いいっていうふうに思ってて、この、前期のスタ(スタンダード)のテキストとか、めちゃめちゃ役に立ったかなと。それで、基礎盤石にしちゃえば、なんか逆にテストで、これは解けなきゃいけないやつ、これは解けなくてもいいやつっていうのも分かるので、それは良かったかなって。やっぱ、慈恵、日医とか狙うんだったら、後期のテキストもちゃんとやらなきゃいけないけど、その後期のテキストをちゃんとやるためにも、前期のテキストを盤石にしないといけないっていうのがあるんで、前期は焦らずに、前期のテキストを本当に文字通り完璧にすることが、一番いいんじゃないかなって、どの先生もおっしゃってたんで、もう、そうなんだなって思ってやってましたね。

大野さんは苦手科目は何だったんですか。

英語ですね。もう群を抜いて英語です。ハハ。青葉先生とか、こう、マンツーを取ってる子たちで、復習テストみたいな小テストやって、結構、点数とか話して。とにかく、青葉先生は前期で授業を持ってもらってて、それで、初めて5月かなんかのマンスリーを見せに行ったときに、なんか、「なんで英語がこの点数で総合ランキングに載ってんの？」って言われて、それで初めて成績表を見せたら、理系科目、数学・生物・化学が、全部もう偏差値60超えみたいな感じなのに、英語だけ40台みたいな感じで、もう本当に英語が、一つだけ悪いみたいな感じだったんで。そのときに青葉先生がそれを見て、じゃあ、って次の週に、「大野英語強化計画」みたいなのを作ってくださって、夏までにこの文法テキストやって、並行して、単語帳もやってって、あと、英作文も週1本出そうみたいなふうに、直前期までの計画を立ててくださって、本当、それに沿って、本当に直前期の1月20日とかまで、その毎週の英作文の提出はやってたし、そういう感じで青葉先生は、結構。あと、長文とか文法とかも、私の英語の全てを見てもらってましたね。はい。なんで、もう、英語の記述がない大学っていうか、その、あんまり重要じゃない大学ばっかり、なんか正直、目指してて。まあ、日医なんて、本当、受かると思ってなかったんですけど、やっぱ最後の最後で、なんか、ちゃんとこうやって毎週やってきたことが、実を結んだんだなって思いますね。自分が最初、本当４月にそういう、日医なんて全く考えてなかったけど、青葉先生がそうやって、やっていただいたおかげで、こうやってちゃんと記述の力が付いて、合格できたと思うので、やっぱり、そんな自分なんてって思わずに、先生が言ってくれるんだったら真面目に努力してみるっていうのが、結構、自分の想定外なことにつながる気がします。

去年までの受け方と今年の受験の仕方は変わりましたか？

そうですね。なんか、今までは、こんなやつが医学部受けて笑われるな、みたいな感じの成績で、なんか、感じの気持ちで臨んでたけど、今回はなんか、本当に受かりに来たっていう感じで臨めたと思います。今年は、あんまり家でだらだらしてなかったと思うし、やっぱ、ちゃんと勉強やってるっていうのは親にも伝わってたと思うので、そういう面では、あんまり厳しいことも言われなくなったし、結構、まあ、自分で頑張りなさいみたいな感じで言ってくれたような気はします。でも、どちらかというと、親も、なんか、自分で気付かないと、多分、動き出さないじゃないですけど、自分で気付かないと本気で勉強しないんだなという、みたいな感じで、もともとあんまり、そんなガミガミ言ってくるタイプじゃなくて、なんかその都度、「あんた、どうすんの？」みたいな感じでだったんで、ちょっと時間はかかったけど、こうやって代官山MEDICALに来て、よかったかなって思います。特に、ここに来て、隙間時間みたいなの使い方も、うまくなったなと思います。去年までは、隙間時間とか、携帯いじって終わりみたいな感じだったけど、なんか今年、代官山MEDICALで、隙間時間にいろいろ、勉強とか詰め込んでたおかげで、なんか今、大学でも、ちょっとこの時間で課題やっちゃおうみたいな感じで、すごいそれは生きてる気がします。

予習とかって、どのタイミングでやっていましたか？

予習は、前日の空きコマとか、普通にやってましたね。そんな、はい、特殊なほうではないかな。多分、生物は、自習席ではあんまりやってないし、化学もテキストの予習と復習ちょっとしてみたいな感じで、本当に、ほぼ全ての自習時間を英語に費やしてた気がしますね、なんか、はい。とにかく、英語が断トツで悪かったんで、で、英語だけかけ過ぎてたら、ちょっと数学が怪しくなってきたんで、英・数にちょっと、後期からは数学も増やしてって感じでやってましたね。私、気付くと、なんか、理系科目を手に取ってしまうんで。もう、ハハハ。

自分の自習席の、目の前、正面に英語の○○って書いて、なんか時間ちょっとできたなーってときは、まず英語を手に取るっていう、なんかもう、その習慣から気を付けてましたね。

それはもう、本当に手遅れにならないうちに、もう、苦手だって気付いた瞬間から、マンツーの先生とかに、もう、「助けてください」って言いに行って、一緒に。私、自分がやっぱり嫌いだから、苦手なところが大きいと思うんで、やっぱ、一緒に向き合ってくれる先生と一緒にだと、頑張れるかなって思います。

最初、代官山MEDICALでは電子辞書、駄目よって言うじゃないですか。紙辞書でねって。なぜなら、紙辞書で、自分が引いた所は必ずマーカーして、で、もう一回同じ所を引いてしまったら、自分が覚えてない所を自覚するために紙辞書しなさいってするじゃないですか。引いたっていう動作の記憶と一緒に、なんか結構、へーって思ったり、したりすることもあったんで、意外とそこは苦じゃなかったです。

ふーん。逆に、苦だったのは何ですか。

えー、何だろう。でも、結構、予習、石井先生の授業は、やっぱ、当てられるのが結構怖くて、結構、毎回、緊張しながら予習してたんですけど、それで、1回、石井先生の授業で、英作、前に板書しなきゃいけないみたいなので、やったときに、うわー当たったと思って、何とか書いたら、石井先生が「いいんじゃない」みたいなこと言ってくださって、それで、なんか意外と英語、気付かないうちに伸びてるみたいな感じで、なんか、それも一つ、なんか、頑張れるきっかけになったんで。θの授業は、予習が大変だったけど、あんま、苦痛みたいなのはなかったですね。

それも結構、石井先生が、前期の本当、最初のほうのθで、なんかもう、とにかく我慢だよ、ストレス耐性みたいなことをおっしゃってて、伸びないからって点数が出ないからって、やり方を変えたりするんじゃなくて、みたいなことをおっしゃってて、それを自分なりに、なんか、遊ぶの我慢するとか、ま、娯楽、我慢するっていうのはもちろんだけど、なんかその、やっても成績上がらなくても我慢してやり続けるみたいな、自分自己流じゃなくて、先生がいいっておっしゃったことだから、多分、効果は絶対あるはずだから、その、成績上がらなくて投げ出したくなっても、いったん、我慢してやり続けるみたいな、そういうことが結構、なんか、自分が我慢、我慢って思えてましたね。

やっぱ、目の前に、いっぱい受か、受かってる人たちを見てる石井先生から言われる言葉って、結構、重いですよね。なんで、もう、θで石井先生がおっしゃったこと、取りあえず、なんか、自分に響いたことは全部書いておいて、なんか自習室で集中できないなってときに、ぱーって見て、それ、あー、やろう、みたいな感じになってましたね。結構、そうですね、11月ぐらいのθの授業でも、多分、みんな今、不安じゃない人はいあに、みたいな、勉強はやればやるほど不安になる、みたいな。不安って向き合うとそれって大きくなるから、目の前の小さいことをつぶしていく、あいまいなことを正確に、知識の確度を上げていけばいい、って。

その不安は合格でしか消えないから、みたいな。そっか、誰も、自信満々で受験に臨める人なんていないんだなって思ったら、まあ、みんな不安なら、まあそうか、みたいな感じで、なんか、逆になんか、すっきりして臨めたので、そういう、結構、一つ一つ、石井先生の言葉は大きかったなって思います。

なんか、絶対的な信頼感じゃないですけど、こんだけ毎年、合格者が出てるんだったら、まあ、そう、そうだんだろうなっていう感じで。

模試やテストの活用はできましたか？

あー、1浪目、2浪目のとき受けてた模試って、返却まで1カ月かかってみたいな感じで。なんか、現状を知るっていうことが、すごいなんか、もう、1カ月過ぎてからだと、もう手遅れじゃん、みたいなことが結構あったので、代官山MEDICALあと、逆になんか、1週間ですぐ結果が出るっていうのは、めちゃめちゃよかったですね、すぐ復習ができて。で、逆に、そうやって毎週毎週、目標があって、またプレッシャーもあるっていうのが、逆に、だれずに勉強できたので、結構それは、よかったかなと思います。やっぱりずっと先の2月とか1月の受験が目標でゴールみたいになると、結構、そこまで1年頑張るのってしんどいから、毎週、毎月、なんか一つ、目標があって、取りあえずそこをいったん、目指してれば、そのまま合格につながるみたいなのがあったので、なんか、頑張る指標みたいなのでは、めちゃめちゃよかったですね。取りあえず本館にいたA3のときは、もう、取りあえずウイークリー10位以内みたいな感じで、全部、そうですね、目標はっきりもってやってましたね。

やっぱ、課したほうが、なんか、ある程度ちょっと、プレッシャーある中で勉強したほうが、なんか、まあいいやって諦めないし、いやでもこれを覚えなきゃって。ウイークリーのランキング載りたいから、みたいな感じで、あんま捨てずに勉強できたかなと。1浪目・2浪目は勉強してても、なんか自分でずっと不安を抱えながらいたんで、リビングにいても黙ってたり、そもそも人と話さないんで、家族に話すようなネタもないみたいな感じだったんですけど、逆に代官山MEDICALのときは、きょうウイークリーで何点だったとか、マンスリーで何点だったとか、そういう話が親とできたし、自分もなんか、勉強してるっていう自信があったんで、成績落ちても、なんで落ちたんだろうって、そこは、なんか逆に、真っすぐに両親と向き合えたかなって思います。

周りの人たちの実力やがんばり度とかは、気になっていましたか？

なんか、3浪っていうのもあったし、他の子たちはみんな1浪・2浪みたいな感じだと思ってたので、当初は。だから、あんまりもう、自分はとにかく3浪だから、1浪生の子たちと同じ受かり方はできないと思って、あんまり他を見ずに、自分が前回からどれぐらい変わったのかっていうことを意識してやってましたね。あと、マンスリーの結果も点数書いて、大問1はなんかちょっと時間かけ過ぎたなとか、文法問題あんま点取れなかったなみたいな。結構、大問、一個一個ごとに、なんか、自分が思ったことみたいなのを全部書いてって。あと、何点、取れなきゃいけない問題で何点失点してるとか、ミスで何点落としてるんだとかっていうのを全部計算して、本来だったら取れた点数みたいなのを出して、そっから、なんか、どうやって、どうやったらこのミスなくせるんだろうとか、なんでこの問題取れなかったんだろうと思ったら、ここに時間かけ過ぎてたからだって気付いて。じゃあ、時間配分、ちゃんと解くまで考えなきゃいけないんだなとかっていうのを、そういうのを、なんか、まあ、1回のマンスリーでめちゃめちゃ分析して、それを次回のマンスリーの直前に読んで、前回こういうことを改善しようと思ったんだなと思って、それで生かして、じゃあ、どれぐらい、それでマンスリー改善されたのかなみたいなのも、またすぐ分析して、ここはできるようになったっていうのを、だからその、マイナスばっかりに目が行きがち、できないことに目が行きがちだけど、結構できるようになることも多いから、そういうのを気付くためにも、自己管理、自分を分析しておくみたいなのは、すごい大事だなって思いました。

いや、でも、本当に、本当に受かると思ってなかったんで、しかも、後期で本当、2浪のときなんて、誰が後期なんて受かるんだろうって、もう。1000人ぐらい受けて、17人とかだから、もう、誰、負け戦みたいな感じで行ってたんですけど。今回は、直前で、直前の対策のときに、ヒラパン(平野先生)が、「もう前期受かったやつもいないんだぞ」って言ってくださって、なんか逆に、そっか、マンスリーでも、あの層いないんだって思ったら、なんか、自分これ、ワンチャンあるって思って、なんか結構、頑張れたんで、そういうふうな、その、直前まで授業があって、本当に試験前日まで見てくださるっていうのは、結構、試験直前、こう、自分の精神が、こう、狭まりがちな中で、結構、そうやって、人と、人が支えてくれるっていうのは、本当に大きかったと思いますね。特に私、2浪目のときは、11月までは普通に、なんか、頑張れたんですけど、12月とか1月とかで、急になんか、もう無理かもしれない、みたいな感じで、本当に心がポッキリ折れちゃって、そこから急に勉強しなくなって、がーって、そのまま全落ちみたいな感じだったんで、そういうふうに、冬期講習とか直前期になっても、1日も、なんかもう途切れずに、講習とかマンツーとかがあり続けるっていうのは、結構、本当に良かったです。大手だと1月なんて、もう本当、空っぽみたいな感じになるんで、そうやって試験の合間にもマンツー入れられてみたいな感じで、先生とコミュニケーション取れるっていうのは本当に、受験中は支えになりましたね。

卒業生が語る

合格への軌跡2023年

WAY TO SUCCESS

東京医科大２次特待合格
岩手医科大医学部２次正規合格
杏林大医学部２次合格
東北医科薬科大医学部２次合格
北里大医学部２次合格
東海大医学部２次合格

ここで、勉強から逃げないで自分に向き合って1年間やれた、集団授業の先生とマンツーマンの先生が同じなのは代官山MEDICALだけ。自分の強み・弱みのデータが先生に蓄積されている。

東京医科大進学　富永 遥さん（白百合学園高校卒）

勝因は、今年の一年、勉強から逃げなかったこと。

去年は1次も一個も受かんなかったので、ちょっと今年はびっくりしました。1次だけで、11校、はい、通りました。2次の合格校が6ですね。11校中6校通りました。いや、自分でもびっくりして。アハハハ。東医は、1次は通ったなっていうふうには自分では思ったんですけど、特待までは行くと思ってなくて。良くて正規の、ま、番号は付かないですけど後ろぐらいかなっていうふうに思ってたんで、見たとき、めっちゃびっくりしました。親は、泣いて喜んでる。アハハハ。はい。昭和はちょっと相性が合わなかった、ま、自分の分析なんですけど、ちょっとご縁がなかったんですけど。東医は問題傾向とかも自分に結構合ってて。で、なおかつ特待で合格できたんで、すごい自分でも満足してます。勝因ってやっぱ、1年間逃げずに真面目に頑張ったことだと思います、はい。前の年は他の予備校で、逃げちゃったというか、で、ここでは、今年は朝6:00から夜まで塾が開いてて、授業も遅くまであるので、代官山MEDICALが家みたいに、もう代官山MEDICALにいる生活が、もう時間割でやるべきことが決められてたっていうことと、あと、友達ができてそれで楽しくて、代官山MEDICALにいたいなっていう気に変わって、そこが多分逃げずに代官山MEDICALで頑張れた理由の一つかなって思います。いつも一緒にいたのは、三村華弘さん(大阪医科薬科大進学：南山高校卒)と、宍戸鈴美さん（関西医科大進学：西武学園文理高校卒）と、あと南彩百合さん(日本大医学部進学：白百合学園高校卒)の4人で結構一緒にいました。みんな4人とも今年、医学部進学、果たしました、よかったです。やっぱりウィークリーとか、マンスリーとかが貼り出されたときに一緒に見て、私何位だけど、友達はもうちょっと上にいるなとか。結構、成績表とかも見せ合ってて、自分はここできてないけど相手はこれぐらいできてるなとかそういう他人と比べられたことで高め合ったと思います。4人で結構私はですけど、結構自分の立ち位置とかを見て、ライバルっていうか、負けないようにしようっていう感じでした。それもあって最初1学期M4でしたけど、最終的に冬ではM3に上がりました。えっと、毎月のマンスリーテスト終わった後はやっぱり4人とかで集まって一緒に丸付けして、ああ、ここ出たのを予測してたのに間違えたわみたいなそういう反省会みたいなのをしてました。はい。やっぱ女の子同士おしゃべりするとステレス解消にもなりますし。

日曜日も代官山MEDICALにきてました、自分の自習席が落ち着いて勉強できました。

英語は苦手だったんですけど、英語が得意な子に毎回休み時間とかお昼休みとかに会うときに「過去問何点だった？」とか聞いて、私これぐらいだったって、英語できる子の点数を聞くのと、あと「どういうふうに今英語やってる？」って聞いてました。できる人のまねをしたほうが成績上がるんじゃないかなって自分で思って聞いて、「毎日、長文読んでるよ」って言われたんで、できる人でも(長文)読むなら自分もやんなきゃできないなっていうふうに思って、英語を毎日やってこれだけやったら大丈夫かなって、ちょっと前向きな気持ちになっていきました。テストになるともう参考書とか見れないじゃないですか、辞書も引けないし、スマホで調べられないし。ああ、もうこれ自分の持ってる力とか知識でやんなきゃいけないなっていう、覚悟っていうか腹くくって、もうこれ解けなかったら落ちるみたいなそういう気持ちで英語を読んでたら意外と読めるっていうか。何かここまで、英語の文の内容が分かったことがないっていうぐらい分かるように受験のときになって、うまくいったかなっていう。授業の受け方は、やっぱり先生が言ってたポイント、黒板に全部書くわけじゃないので、それを聞き逃さないように聞いて。そういうポイントが言われたらすぐ、ルーズリーフの余白とかノートの余白とかに書いて蛍光ペンで塗って、見返したときにそのポイントがすぐ分かるようにっていうノート作りと授業の受け方してました。一つの目安がウィークリーで、ウィークリーの試験の日までに、時間がなくてできないときもあったんですけど、間に合わせるようにっていう目安をつけて、日曜日に、ガッとやるっていう感じで。ウィークリーテストって、範囲決まったりとかしてたじゃないですか、英語の700選はいつも25点取ろうっていう気でやって成績優秀者ランキングに出てました。最初と最後が取れなかったんで、それ以外は25点だったような気がします。なんか英語苦手な分、700選だけは頑張ろうっていうふうに思ってやってました。なんか1カ月単位だとやっぱり途中でだれちゃったりすると思うんですけど、毎週、毎週ウィークリーがあると1週間でリセットされるし。その、新しくやんなきゃいけない目標っていうのが1週間ごとに出されるので、気持ちがだれることもなく、目標見失うことなくできたと思います。マンスリー前には、てこ入れる感じで、苦手なところとかを復習するっていう感じで、日曜日も、代官山MEDICALに来てました。なんか代官山MEDICALだけだと思うんですけど、自分の自習席ここだよっていうのが1年間決まってるのがすごく良くて。静かだし、物も置けるし。隣に、クラスは違うけど顔知ってる子とかしゃべった子とかが座って勉強してると、やんなきゃっていう、闘争心っていうか、そういう気持ちも芽生えたので、すごい自習席が良かったです。

自習室でライバルの勉強の様子やどこを目指してるのかがわかって刺激的だった。

自習室のライバルっていうか、結構朝早く来てるなって、6時ぐらいに来てたんで結構早いなって思うんですけど。寮の子とか結構座ってて、え、もう来てんの？みたいなそういう意識とか。あと、隣の子が来る時間とかになると、もうそろそろ来るなみたいな、そういう何て言うんだろう、隣の子のスケジュールも分かるぐらいなんか、そんな感じ。自習室で、ノートとか開いたまんまにしてると、あ、この子こういうことやってんだとか。あと、付箋とか見ると、なんかどこどこに受けるとか、そういう何ていうか、目標とか、あとここは間違えないとかそういうのとか貼ってあってちょっと見て、あ、そうなんだみたいな。そういう意識をもってやってました。人から学ぶことができるチャンスいっぱいあった感じですね、はい。私ちょっと恥ずかしくて、ここに受かりたいとかは貼ってなかったんですけど、英語で間違えたところの付箋とかは貼ってました。あと、時間割とかそういう類いのものは貼ってました。ペン立てとかも置いたり。アハハ。なんか、本立てるやつも置いたり、いろいろ置きました、カスタムして。卒業するときにはちょっと、こう、寂しかったんで、(自習席の)写真撮りました。アハハハ。形が残んないんで、写真に収めようと思って。それぐらい思い入れがあるっていうか、そうですね。一番人生で勉強頑張った1年です。

受験校は、面談で最終蹴ってしました。

まず、自分で受けようと思ってるところを蛍光ペンで引いてお母さんに見せて。お母さんここ受けたほうがいいんじゃないみたいなのはあったんですけど、最終決定は、石井先生との三者面談のときに君はここ受けるの？みたいなとか、ここは受けたほうがいいよとかいう相性を決めてもらってアドバイスを受けて決めました。面談の時に、なんか（受験日程の）1週目に、ぜんぜん受験校入れてなかったんですけど、受けとかないと鈍っちゃうよっていう石井先生のアドバイスがあって、岩手と東北医科薬科を追加したんですけど。その追加したことで、なまらずに次の週の受験も迎えられたので良かったなって思います。1浪目までは、一回も1次通ったことがなかったんで、こんなに1次通れるんだっていうのは、結構、気持ちの切り替えとか前を向くっていうことに、きっかけっていうか、力になったと思います。

小論文も結構伸びた、20点から75点まで伸びた。

小論の授業のヒロ(高橋浩先生)さんの、その、小論書くときのフォーマットみたいなのがあるんですけど、そのフォーマット、書き方を覚えられたっていうのがすごい良くて。もうそのやり方で全部小論書けるし、夏から面接対策っていうか、小論の授業で面接の対策っていうのをやってて、それがすごく良かったなっていうふうに思います。代官MEDICAL来て初めて小論の書き方始めて。4月の小論とかめっちゃ悪かった。25点とか。あ、20点ですね。盛りました、盛りました(笑)。11月のマンスリーで75点。そうですね、結構伸びたと思う。自分でも思います。

真剣に取り組んで量をこなせばどうにかなるっていうか伸びる、はい。質だけ重視してて量をやらないと問題慣れっていうのができないし。量だけやっても、丸付けとかだけで終わらせると、その間違い何度もするんで、そのバランス結構大事だなっていうふうに1年間通して思いました。

計算ミスは、ま、人間なんで。エヘヘヘ。

するんですけど、なんか4月の初めの授業のときに薄先生が、計算毎日やれっていうことで、夜間(演習)の計算を前期テキストあったじゃないですか。それの積分のところを、1学期の間、朝早く来て、15分って決めて、解くようにして。積分の計算が結構鍵なんですけど、受験って。そこで鍛えられて、後期とかになって、数学できる子よりも遅く解いてるけど答えが合うのが早いっていうそういう計算の、計算が、ぴたって合わせる力が付いたかなって思います。なんかこうしたほうがいいよっていう、計算ミスはしないほうがいいよってアドバイスだけだと、どうしていいのかが分かんないんで、明確に何々をやればいいとか、この課題やれって、与えてくれたんですごく良かったと思います。数学はそんな感じで、あと前期のテキストは5回もやらされて。数学の授業で、少ない解法で網羅的な、たくさんの問題を解けるようにするっていう、知識詰め込み方じゃなくて、この公式をどういうふうに、どんな範囲まで使えるかみたいなそういう教え方っていうのを薄先生から教えてもらえて、いつも一番前で授業を受けてたんで、あと、単純に面白い先生。アハハハ。なんか先生って、ま、声大きい人もいると思うんですけど、一番薄先生、声大きくて笑い方も豪快で。あと、生徒との距離も近くて、なんか問題早く解けたりしたら、「あ、できてんじゃん」みたいなそういう会話っていうか、声掛けてもらうのもうれしくて。どんどんもう食い入るように授業受けてました。私もらわなかったんですけど、直前期に、薄先生が配っている数学の過去問50選みたいな、これを受験前までにやるともう君は合格だ、みたいなプリントがあるんですけど、そのプリントをもらって。全部はいかなかったんですけど、友達と解いて点数とか見せ合ったりとか、先生に持ってって分かんないところとか聞いたり、そういうプリントはもらいました。

物理もマンツーマンとったおかげで、結構伸びました。

物理は、野村先生が好きでした。マンツーも取ってました。なんかクールそうに見えて意外とちょっと変なことっていうか、面白いことを時々言うところが好きでした、はい。アハハハ。なんか先生ってそんなこと言うんだっていう感じで、笑うんだとか、簡単な問題を解法をパッて思い浮かべられるぐらい、量をこなすっていうのと。あと公式だけ覚えるんじゃなくて、どういうときにこの公式使うとかそういう背景、使うまでの道のりっていうのを結構覚えてインプットすると物理って結構伸びたかなって思います。

ケアレスミスの改善にも先生からのいろいろなアドバイアスが役立った。

1学期M4で、夏でM5で1個クラス下がりました。5月のマンスリーでとんでもない偏差値50を少し切るっていう、49.7になった。で、それで6月でカバーしようと思ったんですけど、そこまで良くもなく、5月のマンスリーで得意だった物理の凡ミスっていうか、大文字で書かなきゃいけないところ全部小文字で書いて1問全部落とすっていうのがあって、それですごい悔しい思いをして、どうにかって6月頑張ったけど駄目でM5。ウフフフ。なんかもっと頑張っとけばよかったなってちょっと思いました、下がったときは。思うように頑張らなかったときっていうのを経験して、報いを受けるって言っちゃあれだけど、結果を受け入れると同じ間違い絶対しないようにと思いますよね。物理で、大文字を小文字で書いたっていう間違いをしたので、それからはもう式で使う文字とかには文章、問題のところに丸付けて、見直せるようにっていうか、意識できるように自分でしました。絶対間違いない。そうした後のほうがその意識っていうのが高まるし、もうミスをしないっていうふうに工夫もします。マンスリーの物理とかの解法でそのミスしちゃったときは結構気にしました。得意な教科だけに。数学でも平野先生とかは、よく先輩たちがミスしてきたところとかを授業中に言ってくれたり、あと、薄先生は、式を書くときにこういうふうに書けとか、計算するときはここをいったん計算してからとか、そういう問題の解法だけじゃなくて、その計算の仕方とかそういうふうに得点につながることも教えてくれました。

代官山MEDICALで1年やるにあたって。

まずは勉強から逃げないで自分に向き合って1年間やること。あと、授業の復習をするときとかには、ノートとかって結構大事だと思うんですけど、板書だけを写したノートじゃなくて、見やすさを改善したりとか、その時、その時に、先生が言ってたアドバイスや枝葉抹消な知識も書くスペースを作ったりとか、復習に力を入れるのと、あとは、マンスリーテストの、その一回一回の結果で落ち込んだりしないで、それをばねにして前に進む力っていうのが大事だと思います。結構、自分も上がったり下がったりの成績だったんで、結構、一喜一憂してたんですけど。ま、でも、友達としゃべったりとか、先生にどうしたらいいとか聞くことによってそういう気持ちを前向きな気持ちに変えられたので、やっぱりそこでウジウジして1カ月たつよりは、そういうふうに早めにすっぱり、立ち切るってわけじゃないですけど、そういうふうに前に向ける方向にしていくっていうのが大事かなっていうふうに思います。時間も少ないんで。毎回、毎回マンスリーの成績表、先生に見せてると、どこができてどこができないなとか苦手かなっていうのが、だんだんデータが積み重なってくと現れるじゃないですか。それで結構、自分が苦手だっていうところとかは先生に把握してもらってたかなって思います。

卒業生が語る

合格への軌跡2023年

WAY TO SUCCESS

東京慈恵会医科大２次合格
順天堂大医学部２次合格
自治医科大医学部２次合格
日本医科大２次合格
北里大医学部２次正規合格
東邦大医学部２次正規合格

寝てるとき、数学考えてるもん。
きょうの夢、数学、なんか解いてたわって、
朝起きて。やっぱ、全部かなぐり捨てて、
勉強一心になるっていうのが多分、
強かったんだと思う。

東京慈恵会医科大進学 鋪屋 瑠美さん（頌栄女子学院高校卒）

卒業生が語る

合格への軌跡2023年

WAY TO SUCCESS

東邦大医学部２次合格
東京女子医科大２次正規合格
獨協医科大２次正規合格

本当に、絶対受かりたい、
それしか考えてなかったです。
ずっと受験のこと考えて、本当に、もう、
受かることしか考えてなかった。

東邦大医学部進学 榎本 由香さん (Walnut Grove Secondary 卒)

鋪屋：鋪屋瑠美です。進学先は東京慈恵会医科大学です。1次合格をいただいたのは、北里、杏林、日医、順天堂、慈恵、自治医科、東邦、昭和です。えっと、2次合格をいただいたのは、北里大学、日本医科大学、順天堂大学、東京慈恵会医科大学、自治医科大学、東邦大学です。

榎本：榎本由香です。進学先は東邦大学で、1次合格は、埼玉医科と東邦と獨協と女子医で、えっと、正規をもらったのは、東京女子医科大学と獨協医科大学で、補欠が東邦です。フフフ。

現役突破！、頑張り切ったなって。

鋪屋：いや、思います。でも現役で受かることしか正直、考えてなかったので、こうなってくれてうれしいし、本当にすごいのは榎本さんのほうなので。

榎本：いえ、でも私自身は、現役でも、年齢は実際1個上だから、もうなんか、1回浪人したら、もう、一気にそこで2浪になっちゃうじゃないですか。ハハハハ。

鋪屋：現役生の子だけで、この間、みんなでご飯行きました。長尾君(長尾快作：帝京大医学部進学：巣鴨高校卒)、原口さん(原口果子：東京医科大進学：雙葉高校卒)、安藤結ちゃん(帝京大医学部進学：東京女学館高校卒)と、榎本さんと私で、5人で、代官山MEDICALの(合格者)座団会の後に、ご飯行きました。あと、伊藤沙桜ちゃん(昭和大医学部進学：田園調布雙葉高校卒)ともご飯。みんな、お互いのことよく分かってるし。意外と絆、生まれたよね。

現役だけど朝6時に来てました！

鋪屋：朝6時に、毎日来てました。アハハ。約束どおりで。でも、6時に来始めたのは高3になってから。高3に上がったときとかに…。

榎本：すご過ぎる(笑)。

鋪屋：取りあえず1週間、毎日、2週間だけでいいから毎日来てって言われて、2週間来たら祝ってやるよみたいな、言ってもらって、で、ま、2週間来て、1カ月来て、みたいな感じで。閉館日以外は毎日いたかな、朝から夜までいたかなって感じかな。うん。

榎本：すご過ぎる人だ(笑)。

鋪屋：6時に来て、7時半までやって、で、7時37分とか電車、乗るんです。間に合います。8時に(高校の)朝礼なんですけど。間に合います。7時37分に山手線乗って7時55分に着いて、まあ、めっちゃギリギリ。何回か遅刻しました。

榎本：瑠美ちゃんが塾から学校行くときに、私が駅から塾に向かって、坂を上ってると、フフフ、瑠美ちゃんと会って、おはようございますみたいな。

鋪屋：ハハハハハ。

榎本：んで、めっちゃ罪悪感なんですよ、あー、瑠美ちゃん、もう勉強終わってんだーと思って、私、これから。

鋪屋：そう、7時半、ハハ、7時半に終わって、33分とかにそこの坂歩いてたら、下から上がって来るんですよ。

榎本：え、でも、直前はちゃんと私も来てました(笑)。

自分よりも他人が努力してることが怖くて、なんか、ずっとやってた。

鋪屋：…かな。確かに、ずっと焦ってたかもしれない。この間、母親にも言われたんですけど、なんか、一回もたるんでなかったよねって言われて。だからそれ、なんでだろうって思って。私、結構マイペースな人で、受験がなかったら家で一日中、寝てられるような人なんですけど、でも、毎日、自分をたたき起こして毎日来てたのは、確かに焦ってたのかもしれないなって。なんか、このままだと受かんないとか、いい所行けないとか、日医以上行けないとか、なんか、誰かが自分より今、頑張ってるかもしんないとか。そういう気持ちだったのかなって思います。

榎本：周りは対浪人生ですよっていう中で、どこかでやっぱ、自分は他の人よりもやんなきゃなみたいな、めっちゃありました。しかも、私はあっちの高校だったんで、もうすでに1周遅れみたいな。最初、授業入ってみて、全く分かんないんですよ、ベクトルとかが…。ベクトルって、ベック、なんだっけ、ベクターのことだったんだみたいな。

鋪屋：アハハハ。

榎本：なんか、手挙げて、薄先生に「何にも分かりません」つって、みんな、ざわざわみたいな。夏期講習のとき。

鋪屋：覚えてる、覚えてる。ハハハハハ。

榎本：で、なんか、「分かんない人、手挙げて」って言うじゃないですか。で、「はーい」つって手挙げたら、早過ぎて、え？みたいな。そういうレベルだったんで。私、A8入ってたんですけど、現役の授業の前に、昼間、浪人のクラスにも入ってて、はい。でも、

なんか、うち、この塾で、浪人生だと、A8って下のほうじゃないですか。だから、A8のクラスの勉強量してたら、なんか、やばいな、って思って。ああ、もっとできるようになりたいとか、あんまり、あの、こんなこと言っちゃ悪いけど、A8の人をライバル視はしてなかったけど。え、言っちゃった。フフフ。

鋪屋：いいんじゃない。

榎本：この人たち。この人たちに負けるわけないじゃんって言いながら頑張ってましたけど、毎日、朝は頑張ろう頑張ろうって思うけど、塾帰ってくると、ああ、今日も駄目だったみたいな。来年、浪人すんの？もう一回、やりたい？ちゃんと考えたら？みたいなことを、結構、家では、親に厳しいこと言われてて。そういうのいろいろ考えてたら、病んでたってわけではないけど、不安で、もう、本当に、絶対受かりたい、それしか考えてなかったです。でも気が折れなかったがおっきいっていうか、ずっと受験のこと考えて、本当に、もう、受かることしか考えてなかった。

鋪屋：分かる。なっちゃうよね。めっちゃ分かる。頭の中でさ、寝てるとき、数学考えてるもん。きょうの夢、数学、なんか解いてたわって思うよ、朝起きて。

榎本：なんかもう…、逆に、何もしないとなんか涙出てくる。

鋪屋：出てくる、分かる。何してんだろう私、みたいな。私、自習室で毎日、泣いてたもん、泣いてた。

負けず嫌いかな、人に負けたくないみたいな。2号館で、唯一最後まで残ってた、もうなんか、すごい人いたじゃないですか、四ヶ所(四ケ所 葵：横浜市立大医学部医学科進学：湘南白百合学園高校卒)とか、押久保君(押久保勇斗：日本医科大進学：芝浦工業大学附属高校卒)とか。ま、かなわないのは分かってたんですけど、それでも、やっぱ食らい付きたいっていうか、最後は私が勝ってやるみたいな。いや、まあ、一番目標にしてたのは、先輩の、やっぱ宮永さん。慶應に行った宮永さん(慶応義塾大医学部進学：青山学院高等部卒)。私が、6月ぐらいに、普通にヒラパン(平野先生) と話してて、私、「現役で一番いい所行きたいんですよね」って言ったらヒラパンが、「理三だろ」って言って。ハハハハ。えーみたいな。私、古典できないしみたいな。「私立で」って言ったら、「じゃあ慶應だろ」って言って。日医に行きたいと思ってたけど、そこで初めて慶應って文字が、慶應、慶應って。慶應を目指すんだっていうことを言って、そこでもう、じゃあ、ヒラパンと慶應、目指そうって言って。どういう生活してたかも周りに聞いたりして、で、それが一番モデルだったのかな。

現役生は、夏ぐらいにちょっと跳ね始める。

榎本：私、最初のマンスリーで、化学4点と物理3点だったんですよ。フフフフ。ひどいでしょう。

鋪屋：いや、だってさ、最初、覚えてるもん。私、榎本さん最初に見た授業、化学なんですけど、化学の授業で一番前、座って、そこで、「アンモニアってなんですか」みたいな。なんか、周りの時が止まったんですよ。え？みたいなハハハ。

榎本：フフフ。全く覚えてない。化学は、もう、頑張っても分かんなかった。なんか、最初なんて、小林先生に、いちいち、H2SO4、これは何て読みますかとか。HCl はなんですかみたいな。めっちゃ質問行ってました。バカが過ぎるって。

鋪屋：やばくない？

榎本：でも、そんとき思ったのは、なんかそんとき、授業でやったのそのままテスト出てたんですよ。繰り返しやって覚えたてたんで、で、そしたら(ランキング)載っちゃったんですよ。フフフ。で、それを…、中村先生に言ったら、いや、大丈夫、テスト、受験なんてやったことしか出ないから大丈夫だよって言われて。じゃあ、やることをやるべきことちゃんとやってれば、載れる、載れるってことは、Mの人とかと、まあ、別に、めっちゃ大差あるわけではないんだなーっていうのはそこで感じました。

鋪屋：なんか、現役生が、ちょっと夏ぐらいに跳ね始めるじゃないですか。覚えてたのが、安藤さんが急に数学で3位取ったりとか取って。そこでマジへこみしちゃって。ガチへこみですよ。メンタル爆死だったもん。なんか、本当に、あ、私、駄目なんだと思って。なんか、もう、5時に起きてたし、5時に起きて、勉強してたし。なんか、何が駄目なんだろうみたいな。分かんなくて。で、夏休みはもう、ずーっとへこんでたし。へこむけど、でも、毎日、頑張んなきゃいけないし、あ、でも、回復したきっかけで言えば、10月かな。10月にマンスリーで跳ねたんですよ。爆跳ねして。いけるって思って。昼ごはんも、5分で食べて、昼休み自習室戻るみたいな。ごはん、全然、満喫はしないで、時間が惜しいから、どれだけ短縮できるかみたいな感じで、前の『(合格への)軌跡』で言ってる人もいたけど、もう買う物はルーティンで決めてるから迷わない。やっぱ、全部かなぐり捨てて、勉強一心になるっていうのが多分、強かったんだと思う。それは、浪人生でも、できてる人とできてない人、やっぱいるわけなので、それが結果につながったんだろうなっていうのは、今、思うところなのよ、その積み重ねで、うん。うち(の高校)は、本当に10人ぐらいしか医学部、目指してなかったし、お互い医学部、目指してるの隠してるし、みんな、そう、隠してて。でも、まあ、内心、分かるから、ああ、医学部だろうなみたいな。分かるから、ライバル視してて、そこではもう絶対、仲良くしないんですよ。

村上先生が、「鋪屋ちゃん、課題は？」みたいな。えーみたいな。

鋪屋：どうしても立体図形が駄目過ぎて、なんかもう、人間じゃないって言われてたんですけど。ハハ。人間じゃないぐらい感覚がなかったから、それで村上先生に、「毎日、課題持ってきて」って言われて。村上先生のすごいところって、休み時間もフルに使って、ずっといてくれて、課題の分もくれるの。すごいの。本当に、もう本当にすごい。村上先生は、待ち構えてて、たまに２号館の入り口で、私が「はー、疲れた」って言って出ようとすると、なんか手出してて、こうやって出してて。なんか、「課題。課題は？」って、「鋪屋ちゃん、課題は？」みたいな。えーみたいな。「ちょっと、明日、すいません」とか言って。そう、ハハ。その日中に、結局、持ってくとか。うん、急かされて、急かしてくれた。村上先生そんな感じで、直前までずーっと見てくれてて。で、大丈夫だよって励ましてくれて、鋪屋さんなら大丈夫だよみたいな、鋪屋さんにできないことはないみたいな。言ってくれて。そう、まあ、それは励みになったかな、最後は。でー、まあ、やっぱ、ヒラパンなんですけど、最初の授業、新高３の１月の０学期の最初の授業で、一番目の席に座ってって、ヒラパンが当ててくじゃないですか。授業中に、もう、当ててくんですよ、目、合った人。で、それで一番最初に当てられたのは私で。で、あのー、「数Ⅲで一番難しい分野、どこだと思う？」って言われて、「２次曲線ですか」って言って、「あ、正解」みたいな。正解って言われてから、なんか、指されるようになって。で、そっからずーっと面倒見てもらって。で、日医に行きたいです、慶應行きたいですって言って。で、まあ本当に、最後まで一番、最後まで、慶應に鋪屋は行けるって信じてくれてたのは平野先生で。平野先生の魅力を一言で言うなら、みんながなんでヒラパンヒラパンって言うんだろうっていうの、そう、全肯定。なんか、誰でも、みんなを全肯定するわけじゃないと思うんですよ。ちゃんと信じてくれてたから全肯定してくれてると思うんですけど。みんなが、ヒラパンのこと好きなの。で、多分、ヒラパンの、その、引っ張ってくれるパワーというか、やっぱパワーがある先生じゃないですか。すごいパワーがあって、で、あ、この人、なんか信じていいかなって思わせる魅力があるんだと思います。私も多分そのパワーに惹かれた人だと思うので。本当に、本当に支えてもらってたかな。本当に感謝しかない。本当に、私が慈恵に行けたのはヒラパンのおかげかなって思います、私は。ハハ。

榎本：泣いちゃう。

鋪屋：アハハ、泣いてください、ヒラパン。受かったの、ヒラパンのおかげなんですっていうのは。

これから頑張る後輩たちへのアドバイス。代官山 MEDICAL をどう頑張るべきかとか。

鋪屋：代官山 MEDICAL は、そう、なんか、みんなが勉強してるところ見れるってのが、すごいいいんですよ。

周りををライバル視して、なんか、お互いがいい相乗効果生んでるからこそ、まあ、そういう刺激を取れたんだろうなっていう、この人は何時に来て、どれぐらい勉強してて、何時に帰るんだっていうのが分かるんですよ。で、みんな医学部志望だし。そうすると、そう、周りからも自分はそう見られてるはずだから、なんか、適当に、きょうこれで帰ろうかな、にはならないってことだもんね、そういう意味では。

榎本：あんな、帰るやつに負けたくないなーって、心持ちとしては、もうなんか、メークとか髪型とか考えないぐらい、受かるしか考えないレベルで、瑠美ちゃんがずっと制服しか着てなかったレベルで。お洋服とか、おしゃれ付いてる場合じゃないし。もうなんか、受かることだけ考えたら、多分、なんかだんだん行動が変わってくると思うし、ご飯とかも時間が短縮して…、あと、先生を、せっかくこんな、たくさん聞いても、なんでも教えてくれる人がいるから、本当にありがたいっていうか、あの、バカな質問でも。もう何でも、詰まったら聞くのと、あと、よく思うけど、なんか、バカぶる、なんつーの？何だろう、天才ぶらないこと、頭いいぶらないことって、多分、大事で、おごらないことっていうか、すごい大事で、謙虚に。謙虚な医者がいい。

鋪屋：うーん。鋪屋的には、なんだろう、私なんて頭良くないとか、私なんて別に、医学部に、いい所に行けるような人じゃないって思ってる人にこそ、私みたいに、がむしゃらにやってほしいなって思う。例えば、１列目に毎回、座ってやろうとか。そのー、誰よりも早く学校から帰ってきてやろうとか、朝は別に無理はしなくていいと思うんですけど。誰よりも長く勉強してやろうとか、この人に絶対とか、何でもいいと思うけど、自分だけのものを決めて、その信念持って、曲げずに、みんなに笑われてもいいと思うから、もうなんか、あいつ本当きもいよなってぐらい、勉強を１年間だけ頑張ってほしいなって思います。

卒業生が語る

合格への軌跡2023年

WAY TO SUCCESS

獨協医科大２次正規合格
埼玉医科大前期２次合格

代官山にいる人たちは、自分でやれる人っていうのはなかなかいないんで、本当、大学に行けば自由になれるんで、取りあえず1年だけ束縛されましょう（笑）

獨協医科大進学　松田 弥君（成蹊高校）

卒業生が語る

合格への軌跡2023年

WAY TO SUCCESS

獨協医科大２次正規合格
東北医科薬科大医学部２次合格

ともに医学部を目指すライバルを倒すために、ゲームとか、そんなことやってる暇ないんでっていうのは思ってましたね。

獨協医科大進学　大森 正太郎君（佐野日本大学高等学校）

先生方の授業がやる気を与えてくれた。

松田　松田弥です。出身高校は成蹊高校で、進学先は獨協医科大学です。

大森　大森正太郎です。出身高校は佐野日大で、進学先が同じく獨協です。

松田　いろいろ振り返ってみて、一番、やっぱ印象に残っている授業は、やっぱ石井先生の授業です。θの授業って、「前1、2列に座ってるやつ、やっぱ合格するよね」とか、よくジンクスでいわれているので、僕は2列目の通路側に座ってました。もう、ほぼ毎授業、当てられてましたね。もちろん、その英語の授業もそうだけど、勉強に対するモチベーションを最初の雑談というか、そこでもらうんですよね。「あ、頑張らなきゃ」っていう気持ちになるというか、よい刺激をいつも与えてもらっていました。

あと石井先生に直接授業してもらえるというのと、大人数のクラスだから緊張しちゃってたから、心臓ばくばくしながら頭、フル回転して、少ない知識で頑張って答えようとしてましたね。それがよかったっていうのもありますね。答えられたときは、めっちゃ褒めてもらえたんで、すごく頑張れましたね。

大森　僕は、深瀧先生の授業が印象が強烈に残ってますね。初っぱなの授業から当てまくるんですよ。最初に答えられないと悔しいじゃないですか。それで、生物は頑張れたなっていう。一学期が始まる前の春期講習で生物のテキストもらって一生懸命やってただけど、それでも全然答えらんなくて、そこで生物、頑張んないとって思えたきっかけでしたね。

深瀧先生だけじゃなくてどの先生も生徒の反応を聞くような授業が多かったですし、どの先生にしても、僕が分かってないであろう所を的確に授業で当ててくれて、そこはすごいありがたかったなって思います。

先生方がくれる課題は相当多い。けどそれだけこなせばしっかり見返りがある！

松田　1コマ80分っていう時間が、今、振り返るとめっちゃ良かったなと思います。大学の授業は1コマ60分なんで、めっちゃ短く感じるんですよ。80分っていう時間だと、授業を受けて、その授業内容を復習する時間もその中には含まれていて。自習室で復習する必要がないって言ったらあれですけど、復習も授業内で済ませるような指導をしてもらえる時間の使い方が僕に向いてたのかなと思います。自分でやれよって、ほっぽり出されると、やっぱきついんで、「何をやりゃあいいんだ」みたいな感じになっちゃうから。

大森　あと大学生になって朝来て自習するっていうのがなくなったんで、今になってありがたいと思うようになったのは、プリントをたくさんもらえたことですね。毎朝ほとんど三井先生のマンツーマンでもらったプリントをやってました。量が多かったんですよ。ファイルがめっちゃ分厚くなって。1年経つとその分厚いのが二つ、ばんってできたぐらいなんで（笑）ノートも何冊使ったか覚えてないけど、相当使ってましたね。おかげで化学はすごい伸びました。やっぱり「これをやっておけ！」みたいなのがないと勉強しませんし、成績も伸びませんよ（笑）

松田　それでいうと僕は、生物が初学だったんですよ。もう、最初が本当に大変だったんで。とにかくマンツーマンで、もうゼロから教えてもらって。めちゃくちゃ簡単なところからやってもらって、プリントもたくさんもらって。でも、最後の12月の模試で偏差値60いったんですよ。やっぱり先生がどういう順番でどれだけプリントこなせばいいか分かっててくれてるから、それにうまく乗っかってここまで成績伸びたんだなって思えますね。

ほとんどの人が、生物とか物理って高校からやってるわけで、浪人始めるにあたって、僕よりも知識が多いのは間違いないわけで。そういう意味では、浪人になってから僕みたいにゼロベースから勉強を始めた学生みんなに希望を与えられるかなと思ってますね。（笑）

あと工夫としては、分かんないところがあったときは、すぐ質問に行くんじゃなくて、取りあえず自分で考えるということをしてましたね。自分で教科書や資料集だったり見てから。それでも全然、分かんなかったら質問しに行く。僕の場合、本当、教科書開けば全部分かんないことみたいな、そういう感じだったんで（笑）あと、自分で難しい問題を考えたときに、いろんな資料集とか見てる間に、「あ、これはここにあったんか」みたいな思いがけない発見で学べるみたいなのもありましたね。

大森　僕は結構すぐに質問に行ってたほうですね。一応、自分なりに考えてからにはしてたんですけどね（笑）　マンツーの先生だからってわけじゃなくて、授業で教わってなくても、いろんな先生の所に行ったりしてましたね。先生がいるスペースがあって、そこに行けばとりあえず質問できる環境があって、クラス関係なく、科目さえ一致してりゃあ、その先生に聞きに行けるし、どの先生も気兼ねなく答えてくれてっていうのが他にはない代官山MEDICALで良かったなって思えるとこですからね。

苦手科目があるならマンツーマンで対策すべき

大森　マンツーマンで、生物は深瀧先生にすごい鍛えられてましたね。なんか技術力をアップしてもらえたみたいな（笑）知識は、単科の授業でもらったプリントをめちゃくちゃやって、入試の日までずーっと、ぐしゃぐしゃになるまで読み込んでましたね。で、知識はそれでいいんだけど、記述面とかの技術面を主に深瀧先生はアップをしてくれたかなっていう感じでしたね。先生がそういうバランスになるようにうまく指導してくれてました。

松田　僕はマンツーマンは、生物は1年間取ってましたね。1学期が赤松先生で、夏以降からは石原先生。習い始めの赤松先生がきれいな絵を描いてくれて、ものすごいイメージしやすかったですね。初学の自分にはありがたかったです。で、石原先生にはプリントをもらいまくりでしたね。だから、最終的には自習席に4センチぐらい生物のプリントがたまりましたね。本当にいい意味でめちゃくちゃ距離が近くて、めちゃくちゃ基本的なことで気軽に質問できるし、直前期になると、「あれ、こんなのもできないの？」みたいな感じでいい感じにあおってきてくれるし（笑）

数学は村上先生、真中先生、佐藤祐先生の３人の先生に担当してもらって。教え方とかも変わるから、良くないかなと最初は思ったんですけど、今考えてみるといろんな先生に巡り会えたからこそ、いろんな解法を学べたという点でよかったなぁって思えますね。

大森　僕も同じ感想ですね。村上先生とかなんかテクニックを教えてくれるタイプ。真中先生は本当にもう取りあえず手で書いてみる、そういう感じのタイプ。(佐藤)啓寿先生も。僕は、啓寿先生に習ってたけど、先生のお手製プリントを解きまくってました。「こういう分野が僕、苦手なんです」って言ったら、その分野の簡単なものから難しいものまで全部、用意してくれて、それで数学は伸ばせたんかなって思いますね。

英語は三ツ橋先生で。過去問を使いながら、文法、長文、記述まで一応、全部やってもらってました。一番伸びたのは文法かな。過去問を通して、こういうふうに出てるんだよっていうのを示してくれて。「こういうふうな出題なんだ」っていうのを理解して解いたら、解くスピードというかが格段に上がったなっていう。受験本番でも「悩まずにこれ！」っていうのが何問かあって、その余った時間を長文に回せるっていうのが受験でうまくいった要因ですかね。

松田　僕の場合は英語のマンツーマンは田中良平先生で。本当にもう、基礎の基礎からやってもらったんです。高校で本当、文法の『ぶ』の字もやってもなかったから。そこは本当に２回でも３回でも同じところをやってもらって。もう質問しまくって。柔軟というか、本当にいろんな分野に対応してもらってるなっていう気がしてました。

モチベーションの維持するため、落ち込んだとき、やる気が出ないときにどうするか。

大森　モチベーションの維持のためにライバルを作ってましたね、同じ英語クラスで、中澤さん（中澤すみれ：東京医科大学進学：雙葉高校卒）がやっぱ一歩、飛び抜けたから、中澤さんを目指していたっていうのもあるし、あとは、同じ生物選択として齋藤（齋藤優希：東北医科薬科大学進学：逗子開成高校卒）も。彼は別格っていうぐらい自分とは差があったんですけど、その彼をライバルというか、目標として追い抜いてやるって思って頑張りましたね。結局、追い抜けなかったんですけど（笑）

他にも大野さん（大野眞理子：日本医科大学進学：東邦大付属東邦高校卒）とかも。目標というかライバルというか、こういう人たちが受かるんだなっていうのが、ある程度目標になってたんで。ライバルはつくったほうが、モチベ維持っていうか。だから、勉強に集中できましたよね。ライバルを倒すために、ゲームとか、そんなことやってる暇ないんでっていうのは思ってましたね。

松田　僕なんかは、本当に何にもやる気ないときとかは、一番好きな数学だけやってましたね。取りあえず勉強からは離れないでおこう、勉強するにはもう数学だけやってこうみたいな気持ちです。あと生物も、生物もゼロスタートだったから。勉強してみると本当めっちゃ面白いなって気持ちに最後の方はなってきてたんで。資料集とか、休憩時間ずっと読んでました。とりあえずやっぱ勉強から手を離さないように、とりあえず自習席に座っとこうみたいな。席を立たないという意識でやってました。そういった点で自習席が与えられてたのはありがたかったですね。自習席座れば、まわりのみんなも勉強頑張ってるし、自分もやらなきゃなって気持ちになれましたからね。

大森　僕はやる気が出ないときには、先生とか友達と話すっていうことをしてましたね。何だろうな。自分で「何で落ち込んでんだろう？」っていうのを考えてから、それを聞きに行ってましたね。「どうしたらいいの？」ってだけの質問は、先生たち困るだろうし、勉強しろとしか言われないでしょうしね（笑）だから、話をしに行くっていうのは、何て言ったらいいんだろうなぁ、自分がこうすれば伸びるんじゃないかみたいなものを確認しに行く感じだったかなぁ。あと、話をしている中で、どこが分かってないっていうのを先生たちが理解させてくれるから、そういう部分でも話にいってよかったですね。本当どの先生でも話を聞いてくれてありがたかったです。

２人の思う受験成功の要因とは？そして後輩へ向けて。

松田　東北医科薬科の生物の問題でちょうど１週間前のマンツーマンで教えてもらった問題が出て。三点交雑の遺伝計算の問題なんですけど、あれは運がよかった（笑）

大森　僕も多分、同じ要因で受かった気がしますね。まぁでも、運がよかったっていう言い方より、医学部に熟知してる先生方が教えてくれるものだから、入試問題で出る可能性が高いってことなんだろうとも思いますよね。聖マの入試でも、植物の問題が出て「え？それ、そのまんま緒方先生のプリントのやつじゃん」ってなってましたし。もちろん勝負の運は絶対あるけど、限りなく運の要素をたぐり寄せられるようにって、先生がすごいしてくれてたんだなっていうのは感じますよね。もっと当たる確率を増やすっていう。

松田　だからこそ、授業を休まないってのが、めっちゃ大切って思いますね。ほんとはめっちゃ休みたかったんですけど（笑）自分で言うのもあれだけど、どんなに落ち込んでても勉強から手を離さなかったことを、授業は休まなかったことを、言われた時間、ムラはあるにせよ守ってはいたということ、その約束は、ある程度ちゃんと守りながらやってたって。代官山MEDICALの言う通りにやってたって思えますね。そこだけ胸張って言えますね。それができたから今があるって本当に思えてますね。

本当、大学に行けば自由になれるんで、取りあえず１年だけ束縛されろって後輩たちには伝えたいですね。縛られたらやるし、縛られなかったらやらないでしょみたいな。今まで、縛られないとこ、T進に行ってたんで（笑）

大森　同じくＫ塾だった（笑）代官山MEDICALにいる人たちは、自分でやれる人っていうのはなかなかいないんで。だったらもう、ここに来るんだったらね、その覚悟で縛られたほうがいいだろうと思いますよね。親御さんとかも、そういう気持ちで、送り出してるはずなんで。すごいマンツーとかもめちゃくちゃ入れまくって。その都度、親に「ありがとう」って思ってましたね。

松田　そうだね。いやー、親にはほんと感謝だね。

卒業生が語る

合格への軌跡2023年

WAY TO SUCCESS

日本医科大後期２次正規合格
東海大医学部２次合格
東北医科薬科大医学部２次合格

勉強に対してこんなに自分とちゃんと
向き合ったことがなかった。
もちろん医学部に受かるために
勉強してたんですけど、人生で
初めて自分とちゃんと向き合えた。

日本医科大進学 清水楽詩君（成蹊高校卒）

高校の時、自分の周りはみんな不登校みたいな…。

多分、一番勉強しました、人生で…。なんか2号館に移動するじゃないですか、継続して、2号館に移動してからずっとやってました。最初は、もうなんか、何したらいいか分かんないみたいな状態だったので。それでこう、先生たちから具体的に、どんな勉強すればいいのかっていうのを教えてもらって。で、やっと1年目終わった後に、自分でどんどん勉強できるようになって。で、やってやったら、2年目M3スタート。あ、なんかθ(シータの授業のテキスト)の一番最初のなんかところに、表紙になんか書いてて、努力の割り当てが間違ってた、ただ努力するんじゃなくて、なんか努力の割り当て考えろみたいな。もっと計算の訓練に時間をかけるべきだったとか、もっと朝早く来るべきだったとか、知識を正確にアウトプットできるようにすべきだったとか…。

1年目の最初のときはなんか本当、何やっていいか分からず、ただなんか勉強し、ただ勉強したって感じだったんですけど、その終わってからは、その苦手な範囲とかも逃げずにちゃんとやったり、なんか4教科のバランスとか意識しながらやってました。それまではこう、言われた通りやってた、やるだけしかできなかったけど、ある程度勉強できるようになってきたら、今度は何やりたいか、何を潰すか、何を今優先的にやればいいのか、こういうふうにしようかなとかっていう自分の工夫を入れるようになって、自分で考えながら勉強をするようになりました。いや、それもまたM3に最初入れたの良かったんですけど、それはそれでやっぱり周りのレベルも高かったから、クラス落ちないようにしなきゃみたいな、周りについてきて、置いてかれないようにしなきゃみたいなので、それはそれで必死だったかもしれない。やっぱりその、先生との距離の近さとか、あとその朝から晩までずっと開いてくれて、ずっと勉強場所を確保してくれてるところが、一番大きかったかもしれないです。

いや、なんかもう高校生のときとか、僕、中高ずっと野球やってて。もうなんか、石井先生にもなんかθ(シータ)の授業に言われたことあるんですけど、なんか清水君はペン持ったことないでしょ(ドキっ)みたいなの言われて。本当にそうで、なんかもう、椅子に座って勉強するみたいな習慣がなくて、なんかもう最初ここ(代官山MEDICAL)来たときは、椅子に座って授業受けるだけでも苦痛過ぎて、それが最初、結構辛かったんで、だけどそういう、確かにしんどかったんですけど、逆にそういう環境に身を置いて勉強できたのは良かったなと思います。自分一人で、例えばS台とか行って、自習しなさいとかって言われたら多分無理です、はい(笑)。現役のとき、杏林受けて、なんか2100何人中、2017位とかで、限りなくビリに近い状態だったので、いやドラマチックじゃないですけど、自分も中学の段階で仮進級と特別進級っていうあれで、なんかもう進級基準満たしてなくて…ほんとやばいやつで、もうそのレベルのバカで。いやそうだったんですよ。特別進級で進級した人、僕以外全員高校上れなくて、不登校みたいになってて、そのレベルのバカで代官山MEDICAL来たんですけど、そのレベルのバカでも、なんか2年間頑張ったら日医行けたので、絶対諦めないほうがいいなと。いや、なんか模試とかも、普通、理科はちゃんと化学とか生物って受けるんですけど、低い、どうせ低い偏差値出るから、それが嫌過ぎて、なんか理科基礎っていう、なんか文系の人たちが受けるあの、理科は受けてました。今では信じられないですけど。いや、怠惰過ぎました。

逃げてちゃ駄目だと思って、ちゃんと、向き合うようにしてました。

まあ、満遍なく全部の科目伸びたんですけど。そうですね、まあ、全部伸びましたね。一番伸びたのは化学かもしれないです。化学は1年目偏差値37とか取ったんですけど。2年目の最後から2回目か3回目のMonthlyのときに2位になって、そのときは偏差値68か70ぐらいありました。倍ぐらいになりました、偏差値が。やっぱり2年目はM3だったので、そのやっぱり周りも結構できるから、その人たちに負けたくないみたいな感じで。特に、なんか1問とか1点に対してしがみつく意識も、より強くなっていったかもしれないです。A9にいたときよりかも。みんな同じ目標に向かっている人たちと、こうやって一緒に切磋琢磨できたので、それはすごい刺激になりました。WeeklyとかMonthlyの、まあ、点数だけが全てじゃないですけど、やっぱり一つの指標として大事だと思うので、そういうのはやっぱり友達とかに負けたりしたらやっぱり悔しいし、なんか友達があと自分よりか朝早く来たりしたら、あ、やばいみたいになったりして、気にして、はい。競争心が。

それこそあの、1学期は、ずっとM3に留まれたんですけど、M2に上がりたくて。他のM2の人たちがみんな、早い人だと5時45分とか6時過ぎに来てて、自分もそれについていこうと思って、ずっと6時ぐらいに行ってて。で、まあ、夏ぐらいからちょっと遅くなっちゃって、まあそれでも7時半ぐらいまでには行くようにしてて、最終的には大体7時半までにはって感じで落ち着きました。本当みんな勉強してて、

仲良かったのでライバル視したのは三橋(三橋清哉:東京医科大進学)とか、堤勇太(東京慈恵会医科大進学)とかもすごい勉強してたので、そこら辺は結構意識するようにしてました。やっぱり同じクラスの人たちは結構、気にしてましたね。それこそ今、同じ日医の世奈(松脇世奈:日本医科大進学)とかも気にしてました。勉強に対してこんなに自分とちゃんと向き合ったことがなかったので、もちろん医学部に受かるために勉強してたんですけど、普通に2年間、自分とちゃんと向き合えたから、それはすごい良かった

なと思いました。高校のときとかは、勉強とかすごい嫌なことあったら、すぐ逃げちゃう癖がついてたんですけど、この2年間は逃げてちゃ駄目だと思って、ちゃんと、向き合うようにしてました。休憩してるときには休憩の雰囲気で、まあ話はするけど、互いに問題出し合ったりとかも結構してたので、それはすごい良かったです。三橋とか堤勇太とか、堤祐尋(日本大医学部進学)とか、そこら辺のM1、M2の男の子たちと。やっぱりこう、上目指す子たちと話ができるっていうのがいい環境で、それは本当に一番良かったです。一番良かった。いっぱい刺激もらって、高校の時とはちょっと雰囲気違いました。

一番プレッシャー感じたとき。

やっぱ2浪目の、それこそ入試直前とかですかね、現役や1浪と違って、正直ある程度自信ついてきたんですけど、やっぱり、「1次合格」ってものを経験したことがなかったので、どれぐらい取ったら行けるのか、1次まず突破できるんだろうっていう感覚すらなかったので、それはやっぱり不安だったし、プレッシャーに感じてました。やっぱり Monthly Test でランキングに常時載ってたりとか、ある程度こう自分の立ち位置っていうのが分かってると、まだ不安じゃないというか、上下はあったんですけど、一応ランキングには常に載り続けてたので、それは確かに自信にはつながりました。石井先生、やればやるほど不安にはなるもんだって、仰ってて、おーってきました。だけどその中でも、やっぱり続けていかないと絶対行けないから。まあ石井先生のそういう言葉を聞きながら、

頑張んなきゃなと思って、はい。継続してました。今回初めて1次いっぱい受かって、2次試験受けて、いや、めちゃくちゃ緊張しました。なんか、もちろんここでも練習してたんですけど、やっぱりいざ本番となると、でもなんかもう緊張し過ぎて、うまくなんか言葉が出てこなかったりして、何回やっても慣れなかったですね。

集中が続かないんで、自習場所を変えてました。

最初は結構、ずっと自習室でやってたんですけど、なんかもう、こう一人で、こうやってるのが途中で苦しくなって。ラウンジとかブースとか結構使うようにしてましたね。1浪目も2浪目も。なんかあの静かな空間が静か過ぎる空間が、あんま得意じゃなかったので。なんかちょっと環境音聞こえるぐらいのほうが、自分は集中しやすかったので、そうするようにしてました。いやなんかもうペンの、このカチャって音も、いや多分、自分の性格なのかもしれないですけど。なんか立てちゃ駄目かなみたいな、思っちゃうタイプだったんで、むしろ気にしてるほうがなんか疲れちゃうから、なら最初から外でやろうと思って、外でしました。たまに、先生たちの声とか聞こえるじゃないですか、盗み聞きして知識得てました。その周りのこう一生懸命やってる雰囲気を感じ取れるのが、やんなきゃ、やんなきゃって思っていうか、そういう意味でこう忍耐力っていうか、あと1分、あと10分、あと20分、あと30分ってやってくのができるようになったかな、はい。今思えば、すごいなんか、毎日同じ景色見てて、なんか本当、なんかしんどいなーみたいな感じだったんですけど。これが、代官山MEDICALじゃなくて他の大手の塾とかだったら多分途中で、わーもういいやってなんか抜け出しちゃって、なんか逃げ出してたかもしれないんですけど。やっぱり毎日みんな来て、みんな頑張ってる姿とか見てたので、自分負けてられないなと思って、そのおかげで頑張れてたかもしれないです。授業は欠席したことないですし、なんか結果がうまくいかなかったときに、マンスリーの点数とか下がったときに、授業切ったからじゃないかなとか思いたくなかったので。それは出るようにしようとしてました。

経験値が物を言う、Monthlyで役に立ちました。

Weekly Test や、Monthly Test 以外にも、テストゼミっていう授業で、結構スピーディーに問題解くっていう練習ができたのは、普通よりも多かったですね、こう、時間を気にしながら問題解くみたいなやり方を、授業中でも結構、先生がたはアドバイスとかしてくれて、自分は、解くの遅かったんですけど、早く解くコツなんかも教えてくれて、解いた問題は、結構間違えず、その、ちゃんと正解できたので、逆にそれも強み

かなと思って、Monthlyの時とかは、もう自分が手を動かした問題は絶対間違いないと思って、やるようにしてましたね。問題の選別というか、この問題は絶対自分を落としちゃ駄目だとか、Monthlyとかでもわざと捨て問っていうか、落とし穴じゃないですけど、あんまりこう、深追いしてはいけない問題とか、本番をこう意識しながら解いていくのって、結構本番で役にたちました。やっぱりそこは、どうしても、経験値が物を言うみたいなところって絶対あると思うので、日頃のそのWeeklyとかMonthlyとか、テストゼミの中で意識していくのが、一番大事なのかなと思いました。いきなりやっぱり最初から多分、この問題はやって、この問題は捨てるっていうか、そんな区別できる人って多分あんまりいないと思うので。Monthlyは結構、雰囲気緊張してました。全然緊張しました。で、なんか、プラスこう、2号館だと特にみんなランキングが貼りだされる同士なんで。なんか1年目とはまた違う緊張感がありました、2年目のMonthlyは。載るのは当たり前みたいな感じで、何位かみたいな感じだったので。やっぱり友達たちとあれどうやって解いたとか、共有したりしてたので、そうですね、刺激になりましたね、すごい。自分は、成績貼りだされるのが、むしろそれがなんか活力になってたっていうか。はい。むしろ試験本番、その1問とか1点とかですごい順位が変わっちゃうから、逆にその1問1点を結構、意識しやすかったので、Monthlyは、良かったかもしれないです。

周りと比べてどんくらいできればいいのか分かった、化学偏差値38→77。

自習ばっかだと、本当にその、自分、そういうの絶対やんないタイプだったんで、もう、その反強制的にそのやらざるを得ない環境が、を用意してくれてたのも、すごいありがたかったです。三橋と、あの、長田さん、昭和行った長田さん(長田 純奈:昭和大医学部進学:学習院女子)と、国福行った山崎さん(山崎みのり:国際医療福祉大医学部進学:大妻)と、あと上林さん(上林美早紀:杏林大医学部進学:桐蔭学園)の5人で。直前期一緒に、数学の過去問解いてました。なんか、薄先生が、50年分なんかまとめてくれたプリントがあって、そこに良問が集まってたので、それをみんなで、解くのを習慣にしてました。お互いこう、なんか同じレベルの生徒同士で、この子できる、自分ができない問題もあるっていうことがあったとしても、同じ生徒でできるってことは、自分にもできるんじゃないかって思って。いや、そうですね。やっぱりそういうのでも、やっぱりこれはできなきゃいけない問題なんだとか。あ、これはみんなも逆にできてないから、本番取れなくても大丈夫なのかなみたいな、やっぱりそういう練習にもなりました。なんか、ある程度の緊張感を持ちながら、演習もできたので、それは良かったです。1浪目の秋の段階で、なんかもう有機化学の本当に基礎のアルカン、アルケンとかすら全く分からない状態で、酢酸の構造式も書けないみたいな、そういう状態で、浅尾先生のマンツーを受けてて。そのときに合成経路のこういうプリントもらったんですけど、それを毎日書き続けて、多分、最終的に多分100枚以上毎日書いてて、浅尾先生にも見せたんですけど、はい。今でもとってあります、記念に。本当に化学偏差値38だったんですけど、それを毎日やってて、なんかそれやってたら、それだけじゃないですけど、それきっかけとかで結構、化学好きになって、最終的に偏差値、その倍の77ぐらいまで上がったので。はい、すごい思い出に残ってます。穴埋め式みたいになってて、全部消して穴埋めにして、毎日書いて確認してみたいな。1浪目のときは、いやなんかもう本当に知識がなさすぎたので、取りあえず毎日書こうと思って。取りあえずただの暗記をしてて、だけど途中から、その、どんどんなんか理解できるようになって、自分で新たに得た知識とかをどんどん、その余白とかに付け加えていったりして。結構、思い出に残ってます。

1年目から2年目になるとき。

いや、なんかまあ一応考えはしたんですけど。やっぱりその1年目に、もうすごいお世話になったから、むしろなんかここで受かってなんか、なんか先生たちに恩返ししたいじゃないですけど、なんかそういう気持ちが一番強かったので、すぐに残ろうって決めました。やっぱりその1年目は、なんかあんま、そのテキストとかを、なんかちゃんと回せなかったっていう反省点があったので。そうですね、もう2年目はテキストだけやるって決めて、もうずっとそれを繰り返そうって決めてたので。振り返ると、1年目、回せなかったのはいろいろ(理由)あると思うんですけど、なんかもう授業のたび、授業のたび、もう知らないことが多過ぎて、なんかもうパンクしかけてました。初めて聞くことだらけだったから。先生方も、1年で受かってほしいって伝わってくるんで、だから、どうしても詰め込んじゃうっていうのも…、やっぱ、どんなできなくても1年で受かる気持ちは大事で、器を大きくしていかないと、与えられても溢れちゃうんで、なんか、コップと同じで、こう、わざとこういっぱい入れないと、コップって大きくなんない。逆にその1年目は確かに、なんかあんま結構、置いていかれちゃう感じあったんですけど。まあ、逆にそれのおかげで2年目は結構、割と、その抵抗なく入ってきたっていうのもありますし。なんか、最後まで諦めない、諦めないのは確かに絶対そうですね。もう自分もなんか前期の段階で全然思うような結果が出なくて、2次の結果が出なくて。結構、わー、もうまたもう1年かみたいな感じで考えたときもあったんですけど、なんかもう最後の最後で一番行きたいところに行けたので、やっぱ絶対最後まで諦めないほうがいいですね、多分。

いやなんか、ほんともう、確かに事務の方たちのなんか声掛けてくれたり、そういうのもすごいなんか嬉しかった。一番言いたのは、やっぱりその、自分、1次試験14校通ったのに、結構なかなか2次の結果は出なくて苦しい戦いしたので、やっぱり2次試験の対策をしっかりするっていうのはもちろんなんですけど、あと1問とか1点に対するその、執念とかを日頃の練習のときから、日頃の勉強のときからその大事にしてほしいなってのは思います。まあもちろん2次試験ちゃんとやるのはもちろんなんですけど、やっぱり学科のほうでも1問1点に対するその、執念とかを大事にしたほうがいいなと思います。いうので身に付つけていけるのかなと。あと、9時半まで、なんか謎になんか一番最後まで残りたい、謎になんか負けず嫌いみたいなのがあって、なんか9時半とか9時40分ぐらいまで残ってたので、そっから多分30分ぐらいで家なので、まあ10時過ぎとか10時10分ぐらいに着いて、お風呂入ってご飯食べて、もう、すぐ寝るみたいな感じでした。そう、6時半ぐらいに出て、着く感じ。1浪目、一応、なんか大鹿(大鹿颯大：昭和大医学部進学：青山学院高等部)とかが7時とかに開く前に並んでたりしたので、まあちっと負けないようにしようと思って、着いて、自分も7時に行くようにしてた時期もあったんですけど、確かに2浪目、2年目のほうがよりその意識が強かったかもしれない。浪人してる間は、もうLINEも返さないようにしてました。だから、なんか2年越しにLINE返信した人とかいます。

卒業生が語る

合格への軌跡2023年

WAY TO SUCCESS

北里大医学部２次正規合格

代官山来て分かったっすけど、
代官山じゃなかったら無理っていうの
はありましたね、やっぱり。他の塾だと、
多分、緩過ぎてやんないなみたいな。
やっぱ、楽しに行くわけじゃないんで。

北里大医学部進学 大島 世名君(穎明館高校卒)

きつい系の塾でやろうって決めてきました。

北里、正規で行きました！決まったのだいぶ早かったっすね。杏林と帝京は１次受かって、杏林は、補欠ついたんすけど、番号回んなくて…。今年、100何番ぐらいしかいかなかったらしくて。帝京は２次が、日がかぶったんですよ、北里と。で、塾長と相談して、北里にしようみたいになって、で、北里正規、はい。最初、A9で、ハハハ。初めて代官山MEDICAL来たとき、覚えてますけど、気まずかったっすね、いや、なんか、成績表とか見せてるじゃないですか、高校時代の成績表とか全統(河合塾)とか、うち私立だったんで、結構、模試受けさせられるんですよ。あと、ベネッセみたいな。そういうのを、ばあっと持ってきたんですけど、まあ、気まずくって、なんか、論外過ぎて、成績が。塾長も、僕も、父親も、全員、なんか、気まずそうに地獄みたいな空間になって…(笑)、めちゃくちゃ覚えてますね。そんぐらい学力がなかったっす、マジで。高３のときの全国模試の偏差値は、40切ってるやつとかありましたよ。100点中４点とか、化学とか何もやってなかったから、まあ、しょうがないんっすけど、ハハハハハ。で、４月の初っ端のクラス分けテストもちゃんとできず、それこそ正規でA9ですから、別に、寝てたとか、サボったとかじゃなく、真っすぐテスト受けて、真っすぐA9いきましたからね(笑)。で、すぐに春の先取りの授業受けて、先取りは、物理で寺澤先生の授業とか受けてて、先取りの課題やっててって感じでしたね。なんか、お父さんに連れて来られたみたいな感じだったイメージだったんですけど、入れてくれるだけ、やっぱ、感謝だから。何ていうんですか、別に、嫌々行ったわけではないんですけど、一応、親が最初浪人決まったときに、親が２択で、代官山MEDICALか、どっかの、なんか、他の医専で、まあ、こっちは、代官山は、きついと。きつい系の塾で、あっちは、多分、普通の、緩めな感じだよとか言って。あー、じゃあ、きついほうでつって、こっち来て、みたいな感じでしたね。最初、本当に基礎からやっていきたかったんで。

本当に、人、変えてましたね。代官山にいる間は。

正直、１年で結果出ないと思ってたら、多分、１年で決まってないんで、もちろん１年で決める、って思いながら通ってて、で、うちも別に、家計が余裕あるタイプじゃないんで。母親も、こんぐらいお金出してんだよみたいな、頑張ってねみたいな、言われて(笑)。あと、学校の先生、高校の先生とかは、最後の面談あるじゃないですか、11月ぐらいのやつ、進学先決める高校の三者面談のときとかも、担任から(医学部に受かるの)6年かかった先輩もいるから…みたいな、すごい嫌みな励ましをされて、なんか、多浪、多浪覚悟みたいな。でも、そう言われても仕方ないぐらいの成績だったんで、まあ、仕方ないんですけど。僕自身、浪人中って、はっきり言って、人権ないじゃないですか、正直。アハハハハ。浪人中、人権ないから、もう、個人で頑張ろうと思って。でも、そう言っても、代官山MEDICAL、せっかく周りも人いるから、ちゃんと、友達とか、ある程度、勉強のためにコミュニティー作んのも大事とは思ってたんですけど。別に、誰もかまったりもせず、一喜一憂もできるだけしないようにして。中高もそうすけど、小学校も、とてもじゃないすけど真面目ではなかったから、もちろん勉強もしないし、周りのつるんでるやつらも、やんちゃなやつらばっかで。真面目にやるのは恥ずかしいと思ったことはないっすけど、何かを真面目にやる瞬間っていうのが人生の中でなくて。で、さすがに浪人ってなって、成績も悪いし、クラスも下だし、本当に、人、変えてましたね、代官山MEDICALにいる間は。そうしないと、だって、今までの自分でいって駄目なんだから、ここは、ちょっと、別人になって。いや、もう、シンプルに受かりたいなみたいな。そうっすね。やっぱ、高校の友達とかでも、同じように医学部目指してる人とかいたから、そいつらにも負けたくねえなみたいな。絶対受かるみたいな。で、しかも、医専(予備校)入れてもらってるから、医専、こんないい医専入っといて、だから、それが、もう完全にスイッチ入りましたね。

やっぱ、塾に対する誠意を示すためにも、ウィークリーはやっとかないと。

ちゃんと試験に向けて勉強したのは、ウィークリーですね、ウィークリーは落とすのダサいみたいな。だって、ベイシックだから、落とせねえなと思って。ウィークリーは、結構、ちゃんと、やってました、ずっと満点取ってます。だってやっぱ、一番下だったから、最初、A9、１学期A9で、夏にA8上がって、２学期でA6ですよ。冬でA3ですよ。すごくないですか。まあ、ウィークリーは言い訳、利かないんで。これは完全に100パー努力なもんだから。やっぱ、塾に対する誠意を示すためにも、ウィークリーはやっとかないとって。紙とかに、ひたすら英語、写経するんすけど。ルーズリーフの、白の面積がちっちゃくなるぐらいまで、ぶわあって書いて、ひたすらやってましたね。で、正直、マンスリーとか模試のためには、普段は勉強してなかったっす。別に、マンスリー受けに来てるわけじゃないから。なんで、マンスリーのためにみたいな勉強はしてなかったですね。、ウィークリーの勉強をしていれば、必然的にマンスリーの勉強にもなるんで。まあ、でも要領が悪い、コスパ悪いというか、なんで、己の力を信じてマンスリーに臨んでましたけど、やっぱ、形式が私立医だから、その形式に慣れるっていう、慣れのためにマンスリーを僕は使ってましたね。まあ、内容なんて、被んないじゃないですか、あんまり。大学の入試と被るとは思えないから、あんま内容よりは、形式とか時間。あれ、多分、あえて杏林みたいな、時間、間に合わないぐらいのあれにしてあるから、時間とか形式に慣れるために、僕はマンスリー使ってたんで。点数とかは気にしてなかったっすね。でも、クラス上がっちゃうと環境変わるから、やっぱり、知らない人がいっぱいみたいな。周りから、え、こいつってって思われんのは、めちゃくちゃ気持ちよかったですよ、でも。ハハハ。うーん、そうっす。頭良くて、悦に浸ってるやつらを、へへ、下から、ガッてやってやろうとは思ってましたよ、やっぱり。まあまあ、受かったんでいいんすけど。

自分を律しようとするところとかは、やっぱ、父親の影響がでかいかもしんないっすね。

1週間のスケジュールの授業が決まってて、全科目、小論も(いつになにやるか)授業が決まってるのが、スケジュールみたいのがちゃんと決まってるのが、僕的にはやりやすかったっす。僕、自分で一人で考えて、スケジュールとか、こう、組み立てとか、そういうのは苦手なんすけど。決めててくれれば、ロボットみたいにこなすんで。それは、すごいやりやすかったっすね、代官山MEDICALいる間は。もう一つ、代官MEDICALと、もう1個迷ってた予備校で、ちょっと緩かったって思うんで、そこの予備校だったら、いや、受かってないっすよ、多分。だって、普通に。てか、その時ですら、緩い塾行ったら、受かんないなと思ってたから。多分、受かってないと思います。自分の怠惰で浪人になってしまったっていう、自分に厳しくしないとなみたいなのはありました。父親も、やっぱ医者だから、一喜一憂しないんですよ。だから、本当に、おお、よかった、みたいな。よかったよかった、で終わりですね。そうっすね。ま、そこがちょっと似たかもしんないです。父親に憧れてるから、あんま一喜一憂しないようにしてるとことか。あと、何だろうな、自分を律しようとするところとかは、やっぱ、父親の影響がでかいかもしんないっすね。現役んときは、勉強は、まったくやってなかったんですけど。一応、塾通ってました。●谷学院です。あそこって55段階あるから、結構、勉強しなきゃいけないんじゃないですか。●谷学院に55段階とかあったっすけど、全部切ってました、あれ。ハハハ。いや、いいやと思って。まあ、切っても誰にも怒られないんで、誰も注意しないんで、でも、代官山MEDICALの授業は切ることはなかったっすね。あの、体調不良で1回行けなかったことあったけど。あの時だけですね。多分、他は全部、多分、行ってますね。僕が一番怖かったのは、やっぱ授業を切っちゃうと、本当に授業中に先生が言ったワンフレーズの知識とかが、ぱって出たりするんですよ。授業の中の、一瞬一瞬で拾えるものってあるんで、全部丸々切んのはちょっとな、ていうのがあったんで。

だって、正直、教科書があれば、あれじゃないですか、この日の授業何やるっていうの分かるじゃないですか。なんですけど、やっぱ、1時間20分ってあの時間の中で、本当に教科書に載ってることだけを、機械みたいにやる先生たちじゃないから、もっと、教科書より発展させた何かを、絶対、教えてくれるから、それは切れないと思って。やっぱ、実際テストに出るのとかも、そっちのほうなんで。教科書に載ってるのよりも。だから、まあ、すごい、それがあったから俺は一切、授業切ってなかったっすね。そっから、課題も出るし、基本もらったものを、ひたすら、わあってやるみたいな。分かんないことがあったら質問しに行くみたいなんで。野村先生とかなんか適当に物理の話して、なんか、うん、よかったっすね。あの人、結構、話も付き合ってくれるから。やりやすかったっす、めちゃくちゃ。気持ちの、精神の安定剤でした、あの先生。普通に、勉強してて、やっぱ一喜一憂しないとはいえ、やっぱ、へこむときもあるじゃないですか、成績で。全然できないってなったときとかに、泣きつきに行ってました。ここの範囲どうすればいいのかな、つって。これは、こうすればいいんだ、やったでしょ、みたいな言ってくれるんで。それが、精神安定剤でしたね、本当に。

塾に行くのは、やっぱ、楽をしに行くじゃないんで。

A9だし、周りとか同じ流れでいっちゃうと、多分、受からないって最初から思ってたから、勉強してこなかっただけだ俺は、みたいな。俺のポテンシャルは全然上だから、いける、みたいに思って、もう、ばあってやってたら、そうっすね、どんどんクラスが上がったのもよかったっすね。おかげで、周りとなれ合うこともなかったんで。あんまり、人とつるむことってなかったっす、だから、覚悟というか、何つうんすか、うーん、あんまり、僕、人のタイプ的に、物事を何も考えず発言したり行動する人とか、あんま好きじゃないんすよ。ちゃんと一つ一つの行動とか発言とか、理由とか何か意味を持ってしか、あんまり発言も行動も、僕、しないタイプなんで、それがやっぱ効きましたかね、人間的に。それがあったから、俺、浪人生だから、受からなきゃいけないからっていうので生きてたら、必然的に、代官山MEDICALでは、ああいう感じになりましたね、結果的に、芯持った行動とかに変わったのかなみたいなのは、自分では思いますね。そうっすね。やっぱり、請求書まで見せられてるんでね、こっちは。腹くくんないといけないんで。2年もかけられんってなって、まずいってなったから、ういっす、1年で決めますって、もう、その場で、頭下げて母親に宣言して、俺。分かりました、1年で決めますってって、階段上がって寝て、その次の日から、もう、ガチで、代官山で、ガチで勉強して、いや、だから、代官山MEDICAL来て分かったっすけど、代官山MEDICALじゃなかったら無理っていうのはありましたね、やっぱり。他の塾だと、多分、緩過ぎてやんないなみたいな。やっぱ、その、●谷学院の前科があるから。こんぐらいじゃないと、やらないって思ったっすね。うん。やっぱ、楽しに行くわけじゃないんで。辛い思いするために行くなら、やっぱ、この塾がいいのかなみたいな。

親は、僕のことを大人扱してくれて、ほんと、感謝です。

うちの家庭って、そんな甘々な家庭ではないんですよね。でも、一般的にいったら裕福な家系だから、手取り足取りは、一応、やってくれるし、僕も甘やかされてはきたんすけど、いわゆる、みんながイメージするような甘やかされ方はされたことないんですよ。結構、ちゃんと、父親も母親も、結構、ちゃんと僕に対して、こう、大人として接してはくれるんで。いや、もちろん、親、子どもっていう立場は、これは揺らがないすけど、それでも、ちゃんと、僕を、一大人として、いい意味で冷たく、いい意味で、距離を離して、僕と接してくれるから。なんで、それがあったから、なんか、いきなり、例えば、高2とかも、僕、2週間、単身でアメリカ、ばんって行かされたり、結構、放任というか、ほったらかしてくるんですよ。ちっちゃい頃から、あの2人、看護師と医者で共働きだから、保育園とかに夜8時ぐらいまで、ばんって置かれたり。一人にさせる時間がやっぱ長かったから、そのおかげで、結構、自分一人で物事を考えたり、なんか、いろいろ考えて、いろいろやろうとか、一人でどっか行ってみようとか、そういうのをするタイプにはなったから、そういう教育、教育じゃないすけど、そういう僕に対する接し方が、だって、浪人中なんて、あの、あんま親に頼れるタイミングってないじゃないですか。例えば、代官山MEDICALって、朝から夜まであるから。あんま、親に泣きついたり、なんか、親に相談も乗ってもらう時間なんてないし、あっちだって仕事あるし。だから、昔からの親の接し方のおかげで、一人でもの考えたり、やったりっていうのをできるタイプになれたのかなっていうのが、やっぱり、ありますね。うちの親は、たまに父親が、なんか、化学どうしたの、みたいな言うことはあっても、それで、なんか、けんかになるとかは一切なかったっすね。ほぼ口出しせず。でも、僕が、A3に上がったとか言うと、母親が、もう、鬼みたいに喜んで。ストレスが最小限だったっすね。本当、親に感謝っすね、それは。ちょっと父親が、完全に、ロボットぐらい、何ていうんですか、喜怒哀楽があんまない人で、それがちょっと似てるのもあるかもしんないですね。自立しやすかったのは。そうですね。やっぱ喜怒哀楽あったら、多分、医者ってできないと思うし、感情的になることが父親もないんでね、あんまり。

代官MEDICALの後輩に向けてアドバイス。

何ですかね、先生の言うことは聞いたほうがいいと思います、素直に。なんか、別に、自分一人で考えてやるなら、ね、なんか何も吸収しないぐらいなら、一人で宅浪したほうがいいんで。せっかく塾入ってんなら、やっぱ、せめて先生たちの言うことは信じたほうがいいのかなって、聞かないほうがよかったなみたいなことは、一回も代官山MEDICALでなかったんで。ま、先生の言うこととか、特に石井先生の言うことも、素直に聞いたほうがいいと思います。びっくりするぐらい当たるんで。やっぱ、浪人してる中で一番大事だなと思ったのは、授業に絶対休まず出るとか、そんなのは、まあ、当たり前で。あのー、真面目に勉強するとか、あのー、そういうのも当たり前で、何よりも、自分が浪人してて、その、浪人生の中で自分がどれぐらいの立場なのかとか、どれぐらいのレベルなのかみたいなのを、自分の立ち位置というか、やっぱ、その、自覚をするっていうのが、なんか、一番、多分、大事だと思うんすよ。自己分析というか。で、2次の面接とかでも、自己分析ができているかどうかっていうのが、一番問われるんですよ、やっぱり。北里のときもそうで。自分ではどう思う？っていう質問が多いんすよ、やっぱ、2次って。それって、やっぱり、こいつ自覚できてんのかな、みたいな、自分の立ち位置とか、自分が今、何を目指して、今、自分が何やってんだっていうのを自覚できてるやつなのかっていうのが、分かってるかどうかを、やっぱ、大学側も求めてるから。その、自覚さえちゃんとできてれば、どのルートで勉強すれば、どういうルートを歩めば、浪人時代歩めば受かるのかっていうのが、見えてくるじゃないすか。これ、足りてないとか。自分は、このレベルだ、今っていうの。だから、やっぱ、これから浪人する人は、そういう、やっぱ自覚っていうのを持つのが、僕的には一番やっぱ大事かなって思いますね。

卒業生が語る

合格への軌跡2023年

WAY TO SUCCESS

北里大医学部２次合格
獨協医科大２次正規合格

(予備校に足が)向かねえっていう日はなかったです。自分は結構、ここ好きで、体調悪くても来てたんで。なんかしゃべってくれる人がいるんで、先生とか誰でもしゃべってくれて、なんか精神安定させてもらえました。

北里大医学部進学　石坂 駿君（桐朋高校卒）

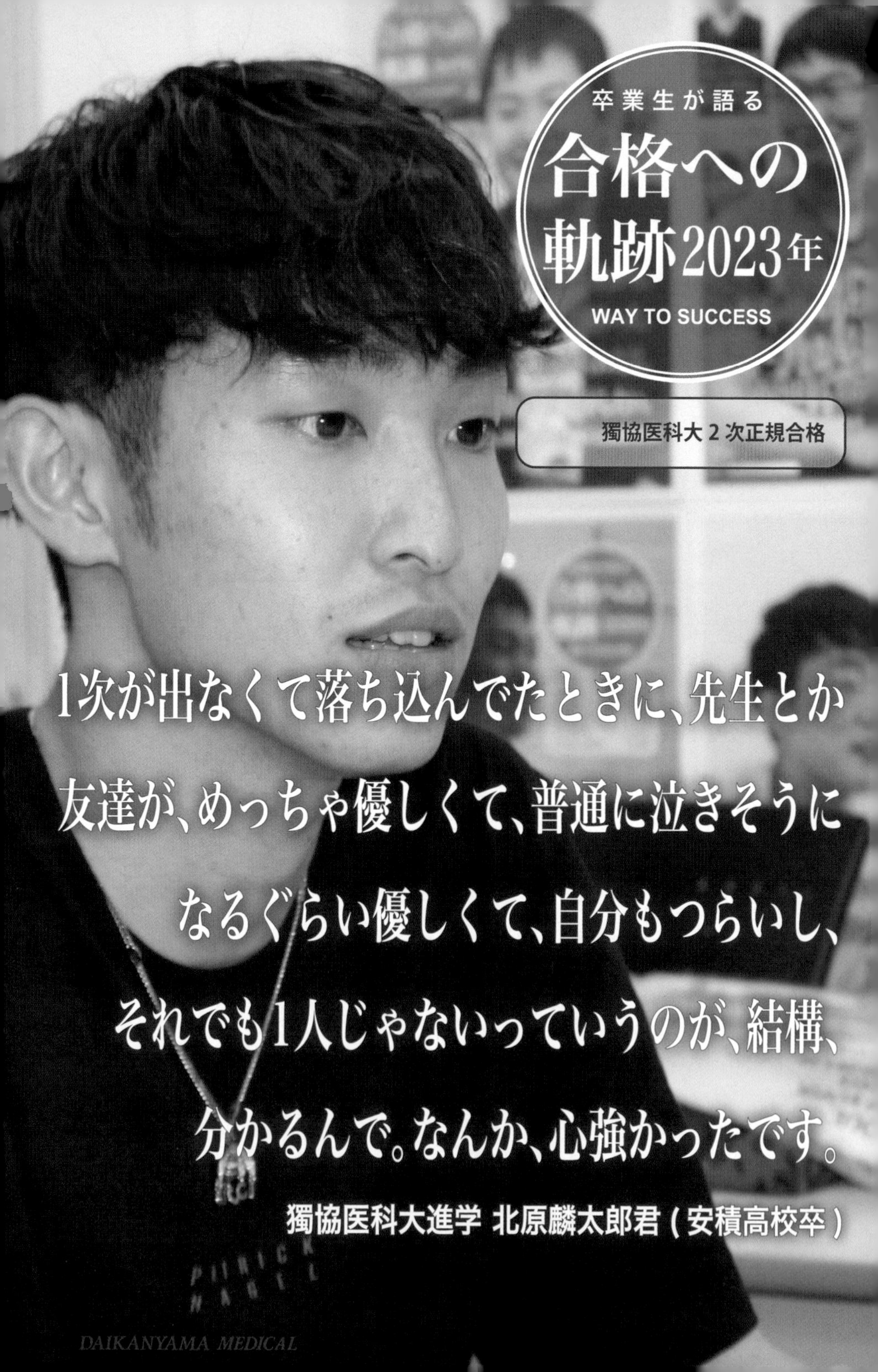

卒業生が語る

合格への軌跡2023年

WAY TO SUCCESS

獨協医科大２次正規合格

1次が出なくて落ち込んでたときに、先生とか友達が、めっちゃ優しくて、普通に泣きそうになるぐらい優しくて、自分もつらいし、それでも1人じゃないっていうのが、結構、分かるんで。なんか、心強かったです。

獨協医科大進学 北原麟太郎君（安積高校卒）

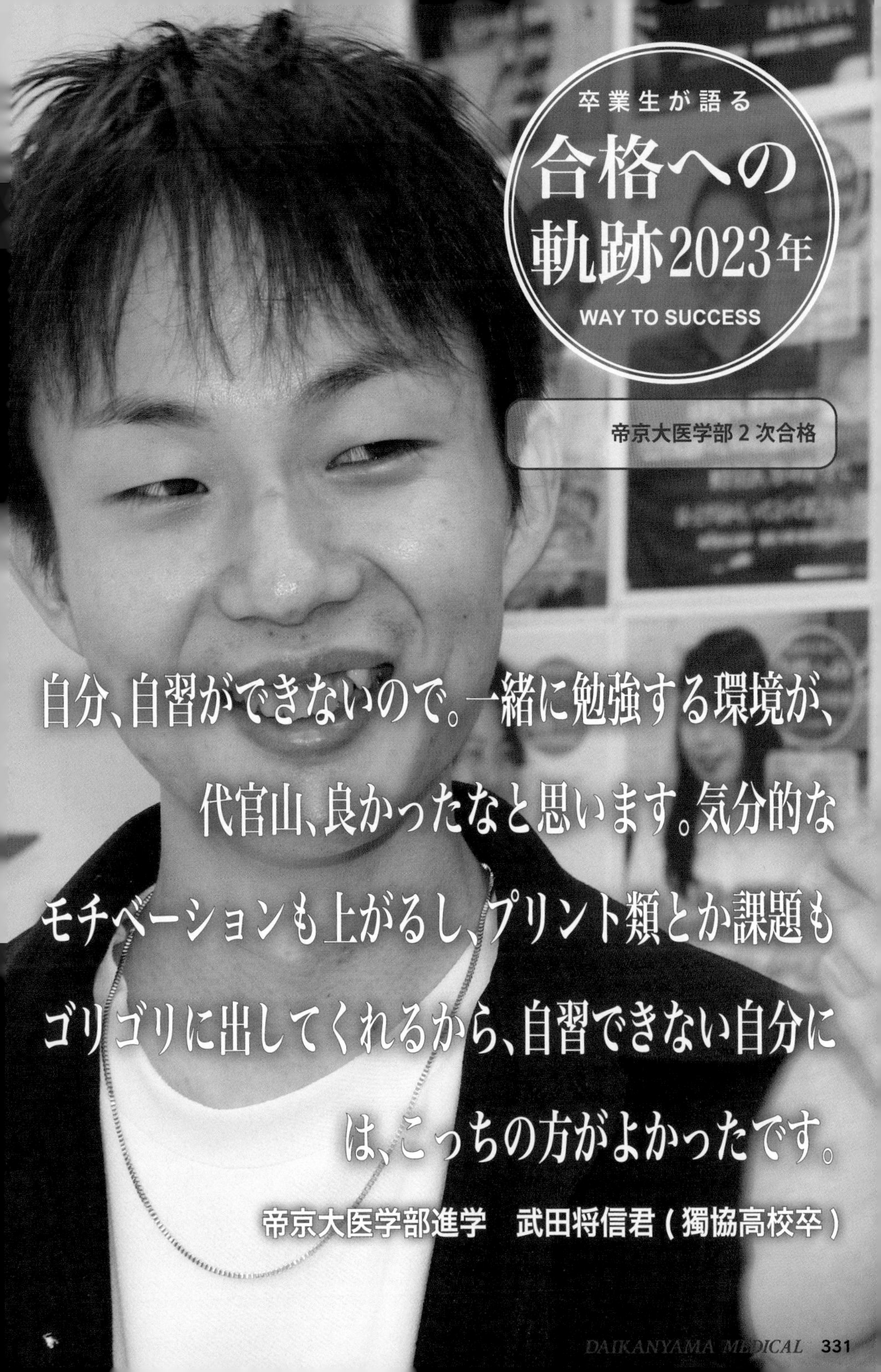

卒業生が語る

合格への軌跡2023年

WAY TO SUCCESS

帝京大医学部２次合格

自分、自習ができないので。一緒に勉強する環境が、代官山、良かったなと思います。気分的なモチベーションも上がるし、プリント類とか課題もゴリゴリに出してくれるから、自習できない自分には、こっちの方がよかったです。

帝京大医学部進学　武田将信君（獨協高校卒）

２浪目を迎えて

武田：えっと、武田将信です。出身高校は獨協高校です。進学先は帝京大学医学部です。

石坂：えっと、石坂駿です。えー、出身高校は桐朋高校で、進学先は北里大学医学部に進学しました。

北原：はい、北原麟太郎です。出身高校は安積高校で、進学先は獨協医科大学に進学しました。んと、自分は、最初のクラス分けテストであまり勉強してなくて、本館の A4 スタートになってしまって、この武田君とか、石坂君が２号館に行ってしまったことで、結構、精神的にも辛くて、辛かったんですけど、１学期から勉強をずっと頑張って、でもそれ (自分だけ本館スタート) が起爆剤になって、頑張る理由になりました。

石坂：んと、自分は１年目、１浪のときが下のクラス (A9) だったんで、まあ、その１年目駄目だった結果を見て、２年目頑張ろうって決めて、あとなんか、２年目、クラス分けで、いいクラス (A3) いけて、で、そこからは、負けたくないって気持ちが、結構出て自分で頑張ろうって思って、クラス維持からクラスアップを目指して、日頃なんかやるべきこと (先生からの課題) ちゃんとやった１年でした。

武田：自分も去年は、１浪目のとき、結構下のクラス (A9) だったんで、で、２浪目で少し上のクラス (A3) にいけたんで、それで最初のほうはモチベーション高く、上のクラスに上がるぞって気持ちで勉強できたと思います。

石坂:全員､2(浪)ですね。リンちゃん (北原麟太郎) がそっから最終的に A1 まで上がって、武田も M4 まで上がったのか、すごい躍進的ですね。

北原：１浪んとき、聖マリの１次 (合格) が出て、２次があと 40 人で回んなくて、それですごい落ち込んでて、(次の年の) 春は、全然勉強ができなかったです。ああって落ち込み、引きずって。はい、そうです。普通に引きこもってました、ハハハ。んと、掲示板とかで、きょう１日、何人回ったとかが分かって、で、先生とかも自分の番号を知ってるから、もうちょっとだねとか言ってくれるんですけど、回るのが遅くなって、結構、自分では、ああ、やばいかもって察しちゃって、なんか家族とかに申し訳ないなと思ったり、あと１年頑張るのかっていう気持ちで落ち込みました。諦める選択肢はなかったんで、そのときは。あ、それはないです。

石坂：いや僕は、もともと、結構、現役のときに、偏差値 36 とか 40 ないぐらいだったんですよ。で、高校の先生とかにも、もうなんか、医学部目指すのやめてほしいみたいな。マジ、やめた方がいいって、言われて。そんぐらい言われてて、で、まあ、浪人するのは、その高校が、そもそもみんな浪人する学校なんでなんかあんま、別に恥ずかしくはなかったんですけど、最初から、なんか２浪計画みたいな感じでいってて、自分は。あんま良くないんですけど。で、１浪のとき、川崎医科だけ１次 (合格) もらって、正直、そのときは本当びっくりで、もともと全落ちすると思って受験を挑んでたんで、１次もらえて、意外とそっから勉強する気が起きて。で、しかもクラス分けに向けて勉強して、来年は絶対、受かるなみたいな、来年、２号館いけるなみたいな、手応えがあって、勉強の仕方とかも、そこら辺からようやく分かってきて。多分、(学力が) 伸びたのは受験のときで、１校通ったっていう自信、そこが自信になって。で、なんかもし、その (補欠が) 回ってきても、なんかあんまいい話、聞かないとかあったんで、だったらなんかワンチャン蹴って、実際、回ってこなかったんですけど、回ってきたら蹴って、来年、もっといいとこいけるなぐらいな、なんか自信が付いて。でなんか、その逆にめっちゃ勉強できました、その期間も。

武田：１浪終わったときに、後期で埼玉医科 (１次合格) が出たので、で、まあ、１次受かれば、正直、２次はどっかしら、来年いけると思ってたんで、結構、楽観的な気持ちで２浪目迎えて、まあ、受かるだろうって感じで春もやってました。

1浪のときと2浪のときの違い。

北原：行動的に変えたのは、全科目のマンツーマンを取ったことです。2浪目は全科目先生決めて取るようにしてました。物理が柳瀬先生で化学が菊本先生で、数学が典さん(高橋典先生)で英語が北林先生です。えっと、物理が一番苦手だったんですけど、物理で柳瀬先生と、春から勉強することによって、自分の勉強の仕方とか、どういう覚え方をしたほうがいいとかを、柳瀬先生が分析してくれるので。あと、課題もたくさんプリントとかをくれるから、それに従ってやってたら、結構、伸びました。ここ全員、柳瀬先生にお世話になってる(笑)。

石坂：はい。柳瀬組です。生徒思いのところ、なんか、仕事で教育をしてるというんじゃなくて、なんか好きで教育をしてるって感じがして、なんかもうプリントとか、全部、自分で作って、一人一人課題とかちゃんと与えてくれて。過去問解いて持っていったら、めちゃめちゃ添削してくれて、ここ、こうしたほうがいいとか、なんか、いや、もう、まじ、いい人っす。まあ、なんか、あんま褒めはしない。ツンデレですから。

北原：愛はすごい伝わりましたね、本当に。

武田：自分も、朝起きれなかったんで、柳瀬先生にあいさつしに行きたいって言って。来てもらって、はい。

石坂：本当にやばい、こいつ。柳瀬先生に朝、あいさつしに行こうと思って、来るようになったの。で、来てくれました、あの、(柳瀬先生は)1限ないのに。

北原：(柳瀬先生に)「8時20分に来て」、とか言ってた。

武田：はい、頑張りました、頑張りました。

石坂：なんか行動で、もともと1浪のときは、クラスが下(A9)だったんで、もう勉強するしかないなっていう、なんかもう量やるのが大事って考えてたんですけど、なんか2浪のときクラス上にいって、なんか効率をなんかひたすら求めて、その、眠いときになんか頭使う勉強しても、なんも入ってこないし、もうなんか、もう寝る限界のところで、なんか勉強しても、絶対、勉強にならないなみたいな。だからそういうときは思い切ってやんないとか、やることをなんかそのちゃんと決めてもらって、で、その量もあんま多くしないで、質を高めて勉強するみたいな。なんかやる気でないときはやらない、やる気あるときに、があって詰め込んでやるみたいな、質、効率を重視してました。でも多分、量が少なかったので、楽詩(清水楽詩：日本医科大進学：成蹊高校卒)とかとの差が開いちゃいました。楽詩は、清水は、僕と真逆で、効率じゃなくて、もうひたすら勉強みたいな。なんか勉強量で、あそこと差がついて、まあ、今の結果になってるのかなみたいな。

武田：あと物理も、あの結局、その復習ほぼせずに、柳瀬のプリント、あ、柳瀬先生の、(北原：「先生」付けてください)柳瀬先生のプリントだけやって、やってれば、なんか勝手に伸びたので、そのおかげで。

北原：自分もです、マンスリーも。

石坂：あ、僕は、取ってました、岩瀬先生。数学は中村先生で、化学は龍さん(高橋龍先生)。で、龍さんオリジナルプリントがあって、オリジナルの問題集があって、で、各分野について10問ぐらいあるんですよ。で、大体、10問できるようになったら、もうそこの分野OKみたいな。要点まとめたのがあって、で、僕はさっき言った通り、質重視な感じでいきたくて、だから、その量が多過ぎずに10問ぐらいなんで、ちょうどやりきれる量だったのが、ちょうど解ける分量でちょうど良かったです。で、あと、英語が苦手だったんで、梅田先生の英語のプリントで、その文法もなんか、えげつないぐらい量が多くて、それをいっぱい復習して、なんかオリジナルの問題集がある人がすごい良かった印象が。ほんと、自分にあった先生、先生方だったと思います。

北原：自分は、柳瀬先生と化学の菊本先生に、よくお世話になっていて、菊本先生は、マンツーのときにプリントをたくさんくれるんですけど、そのプリントが、まんま本番の試験に出たっていうのがあったんで、それが1浪目の、あ、1年目の話なんですけど。それで2年目も菊本先生を取って、化学は一番得意で、武器になりました。ほんと、本番で出ました。あと、柳瀬先生もピンポイントで出て、金沢医科とかも、普通に全く同じ現象で、大問で出たりして、でも落としたら殺すみたいな感じで、結構、本当にまんま、出ました。あと、精神的にも、そうっすね、菊本先生とか柳瀬先生は、質問対応がすごく良くて、聞きに行くと、いつでも、なんか嫌な顔せずに、僕らに教えてくれるっていう印象があって、そういうハートフルな先生が、自分は好きでした。典さんもです、めっちゃいい、優しいです。お父さんって感じ。

一番きつかったときは？

北原：きつかったのは入試の時期で、自分が一番最初に1次合格が出たのが金沢医科で、それが受験期の3週目とかで、その最初の3週目までに1個も1次合格がなくて、それで今年も受かんないのかなっていうメンタル状態になって、結構、落ち込んだときが一番辛かったです。なんか負のオーラが立ちきれなくて。

武田：聖マとかが出なくて、その後の試験ってことじゃない？

北原：引きずってましたけど、金沢が出て、周りの友達とかもみんな喜んでくれて、あ、これいけるんじゃねって思って、そしたら獨協と、福岡もぽんぽんと出て、結構、のりのりで、2次試験に行けました、はい。1個出るまでがすごい辛かったです。つらい。物理が全部、難しくて、最初の1週とか。それで、みんな追い込まれてました。

石坂：僕も、結構、あったんですけど、夏、周りがみんなめっちゃ勉強してて、あ、ちょっとやばいなって感じて、なんでした？なんの質問でしたっけ？あ、きつかった時期ですよね。その、なんかめっちゃ勉強してて、あ、自分もしなきゃみたいになって、なんか焦って、自分ちょっと追い込んで、やってた時期がちょっときつかったのと、あとは、その時期に体調崩しちゃって、やっぱり1週間休むみたいな、みたいなのがあって、しかも時期が時期で、11月ぐらいで、しかもちょうどそのときに妹(石坂美涼：東京女子医科大進学)が、推薦で女子医科に受かって、受かっちゃって、で、先に大学生、決まっちゃったってなって、ちょっと焦って。プレッシャーが…まあ、あそこはまじ、一番きつかったですね。

武田：自分は、3月が一番辛かったです。1次合格が4つ出たんですけど、2次が最後の最後まで来なくて、で、2人は正規で決まっちゃったから。で、もうまた、3浪目は絶対したくなかったので、医学部へいけないかもなと思いながら、3月過ごしてました。3月の最後、終わりに、(2次)合格、来たって、いったとき、安心はしました。親もすごい喜んでくれました。ちょっと、まさか帝京来るとは思わなくて。

北原：走り続ける。走り続けてって感じですよね。歩いてもいいから止まんなかったです。毎日、塾、来ようとしたりして。日曜日に、行こっかな、行かないかなっていうときがあるんですけど、行かないと絶対、後悔するんで。根は真面目なので(笑)。まあ、そうですね。

石坂：向かねえっていう日、いや、無かったです。自分は結構、ここ好きで、1浪のとき休んだのが1回で、ワクチンの翌日だけで。去年は、体調悪かったとき以外、でも、体調悪くても、多分、来てたんで。なんかしゃべってくれる人がいるんで、しゃべり相手が先生とか、結構、6階行けば、誰でもしゃべってくれて、なんか精神安定させてもらえました。引きこもってると気持ちも、やっぱ負のほうにいくだろうってなるから、気分転換も兼ねてこっちに来たほうが、絶対にいいっていうのはあります。

武田：朝、起きれなかったんです。朝起きれなくて、でも起きたら行く努力はしてました。3限までに起きれたら。行くようにはしました。眠くて。

北原：睡眠薬、飲まないと。恋はしないほうがいいということは、言っときます。後輩たちへ。ここはノーカットで。

武田：えー、完全にカット、完全にカットだよ、これ。だって、学内で恋愛はさ、ご法度よ。ご法度ですから。

石坂：だから、僕からからも注意を。

北原：マジでしないほうがいいと思います。

石坂：でも、まあ、経験上、そうしないほうがいいと。

北原：病むんで。

石塚：病む。

北原：勉強以外で病むのは、まじ、もったいない。

代官山だったから受かったなって、いうところがやっぱ…。

武田：えっと、自分は、現役のときに、メディカル●ボ、行ってたんですけど、で、メディカル●ボは本当に人と交流なくて、で、代官山MEDICALは、いろんな人とまあ、しゃべれて、人としゃべれないと、自分、病んでしまうので。

北原：そっか。アハハ。知らなかった。

武田：知らなかった？そうですよ。だから、メディカル●ボだと、先生としゃべれる機会があまりなくて、

ラボは、授業が1日に3コマぐらいしか入ってなかったんで、はい。あと全部自習でやんなきゃいけないんで、自分、自習ができないので。はい。だから、人と一緒に勉強できる環境が、代官山MEDICAL、良かったなと思います。話をすることで、気分的なもののモチベーションも上がるし、それも、プリント類とか課題もゴリゴリに出してくれるから、自習できない自分には、こっちの方がよかったです、はい。

石坂：僕はマンツーマンっていう制度がめちゃめちゃ良かった。授業とマンツーマンが同じ先生っていうのが良かったです。授業とマンツーマンっていう、その二つある制度が良かったなって、どっちか片方じゃなくて。なんかその、授業って、多分、授業受ける、クラスの全体授業受けるって、多分、受動的になっちゃって、聞いて終わりみたいな、なっちゃうんですけど、それを聞くだけじゃなく、あの、マンツーマン受けることによって、授業を、なんつうか、能動的に、自分から勉強するみたいな、僕のマンツーマンの使い方が、その授業でやったことの復習を先生に助けてもらうみたいな形が多かったんで、その受けた授業を無駄にしないみたいな、そういうスタイルが良かったなあと。

北原：確かに、それは他のところでできないかなって感じがする、なるほどね。僕は、クラス分けに関する、関わる重要なテストが月1回ずつあることです。マンスリーがなかったら、多分、1カ月に1回とか、そのペースで復習しようとは思わないんで、知識の確認にもなるし、ひりひりしながらテストが毎月できるっていうのは、結構、他のとこにはない良さなのかなって思います。そうだよね。多分、うちぐらいでしょ、計9回もやって、外部模試も含めると11回あるわけだから、マンスリーテスト前の1週間とか、やっぱ、空気変わってくるんで。

石坂：うーん、めちゃめちゃ、でも、勉強はしますね。自分は結構、してました。

北原：マンスリーの前しか質問にいかない人、邪魔だなと思ってました。いつもいないのに、めっちゃなんか、だらだら質問してるし、なんか、自分たちの柳瀬先生が取られた感じがして、ちょっと悲しかったです。1週間前に急に来るようなのってなんなんって、俺らずっと聞いてるのに、みたいな。

石坂：僕はほぼ、毎休み時間。なんか質問じゃなくても、しゃべりに来たりとか、してました。

武田：休み時間、聞きに行ってた。6階、ん？　自習室にはいなかったです。はい。

北原：んと、代官山MEDICALは普通に、なんていうのか、誰もが通えるところじゃないし、親がいないと医学部にも入れないしっていうのを、結構、受かってから、幸せ者だなって思うことがあって、あとは、先生とか友達に、勉強以外のとこも支えてもらったんで、結構、感謝ですね。ああ、何だろうな。うーん、1次が出なくて落ち込んでたときに、先生とか友達が、めっちゃ優しくて、普通に泣きそうになるぐらい優しくて、自分も辛いし、それで、でも1人じゃないっていうのが、結構、分かるんで。なんか、心強かったです。1人には、なってなかった。

石坂：まあ、モチベーションの保ち方がうまくいった、はまったって感じですかね。なんか例えば、マンスリーで貼られるじゃないですか。で、僕はあんま、2人に言ってないですけど、この2人には負けたくないなって言って、なんか一緒に勉強とかしてて、2人とかその、なんか仲いいから勝ちたいなみたいな。

北原：俺も持ってました。

武田：持ってました。全員そう思って、負けたくねえなって。

石坂：俺は、なんか別に勝負とかしてたわけじゃないですけど、いや、頑張りてえな、みたいな。

北原：物理は特に負けたくなかったです。

石坂：そうですね。なんか落ちなかったですね。上のほうにいられた、そのモチベが。

北原：あ、ジム行って元気になってたじゃん。

武田：うん。はい。ジム行ってました。はい。リフレッシュです、主に。走ると元気になるんで。

北原：余計なこと考えなくなるんでしょ。

武田：そうそうそう。なるべくそう、邪念を取り払える。

北原：いや、日曜日の代官山MEDICALが終わった後に行ってたので。合法です。

石坂：いやいや、まあまあ、やることはやってました。

武田君と北原君は、寮生活でしたよね？

武田：自分、食事付きの寮でした。

北原：自分、徒歩1分の寮でした。うまくやってました。朝起きて15分あれば、近いんで塾が、15分あれば学校に行けるっていうとこがすごい魅力的で、あと、授業の合間に、1回おうちに帰って、ごろんってしてリフレッシュしたり、お昼休みだけおうちに帰って、リフレッシュしたりとかが、1分のほうの寮だとすぐできるんで、そういうところは結構、魅力だと思います。たまにご飯作ったり、まあ、洗濯は毎日ぐらいしてて、結構、そういうのも効率のいい人間になるためには、結構、成長できたかなという感じです。

武田：えっと、1浪目にも行ってたんですけど、食事付きの寮に、そのときは、あの、リンちゃんとか、その辺りがいたんで、授業終わった後に食堂で食べるのが、すごい楽しかったです。

夜ご飯、はい。あれ行けば、ぎりぎり間に合うんで、9時半ぐらいで。ぎりぎり間に合います夕飯。あの、刺し身とか天ぷらが出るので、いい時はすごい、ちと。みんな、なんか割と集まって食べれるんで、楽しく。

後輩へひとこと

北原：はい。自分は、なんで医者になりたいのかを、ちゃんと心に留めておくことが大事だと思います。自分は、後輩が死んじゃって、それで救急救命医になりたいなっていうのを、結構、なんか毎日のように、シャワー浴びてるときとか考えちゃって、あ、自分、そんなに医者になりたいんだって思ったら、自然と勉強も頑張れる気がして、それも原動力の一つで。結構、医者になりたい気持ちがあれば、なんか2次試験とかで、そんな対策しなくても本当のこと言えば、その面接官にも伝わるし、この子を大学に入れたいと思われるはずだから、勉強面でも2次試験の面でも、医者になりたい気持ちを忘れないでいたほうがいいと思います。それ獨協の面接で言ったら、受かりました。フフフ。そうなんですよ。だから、心でなんか会話したほうがいい。対策マニュアルとかを覚えるよりも、ちゃんと心で、2次試験はやったほうがいいと思います。この1年間、それをね、片時も忘れないでいられた。

武田：後輩へのアドバイスでしたっけ。これからね、代官山MEDICALで頑張ろうって人に。石井先生の面接、小論文の授業が冬にあったんですけど、その教わったことが、面接でも聞かれたし、面接で言うときにも、それ思い出しながら言えたので。印象にも残りやすい話だと思うし。印象に残って、役に立ちました。石井先生、そこら辺、精通してるから、詳しい内部情報であったりだとか、そういうね、話題性のあるものっていうので提供してくれてたと思う。面白かったんです、面接の授業が。

北原　獨協、来たほうがいいですね。大学病院が隣にあるし、ドクターヘリのヘリポートとかが見れるから、まじで、うわ、かっけえっていう思いで、早く医者になりたいって、みんな、みんな思ってます。白衣の人、超、かっけえって。

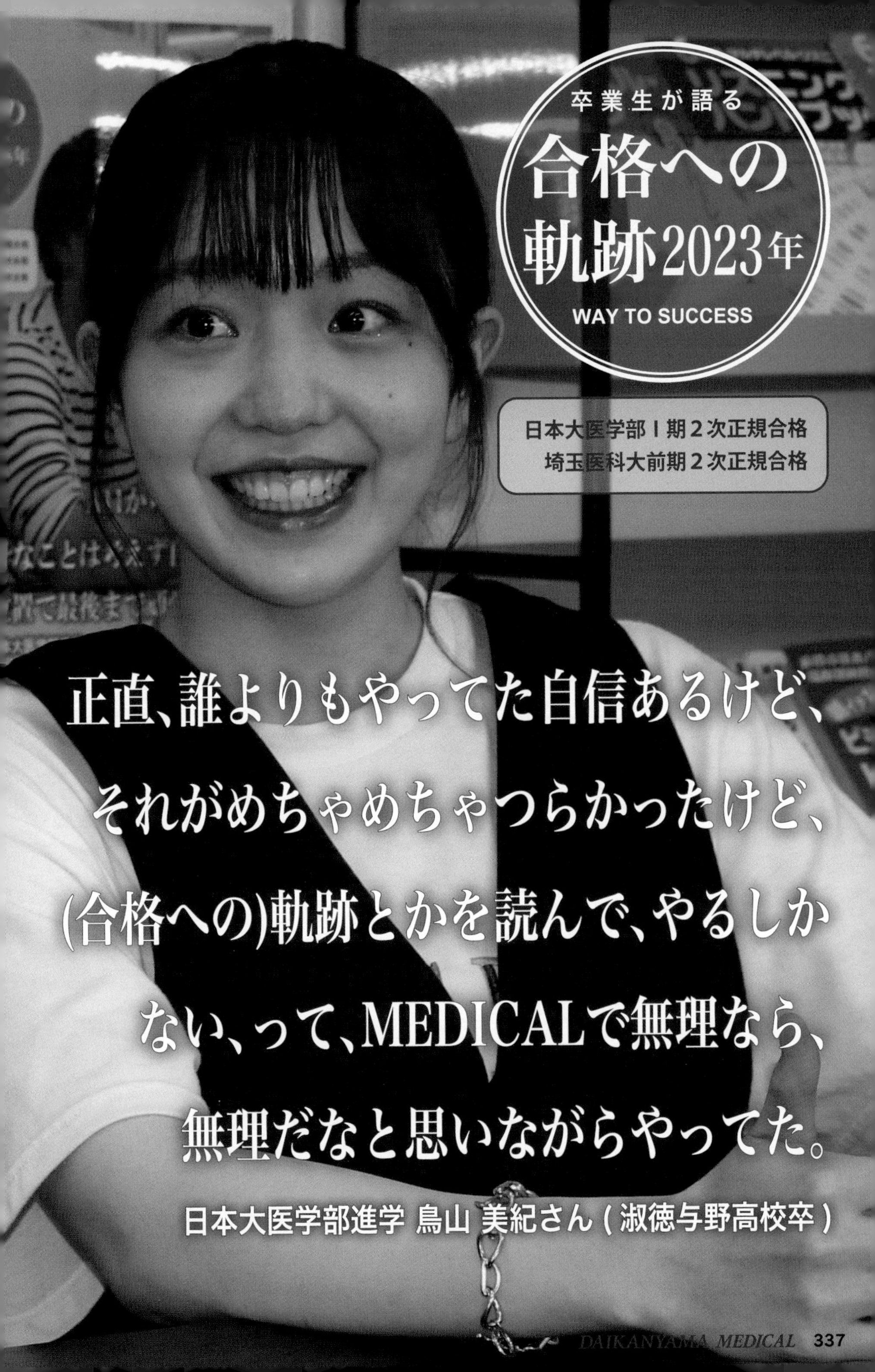

卒業生が語る

合格への軌跡2023年

WAY TO SUCCESS

日本大医学部Ⅰ期２次正規合格
埼玉医科大前期２次正規合格

正直、誰よりもやってた自信あるけど、
それがめちゃめちゃつらかったけど、
(合格への)軌跡とかを読んで、やるしか
ない、って、MEDICALで無理なら、
無理だなと思いながらやってた。

日本大医学部進学 鳥山 美紀さん（淑徳与野高校卒）

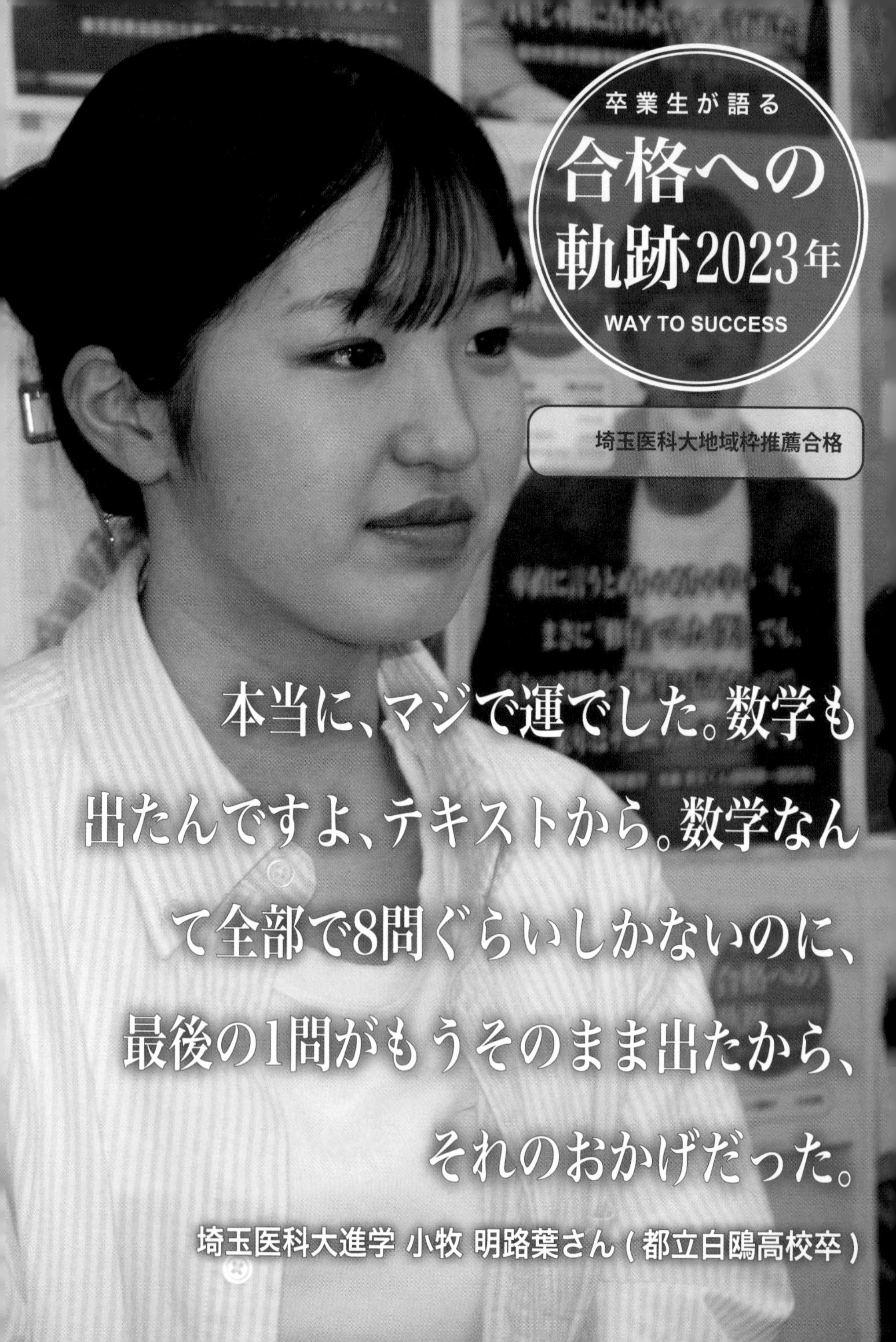

卒業生が語る

合格への軌跡2023年

WAY TO SUCCESS

埼玉医科大地域枠推薦合格

本当に、マジで運でした。数学も出たんですよ、テキストから。数学なんて全部で8問ぐらいしかないのに、最後の1問がもうそのまま出たから、それのおかげだった。

埼玉医科大進学 小牧 明路葉さん（都立白鴎高校卒）

この１年できつかったところ。

小牧：えーっと、埼玉医科大学に進学した小牧明路葉です。出身高校は都立白鴎高校です。

鳥山：日本大学医学部に進学した鳥山美紀です。出身高校は淑徳与野です。

小牧：私の場合はなんか周りの、高校で周りに医学部に進学する人はいなかったので、あんまり。理解されにくい、自分でやっていることが、なんか、何ていうの、結構、周りはあんまり勉強してなかったんで、休み時間とかは結構、きつかった。私は勉強しなきゃなって。その学校にいる子たちのギャップも結構、苦しかった感じでした。

鳥山：私は６月の初めまで部活をやってたので、部活をやりながら、代官山 MEDICAL に来るのがきつかったですね。結構、確かにぎりぎりで来ているというか、その１個前の、現役のクラスが始まる１個前（５時間目）のマンツーも部活でつぶれるし、現役の１コマ目（６時間目）も部活でつぶれるし、大会とかの前だと、もう走って来るみたいな、（代官山）MEDICAL に。なんかすごい急いで、荷物も多かったし、しかも一番きつかったのは、代官山 MEDICAL に行くとみんながもう、1、2時間前とかに勉強してるのに、私、勉強してなくてみたいな。その一、同じところを目指してるのに、全然、足りてないじゃんっていう。でも、できないしっていう、その葛藤がつらかった。大変だったかなと思います。足りない時間は、隙間時間とか、電車とか、まあ、歩きながらとか、休み時間とかもそうだけど、でも正直、６月、部活を引退するまで、部活も割と入れてたから、あんま勉強は、ただ焦って勉強してないみたいな。そっからは、部活引退してからは、もうそれだけ誰よりもと思って勉強してた。でも、うん、受かるまでは間に合うと思ってなかった。

小牧：私も、でもそう。はい。そうです。学校から代官山 MEDICAL までの、その電車の時間に課題はやるみたいな感じでした。本当にそういうところを切り詰めてやっていかないと、間に合わなかったって。でも最初、なんか推薦を受けようとか思ってなくて、なんか普通に一般だけ受けようと思っていたから、急に推薦を受けるってことが決まって、そこから焦りまくりって感じでした。なんか一般への、試験の練習になるかなって思って受けました。

鳥山：そうだよ。あろちゃん、なんか「マジで絶対、落ちた」って言ってた。

小牧：そうなんだよ。本当に、なんかもう試験、試験っていうか、終わった後、「落ちたわ」とかって、フフフッ。

そら受からんわみたいな。ハハハッ。

鳥山：私は思ってた。絶対、この子、受かるって。

小牧：受かんないよ。

鳥山：いや、だってさ、あろちゃんのできないは絶対、私よりできてる。毎回そうだった。うん。謙遜なんだなって思っていました。

小牧：本当にもう、面接とかでもマジで答えられなくて、落ちたって思って、でも、それでもいいやって思ってたから。答えられなかった質問ありました、全然。その一、一般推薦の子が受ける質問は結構、なんか優しい方で、答えられたんですけど、地域枠のほうは結構、きつくて、私は埼玉県の地域枠で受けたんで、埼玉のことについて聞かれるんですよ。それはあんまり対策してなかったから、そこは結構、きつかったです。地域特有の話。

それでも合格したっていうことは、多分、筆記でだいぶ稼げたっていうところが大きい、はい。実際、日曜日がテストだったんですけど、土曜日の緒方先生の生物単科でやった問題とか、そのまま出て。マジでそのまま出て、それとかが大きかったかなって思います。

鳥山：数学、ガチむずかったんです。数学はもう、どの学校も難しくて、数学は間に合わなかった。でも、生物とか理科、化学と生物に関しては、授業でやった問題とか、それより簡単な問題とかが出たから。だから、できた日大と埼玉だけって感じです。でも、受け終わったときは、受かってると思ってなかった。日大の１次は絶対、落ちたと思ってたから。

代官山でガチやりだした。

鳥山：私は、いとこの川島綾美ちゃん（日本大医学部進学）がここに通ってて、同級生の川島怜大（昭和大医学部進学）も来てたから。その紹介で来て、石井先生と面談してみて、自分に合うなと思ったから。そうそう、怜大も現役で昭和に合格して。マジですごい。お姉ちゃんも今、チューターやってくれてるし。

小牧：すごい。マジですごいよね。私はここ来る前

の、なんか個人の家の下の塾で教えてもらってた古田先生(古田貴栄：東京女子医科大進学)っていう先生がここで受かったって聞いて、来てみたって感じです。前いた所の人の紹介みたいな感じ。

鳥山：え、結構、前からだよね。2年生のころ。

小牧:2年の、2年の夏終わったぐらいだと思います。で、もう石井先生に「間に合わない」って言われて。

鳥山：ね。だから間に合わないって・・・。

小牧：夏前だったら間に合った。

鳥山：あ、言われた、言われ、ていうか、間に合わない時期に入ったうちらもやばいね。

小牧:そうそう、そうそう。で、「間に合わない」って言われたのに…。

鳥山：もう間に合わないの衝撃、やばかったよね。

小牧：そうそう。それしか覚えてない。そう。それでやばいなって思って。

鳥山：だから、私とかやばいなと思ったから、これはちょっとカットしてほしいんだけど、数学のHighクラスにいたんだよね、最初、2月、3月とかかな。だけど難し過ぎて、でもやんなきゃと思って、2時ぐらいまで勉強してた。

小牧：えー。

鳥山：そしたら、ちゃんと体調崩して、でも別に解ける問題とか増えてないし、だから健康が大事だしなって思った。自分のレベルに合った、ちゃんと授業を受けたほうが近道だなって思ったかな。無理し過ぎて食い付くよりかは、自分に適したところでちゃんと。そう言ってあげたい。あの頃の私に。中村先生の、できるレベルのところからのアプローチ、そう。中村先生は救世主だった。

小牧：でも、みきちゃんとか、朝来るときも、あの坂あるじゃないですか。坂で、マジで生物とかをこうやって歩きながら見てましたよ。

鳥山：いや、でも別に、歩きながら勉強はできた。許容、自分の許容だったって感じ。

小牧：それ見て、すごいなと思って、私もやらなきゃっていう。

鳥山：でも、その許容って、一人一人違うから、例えば7時に来れる人と、7時には来れない人とか。だから許容、自分の許容をちゃんと分かった上で、最大限にやったほうがいいと。鋪屋さん(鋪屋 瑠美：東京慈恵会医科大進学：頌栄女子学院卒)のことは真似できなくない？

鳥山：あれを真似しようとすると、風邪ひくから。あとなんか、受かったときの自分をめっちゃ考えてた。やる気なくなったとき。モチベーションはずっと保ってた。

小牧:私、あんまり先のことを考えてなかったです。もう今、(中村先生からもらった)やるべき課題だけを考えてました、私は。

鳥山：そう、確かに。これ対極だね。先のことを、大学生になるのを想像してモチベーションを高めていた。

小牧:今、これやんなきゃで精いっぱいでした。はい。

鳥山：これ、デメリットとしては、大学の自分、想像し過ぎて、時間経ってるみたいな。アハハハハ。そうそう。今、我慢してるのとか、やってる自分とか、想像すると楽しくなってきちゃって、気付いたら時間が…。

先生とも近くて、2人だから相談しながらできた。

小牧：先生との距離が近い、っていうか、気さくになんでも話せたし、あと、友達ができる。他の塾とかだとあんまり個人(個別)とかだと、私、無理で、なんか、友達と切磋琢磨できた。

鳥山：なんか刺激だったよね。鋪屋さんとか、シカちゃん(四ケ所 葵：横浜市立大医学部進学：湘南白百合学園卒)とかがすごいから、もう焦りしかないみたいな。生物を受けても。

小牧:で、できる人のとにかく真似をするみたいな。みきちゃんとかもなんか、休み時間あるじゃないですか、休み時間も自習でこもって、途中から、なんかチャイム鳴ってから来るみたいなのあったよね。そう、そこまでずっと自習室で勉強してるんですよ。なんか他の子とかが喋ってても、教室に行って先に喋ってても、みきちゃんは、自習室でもうぎりっぎりまでやってから来るみたいなのやってたから、私も真似してやったりとかしてました。

鳥山：いや、私も、集中力が切れたときに、今、あろちゃんだったら集中してるんだろうなっていう。あろちゃんを憑依させてた。しかも、鋪屋さんとかシカちゃんになってくると、そもそもが出来上がってたけど、私たちって言うともう失礼だけど、私たちは、結構、ぎりぎりだったじゃん。

小牧：そう。ぎりぎりで。

鳥山：受かんねぇな、こいつみたいなレベルからのスタートだったから、そのぐらいやらないと、ていうのはあった。

小牧：そうです、そうです。

鳥山：夏休みの7月30日かな、7月30日のマンスリーで、生物がやばかったんだよね。マジでできなくて、で、そこで、「え、やばいよね、やばいよね」みたいな。で、明日から頑張ろうみたいな。

小牧：で、みきちゃんがその前から頑張っているのは分かってたから、1人で、なんか8階のラウンジとかでも休み時間とか勉強してんの分かってたから、私も頑張んなきゃなってなって。

鳥山：で、やばいねってなって、明日からやろうねっていう。その次の日から生物、その冊子があったよね、あのー、ハンドブック、緒方先生の。現役だけかな、暗記のやつ。暗記カードみたいなのあって、それを全部書けるようにしろみたいな。なんか200枚ぐらい、100枚ぐらいあって、それを夏までに全部書けるようにしろって。

小牧：言われてて、それを緒方先生から。

鳥山：だから、私はその、写すとこから始まったんだよね。単語のカードを作るところから。

小牧：そうそう、そうだ、で、そっからもう夏、毎日、朝7時。

鳥山：そこのB教室に来て。朝3枚を、何も見ないで書いて、お互いに採点し合うっていうのを1カ月続ければ、100枚ぐらいいくよねっていう計算で。それを無理やりやってたよね。だから、それは2人いたから。

小牧：そうなんです。1人じゃ無理だったけど、2人で。辛くなったときとかも、相談できるし。

鳥山：あと、ここ、普通に授業の質、高くない？

小牧：うん。

鳥山：授業の質がめちゃめちゃ高い。あと、授業のコマ数も多い。質×量で、もう何倍にもなるみたいな。高3の夏、ぎっちぎちに入ってたもんね。夏とか時間割、多分。

小牧：あと、やることが決められてたっていうのは大きいかも。なんか自分でそれを考えるのもあれだから、言われたことをただやるみたいな。いい意味で自由じゃなかったのが、結構、大きい、課題、これやれ、これやれ、ずっとね。

小牧：決められた課題をやるので、空きコマも精いっぱいみたいな感じだったから、自分であんまり考えることはあんまりなかったです。なんかいい意味で暇じゃなかったから、やることが常に決まってたって感じで。

現役で医学部に受かるためには。

鳥山：確かに、現役ね、私はもうマジで、なんか、諦めなきゃ受かると思う。絶対に落ちると思ってて、浪人すると思ってたから、自分が。

小牧：私もそう。

鳥山：正直、誰よりもやってた自信あるけど、でもそれでも落ちると思ってたから、それでこんなやってんのに落ちるんだっていう、それがめちゃめちゃ辛かったけど、でも本当にそれをやり続ければ、受かる可能性は全然あるから、現役生で部活大変な子も頑張ってほしいなって思う。生物はもう夏にめちゃめちゃやった。泣きながら、泣いてた、ガチで普通に泣いてた。でも、周りとか、(合格への)軌跡とかを読んで、やるしかない、って、やるしかないって、ああ、(代官山)MEDICALで無理なら、無理だなと思いながらやってた、って感じで。

小牧：何だろう、若干、(推薦は)孤独感みたいなのがあるかもしれない。でも、推薦で受かるってあんまり思わないで行くことが大事かなみたいな。要は(一般)試験の前倒しっていう、体験みたいな感覚で受けて、通れば嬉しいねっていうぐらいの心持ちでいれば。でも人よりも早い段階で(実力を)仕上げなきゃ、推薦受からないっていう意味では、それはそれで、はい。でも、完成はしてなかったですよ。確かに完成するのは難しいと思う。だって、余裕で1年2年かかる人間だっているわけだから、そん中でも短期間で仕上げたっていう、一定水準まで持っていけたっていうのは、運が大きかったです、私の場合は本当に。

鳥山：でも、日頃の行いがいいから。

小牧：もう本当に、化学とかも前日、授業でやったとこが出るみたいな。本当に、マジで運でした、本当に運でした。私は運で受かったようなものかな。数学も出たんですよ。本当なんです。これ、本当に。数学なんて全部で8問ぐらいしかないのに、最後の1問がもうそのままなんですよ。出たから、それのおかげだった。それだけ入試に、ばんって出るよっていうものを取りそろえているテキストがあったから、すごい、そうです、そうです。

鳥山：それはすごい。マジでそう。

印象に残った先生。

鳥山：中村先生（数学科）。とにかく分かりやすかった。とにかく基礎だけでいいって言われて、もうただ私はもう基礎しかできなかったから、もう基礎だけでいいって言われたのがもう救いで、とにかくそれをやり続けたって感じ、基礎の考え方が一番大事だから、そのー、応用をやるんだったら基礎をやれみたいな感じだったよね。

小牧：だから、普段からそんな難しい問題も解いてなくて、自分が理解できるかできないかの狭間みたいなところをずっと解いてたんで。

鳥山：「これって解けたほうがいいですか」って、

聞きに行ってたもんね。授業が終わった後とか。なんか、「これはなんかできなさそうなんですけど、これは今の私が解けたほうがいいですか」みたいな。今すぐ解けたほうがいいか、まあ、「もうちょっと他のことをやってから解けたほうがいいですか」とか、聞きに行ってた。

小牧：そう。なんかマンツーでやった問題だけじゃなくて、集団授業でやった問題も、他の先生と集団授業でやった問題も中村先生に、その後、聞きに行くみたいな。

鳥山：アハッ。懐かしい。

小牧：してました。

鳥山：泣きそうになりながら行ったよね。解けなくて、やばいみたいになって、で、2人で聞きに行くっていう。

でも、中村先生、優しいから、全部、笑顔で、まあまあまあ、落ち着け、落ち着けみたいな。

小牧：で、ちょっと違う教え方で、その基礎から理解できるように教えてくれるって感じでした。

鳥山：しかも、きれいだったよね、ノートが。赤じゃなくて、緑を最初に。緑大好き。

小牧：緑大好きだった。英語は、解き方を梅ちゃん(梅田先生)に教えてもらった感じ。

鳥山：確かに。長文の読み方とかね。英語なんて覚えるもんだと思ってなかったから。でも結局、覚えなきゃいけないんだなと思った。その一、限界があるから、だから、語法とかも覚え始めるのが、ガチ遅かったなと思ったもん。もっと早くから始めてれば、もう暗記こそ全てだと思った。

小牧：うん、うん。結局、暗記だったよね。

鳥山：ね、結局、単語力、うちらさ、やってたよね。ターゲットのやつを梅ちゃんから…、200問くださいみたいな。

小牧：で、夏やったんだよね。1週間ごとにターゲットの、1週間200単語とか決めて、範囲を。で、梅ちゃんにテストの紙もらって、朝やるみたいな感じだったよね。朝、2人で来て、やってたよね。で、お互い採点し合うみたいな。1人じゃなかったから、頑張れたっていうのはあります。

鳥山：うん、そう。マジでそう。あろちゃんがいたから、朝も行こうと思ったし、覚えようと思ったよね。

小牧：そう。で、次のプリントをもらいに行かなきゃみたいなのもあったから。それも2人で行ったから、まあ、楽しいみたいな。

鳥山：化学は、マジ龍ちゃん(高橋龍先生)、分かりやすかったし、めっちゃ書くの早かったけどね。でも、マジで優しかった。優しくて分かりやすかったから、龍ちゃんのことが好きで。一番前で受けてました。

小牧：一番前で受けるっていうのは、結構、やってたかもです。はい。石井先生の授業でも一番前の一番真ん中で受けてたし、一番前で受けることで、何だろう。なんか何やってるかも分かるじゃないですか。先生から見ても。だから寝れないし、なんか分かんなかったりすると、先生とかにすぐ言えるしみたいな。

鳥山：え、すご過ぎる。その精神力は私にはなかったから。

小牧：いや、違う。そうしないと寝ちゃうから。ウフフ。

鳥山：で、あろぴょんは、あと授業中、その、ペンを書く手が止まらない。なんかどんだけ難しい問題でも、すごい書くんだよね。止まらない。本当にそれはあった。すごい、マジで尊敬。で、一緒に帰ってたんだよね、2人で。で、9時半に、ここを出ようみたいな。代官山MEDICALを出ようみたいなことを言ってたけど、私は9時28分ぐらいに準備を始めて、で、あろちゃんの自習室に行くんだけど、あろちゃんは9時半になったのに、まだ勉強してるの。本当に、すごいなって思った。集中力、エグかった。本当にね。

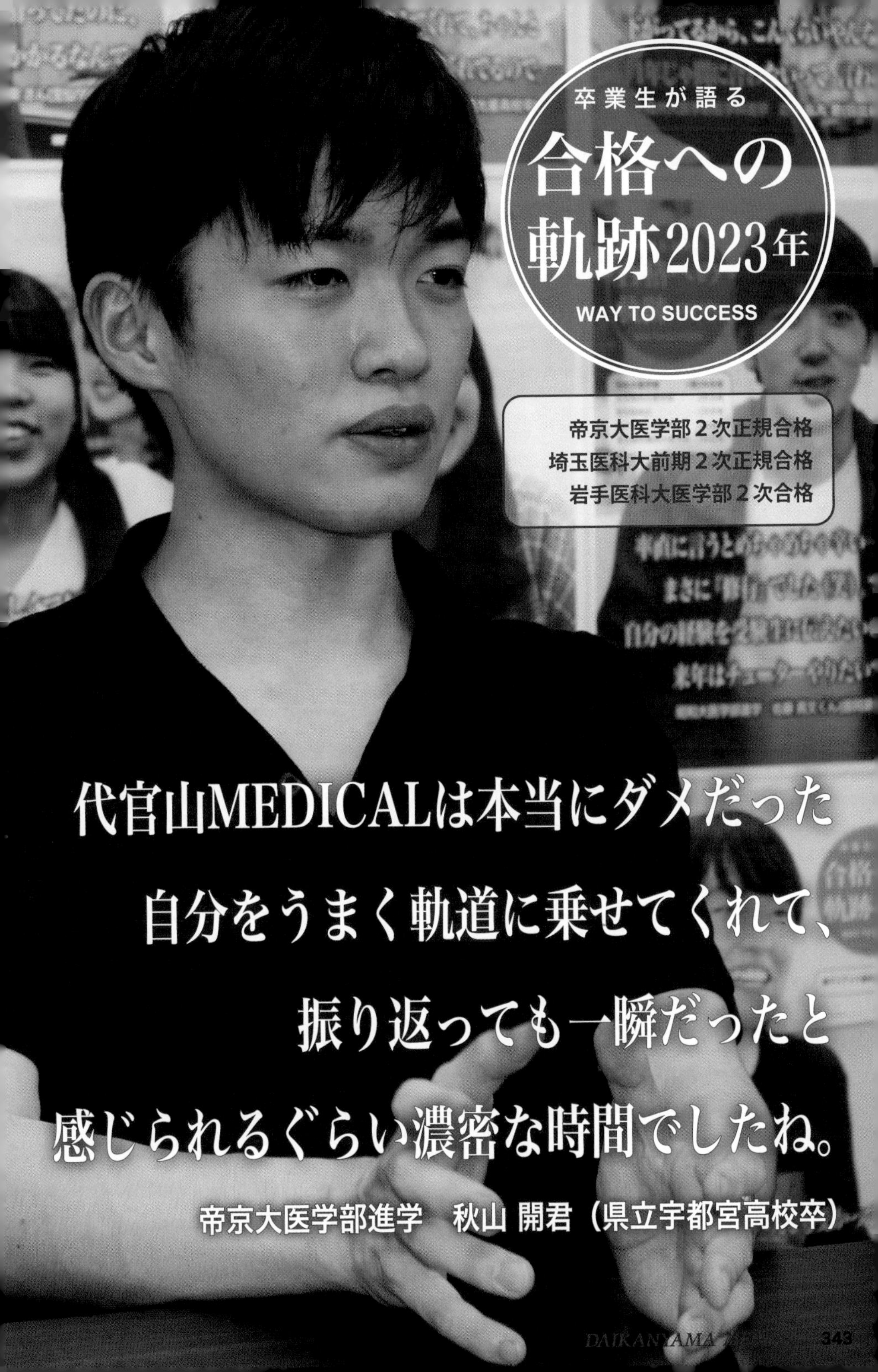

卒業生が語る

合格への軌跡2023年

WAY TO SUCCESS

帝京大医学部２次正規合格
埼玉医科大前期２次正規合格
岩手医科大医学部２次合格

代官山MEDICALは本当にダメだった
自分をうまく軌道に乗せてくれて、
振り返っても一瞬だったと
感じられるぐらい濃密な時間でしたね。

帝京大医学部進学　秋山 開君（県立宇都宮高校卒）

代官山MEDICALに通ってた知り合いが結果出してて。その結果を信じて通うことに決めました！

高校卒業して、浪人が始まったときに、大手の予備校、大手の麹町にあるＫ塾に行こうって話がついたんですね。で、そのついたちょっと後に、自分の祖母の知り合いのお孫さんが、代官山MEDICALに通ってて、医学部に合格したって話を聞いてきて、じゃあ代官山MEDICALに通うのがいいんじゃないって話になったんですけど、そのときはＫ塾に決まっちゃってたんで、その話は流れて。今考えると１浪目から代官山に通っておくべきでしたね（笑）。で、結局Ｋ塾でも結果出ずに、２浪目突入みたいな感じになったんですよね。そのときに中学からの知り合いで、同じく浪人してる田村さん（田村萌々奈：作新学院：東京医科大進学）が代官山MEDICALに通っているって聞いて、連絡取ってみたら、１次試験を４校通ってるみたいな話を聞けて。高校の時には自分と同じレベルだと思っていた田村さんが４校も受かるんだみたいな驚きもあって、じゃあ２浪目は代官山MEDICALに通おうってなったんですよね。その田村さんつながりで阿久津くん（阿久津一馬：作新学院：東北医科薬科大進学）も同じく通うことになりましたね。

代官山MEDICALでは自分にあったレベルを提供してくれて、スタートは低くても最終的には医学部に受かるレベルまでもっていってもらいましたね。

数学は、高校１、２年生のときにつまずいてしまって、苦手意識が消えないままでしたね。で、１浪目に通ってた大手の予備校では、東大とか京大に入るレベルの数学の授業を受けさせられていたんですよ。まあ、基礎もできてないような人に、最初から難しいことをやらされるので、全然付いていけなかったですね。本当に手も足も出なくて、何をやってるんだろうみたいな感じで授業を受けてて、今考えると１浪目の特に数学は本当に悔いが残りますね。で、それを穴埋めできずに、１浪目の終わりまできてしまったっていうのが、最初の浪人生活の反省点でしたね。そこまでは、数学の苦手な分は他の教科でカバーしようみたいな考え方をずっと持っていて、ほんとにそこがダメでしたね、国公立大学を目指してたりしてた時期もあったのにも関わらずですよ（笑）

２浪目に突入して、代官山MEDICALに入ったからには、ちゃんと数学に取り組んでやっていこうって気持ちにはなっていたんですけど、じゃあ何から手を付ければいいんだろうって困ってましたね。でも、数学の担当だった高橋典先生にちゃんと教わったっていうのが大きかったですね。まずは自分のできないところを見定めてもらって。で、そのできていない基礎の部分を穴埋めしてもらっていって、そこからちょっとずつレベルをあげていってもらえて。言われたことをきっちりとこなしていくと、着実に成績が伸びていって、「あぁ自分の一番苦手だった数学がまともな成績になってきてる」って感動すら覚えてましたね（笑）最初のほうとかは、偏差値50も超えてなかったんですけど、最終的には60も超えるようになって、医学部入試でも困ることはなかったですね。本当に１浪目から代官山MEDICALでお世話になっていればって思いますね（笑）

集団授業の数学のテキストも、先生方がちゃんと解説してくれて。どういうふうに、いつ、復習するかも全部ちゃんと示されてて、その指示に乗っかって繰り返しやっていくことができましたね。「これを落としたら本当に駄目だぞ」みたいな基本問題も入ってて、そういうとこをしっかり予習でやっていくとほんと力が付きましたね。難しい問題を解けるよりは、本当に落としちゃいけない問題を落とさないっていう点を意識させてもらえるようになったっていうのが、苦手克服に繋がりましたね。

集団授業だからこそ得られたものがあった。

一番は印象に残っているのは生物の深瀧先生の集団授業ですね。自分は、代官山MEDICALに入る前に生物はこのままのペースでやっていけば大丈夫だろうと思ったんですけど、もう初っぱなの授業から、深瀧先生は、ズバズバものを言う感じの先生で。「全然、違うよ」とかって、間違っているところをちゃんと指摘してくれて。間違った知識を直すことができて、そこで覚え直すことができるっていうのができたので、すごい良かったなっていうふうに思い返してますね。あと、かなり質問してどんどん回していく感じで、次の人、次の人みたいな感じで回していくんです。そこで「あ、あの生徒はクエン酸回路の、あのポイントで間違ってたな」とか「あ、あの生徒が間違ったところだ」みたいな感じで、後々になって逆に自分が覚えられたりもしたので、そこは集団授業だから得られたものですよね。

板書も、プリントもすごく分かりやすく作られてて、考え方のプロセスを順序立てて教えてくれました。生物の簡単な問題は、単純に暗記で、何とかなるんですけど、難しくなってくると、ちゃんと考察して、教科書に載ってる知識を基にして解くっていうのが大事なんで。その、知識を基にして問題を解くときの考え方の流れっていうのを、的確に伝えられるっていうのがすごいなって思ってました。暗記のほうも、夏期講習の単科授業とか、直前の単科授業に出席すれば穴埋めができたので、それも良かったなって思います。

高橋典先生、深瀧先生だけでなく、どの先生も分かりやすくてよかったです。

英語は三ツ橋先生に一番お世話になりましたね。板書が分かりやすくて、まとめみたいなのを作ってくれて、ものすごく分かりやすかったです。数学は、集団で受けた先生は基本的に全員良くて。平野先生だったら、数学はコツコツ努力してやっていくことが大事ってことを強く教えてくれて、薄先生は、問題を解くときのポイントをすごく分かりやすく教えてくれてましたね。佐藤啓先生は、基礎的な部分から応用的な部分までしっかり全部網羅してくれた印象です。どの先生も本当に質問しても的確に教えてくれるし、なかなかない経験だったなって思えますし、どの先生もお薦めっていうのは正直な感想ですね。

化学は、小林先生と、菊本先生の授業受けてて。覚えるべき知識、覚えなくてもよい知識を的確に分けて教えてくれていたのが助かりました。あとは、小論文の高橋浩先生のマンツーマンですかね。おかげさまで、２次合格を複数取ることができたんで、２次試験で競り勝つ、２次突破力っていうのを鍛えてもらいましたね。１次試験で僅差の点数だったら、２次の小論文、面接が大事になってくるんで。小論文の授業を受けていれば、的確にものを伝えたりとか、文章をしっかり書いたりというのは、だれでも最低限はできるようにはなると思うんです。で、それにさらに高橋浩先生のマンツーマンを取ってくと、小論とかで問われるような周辺知識も、的確に教えてくれるので、かなり実力は付きますね。そういう点で高橋浩先生のマンツーマンを取るのはお薦めですね。

入試が始まっても、代官山 MEDICAL で先生方に質問して平常心で臨めました

入試のときにも、代官山 MEDICAL に先生が来てくれるっていうのが個人的にはものすごくありがたかった、いつも校舎にいてくれて。１浪目通っていた予備校だと、入試が始まると先生たちが休暇に入ってしまって、質問しに行きたいのにできない状態だったんです。代官山 MEDICAL は本当にずっと先生がいてくれて。ある１つの大学の入試が終わったその日のうちに、「この問題が分かんなかったんですけど」っていう質問をできたんですよね。その答えが次に受験する大学の入試問題で出たりっていうのがあったりしてすごく助かりました。「あ、これ出た！同じの出た！質問しといてよかったじゃん！」みたいのがあって(笑)

で、先生と話すことによって、気持ちとかも、リフレッシュされるんで。それで次に向けて頑張ろうっていうのがあったんで、そこは結構、大きかったなっていうのがありましたね。先生に「この問題できなかったんですけど」って聞いたら、「あ、それはほかの受験生も解けないから気にしなくて大丈夫」って言ってもらえて、「あ、解けなくて大丈夫だったんだ、よかった」って思えて、次に切り替えやすくなりましたよね。石井先生も言ってたんですけど、入試が終わって、さっさと自宅に帰ってしまうんじゃなくて、代官山 MEDICAL に来て、友達とああだこうだ話して、あの問題、できたとか、できなかったとかって話をして、適宜、先生とかに質問して、気持ちリフレッシュするの大事っていうのを教えてもらってて、本当にそうでしたね。実行に移せてよかったなって思います。

誰しも与えられた時間は同じ。それを活かすにも毎日同じ時間に来て、同じ生活リズムで勉強することが大事だと気付きました。

限られた時間をうまくやりくりするっていうのが、大事だったと思っていますね。代官山 MEDICAL のシステムっていうのが最適化されてるので、それに乗っかるというのか、先生に相談しにいって、どこを絶対に押さえなきゃいけないんですか、っていうような質問をして。そこから先生のアドバイスを受けて、結果、ちゃんと回すことができました。英・数・理だけやればいい、っていうのは聞けば簡単だと思うんですけど、そこにプラス小論文とか、面接とかもしなきゃいけないんで、暇になることはなかったですね。で、じゃあそれをやりきるためには、できるだけ同じ時間に来る、同じ時間に帰るっていうルーティンをしっかり確立することですよね。まあ、朝早く来れば来るほどいいと思うんですけど、例えば、１日だけすごく頑張って朝５時に来て、でもその次の日は７時だったりしてってなっちゃうと、もうそれで生活リズムが崩れてしまって、結局勉強のリズムも確立できなくなるんですよね。それだったら２日続けて朝６時に来ればいいと思いますね。毎日同じ時間に来る、帰る、そして決まった時間に決まった科目を勉強するっていうのが大事なんですよね。自分は毎朝６時に登校していて、ふっと見ると、現役生の鋪屋さん（鋪屋 瑠美：頌栄

女子学院:東京慈恵会医科大学進学)がいて、「うわあ、朝から勉強してる、自分も頑張らなきゃ」みたいな感じでした。他の子もそうでしたね。やっぱり朝6時くらいから登校してる子は決まってて、そのルーティンは誰も崩してなくて。で、お互い頑張ってる姿を見て、自分もそのペースを崩すわけにはいかないって刺激しあうことができて。で、そんな人たちは皆合格していきましたもんね。

最後に、後輩へ一言。

親からは浪人生活長くて苦しかったみたいな話をされるんですけども、自分としては、本当に一瞬だったなっていうふうには感じてますね。気付いたら入試、そして気づいたら大学生になってたみたいな(笑)走り抜けたなっていうのがあって。本当に一瞬で過ぎた、特にこの代官山MEDICALで過ごした2浪目は特にそうだったなって思います。それだけ濃密にやりきったってことですよね(笑)。自分がこう言っているのと同じくらい言えるような浪人生活を過ごしてほしいですよね。

あと、石井先生によく教えられていた学則にも書かれている「2ランク上を目指す」みたいな言葉があって。やっぱそれが大事だなっていうのを痛感しました。自分が考えている大学よりも2ランク上目指す、自分のレベルを高くもっていこう、意識して頑張ろうとしないと、受かるところも受からないよっていうことなんですよね。後輩たちには本当に2ランク上を是非とも目指してほしいな、っていうのがありますね。

卒業生が語る

合格への軌跡2023年

WAY TO SUCCESS

帝京大医学部２次正規合格

代官山MEDICALのウィークリーテストが毎週・毎週の復習みたいになるじゃないですか。おかげで、知識が定着して本番のための貯金になったって感じですね。

帝京大医学部進学　長尾 快作君（巣鴨高校卒）

あの兄貴が現役で合格できるんだったら、自分だって代官山MEDICAL通えば、自分も現役で受かるだろうって思ってましたね（笑）

代官山MEDICALに通うってなったのは、兄貴（長尾快登：福岡大医学部進学：巣鴨高校卒）が現役で合格したっていうのが一番大きかったですね。自分の中では兄貴は結構頭がよくないと思っていた部類だったんで（笑）そんな兄貴が現役で合格できたんだったら自分も現役で合格できるだろうっていう気持ちで高3の4月からお世話になりましたね。兄貴とは小、中、高、そして部活も通う塾もまったく同じで、兄貴のルートを後を追うようにたどってばっかりだったんで、そういった面でも自分も医学部に現役で合格するんだろうなっていう、何か根拠のない自信もありました（笑）。でも実は、高校3年生までまったく受験勉強なんてしていなくて遊んでばっかりだったんで、やばいなぁと内心不安な気持ちもあったりはしたんですけどね。その当時、兄貴にも「ここまでまったく勉強してないお前は落ちるに決まってる」って言われるぐらいだったんで（笑）まぁそう言われて発奮したというか、「負けてたまるか」の精神になって頑張れたのがよかったですね。まぁでも振り返ってみると、兄貴はすごく努力してたんで、朝も学校行く前に早くから代官山MEDICALの自習室行って先生からの課題、宿題？やってたみたいだったし、授業が終わって遅くまで残って勉強して、さらに家帰ってきてからも1～2時間は勉強してましたもんね。実際に自分が受験生生活をやってみて、そのすごさが身に染みて分かりましたね、塾(ここ)に来てから兄貴の踏ん張りっていうか、すごかったし、代官山MEDICALって、そんなに人が変わるのかって、思って入ってみようって、思って。まあ、兄貴からすれば、そこまでの自分の勉強度合いを見て、0(ゼロ)どころか、マイナスに当然見えていたわけで（笑）そりゃ兄貴としても弟は落ちるに決まってるって思いますよね（笑）

代官山MEDICALのシステム、先生の教え方が自分にうまくはまったから現役で合格できました。

自分は、単純暗記するのがすごく苦手で、根本的な部分から納得して理解できないと覚えた気がしないし、すぐに知識が抜けてしまうタイプなんですよ。塩島（塩島功生：昭和大医学部進学：九段中等教育高校卒）なんかはガーって知識を詰め込む方が得意なタイプだったんで、羨ましいなって思ってた部分もありましたね。でも、自分の得意不得意を考えると、そのまんま真似してもうまくいかないって意識してたんで、見習えるところは見習おうって思いつつも、自分のペースは乱すことなく、普段の勉強に取り組めてました。

それでいうとウィークリーテストって、毎週実施されてるんで、そのテストを受けている最中に、その前の週に習った授業内容を思い出せるじゃないですか、「あ～、確かにこんなの習ったなぁ」って記憶が蘇ってきて、復習の機会をテストで確保できるんですよ。コツコツできない自分にとって、ほんとにそれがありがたかったですね。それが貯金になっていったって感じでした。それと同じでマンスリーテストも毎月あったから、まとまったカタチで復習する機会を設けてもらっていたっていう感覚でしたね。周りのみんなは「またマンスリーテストかぁ～、悪い成績取ったら嫌だな～」みたいなテンションだったんですけど、自分からしたら「やったぜ！これで受験勉強まとめて復習できるぜ！」ってポジティブな気持ちで臨んでましたね（笑）だからマンスリーテストの結果で一喜一憂することは少なかったです。もちろん結果がいいに越したことはないんですけど、自分の中では復習の機会と捉えているところが大きかったから、「あ～なるほど、自分はここの分野は知識が入り切ってないんだな、じゃあそこを徹底的に復習しよう！」っていい意味でポジティブに頑張ることが出来てたんですよ。

授業だと、数学では中村先生に助けられました。「この公式は覚えろ！」という指導じゃなく、基本の論理をしっかりと教えてくれて、問題を解くにしても単純な解法、少ない解法で全て解けるように教えてくれるところだったり、ふとした時に以前の知識を思い出させるような授業をしてくれたところが、自分にすごく合ってましたし、化学は三上先生に教えてもらって助かりました。化学ってめちゃくちゃ覚えること多いじゃないですか？けど三上先生は、めちゃめちゃ理論タイプで、頭ごなしに「覚えろ！」じゃなくて、「これはこういう理論だから、ここをちゃんと理解して問題に活かしていこう」みたいなタイプだったんで、もう、まさに俺向きみたいな先生だったんですよ。で、理解をするっていう過程で身についた知識って忘れに

くいし、他の問題にも応用できるんで、だから自分は、数学と化学に関しては、ほとんどの大学で行っても対応できましたね。やっぱ自分はあんまりコツコツ覚えるのが得意じゃなくて、やっぱり全部理解しないと気がすまないってタイプだったんで、問題数もたくさんこなしていくっていうタイプじゃなかったんで、はい、塩島なんかは、たくさん問題解いてたくさん知識、パターンを詰め込むってことをしてて、そのために先生たちから沢山プリントもらってたんですよ。でも自分は詰め込むっていうのが嫌でってなってると、先生たちがそれを見越して、「これだけやっておけば大丈夫！」みたいな量が少なめのプリントをくれたんですよ。

受験仲間が沢山いること、友達同士で教えあう空間が良かったっすね。

最初のきっかけは、夏の高３のθの授業の内容を全部理解してて、たまたま人にそれを教える機会があったんです。中澤さん（中澤早紀：聖マリアンナ医科大進学：広尾学園高校卒）が、その授業を休んじゃってて、「じゃあ、ちょい教えるわ」みたいな感じになって、んで教えてたら、自分の中で知識がすごく定着して、「あ、これはいいな」って手応えみたなものをすごく感じられたんですよ。石井先生もθの授業で、「同級生同士で互いに教えあうからこそ、理解が深まるものだし、自分の不安な知識に自信が湧いてくるし、それを積み重ねていくことで互いに高めていくものだ」みたいな話をされてたんで、「あ～、こういうことか！」ってすごく腑に落ちたんですよ。そこから友達同士で教えあうようになっていきましたね。７限終わった後とか、ホワイトボード使って、教えるのが楽しかったですね。教わるというより教える側が多かったです。やっぱり自分はコツコツ勉強が嫌いなタイプだったんで、ほかの子の説明とか聞くのが苦手だったんで（笑）でも、自分で説明するっていう場があると定着絶対します、忘れにくくなるから。もともと分かってる人に説明したとこで、「ああ、確かに」「ああ、そうね、そうね」ってなるだけなんで、質問が絶対返ってこないんですよ。お互いに分かっちゃってるから（笑）でもそれって、お互いに浅い認識で、表面だけ分かってるっていう可能性もあるんですよ。片方だけが深くまで分かってても意味ないんですよ、両方ともに深くまで分かってないと。表面だけだと、質問が出てこない、分かった気になっちゃうから。だからもう、一切分かんないやつに説明したほうが、根本的なところで質問が来るんでいいかもしれないですね。

とはいえ、その教えあう相手も受験では競争相手でもあるんで、そこは忘れないよう、気持ちはバチバチでやってましたね。自分たちの代には四ケ所さん（四ケ所 葵：横浜市立大医学部医学科進学：湘南白百合学園高校卒）っていうエースがいたんで。彼女ほんとにすごかったんで、全科目では勝てなくても、せめて化学だけとかなら勝てるんじゃね？って気持ちでやってましたね。塩島も仲良いですけど良い意味でライバルの意識は持ってたんで。だから、そういう問題を教え合うとか、質問しあうとかって含めても、話しやすい友達でありライバルのようなつながりはあったほうが、受験生活ってうまくいくのかなって思います。代官山MEDICALだとやっぱり同じ医学部を目指すもの同士ってことで、そういうつながりもつくりやすいですね。

後輩へ向けて

一番合格につながったなっていう要因は、やっぱメンタルだと自分は思ってます。マンスリーテストの点数が上下したからって、あんま心が振られない人だったんで。マンスリーテストの成績とか見てもらったら分かるんですけど、総合の偏差値が夏の時に35まで落ちたときが一度あって、そのときも普通に笑ってたぐらいなんで（笑）さっきも話していたように、マンスリーテストはまとまった復習のチャンスだって捉えていた部分があったのと、自分がどの立ち位置にいるかっていうのを、周りの人のその出来栄えとか、やってる努力の値とかを見て、「自分と比較してみてもそこは遜色ないわけだから、仮にここは点数を取れていなくても、ほかの人より劣ってるとは思わない。だから次は大丈夫！」って判断ができるメンタルの持ち方をしてたからなんですよ。逆に試験本番とかになると緊張の仕方がひどくて、めっちゃ緊張して頭が働かないみたいなことが多かったんですけど、面接でも緊張してなんもしゃべれなくて、（笑）どうすれば緊張しないかってことに、だいぶ時間を使って。「自己分析する時間があるなら、勉強すればいいじゃん」みたいなことを言う人もいるとは思うんですけど、自分はそういう意識を持つのが嫌だったんで。自分が何が苦手なのか、苦手なとこが分かればそこをつぶしていけばいいって、思って、自分的には受験で成功するには自己分析が一番大事だと思ってます。自己分析して、苦手なところが分かれば、そこにちゃんと危機感を持って、その危機感に従って勉強すればいいと思います。危機感大事です！（笑）

あと帝京大学を、受験しようと考えてる人は選択科目は数学、化学で受けたほうがいいと思います。物理を選ぶなら、ほんとに自信をもって得意と言える人だけにしとくべきです。意外と難しかったりするんで。石井先生のアドバイスでも、数学は３日のうち１日だけ簡単なのがあるから、３日受けるなら数学を選んだ方がよいって言われたので。それで帝京大学に受かりましょう！（笑）

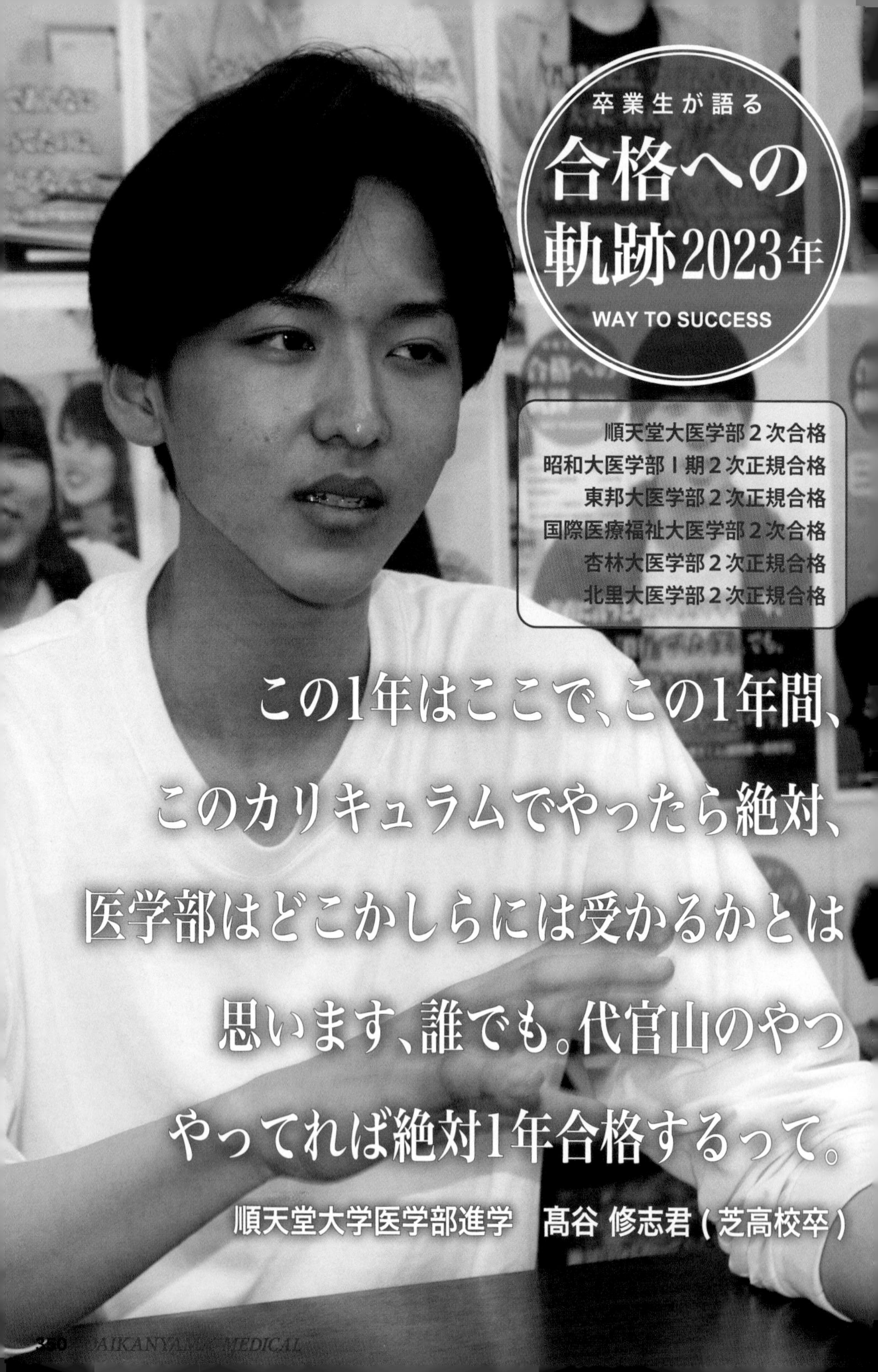

卒業生が語る

合格への軌跡2023年

WAY TO SUCCESS

順天堂大医学部２次合格
昭和大医学部Ⅰ期２次正規合格
東邦大医学部２次正規合格
国際医療福祉大医学部２次合格
杏林大医学部２次正規合格
北里大医学部２次正規合格

この1年はここで、この1年間、
このカリキュラムでやったら絶対、
医学部はどこかしらには受かるかとは
思います、誰でも。代官山のやつ
やってれば絶対1年合格するって。

順天堂大学医学部進学　髙谷 修志君（芝高校卒）

初めから順天堂を第1志望にしてました。

いや〜、もう、順天から、合格通知来たとき、自分、トイレにいて、父親から電話かかってきて。もう、発狂しました。うわあああ、みたいな(笑)。トイレしてる場合じゃないみたいな。ハハハハ。おまえすごいじゃないかって。あっちもそのテンションできて、で、親子で、うおお、みたいな。

ずっと,初めから順天堂を第1志望にするっていうのは決めてて、それは言ってきたので。でも正直、受かるとは思ってなくって。成績的にも。だって最初の成績が、クラス分けの時点での成績が、数学、物理、死んでて。初回の偏差値50.8で、合計170点で…。でも最後の最後はMAX 64.5までいって、はい。

一番、まず大きいのが、苦手だった数学と物理の克服ですね。それはやっぱマンツーで、数学は啓寿先生(佐藤啓先生)で、物理は柳瀬先生にすごいバックアップしてもらって。で、やっぱ苦手があると足引っ張っちゃうから、そこがなくなったのはすごいでかい。自分的には結構できるようになって。

化学も、自分が授業受けてた小林先生とかから、プリントめっちゃもらって。あと、三井先生とか、高橋龍先生とか、えー、あと化学っていったら菊本先生。三井先生、菊本先生とかから結構プリントをもらって。で、テキストめっちゃ厚いので、それを周回して見てもらってました。苦手なものはプリント演習するということも含めて、もう最初の段階から、第1回のクラス分けの結果を見ても、これはやるしかないと思ってましたね、はい。

あと二つ目が、夏が勝負だ、夏終わったらもう、それはもう決まってるっていうのを先生言ってたんで、それまでにはもう、完成させようみたいなのを思ってて。で、夏終わる前まで、6月、7月、8月ぐらいで、授業でやったとこは、復習もしっかりしてっていうのは、気を付けてました。

4月の頃は、まずテキストの問題とそのレビュー課題で、僕にカスタマイズされた時間割の空いてる時間でこれやろうとかっていうふうに、結構やってました。カレンダーみたいなの作って、逆算してやっていけました。物理は代官山MEDICALで配られる徹底基礎演習っていうのがあって、それを何回も周回して。それと同時並行で、課題の良問の風っていうのをやって、それを夏始まるまでに2、3回ぐらいやってました。全然、分かんないことあったら、先生に聞きに行って、啓寿先生とか柳瀬先生とか、田山先生とかにも聞いてた。聞きに行きたいときに、なかなか先生、捕まんないっていうのは、あんまないんで。いつでも先生がいる感じで、結構よかったと思います。

原動力は、1個上の先輩に、あそこに牧野先輩っているじゃないですか。

最初は、クラス分けでA4スタートでした。ぎりぎりまだ本館で、2回目のクラス分けで、2号館上がって。A2まで上がって。A4からA2いって、そっから、最後はM3でした。基本的には生活してたのは2号館がメインだったんですけど、なんか、思い出は結構、こっちの本館のほうがあって。初めの4月、5月、6月とかはずっとこっちだったんで、友達と昼、富士そば、そば屋さんがあるじゃないですか、下の。とかに行くのが楽しみで、そういうのは、勉強のモチベとかになってましたね。でも、モチベーション、ずっと保ち続けるの大変で、まあ、大変でしたね。原動力は、1個上の先輩に、あそこに牧野先輩っているじゃないですか。芝(高校)から順天行った先輩とたまに、授業の合間にアドバイスくれたりして、かっけえなみたいな。アハハ。チューターで来てくれてて。それで、牧野先輩の後を追いたいみたいな感じもあったりしたんですけど。あとは、何だろう。モチベーション。自分、寮住みだったんですけど、それも結構でかかったなって思ってて。1分マンションで。すぐ起きて、シャワー浴びずに、なんも身支度せずに出られたっていうのが楽だったからよかったなって。目と鼻の先、2号館って、めっちゃ楽でした。本館にいるときは7時から来てて。あ、もう、開館時間には来てて。で、でも、9月ちょっとだらけちゃって。授業始まる直前とかに。9時前ぐらいに来たみたいな。一回、だらけちゃって。

いや、なんでだろう。なんか、先輩にも言われてたんですけど、絶対9月には、夏休み終わってからだれるよみたいな。それが来ちゃって。なんでだろう。あの燃え尽き的な。一回そういう時期もありました。

9月中結構、もう、そんな感じでつぶれちゃって。はい。多分、気持ちとかにも出ちゃって自信なくなってみたいな。そのころに、薄先生とかが、過去問、朝にやれみたいなのを言ってくれるじゃないですか。それを10月、11月ぐらいから始めたと思うんですけど。11月かな？　それを朝、日医に行った世尚(松脇 世尚)、あと、清水(清水楽詩)とで朝6時40分からやろうぜみたいな。それで何とか、徐々に戻ってたっていう感じ。周りやってるしなっていうのもあるから。結構それ助けられました、周りに。別にサボったりなんなりとかっていうのはしなかったんですけど、夜はちゃんと遅くまで。9時15分くらいまでは自習してました。比較的一年通して規則正しく生活はできて、全然そうですね。振り返ってみたら。

順天堂、最後の勝因は、やっぱ、小論。

やっぱ、小論ですね。ヒロさん(高橋浩先生)にめっちゃ助けられました。自分、初めのクラス分けのテストで、小論文の試験で、原稿用紙最後まで埋められなくて4割ぐらいで終わっちゃったんですけど。それで、やばいなって思って、1学期からヒロさんと始めたんですけど。やっぱ、順天って、特色あるじゃないですか、小論が。その、論理性とか、文章の構成の、形式とかを、もう、覚えろみたいな感じで言ってくれて。まず、自分の主張で、その次に何々だが、しかしこれだみたいな、そういう形を覚えさせてくれたのはよかったです。定型的なものを。大学ごとの特色に合わせて、もう、これを覚えなさい、これやんなさいって指示がちゃんと出てたんで、大体、大学全部、形式は一緒なんですけど、面接とかだったりは、大学ごとに合わせてくれました。やっぱ、2次の対策って手厚いところあんまないじゃないですか。せっかく、そんだけ1次通っても2次が振るわなかったら意味ないんで。ヒロさんは、授業中に、他の生徒とかの情報とかも教えてくれたりするので、それも、モチベとかになってました。あと、順天の面接、特徴的じゃないですか。なんか、すごい、30分ぐらいあって、自分の持ち物持っていかなきゃいけないみたいな。それも、アドバイスもらって、これ入れたほうがいいよみたいな、これいらないよみたいなのも言ってくれたの、すごい参考になりました。俺は、まず小学校の、成績表は絶対持っていかなきゃいけなくて、それに加えて、小学校のときのサッカーの、トロフィーと、中高やってたバスケ、賞状を持ってきました。自分、運動してましたよみたいなアピールを、主軸にしていこうみたいな。そこからどう、何を学んで、これがどう活かせますみたいな話に持っていこうみたいな。結果、あまりその質問はされなかったです。アハハ。でもそういう安心感はありましたよね。実際の順天の面接官との話、弾んで。話、弾みました、結構。ありがとうございましたみたいな感じで最後、終わったんですけど。あとはやっぱり、順天は、英語の作文ですね。

英作文は、自分、夏から青葉先生にマンツーを取らせていただいてやってました。青葉先生はマンツー以外でも、添削してくれたので、1週間に1英作文、書いて提出してっていうのをずっとやってて、それもめちゃめちゃ書けるようになりました。授業外のところでも、関係なく渡してくれるんで、めっちゃありがたかったです。

一応、結構、埋められたと思います。でも順天入ってみて、なんか、英作、半分しか書かなかったぜみたいなやつもいるんですけど、そういう人たちは多分、数学力とか物理力とかがエグいから。だから、そういうめっちゃ数学できるような人たちは逆にそっちを伸ばしてもいいのかもって思ったんですけど。

自分のために自分だけの課題をもらえて、淡々と無駄のない勉強ができた。

典さん(高橋典先生)とかはマンツー取ってなかったんですけど、自分がA4だった頃の数学の、あの、5集、6集の担当で。それで、めっちゃ授業が面白くて、なんか、笑い、笑いがずっと起きてて、典さん、ま、愛されキャラじゃないですか。初め怖いなって思ってて、でも、みんな笑って、でもしっかり、微積の裏技とか、こうしたらもっと早く解けるよっていうのを教えてくれたのが、すごい、自分好きでした。他の数学の先生も、なんか、いろいろ別解出してくれたりとか、もっと楽なやり方とかっていろいろ提示してくれる先生多いんで、それもかなり、役立ったって感じで、解き方。すごい役立ちました。啓寿先生も典さんと同じ感じで、すごい、裏技チックな。順天って、やっぱ、時間が足りないので、その時間を、いかに早く解ききって別の問題につなげるかみたいなのが大事だと思ってたので、なんか、早業とかを教えてくれたのがすごい役立ちました。

物理は、やっぱ、柳瀬先生。プリントすごいくれて。柳瀬先生は、自分が言った分だけ返してくれるみたいな。これしてくださいって言ったらしてくれて。すごい面倒見良くて、ここ自分できないんですって言ったら、言った分だけじゃない、言った分それ以上のものを返してくれる、みたいな。ここできないんですって言ったら、すごい、いい問題、何枚もプリントくれたりして、それずっと解いてました。的確に自分の苦手を見抜いてもらって、じゃあ、これ解いたほうがいいよみたいな、言ってくれて。そういうプリントをもらって。物理は結構、解いたと思います。最終的には得意になってきて。7月とか8月とかマンスリーで70点以上取れてたんで、マンツー取ってないんですけど、無理言ってお願いしてマンツー用の教材とかも、ちょっと、もらったりしてて。で、電気分解ができないですとか言ったらそこの冊子をくれたりして。マンツー並みのことはできないかもしれないけど、もらって、じゃあ、それやったところの分かんないところの解説ぐらいは立ち話でもしてくれて、それがすごいよかったです。代官山MEDICALの良さって、まあ、まず、先生と近い距離でできるっていう、集団(授業)

の先生が直接、自分のために合った課題を与えてくれるし、いろんな先生がいるから、自分に合った先生ってのが絶対、見つかると思うんで。だってマンツー取ってなくたって、そんだけやってくれるわけなんで…、で、もともと得意だったんですけど、英語は、やっぱり、やっぱり石井先生っすかね。石井先生の、はい、初め、θ（シーター）の授業、初めA4で受けてたんですけど、θの授業だけ、すごく緊張して。いや、まじで、本当に。やられるかもって思いました。アハハハハ。なんかすごい緊張しちゃって、授業中ずっと、そうなんですよね。なんかいい意味で緊張感ありました。周りもよく言ってたんですけど、前2列目ぐらいまでいるやつってちゃんと合格するよねとかって、言ってるんですけど、後ろのほうでした。いや、やっぱり、上のクラスになるとみんなすごいできるなって印象あって。それはよかったですね。上のクラスに上がってきてからは当てられるようになったんですけど。A4のころは、先生も俺、緊張してるの分かってたと思うんで。アハハハハ。当てたら爆発しちゃうかもしれない。アハハハ。先生は、いつも、先生いつも言ってたのが、淡々とやる、淡々とこなしていくのが大事、っていうのをすごい言ってて。当たり前のことを当たり前にやる。それ自分も意識して淡々と、問題解いてく。でもただ、機械作業するんじゃなくて、学びながら解いていくみたいなのは、先生が言ってた言葉。

順天は、代官山MEDICALだからこそ合格できた、って思う。

1年前は、1次とか、どこも通ってなかったです。ゼロでした。

高3のとき、あんま勉強自体を、そもそも、習慣できてなくてやってなかったっていうのもあるんですけど。で、塾は高3のときも行ってなかったですね。ノー勉で。まあ、だからこそ切り替えがうまくできたのかもしれないですけど。記念受験みたいな感じで。やっぱり時間管理。時間管理すごいしっかりしてるなと思ってて。9時、そこは、他の所もそうなのかもしんないですけど。ま、でもそんなに。他は緩いと思いますよ。なんか、すごい厳しいのが自分はすごい合ってんなと思いました。あとは、空きコマがそんなないから、逆にそれがよかったなって。そこに具体的に何やるか詰めて、やろうっていうのができたので。逆にここしかないんだからみたいに時間の無駄がなくなったっていうか。時間の使い方がうまく学べました。時間が自由だとかえって、辛かった、辛いですよね。自由時間が長いと何したらいいのか分からない、逆に。時間を持て余してっていう。代官山MEDICALはそれがない。自分の自習時間がはっきりしていて、自習時間がいついつ何やるみたいなのが決まっているので、ほんと助かります。程よく、本当に、バランス取ってやれたって、思います。1日に3コマか4コマ授業っていうのがベストかなって思いました。日曜日って特に授業のない縛りだから、翌日のウィークリーに向けての勉強とかも含めて、あの日が、多分、一番、調整利きやすい日なんじゃないかなって。ただいつも、ここに来たからにはもうやるしかないみたいな感じで、意識してましたね。先生方もよく言うけど、ここ来て受かんなかったら多分どこ行っても受かないんですよ。アハハ。ここまでぎちぎちにやって、しっかり時間管理してもらって、やることがはっきりしてるんで、ここまでやらせるみたいなとこなんてないから。そういうふうにスケジュール管理とか時間管理がかなり厳しいっていうのって、自分じゃ甘えちゃうし。でもこれやれば、やっぱ、1年で合格できるんだから、それ相応に、みんなちゃんとやっていけば通るんだなっていうのは分かりますね。あ、もう、どこでも受かると思います。この1年は、ここで、この1年間、このカリキュラムでやったら絶対、医学部はどこかしらには受かるかとは思います、誰でも。代官山MEDICALのやつやってれば絶対1年合格するって、みんな、みんな言ってるから、この軌跡の人たちも、いや、代官山MEDICALのテキストで十分ですから、みたいな。

受かんなかったら、それはやってないんですよね。多分。受かるためのものなのに受かんないってことは、やってないって、言い切れますね、あのテキストで、順天受かってるんで。フフフ。

後輩、今いる人とか、に向けて、アドバイスとかエールとか。

それはやっぱり、あの、淡々とこつこつと、自分がやっていることを苦に思えなくなるぐらい、ルーティン化して勉強習慣を付けることが大事だというのを一言、それに尽きます。もう本当に。そうなんです、小手先のことといっぱい言えるかもしれないけど、実際のところ、それをこつこつやるっていうのがどれだけ難しいかってことなので。

卒業生が語る

合格への軌跡2023年

WAY TO SUCCESS

聖マリアンナ医科大２次正規合格
東京女子医科大２次正規合格

自分の行きたい大学に行った先輩の軌跡をすごい読んで、「くじけてる場合じゃない、頑張ろう！」みたいに気持ちを奮い立たせてましたね。

聖マリアンナ医科大進学　舩井 茉奈さん（東京女学館高校卒）

浪人生活でモチベーションを保つのはすごく大変。けど代官山MEDICALの先生たちにいいタイミングでいい言葉をかけてもらったから最後まで走り抜けました。

浪人が決まったとき、本当にすごい落ち込んじゃって・・・。でもまあ、やっぱり高校生のときから、現役合格を目指して一応勉強してたんですけど、やっぱり自分の努力が足りなかったし、部活にすごい集中しちゃってたので、まあしょうがないかなって思ってた部分もあったんです。でも、すぐ切り替えて「絶対1浪で受かってやる！」って思って、春の先取り授業とかすっごいやって、めっちゃ先生に質問しまくって、春休みはもう勉強漬けでした。もう春休みからちゃんとやんないと駄目かなってすごい思って、そのときはすごい厳しくやりました。でもやっぱり、そのモチベーションは、常に持ち続けるのが本当に大変で。特に2学期に入って10月、11月とかが、すごいなんか不安と焦りが勝っちゃって、いろんな感情がぐるぐるし始めてたんです。それで勉強全然、集中できなかったり、もう毎日泣いてたりして、本当に私は受かるのかな？なんて、先のことを考えても意味ないのに考えちゃって。すごい泣いてたんです。それで、冬の面談があって、そのとき成績がそこまで良くなくて。地方の補欠が回ってくればいいねってはっきり言ってくださったんです。そのときに「あ、やばいな」って気付けて、そこからすごい追い込んで、入試にそのままの勢いで行けたんですよ。やっぱり地方に行くんじゃなくて、都内の大学に通いたいって願望も強かったんで、「絶対受かる！」って気持ちで、やる気100パーセントな気持ちで最後の受験が終わるまでいけたので、それは助かったなって思います。

1年間マンツーマンでお世話なった平野先生（数学科）にも、マンスリーテストで悪い点数を取って落ち込んでるたびに「結果、終わったことばっかり気にしてても、本当に意味ないし、ネガティブになって成績上がるんだったら、ネガティブになったほうがいいんだけど、全然そんな意味ないしみたいな。なんか、受験までまだ時間あるんだから、自分の今の立ち位置と行きたい学校までの距離だけ見て勉強すればいいんだよ」みたいな言葉でずっと励ましてくださったんですよね。そんな感じの励ましの言葉を1年間言い続けてくださって「ああ頑張ろう」みたいなやる気を保ててました。

石原先生（生物科）にもすごく助けられました。家からも近かったので、聖マにはすごく行きたくて、聖マって記述がすごく大事で、そこの過去問をたくさん添削してもらって。さらには、受験始まった最初のころ、岩手医科の一次の発表があって、私落ちちゃったんです。周りとかは割と受かってたりしたので、「あ、やばい」「これまた受かんないのかも」とか思っちゃったりして・・・。そのときに言われた言葉が、「通うことになる学校は1校だけだから、最悪1校受かればいいんだよ」っていうもので。どうしても受験シーズン、日々結果が示されるじゃないですか。そんな中でネガティブに考え込んじゃう人もいると思うんですけど、行く学校は本当に1校なので、1校受かればいいっていう、イージーな考えも持たないとやっていけないなって思えて。その言葉のおかげで、「あ、次受ける大学で頑張ろう」みたいな、1校絶対取るみたいなそういう気持ちを持てたので、石原先生には感謝しています。

英語は、青葉先生と石井先生がすごい印象に残ってるんです。青葉先生は、ずっと春の先取りからマンツーマン取ってて。私英語自体が好きで、「これはこうですか」みたいな割と理屈立てた感じで質問することが多かったんですけど、それを褒めてくださって、「英語の姿勢がいいから絶対大丈夫だよ」みたいな。聖マの記述もすごい対策してくださって、「これならいけるよ」とまで言ってくださったので、やっぱ本当に寄り添ってくださってたなと思ってます。あと、石井先生は、週に2回θの授業があるんですけど、その中ですごく自分をシャキッとさせてくれる言葉をもらえて。やっぱ受験生って毎朝同じ所で勉強して、家帰って寝るだけみたいな本当に淡々とした生活を繰り返さなきゃいけないんで、やっぱ夏ぐらいから飽き始めちゃって、ああ何やってるんだろうみたいな考えも出てくるタイミングがあったんですよね。そのときに仰ってくださった言葉が、「悩んでる人はすごい暇な人だ。暇だから悩んじゃうんだ。」みたいな。あと、「今が辛いって思うのは当然だけど、不満じゃなくて不安になるのは悪いことじゃない、不満はただ解放だけに終わるけど、不安は通過できれば感動や嬉しいことがきっと待ってる、もっと先にライトを当てて、こう目先のことばっか見ちゃうと辛い生活だなって考えるかもしれないけど、やっぱ合格したらもうお医者さんになれるっていう幸せがあるんだから、そういうことを考えて勉強しなさい」って言われて、そのタイミングに言ってくださったからこそ本当にそうだなって思いましたね。

先生に言われた通り、代官山MEDICALのテキストを繰り返しやっていれば、本当に苦手な科目でも受験本番で得点稼げます。

数学はもともと苦手っていう意識は、ずっと高校生のときからあって、でも克服しなきゃいけないと思って、マンスリーテストのときは、みんなが取れる問題を落とさないようにして、あとは数学ほど苦手ではない英語とか生物、化学で点数を稼ごうって思って取り組んでました。でも最初のころは数学のその最低限を取るっていうラインにもいけてなかったので、先生に言われたままに、夜間のテキストとか、あと計算トレーニングやレビュー課題も毎朝ずっとやり続けてました。すごい大事なことしか載ってない冊子になっているので、取り組みやすくて。それで基礎力がつきました。で、受験直前で焦ってて、難しい問題もやらないといけないなんて考えが出てきた時も、平野先生が「背伸びしなくていいからできるとこだけやりなさい」って言ってくださって、焦ることなく、出来る問題に絞って最後は勉強できたんですよ。前期のテキストを完璧にするだけで、数学が苦手な人はそれだけでも大変なんですけど、それだけでも受験ですごい点は取れたので。

あと、夏期講習と冬期講習にやってもらった数学のテストゼミは良かったです、絶対。その場で丸付けして、その場で点数が分かっちゃう授業形式なので。ちょっと恥ずかしいっちゃ恥ずかしいんですけど、できない自分が分かるので、何がどのくらい分かってないのかって。冬期講習では数学に限らず、全科目のテストゼミを受けて、入試本番で割と似たような問題が出たとこが多かったんですよ。受験本番の休み時間も、何見ようか迷ったときは、テストゼミでやったとこ全部見返してました。

医学部は、試験時間が本当に短いので、解けないって思ったら飛ばして、他やったほうが絶対いいかなって思えるようになって、実際の入試でもある程度点数が取れるようになったのも、さっき言ったテキストを繰り返しやったり、テストゼミを受けてたからなんです。テキストの方では大事な問題しかないから、それは絶対できるようにしようって取り組んでて、テストゼミの問題でも周りの子、特に自分と同じレベルの子が解けているか、解けていないかって確認しておくんです。それで、みんな出来ていた問題をテキストに書いておいて、あとはマンツーの先生に、「これは自分は解けるべきレベルの問題ですか？」みたいなのを全部質問して、「これは解けなきゃいけない問題だよ」とか「これはちょっと上のレベルだから私はちょっと置いとこう」みたいなアドバイスをもらってたんです。それをやってったら、入試本番でも、「あ、これは絶対にできなきゃいけない積分だ」とか「あ、これは解けなくていいレベルの問題だ」っていうのが分かってくるので、本当積み重ねが大事かなって思います。

同じレベル、同じ目標の人間が周りにいることで、助けられた部分がたくさんありました。

私はA1クラスで、そのクラスの子にも恵まれてて。化学も最初苦手だったんですけど、私は自分ができないっていうのを周りの子にすごい言ってて、「酸化還元のすごい簡単なやつも分かんないから、めっちゃ馬鹿な質問するけどいい？」みたいな感じで友達にも聞きまくってたんです。でもみんな嫌な顔せず聞いてくれて。その中で同じクラスの子が、「ここ分かってるんだ、ここは分かってないんだ」とかいうのを、友達同士で共有できたので、それは良かったかなって。よく質問してたのは、長井花蓮ちゃん（長井花蓮：横浜雙葉：聖マリアンナ医科大進学）とか、櫻井理沙ちゃん（櫻井理沙：田園調布雙葉：聖マリアンナ医科大進学）とかです。あと、吉川裕二朗くん（吉川裕二朗：慶應義塾高：聖マリアンナ医科大進学）とか、秋山くん（秋山開：県立宇都宮：帝京大医学部進学）とかにもめっちゃ聞いてました。もう本当にいろいろ聞いて、みんなで不安なこととかを共有し合ったりしてて。で、受験も五反田から受験会場のTOC行くときもたまたま会ったりして、ずっと1年間見てた顔だから、おかげですごい安心して受験行けたし、やっぱりそれは、個人塾だと本当に1人でずっと勉強しちゃうから、本当にそれは強かったかなって思います。試験会場でも隣が代官山生だったときとかもあって、それのおかげでマンスリーテスト受けてるかのように平常心で受けれたし、本当に良かったです。

マンスリーテストの結果に関しても、ランキング貼り出されるじゃないですか。私は本当に頭が良くなかったので、載っても全体のランキングの下のほうに頑張っていようみたいな、それを目指してやってたんです。A1の周りの子が良かったりしたときに「ああ、自分はここなんだ。でも周りのA1の子は、こんな順位高くなってる、自分も頑張ろう！」みたいな感じで、近いレベルの子と自分を比べることで、気持ちを高めてたんです。自分の成績の上下だけじゃなくて、周りと比較することで自分を冷静に見れるのでよかったです。

学科の勉強も大事だけど、小論文・面接対策も一学期からしっかりやってもらって本当に良かったと思えてます。

小論文も面接の対策も、1学期からずっとやってるし、直前期も講座とかも開いてくださるので、受け答えの仕方とかが大分頭に入ってきて…、それで、集団授業で面接の練習してると、周りの子と比べて自分の受け答えの早さとかも分かって、「ああ早いんだな」「私ちょっと遅いから気をつけよう」とか気を付ける点が見えてきたり、あとは当てられた人が上手に答えてたら、そのいい答えをメモったりして、面接でこういうことを答えるべきだとか、これはやっちゃいけないんだとか、やっぱり自分だけだと分かんないので、それも良かったかなと思います。

で、聖マは圧迫だったんですよ、15分間。私、落ちたと思って、泣きながら帰ったんですけど、なんか志望理由がすごい聞かれて。で、志望理由に、5歳のときから医者になりたかったって書いたんですよ。手術してもらった経験があったんで。そしたらなんか、面接の先生たちが「本当に5歳でなりたいと思ったの？」みたいに食い付いてきて。でも、先輩たちの軌跡とか読んでたら、“聖マの面接は結構、厳しい感じで来るっていうのを分かってて、「あ、来やがったな」ぐらいのモチベでいかないと、15分間耐えられない”って書いてたんで。だから、いじめてきたなって思ってました（笑）だから、自信満々に答えて、「いや、そうなんですよ、ほんとに5歳から思ってたんです！」みたいな。それでいろいろほかの質問でも高橋浩先生に言われたことを守ってちゃんとやってたら、「完璧な回答しかしないね」みたいな嫌味ともとれる誉め言葉を最後言ってくださって（笑）でも圧迫だったんで、落ちたなと思ってたんですけど（笑）代官山MEDICALが毎年出してくださってる青い攻略本(私立医学部入試攻略本)。あれ、各大学の面接で聞かれたことがまとめてあって。それは絶対に全部答えられるようにしてて、その、面接の待つ間とかも、何していいか分かんないんですけど、みんな携帯とかいじってたりしたんですけど、私はその全部青いやつを目つぶって言えるように、全部答えられるようにしてたら、そのまんま結構、割と出て、なので本当に重要だなって。そりゃ完璧なことしか言わないねって言われるなって（笑）ほんと、代官山MEDICALのおかげさまなんです。聖マは割と2次で挽回もできるので、私は多分、学科でそこまでめっちゃ取れる人じゃなかったので、2次の小論と面接で頑張って良かったみたいな感じなので。

これから受験する後輩へ向けて

なんか今は、目の前の勉強ですごい大変で、自分が受かるかなって毎日すごい不安だと思うんですけど、マンスリーとかが悪くても、ネガティブにならずに、ここができてないって今分かったんだったら、受験までに絶対に完璧にしてやるっていう、もう全部ポジティブに変えて、頑張ってほしいなって思ってます。で、受験が始まったとしてもいくらでも挽回はできるので、自分は絶対今年で受かるっていう強い気持ちを持って、試験に臨んだら絶対に受かると思います。こんな私でも1年で受かったので（笑）

あ、プライドは消しておきましょう。現役で受験に落ちたときに母に、「プライド全て捨てて、全てさらけ出して、塾に行ったほうがいいよ」って言われてて。たまにいい子振っている人っているとは思うんですけど、そんなことして点数は上がらないし、受験で困るのは自分なので。さっき言ったみたいな感じで私は友達に聞きまくってたんで（笑）そういうプライドを全て捨ててやってたのは、良かったのかなって思います。石井先生もよく「謙虚にやりなさい」っておっしゃってたんで。

あと軌跡も読んでください！（笑）私も落ち込んだときとかは軌跡読んで、それこそ冬の直前とか、本当にご飯が喉を通らなかったときとかは、自分の行きたい大学に行った先輩の軌跡をすごい読んで、それで「くじけず頑張れば大丈夫」とか書いてあったのを見て、「くじけてる場合じゃない、頑張ろう！」みたいに気持ちを奮い立たせてましたね。そういうモチベで私の軌跡も見てくださったらうれしいです。

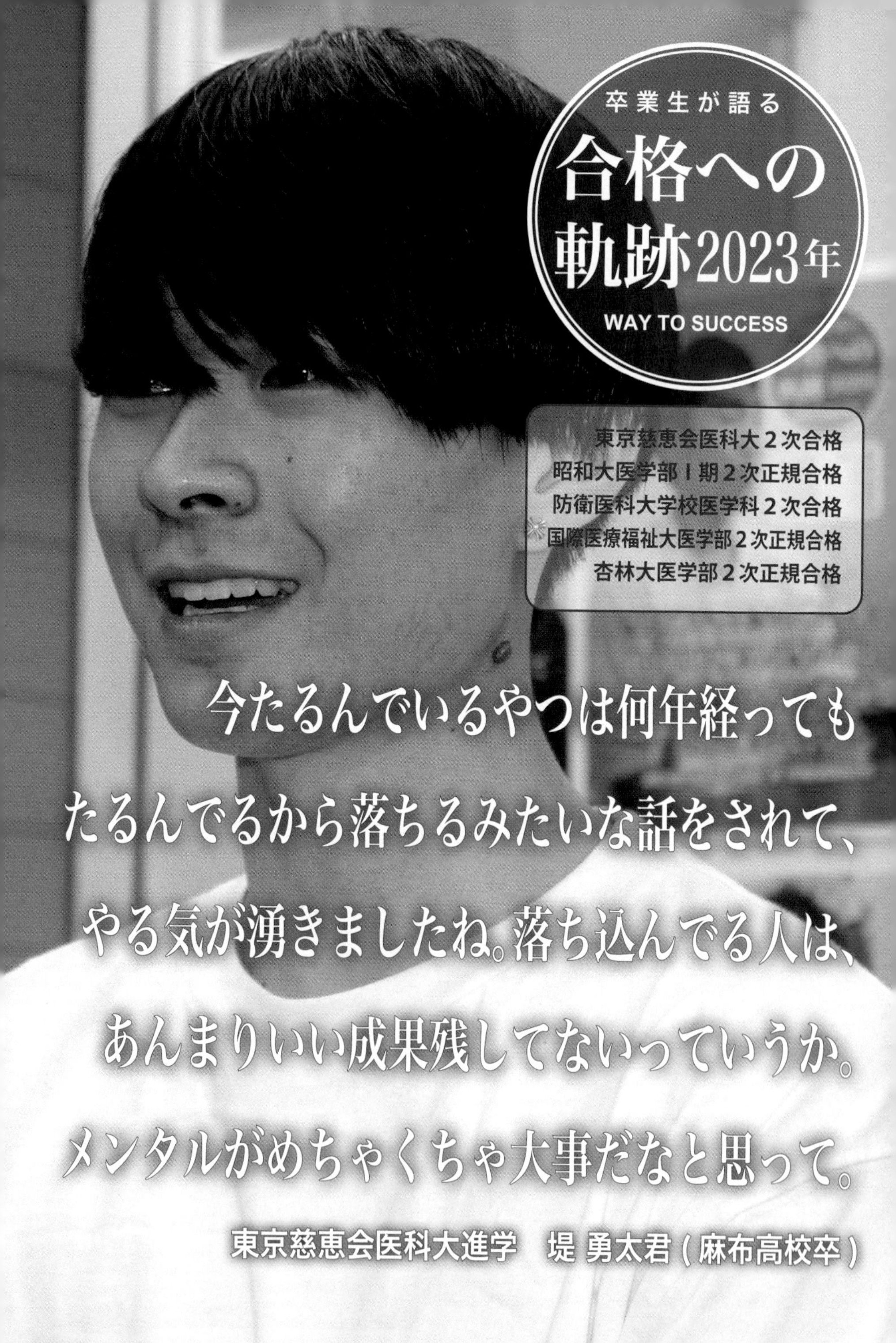

卒業生が語る

合格への軌跡2023年

WAY TO SUCCESS

東京慈恵会医科大２次合格
昭和大医学部Ⅰ期２次正規合格
防衛医科大学校医学科２次合格
国際医療福祉大医学部２次正規合格
杏林大医学部２次正規合格

今たるんでいるやつは何年経ってもたるんでるから落ちるみたいな話をされて、やる気が湧きましたね。落ち込んでる人は、あんまりいい成果残してないっていうか。メンタルがめちゃくちゃ大事だなと思って。

東京慈恵会医科大進学　堤 勇太君（麻布高校卒）

周りが、(勉強)すごくやってる環境がよかった

今年振り返って、いつでも勉強しないといけないなっていうのが、やっぱ、ちょっと辛かったですね。大手も考えてたんですけど、やっぱ代官山MEDICALは真面目な生徒が多いっていう話を聞いてて、姉の同級生が代官山MEDICALは真面目な人が多いって言ってて。2号館で自習している時って、周りの雰囲気が、もう周りの人は全然、席、立たないって感じで。なんか本当に2月、3月落ち込んでて、めちゃくちゃ勉強がしたかったんですけど、家だとやっぱできなくて。長く開いてる場所がいいなと思って。なんか6時から開いてる(2号館)っていう話を聞いて、じゃあ、ここにしようみたいな。現役の時って、ちょっと受かるなっていう、なんか甘えみたいなのもあって、もしかしたら受かっているかもみたいな感じで発表見たら落ちてて。もう、やばい。やんなくちゃみたいな。最後の(合否の)発表があって、まあ、1週間しないうちにはもう代官山MEDICALに入ってるみたいな感じでした。なんか書類郵送しますって言われたんですけど、その郵送の時間がもったいなくて受け取りに来るみたいな。なんか代官山MEDICAL自体、その受験の発表があった日に、もう面談の連絡を入れて2月18日ぐらいから自習室いる、みたいな。実際、自習室にいたら、なんかもう普通に、なんも考えずに無心にずっと勉強できたんで。めちゃくちゃ真面目な人が多くて、それに乗っかる感じで真面目になれたかな、みたいな感じです。僕は、朝、自習室にきて、その前日の授業の解き直しと、その日の授業の予習をしてました。もう、めちゃくちゃありがたくて。朝6時から開いてるんで、勉強のモチベーションが高いときに勉強する場所がないっていうの避けられて。三橋君(三橋清哉:暁星高:東京医科大進学)がすごいめちゃくちゃやってて、一緒に話すようになって、勉強時間で追い付きたいなと思ってました。この問題はどのぐらい大事かみたいな、これ解けないと落ちるかなみたいな感じで、あと、清水楽詩(清水楽詩:成蹊高:日本医科大進学)とか、八木さん(八木理利花:筑波大付属高:東京医科大進学)、山中さん(山中優佳:田園調布雙葉高:北里大医学部進学)とか、いろいろ情報交換っていうか、最終的な知識の出し合いとか、知識の補完ができたっていうところで、まじめなメンツでしたね。

水は低きに流れる

数学科の平野先生なんですけど、めちゃくちゃ別解をやってくれてて。一つの問題に対して6個の解法を説明するっていう授業が2回ぐらいあって、それ全部を覚えるぐらいには印象に残ってます。その考え方が使えるみたいな問題が多いんですけど、その6個の方法を学べるので、アプローチが増えてよかったかなって。なんか僕としては、数学科のテキストが結構すごいなって思ってて、難しい問題もあるんですけど、基本的なところからなんか順に難しくなっていくみたいな感じで、置いてかれずに、むずいところまで行けるかなみたいな。特に、4集とか、確率めちゃくちゃ苦手だったんですけど。結構、前期のテキストだけでも、もう最後まで戦えるぐらいにはなってて。

あと、石井先生の授業も。なんか石井先生の授業はもう緊張感が違って、みんなぴりっとして受けてて集中できましたね。石井先生のお言葉だと、やっぱり水は低きに流れるみたいな。あれ多分、真実で。なんか友達とかと喋っちゃってた時は、マンスリーの結果もちょっと悪かったりしてて。喋ってた時期でも、ちょっとさすがに罪悪感すごいから、もう戻るわって言って自習室に戻る子も結構いて。喋ってる人、多分、全員、罪悪感持ってて。あー、戻らなきゃいけないのは分かってはいるんだけど、ちょっとついつい喋っちゃってて、やばいなみたいな。

化学では三上先生が良かったですね。三上先生の授業は結構、前のほう座ってたんですけど。「おい堤、この問題解いてみろ」っていう感じで、結構覗きに来たり、答えさせられたりしてて。それ結構なんか授業に参加してる感があって良かったです。なんか眠くなってたりしたときも当ててくるんで。化学のテキストは、その解いたことないぐらい難しくて、前期から結構、飛ばしてるなみたいな印象があって。普通にみんな解けてるのかなみたいな感じで、焦ってやってた記憶があります。あとは、ほとんど質問しに行ったことなかった先生も、優しく教えてくれて。基本的にいつでも先生がいるってのがありがたくって、自分から行けなくても。ちょっと前期は、その先生方とあんま喋れてなくて。後期は、その、ヒラパン(平野先生:数学科)とか薄先生(数学科)に、課題もらいに行って解いてました。直前期とかになってくると、授業がなくても、先生が校舎に結構いてくれて、試験から戻ってきたら、あ、先生いるって、ってなって。質問聞きに来たとかていうので残ってくれてて。すごい、なんか代官山MEDICALの先生、元々いる人数も多いから、残ってくれれば、それだけ聞ける確率も増えるから。あと、直前期も来て友達と自己採点とかしてました。自己採点終わったら、もう普通に問題出し合うみたいにやって。問題の出し合うっていうのは2号館の、なんかいい風習だったっていうか、なんか赤本とかを、みんな時間を決めて朝やったりとかってしてたんで。なんか直しをした後なんですけど、代官山MEDICALの化学のハンドブックの知らなさそうな知識をお互いに言い合ってました。(試験の手ごたえが無くても)落ち込んではいなかったですね、誰も。結構、自己採点の時は落ち込んでたりするんですけど、その後ちょっとお喋りしたりすると、なんか平気な顔して帰ってくみたいな感じでしたね。

代官山で苦手分野をつぶせる勉強ができた

代官山MEDICALでの勉強法は､高校の時と比べて、ココやれ、みたいな苦手なところを潰すみたいな勉強法だったので、全科目そこそこまで上げていきましたね。得意科目は物理で、苦手科目は化学でした。ノートを見直すってのが、まあ、一番、手っ取り早くて。数学は結構みんなと一緒に解いてて、日医が30年分で。慈恵も10年分やりました。まあ、M1、M2クラスの子たちとは比較的、全員と結構、仲良くて。なんかみんな結構、直前期とかはもう戻ってすぐやるみたいなピリピリ感があって、いい刺激になったなって思いました。三橋君とかに、最近、俺ちょっとたるんでねっ？って言うと、間違いなくたるんでるって即答されるぐらいには、なんか厳しい言葉を結構掛けられてて。いや、結構、冗談交じりな感じなんですけど。お互いに、なんかサボってたりすると怒り合えるような仲の良さだったかな。真面目な人と友達になるのがいいなって思います。やっぱり授業を受けるだけじゃなくて、それから自分で何を吸収できるかってのが一番大事ですね。受けっぱなしだと、どうしてもなんか最大限活用はできてないなっていう風に思って。なんか自分の中で理屈付けたり、この問題あれと似てるなみたいな感じだったり、自分から授業を受けに行くみたいな姿勢が大事だと思います。なんか結構、自分は分かってるけど、先生が分からない人のために説明してるみたいな時間があったりしたら、自分だったら、その問題こうやって解くとか、自分だったら、こうやって説明するって、分かることを終点でなく、他人に自分の言葉で説明できるように考えたりするのは大事だと思います。いろんなタイプの先生がいるっていうのがやっぱり大きくて、しかも近い存在で。その全部、説明してくれる先生もいれば、ここは自分で考えてみろみたいな感じの先生もいて。その、授業を受ける姿勢でどれぐらい活かせるのかが変わるのかなっていう風に。授業を全部、吸収するっていうのが大きくて、使うか本当に怪しいような単語まで全部、全部書いてくれる先生がいて。結構、みんな流しちゃったりしてたんですけど、自分は結構、覚えようかなって思って覚えてました。

マンスリーでモチベーション保てた。

マンスリーがやっぱ大きくて。マンスリーの1週間前、2週間前とかになると、たるんでる場合じゃないなみたいな。なんかやっぱり、沢山あるのがめちゃくちゃ良くて。受験回数が月イチなんで、あっという間に試験日ってなるし､落ち込む暇もないっていうか、サボる暇もないっていうか、それが良かったです。まあ、でも周り見てると、成績下がるまでやらない人って結構、多いと思ってて。自分も高校までちょっとそのタイプだったんですけど。(総合ランキングは)10位以内をキープしたいなっていう目標があって、サボると10位以下になっちゃうみたいな。下がるっていうか、追い付かれちゃうみたいな感じで、追い付かれんのは、まずいなみたいな。あまり家に帰ってから、ずっと勉強というよりかは、もう家では、帰って寝るみたいな感じでした。マンスリーとかの出来が悪かった週ぐらいは、家帰ってからもちょっとやってたんですけど､普段はそこまでやってないです。ウィークリーは、できてない箇所、ミスしやすい問題を知って、また問題解くみたいな流れの一部として使ってました。

受験は二次試験が勝負の決め手。

やっぱり2次だと思ってて。僕、今回2次落ちしてなくて。その1年間ずっと小論と面接の授業があって、もう慣れてるみたいな感じで。それぞれの(小論文の)問題に対して100教えるんじゃなくて、筋となる10を教えてくれて、自分であと90乗っけるみたいな教え方で、応用力っていうか。基本的にどんな問題が出ても対応できるっていう力は付いたなって思います。やっぱり小論とか毎週あるのはすごいなと思ってて。また、高橋浩也先生のマンツーなんですけど、絶対取っといたほうがいいって思います、はい。

メンタルがすべて、です。

不合格体験記(去年失敗した理由を書く書類)みたいなのあったじゃないですか、あれ書かされて、あれで何とか正気を戻したっていうか。反省点みたいな。あれ、ぎっしり書いて、ハハハ。

なんか計画性がないって書いた気がします。なんか絶対受かるわけない学力なのに、なんかまぐれで受かるんじゃないみたいな甘い考えでいて全く勉強しなかったって。アハハハ。

でも、まあ、選べる立場にあるんだったら、真面目な人と友達になるのがいいなって思います。クラス上がっていけば、それだけレベルの上がっていった人たちと一緒につるむっていうことができるから。そういった人たちから刺激を受けるっていうのが一番いいのかもしれない。あと、なんか辛くても頑張るしかないみたいな話になっちゃう気がする。もう、ずっとです。浪人期間はもう、辛いものみたいな。やっぱ石井先生の激励っていうか、何ていうか、その言葉みたいな。こういうやつは落ちたみたいな、結構厳しい言葉でも、薄先生とかも、なんかこういうやつは落ちるみたいな感じで多分、20人ぐらいが同時に自分のこと言われてんだろうなって思うような。薄先生はミスとかに対してそういう言葉を言うんですけど、石井先生は受かる生活習慣とか、受かる態度とかのほうで言ってて。薄先生は、ここでこうやるやつは注意力がなさ過ぎて落ちるみたいな。でも、石井先生は、結構、雰囲気として、たるみ始める時期みたいなやつが、やっぱ夏とかあって。その時とかに、今たるんでいるやつは何年経ってもたるんでるから落ちるみたいな話をされて、やる気が湧きましたね。落ち込んでる人は、あんまりいい成果残してないっていうか。メンタルがめちゃくちゃ大事だなと思って。僕、順天と日医は1次落ちだったんですけど、なんも響かなくて。そのまんま頑張り続けるしかないなみたいな。で、慈恵も結構、手応え良くなかったんですけど、どんどんなんか頑張ればいいやみたいな感じになって、落ち込んでたりはしなかったです。

卒業生が語る

合格への軌跡2023年

WAY TO SUCCESS

昭和大医学部Ⅱ期２次正規合格

すごい授業が楽しくて、毎授業、取りあえず、いっぱい褒めてくれて。全肯定してくれて、モチベーションにつながりました

昭和大医学部進学　塩島 功生君（九段中等教育高校卒）

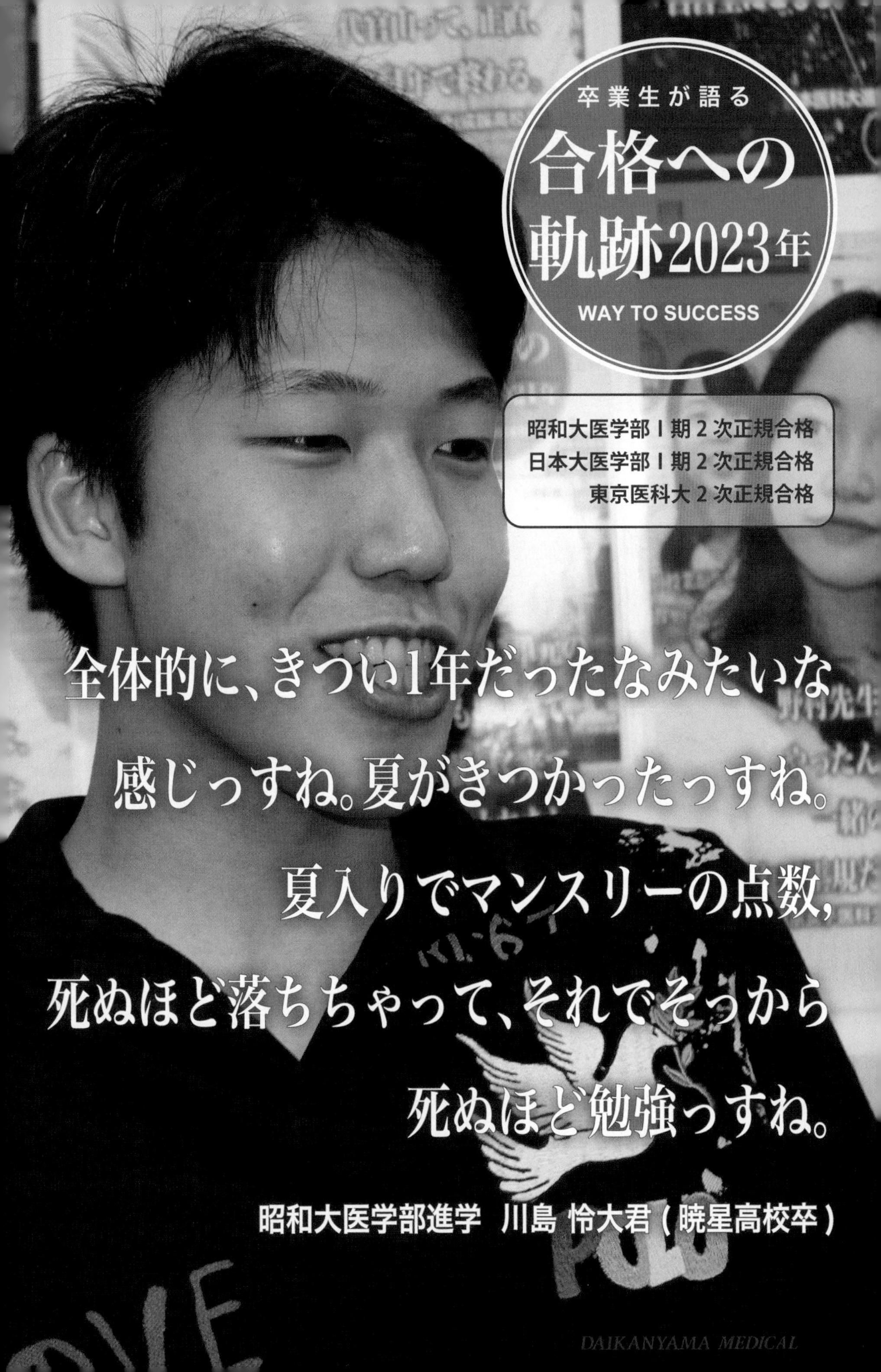

卒業生が語る

合格への軌跡2023年

WAY TO SUCCESS

昭和大医学部Ⅰ期2次正規合格
日本大医学部Ⅰ期2次正規合格
東京医科大2次正規合格

全体的に、きつい1年だったなみたいな感じっすね。夏がきつかったっすね。夏入りでマンスリーの点数, 死ぬほど落ちちゃって、それでそっから死ぬほど勉強っすね。

昭和大医学部進学　川島 怜大君（暁星高校卒）

卒業生が語る

合格への軌跡2023年

WAY TO SUCCESS

昭和大医学部Ⅱ期２次正規合格
聖マリアンナ医科大前期２次正規合格
北里大医学部２次合格
日本大医学部Ⅰ期２次合格

努力ができない人にとって刺激をもらい続けっていうのが、大事なのかなって。

昭和大医学部進学　陳 業森君（獨協高校卒）

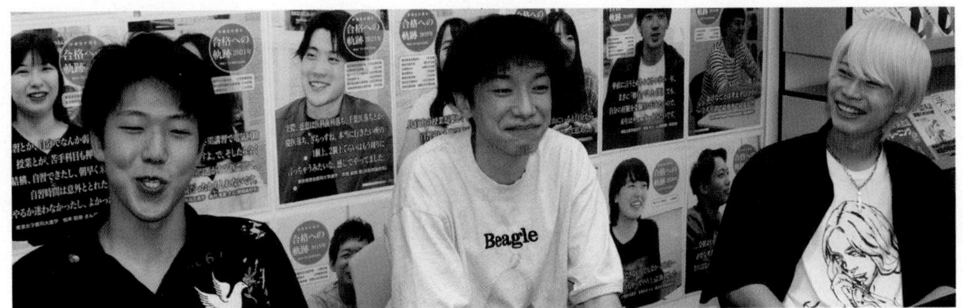

代官山 MEDICAL に来た経緯は？

川島：暁星高校出身、昭和大医学部に進学しました、川島怜大です。

陳：獨協高校を卒業して、昭和大医学部に進学しました、陳業森です。

塩島：九段中等教育学校を卒業して、昭和大医学部に進学しました、塩島功生です。

川島：高２の９月とか 10 月でしたかね、そろそろ勉強しないとなって思って、姉ちゃん（川島 綾美：日本大医学部進学）がお世話になって、自分もどこ（予備校）に行こうかって思ったんですけど、そのまま、姉ちゃんがいるからっていうんで、代官山 MEDICAL に来ました。俺、個人（塾）しか行ったことなくて、集団でどんぐらいなんだろうみたいな思う感じで来たところもあるっす。

陳：僕、高１なりたてから。はい、古参です。僕も川島と一緒で、結構お兄ちゃんお姉ちゃんが、もうずっと代官山でお世話になっていますね、３人とも、ここで。

塩島：えっと、俺、高２から代官山 MEDICAL にスイッチ。もともと河合塾にいたんですけど、なんか、河合って、めっちゃ人数いて、全然合わなくて、で、行かなくなってて、あんまり、フフフ。したら、パパが、医専通ってたみたいで、パパ自身が。で、そん中から、結構いろいろ見て選んでくれたっぽくて、代官山 MEDICAL を。で、それで面談行って、ここが良さそうってなって入りました。

川島：最初来た時…。いや、まあ、わあ、女多いみたいな、(一同笑い)。怖っていう。そう、そんな感じっす。

塩島：確かに。ハハハ。

川島：なんか、男少ないなみたいな。そうっすね、だから怖いなっていう印象が強かったっす。

合格発表のときはどうでしたか？

川島：いや、俺は、日大以下なら、浪人するって、まあ、そんな感じだったんで、受験の初日が日大だったんで。そこから考えると、めっちゃ短いんすよ、決まったの。２週間で結果出たんで、まあ、それで親もめっちゃ喜んでたし、俺も、あ、終わったっていうか、そこ出た瞬間は、まあ、そんな、印象は強くなかったっすね。でも、親はめちゃめちゃ喜んでくれたんで良かったなって感じっす。

陳：僕は、後期で受かったんで、後期まで、受かってるところを、意識しないようにしてて。昭和Ⅱ期まで頑張って、で、結果を聞いて受かったってなって、ハハハ。いや、多分、ちょっと、妥協しちゃうっていうか、結構。あんま勉強できなくなるのかなと思ったんで。昭和には結構行きたかったんで、そこでちょっとメンタルというか、背水の陣というか、結構喜んでましたけど。

塩島：めちゃめちゃ喜んでて、ま、泣いてました。ああ、そうっすね、なんか、うーん、前期で決まんなくて、で、めっちゃ悲しんでて、親も。それもあって、すごい、もうなんか家族とか親族全員、嬉しがってました。

代官山 MEDICAL での生活はどうでしたか？

川島：全体的に、きつい１年だったなみたいな感じっすね。夏がきつかったっすね。夏入りでマンスリーの点数落ちちゃったんで。それで、そっから死ぬほど勉強っすね。　いや、それがなかったら、今頃浪人でしたね…。

陳：ちゃんと代官山 MEDICAL にいるときは、しっかりやろうっていうスタンスで高１のときから３年

間勉強してた感じです。

塩島：高３から集団も取り始めてみたいな。集団プラスマンツーで結構、代官山 MEDICAL 行ってたかなって感じです。

川島：朝は行ってたけど、(２号館の)2 階の鋪屋さん（鋪屋瑠美：東京慈恵会医科大学進学）が鬼みたいに早く来てたなっていう印象しかないから。

陳：それ、マジである。

川島：いや、そうっすよね。俺も、まあ、早かったと思うんすけど。俺は6時半ぐらいっすね。学校もあったんで。でも、休み時間とかは（人と）絡んじゃうから、俺は外に出ないようにしたっす。授業以外は自習中、自習の時間がつながってるときは、俺は絡んじゃうんで、外には出なくてみたいな。一番最適な環境であったかなと思います。

好きな授業は？

川島：数学はヒラパン（平野先生）とか、中村先生とか薄先生とかも、すごい教え方良くて、その３人ともめっちゃ良くて、数学のモチベーションは一回も下がってないっす。ヒラパンは、なんだろう、すごい公式を、公式とか証明とかのところを覚えるところはしっかり言ってくれる感じで。長澤先生も、結構、導入しっかりやってくれるから応用までいきやすくね？

塩島：うん。

陳：マジ基礎から、割と基礎から。

塩島：割と基礎。

川島：そうだよ。だから、そこが分かりやすいかなって感じっすね。英語は三ツ橋大輔先生１択っすね。いや、もう、姉ちゃんもお世話になって。そうっすね、高3からずっと取ってたんで。やっぱり英語を読めって感じじゃないっすね。単語を覚えろって言って、授業中とかもらったプリントを一応、問題とか解くんすけど、それを全部、一から十まで文章中の単語、全部言っていくんすよ。それを全部書いて、全部覚えて、あと文法はしっかりやってたら、医学部のレベルには

追い付いたって感じっす。文章は読めるようにはなるんで、普通に、ばあって読んで、最後は問題も解けるようなって、それで、ああ読んだことあるなみたいな、そういう感じが多かったっす。

塩島：俺、岩﨑先生。

陳：ブラッシュアップ。

塩島：最初マンスリーが、29 点とかだったんですけど、割と安定して平均以上取れるようなったし。英語だったら、時々ランキング載るくらいまでにしてくれて、岩﨑先生が。単語とか文法とか大事っていうふうには言ってるんですけど、岩﨑先生が作った英文解釈を、自分で文構造とか考えて和訳するっていうプリントがあって、それやってるだけで、長文読めるようになって、一気に。岩﨑先生、あと、めっちゃ優しくて。めっちゃモチベーション上げてくれて、受験期は、すごい授業が楽しくて。毎授業、いっぱい褒めてくれて。全肯定してくれて、そうですね、モチベーションにつながりました、それが。自分はヒラパンと、寺澤先生がマジ大好き過ぎて。２人の先生からもらった課題をやって。物理の寺澤先生は、物理は、もう夏前くらいに、もう完成してて、で、そっからは、ちょくちょく適当に過去問解いてるだけで、全然物理できるようにしてくれて、寺澤先生が。ヒラパンのプリントもめっちゃ好きで、ヒラパンのプリント、数学はもうずっとそれやってました、最後まで。あとは、寺澤先生、めっちゃ声でかいから頭にめっちゃ入るし、面白いし、板書がめっちゃきれいで、証明とか定義とかめっちゃ大事にする先生だから、どんな問題でも、寺澤先生が言ってる通りにやれば解けるから、すごい好きでした。

陳：僕は、数学は結構、典さん、高橋典男先生にお世話になってて。説明とか、解き方とかは結構、ヒラパンとか中村先生とかに教わって。すごい応用というか、難しい問題を解くときに典先生の問題を使って勉強してたって感じなんすけど。ちゃんと理解できたときに、わあ、数学面白いなっていうふうになって、アドレナリンがもう、ドバドバ…。ドバドバ出てきて。典さんの授業めっちゃ、ちょっとお勧めしたいっす。英語は高橋阿里先生に、結構長い間お世話になってて。高２のときからずっと、後半まで取り続けて。阿里先生は、いい意味でめっちゃ普通。ちゃんと課題を結構たくさんくれて、で、毎日、やって出してっていう習慣を、ちゃんと作ってくれた先生っていうか。生活の一部として、勉強の、日課の一部として、ちゃんと、勉強させてもらいました。基本的に長文メインで、一つずつ丁寧に英文を、和訳を付けてくれる先生です。そこで結構、分かんなかったところも復習して、ああ、こういうことだったんだってなります。王道ですね。結構量をこなして英文に慣れるっていう、その、英文の感覚をつくってくれた先生です。

合格した秘訣は？

川島：俺は 400 パーセント、マンスリーっすね。

俺は死ぬほどマンスリーテスト意識してます。ランキング、総合ランキング載るじゃないすか、俺あれ載りたくて。で、載りたいなって思ってたんすけど、英語できないからどうしようかなって思ったときに、理科200点あるんで､理科伸ばせばいいじゃんってなって。1回、俺、理科だけ高くて、他、平均切ったんですけど、載ったんですよ。で、ま、理科が高けりゃ載るかなみたいな感じで、まじマンスリーは、くそ意識してやってたっす。だから、マンスリーのために計算ミスをなくしたっていうのもあるっす。数学の計算ミスなくして、英語も時間内に読めるようにして、1個でも上の順位につきたいなっていうのもあって。あと、陳には負けられなかったんで、ガチで。

陳：緒方先生(生物科)の、一つずつ、単元ごとに、板書をまとめてくれたやつを、ずっと、書きまくって、覚えて、生物の基礎っていうか、土台をしっかり作れたから、そこで結構、生物を安定して点獲れるようになってたし。そこで、確実に獲れるっていう安心感もあって、結構、他の苦手な化学とかは、こつこつ焦らずに、積み重ねていくことができたかなっていうふうに思います。そのおかげで、生物とか英語の時間を他のちょっと苦手な科目に、充てることができたかなっていうふうに思います。見た目はシンプルなんですけど、本当に、細かいとこまでちゃんと、意外と細かいところまで網羅してるっていうか。ちゃんと、図を書けるようになると、この問題は緒方先生の板書に従えばこうだなっていうふうに､分かるようになるんすよ。本当にあの板書はめちゃめちゃ大事だと思います。

塩島：それは、もう絶対、代官山MEDICALの先生のおかげだと思ってて。特にお世話なったのがヒラパンと寺澤先生で。平野先生には､結構､数学だけじゃなくて、受験全体通して言えることを結構言ってもらってて。寺澤先生は、結構、モチベーション上げること言ってくれたりして、その2人の先生の存在がめっちゃでかくて、それのおかげで、最後まで諦めないで頑張れたかなって感じです。浮き沈みあるときとかにちゃんと、そのときに合った助言してくれて、結構しんどかったときとか、めっちゃ親身になって話聞いてくれて、めちゃめちゃメンタル面で助けてもらいました。

川島：マンスリーは絶対に取りにいかないといけないっすね。月1で模試あるみたいな、そんなところ(予備校)少ないんで。だから､やっぱテストが多いっていうところは、場慣れとか以前に、やっぱり自分の能力の精度を確かめるチェックにもなるから、マンスリーを重視してやんないと、ここに来る意味はないかなって思いますね。

陳：(ほかの場所や空き教室とかじゃなくて)やっぱ自習室にずっといることだと思います｡鋪屋さんは、ずっと自習室で勉強してて、自分結構、怠惰だったんで、ちゃんと努力を継続してできる人にちょっと関わることで、刺激をもらい続けるっていうのが、努力ができない人にとって大事なのかなっていうふうに。そこで、ちょっとやろうかなっていうふうになってました。その、自習室、同じ階だったんで。

塩島：代官山MEDICALの先生から言われたことだけやればいいっていうことで。どんぐらいのレベルに持ってけば、どこの大学が受かるかってことは、各教科の先生方は知ってるし理解してるから、その先生が言ってることを信じて、言われたことをきちんとこなすことが、めっちゃ大事かなって思います。

代官山MEDICALでやったことが出た！！

川島:傘型が。前期は、あの、斜軸回転が出たので。

陳：ああ、出てた。

川島：あれはまじで、くそ楽でした(笑)。積分の問題。それが出たんで、代官山MEDICALでやった通りだったんで。それは結構、簡単に時間をかからず解けました。あと、ヒロ先生（高橋浩也先生：小論文科）の2次対策は取ったほうがいい。俺は取んなかったら多分受かってないっすね。普通に受け答えする能力が上がったっすね。シンプルに、授業も、こう質問されて、こう答えるんだよってよりも、受け答えの練習のほうが多かったかなっていう気がするんで。普通に話してて、面接の内容じゃなくなったときも、普通に会話として返せないと、授業が止まっちゃうしみたいな。そう思うと、流れるような作業が、受験で面接になったときに、黙っちゃうとか、そういうのもなくなったのかなって思うっす。

陳：小論文の“型”をちゃんと決めてもらったっていうのは､僕あんま文章書くの得意じゃなかったんで、そこはすごい、本番ではちゃんと使えて役に立ちましたね。

塩島：昭和の1次受かってから面接のマンツーマンの授業をできるだけ入れるようにしてて、で、そこでやった内容が、2次試験でも出て。それのおかげでスムーズに、自分の意見言うことができて、それ取って良かったです。

日本大医学部Ⅱ期２次正規合格

面談を受けて、ここだったら
1年で合格できるかも、って思って。
今まで、いろんな予備校行ったん
ですけど、ここだったら、と思って、
懸けてみようと思って。

日本大医学部進学　馬場 崇平君（精道三川台高校卒）

ここ(代官山 MEDICAL)に来て、化学も英語も、十分伸びましたね。

馬場崇平です。出身高校は、精道三川台高校です。進学大学は、日本大医学部です。9年浪人しました。あ、代官山 MEDICAL にお世話になったのは今年だけです、今までいろいろと転々としてきて、もうめちゃくちゃ大変でした。日本大学医学部は、II期だけ受けたんですけど。日大受かったのは、びっくりしました。前期日程で受験しているときは、かなりきつかったですね。また今年もか…、みたいな。例年ちょっと1次は通ったりしてたんで、あ、今年もやっぱり難しいのかなと思ってて。正規ってやっぱ取れないのかなみたいな。途中これまで、色んなところで、いろんな予備校で、これまでも色んな先生からも、他学部とか勧められたり、薬学部とかどう？とか言われたりもしたんですけど。一瞬、ちょっと心が揺らいだりもしたんですけど、やっぱり、自分が医者になってない未来が想像できなくて。やっぱ後悔するだろうなと思って、ここまで来ました。ここの授業は毎日出てました。特に多浪生は、最初は頑張るんですけど、途中で授業出なくなったりするんです。そこをですね、まあ1年間踏ん張ったら、何かしら変わると思うんです。そこが重要かなと思います。初めから話すと、僕が長崎県出身なので。長崎の予備校に入って、そこで3年間過ごすんですけど。なかなか最初、基礎学力ができてなかったんで。その時点で、ちょっとみんなより遅れてたんですけど。何とか授業出て、ちゃんと毎日出て、ちゃんと授業受けとけば、何とかなるって思ってたんですけど、まあ、成績そんなうまく上がることなく、3年過ぎちゃいまして。その後、九州医●ゼミ予備校っていう、福岡の医専に行って、受験生活またやったんですけど。英語と化学が、なかなか次は伸びなくて、特に英語は、本当に伸びなかったですね。苦手で、なかなか本当に悩んでましたね。その後、ここ(代官山 MEDICAL)に来て、いろんな先生たちに教えてもらって。化学も英語も、十分伸びて。英語は、梅田先生のマンツーマンを取ったので、結構、上がりましたね。

ここだったら1年で合格できるかもって、思って…。

僕が4浪目ぐらいになるときに、長崎で一緒にやってた友達が、代官山 MEDICAL に行って1年で医学部受かったっていう話を聞いたんですよ。そのときは、東京っていうのが、ちょっと想像できなくて。他の友達からは闇が深いと、フフフ、ハハハ。東京は。東京は、怖いなとか思って。ちょっと踏み出せなかったんですけど。9年目どうしようかってなったときに、福岡の九州医●ゼミの友達から、代官山 MEDICAL はどうだろうかって勧められて。ここがすごく合格率がすごい。で、いろんな口コミ聞いても、ここは本当になんか、成績が1年ですごく伸びるって聞いて。ちょっと行ってみようと思って。それで、面談を受けて、ここだったら1年で合格できるかもって、思って…。今まで、いろんな予備校行ったんですけど、1年で受かりそうに感じた、そう思った、いや思えた予備校なかったんですよ。なんか、自信に溢れていて、ここかって…、と思って。懸けようと思って。それで代官山 MEDICAL に来ましたね。

他の医専と比べていろんな先生に習えるっていうのが良かった。

いろんな所行ったんですけど、やっぱり講師のレベルの高さと知識の豊富さは、圧倒的に凄いなと思いましたね。僕がいた所が田舎の医専なのであれなんですけど、そこは1科目に2人とか3人しか先生いなくて。代官山 MEDICAL は、1科目に10人以上もいるじゃないですか。先生たちに質問すれば、いろんな回答が返ってきて、こういうのあるなみたいな。自分に合った解法というのが知れて、あ、こういう解法もあるんだみたいなのが、分かりやすい先生とか、自分に合った先生も見つけやすいので。もう圧倒的にすごいなと思いますね。あと、クラス分けとかいうところは、確かに他の所もあったんですけど、クラス分けしたらクラス分けしたで、先生がそのクラスだけにつくので、自分のクラスの先生だったら、その先生にばっか行っちゃうんですよ。他の先生にまで行けなくて。だから、なんか行きづらいというか。面識がないので、なかなか行きづらい。でも、代官山 MEDICAL は、いろんな先生の授業を受けれて、あ、良いなみたいな。どの先生にも、いつでも質問できて、自分の顔も覚えてもらえるし、こっちからも声掛けやすいですし。そういう点ではいいなと思いました。他の医専だとクラスも普通3つ4つですが、代官山 MEDICAL は14クラスあるので、細かく細分化されているので本当に良かったです。あと、ちゃんと先生たちが作ったテストで、模試を受けるので。代官山 MEDICAL 独自の。ちゃんとその、入試に合わせたレベルで出すので。それを10回とかやるので。マンスリーは10回。ウィークリーも毎週ありますし。テストいっぱいするので、テスト慣れもしますし。テストを受けて、自分の足りてないものをすぐ把握できるんで。他の医専になかったところですね。なので、暇っていうのはなかったですね。逆に、すげえ忙しかった。予備校にいるときには、もうとにかく勉強のことだけ考えたいので、そういった点でいったら、予備校にいるときは勉強しか考えられなくなるので、すごくいいかなと思う。家に帰ったらもう、勉強のこと忘れてリラックスできるんですけど。メリハリがつくっていう点で、すごく良いかなと思いますね。寮生活は、校舎から1分のところだったんですけど、すごく部屋もきれいで、過ごしやすかったですね。周りにもいろいろ食べる店とかあったので、特に困ることはなかったです。勉強だけに集中できるので。で、夜はもう寝るだけになるんで。そういう点では、本当に充実した受験生活が送れたなって思います。

結構、情報戦っていうか、はい。

多分、あの、1人じゃ多分、もう無理だったと思うんですけど。やっぱ代官山MEDICALで作った友達が支えになってて。もちろんその、両親もそうですけど、周りの方たちがずっと応援してるっていう、その期待に応えたいっていう気持ちはずっとあったので。そのおかげで、モチベーションが保てたかなと思いますね。男友達も女友達もできてたんですけど、須藤君（須藤友文：青山学院高等部：帝京大医学部進学）、中村君（中村晟也：浜田高：岩手医科大進学）、隠土さん（隠土未亜：都立青山高：東邦大医学部進学）とか。クラス一緒になったから、その時に話したりはしたんですけど。いろいろ向こうからも、質問とかあったので、それからお互いに朝来て勉強してました。やっぱいろいろ助けにはなったかなと思います。一緒に切磋琢磨できました。やっぱ大学でも、友達作ってないと、進級は難しいと思うので。結構、情報戦っていうか、やっぱそういうのがあるので。チームワークなきゃ厳しいです。大学入学後も連絡取り合ったりしています。今、大学生活、楽しいです。

苦手なところも基礎からやったほうがいいかなと思います。

薄先生(数学科)に、最初に計算トレーニングを朝来て15分、とにかく夏までは毎日やりなさいっていうふうに言われてたんですね。僕自身、多浪して落ちてる原因として、計算ミスっていうのがあって。やっぱ解法分かってるのに、計算ミスで落としちゃってると思って。それで点数失ってるっていうのは、もったいなかったので。その計算ミスを防ぐっていう点においても、やりなさいって言われたのは、やって確かに実感はしたので、計算ミスが減ったので。毎日、計算トレーニングやるっていうのは、大事かなと思います。

やっぱ基礎ができてないと、応用はできなくて。応用、結構、出来るんだよねっていう人って割とその、変に解法、自分が知ってる解法がただただ、たまたま当たってるっていうか、そういうのがあって。基礎がちょっとでも変わると、その基礎が分かってないと、え、何これみたいな。だから、やっぱ基礎を最初の夏までは土台として付けておかないと、上に上がるのはまた厳しくなる。石井先生にも言われてたんですけど、多浪してる子とかって、得意科目にちょっと走っちゃう。苦手なのをただやるのは辛いので、どうしても自習時間のときに得意科目に行っちゃうんですけど。苦手科目をとにかく克服、基礎だけでもやっておくだけで結構、点数が変わってくるので、総合自体が変わってく。僕自身、英語と化学ちょっと苦手でしたけど、オールマイティーにすることで、もう敵なしみたいな。やっぱり苦手なところも基礎からやったほうがいいかなと思います。どれだけ苦手を克服するかが、1年で決まるかなと思いますね。あとは、三上先生(化学科)とか平野先生(数学科)とかが、とにかく英語をやりなさいって言ってて。そんな英語できるだけでそんな変わるのかなって正直思ってたんですけど。実際、その英語ができてる人って、割とレベルの高い大学に受かってて。英語が結構、医学部でもやっぱり重要になってきてるのかなっていう感じはするので、英語をやりなさいっていうのは、本当にそうだなと思いますね。英単語を必ず毎日見るとか、英熟語、文法をやっとく。そういう積み重ねで、英語はやっぱどんどん伸びていくと思うので。英語は本当にやったほうがいい科目ですね。特にθの授業で、石井先生にも言われてました。一番、応援してくれたのは、数学の村上先生ですね。あのポジティブな声掛けは結構、自信とモチベーションを上げるきっかけになったかなと思います。

復習がすべて

やっぱり受験生って、新しいことをやろうってするんですよ。特にこう、最初、身に付いてない子ってやっぱ焦ってると思って、とにかくいろんなもの取り入れようとして復習がおろそかになるんですよ。復習が本当に大事で。あの、復習、本当にあの、予習じゃなくて復習のほうを重心、重点置くだけで、かなり成績の伸びが変わると思うので。1回やったところを復習、何度も何度も復習するだけで、ま、冬には偏差値は10は伸びるかなと思いますね。前期と後期のテキストをとにかく復習する、これが一番合格の近道。

2号館も本館も関係ない！！

なかなか(成績)ランキングに載らないと、滅入るというか、メンタル的にもう、ああ自分、駄目なのかなっていう、あると思うんですよね。ただ、本当に最後まで諦めないでほしくて。僕よりランキングでは下だった子は何人もいたんですけど、それでも僕より上の大学に受かっている子もいるんですよ。なので、本館の子が、東京医科大学に受かったりとか、そういう人もいますし。クラスが下の子でも全然、落ち込まないでほしいというか。確かにランキングは大事ですけど、それだけに重視すると、メンタル的にもちょっとやられちゃって、結果、最後まで力が出し尽くせないというのがあるので。そうじゃなくて、入試まではとにかくやる、やれるだけやったから、これだけやったから受かるだろうっていう自信を付けれるぐらい、とにかくやって欲しいっていうのがあります。ランキング載らなくても。自分より下のクラスの子たちも、順天とか、日本医科とか受かってますし。全然クラスも関係ないので、最後の最後は、どれだけやったかなので。本当に、最後の最後までやり続けてほしいかなと思いますね。実際、その、２号館だから受かるとか、本館だから落ちるっていうわけじゃなくて、本館Ａ７とかA8とかだとしても、受かってる子は、ちゃんといるので。本館の人でも、僕の知ってる人（清水楽詩：成蹊高：日本医科大学進学）でも、最初１年目は、ずっと最後まで本館だったけど、２年目で、日本医科大後期を正規で取ってるんで。

友達を励ましてるときに自分自身にも、こう、当てはまる部分が見つけられるんですよね。

マンスリー載らなくて、すごく成績が、すごい落ち込んだときがあったんですよ。僕の友達も同じような状態になってて。最初の方はランキング上位にいたのに、急に下のほうになったりとか、ちょっと一旦俺ら休まない？みたいに。結構、お互い頑張ってたんですよ。朝６時には必ず行ってたので。冬も行ってて。かなりこう、体力的にちょっと疲れてて、頭が回ってない部分があったのかなと思うんですよね。ちょうど三村さん（三村華弘：南山高：大阪医科薬科大進学）とそういう話をして。お互いちょっと、本当に同じくらいの成績で。でも、結果的に彼女は、後期の大阪医科薬科、受かってますから。最後まで本当に諦めなければ全然、受かるかなと思います。友達を励ましてるときに自分自身にも、こう、当てはまる部分が見つけられるんですよね。で、自分自身にも、いい意味で跳ね返ってくるので。それで、一緒にもう頑張ろうみたいな。一緒に上り詰めてこうみたいな、いうふうにはなりました。

代官山MEDICALで初めて面接対策した

あとは、今まで浪人中、面接対策とかもしてなくて。小論対策もしてなくて。自分が面接どういう点が悪いんかなっていうのは、本当にちょっと分かんなかったんですよ。2次行かないと。僕が通ってた医専は、その対策してないので。代官山MEDICALは、全員に対してそれを最初の春からやるので、すごく、ためになったなと思います。面接に行っても、ここで学んだことをただやるだけなんで。そういった点では、すごく良いかなと思いますね。今まで通っていた予備校では、面接対策ないですね。本当に、最後の最後の冬に1次合格しましたって言った後に、あ、じゃあ、対策しよう、と。けど、それは1、2回なんで、それで、万全とは言えなくて、気持も上がるわけがなく、無理ですね。なかなか厳しいものがあるかなと思います。特に、時事問題というか。SDGsとか。僕、それ本当、ここに来て知ったので。なんで、ぱっとそういう予想外っていうか、自分の、その志望理由とかじゃない準備してないものが来られたときに、うって、ちょっと間が空くとかっていうふうになっちゃってたんで、最初はそうなってしまったんですけどそれが無くなってくるので。そこはすごく良いなと思いましたね。聞かれた1秒後にはもう、答えるみたいなふうには、出来てたかなと思います。これは本当に、他の予備校では無いかなと思いますね。予備校でこんな、ここまでやってくれる予備校はないと思います。なんで本当、ここで1年で合格できなかったら、ちょっとどこ行くっていうふうにはなってくるんですけど。

結局、カリキュラムが大事。

代官山MEDICALは、カリキュラムが、良くできてるなと思います。先生たちも豊富なんで、分かんないことあれば、聞きたいときにいつでも待たずに聞きにいけるし、あとは、欲しいプリントがあるなら、言えばもらえますし。多分、がむしゃらにやったら、何かしら奇跡が起きると思います。代官山MEDICALに来て、最初はやっぱ成績がなかなか伸びないとかっていう､焦ることがあると思うんですけど。こつこつ、毎日ちゃんと予備校に朝来て授業もサボらずに一つ一つ、階段を上っていけば、最後の最後には、自分の求めていたものが手に入るので。こつこつやることが、本当に大事ですね。

最後に。

謙虚にやる、謙虚にやることが大事です。これは僕が日本大学の面接で、「座右の銘、何ですか？」って聞かれて、そう応えた言葉でもあるんですけど。代官山MEDICALに貼ってある、「明日やろう明日やろうという者に明日はなし。」これは本当に、大学入ってからも、それはあると思うんで。人生でずっと続いていくと思うので。明日復習やろうとか、明日この課題やろうとか、言ってたらまあ、ちょっと溜まってきちゃって。やれるんだったら、その場でやったほうがいいです。あと、我流に走らずに、とにかく先生たちの言うことは聞いてほしいかなと思います。やっぱプロなので、先生たちは。変な訳分からんことを言っているわけではないので。これやりなさい、って言われたのは、一度試して、やっていくのは大事かなと思います。とにかく､信じて､代官山MEDICALを信じて、１年過ごしてほしいなと思います。

東京医科大２次合格
聖マリアンナ医科大後期２次正規合格
帝京大医学部２次合格
埼玉医科大前期２次正規合格
東北医科薬科大医学部２次合格

4月からマンツー取ったのが、結構良かったなって思ってて。きつかったんですよ、課題もきちんと出るんで。でもそのマンツーの時間が、結構吸収できるものが多くて。最初から取っておいて、後悔はないかなって。

東京医科大進学　三橋 清哉君（暁星高校卒）

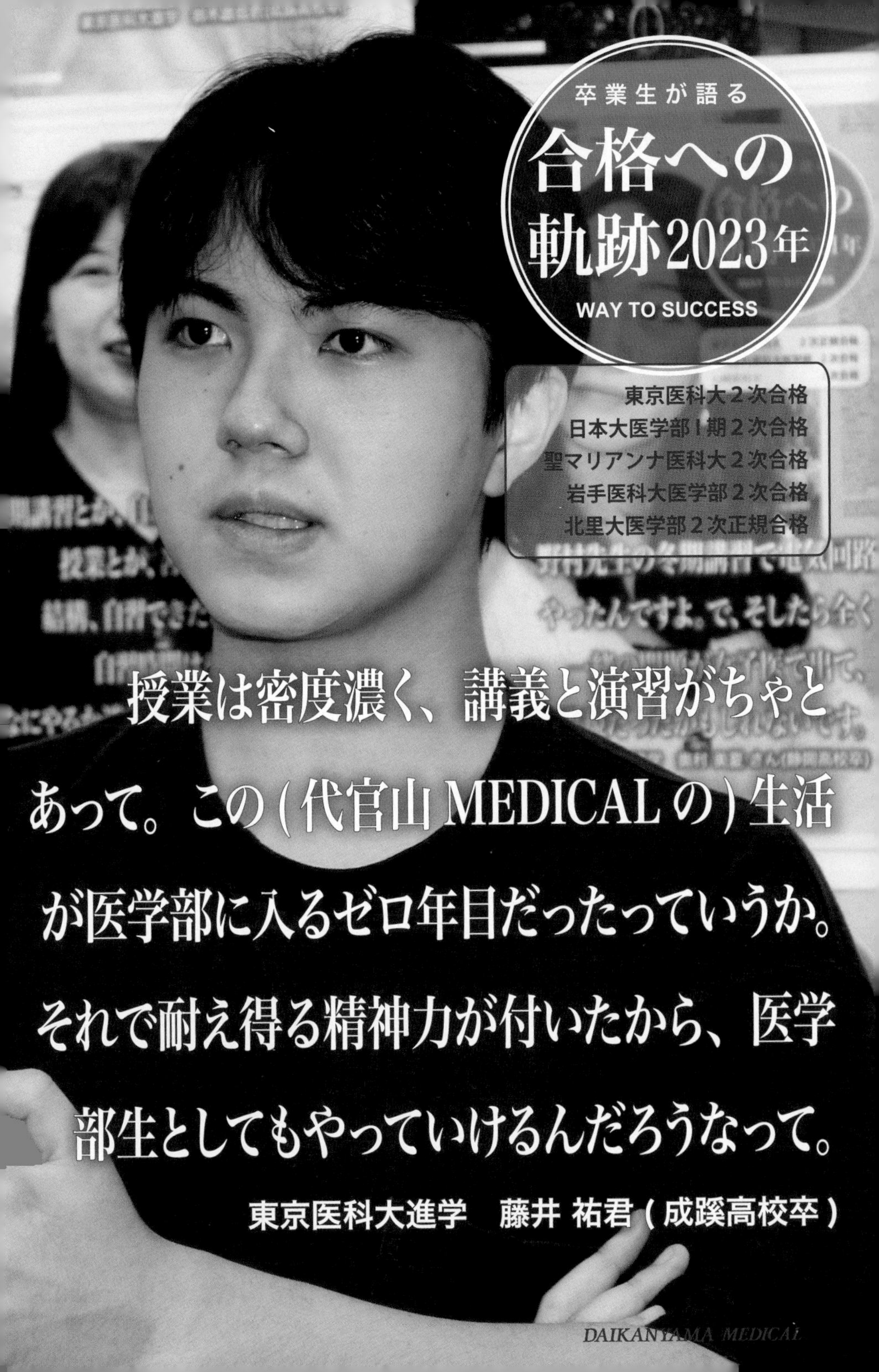

卒業生が語る

合格への軌跡2023年

WAY TO SUCCESS

東京医科大２次合格
日本大医学部Ⅰ期２次合格
聖マリアンナ医科大２次合格
岩手医科大医学部２次合格
北里大医学部２次正規合格

授業は密度濃く、講義と演習がちゃとあって。この(代官山MEDICALの)生活が医学部に入るゼロ年目だったっていうか。それで耐え得る精神力が付いたから、医学部生としてもやっていけるんだろうなって。

東京医科大進学　藤井 祐君(成蹊高校卒)

自分の成功ストーリーになっていく感じになるような過程

藤井　成蹊高校出身で、えー、東京医科大学に進学しました、藤井祐と申します。よろしくお願いします。

三橋　はい。暁星高校出身で、東京医科大学に進学しました、三橋清哉です。よろしくお願いします。

藤井　ただただ、楽しいです、大学、なんか、いつもいるメンバーが、10人ぐらいで固まってるんですけど。そこの話がもう、ちゃんと合うし、ノリも。

三橋　みんな優しくて。代官山MEDICALの繋がりは、とてもすごい。

藤井　あ､君も代官山？みたいな。君も代官山。やっぱ多い、多いです。

三橋　めっちゃ多いです。

藤井　だからありがたいしね、楽しいです。

三橋　代官山MEDICALでよかった。

藤井　よかったよな。で、それでも遊びだけじゃなくて、ちゃんと勉強も頑張る。

三橋　オンとオフがなんかしっかりしてるのが集まって。

藤井　さすがに合格してるやつらなだけあって、しっかりしてますね。いい人たち多いしね。優しいし。部活もね、楽しいです。

三橋　同じ部活なんです。ゴルフとダンス部です。代官山MEDICAL(に在籍していたの)は、1年です。1年お世話になりました。現役のときに後期対策で来て､そこであの､薄先生(数学科)とか原先生(化学科)とかに教わって。本当になんか、いい先生に出会って。ここでもう、絶対やっていけるって思って、そこで、もう代官山MEDICALにしようと思って、入って。まあ、やっぱ現役のときは、ひたすら量をこなせばいいなと思ってて、勉強時間は結構、してたんですけども。

藤井　同じ感じか。

三橋　代官山MEDICALに入ってからは､もちろん､量も結構こなしていて。朝の、まあいつも朝5時か、5時台に起きて、6時半ぐらいには代官山MEDICALに行くっていう生活を、まあ、ルーティン化してて。その点で量もこなしてたんですけども、それよりも質を自分は重視するっていう勉強法をずっとしていて。数学のテキストだったりとか､自分が理解できるまで、テキストをひたすら繰り返す、そういう勉強法を毎日してたので､質という点で､結構現役のときとは変わったのかなって思います。

藤井　俺はM4からM4ずっと。ずっとM4です。あとは､やべえ名前が､思い出せない。えっと､やばい。

三橋　誰、特徴。

藤井　富永さん(東京医科大進学：富永遥：白百合学園高卒)は1回下がって、最後上がって。で、途中から岩科(順天堂大医学部進学：岩科小夏：青稜高卒)もいたし。関西医科大学行った、ああ、宍戸さん。宍戸さん(関西医科大進学：宍戸鈴美：西武学園文理高卒)とかも、割とずっと一緒だったかな。

三橋　奇跡的にM1入れたみたいな(笑)。4月のマンスリーで､全体で2位だったですかね。押久保(日本医科大進学：押久保勇斗：芝浦工業大学附属高卒)が1位で､自分が2位みたいな。春のさきどり(講座)やってたんで、マンツー取って、で、まじで結構いけるやんと思って、最初M1に行って。そっからあの、早い6月の段階でM2になって、M1さようならという感じ、落ちてしまったんですけど。その6月は一番自分も辛くて、かなり落ち込んで、なんか結構ミスが多かったんですよ。その段階で、石井先生にも相談しに行って、ミスが多いんですけどって言ったら。君の場合､緊張から来てるから､マンスリーの前は早く帰ってもいいよって言われて。君の場合、ミスする要因は、睡眠も結構絡んでるかもって言われてて。自分はそのマンスリーの前は､結構睡眠を大事にして､6限で帰ったりとか､早い段階で帰ることも､大事かなと思って､あとミスノートっていうのも作ってて言われて。

藤井　作った、作った。俺は、石井先生に、「自分のマンスリーのミスをまとめるノートを作ってください。君は人と比べてもそそっかしい性格だから。」って言われて、あ、じゃあやります、って。

三橋　結構あれ良くて、その自分がミスした内容とかも書いて。あとマンスリーの自己分析とか、今回のマンスリーは何ができなかったのかとか、そういう分析とかも書いたりして。でも結構、受験直前とかマンスリー直前とかは、そのミスノートを夜ご飯中に見たりとか。あと電車の中で見たりとかして。自分がミスした箇所なんで、また絶対これからミスするだろうなとも思うので。そういうのをなくそうって思って、そういうのを直前、テスト、大事なテスト直前には見るようにしてて。おかげで受験中もミスは結構減ったので、効果はあったのかなって思いました。

藤井　同じかもしれない。化学とか、そう。それも自分のミスったものとかを、まあ転写したり、貼ったりとかなんかしてって。

三橋　転写したり、そうですね。

藤井　僕は、あとマンスリーかな。マンスリーの化学の第1問目って正誤なんですよ。くそむず正誤。

三橋　あれね。あれ、まじやばい。

藤井　くそむず正誤だって。それを全部マンスリー終わった段階で、全部もう一回コピーして。で、貼って隣に回答と解説、自分でごりごりって書いてっていうノート作って、やってたんですよ。受かるやん、受かるムーブってすごい大事だなと。ミスノートの積み重ねとともに、苦手意識もなくせたし、受験会場でもずっと読んでた。受かるやんってなんかちょっと、自分の成功ストーリーになっていく感じになるような過程をこう自分でちゃんとたどっていけたっていうか。

三橋　確かに。

藤井　なんかね、勝利ムーブじゃん。あとは英語の授業中に、先生がこう、ぽろっと言ったこととかあとは板書とか付箋にして。

友達の存在は、でかい。

藤井　そんな思ったりはしないんですけど、皆でなんかまあ、仲間も多かったから。仲良かったかな。

三橋　友達の存在、でかいよね。なんか、友達いなかったら本当、この受験乗り越えられないなって思って。特にMってか、2号館にいる人たちはその、友達を、まあ言い方あれだけどうまく使ってるっていうか、すごい印象が強くて。教え合ったりして。

藤井　でかいね。仲良かったね。

三橋　仲良かったね。なんか最初のM1、最初のクラスがM1とM2だった人たちは、結構みんな仲良くて。みんな結構、温厚で楽しくやってて。その受験直前とかも、楽詩とか。

藤井　本当に楽詩君(日本医科大進学：清水楽詩：成蹊高卒)、真面目。

三橋　チヒロ(日本大医学部進学：堤祐尋：米子東高卒)とか。自分最初の受験で、岩手だったんですけど。岩手の1次が落ちたんですよね。そこで、そう本当に落ち込んで、やばいなと思って。今年どこも受かんないんじゃないかなと思って落ち込んで。なんかみんな受かってて自分だけ落ちてたから、精神的にも結構病んでたんですけども。でも帰り、杏林ですかね。そこで1次の結果見て落ちたってなって。でも楽詩と祐尋と一緒に帰ってて。みんな励ましてくれてて。絶対おまえは、いいとこ受かるから大丈夫だって。最初は失敗しただけだよみたいに言ってくれて。本当にそれでなんか心が一気に洗われた感じがして。本当にその、そこでも友達の存在ってでかいかなと思ってて。そのなんか、同じ苦しみを味わった人たちだからこそ、まあ分かる、分かり合えるものがあるなって。今、思ってます。

藤井　本当だよね。

三橋　今も仲いいよね。今もめっちゃ仲いい。友達の堤勇太(東京慈恵会医科大進学：麻布高卒)とかと一緒に、お昼食べたりして。リフレッシュできるのがそこら辺しかないので。その毎日、代官山MEDICALに行くっていう生活なので。そういうリフレッシュも自分大事かなって思って。結構、話したりして。ストレスをなくしたりとか、勉強の調子とかもお互いに共有し合ったりもしてましたし。

藤井　俺の隣の隣の長田さん(昭和大医学部進学：長田純奈：学習院女子高卒)は、もう食べずにやってたよなと思って。食べてなかったよね。すっげえ、まじですげえって、勝手に尊敬して。

三橋　食べずにやってたよね。毎回いるもんね、昼に自習室。

藤井　話したことなかったんだけど、まじですげえって思いながら。みんな多分、昼ご飯って割とこう、リフレッシュタイムにするから、その時間やっちゃおうって。ちょっとこう、ずる賢くいたいと思って。それは長尾から言われたんですよ。長尾(福岡大医学部進学：巣鴨高卒)から「もっとずる賢くいこう。俺、結構現役の頃、みんなあの、9時過ぎに予備校終わって、そのまま帰るじゃん。で、みんな寝るじゃん。俺(勉強)やってたんだよ」とか言ってて。

三橋　言ってた、それ。

藤井　そう。さすがだと。あいつやっぱ性格的にもやっぱ、そういう負けたくないんだろうなって。気持ち強いから。まあそれ本当見習って。浪人のときは結構そうしてたかな。

直前期は、ご飯食べ終わった後、友達呼んで。英語の長文1個だけ。過去問の大問1個ぐらいだったら多分20〜30分で読めるから、それをやって、丸付けて駄目だったとか、なんかできたとかやってたかな。本当、直前期は、順天の長文、あれ本当えぐいじゃないですか。

三橋　確かにあれ、えぐいよね。

藤井　あれやって、いやきついなって言いながらも、すごい練習になって。読解、最後本当に、最終調整ってことはしてたから。

三橋　なんか薄先生から、その数学の過去問リストとかやったほうがいいよ、みたいなのもらって、それでまあ、上林さんに。

三橋　いましたよね。「やらない？」みたいに言われて。「いいの？うん、やろう」って言って。上林(防衛医科大学校進学：上林美早紀：桐蔭学園高卒)と楽詩と長田さんと山崎さん(国際医療福祉大医学部進学：山崎みのり：大妻高卒)。5人で集まって朝やって。で、結構その5人真面目で、みんな朝7時半集合だったんですけど。全然みんな遅れないでちゃんと来て、ちゃんと時間、予定時刻に始めて、やるっていうのをやってて。本当にその朝の過去問で、自分数学伸びたなって思ってて。あれがあったからこそ結構、今回、東医の数学も8割ぐらいで結構良かったので。

藤井　俺はラウンジで占領して、あのその薄先生の過去問を解くってやって。でそのまま俺は平パン(平野先生：数学科)に聞きに行ってました。授業中とか一番前に座ってると、「藤井君、どう」とかすごい当ててくださるんで。いじってくださるんで。いじられたら受かるだろって、もうとことんいじられに行って。

三橋　平パンめっちゃいじってくるよね。俺ずっと、元M1っていじられて一番前に座って平パン授業は。元M1やんって、ずっといじられてました。

藤井　でもそうですね。その数学解いたら、薄先生のプリントだけど、解説は平パンも持ってんだよね。そのプリント頂いたりして。

三橋　あれ、めっちゃよかったよね。

ここの(代官山MEDICALの)生活は医学部ゼロ学年って感じ！？

三橋　4月、一学期が始まってすぐ、最初は数学はえっと、典さん(高橋典先生)で、物理が小澤先生で、化学が原先生っていう、神メンツ。本当に、4月からマンツー取ったのが、結構良かったなって思ってて。もちろん本当にきつかったんですよ。その、課題もきちんと出るんで。もともと代官山は(課題が)多いじゃないですか。かなりハードで、演習も全然できないって思ってたんですけども。でもそのマンツーの時間が、結構吸収できるものが多くて。そのマンツーの時間で、レギュラーの授業で分かったつもりのとこ、曖昧だったり、分からなかったところを、マンツーでしっかりと補えてもらったり。それでプラスアルファとかも教えてもらったりして、まあ、人それぞれだとは思うんですけども、自分はそのマンツーを最初から取っておいて、後悔はないかなって思ってて。先生との信頼関係とかも、結構築き合えたので、早い段階だと。それで自分のことも、結構、性格とかも分かってくれたりして。まあ原先生とか結構厳しいんですよね。

藤井　厳しいね。　　　　三橋　本当、厳しくて

藤井　怖いんだよね、たまにね。

三橋　そう、怖いんで。結構、自分がなんかそのなんか性格が、結構、なあなあみたいな感じのところもあるので。そこのところを、しっかりと喝！入れてくれたりして、緊張感を持ってマンツーもできたので、そこは本当に感謝しかないです。マンツーの先生には。

藤井　俺はマンツーは良平さん(田中良平先生：英語科)と原先生とかすごいお世話になってたんですけど。ここは原先生に聞きに行って、あとは龍さんとかにも、龍さん(高橋龍先生)も本当に、夜間(演習)とかでお世話になって聞きに行ったり、こう、だんだんこの先生いいな、この先生いいな、ってこう単元ごとに聞いていったり。英語も冬期までずっと良平さんで、厳しく教えていただいて。なんかプリントがあるんですけど。ひたすら過去問も、もうデータにもリストアップしたプリントとかをひたすらやったり。夏の写経のときとかも、もう本当にSVOC全部振ったりとか。そういう課題を自分で、自ら良平さんとやったりとか。時間の使い方は本当に。今、大学も似てるもんね。なんか時間割、似てますよ、大学も、ちょこちょこ夜まで、夜まで(授業)あるけど、そういう日は実習みたいな感じでカウントしたら、代官山MEDICALより忙しいし。

三橋　結構ちゃんと授業あるよね。

藤井　ちゃんとあるから、この(代官山MEDICALの)生活が医学部に入るゼロ年目だったっていうか。大学入ってからも、ま、きついけど。代官山MEDICALでもちょっとやったしっていう。

三橋　うん。うん。なんか活かされてる。

藤井　活かされてる。ちゃんとね。時間の使い方。あとは自分で勉強して、いつこの先生にどう、どうやって聞きに行くとか、質問とかもまあできるしっていうのは、代官山MEDICALの生活のおかげじゃないですか。本当に多分、先輩たちも言ってるだろうけど。

三橋　もう、代官山MEDICALがきつかったからこそ。結構、今。

藤井　そう、そうだね。ちゃんと時間割があったから。

三橋　ちゃんとやってる感じ。

藤井　多分他の医専とかだと、ここまで長くはやっていないから、時間的に、さあ、授業数多いもんね。

三橋　本当、多い。授業数は本当に、講義と演習がちゃんとあって。それで耐え得る精神力を持っていけるから、まあ多分、医学部生としても、やっていけるんだろうなっていう気がする。でも、授業、代官山MEDICALの授業を切るっていうのは、絶対なかったよね。

藤井　なかったし、絶対しなかった。まじで。

三橋　考えもしなかったよね。

藤井　駄目だったと思う。

三橋　うん。そしたらもう終わり。

藤井　終わった、ってか終わってたと思うんです。

三橋　そこはもう、ちゃんとやって…。

藤井　最初みんな良平さんなんか情報量多いって、割となんか、みんな、まあ嫌がるじゃないですけど。ちょっと多くないって。ここまでやらなくていいよって、なっちゃうと思うんですけど。英語苦手だったので、最初のマンスリー多分、英語だけ極端に偏差値50.5なんで。本当に低かったんで。まあ本当、情報量いただけるなら、それにもう本当に食らいつこうと

思って。で、ずっと聞きに行ったりとかして。途中から「藤井ちゃんってどうよ、最近」って聞いてくれるぐらい仲良くなって。本当、情報量はまじですごくて。だから付箋とかつけて、情報量もどんどん増えて。周りからおまえそのノートきもいなとか言われてたんですけど。でも力になったなって思います。

一番つらかったときは11月とか直前期だった。

藤井　11月ごろ、本当にやばいなって焦りがあった。まあ散歩もちょこちょこ、土曜日だけしつつ。日曜日一日中、数学の「前期」のテキスト、今週は第1集、じゃあ次の週は第2集って平パンに最初宣言するんですよ。「今週第1集の復習全部終わらせます。14個ありますよね。終わらせます」って言って、「お、頑張れ」って言われるんですよ。で、日曜日とか1日をそれに溶かすんです。もう第1集だけもう超詰め込みで、覚えて、よしOK。で、その次の日曜日は第2集、よしOKってなことを、やったりして。それだとなんか1個の目標だから、割と達成はしやすくて。そのちょっとモチベーションも、よし、今日やった、終わったっていうふうになれるし。で、メンタルは保ってたような気がする。だから、どんどん復習も早くなるし、平パンに宣言したからやらなきゃいけないし。そういう復習やってました。そこが辛かった。楽しかったけど。

三橋　自分はそう、本当、受験直前、本当直前なんですけど。岩手の1日前とか、小澤先生から宿題が出されて、東医だったかな。物理の過去問を解いてこいって言われてて、でもなんかできなくて、もう直前でこれは本当やばいって思って。その負の連鎖でなんか落ちちゃうかもって思ってたんです。もう東医どころか他の大学も、もうやばいんじゃないかな、みたいな。どんどん負のループに陥っちゃってて。小澤先生に、そのまあ、「どうしましょう」みたいに言って。でも小澤先生が、「そんな全部を完璧にしようとしなくていい」みたいに。その「三橋はこれまでやってきたことを、ちゃんとやってれば、本当に絶対大丈夫だから」みたいに励まされて、ちょっとなんか泣いちゃって、小澤先生とマンツーで結構、感極まっちゃったんですよね。そこで本当に、小澤先生に自信付けられたっていうのもあって、受験に入ったっていう感じで。本当、その受験の直前が、なんか辛かったなっていうのはありますね。あともう一つは、東医の発表待ってるとき、補欠発表っていうときに、40番台だったんですけど、まあ結構回る番号だと思いきや、全然来なくて、不安で不安で…。

藤井　来なかったな。まじ回って来なかった。

三橋　本当来なかったよね。

藤井　1回、電話(大学に)、血迷って電話しちゃいましたよね。来ないっす。

三橋　石井先生にも何回も相談しに行って。

藤井　行ったね。

三橋　まあ絶対しつこかったと思うんですけども。

藤井　きつかったね、あの頃ね。

三橋　結構、そう相談しに行って。もう、なんでこんな回んないんですかねって言って。

藤井　萌々奈(東京医科大進学:田村萌々奈:作新学院高卒)と俺と三橋で、3人で相談に行って。石井先生にも、なんか東医は3月30日に来ますって予言されてて。

三橋　結果3人連続、連続で来たから。3月30日に来たので。まじで、嬉しかったたよね。

藤井　来た、本当に。そうちょうど来た。そこに(30日に)来たからね。すごいよね。

三橋　やっぱり石井先生すごいなあって思いましたね。

藤井　さすが。

三橋　さすが石井先生って、経験が。本当さすがって思いましたね。まあ、その二つが自分が一番辛かったなっていう感じはありますね。一番辛くなっちゃいけないときになっちゃったけど。でも、辛くてもまあ、受験を乗り越えたので、まあいい経験ができたなって思いましたね。

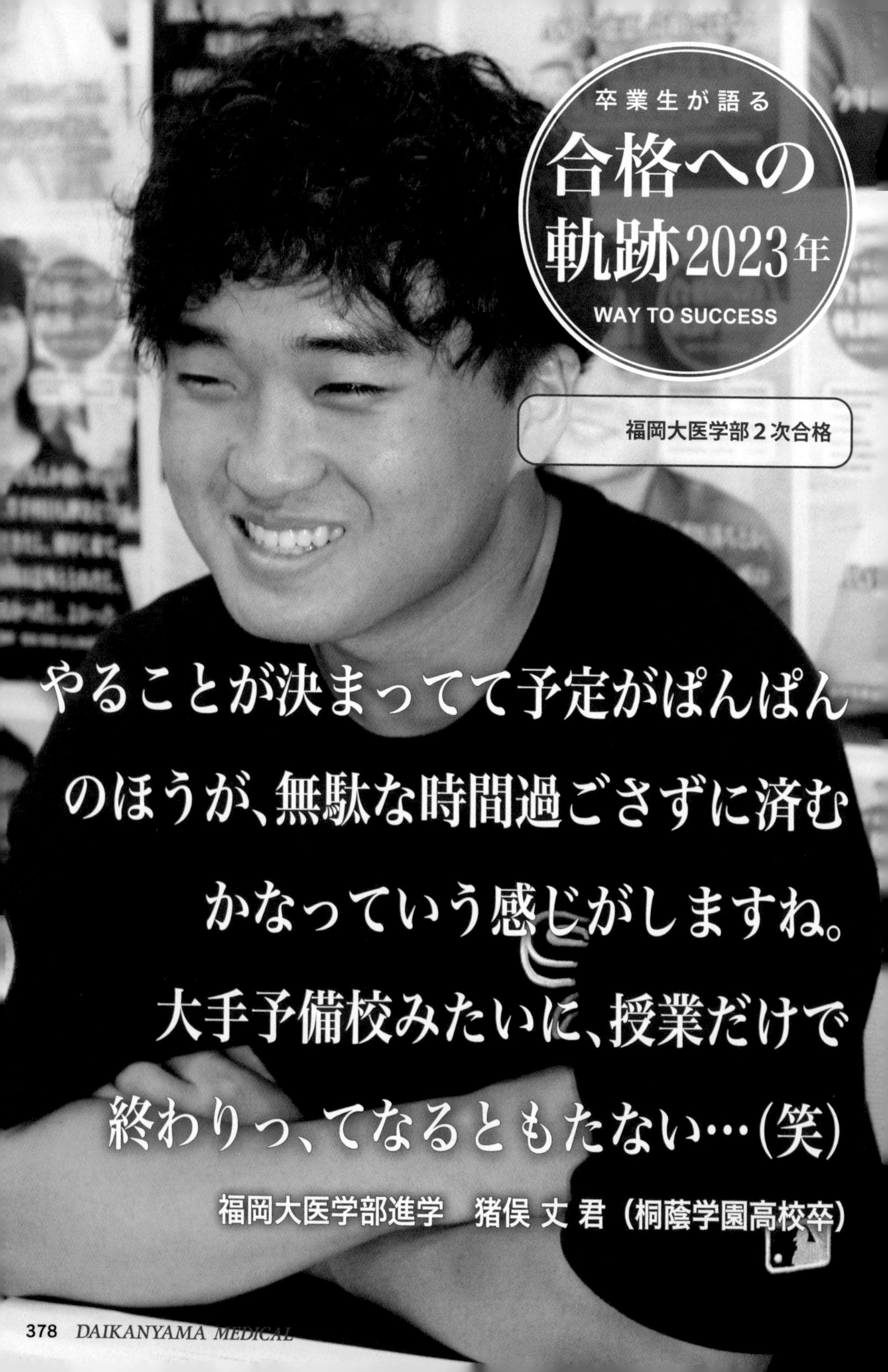

卒業生が語る

合格への軌跡2023年

WAY TO SUCCESS

福岡大医学部２次合格

やることが決まってて予定がぱんぱんのほうが、無駄な時間過ごさずに済むかなっていう感じがしますね。大手予備校みたいに、授業だけで終わりっ、てなるともたない…(笑)

福岡大医学部進学　猪俣 丈 君（桐蔭学園高校卒）

現役で空回りだったけど、代官山での浪人生活でやり切れました。

猪俣丈です。高校は、桐蔭学園出身です。福岡大学医学部に進学しました。えー、1次合格は、福岡、杏林、東北医科薬科、金沢、獨協で、2次合格いただいたのが、福岡大学一つです。医学部受験する中で、自分の中でやる気が出てきたのは、高2の冬くらいからですね。けど、自分も受験初めてだったんで、何ていうんですかね、空回りっていうか、やりきれなかった感はすごいですね、やっぱ、中途半端だったかなっていうイメージが強いですね。現役だと、どうしても夕方からぐらいしか時間って取れないし、制約は大きかったんで、まあ。浪人して、やっぱ学校(高校)ないんで、そうするとまあ、ここ来るしか特にやることないんで、割となんか、ここでやること決めてもらって、授業やら課題やらで濃密な時間があったおかげで受かったみたいな感じの結果なんですけど。

最初の前期は授業と課題(レビュー)とマンツーマンとかで時間割がぱんぱんだったんで、まあしんどいっちゃしんどかったけど、浪人になって、そのときのほうが、忙しく勉強に集中してたなっていう感じがしますね。それでも、2学期とか割とダラらけてしまってたんで、なんで、やっぱ、やること決まってて予定がぱんぱんのほうが、無駄な時間は過ごさずに済むかなっていう感じがしますね。どこぞの大手予備校とかみたいに、授業だけで終わりってなっちゃうと(笑)

学科の質問に答えてくれるだけじゃなくて、生活面でも適切な答えを先生方が与えてくれた。

質問によく行ったのは、やっぱ菊本先生に、とにかく課題っていうか、これやってこい、あれやってこいって、いっぱい指示もらってたんで、それを片っ端からプリントをやってて。先生がマンツーマンで使ってるプリントがあるんですよ。それを片っ端から解いたんですよ。最初は理論をやって、で、無機、有機って感じで、こう、どんどん変えていって、で、最後のほうはなんか、過去問みたいな感じのやったりして。で、なんか、終わったら持って行って、次のもらうみたいなやりとりが、一番多かったと思うんですけど。菊本先生だけじゃなくても、ほかの先生方もとにかく課題をたくさんくれました。

あと、なんか、受験期近づいて、受験期、割と直前に生物の成績が格段に落ちたんですよ。で、それを緒方先生に、生活態度や生活習慣の緩みが原因だろうって言われたことがありますね。やっぱ、(代官山に)来るのが遅過ぎるって言われて、そこら辺からちょっと直そうと思って、来る時間を早め始めたっていうか、やっぱ、教室の授業やってる所から、たまに見えたりするっぽいんで。こっちのこと気にしてくれてるっていうか、まあ厳しいことも言ってくれる先生たちが多いっすね。

モチベーションが下がるタイミングがありつつも、何とか耐え抜くことはできた。けど石井先生にもいろいろ見抜かれてました(笑)

そんな感じで1学期は、なんかすごい、やる気があったし、勉強だけに集中してたんですよ。でも7月(のクラス分けで)にA3からA4に落ちて、で、まあ確かに、この結果(偏差値50.1)見て、ま、しょうがないんっすけど、もうそのときの自分が、もう、それが、どうしても嫌で、こう下がったっていうことが嫌過ぎて、で、だんだん勢いがなくなっていって。夏期講習とか一番大事な時期に、全然やる気が出なかったですね。あと、さっき言ったみたいに受験直前でも気分が落ちてて。でもやっぱ、石井先生にはちゃんと見抜かれてたんっすよ。11月の面談で言われたんすよ、君はなんか急にちょいちょいスイッチ、オフにするよね、みたいな(笑)。受験後半ではちゃんと成績上がって、石井先生にも、まぁ特別悪くもない評価をいただけたので、そんなに言われなかったんですけど、面談の後とかも。まぁ7月あたりにやる気をなくした時期があったのは改めて反省っすね。でも、なんだかんだいって、確か化学と生物だけはサボらなかったんすよ。でも英数って、なんか、結構時間かけてやらないとだめじゃないですか、やっぱ、そこで最低限授業を受けて、課題とかをやってたんで、現状維持はできてて、なんで、その2科目だけは現状維持だったんですよ、最後まで。ほぼ最後まで現状維持で、こう理科だけ上がったんで、成績も一応上がったみたいな、はい。

やっぱりマンスリーテストでランキングに載りたいから頑張れました。

そういった意味でもモチベーションを保つにはマンスリーテストのランキングをやっぱ意識しないとっすね。9月に初めて化学が(ランキングに)載って、で、

10月以降は、総合も載るようになったみたいな感じで。もう、夏の結果が出てきた感があって、第2回のマンスリーが37.5とか、まあ、そんなもんしか出なかったんですけど、9月で52.4で、55.5、56.8って感じで、定着してきたって感じっす。化学は12月に68あったんすよね。最初トップ10目指してたんですよ、そしたら、菊本先生にも、いや、それは厳しいでしょうとか、ずっと言われてて。で、その初めてランキングに載った9月ぐらいからトップ30に入って、30なら妥当かなみたいな、まだ可能性あるかなとか、そういう話してたんですけど。で、最後トップ10に何とか入れましたね。そう考えたら継続してやってかないといけないっすね。集団の授業が好きだった菊本先生で、マンツーも取ろうっていって。で、結局、冬期までずっとお世話になって。集団だと割と手を動かさせてくれるんですよ。なんで、暇にならないですね。授業で退屈にならないっていうのは、結構いい授業だなって思ってて。あとは、私立医学部って時間ないじゃないですか、試験の(短い)時間。なんで、基本的に結構なんか、全部覚えろ覚えろっていう先生多いんですけど、菊本先生は、割と覚えること最小限で構わん、作れればいいみたいな感じの。なんで、公式も、なんか訳分からん公式とか覚えろっていう先生もいるんですけど、でも意外と、考えれば作れるよねみたいな。そのベースとなる考え方を理解して、だったらこう考えればこういう式もできるんじゃないみたいな。暗記力でごり押すっていうよりも、割と思考派なんで、自分が。なんで、自分はそっちのほうが合ってたなって。

けど理科に傾倒しすぎたことが反省でした。

結構、化学・生物漬けみたいな感じだったんで。その代わり英数を結構、軽視したなっていう、っていうイメージなんですよね。やっぱ浪人ならではですけど、理科が現役生に比べて伸ばしやすくて、点数もとれるようになって、そっちに全振りした感じがするんです。多分もっと時間かかるんですよ、英数って。でも、理科って、やってその内容出たらすぐ点数になるじゃないですか。生物も、浪人になって、マックス63.8も出せたんで。振り返ってみるとバランス悪い。英数をもっと手つけてれば、もっと1次出せてたかもしれないです。だって、同期で、首都圏に残れなかったのって、もう僕ぐらいなんですよね。あとみんな、聖マとか、東医とか行ってるんで、やっぱ悔しいって気持ちは、割とありますね。ていうか、受かった瞬間は、うれしいのほうがもちろん強かったんですけど、なんかちょっと一呼吸を置いてみれば、そう言われてみれば、俺だけかみたいな。なんか、俺だけ福岡で、あとみんな東京と神奈川残ってんなと思うと、いや、やっぱサボったのは、駄目だったなっていう、まあ。これから目指す人たちには、意識はしてほしいよなって感じです。

それぞれに与えられていた自習席という環境があって頑張ることが出来た。

自習席1人1個確保されているっていうのは、やっぱ良かったですね。いつ行っても、なんか勉強する場所あるじゃないですか。あとやっぱなんか、その、周りの姿が見えるじゃないですか、自分の席から。それもなんかいいですよね。自分だと、右斜め後ろに、獨協行ったフジイレイ(藤井 伶衣:獨協医科大進学:田園調布雙葉高校卒)がいたんですよ。あ、めっちゃやってるなあと思って。そんとき自分がだらけてたとしたら、何ていうんですか、背徳感みたいな感情がすごかったです(笑)そういうのがあったんで、学習効率が良くなったんで。そういう面でも、頑張ってる人が見れるってのは、いいと思うんですよね。あと(自習)部屋が違ったんで直接は知らないんですけど、本当に1日数回しか、自習室から出てこない人もいるらしいじゃないですか。なんか、オシクボ(押久保 勇斗:日本医科大学進学:芝浦工業大学附属高校卒)とか全然動かなかったって。そういう意味で、勉強面でいい刺激になったみたいな。あと、あんまり周りとつるむことも多くなくて、昼ご飯とかも、割と1人のことが多かった気がします。無駄話をしないで、時間を使おうと思ったら1人で使えるっていう。まぁでも、その中でも話すことが多かったのは、マンスリーの結果とかでフジイユウ(藤井 祐:東京医科大学進学:成蹊高校卒)とかですかね。

勉強だけに専念できるようにしてくれた両親には感謝。代官山がきっちり管理してくれていたので(笑)

うちは何も変わらず高3のときからずっと、基本的に口出しなしで。僕の身の回りの、食事とか、洗濯とか、そういう身の回りのことだけやってもらって、勉強に関しては、干渉ゼロでしたね。もう、予備校にお任せしますっていう感じ。自分もあんまり、ごちゃごちゃ、こう横から言われるのがあんまり好きじゃないんで(笑)代官山自体が、結構、言うじゃないですか、朝来いよとか。なんで、別に親にまで言われる必要もないかなっていう感じですね。塾が十分そういう面倒を見てくれると思うんで(笑)

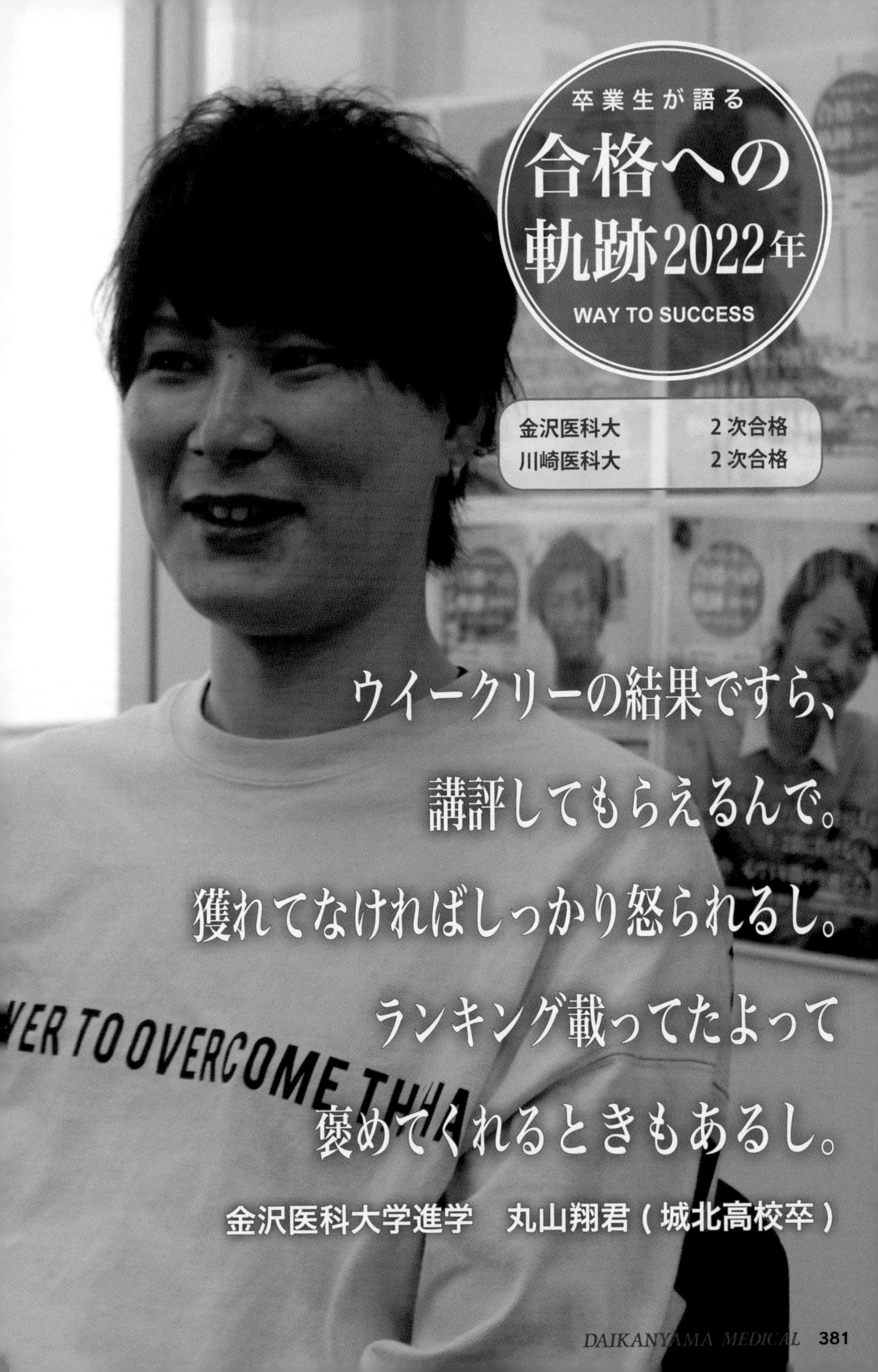

卒業生が語る

合格への軌跡2022年

WAY TO SUCCESS

金沢医科大	2次合格
川崎医科大	2次合格

ウイークリーの結果ですら、
講評してもらえるんで。
獲れてなければしっかり怒られるし。
ランキング載ってたよって
褒めてくれるときもあるし。

金沢医科大学進学　丸山翔君（城北高校卒）

まずは、進学先からお願いいたします。

金沢医科大学に進学しまして、合格したのが川崎医科大学と、金沢医科大学に、はいっ、受かりました丸山翔です。1次は、東北医科薬科と、金沢医科、川崎医科、あと、杏林、聖マリ、獨協医科の6校です。大学の授業はもう、朝9時から夜6時まで授業なんで。まあ、忙しいですね。ハハハ。なんか、逆に代官山来てたときと比べて、今のほうが案外大学行っても忙しいじゃん、って、なんですけど、やっぱり、代官山行ってたおかげで、代官山が朝9時から夜9時ぐらいまで授業があったので、代官山行っといてよかったなっていう。それがなかったら多分、その、9時から6時が耐えられないなって思ったんで。生活リズムが、やっぱ、代官山でついたって感じ、そうですね。はい。代官山で、朝、毎日月曜日から土曜日まで、朝から夜まで塾で勉強っていうのって、今まで人生の中でそのぐらい長く勉強してた経験って、実際、ここまで真剣にやったのは初めてですね、多分。それこそ、前の大学のときも勉強はしてたんですけど、ここまで、厳しくなかったというか、はい。そういう意味では今回が多分、必死さが一番ありましたね。自分の中で、もう、1年で、取りあえず、まあ、受かるにしろ落ちるにしろ、1年っていう覚悟があったので、そういう意味では、もう、ガッツありましたね。あと、本当、先生に支えられたのが大きくて、多分、結構、最初から声掛けが多かったんで、それも助かりました。はい。

一番声掛けてもらったの、え、一番、でも、パワーがあったのはやっぱり石井先生、一番パワーがありましたね。はい。本当に。確かに、でも、それこそ、梅田先生もそうですし。はい。担任だったんで、英語の授業もあったんで、ぼろぼろだったんで、最初から、梅田先生に関しては、もう、そこの声掛けが大きくて。あと、各先生も結構、なんか分からないですけど、すごい声掛けが多かったんで。はい。で、結構、楽しく会話もできたんで、いろいろ鼓舞もしてもらったんでよかったです。はい。ほとんどの、というか、全先生ですね。自分にだけは厳しかったです。アハハ。なんか、普段はそうでもなんですけど、俺には厳しかった。浅尾先生も厳しいですし、山﨑先生とかも。みんな優しいって言うんですけど、俺には厳しかったです。アハハ。なんか、できなければ、やっぱり、しっかり叱ってくれるというか、やってこなかった部分とかは、しっかり言われますし、他の人にはみんな優しく「大丈夫だよ」みたいに言うのに、私には言ってくれず。いや、でも、それは結果ではよかった。自分もそれを望んで、マンツーの先生決めてたりしたんで。自分に甘くない先生のほうが、タイプ的には合ってたかなっていう。教える相性みたいな、含め、はい。

相当なブランクからの再受験は、想像以上に、大変だったのでは？

はい。もう、最初は本当、ハハ、大変でしたね。それこそ、まず、鉛筆、シャーペンを持つ習慣がなくて、もう、腱鞘炎になったんですよ。最初に、本当にもう。だから、そこからが、きつくて。もう、過酷でしたね。ハハハ。朝は家でしっかり食べて、それは欠かさずに食べて、昼はコンビニで買って、上ですぐ食べて、勉強で自習に戻って。で、夜6時、軽食か、しっかり食べるかでその日の気分、テンションで決めてっていうリズムでしたね。

うーん。むしろ、いやもう、やるしかなかったんですよ。悩んでる時間がなかったっていうのが一番大きいかもしれないです。なんで、取りあえずやって、それで、その中で考える時間があるなら考えればいいけど、多分やってたらもう、考える時間ない。けど、もうやるしかないですよね。だけど、再受験は過酷です。それは間違いない、それは間違いないですね。はい。自分のときとも、カリキュラムも違ったんで。例えば、数学では複素数平面とかが、自分のときなかったんですよ。で、行列とかがあったんで、そういう意味でも全然違ったし。で、生物とかもどんどん細かくなってて。もう、だから、自分のときと、わけが違うんで、まあ大変です。はい。

化学も、モル計算とか、ゼロです。無理です。モルという単語は聞いたことがあったけど、何だっけそれってところから入って。で、言われても、もう、全然ピンとこないんですよ。もう年数が離れ過ぎてて。はい。もう終わったなって思ってましたけど。で、そもそも、積分がまず分かんない。なんか微分の逆で、なんか、1個次数を上げる、ぐらいかなと思ってたら、もう、全然、公式もあるじゃないですか。で、考え方もいっぱいあって、もうパニックですよ。本当にもう、それぐらいゼロの知識から入ったんで、逆にちょっとでもある人だったらもっと楽じゃないかなと思いますけどね。自分の場合は、それこそ、自分、最初、クラス下げてくださいってお願いしたんですよ、一回、実は。で、A8で、授業がもう付いていけないと、で、下げたら付いていけるかなと思ってお願いしたんですけど、他の人は、なんかすんなり下げてもらってたんですけど、なぜか、私には、今のクラスで付いていきなさいっていうお達しが出て、で、もう、後は、でも、もう分かんなくても行くしかなかったので、来た授業に対してはそれをやるみたいな感じで行ったんで、分かってない部分もあったでしょうね、多々。はい。でも進みました。詰め込んで、頭にね。インプットしてインプットして。うん。本当にもう。はい。1個でも残ればいいかなみたいなスタンスで行ったんで。なんかもう、やるしかないみたいな。ああ、もうやるしかない。

予備校選びのきっかけは？

ああ、そうです。そうです。そうです。もう、ここら辺の予備校、医専で全部調べて、7個ぐらい調べたんで、そこ全部行って、学長と、どこも話聞いて、ここにしようと。いや、でも一回、全部まわって、一番正解だったんで、親ともその後話して、今振り返ってもやっぱり、一番向いてたんじゃないっていう。そう思います。うーん。あと、一番シビアで過酷だったのがここだったんですよね。アハハ。自分を追い詰めるという意味ではね。やっぱり、もう、最後、1年だと思ってたんで、だらけきるよりは、しかも自分、結構甘える性格も、ちょっとあったりしたんで、そういう意味でも、与えられたものをやるというほうが、知識ない中では楽だったんで、それも考えて。はい。
あ、でも多分入塾する前って、先生たちの様子なんてそんな分かんないじゃないですか。一応まあ、軌跡でこんないい先生いるよとか、こんなことをフォローしてくれるよって言われても、実際その経験してないから、あんまり期待値上げられないじゃないですか。で、実際入ってみて、実際会ったら、それ以上あって、人にもよるかもしれないですけど自分にはそれ以上あって。それこそ、いろんな勉強法とか、教材とかくれたりとか、もう、すごいアットホームな、で、質問もすごいしやすかったんで、びっくりしました。そう意味では、むしろ期待を超えてきたので、非常によかったと思ってますね。佐藤(祐)先生とか、結構、こう、何というかな、遠慮なく言ってくれるし、もう、ずばずば言うんで。アハハ。それは、ウイークリーの結果ですら、あの、講評してもらえるんで。1点獲れてなければしっかり怒られるし。で、先生たちもあれ全部見てるんで、載ってたよって褒めてくれるときもあるし。あれもよかったです。はい。まあでも面談のときに、やっぱり、受験校決めるっていう面談のときに、マンスリーで200までいけるといいよっていう、具体的な目標が与えられたのは大きかったですね。やっぱり、指標ないともう、さまようんで。特に自分の場合、何もなかったんで、前提知識が。で、他の塾の知識もないですし。そういう意味ではもう、よかったです。で、マンスリーがあるのも、ここを決めた一つの理由でもあったんで。ここの塾だと、偏差値がちゃんと出るんで。で、その、そのマンスリーで何点取ればどこまでいけるよっていうのがあるじゃないですか。あれが特に大きかったんで、ここに決めましたね。

周りの生徒さんと比べて10歳以上、年上な自分はやりづらさはなかったですか？

全然なかったですね、しかも先生、全然、こう、気さくに話をしてくれるし、石井先生にしても。そうですね。いや、もう、どの先生も気さくですね。怖いって感じもなく、いや、真面目にあまり、思わなかったですよ。アハハハ。結構、なんか、女の子とかだと、えー、石井先生ドキドキするから、えー、みたいな感じになりますけど、男の子でもたまに、ああ、はい、いますね。私は全くならず。アハハ。え、でも緊張感はありますよ。やっぱり。でも、行ったら行っただけの、こう、期待以上のアドバイスをもらえるってのはあります。間違いなくもらえるんで、定期的には行ったほうがいいなと、自分は思いますね。成績表、カルテ？を持ってって、今これぐらいの伸びでやってるんですけど、とかは相談に行って、自分の進む道の修正はしてましたけど。はい。ハハハハ。そうですね。でも、先生のその、何て言うんだろう、モチベーション上げてくれる一言みたいものをいろんな先生から多分もらって。ああ、そうですね。で、あと、θの授業も、緊張感が半端ないなと。アハハハ。あれ、多分、ほぼ、全部の授業、当ててもらったんですよ。石井先生のθの授業。あれは、まあ、緊張感すごかったですけど、結果としてよかったですね。いや、本当に。もう、緊張感が、いつもその授業、ずっとあるんで。で、まあ、それで実際、英語も上がったと思ってますし。で、最初、席、前から3列目のほうにいたんですけど、後半から、あの、斎藤さん（愛知医科大進学）とかに誘われて、一番前に行ったんですよ。あの、意外に見づらいんですけど、ハハハ。それ、意外に見づらいけど、行ったら、まあ、それはそれでまたよくて。前に行った人、多分、ほぼ受かってるんで、実際。分かんないときは行っとけばいいかなと思います。取りあえず。はい。前に行く人は、授業との向き合い方がたぶんしっかりしてる人が多いかなと思います。見づらいし、あの、首、疲れるし、でも、まあ、行く価値はそれでもあるなと思いました。はい。いや、それまでが逆になかったので、むしろそこで全てを形成したので、自分の場合は。なので自己流が逆に一切なかったからこそよかったのかなとも思って。まっさらな状態で。まあ、素直で、吸収がしやすかったっていうか、はい。何も分かんないんで、取りあえず言われたことだけやる。そうですね。

復習って、全部復習できました？
ああ、そうですね。で、自分の場合は、授業でなるべく覚えようと思ってたのもあって、授業でいかに、その、数学で言えば、解法のパターンを吸収できるかみたいなとこは意識してましたね。その、ただノートとるんじゃなくて、その中で何とか処理しないと、もう、回らないのは分かってるんで。なので、どれも授業は切ってないですし。はい。全部頑張ってました。アハハ。授業数も多いから。そういう意味で、そんなにこう、自分での復習っていうことに固執するよりも、きちんと授業を受けて、先生たちが言ってることを、こう、同じこと言ってるんだけど言い方変えた内容で覚えてくっていうか、自分の中で落とし込んでいくっていうのが出来るんで。あと、逆に忙しんで、逆に、周りとだべって時間を無駄にしなかったっていう利点はありました。あの、自分が代官山 MEDICAL 入るとき、それこそここに入ってすぐになんか、見抜かれていたんですかねぇ、石井先生に最初、あの、相談に来たときがあって、そのとき、「孤独と勝負しろ」と言われたんすね、自分。で、孤独を目指す、結構、やっぱ、先生から、あなたは友達ができやすいからとか言われたんで。その、変に作り過ぎず、孤独で頑張ろうって最初やったんですけど、できて、エヘへ、できた結果、そういうのをやってたんですけど、でも周りの人たちとの問題の解き合いはあまりしなかったですね、自分。ただ、悩みとか、勉強法に関しては、直接先生に結構聞きましたし、休み時間とか、年齢下の人とかに、まあ、クラスがクラスなんで、周りの、結構周りの子とかにまあ、ちょっと、勉強外の話されても、こう、上手に勉強の話に持ってってた、まあ、そうですね。まあ、学内なんで。一応、筋はずれちゃおかしくなっちゃうんで、はい。まあやっぱ結局勉強にもっていかなきゃなっていう、はい、それはちょっと考えてました。一応考えてましたね。はい。アハハ。

再受験の２次面接の難しさは？どんな点を気を付けてましたか？
実際、面接の質問とかって、再受のこととかっていうのは、もう、しっかり触れてきます。最初に全部出すんで、経歴を。それを全部読まれるんですよ。で、ここは、なんで、ここ、大学行ったのとか、なんでこの所で働いてたのとかって全部聞かれるんで、隠しきれないですけど、多分、自分から出さないで、例えば、持ってる資格なんかを過剰にアピールしてしまうと、変に自慢げに話していくと、うん、だったらそっちいけばっていうふうに多分なりますし、で、変な話、他の仕事をけなすと、まあ、じゃあ、他の仕事けなすんだね、みたいな雰囲気になるらしくて。まあ、強く言うと、その話題で終わっちゃうんで、なかなか本題にいけないというか、その、医学を進む理由とかまではいけないんで、そこはうまく、他の学生と同じですっていうのを大事にしていきました。はい。あ、あと、医師になりたい理由。でも、志望理由を聞かれて、ここで対策もしっかりしてもらってたんで、用意してたってのも変ですけど、それをきちんと答えれた。まあ、緊張せずにというか。まあ、そうですね。おどおどはしないようにしてましたね。はい。え、私の場合は、石井先生の授業でも指導されて、まとめられたんですが、それこそ、父の働いている病院で、患者様に出くわしたときに、その、父の担当している患者で、その、息子さんですよねって声掛けいただいて、その、父に診てもらってよくなって、救われましたという話を直接聞いたので、まあ、それを機に医師の素晴らしさに気付いて、目指しましたと。はい。ハハハ。でもやっぱ、再受験で、かつ 30 歳すぎの年齢だと、実際は厳しいかもしれません。ただ、無理ってわけではなくて、多分それを上回る点を取っとけば、1 次で。たぶん行けるんで。

ありがとうございます。最後に、後輩にアドバイスすることあれば。
後輩にですか。まあ、最初は自宅から通おうと思ったのですが、社会人だったので少しでも時間が欲しかったので寮から通うことにしました。それで、時間を作ることと通勤いや通学のストレスも 1 個減りましたね、はい。取りあえず、自分は 9 カ月で受かったんで、その、初学から。まあ、それこそ、4 月から入って、1 月の中旬にもう試験で、9 カ月で受かったんで。まあ、自分で 9 カ月で受かるなら、まあ、僕より少しでも知識がある皆さんなら多分、もっと受かりやすいと思うので、ぜひ頑張ってください。応援してます。はい。ハハハハ。

卒業生が語る

合格への軌跡2022年

WAY TO SUCCESS

福岡大医学部　2次合格

有効数字だけは気を付けてください、本当に。その１点で人生変わりますよ。あと、先生の言うことを素直に聞くってこと、絶対それに尽きると思う、本当に。

福岡大医学部進学　長尾快登君（巣鴨高校卒）

よろしくお願いいたします。現役合格を果たされた長尾君ですよね。
はい、長尾快登です。最終合格大学は福岡大学医学部です。1次合格は、聖マリと、獨協と金沢と福岡です。現役Standardクラス出身です。もう、本当Standardの星？ですよ(笑)。福岡大の補欠番号見て、あ、受かったなあみたいな。繰り上げの、電話が来たときは、ああ受かった、みたいな。逆に14番って分かったときに、めっちゃほっとしました。うれしいっていうより、でもなんか、これ言っていいのかな、俺、チョロイと思って、もう俺、1次チョロっと思った。でも最初5連敗したから、愛知、岩手、帝京、杏林、東邦と5連敗、はい、それはちょっときてた、やばいって思った。まあ、でも、俺らしくないんすけど、●谷学院からこっちに変わって、親にそんな学費払ってもらって受かんなかったら、マジ申し訳ねえとはずっと思ってたんすよ、俺。勉強のモチベーション、俺ある種それもあったんすよ。勉強しなきゃいけないと思ってたから、頑張れましたね、割と、うん。甲斐あってか、終盤伸びたっていうか、これ、数字じゃ現れない俺の能力があって、12月マンスリーあったじゃないすか、あのあと2カ月で俺、めっちゃ伸びたって実感できるぐらいなんすよ。めっちゃ伸びましたまじ、絶対。化学、絶対伸びました。だって俺、受験とか自己採するじゃないすか。化学だけ毎回安定してたんすよ。8割もいけないけど、大体少なくとも6割は超えてました、どこでも。化学だけやっぱ有機、無機、高分子で安定してたから。そう、それはもう覚えまくって、はい、でも、理論はゼロっす。だからまあ取れるとこだけ取って、理論は…。なんかもう酸化還元とか、もう捨てて、俺。もうこれ、現役だから、俺全部攻めてたらもう終わんねえと思って。自分の得意なとこ伸ばそうと思って、そっちに徹したら、まあ、運よく受かりましたね。
結構俺メンタル強いって言われるほうなんすけど、強いっていうより、多分、普通に俺、天性の頭あほなんすよね。能天気だから、多分。周りとか割と、E判定取って落ち込んでたんすけど、それが理解できんくて、俺はもちろん、自分の実力に見合ってE判定なんすよ、毎回。たとえE判定っても、もう結局最後受かればいいから、それはずっと俺はそういう考えだったから、俺、高3の1学期の化学の期末テストも1点取ったけど、そう、1点取った。で最初…、マジ、その1点のせいで俺、指定校推薦消えたもん、俺。推薦受けられなくなった、その1点のせいで。そう、お母さんにめっちゃ怒られて、1点取って。でも「受かるからもうちょっと黙ってて」つったんすよ。それで受かったから、まじよかったって感じっす、まじ。そう、まじで。他んとこ来なかったもんね、1次すら。だから、俺、福岡受けてて本当よかったなって思いましたもん、完全に。まじ、あれ、運命っすよね。

代官山に来る前は？
●谷学院っす。●谷学院、もうひどいっすよ。あの、高2の初めから行ってたんすけど、あの55段階あるじゃないすか。俺あれ、ちゃんとクリアしたんすよね、55段階。あの、55段階って何かその、数学だったら、単元ごとに…ハンコもらえる、ってやつ。全部クリアしたんすけど、まじで俺、復習、予習、何もしなかったから、何にも身に付かなくて。で、もう高3なるじゃないすか、で、最初なんか、ちょっとまあ、志望校決める的な面談があって。担任制度があったんで、担任になった人と、俺と、お母さんで面談したんすよ。そんときに、4月の初めの頃に、あ、もうこれ国立大現役間に合わないから私立にしようっていうふうに固めてて、で、●谷学院の面談行ったんすよ。そしたら、その私立の話するじゃないすか、お母さんとその3人で、で、その先生まずえぐかったのは、あの医学部に2次があること知らなくて。やばくないすか、やばすぎますよね。で、あと何か藤田医科大とか名前も知らなくて。藤田医科大の名前すら知らなくて。こいつやべえと思って。これはやばいってなって…。私立専願でこの塾行ったら100パー受かんねえってなって、で、じゃあ医専行こうってなって、ウインダムか、代官山か、野田クルゼだったんすよ。で、どれも行くじゃないすか、面接。で、もうこれは今だから言えますけど、俺あんとき野田クルゼ行く気満々だったんすよ。なぜなら、一番緩そうだったから。で、一番厳しそうだったのが代官山だったんすよ。で、その、でも、俺緩い四谷行って、緩い野田クルゼ行くの違うなって直前で思って、一番厳しい所に行こうと思ってここ来たんすよ、そしたらめっちゃ楽しかったっすね。てか、代官山のStandardが多分、合ったんですよね、俺に割と。だか

らその、結構友達みんな作ってたから。俺でも黙って勉強できないタイプだから。でも分かんない、他行っても友達できたかもしれない。いや、聞くもん、うわさを、他の。そう俺の、でもここの塾って、あと長澤のお姉ちゃん（長澤 奈々乃：杏林大医学部）が、代官山に行ってたってのがあって、だから長澤のお母さんもちょっと助言してくれたから、代官山のことを。

代官山で大きく変化を遂げましたか？
それはまじで思う。本当に、最高の中身だった。仲間に会ったしな。そう、みんな普通に、なんか、俺の代のStandardはみんな割となんか仲良かったから、そこはめっちゃよかったっすね、普通に。俺普通に今後、人生でずっと俺、付き合ってこうと思ってるからね、代官山のやつら。超おもろいもん、あいつら、まじで。医者になってさ。そうそう、みんなでね。俺、本当に、ちょ、宗教的なやつじゃなくて。それは多分、●谷学院だったら絶対受かってなかったから、多分。でも間違いないでしょ。間違いない。絶対受かってない、まじで。だってテキストもなんか、代官山テキストって数学とかって、Standardの授業テキストとか、問題くまなく網羅されてたから、それが助かった、割と、数学とかもう、なんか、苦労しなかったし、あと生物・化学だな。三上先生とオガティー（緒方先生）まじ神だった。いや、オガティーまじめっちゃおもろいんすよ、あの人。まじ、めっちゃ普通にめっちゃわかりやすい、あの人。これは俺の学校の先生と比較すると、学校の生物の先生は、模範解答をひたすら読んでる感じ。なんか、問題、演習させるじゃん、演習して、本当、解説の本に書いてあることをまんま板書してく感じだったから、そんなん読めばわかるやんって感じなんだけど、オガティーはなんか、何ていうのかな、まず出してくる問題がオガティーが作った問題だから、解説もしっかりしてたから、で、あの人、質問言っても、まじ嫌な顔全くしなかったから、三上ティーチャーはすっげえ嫌な顔するやん。すっげえ嫌な顔するから。めっちゃ、生物腐るほどしてましたよ、俺。だけど、俺、考察問題とかすげえ苦手だったから、それを補う知識付けようと思って、知識付ければ考察も解けるようになるやろと思って。あの緒方先生の授業の板書なんか、全部書けるようにしてました。それ最初、書けるようにしろって言われて、最初思った、こんなめっちゃ量多いのに、書けるようにしろとか頭いってんだろって思ったんすけど、だんだんこれ書けたほうができるくねと思って、書けるようにしたら、めっちゃできましたね。だからその、大学によっては、知識さえあれば8割9割取れる大学とかあったから、福大がまさにそれで。福大の生物、俺、福大は化学も生物も8割は超えてたんすけど、知識だったら、まじで、高田さん（高田真央：日本大医学部現役進学）に匹敵しましたね、俺。あ、でも高田さんは、考察問題も超強かったから。昨日何か(合格者)座談会で、あの人、日大の生物9割って言ってたんすよ。俺4割っすよ。もうバケモンやんこいつと思って、あれで9割取れるのバケモン過ぎると思ったんすけど。完敗しましたね、高田さんには。

高校生って、勉強時間少ないじゃないですか、どうやって時間を作ったの？
ない、ないっす、本当にないっす。俺もうだから、大体みんな代官山に朝早く来てたじゃないですか、黒坂(黒坂陽一郎：昭和大医学部現役進学)とか、あいつもう極端で、朝6時には塾来てましたよね、友達から刺激受けたってのは結構、そう、それはめっちゃある。あいつ、それこそ、俺がすげえなと思ったのは、あいつ2号館こもるとき、あいつ1歩も外に出なくて、2号館から。だから、俺1回びびったのは、夜の8時ぐらい、休み時間じゃない日、普通に授業時間に、俺たまたまコンビニに飯買い行って、あいつも買いに来て、8時ぐらいに。で、「おまえ、これ今日出たの初めて？」つったら「うん、俺6時に来て、今日これ出たの初めて」って言ってて。朝6時に来て、1周、時が回って、夜8時まで1歩も出なかったらしくて、それ聞いたときは、こいつやべえと思いました。普通に。トイレは行ってると思いますけど、さすがに。漏らしながらやるやついないから(笑)、それはシンプルにすげえなこいつと、うん、それは普通にやばい。あと、他のStandardの奴らは、俺が言うのもなんだけど、俺のほうが“上”って見てくれてたから、俺はあいつらに追い付かれたくなかったから、差を広げたいと思ってたから、だから、一回、石井先生が、θの授業で、なんか、塾で勉強し切って疲れ切って、家ではもう寝るくらい

じゃなきゃ駄目だ、的なことをおっしゃられてて、多分、みんなそれを、あ、じゃあ寝ようって思って多分、みんな家帰ってからあんま勉強しなかったと思うんすよ。俺はそれを逆手にとって、みんな絶対家でやらないから家でめっちゃやったろと思って、俺毎日11時半までやってたんですよ、家で。そこで、多分、差がついたかなと、思いますね。これも、(合格者)座談会では話そうと思ってたけど、石井先生が、YouTubeとかSNSやるなっておっしゃられてたわけが、YouTubeとかってあなたへのおすすめ出てくるじゃないですか、関連動画とか、あれに引きずり込まれちゃうって言ってたんすよ。それはめっちゃわかるんすよ、確かに、って。塾で疲れたってなったら、昼飯食ってるときとか、軌跡読んでましたもん。あの鈴木理咲子(東京慈恵会医科大現役進学)とか岸川さん(杏林大医学部現役進学)とか。ああ、そうそう。この2人めっちゃ読んでたな。この2人。現役で受かったやつ中心に、そうそう。やっぱ現役。

マンツーマンはとっていましたか?
数学は、マンツーを取ってましたよ。俺あの、数学の小島先生取ってました。俺、小島先生よかったっすよ。冬とか、俺毎朝7時に来てたんすよ。で、小島先生すごい来るの早くて、大体、どの先生も8時45分とか8時半ぐらいに来ると思うんすけど、あの人8時に来てたんすよ。

だから俺、毎朝7時に来て、7時から60分数学の過去問解いて、どっかの。その過去問を解いて持ってってたんすよ、小島先生のとこに。で、それを毎朝やってたら、朝数学やるのすごいノルマになって、いいんすよね、はかどる、頭が回るから。だから、それでそう、小島先生毎日持ってって、今日はこうだった、今日はできた、できなかったっていうのをやってたんで、振り返ってそれよかったっすね、めっちゃ。普通に俺の愚痴とか、雑談めっちゃしてくれたんで。あと、石井先生に相談しにいった、あ、相談しましたね。東海の推薦のやつで、それで行って、そう。(推薦)受けてもいいんじゃないって言われましたよ。けど、あれ、共通テストのリスニングが俺、本当できなかったんで、やめましたね、それで。まあ、高校で化学1点で、推薦消えましたけど、結局(笑)。

後輩たちに言いたいこと?アドバイスとか。
うん。俺が一番後悔してるのは、聖マリアンナ有効数字事件ね、これ。俺あと補欠12番だったんすよ。今年148まで補欠回って、俺160番だったから、で、その、有効数字3桁のところ2桁で書いて、4問。そこで4点落としたから。有効数字だけは気を付けてください、本当に。その1点で人生変わりますよ。それ以外は、なんか、先生の言うことを素直に聞くってこと、絶対それに尽きると思う、本当に。俺まじ、無駄な反抗一切しなかったから、やれって言われたことはちゃんとやってたし、どのタイミングでこれやれとか多分、指示あるから、それは、ちゃんと、俺ちゃんと守ってたのよ。で、ちゃんと守ってないやつもいたの。そう、そうだから、それをちゃんと守ってたから、知識の定着が俺めっちゃ早くなったし。例えば、無機化学、有機化学が。無機が確か夏、授業があって、そんとき三上先生が、あれ夏の最後だったんだけど、今週中にセミナー1周しろって言われて。で、その後、2週間以内にあと2周しろって言われて、俺それ全部ちゃんとやったのよ。全然できる。そう、だから、本当多分、石井先生とか言ってることやるほうが絶対いいのよ。とくにθの授業で言ってたこと。基本的に言うこと聞いたほうがいいと思う。たまに自分でアクセント加えてくのも大事だと思うけど、例えば、俺数学とかは、それこそ数列、ベクトルとかは、俺、テキストだけで分かんないとこあったら、俺フォーカス解いてたし、足りないとこは、自分で参考書とか使って補うのがいいんじゃないかな、多分。信じ過ぎもよくないと思う、正直。信じ過ぎもよくないと思う。90パー信じて、10パー疑ってたもん、俺。それがアドバイス。うん。普通に素直に指示してくれたやつやったら多分、合格できる力付くと思う。多分、代官山で浪人してる人、まあきつい思いしてる人もいると思うけど、楽しい人とかもいると思うんだよな。それ多分、遊びとかの楽しいじゃなくて、普通に勉強が楽しいって思うと思うんだよな、多分、割と。俺は全然苦じゃないし、楽しいと思ってたから、そう。それはあったかな。いや本当にお世話になりましたよ、本当に、まじで。俺。

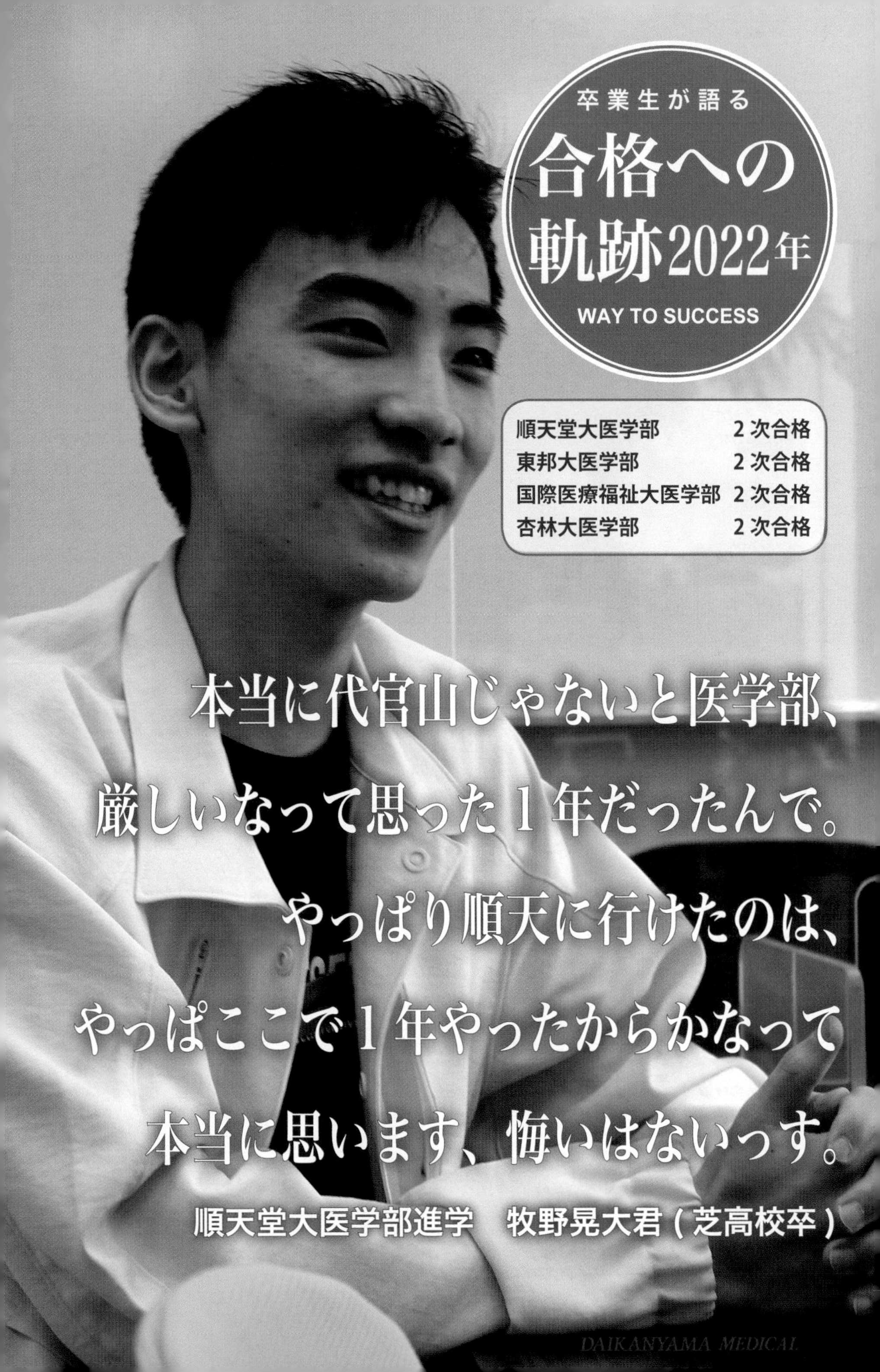

卒業生が語る

合格への軌跡2022年

WAY TO SUCCESS

順天堂大医学部	2次合格
東邦大医学部	2次合格
国際医療福祉大医学部	2次合格
杏林大医学部	2次合格

本当に代官山じゃないと医学部、
厳しいなって思った1年だったんで。
やっぱり順天に行けたのは、
やっぱここで1年やったからかなって
本当に思います、悔いはないっす。

順天堂大医学部進学　牧野晃大君（芝高校卒）

2次行ったとこ、全部、受かった。
えっと、名前は牧野晃大です。2次合格校は順天堂大学、東邦大学、国際医療福祉大学、あと杏林大学です。で、1次通ったのは、えーっと、今のに追加して、聖マリアンナ大学が確か、それぐらいですかね。5つですね。僕、受けてる学校が多分、6つ、あ、7つか。7つか8つなんで。少ない？少ないっていうか多分、ボスも、それぐらいでいいみたいなって言ってて。日医と慈恵が、あと東医が1次で通らなくて、それ以外が多分、全部、1次通って。で、聖マリアンナは面接、行かなくて。2次行った所は全部、受かったみたいな。聖マは、そうですね、その、杏林を自己採したときに8割超えてたんで、まあ、正規が来る聖マは、まあ、なくてもいいかなと思って。

現役のとき、何やっていいのか分からなかった。
高校んとき駿台、行ってて。市谷に行って、受かるでしょう、みたいな。
駿台は、えっと、僕、一番上のクラス、一応Sアルファって一番上のクラスで、50人とかいたと思います。1クラス50人とかいたと思います。Sアルファに一応いました。フフフ。偏差値55で、はい。勝手に…。いましたね。なかなかです。で、現役んときは本当、大変でした。何したらいいかも分かんないし。あと問題の難易度が、やっぱSアルファ合ってなかったのか、ムズ過ぎて、授業聞いても分かんない、あと質問に行けないんですよ、駿台は。行けるシステム自体はあるんですけど、並び過ぎて絶対、10分休みとかじゃ行けないし。で、7人ぐらい並びます。10分休みで7人とか並ばれると、1人1分なんですよ。1人1分で伝えられるのって多分、本当少なくて。もう、レスポンス含めて1分なんで。本当に、本当に全然、分かんなかったです。あれは大変だなと・・・。うーん、なんで受かると思ったんですかね、なんで受かると思ったのか分かんないですけど、駿台のテキストは、ほとんどやってなかったです、今思うと、僕には、あんときは難しかったです。多分、今、代官山でM1行った後に解いたら解けたと思うんですけど(笑)。あのときは、テンプレとかも正直、分かんなかったし、応用問題みたいなのから入ってたんで、無理でしたね、正直。なかなかきつかったです、あんときは。聞いてるだけになっちゃってましたね。で、ここへ来て、代官山で、クラス編成テストで、M3入って、M3は、まだStandardの中で一番上だったんで。M3のStandardが、ちょうどよかったです、M3、そうですね、M2より上は、理科がHighなんで、High だったら死んでました。

新学期のクラスはM3スタートだった。
牧野：はい、僕、M3スタートで。いや、コケたっていうよりは、もう多分、“実力”だったんだと思います。正直、生物以外は本当ひどくて、偏差値、えーと、か、化学が49、で、英語が43とかで。生物だけ偏差値78だったんで、本当に生物なかったらM3じゃなかったんで。アハハハ。正直、まあ、これが実力かなと思いました。生物は、4月のクラス編成テストの前までに代官山から頂いたハンドブックを全部、覚えたんで。それ、でかかったかなと思って。知識も考察も大体、解けて。僕は、日大の受験終わって、2月の終わりに入塾して「さきどり課題」やったのが、大きかった。2月、3月の間、ずっと生物やって、春の先取り(授業)も取って英語長文を写経したりとか生物の知識、覚えたりとか、数学は積分、始めてみたりとか。微積できないの、もう分かってたんで、化学も、ちょっと理論やってみたりとか、まあ、やれることやってました、春のうちは、何やったらいいか分かんなかったんで、もらったテキストを全部1周、終わらせるみたいな覚悟でやってました。でも、後々、(先んじて)やっといてよかったな、みたいな、やっぱり先に始めたほうが、いい感じ、絶対そうです。あとで始めれば、後々になってくると、やっぱ友達ができてきたりすると、基本(事項)に返ってる時間とかもあんまりなくて、みんながレベル高いなっていって一人だけ焦ってるのはイヤだったんで、やっぱ、そういうの考えると先にやって、先にやっとくとクラスも上がりやすいんで。最初のほうが上がりやすくて、やっぱ後々みんなできてくると、上がりづらくなっちゃうんで。まあ、クラス上がりたいんだったら、もう早めにやっちゃったほうがいいんじゃないかなって思います。後期とかなってくると、成績もある程度みんな分かってきて、基礎やってる子たちと、やってない子たちみたいな感じになってきちゃうんで、夏前までには。途中でAの9とかから上がってきて、破竹の勢いで、もう、なんかクラス上がってく子とかは、あ、すごいなって、いや、います、ほんと、それは正直、努力だと思います。本当にすごいと思いました。こんなに上がるんだ、みたいな、正直、3つ(3クラス)上がりとか、まあ、僕の場合、M3だったっていうのもあったかもしれないですけど、3つ上がるとか考えられなくて。最後には、でもM1、そうです、最後にM1行きました。でも…、冬です。
僕と旦(伊藤旦：昭和大医学部進学)と一緒に上がって、マンスリーの2回分の総合っていうか、平均ていうか、僕、2位と5位だったんですよ、マンスリーが。2位と5位でM3からM1上がれると思ったんですよね。でも2位と5位取ってもM1に上がれなくてM2になって、「何だ、この野郎っ」と思って。フフ。それで、次のマンスリーで、1位取って、これなら上がれるでしょ、みたいな。それで…、それで上がりました、M1に。うん。あのー、いろいろ、マンスリーだけじゃないんで。そうです。多分ウイークリーが、ちょっと悪かったのかなと思います。いや、悪いですね。フフフ。ちょっとウイークリー、もうちょっと頑張ったらもっと早く上がれたかな、みたいな。でも、生物なんかもいきなりHighからじゃなくて、ハンドブック1冊、覚えたにせよ、やっぱそれを維持するのが正直、すごい難しくて。やっぱ抜けてきますし、そういう面では、やっぱStandardでちゃんと基本、やっぱM3だと基本から教えてくれる一番上のクラスなので、そういう面ではM3で、最初よかったかなって、夏までM3いたんで、夏もM3でよかったかなと思います、正直。M1やM2に一緒に多分ついていける学力は、まだ1学期にはなかったと思います、あの頃はまだ正直。クラス分け適正だったですね。

スマホは預けて。
スマホは、もうほぼなしです。ほぼなしっていうか、ここ(代官山MEDICAL)に来たら預けてたし、家帰ったら親に言われてたんで。友達との連絡もLINE交換してなくて。1人だけ、まあ、日根野(日根野龍：順天堂大医学部進学)だけは交換したんですけど他は全然、交換しなかったですね。受験期になって、ミヤシュウ(宮本秀太郎：東邦大医学部進学)とか旦(伊藤旦：昭和大医学部進学)とか交換し始めたぐらいですね。僕がここに来たときにLINEを一回、アカウント変えて真っさらにしたんで誰も、知らない状態になったんで。全然連絡は取らなかったですね。まあ、もう親が、僕が高3のときからずっと本当にスマホがやめられなくて、一つの敗因だと思ってて。絶望的にやばかったです。結局、もう聖マですら落ちて、1次で落ちて。さすがに、自分が浪人すると思ってなくて、現役んときに、甘かった、アハハハハ。ちょっと浪人したときは、ああ、(スマホ)やめなきゃなっていう感覚はありました。代官山来た理由も忙しいほうが、スマホから離れられるんです。だから、うん、授業数、多かったのは本当にありがたいです。なんか、やっぱ空きコマ、まあ、有効活用はしてましたけど、あれ以上、空きコマがあると多分、遊んでました。フフフ。ここにちょうど1コマ空いてるから、プリント課題をやってってなって、やらなきゃいけないことがあったからやってたんですけど、あれ以上、空きコマあると、まあ、単純に授業数、減っちゃうんで課題も減りますし…。授業コマ数多いからこそ、ギリ耐えて勉強してたのはあると思います。ちょうど課題、終わるし。授業ギリついていけるでしょう、みたいな感じの授業コマ数でしたね、いや、絶妙でした、あれは、はい。ギリでした。空きコマあり過ぎると遊びます、きっと。元から遊びたい人なんで、僕は。正直、逃げますね。ここ(代官山MEDICAL)は、完全に管理されてるし、毎月クラス分け、毎月っていうか、あの、毎月クラス分けテストある、マンスリーあるんで。マンスリー取らなきゃと思ってた自分にとっては、やっぱあんまり遊んでる暇なかったですね。気付いたらマンスリーくるんで、次の。

理科の戦略は生物⇒化学の順で。
マンスリーでは、僕、先に、生物⇒化学ですね。僕は生物、本当に得意で、早く解き終わるんで。生物から早く解き終わって残り全部、もうでも、戻んなかったです、生物には一回も。
あんまり生物に時間かけ過ぎると、化学が本当に悲惨になるんで、僕は生物、早めに切り上げて化学をいっぱい解くっていう方式でやってたんで、そうですね、生物は早めに切り上げてました。見直しだと結構、考察は、なんか、一応、三角とか付けとくんですけど。危ない所は、もう一回、問題文、読みたい所とかあるんですけど結局、問題文いちから読み直して、その問題のためだけに、いちから読み直してとか正直、もったいないんで。本当に難しかったりとか実験が多かったりすると、やっぱり、そうですね、戻りたいなと思うときはありますけど、まあ、慣れてくると、一回で読んで全部、解き終わったりできるようになるんですけど。それこそ僕は日医とか、もう一回も戻らずいけるようになって、日医で実験9個ぐらいあっても全然、余裕でいけるんで。でも最初のほうは、やっぱり戻りたかったです。最初のほう、何言ってたかな、みたいな。アハハ。はい、でも、考察問題は、一回ちゃんと一回じっくり問題文は読んだほうがいいです。結構、なんか、流して読んで問題文、見て、もう一回読んで戻ってとか、何回かやる人いるんですけど、まあ、それも正しいと思うんですけど一回、問題文じっくり読んで、絶対ポイントとかあるんで。そこを見つけた上で。問題、先に読むのはいいと思います。問題、先、読むんですけど選択肢は絶対、見ないようにしてます。なんか、選択肢、ダミーの選択肢とかあって、合ってるように見えるダミーの選択肢があるんですよ。アハハハハ。で、その選択肢だと思って問題文、読むと、そう思い込んじゃう。先入観で読んじゃうと、そう思って読んじゃうんで選択肢を読まないで問題文だけ読んで、じっくり、そうですね、その課題文みたいなのを読み込んで一個ずつ解いてく、みたいなのが僕は合ってました。本当に選択肢は絶対、読まないほうがいいと思います。あれは落とし穴ですね。選択肢から読んで失敗したことが結構、あります。選択肢から読んで、知識でこれだろうみたいな。ウフ。もうあれは絶対、受からないですね。知識でこれだろうは本当に、多分、作った人もそれを狙って作ってるんで。もう絶対よくないですね…、東医の生物とかは、まあ、単純に問題が多いのもそうなんですけど、むずかったですね。解ける問題を探す時点で時間かかっちゃうし。本当に東医は毎年そうなんですけど、毎年むずいです、あそこは。まあ、終わらないのが当たり前みたいになっちゃってて。でも、もうちょっといけたかなっていうのはあります。正直、でも、化学との兼ね合いで、もう捨てなきゃいけない問題があるんですよ、なんか…。

友達もみんな受かった。

やっぱ友達いないと、だれます。無理です。過去問、解くときとかも1人で解くのって、その、解き終わった後、自分の点数がどれぐらいなのか、やっぱ友達いないと分かんないし、(医学部の)情報も、先生とかの情報も集まってくるんで。僕がいろんな先生の情報を聞けたのも、ある程度の友達がいたんで集まってきた情報なんで。それは、いたほうがいいと…。僕自身、あんまり友達、多いほうではなかったんですけど、どうなんですかね。周りが分かんないんですけど、でも、それなりに楽しくやったんじゃないですか。

やっぱり、その分、成績は互いに意識はします。でもやっぱり成績、取らないと呼び出しされるって、あの、俺らの中では言ってたんで。一回ここに、最初のほう呼び出されたときとかもあったんで、なんか、成績、一回でもランキング外とかいったら呼び出されるんだろうなって思いながら、やってました結局。やっぱ、あの成績じゃないと多分、あの態度は怒られるだろうなっては思いますけど。自分にプレッシャーかけてました。もう初めのうちから順天、もう4月、5月から順天堂に行くってみんなに言ってて。順天じゃなきゃ、もう1浪するぐらいみたいなこと言っちゃってたんで、言ってました。もう慶應受かっても、あ、慈恵受かっても順天、行くみたいなことも言ってたんで。マンスリーは絶対、ランキング1桁取るとか、生物はランキング1桁じゃないとかあり得ないとか言ってたんで。あとはまあ、逐一、各科目点数、張り出されてるとことか見て、やっぱ全部、見られてんだな点数、みたいな。ウイークリーも全部、張り出されるしマンスリーも張り出されるし。そうですね。やっぱり、でかいんじゃないんですか。あと、名前、覚えてもらえるとかも、おっきかったと思います。現役の他の塾とか全然、名前覚えてもらえなかったし。まあ、多分、先生も名前覚えようとしてないんで、あれなんですけど。ここは全員の名前、先生がた、受付の人も含め全員、覚えてくれてたんで。やっぱ、そういうのは、ちゃんと見てくれてるんだなみたいなのは感じてました。

まあ、友達は選ぶべきですけど、僕は、たまたま恵まれました。その、なんか、勉強を全くしない友達ではなくて、成績もいいし、ある程度、勉強もするし、いい所、受かったしみたいな友達だったんで、それはまあ、恵まれたなと思います。いや、本当、運にも恵まれたと思います。やっぱ、日根野順天行って旦も昭和受かって平井(平井豪:昭和大医学部進学)も昭和受かって益子(益子友里:国際医療福祉大医学部進学)なんて国福受かって。ああっと、超最後のほうに奈良(奈良拓矢:昭和大医学部進学)。ナラタク、最後、なんか、めっちゃ伸びましたね。なんか、びびるぐらい伸びましたね、最後。あと、武田(武田真輝:昭和大医学部進学)とか、昭和、行った武田とか。あれも最後、岡宮(岡宮海:獨協医科大進学)たちと一緒に勉強してたグループは最後、上がりましたね。岡宮も受かりましたね。なんか、何だかんだ最後、めっちゃ勉強してたんで、1階で。2号館の1階で、その、男子集団、集まって勉強してましたね。ずっと課題で出された過去問、解いてました、一緒に過去問、解き合ってましたね、時間、計って。僕は日根野と旦と俺と、あと誰だ、山原さん(山原万由子:埼玉医科大進学)とか益子さんとか川島ちゃん(川島綾美:日本大医学部進学)とか、そうです、その辺…みんな受かっちゃったじゃん。そうですね。僕が一緒に過去問、解いてたグループは全員、ちゃんと受かりましたし、全員Mクラスにもいたんで、それなりにやったんじゃないですか。

順天堂の英語の自由英作文対策は朝岡先生と。

細かいっすからね。朝岡先生は本当に、細かいっすね、なんか…、文法も、朝岡先生は長文よりも、文法とか自由英作とかの先生だと思うんですけど、とにかく、あの、派生でした。なんか、すごい授業、1個の問題にかける時間すごい長くて。1個の問題から、すごい派生した文法とかいっぱい教えてくれて。すごい役に立ちました。つなげて覚えないと、やっぱり文法は覚えられないし。文法はやっぱり、ああやってつなげて覚えないと覚えられないんで。そういうところで朝岡先生は、すごいありがたかったなと思います。一番インパクトあるし、頭に残る授業でした。朝岡先生に言われたとおりに覚えていきました。自由英作も、朝岡先生が作った型でやって、あの、小論文みたいに多分、代官山生…、伝わると思うんですけど。小論文みたいに、なんか、第1段落の書き始めはこうで、例えば題名、題名っていうか、その、問題文で聞かれてることの答えを最初、書いて、2段落目はこう書いて、終わりはこう書いて、真ん中は例えば体験談とか、こういうことを書けばいいんだよ、みたいな。で、あと、5個か6個ぐらいのフレーズ教えてもらって、場合によって合わせて書いていく、みたいなのをやってました。そういう感じで自由英作力がつきましたね。自由英作用のプリントもいっぱいあるんで、朝岡先生が、なんか、言ったら作ってくれます。順天はそれで書けましたね、自由英作、はい。順天は、200字ぐらいなんですけど、それで書き切りましたね。本当に狙ったとおりでした、今年は。できれば、自由英作は早く始めたほうがいいですね、青葉先生もやってらっしゃいますし、三ツ橋先生もやってらっしゃるんで、好きな先生に自由英作を見せて、やるべきだと思います。僕は本当に冬でギリ間に合ったんで、夏からマンツー取って、冬でやっと200字、あの、時間内というか、ちゃんと終わる時間内で解けるようになったのが冬なんで。早く始めたほうがいいですね。石井先生のθの授業も、そうですね。僕、あのー、石井先生の目の前の、前から2列目だったんですけど、目の前が、一番左の目の前の席座ってて、はい、ずっと通年あそこに座ってたんですけど、順天の問題とかくると当ててもらったりとか、先生も知ってるんで、はい、順天の自由英作、石井先生が書いてくださったのが、模範みたいな書いてくださったりとかも、言ってもらったりとか、よくしていただいたと思います。あの先生、一人一人、全部知ってるから、まあ、そうですね。本当にボスには、本当に救われたと思います、僕は。本当に。ここに来て良かったなって、今でも本当に思ってます。
本当、運良かったです。今年は本当に英語が運が良くて、なんか、長文が早く終わって、思ったよりも早く終わって、思ったよりも自由英作に時間かけられたんで、それがやっぱり、でかかったかなと思います。いやー、もう受けたくないっすね。アハハハ。あの雰囲気と難易度は、もう無理ですね。フフ。一回で十分です。大学だと、僕は英語5段階に分かれるんですけど、TOEFLのスコアで、五つにクラス、英語、分かれるんですけど僕、下から二つ目なんで。全然かなわないです、英語は。もう本当、留学生とか、あと純ジャパでTOEFL満点取ってくるやつとかもいて。本当に英語は全然できませんね。B方式とか、英検、使ったりとかTOEFL使ったりとかの子は、帰国じゃない子でも、本当に満点近く取る子もいるんで。帰国の子も正直、すごいできますし、留学生の人とかは、もちろんすっごいしゃべるんで、英語、飛び交って、英語の授業とかは、僕たちは黙ります、取りあえず。フフ。しゃべって、しゃべってくれてるんで、それで僕たちは見守ってます、それを。アハハハハ。フフ。遠目から見守って。

僕にとって代官山の1年は人生の転換期だった。

いやー、本当に人生の転換期っていう感じで、学科、面接はもちろんですけど、社会常識みたいなのを、もろもろ学びました。やっぱ高校、僕、男子校で結構、暴れてたほうなんで。はい。結構、本当に、あのー、受験直前とかもボウリング行ったりとかして、本当に遊んでたんで。あの、本当に、なんか、ここ来て、努力する、何かに努力するみたいなのを本当に突き詰めた1年だったなと思います。はい。まあ、代官山じゃないと受からないんで、と思ってるんで僕は。まあ、妹もここに入れたぐらいですし、本当に代官山じゃないと医学部、厳しいなって思ったぐらいの1年だったんで。やっぱり順天に行けたのは、やっぱここで1年やったからかなって本当に思います、悔いはないっす。もう第1志望に受かったんで。アハハハ。これ以上は、ないっす、もう僕は。楽しかったです。やっぱ友達にも恵まれて。友達の存在って、やっぱ大きいです。やっぱり負けたくないって思う友達、まあ、僕が勝手に負けたくないと思ってただけかもしれないんですけど。

自分のレベルに合ったテキストをやったほうが伸びる。

自分のレベルに合わないテキストとかプリントとかを解くのは、本当にやめたほうがいいと思ってて。なんか、時々いるんですけど、自分はもっと、この教科できるからもっと上のレベルのテキストやりたいとか。なんか、俺このレベルあんまり低いから嫌だって言ってる子いるんですけど、僕も生物、自分ではできたと思ってもスタンダードでよかったって思ってるぐらいなんで。結構マンスリーテスト、ちゃんと自分の成績どおりのクラスなんで、クラス信じて、そのテキストを使ってやり込んだほうがいいと思います。
やっぱ生物とかは、圧倒的に知識不足だと、知識ないと限界がくるんですよ考察にも、正直。その限界がくる、きてからレベル下げて基礎、固めるのは遅いなって思うんで。本館の子とかで、それは早くないかみたいな、勝手になんか、マンツーの先生とかに駄々こねて、プリントもらってる子とかいたんですけど。いや、ちょっと、信じてやったほうがいいです、テキストは本当に、まじで低ければ低いほうがいいってわけじゃなくて、そのもらったテキストをガチでやればいいと思います。なんか、どのテキストでも結局、完璧にすれば受かるんで。ベーシックでも、スタでも。自分のもらったテキストやればいいかなって思います。

卒業生が語る

合格への軌跡2022年

WAY TO SUCCESS

日本大医学部	Ⅱ期2次正規合格
東京女子医科大	2次正規合格
岩手医科大医学部	2次合格
北里大医学部	2次合格
獨協医科大	2次合格
東北医科薬科大医学部	2次正規合格

「みんなの当たり前は自分の当たり前のようにするっていうこと」、それが多分、できたら普通に受かります。

日本大医学部進学　川島綾美さん(白百合学園高校卒)

ここでの２年間は、自分を知る機会となった。

川島綾美です。２次合格したのは、東京女子医科大学、東北医科薬科大学、岩手医科大学、北里大学、日本大学、あと１個、あ、あと獨協医科大学です。で、最終的に進学したのは、日本大学です。私、２年いたんですよ、代官山に…。現役のときは、個別専門の塾に行ってて、でもやっぱエンジンがかかるのが遅かったから、高３の夏ぐらいからやっと受験勉強始めて、そりゃあ理科も追いつかないし、数学ももうムリみたいな…。なんかもう個別いいやと思って、個別だけだと競争もないし、自分の位置もわからないし、だったら、集団だけど、いっぱいいると、自分が空気感に飲まれちゃいそうな気がして、適度に人数少ないし、ここ(代官山MEDICAL)ちゃんとしてるって聞いていて、で、代官山来て。自分が受かるには、私あれやりました、あの、何だっけ、なんで落ちたかの分析をしたんですよ、４月に、多分、石井先生…に書いてって言われた、あ、あれをコピーして、自習席に貼ってたんです、私。(受験に)失敗した理由を、１年間ずっと自習室の机に貼ってて、恥ずかしいけど、でも、みんな同じだからいっかと思って。そもそも何かしら失敗してみんな来てるわけだから、だから恥ずかしいとかいう思いはなかったですね。自分への戒めとして必要なものだからって、思って。だから、なんで落ちたかっていうのを考えて、貼って、ぱって見るたんびに、自分が落ちた原因が分かるみたいな。なんか、それが結構よかったです。またこれやってるみたいな、って結構思えたから。自分がその、行動面とも含めて、なんかやらかしちゃってるところは、自分で客観的に見れる、なんか、去年、なんで受かんなかったかっていうのを書いて、貼ってみて、失敗の原因は、㈰「英語」みたいに、そしたら、ああ、英語やんなきゃみたいに思ったりとか、逆にあと、数学とか化学とか、まあ、できる科目も、なんで自分の何が足りなかったのかってとこ分析してたから、ああそこやろうみたいに思ったりして、だから、落ちた自分からちょっとでも変わろうっていう意識はありました、ずっと。まあでも、見られてくすって笑われるんだったら別にいいやんみたいな。笑われるぐらいだったらいいしって、さすがに２年目は思いました。この代官山での２年間って、なんか、自分を知る機会でした。なんで解けないのかって考えるときに、演習量が足りないのか、根本が理解できないのかって考えたり、自分はこういう癖があるから直さないといけないとか、そういうのを、全部この時期に、この２年間で学べて、で、すごい演習量こなさないと、確実に解けないってのが分かってきたから、先生に課題のプリントもらいに行ったりとかして、１年目よりがむしゃらにやってましたね。

１年目は、知識を増やすので精いっぱいで、２年目になってようやく、自分を知って、なんか、点につながるためにどうするかって考えるようになって、できる人と同じことやっても、自分は一緒になれないから、自分と似たような人とか、逆に自分がどうやったら点が取れたのかなっていうことを考えてやるってことが、結構、大切だと思いました。

自分の成績や勉強の進め方までも各教科の先生がみてくれた。

１年目、失敗した原因っていうのを考えたときに、やっぱ自分には英語が足りないんだなと思って、だったら、英語やんないと受かんないし、なんならもっと他の教科も上げないといけないけど、なんか、苦手科目をどうにかこうにかするには、取りあえず前期しかないなと思って焦ってた時も、本当に、みんなに英語やれって言われて、先生たち。平野先生とか、石原先生とか、１年間、おまえはずっと英語をやれって言われ続けて。「生物なんて、そんなの後でいいんだから、英語をやんなさい」ってずっと言われました。悲しいぐらい言われましたね。生物やらせてってめっちゃ思いましたけど(笑)。生物は、知識が抜けないようにすることを考えてて、ちょっとやらなくなると、すぐ知識抜けちゃったりとかするから、気を付けて、なんか先生に質問聞いたりとかして、あと、考えながら覚えられることとかは、自分で頭使って、どうやってやるんだろうみたいなことを聞いてましたね。なんか私、考察もともとすごい苦手で、その、生物って暗記科目だから、頭使うのがすごい苦手で、で、夏から考察メインでやって、最初のころは、解いてたときに、できなさ過ぎて、感覚で解いてたから、まず言って言われて、なんか、「どういう目的で、どんな動物で、どうやって、なんか実験してるのか」とか、で、「そっから分かることって何？」、「結果は？」とか、全部、１回言われて、「これを意識して解きなさい」って言われて、すんごい時間かかるんですよ、１問解くのに。なんか、最初全然、頭使ってなかったんで、まず頭使うところから始めたから、すごい大変で、でもなんか、慣れてきたら、割と何でも解けるんですけど、その、始めるまでがすごい時間かかる、慣れるまでは。でもなんか、いっぱい解かしてもらって、覚えてました、覚えてっていうか、どうやって使うのかって。

数学はまだましなほうで、英語とかよりもできる部分があって、ただ、変なところでミスしないように、計算ミスしないとか、表記ミスしないとか、そういう基本的なところの、なんか解けなかったことに対して、なんで解けないんだって思うよりも、ミスして、点取れる、点取れるはずの問題でミスしたときに、そこはちゃんと反省するようにしてましたね。なんかこれ、薄先生に聞いたら、「自分がどこで間違えるのか、１カ月間データ取って」って言われて、例えば、引き算で間違えた、移行で間違えた、とかいうのを、ルーズリーフに全部書いてって、１カ月後に、自分、どこで間違えやすいのかっていうことを、リストアップして、それを、マンスリーの前に、紙にマーカーで書くんですよ、気を付けることみたいな。で、それ見ながら、マンスリーの数学の前にそれずっと見てて、よしって、おまえはここでミスるんだからと、自分に言い聞かして、やっぱり見直しするようにして、最後の何分かは、絶対、全部、見直しに回すって決めてました。あ、9月頃からもう、9月のマンスリーが、個人的に一番やばいなと思って。で、すごい、なんか、取れるはずの問題で点を落としてるから、よくないなと思って、薄先生に聞いたら、なんか、「そうしな」って言ったら、次ちゃんと点が取れたんで。数学は、私ずっとテキストやってました。代官山のテキスト。代官山の前期の範囲のテキストをずっと繰り返しやってて、なんかあるたんびに、試験前に、平パンに、「じゃあ一周やろうか」って言われて、1週間ぐらいで、1項から15項、第1集から第6集まで全部、回したんですよ。もう、吐くかと思って、でも、平パンがやれって言ってるから、やんないといけないしとか思って、分かんないところに付箋してみたいな。で、最後の3日、分かんないところ全部解いてってやってました。

石井先生からすごい衝撃だったこと、言われたこと、その面談したときとかなんか。

え、ちょっと、無理だったらカットしてください。「今の医学部合格スピードは平均は2.4浪だから」って言われて、「だから、そうならないように頑張るんだよ」って言われて、なるほどみたいな。そうなんだって思いましたね。あと、そんときか分かんなかったけど、石井先生に、「昭和第一志望」って言ったら、「ああじゃあもっと上目指さないと昭和には行けないね」って言われたんですよ。あ、そうなんだと思って、もうなんにも考えずに、ただ昭和に行きたかっただけだったから。面談のときに言われたんですよ、「人生、第二志望から」って。「第一志望に受かるために勉強すると、大体、第二志望に受かるんだよ」って。「で、第二志望のキャンパス歩いてるんだよ」って言われて、実際にこないだ見返したときに、私、ここに(代官山MEDICAL)入るときに書いた第一志望が昭和で、第二志望が日大だったんですよ。ああ、言ったとおりになってる…、って。そうなんです。だから、ああ、すごっと思って。そっか、だから先生は、昭和に行きたいんだったらもっと上をって言ったのかって。第二志望が昭和になるようにしないといけないんだってことか。そこまで当てると怖いですね…。でもなんか、逆に石井先生がおっしゃったこと聞いて、そういうふうにしたから、私、今、ちゃんと受かってるなっていう実感はあります。みんな言われたとおりにやって、合格したって(軌跡に)書いてる人も多いから。本当にそれ体現できたって感じで。

受かるための秘訣は、3つ。(1)朝早く来る、(2)先生に頼る、(3)苦手をつぶす、です。

1個目は、朝絶対来ること。もう本当に、朝、頑張って起きると、試験のときに、起きれるんですよ。

何時までに出ないといけなくて、何時に起きないといけないからって、目覚まし鳴って、ううって言って起きるみたいな。それこそもう、試験中は疲れちゃって、なんかママに「大丈夫？」って言われちゃう、朝。でもなんか、分かってる、起きるからって言って、それでも起きてたのって、代官山のときに一生懸命起きてたから、起きることは大丈夫って自分で思えてた。朝、普通に起きれない人間が、急に試験期間中、そんな早く起きるって無理があるって、思いますね、その、朝起きて、勉強してっていうのが結構、良かったです、自分で。あと何だ、先生に頼ること？　やっぱり。いろんな先生の特徴があって、ヒラパンとか三井先生とか、石原先生って結構、プリントいっぱいくれて、それを解いてくスタイルで、私は演習量を絶対にこなさないと人と同じぐらい解けないって分かってたので、もう、本当に、三井先生とかには、プリント1枚のために質問行ってました。それぐらいなんかもう、ずっと、やってたし、ヒラパンとかも、「はい、じゃあ解いてきて」って言われて、「はい」っつって、分かんなかったら聞きに行ってみたいな感じでしたね。でも、その、やっぱり、緒方先生とか、薄先生とか、ヒラパンもそうだし、ちゃんとやってる人は、頼りに行ったときに、ちゃんと、何だろう、返答してくれるっていうか、頑張ってるのを分かってるから、私がすごい勉強してるってのを分かってるから、先生も全力でやってくれる。…全力で返してくれるし、だから、それは本当によかったですね。先生の所、行って、で、まあ、すごいもう、どうしようもないときとかには、「先生どうすればいいですか」とかいう、すごい抽象的な質問をしても、ちゃんと返ってくるから、まあ、そういう意味では、もう困ったら本当にすぐ、先生のとこ行くっていうふうにしてました。全力でやって、何が分かんないのかとかっていうのもやってるし、もやもやして勉強ができなくなるほうが自分的に問題だから、「今、これが不安なんです」って言いに行く。本当にこういうところが分かってないだとか、まあその、本気でやったからこそ出てくる質問、本気でやったから聞かなきゃっていうふうに動けることって、多分、何となく聞きに来てる人って、周り見てるとたまにいたりするんすよ。なんかかんかしゃべりに来てるだけじゃないみたいな質問してる子とかもいるし、なんか、今みたいに本気でやってるから、どうしても聞きに行かなきゃいけないんだっていうふうに思えてるっていうのは、やっぱ、そこだけ姿勢が違ったんだなって、よく分かると思う、そこは。だから数学とかも、1個の問題解くために、こうやって解けるのかな、ああやって解けるのかなっていうのを、自分の中で考えて、ヒラパンにもっていくと、「これどうやって解ける」って聞かれて、なんか、「私こうやって解いたんだけど、でもこうやって解ける気もするんだよね」みたいな話はしてました。そうですね。本当に、自分で考えて、ギリギリのところまでやってかないと、意味ないから。三つ目は苦手科目やることですかね。そうです。英語でした。もう本当に、多分、理系3科目で受かってる大学も、点数的に、正直あるとは思うんですけど、ただ、その、やっぱみんな都内いたいって思うし、いいとこ行きたいって思うんだったらって、私は正直、都内に残りたいって思ってたから、もうとにかく英語やんないと意味ないと思って、ずっと英語やってたから、なんか苦手科目を克服しないと、いい所には入れない。だから、自分がどこを目指すかは別だけど、割とフラットにどれも均等に取れてる子のほうが、受かりやすいです、どこも。それは、結構、思うんで、だから、苦手科目を克服してほしいです。

1年間がんばってこれた理由。
そうですね。あと、先生が、みんなを見てくれる。一人一人見てくれるっていうのがいいかなと思ってて、緒方先生とか、授業中、何回も目合うし、ヒラパンとかは、解きながら、解いてるときに、回って、「この解き方駄目」とか、だから、なんか、「これまた同じやり方で解いたでしょ」とか言われたりとかして、よかったですね。先生と距離が近いのがいいし、先生のほうから逆に見てくれてるんだと思って、うれしかったです。
大手とかになっちゃうと、講義して終わっちゃうことになるだろうから、見て回って、その場で指摘してくれることもないし、目合うこともないし。生物でも、テストゼミとかやっても、なんか点数微妙だしみたいな。マンスリーなんてもう微妙だし、過去問解いても微妙だしみたいなときに、緒方先生に、「なんかちょっとできないんです」みたいなこと言ったら、「大丈夫、できるから。自信持って」ってすごい言われて、なんか小テストでどんなに悪い点取っても、「大丈夫、あみ、できるから勉強して」ってすごい言われて、あ、なんか、私、やり方間違ってないし、先生が「大丈夫」って言ってくれてるから大丈夫だと。やっぱりその、生物で点が取れないと、落ち込む自分もいるっていうのがあったんで。まあそうですね。だから、なんかもう、「大丈夫だよ」ってすごい言ってもらって、はいってそこで不安バーって流して、勉強してました。なんか緒方先生「大丈夫」って言ってるし、大丈夫と思って。三ツ橋先生とか、すっごい英語できなくって、めっちゃ間違えてるのに、「まあここ合ってたからいいですよね」とか、なんか、偏差値50ちょいぐらいのマンスリーの結果とか持ってってても、「ああ、でもまあ必須とか取れてるんで、成長したんじゃないですか」とか、必ずいいところ言ってくれるんですよ。それで、ああ、英語頑張ろうとか、言ってくれる、なんか、思える、だから、1年間、頑張って英語勉強できたのかなって思います。なんか、ここが取れてないってのは分かってるけど、それ以上に先生に、なんか、できたところを言われると、苦手科目だったから、頑張れました、普通に。

前期は6時45分にタイムカード押してました。
やっぱり当たり前を当たり前にやってほしいかな。それですね。私が言いたいのは。なんか、特別なことしなくていいから、基本的なことやって、受かる、ですかね。それに尽きると思います。ヒラパンに、「当たり前のことはやんなさい」って言われて、「テキストやんな」って、「はい」っつって。あとなんか、これ、ちょっと言っときたいんですけど、私、ヒラパンが毎回言う、数学のときに、「人として当たり前の行動」っていうのがすごく好きで、あ、人として当たり前の行動で何する、この図形に、どうやって線を引くって言われたときに、それができることが、受験で勝つための秘策だと思うんですよ。例えば、五角形だったら、じゃあ、代官山生だったら、コサイン5分のパイとか言えるよねみたいなこと言われて、出てこないと、差つけられない。本当に、みんなの当たり前を当たり前にしてほしいなって。朝も、周りの人間がちゃんとこんだけ朝早く来てるんだから、私も代官山生として当たり前で、早く来ようっていうふうにして、結構周りからいい刺激もらったりするんで、なんか、宮本秀太郎くんとか、すっごい勉強してるんですよ。できるのにすごい勉強するから、ああ、「(自習室)宮秀…いる、やろう」とか思って、本当に、やってました。逆に、周りからいい刺激もらってた、私は。特に2号館にいる人たちは、その気は強かったんじゃないかなって、自習時間終わりのチャイム鳴った瞬間、誰が一番最初に立つかみたいな。自分が一番最初に立つのすごくためらうみたいな。それぐらいの空気で、ずっとみんな勉強してるみたいな感じでしたね。なんかあんまり(自習中に)立つってことに多分、抵抗があったんだと思います、最初のほうはすごく。「みんなの当たり前は自分の当たり前のようにするっていうこと」、それが多分、できたら普通に受かります。

卒業生が語る

合格への軌跡2022年

WAY TO SUCCESS

東邦大医学部	2次合格
杏林大医学部	2次正規合格
聖マリアンナ医科大	前期2次正規合格
獨協医科大	2次特待合格
北里大医学部	2次正規合格
愛知医科大	2次正規合格

難しい過去問が解けた、解けないとか、本当、どうでもよくて。一番、マンスリーの点数を命に生きてましたね。マンスリー獲れないと、もう、人権なくなるっていう気持ちでやってましたね、本当に。

東邦大医学部進学　宮本秀太郎君（青山学院高等部卒）

数学終わった瞬間、ああ、もう絶対受かったって思って…。

東邦大学医学部の宮本秀太郎です。えっと、出身校は、青山学院高等部です。1次受かったのが、日医、東医、東邦、愛知、北里、聖マリ、えええと、獨協…、それで、東邦が2次繰り上げで、聖マが正規で、獨協は特待で上位10名でしたね。あと、北里と杏林が正規で、愛知もですね、はい。東邦以外、全部正規でした。

でも、日医、補欠、あと10人ぐらいだったんで、東邦、回ってきてからも、日医、来るかなっていうラインだったんで、結構、惜しかったですね。東邦回ってきたのが、やっと3月28日とかで、本当、よかったです。1次受かったのも、うーん、"奇跡"っていうぐらい英語できなかったんすよ。過去問で、石井先生がよく、東邦の英語は、もう、絶対やれっていう教えだったんで、みんな結構、朝とかやってたんですけど、僕は昼休みを使って、食事をみんなと食べるの我慢して、自習で、1日大問1個、東邦の英語をやるっていうのを、毎日決めててやって、毎日ドリルみたいに、指示通り大問を縦割りでやってたんで、東邦の英語は、めちゃめちゃ研究できてたんですよ。で、最新の過去問とかも、7割、8割ぐらい英語は取れてたんで、ああ、もうこれは、僕、英語は得意なほうじゃなかったんですけど、それでも、こんくらい取れるようになったから、多分、本番こんくらい取れれば大丈夫だろうなっていう、マインドはできてたんです。特に、本番めちゃめちゃできたのは東邦の数学、はい、本当にできて。数学終わった瞬間、数学、英語っていう、順番だったんですけど、数学終わった瞬間、ああもう絶対受かったって思って。

1浪してもっと頑張ろうっていうモチベーションは、結構、ありましたね。

受験勉強は、苦ではなかったですね。何て言うか、青学って、そのまま青山学院に進学するんですよ、結構。なんで、そっから出るって勇気要ることなんですよ。だから、それなりに、ちゃんとした志がないといけないっていうか、ガチで受験勉強しないと医学部に入れないと思ってたので、現役の頃も一応ちゃんと勉強して、まあ、でも、駄目で。もう1浪してもっと頑張ろうっていうモチベーションは、結構、ありましたね。同期の宮永さん(慶應義塾大医学部進学:宮永りりか)もあったんすけど、僕の姉が、今東邦の3年生で、姉の友達が、結構、代官山(MEDICAL)出身の人が多くて。代官山出身の人たちが「いいよ」っていうのを、姉からも聞いていたんです。東邦、結構、代官山勢、多いですもんね。なんで、まあ、1年頑張るなら、ここで頑張ってみようかなっていう感じでしたね。あと、同じ青学で、初等部からずっと仲良くて、大嶋が浪人決まったときも、「おれ、代官山にするわ」って言って、その大嶋(昭和大医学部進学:大嶋明仁)と、じゃあ、一緒にここで頑張ろう、みたいになってたんで。この1年は大嶋がいなかったら、本当に、結構きつかった。本当お互い支え合って、切磋琢磨してたんで。そうですね、本当に彼なしではこの1年は無理でしたね。人付き合いは、せっかく1年、浪人させてもらって、こういう場所にいさせてもらえたんで、やっぱ、横のつながりを大事にしようかなと思って。大学に進学した後も、横のつながりで、いろいろ情報共有できたりしたりするんで。やっぱその、M1、M2の人たちとか、その友達とかは、よく仲良くしてましたね。なんか、1人でいても、やっぱストレスたまっちゃうし。やっぱ、いかにその苦労を楽しくできるかが、浪人生活大事だなって思うんで。月イチのマンスリーテストの終わった後とかも、友達同士で、こう、いろいろ、この問題ああだこうだったっていうやり取りしたり、M1の間島(東京医科大進学:間島 理)とか、西村(東京医科大進学:西村直記)とか、あと、林(昭和大医学部進学:林 靖衡)とか、林ノブですね。あと、平井(昭和大医学部進学:平井 豪)とか、日根野(順天堂大医学部進学:日根野龍)とか。そこら辺、結構、みんな仲良かったんで、そこら辺の、M1、M2の人たちと、みんなで丸付けとかしてたんで、終わった後。で、ここ解けたんだ、すげえ、みたいな話とか、ここ解けなかったのやばくね?みたいな話とか。もう、何でも言うんで。みんな結構、言いたいように言ってましたね。

現役のときは、国立の数学、東大とか京大とかの難しい問題を、じっくり解いて満足するみたいな…。

僕、現役のときは、数学はめちゃめちゃ勉強してたんですよ。でも、結局、現役はどこも1次通ってないんすよ。で、自分は数学できるって思い込んでたんですけど、やっぱ、ここに(代官山に)来て、最初のクラス分けテストでしくって、全然ダメで…、僕なんか、数学は難しい問題をじっくり解くのが好きだったんですよ。現役のときは、大手の駿台とか通ってたんで、国立の数学、東大とか京大とかの難しい問題を、なんか、じっくり解いて満足する、みたいな勉強ばっかしてたんで。数学好きになれたのは、そういう問題をやってたからっていうのもあったかもしんないんですけど、私立には全然、スピードとか対応できなくて。その、最初のクラス分け(テスト)で、めっちゃ量多くて、やっぱその、求められてるのが、数学力っていうよりかは、私立医学部には、対応の仕方があるんだなっていうのを痛感して。難しい問題を解けたからって、マンスリーの点数が上がるわけでもないし、模試の点数も上がるわけじゃなかったんで。やっぱその、数学力と得点力は違うんだなって思いました。

あと、やっぱりその、自分より全然数学できる人がいっぱいいたんで。本当に、西村とか高瀬君とか、最後の最後まで、この人に数学は多分かなわないなって思ってましたね。やっぱ、自分が得意だと思ってた科目も、上には上がいて。

小技とかテクを、教えてくれて、ここ(代官山MEDICAL)が、すごいなって思いましたね。

僕んとこ(青学)は受験のための高校じゃないんで、数Ⅲとか全然終わんないんですよ。なんで、難しい問題を解けば、どっかには受かるだろうって思ってたんで。やっぱ、その、受かり方を、知らなかったっていうのが、大きいのかなって思います。ヒラパン（平野先生）の授業で、その、「あのマンスリー見て驚いたでしょ、これが私立医学部だから」って言われて。ああ、やっぱそうなんだって思って。先生は、数学そのものっていうか、別解と、点を取るための方法って、別々に教えるんですよ。これは、マーク対策で、記述じゃ駄目だけど、点を取るには、こうやれば一番速い、みたいな、そういうの別々に教えてくれるんで。大手とかのやつは、ちゃんとした理論が通ってないと、許せない先生ばっかなんで。そういう、小技とかテクを、教えてくれたりしたのは、ここ(代官山MEDICAL)が、すごいなって思いましたね。やっぱ、点の取り方を教えてくれました、本当に。数学っていうよりかは、点の取り方って感じでした。

マンスリーはめちゃめちゃためになりました。

めちゃめちゃためになりましたね、マンスリーは。どのくらい解けてれば、今回は大丈夫なのかっていうのが、結構、本当に学べて。本番でも、全然解けない、全然むずくて解けない問題あっても、でもどうせ、みんなも解けてないから、ここは多分、やんないほうが正解みたいな。そういう取捨選択がめっちゃ練習できるようになって、点の取り方がわかった気がするって、本当に思いました。そういう意味で、それぞれの科目の学力を上げるだけじゃなくて、得点競争力はすごくついたと思います。本当に、限られた時間で、もう、1点でも多く取るっていうその、気持ちもマンスリーで芽生えてて。クラス分けとかのときは、なんか、むずい問題あると思って、これ解けたら格好いいだろうみたいな、それでじっくり時間使っちゃって、で、結局計算も間違ってて合ってなくて点数が低い…。落ち込むマインドを改善できたんで、そのときの自分から、本当にめっちゃ成長してると思いますね。毎回、平野先生もマンスリー終わった後に、「ここは、飛ばして正解だったけど、ここは、やんなきゃ駄目だぞ」みたいな。結構、レベルに合わせてくれて。「お前は、ここは、やんなくていいけど、お前はここは解けたほうがいい」みたいな。その、一人一人の、レベルに合わしたアドバイスとかをマンスリーで、そう教わってましたね。マンスリーの、その次の週だと、絶対に顔合わしただけで、「どうだっ」みたいな。「何点だっ」みたいな。聞いてくるんですよ。なんで、ちょっとそれは意識してやってました。自分以上に自分の成績のこと意識してくれるっていうか、「この科目やったほうがいいんじゃない？」みたいなアドバイスとかもしてくれてたんで。自分、化学と英語めっちゃ苦手だったんですけど、化学も、途中から、ほとんど上位とかになれたんです。化学は、三上先生でしたね。結構、はっきりもの言ってくれるから、あと、性格はちょっと普通に面白くて。最初、三上先生に、質問しに行ったりしてて。三上先生と話すために、結構、マニアックなとこまで化学やったりして。「こんなのあったんすけど」みたいな。そういう話をして、化学の知識とかを深めてたりして。はい。結構、三上先生のおかげで、化学はめっちゃ成長したかなって思いました。

先生たちから、こまめに成績や生活をチェックされている感じ。

校舎でもすれ違いざまに、ヒラパンとか、どうだった、みたいな。ちゃんとここできたのか、みたいなのがあったり、すれ違ったら何かしら言われるんで。結構、先生たちも、ちゃんと自分たちのことを気にかけてくれてるっていう実感はめっちゃありました。全然自分と違う観点で言ってくれるっていうのは、ありがたいっていうか、ヒラパンとかは、なんかアドバイスっていうよりかは、作問者側の立場になって、「あ、これ出す、出したか」みたいな。三上先生とかにも、アドバイスとかもらってました。月1回面談をします、みたいな予備校とかはあったりするけど、うちの場合は、先生たちとの距離が近いから、わざわざこう、システムチックにしなくてもいいかなと思うんですよね。常に多分、石井先生が、一人一人の学習状況を把握されてると思うので、面談はそんな細かにしなくても、そんな時間があったら、勉強の面からサポートしてもらって、メンタルをフォローしてもらったほうがいいのかなって思います。とにかく先生と距離が近い予備校なんで、各科目の先生の数も多くいらっしゃると思うので、積極的に、まあ、利用するって言い方は悪いかもしんないんですけど、せっかくこういう環境にいるんで、どんどん、先生たちを使っていかないと、力は身に付かなかったのかなって思いますね。

高校とは雰囲気が全然違いましたね…。

本当に全然違くて、まあ、うちの高校は、まあ、取りあえず、試験前になったら、まあ、勉強するか、みたいな感じなんで。一夜漬け…。基本みんな遊んでるんで。あと、派手な人とかめっちゃ多いんで。そこら辺は全然、ここ とは違うなって思いましたね。代官山MEDICALに来ると、本気で勉強のことできるし、本気で、自分の一生懸命やんなきゃいけないことに、格好つけずにできるっていうか、ここ来ると、自分の実力がもう全部、周りにばれるじゃないですか。結構、その前の塾とかでは、自分のことを過大評価して言ってくる友達とかもいたんですけど、ここではそういうのは、やっぱ、通用しなくて。もう、点数が全てなんで、自慢したかったら、本当に点数を取るしかないんで。そこはもう、本当に実力がすべてっていうか、絶対何点取ってやる、みたいな、すごく点数意識が高まりましたね、ここ（代官山MEDICAL）の中ではもう、点数が命なんで。石井先生も、θ（の授業）のときに、慈恵とかの過去問のここができたとか、ここではもう、難しい問題が解けたから価値が高いとかは、どうでもよく、「点数が全てなんだ」ってθの授業でおっしゃってて。本当にそのとおりだなって思って。難しい過去問が解けた、解けないとか、本当どうでもよくて。結局マンスリー取れてないじゃんってなっちゃうんで。ここにいるときは、一番、マンスリーの点数を命に生きてましたね。もう、マンスリーも低くなったらもう、人権なくなるっていう気持ちでやってましたね、本当に。そんくらい、本当に、マンスリーは頑張ってました。

英語なんかも、結構、青葉先生からプリントをもらって、そのプリントをめっちゃやったり、記述の対策をしなきゃいけないってなって、青葉先生と話して。で、その、記述の形式で出るのが、聖マリと、日医と、慶應とか、あと、大阪医科とか、で、青葉先生に、どの順番で記述の過去問を解くかを、決めてもらって、毎週添削してもらってて。英作文や英語の記述式を、日本語で書いたり英語で書いたりするのを、もうどんどん繰り返すことによって、英語の記述力がめちゃめちゃ付いたんですね。青葉先生に、毎回その、コメントとか書いてもらって。めっちゃ良かったときは、結構、褒められたりしてたんで。「いや、良かったよ」みたいな。そういうのを、モチベーションにして。

優先順位をつける、とか取捨選択のマインドが身につきましたね。

問題の取捨選択も、極論言えば、優先順位を付けてるっていうことなんで。生活の優先順位とか、授業が多い予備校なんで、やっぱできることは、限られてるんで。その、何に関しても、優先順位を立てて、やんなくてもいいことと、やんなきゃいけないことをはっきり分けて生活するっていうマインドが、今の大学生活でもやらなきゃいけないことと、今は、まあ、いいんじゃないかなみたいな、そういうのの取捨選択も、結構、身についたかなって思いますね。授業中に、結構難しい問題とか入ってるときに、テキストに入ってても、「これは解けなくていいよ」でも、なんか、「これは解けてね」みたいに、。よく言うんですよ、薄先生とかも、授業中に、差が付く問題は、「差が付く」ってめっちゃでかい声で言うんですよ。なんで、そういうのを普段から、解かなきゃいけない問題と、解けなくてもいい問題と、解いたらアドバンテージっていう問題を、普段の勉強から意識して。やっぱそれも、マンスリーで、問題配られて、試験開始で問題を見たときに、あ、これは絶対解かなきゃなっていうのを、すぐ、最初に決めるんですよ。で、解かなくてもいい問題は、もう、全然飛ばして。その、薄先生とかは、「俺がやりたいのは、君たちを上に受からせることだから」みたいな。すごい、そのハートはとても、結構、薄先生めっちゃハートが熱い先生なんで、それはめちゃめちゃ、伝わってきて、本当に良い先生だなって思いました。

ルーティーン化で、自分の勉強のスイッチを作るのが、やっぱ大事かな。

やっぱ、この1年で、自分なりに成績上げるためにどうすればいいのかって、試行錯誤とかしてきたんで、成長できたと思いますね。朝早く起きるのは、普通のへらへらした精神力じゃ、続かないもんだと思うんで、朝は絶対起きるんだっていう精神力の強さとかも、身に付いたかなって思いますね。医師の仕事って、とても感謝されて、とても尊い仕事だけど、その分、人の生き死にが関わってくるから、つらいこともいっぱいあると思うんで、それに耐え得るだけの精神力というか、絶対救わなきゃいけない、だからこそ、結果出すためにどうすべきかみたいな、浪人生活は、医学部に受かるっていう明確な目標があるんで、その一つの目標クリアするのに、自分をやっぱ成長させなきゃいけないので。そういう考え方も成長できたかなって思います。浪人生活で、毎日決まったことを同じことするんですよ。やっぱ一番大事かなと思うのは、自分の場合は、コンビニでまず、おにぎりとキリマンジャロコーヒーをチャージしてから自習室行って、積分計算と英語の写経とかをしてて。それがないともう、1日の勉強が始まんなかったですね。やっぱ、勉強のスイッチを作るのが大事だと思うので、積分計算やってから勉強！やっぱその、ルーティーン化で、自分の勉強のスイッチを作るのが、やっぱ大事かな。

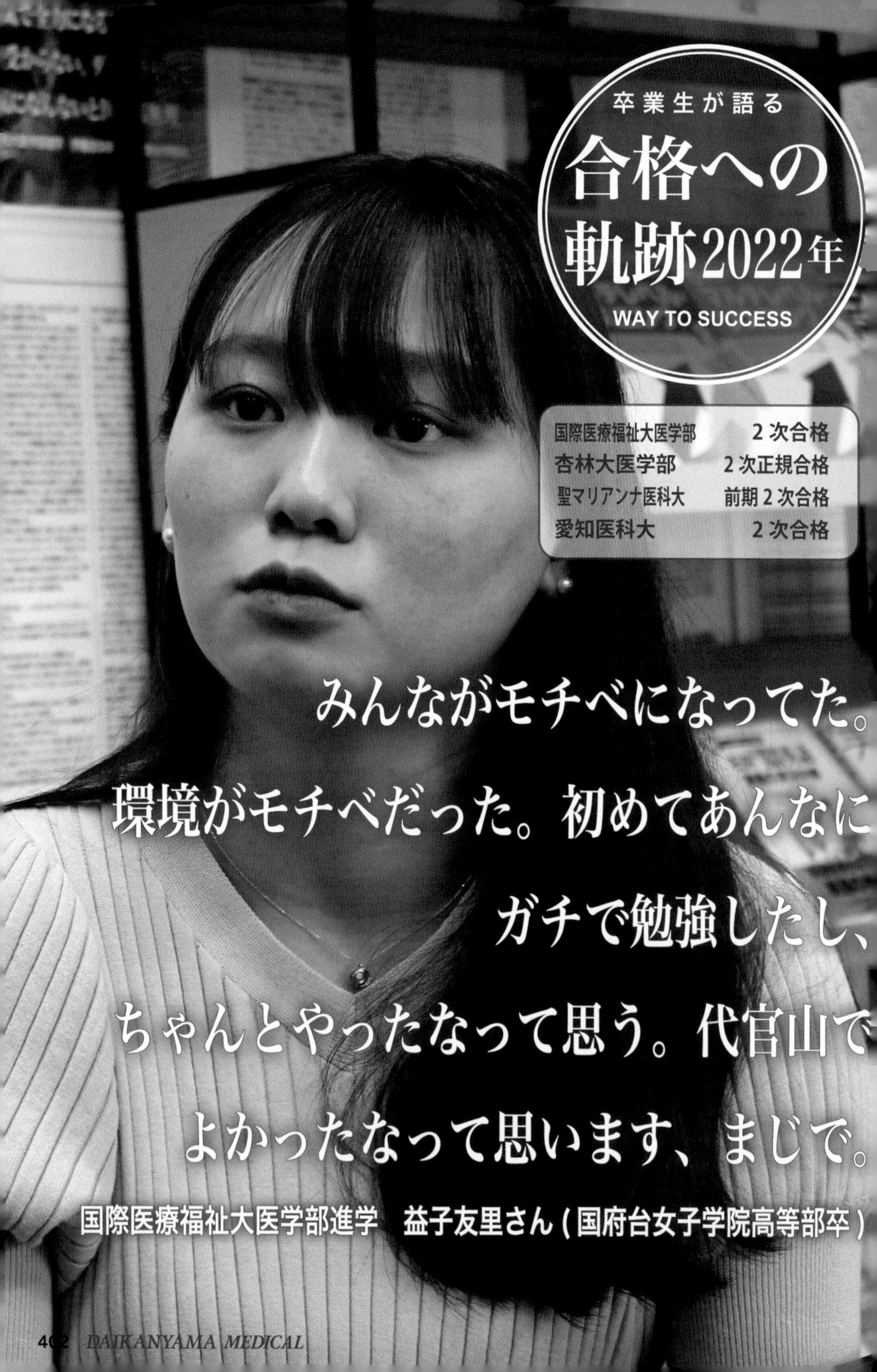

卒業生が語る

合格への軌跡2022年

WAY TO SUCCESS

国際医療福祉大医学部	2次合格
杏林大医学部	2次正規合格
聖マリアンナ医科大	前期2次合格
愛知医科大	2次合格

みんながモチベになってた。環境がモチベだった。初めてあんなにガチで勉強したし、ちゃんとやったなって思う。代官山でよかったなって思います、まじで。

国際医療福祉大医学部進学　益子友里さん(国府台女子学院高等部卒)

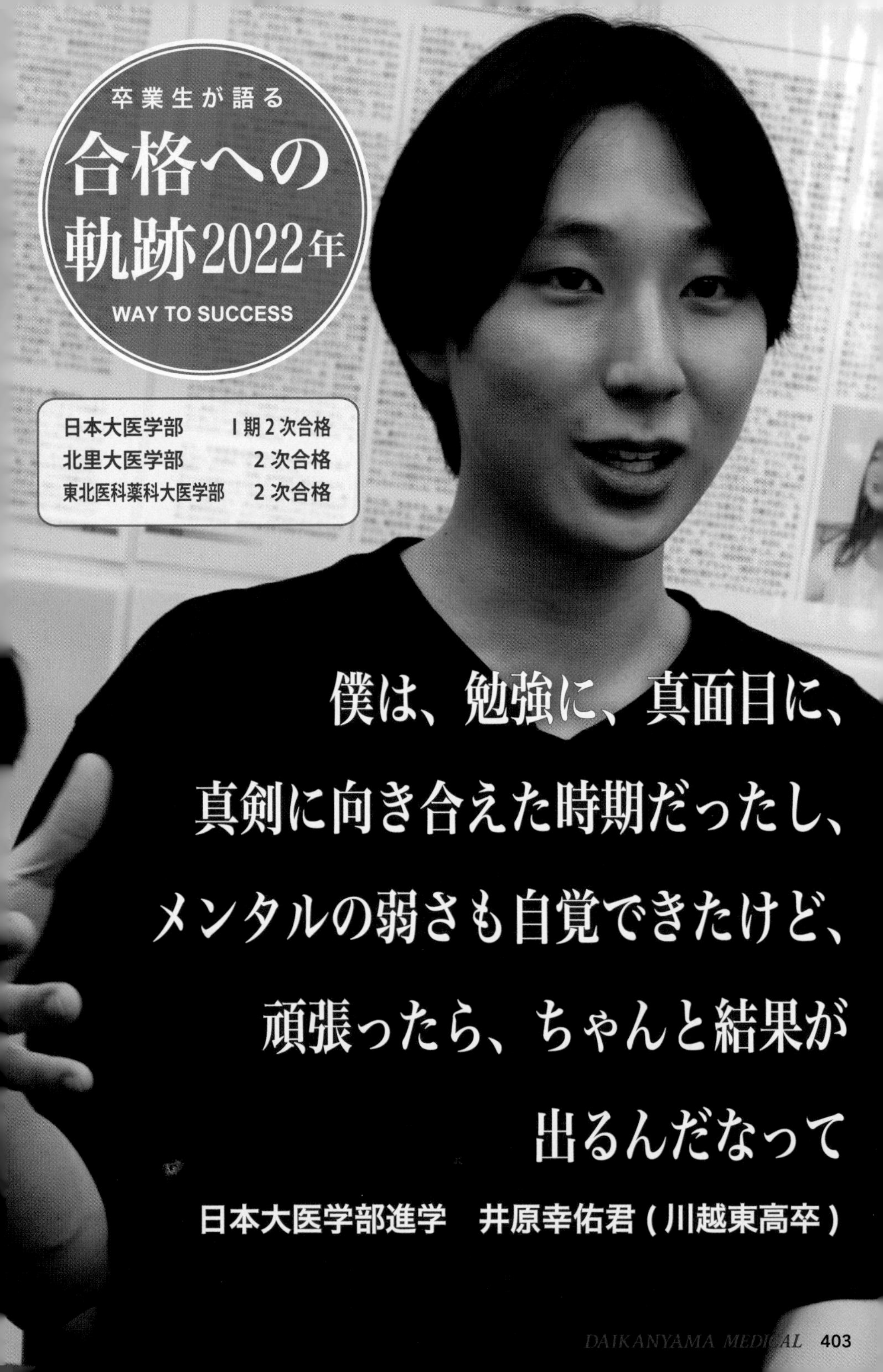

卒業生が語る

合格への軌跡2022年

WAY TO SUCCESS

日本大医学部　1期2次合格
北里大医学部　2次合格
東北医科薬科大医学部　2次合格

僕は、勉強に、真面目に、真剣に向き合えた時期だったし、メンタルの弱さも自覚できたけど、頑張ったら、ちゃんと結果が出るんだなって

日本大医学部進学　井原幸佑君（川越東高卒）

寮で、メンタルを維持できた。
井原：1次合格出たのが、杏林、岩手、北里、日大、東北医科薬科。杏林は2次落ちで、それ以外は全部、受かりました。日本大学に進学してます。ちゃんと医学部医学科のほうに、アハハ、歯学部でもなく…。僕は全部、補欠です。
益子：益子友里です。国際医療福祉大学に入学しました。1次合格は国際と杏林と順天、あとは北里、聖マリ、愛知、かな、多分、6個。6個受かれば十分でしょ。でもまあ、順天は2次落ちです。で、最終合格は、国際受かって、杏林は正規で、聖マリも受かって、愛知も受かって、北里は、棄権しました、2次に行ってないです。
井原：正直、3浪ぐらいは覚悟してたんすけど、僕は。お父さんの病院の先輩が代官山にいたんですよ…、聖マリのパンフレット(入塾案内)に載ってた子です。聖マリに行った現役生かな。現役、秀明から。なんかその子のお父さんが､僕のお父さんの病院の先輩で｡結構､代官山MEDICAL厳しいけどって言われたけど、まあしょうがないだろうっていう感じで、親はもう、そこで決めろと。でも僕最初、学力的にやばくて、偏差値が42…､いや､全然できなかったっすよ､高3のときは｡だからその、マジなんも分かんなくて。もう親はそれを覚悟しつつ､まあでも､一年で決めろみたいな感じで｡1年目、寮に入って、世に送り出されたっていう…。僕、やっぱり、合ってたというか、それこそマンスリーとかで結構、僕、お豆腐メンタルな、メンタルが弱いんで、すぐ、崩れるんですけど、まあそんときは、すぐに寮に帰って、予備校終わってから、次の日まで1人の時間を確保していたので、メンタルを保つのには大きかったですね。それこそ家に親とかがいると、どうだったのとか、なんか、勉強はちゃんとやってんのみたいなことを、言われてる人もいるじゃないですか。で、うちの親も結構、心配性なんで、いろいろ伝わってくるところがあるので、寮にこもってたら言われないんで、メンタルは結構、崩れなかったっす。ずっとこもって、正月も帰りませんでしたし、友達とも会わずに、1年目は本当にメンタル沈んでた時もあるんですけど、本当にチャイム鳴った瞬間に帰って、頑張ってたときは、寮とかでもちょっと勉強したりとか。逆に9時半ぐらいに寝て、8時間ぐらい寝てくるみたいな。結構そういう、睡眠もしっかり摂れたり、時間を自由に自分で使えるのは、結構大きかったですね。本当、人として変わった1年でした。

環境は、受かるんだったら厳しいほうがいいと思います。
井原：現役のときは、メディカル●●に行ってました。うち(代官山MEDICAL)と全然違う、です。フフ。それこそ、僕は厳しくされたら頑張れるタイプだったんで、僕はメディカ●●ボよりこっちのほうが合ってたんですけど､メンタルが弱い子とかは､弱いっていうか､何ていうの、もう医学部辞めちゃいたいみたいな、親に医学部辞めたいみたいなことを言う人は、逆に、なんか過保護に細く長くやってたほうがみたいな、そういう派閥がメディカ●●ボにいましたけど(笑)、まあでも、受かるんだったら厳しいほうがいいと思いますね、絶対。
益子：なんか、私、メディカ●●ボの先生に、聞きましたよ。そもそも私、駿台通ってて、1年間。プラス、家庭教師を数学だけ取ってたんですよ。で、その人がメディカ●●ボの先生で、なんかその人から聞いてて、「いいよ」って。そうそうそう。「代官山、いいよ」って聞いて。
井原：え、ちょっと待って。メディカ●●ボの講師の人が、代官山勧めたの？

益子：そう、そう。家庭教師と掛け持ちしてたってことでしょ。家庭教師とメディカ●●ボの先生やってて、その人。で、なんか、その家庭教師の教え子の生徒の中に、代官山に通ってた子がいて、それで、なんか厳しい塾探してて、どこですかって聞いたら、そう、代官山厳しいよみたいな。浪人決まったときに、やろうかなと思って見にきて。
井原：そうそうそう。いや、本当にそう、僕なんか、怠惰な一面が見えてたよ、先生には多分。こいつ理科全然やってねえ、うわ、こいつさぼってるわ、って。いや、まじでやばかった、来てよかった、本当に。1年で受かったら、高校の担任がビックリするレベルで…、そんなやばいんだってなって。

2年目は2号館からスタート。

井原：2年目からは、1年目の反省生かして、病む暇もなく、っていう感じでした。2年目は2号館からスタートできてました。今年は、マンスリーのランキングを見たら病むと思ったらもう見ないようにしてました、僕。マンスリーの後、自己採(点)みんなでしてたときに、やばいかもと思ったら、ちょっと途中でやめて。でもなんか、それは病んでるんじゃなくて、ランキング見たら、なんか今頑張れてる自分がちょっと揺らいじゃうから、そのままいったん見ずに、次のマンスリーまで頑張ろうと思ってやってましたね。良くも悪くも気持ちが上下するときがあったから、自分の中で、今頑張れてるなってときはあえて（ランキング）見ないでいました。
一緒だった子が、同じクラスで、それこそ益子とかが、最初、A1 一緒だったんですけど、ぽんぽんとクラス上がっちゃって。なんか、うわあ、これが1浪かあと思ったんですけど、でも、そこで負けるわけにはいかないからって、頑張って、最後、M5 に上がれたんで。ある意味、自信を持って、ま、入試直前期まで頑張ろうと思いました。

益子：私、2号館、ミヤシュウ(宮本秀太郎：東邦大医学部進学)と横で。ほんと、自習席の配置が結構、良かったですね。最初、M2の2人に囲まれて。で、私、A1で。くそ恥ずかしかった。めっちゃ恥ずかしかった。テキストも違うじゃないですか。で、それでそのテキスト、あ、こいつらなんか、やばいテキストやってるみたいな感じに思われるのが嫌で。なんかすっごい恥ずかしかったけど。でもだから、もう逆に燃えた。
井原：うん。頑張れたよね。
益子：ほんっとに燃えた。
井原：俺も、それこそ2号館なって、2年目上がった後に、あんまり僕、周りとつるまないようにしようと思ってたんですよ。

英語、ロッキー、めっちゃよかった。

益子：ロッキー(岩瀬先生)はまじでおすすめ、本当に。私、単語力なくて、ハハ。単語をとにかく語呂合わせで教えるでしょ、あの人。耳に残る…。結構よかったかなって、あれ良かった、ロッキーおすすめ、単語力ない人には。
井原：そうだよね。しかも過去問の対策の仕方教えてくれんの、ありがたかったよね。やっぱこの大学の傾向はとか、いろいろ知れるし、めっちゃよかったです。説明も詳しいし。
益子：私、英作の対策もしてもらってました、順天とか。そう、上位狙ってたから。ちゃんと書けるようになりました。うん、面倒見めっちゃいい。めっちゃ優しいしね。
井原：これ、やらなきゃ駄目だよって言って、先生の持ってる、俺らにくれたプリントから、ここにあるでしょって、こうやって、しかも何回もやってくれるし、やったっていうのを繰り返してくれるから、なんか本当に、授業中にも覚えさせてくれるし…、先生のプリントを1枚ずつやってたら、量多いよね、いっぱい先生が作ってくれてるんで、飽きることない。しかも何回も同じことを次の週に行っても何回もやってくれるから。経験値だよ、絶対。
益子：経験値。いきなり過去問出して、ここが分かりませんって言っても、普通だったら、ちょっと待ってって言うけど、それがない。毎回なんか、すぐ、ああ、この問題ね、みたいな。もう何回も解いたみたいなテンションで来てくれるから、もう言ってること全部、はいって、なるよね。そう、先生が過去問見て、ちょっと時間、5分ちょうだいとか言われることが全くなくて。質問行って、課題じゃない過去問出しても、ああ、これはね、みたいな。
井原　そうだよね。先生が持ってるプリントだから。何でも答えられる。
益子　そう。だからそのプリントのことだったら、もう何聞いても。何聞いても秒で答えてくれる。
その、マニアックなことも。
井原　しかも、多分、ラフな性格というか、陽気な感じだから、なんか、これ聞いてもいいのかなというか、ちょっともやもやし過ぎてるなって質問も、結構、言えるんですよ。
益子　疑問点がなくなってくよね。マンツーとか、取ったほうがいい。そう、あと英語って、時と場合によって点数にすごい差がある人とか、成績に波がある人は、多分それは、長文の読み方が分かってない人。だから、そういう人は絶対にマンツーで取ったほうがいいと思う。読み方が分かりました、本当に。

代官山の生物科、ほんと、やばい。

井原：代官山の生物科やばいよね。すごいよね。入試で必要な知識とか全部くれるし、しかも、考察とか、正直、入試っていうか、学校ではやらないような難しいことも本当に簡単に教えてくれるし。無駄がないし、分かりやすいし、面白いし。代官山の生物科、まじで全員、神だよね。
益子：やばい。代官山の生物科はやばい。もうド変態だよね。めっちゃいい。全員、神。ハズレがない。
井原：いや、ガチですごい、あれは。
益子：不安要素が消えた。なんか直前期に、忘れてそうなところとか、絶対覚えてなきゃいけないところとかを、絵でばーって書いてくれたりとかするよね。だからまじで良かった、あれは。
井原　まあ授業中とかも。てか考察系も、なんか日本語とか、考え方から、一から教えてくれるってか、根本的な脳みそのとっから教えてくれるよね。
益子:うん。地頭がいいんだよね。FT(深瀧先生)はね。そうそう。
井原：そう。地頭はいいんだけど、それを地頭が悪い俺らにも与えてくれるというか。なんか、頭いい人をやってることを言語化して全部、言ってくれるから、すごかったよね。
益子:入試問題とか、そう、7択とかあるんですよ。で、それでなんか、大体の先生、これは明らかに違うねとか言うけど、FT(深瀧先生)は、これはここがこうやって書いてあって、ここがおかしいから矛盾する、だからこれは違うとか。もうめっちゃ言ってくれる。で、それで、後からやっぱ復習するときに考えると、ああ、やっぱそういうことかみたいな、めっちゃ、全部、教えてくれる。その選択肢がなんでこれがいけないのかとか、あと別に、その選択肢になくても、ここの文章は、なんかちょっと、ああ、これがあるからこうやって書いてある、みたいな、全部、教えてくれる。
井原:FT、授業中、1人ずつ指していくじゃん。で、なんか、まあ正直、覚えてなきゃいけないけど、結構みんな忘れちゃってるみたいなこととかあるじゃん。で、なんか、3人、4人当てて、分かんなかったら、確認するかって言って。
益子：そう、確認してくれる。
井原：だから、なんか寄り道しながら、俺らができてないところを、授業中に補填してみたいな。知識は、少しあったとしても、考察できないとなーとか、いろいろ不安要素とかあって、俺、あんまり生物得意なんだとは言えなかったけど、めっちゃ自信持たせてくれるし、分かんないことも、めっちゃ的確に、これ分かんないんですよって言ったらすごい的確に教えてくれるから。
益子：そう、結構ありがたかった、まじで。

石井先生の授業はガチでした。

井原：めちゃ、良かったよね。θの授業。
益子：うん。めっちゃ良かった。私、シータ、ガチ勢でしたよ。
井原：だよね。
益子:うん。私、もうシータ、とにかく本気でやってて、ノートをまず1冊でっかいの買って、そこに、コピー貼るんですよ、白文のコピーを貼って。予習の段階で、そのコピーが全部汚くなるくらい、もう全部、調べて、分かんない単語は。で、まず、1回目で普通に問題解いて、で、だけどたまに分かんない問題とか出てくると、その問題を、白文で、文の構造を調べたり、分かんない単語調べてるときに、それで答え導き出したりとかして、自分なりの解答つくって、授業に出席するんです。もうどこ聞かれてもいいレベルまで上げてから授業聞いて、まあ授業中のやつも、自分の、ノートに書き込むんですよ。復習のときに、シータのテキストに全部、写経、写すっていうのをやってて、1年間。だから、入試会場にもそのシータのテキスト持ってって。
井原：俺も持ってきました。試験会場に。
益子：そうそうそうそう。いや、まじでθ…。シータ持ってって。うん、私もそうそうそうそう。
井原：シータはそれこそ、まあロッキーは、入試として問題を解くって感じだったけど、シータは、入試英語が全部、読めるっていう感じだったじゃん。頭から

尻尾まで。本当、全部、解説して、難しい単語も解説。背景知識まで解説だから、例えばどっかの過去問、シータでやった過去問見たときに、全部、分かるんですよ。分かんないものがないから、入試会場ではそれが不安になんないじゃん。
益子：シータ、ガチ勢だったから、英語もめっちゃ伸びました。
井原：うん。俺も1年間ずっと前、座ってたよ。意地でも前、座ってたな、1列目。1列目だった。確かに結果出てますからね、俺らのクラスの1列目、みんな日大ですからね。一緒に1列目座ってた、アオバ(日本大医学部進学：佐々木青葉)ちゃんとトモヤ(日本大医学部進学：渡邉智也)と俺で。一緒に。一緒にA1からM5に上がって、みんな日大入った。
益子：確かに。すごい。
井原：いやー、本当に。でもM5空気良かったです、正直。ヒライ(昭和大医学部進学：平井豪)、あと俺でしょ、あとあれでしょ、ヒノキ(防衛医科大進学：檜康友)とかもいたし。あとアオバちゃんもいたし、トモヤもいたし、タケダ(昭和大医学部進学：武田真輝)もいたか。結果として、結構いいとこ受かってる人、多いんですけど。直前期でも、なんか授業中、笑ってたし、難しい問題とか数学のときも、みんなで競争し合いながら、やって、入試1週間前とか、そんときの数学も、みんなで和気あいあいやってて、なんかいいクラスだなーって思ってたら、結局みんないいとこ受かってったから。最後の最後まで気を抜かずに頑張ってたクラスだったんだなと思いました。授業もみんな切んなかったし。全然、切らなかった。本当、最後の最後までいて、それもよかったというか。なんか自分でやりたいことあっても、やっぱ授業は出たほうがいいと思ってたんで授業出ようって、宿題とかやってても出てたんですよ、そうするとみんないるから。全然なんか、ストレスというか、焦りにもならなく、本当、一回も授業切んなかったな、そういや。
益子：私も切ってない。
井原：だよね。いや、ぜってー。切らないのはなんか、なんか大切な気がするわ。
益子：うん、私もそう思う。切ったら私、偏差値5下がると思ってさ。フフ。

代官山のテキストを詰め込んで入試に行ったら、ぽんぽんぽんと1次が…

井原：僕は、まあ代官山では、それこそ朝来て、夜帰って、最後まで残って。でもなんか、代官山に飲まれたほうがいいというか、それこそ、石井先生が授業中に、人間関係のこととかも言ってくれるんで、おかげで、変に人間関係で悩むことなかったし、朝のこととか勉強のこととか、いっぱいいいこと言ってくれるんですよ。あと、栗原先生も、授業中に勉強法とか、そういうこと言ってくれるんですけど、、先生たちが言ったことを、丸飲みして、先生が言ったことをやって、悩んだら質問に行ってってていう生活をしてれば、そっちのほうが、マンスリーとかで落ち込むこともあるけど、次に切り替えやすいし、僕、結構、2年目、成績は、A1からM5で、結構、横ばいだったんですけど、ちゃんとやってた分、最後のマンスリーが終わった後に、今までやってきたことの大きさというか、それこそ過去問解き始めたときに、ああ、これやったことあるわ、これ前期やったわっていうので、思い出しやすいし、直前期、俺なんか、電車の中とかでテキスト開いてたんですけど、逆に時間的に限りがあるからこそ、全部最後に、頭に入れなおして入試に臨めるって思えたんで、それは最後大きかったかなと思うし、実際、最後の最後まで代官山のテキストを詰め込んで入試に行ったら、ぽんぽんぽんと1次が、3、4連チャンぐらい出て、だいぶ自信になったんで、本当、入試が終わるまで、今までやってたことをひたすら繰り返してれば、全然受かんない所にも手が届くようになるなあとは思いますね。
益子：やっぱ受験って、もう夏。本当、夏が勝負って言われるけど、私、夏までが勝負だと思ってて。前期と夏、いかにやったかで、結構、(合否の行方が)決まると思うから、そこはガチでやってほしいし。あとは何だろうな、自分なりのルーティーンは作ったほうがいい。決まりごととか。ルーティーンって言ったらあれだけど、毎朝、下のコンビニで、ひじきと、チョコラBBっていう2種類を買って、それが私の朝ご飯って決めて、食べるものはもう決めてる、悩む時間をなくすっていう、それを食べると1日始まるみたいな感じで決めて。で、夜はなんか、夜9時半に、はい、(自習室）閉めるよって言われたら帰る準備始めるようにするとか。あと、そう、試験会場に、各教科1個ずつ持っていけるような、まとめの感じのものを1個つくるっていうのは決めてたし。そういうのが大事だと思います。

代官山は、はじめてガチになった場所。

井原：僕は、勉強に、真面目に、真剣に向き合えた時期だったし、自分のまあ、メンタルの弱さも自覚できたけど、頑張ったら、ちゃんと結果が出るんだなっていうのを、知ることができたという感じですね。本当に、結果が出たんで。合格したから、それはそうなんですけど。全然、勉強できないとこからいろいろ悩んだけど、ひたすらやって、結局、受かったっていう、その一連の経験は、すごいいいものです。いいものってか、うん、いろいろ今後の人生にも役立つ経験にはなったと思います。
益子：私は、初めてガチになった場所です、でしたね。今まで結構、学校のテストとかも、一夜漬けで、何とかなっちゃうタイプの人間だったんですよ。一夜漬けで普通に、クラスで、まあ、1番か2番は取れるくらいで。そう、だからなんか、そんな感じに考えてたんですよ、医学部受験も。まあ、直前にやれば、どうせ私だから受かるっしょみたいな、変な安心感があったけど、全然違くて。現役でやって、で、だから代官山きて。ここ来ると、なんかもうみんな勉強する環境だし、ガチだから、あ、やらなきゃってなって。しかもそれがずっと続くから、1年間、本当、みんながモチベになってた。環境がモチベだった。だからすごい、初めてあんなにガチで勉強したし、ちゃんとやったなって思う。代官山でよかったなって思います、まじで。
井原：みんな等しくつらいから。競争だよね。
益子：競争。なんか1個の社会だからね。医学部しかいないから、みんな医学部目指してるから、みんな医学部行きたいから。なんか同じところ目指してると、やっぱりすごい、あ、こんなにやってて、私やってなかったら、私、落ちるわとか思うし。そうそう、勉強も学んだし、いろんなこと学んだ、人間関係とか。それが良かった。
井原：ちょっとさぼったらクラス落ちたりするしね。なんか、ちょっとこいつ頑張ってんなと思ったら、ちゃんとクラス上がったりするから。
益子：そう。実力社会だっていうことを、学べました。

2次試験の大切さも。
益子：ヒロさん(小論文科：高橋浩先生)。ヒロさんは取ったほうがいいね。フフ。ここは1学期から、2次徹底してしてるけど。
井原：ああ、取ったほうがいいね。あれは。なんか面接。めっちゃ大切だと思います。勉強はガチでやるけど、それプラス、やっぱヒロさんの言ったことを、どれだけ再現できるかっていう感じ。
益子：そう、だからヒロさんはね、面接で困らなかったですよ、何聞かれても全然いけた。
井原：それこそ、変に、俺はこうしたほうがいいんだろうかとか悩むことなく、ヒロさんが言ったことをそのまま入試の2次のときに出せれば、相当アドバンテージになる、て気がする、俺は。
益子：受かるよね。そうそう、思う。だから、補欠も出たし、正規も出たと思います。
井原：それこそ数学とかむずいときに、取れるとこだけ取って、ちゃんと2次でちゃんと決めれば、補欠が回ってくるから。そう、多分、2次が大切なんだろうなーと。あ、俺、2次で褒められたし。北里で褒められたから。なんか、北里、数学むずいじゃん。だから俺、最低限しか取れなかったんだけど。その代わり、2次褒められたし、小論も、医療系の、コロナのトリアージの話だったから。まあ、代官山の考え方をそのまま、800文字か、最初から最後まで一貫したことをばーって書けたから、本当。
益子：ヒロさんね、あれ、自分の経験に落とし込むっていうのが、大事。結果的に順天は落ちたけど、でもなんかその、面接の担当の先生に、すごいいい小論でしたって褒められたから。そう、面接で褒められたんですよ。印象いい。2次は大事。
井原：2次は大事。

卒業生が語る

合格への軌跡2022年

WAY TO SUCCESS

昭和大医学部	1期2次正規合格
帝京大医学部	2次正規合格
東北医科薬科大医学部	2次正規合格
日本大医学部	1期2次正規合格
北里大医学部	2次正規合格
岩手医科大医学部	2次合格
杏林大医学部	2次合格

間違いなく夏ですね。夏、思いっ切り突っ走ったおかげで、さぼんなかったおかげで、もう受験のときには、もう俺より夏頑張ったやついないだろうっていうマインドで臨めてたので。

昭和大医学部進学　大鹿颯大君（青山学院高等部卒）

やっぱり他人と同じ量やってちゃ駄目だなって思って。

浪人が決まって、友達に紹介されて、同じ青学の大嶋君（大嶋明仁君：昭和大医学部進学）に紹介されて来たって感じ、で、現役のときも医学部は受けましたけど、生物は全然、履修してなかったので、帝京だけ３教科で受けられるっていうので受けたんですけど。３日間受けて、３日とも落ちて。それで生物も初学から頑張ろうって、こっちに来たって感じです。偏差値生物38。はい、もう40切っちゃいましたね、一回目のマンスリー。クラスでいうと、Aの９ですね。A9スタート。もう、やば、素直にやばいなって思って。めちゃめちゃ焦ったし。でも現役のとき勉強しなかったなとは思ってたので、妥当っちゃ妥当なのかなとも思ってました。自分だと、最初、もう２年ぐらいかかるなと思ってたんですけど、マンツーでいろんな先生に、マンツーで励ましてもらったので、もう６月、5月ぐらいから、もう今年で決めるかって、決めよって、ちょっと思い始めて。頑張ってました。それ、5月ぐらいにはもう思ってましたね。マンツーマン、三井先生、岩瀬先生、あと石原先生か。生物ちょっと厚めには石原先生に見てもらいつつ。生物は初学だったので、やっぱり人よりやんないといけないなって思ってたし。英語も、自分の中で苦手意識があったので、たくさん取るようにはしてたって感じです。

まあ、A9で、始まって、マンツーマン取ろうと思ったきっかけは、もう普通に、単純に焦りもあるし、だから負けちゃいけないなとは思ってて。過去に受かった方たちが、そのクラスで、まずは自分のクラスで１位になるようにっていうことを目標に、まあいろんな方たちが言ってたので。自分もそうなるためには、やっぱり他人と同じ量やってちゃ駄目だなって思って。いろんなマンツー取って頑張ってました。毎日、何をやればいいのか、どれくらいやれば１年で受かるのか、全然わからなかったんで、とにかく信じて、ここ信じてやってみようって、集団＋マンツーマンで、大体、１日５コマとか６コマやって、1学期きつかったですけど、なんか終わってみると、なんかあっという間ででしたね。なんか２年目になったらもっと辛くなると思ったんで、今年で決めるには、やっぱり７コマぐらい入れて頑張んないとなって思って、で、７月８月の夏期講習は、もっと(授業を)ツメツメにして、夏の単科やマンツーも取ってて、代官山(MEDICALの中)で１番取ったと思うんですけど、もうそのときは、辛いなとか思ったりしたんですけど、ただ成績が付いてきてたので、まあそれで何とか、自分を励ましつつって感じで頑張りました。そしたら、マンスリーで、化学とかはランキング載ったりしたんで、で、お前はできるみたいなことをいろんな先生から言っていただいて、すごい自信になったって感じです。「やればちゃんと伸びる子だ」みたいな感じで言ってもらえたので。そこは自信になりました。でも、数学は、結構アップダウンが激しくて。夏明けとかは、もう本当に18点かなんか取っちゃって、計算ミスがやばくて、で、いろいろ落ち込んだりもしたんですけど、いろんな先生に励ましていただいて、アップダウンの理由とか分析してもらって、質問とかも行けたので、なんか分からないなって思っても、その日のうちには解決するようにはしてました。授業終わったら、講師室に行って質問してました。極力、自分で解決するタイプだったんですけど、自分で解決できないようなところは行ってました。あとは、基本的に授業終わったらすぐマンツーだったので、そのマンツーで聞いたりっていうことをしてました。夜はもう帰って、すぐ寝る、って、結構、過密なスケジュールだったので、夜勉強してたらもたないなって思って。夜は帰って寝るようにはしてました。

朝は、あの、本館始まるのがちょっと遅いんで、２号館よりも。７時ぐらいに来て勉強してました。時間に関しては、ひたすら厳しくって感じでやってったので、自分に厳しく、周りから驚かれるぐらいやんないと、やっぱり、驚かれるような位置には行けないかなって思ったので。やっぱ、そんぐらい頑張って、クラスも上げてってやってかないといけないなって思ってたので。

やっぱり自分、さぼっちゃう性格だなっていうのは何となく思ってて。

最初のほうは、自分のクラス以外、そこまで意識せずに、まずはこのクラス(A9)で１番になるんだっていう気持ちでやったんですけど、A9の中でも１番取れなくて。やっぱりすごいやついるなって思いながら、上のクラスにすごい人がいたり、毎回ランキング載ってる人とか見たりして、そういうので刺激受けたりしてたんですけど。序盤のうちは、やっぱりおんなじクラスの人たちを目標というか、ライバル視してやってました。同じ高校の、他に２人、宮本君(東邦大医学部進学：宮本秀太郎)と大嶋君がいて。M2とM4で、最初スタートしてたんですよ。自分だけA9で。でも彼ら、現役のときものすごい勉強してたのは知ってたので。まあ、やっぱそこを最初から目指してんのはおこがましいかなとも思ってたので。やっぱり、まずは自分と同じぐらいのレベルの人たちを、まあ倒してって言うのもおかしいですけど、まあその人たちに成績で勝てるようにして。で、だんだん、あの、総合ランキングとかでも近く、大嶋とかとも近くなったりはしてったんで。結局、勝てなかったんですけど、目標を変えつつって感じで頑張ってました。やっぱり自分、さぼっちゃう性格だなっていうのは何となく思ってて。前期のあのスケジュールでも、空きコマあったりすると休んじゃうときとかもあったんですよ。そういうのが自分で分かってきてたので、単科取る時期には。だから、もうそこは、自分に厳しく行こうっていう。授業は、基本的に、もう前期は一番前で全部、受けてって感じで。夏期講習のときは、単科とかだと２号館のすごい人たちが来てたりするんで。ちょっと萎縮して、真ん中とか後ろのほうで受けちゃったりしてたんですけど。それでも頑張って、集中して受けようとは思ってました。自分のためなので、そこは集中してって感じで。先生変えたりすると、なんか自分は、なんか教え方とか変わっちゃったりすると混乱しちゃうタイプなので。で、あの前期で、もう各先生が、付いていけば大丈夫って言ってくれてたので。じゃあもうそのまま付いていこうって感じで、信頼して取ってました。もう今年受かるって決めてからは、あいつら倒すぐらいの、レベルに持ってかないといけないなって思ってたんで。もうそこからは自分の芯を固めて、勉強だって決めて頑張ってました。

A9 から A6 にあがってみて。

いや、もう嬉しかったっていうか、安心しました。やっぱり一番努力した自信はあるし、一番成績も、まあ A9 では取った自信はあったので。で、最終的には 2 号館に行くつもりでいたので。まず A9 から A6 に上がって、A6 から、できれば A3 に行きたかったんですけど、まあ A4 で。まあ、最終的に 2 号館に行ければいいなって思ってて。ペースとしては、なんか、安心、もう今、あ、順調に行ったなみたいな安心感のほうが強かったです。でも、付いていけるかなっていう不安は若干ありました。メンバーもがらっと変わるし、A9 で一緒だった子は一人もいなかったので、不安は若干あったんですけど、また新しい知り合いとかもできて。で、また目標とかもできたりしたので。それは、それはそれでまたよかったかなって思います。先生もいろいろと変わっていいこともあって、薄先生の数学とかは、なんか小学生みたいな解き方でも、なんか解けちゃったりする大学入試の問題みたいのを紹介してくれたりしてて。あ、こういう考え方があるんだみたいな感じで。なんか新しい発見がすごいいっぱいあって、すごい分かりやすかったです。そういう意味でも、やっぱ単科ってためになったっていうか、普段、見られてなかった、いつもと違う教え方、自分に合う先生が見つかるって感じがしました。本館と 2 号館の先生は違ったりすることがあるので。単科とかで 2 号館の先生とかに触れて、ああ、こういう教え方する先生がいるんだみたいな感じで、刺激になったりもしたので。そこでまた、この先生いいなって思ったりもして。夏までに全部の穴をつぶしたかったし、受験に必要な範囲の履修を完結させたくて、なんか、本当に魅力的な先生ばっかりで。もう全部、取りたいって感じだったので。もう貪欲に取りに行きました。そうです。そこはもういろんな先生に言っていただいたし。やっぱ、本当に自分はさぼっちゃうので。まあ取って後悔するほうがまだいいなって思って。

A6 から、さらに A 4 へ。

はい。なんか A3 じゃないなって思ったんですけど。でも、なんか自分と同じ、ていうか自分よりもすごいなと思ってたライバルも A4 で。まあ彼が高瀬君（獨協医科大進学：高瀬穣）なんですけど、高瀬が A4 にいるんだったら、もうそれはしょうがないなって思えて。そこは、また逆に高瀬と一緒になったので、じゃあそのまま高瀬を目指して、越えられるように頑張ろうって、そこは切り替えて頑張りました。やっぱり、A4 とかになると、もう知らない人とか、全く顔見たことない人とかもいたので、そこは不安はあったんですけど。まあ生物とかの知識だったら、勝つ自信があったので。そこは挑戦的な気持ちで、もう頑張ってました。8 月 30 日か 31 日ぐらいに行われた河合塾記述模試で、偏差値 76.6 かなんか取って。なんか 1 桁ぐらいに入れたんですよ。そこで、ああ、やっぱできるかもしれない、行けるかもしれないなって思って。で、マンツーでも石原先生に、もう「1 位を目指せ」って常に言われてて。十何位とかでも、あれ、1 位じゃないんだみたいな感じであおられたりしたので。あ、目指せる、自分でも目指せるんだって思えるようになって。最終的には本当に一番自信のある、得点源にできる科目になったかなって思います。

でも、2 学期は、疲弊はすごくしてましたね。でも周りも、その分、頑張ってたんで。もう後は少しだから乗り切ろうって感じで。もうそこはみんなで支え合いながら頑張りました。挨拶、会う人みんなと、あとちょっとだから頑張ろうみたいな感じで。励まし合いつつっていう。そうですね。生物とかは、なんかクイズとか出し合ったりすると楽しかったんで。他の生物の人と、話し合ったりは、問題出し合ったりはしたんですけど。基本的には 1 人でやってました。ここの代官山の自習室、やっぱ集中できる、めちゃくちゃできますね。もう、何なら昭和にも欲しいぐらいの。勉強スペースあるんですけど、なんか1年間ずっと代官山で勉強してたんで。ちょっと染み付いちゃったかなっていうのが。みんな、周り、もうものすごく集中してて。机から離れないので。自分もなんか、これ、離れちゃいけない雰囲気だみたいな感じ。もう集中できるっていうので、ものすごくありがたかったですね。

最後のクラス分けで、最後、なんとA1に。

2学期入ってからは、本当に、自分でも、成績的にも、まあ落ち着いてはいるけど、A4で1位ではないかなとか思ってたので、やっぱ高瀬のほうがすごいなとは思ったりもしてて。でもタカセと2人でA1に行けたので。まあ行ったからには、もうやるしかないって感じで。タカセは本当に数学がものすごく、数学と物理がものすごくできてて。まあ自分は、なんか全ての教科、まあ基本的に平均的で、まあ理科でアドバンテージ取れればいいかなぐらいのマインドだったんで。まあ、そこはもう個性の違いというか、まあそういうもんだなと思って、自分の中で片付けて。まあ、取りあえず2号館に行けたので。うれしかった。2号館行ったとき、やっぱめっちゃうれしかった、いや、もうものすごくうれしくて、舞い上がっちゃいました。あ、2号館に、取りあえず行けたって思って。やっぱ目標にしてた、2号館は。そうですね。もう取りあえず医学部受かるためには2号館に行けっていうのは、山室先生から、石原先生からも、もう年中言われてたので。もうなんか変な知識とか、特に石原先生とかに言ったりすると、なんかコアな知識とか、本館なのにみたいな感じであおられたりしたので。じゃあ2号館行ってやんよみたいな感じで頑張って勉強してたので。ようやく報われたなって感じで。

2号館に行ったので、もう医学部はどこか引っ掛かるかなっていう自信にもなったので。そこは本当に、やっぱ大きかったですね、自分の中で。

2学期進んでいって、「面接」も意識するようになって。

面接対策もとくに、2学期、意識してました、2回に1回、2週間に1回の授業だったので、負担にもならなかったし。で、何だかんだ浩先生（高橋浩先生）のマンツー取ってたおかげで、1次合格した所、多分、全部2次受かってるんですよ、最終的に。だからありがたかったなって思います。なんか、こう、「こういう質問がくるから、なんか、どう答える？」ってまず最初に言われて。自分の答え言ってみて、ああ、これはこう言ったほうがいいとか、そういうふうに直してくれるので。ある程度、自分の答えがある中で、その、まあ修正できたかなって。正しい方向に持ってけたかなっていうのはあります。固定化され過ぎちゃうと、なんかそっちに寄らないといけなくなっちゃって、自分の言いたいこととか、なんかが言えなくなっちゃうみたいなことがあるんですけど。やっぱり自分の持ち味みたいなとこはちゃんと保持しつつ、修正してくれたので。そこはありがたかったですね。

マンツーは、一緒に伴走してくれている感じがよかった。

岩瀬先生はもう。暗記の仕方とかを、結構、面白く教えてくれたりして。なんかダジャレとか、そういうのを用いて教えてくれるので。自分の知ってる知識とかぶつけると、あ、これも知ってるんだみたいな感じで喜んでくださるので。すごい嬉しいなと思ってどんどんやれたりして。楽しくマンツーできたかなって思います。マンツーって、前の予備校とかだと、なんか結構、きついなとか、勉強って感じだなって、集中して疲れるなっていうイメージだったんですけど、代官山のマンツーって、特に岩瀬先生とかを筆頭として、あまり疲れない。あんま疲れたってイメージのない、ちゃんと勉強はしてるんですけど、結構、楽しくて。で、それでいて身になるっていう。すごい良かったなって思います。もうレギュラーと同じぐらい大事だってて思ってて、本当に一緒に伴走してくれてる感じがあったので。結構、悩みみんな一緒なんだなとか思えたりもして。そういう意味でも、本当にマンツーは大きかったですね。受験期は、とにかくもうやれることはやったつもりではいて。で、自分の中でも、どこかしら受かるなとは思ってはいたので。うーん、とにかく睡眠時間とか、計算ミスとかをしないように、落ち着いて臨めるようにやってました。帝京の2日目で、岩手の1次来たよみたいな感じで親に言ってもらえて、じゃあもう、これは自分、行けるやみたいな感じで。ちゃんと受かってたので。ああ、こんだけできてたら、やっぱ受かるんだって思い始めたら、そこからはもう落ちることなく、もう、ぽんぽんぽんぽん受かってったので。

夏くらいに、昭和受かるかもって、予言された。

いや、間違いなく夏ですね。夏、思いっ切り突っ走ったおかげで、さぼんなかったおかげで、もう受験のときには、もう俺より夏頑張ったやついないだろうっていうマインドで臨めてたので。あの夏がなかったら、多分、気持ち的にも負けてたと思うし。やっぱ単科は、夏びっしり埋めてよかったなって思います。配分とかも、やっぱ先生がたは分かってるので。どういうペースでやればいいかっていうの。それぞれもう従ってやってくだけで、自動的にもう受かったって感じなんで。「大学生活、今、寮生活なので。めちゃめちゃ楽しいです。今は昭和、昭和１年生、寮なんで。富士吉田のほうで、生活してるって感じで。薬学と同じ部屋の人は、歯学部と、看、あと、薬学部と、あと同じ学部、もう一人って感じ。男子寮、やっぱ看護とか、そういう系は少ないですね。理学、作業も。」昭和行ってよかったっす。あんだけ帝京、帝京言ってたけど、昭和来てからは、いや、まじで来てよかったなってすごい思うし。めちゃめちゃ今、だから父親に感謝してますね。まさかの２次正規で合格して、石井先生にも報告行って、行ったらものすごく喜んでくれて。あ、もうまじで嬉しいなって思って。石井先生の授業は、前期は、一番前で、もうずっと受けてて。結構、小ネタとかも挟んでくれてて、面白くて。その小ネタとかも全部メモしましたね。なんか、この話、面白かったよみたいな感じで。入試の前とかそれ見て、あ、こんな話あったなとか思ったりもして。やっぱ先生、いろんな合格者見てきてるし、いろんな受け方みてるから、それこそ過去の先輩たちの話とかもしてくれて。結構、面白かったので。で、模試とかも、去年の人たちの成績とかも開示してくれて。あ、ここ勝ってるとか、ここ負けてるみたいな感じで。でも、そんな自分と変わってるわけではなくて。だから、あ、じゃあ今年やっぱ行けるなみたいな自信にもなったし。夏ぐらいに、石井先生に何か質問に行ったときに、君、マンスリー 200 超えたね、みたいな感じで、話してもらって、夏前ぐらいに超えたんですよね、1 回。で、先生に、石井先生に、じゃあ昭和狙えるんじゃないみたいと言っていただいて、今思うと、なんかものすごい予言されてたなとか思うんですけど。実際に、その通りになって、今、結構びっくりしてます。先生、予言もうめちゃめちゃ当たりますよ、もう。ここ受かるとか、受からない、きっぱり教えてくれる本当に、うん。もう合格させてきた数がすごいから、はい。

振り返れば、結構楽しかったかなって思います。きつかったですけど。

知り合いとかも、ライバルとかも増えて、この人に勝てたとか、この人には負けたみたいな感じの関係性とか、勝負してったりっていうのは、結構、面白い感じでしたね。やっぱ代官山のランキング形式って、そういうのも含めてると思うんですけど。振り返れば、結構、楽しかったかなって思います。きつかったですけど。医専だから、やっぱ、同じベクトル向いた仲間がたくさんいるっていうか、その知識知ってるなら俺も覚えないとな、とか、なんかそういうふうに刺激し合えてよかったです。あいつは、英語ランキング載ったんだ、負けらんないみたいな感じ。代官山来てよかったなって、まあ、全体を通して、前行ってた予備校よりも、質は高かったなって思います。

自分は、できないって思っちゃうと駄目なので、もう本当に、自分できるって思って、諦めずにやり続けるっていうのが、一番大事なのかなって思います。やっぱ自分に自信をつけるっていうのが一番大事かなっていうふうに思うので。その自信つけるときって、まあちっちゃい目標でもいいんで、多分、まずは、理科取るとか、自分のクラスの中で１番取るとか、少しずつ伸ばしていけばいい。俺はマンスリーが自信になると思ってたので、マンスリーで取るためにはってまず考えて、自分は理科得意だったし、だから、まあ理科、頑張って。で、英数も、その空いた時間に勉強して、マンツーとかでも勉強してって感じで、そういう、自分の中でこうすれば点が取れるみたいなビジョンがあったので。そういうのが見えてくれば、多分、大丈夫なんじゃないかなって思います。

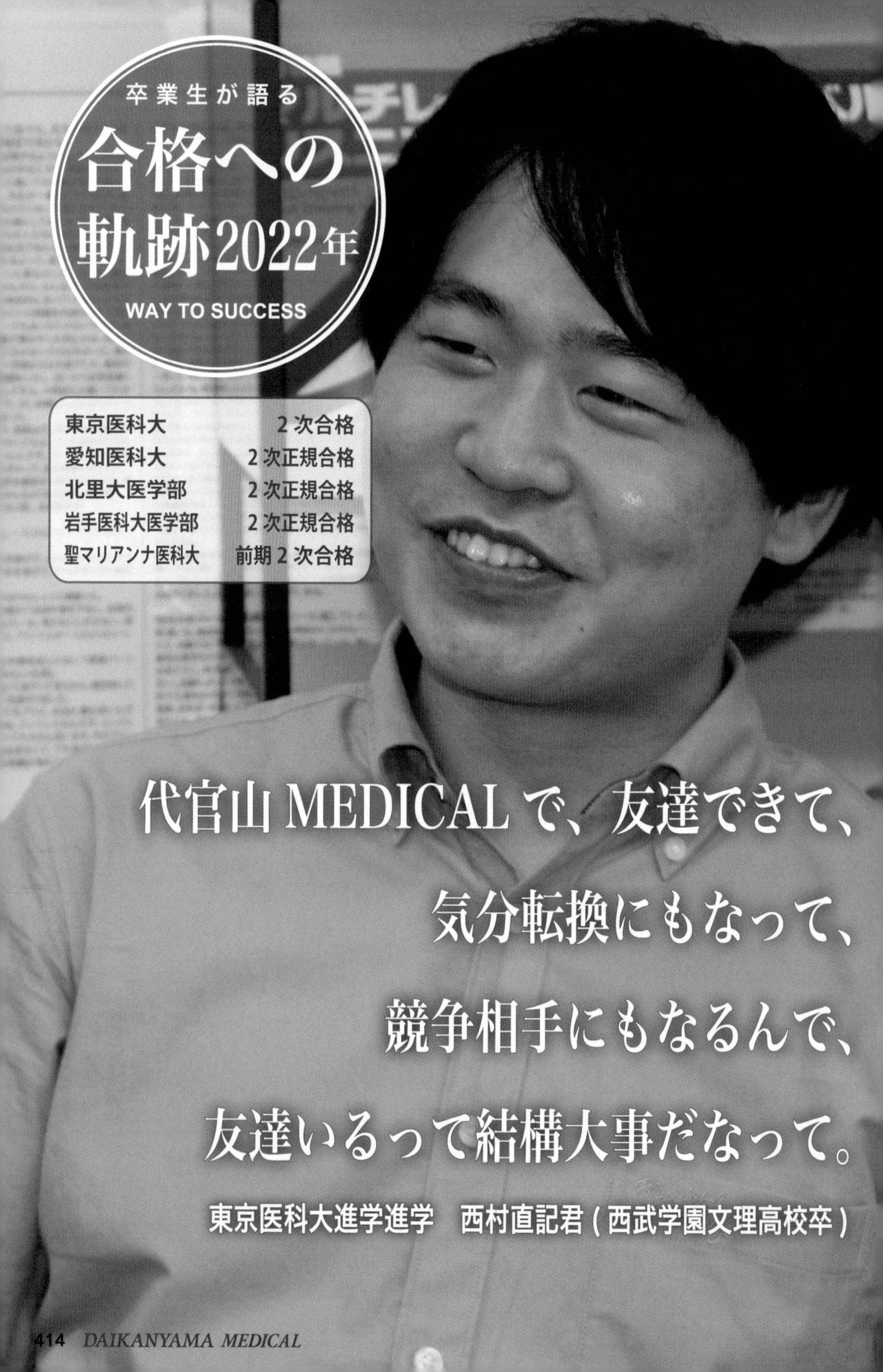

卒業生が語る

合格への軌跡2022年

WAY TO SUCCESS

東京医科大	2 次合格
愛知医科大	2 次正規合格
北里大医学部	2 次正規合格
岩手医科大医学部	2 次正規合格
聖マリアンナ医科大	前期 2 次合格

代官山 MEDICAL で、友達できて、
気分転換にもなって、
競争相手にもなるんで、
友達いるって結構大事だなって。

東京医科大進学進学　西村直記君 (西武学園文理高校卒)

卒業生が語る

合格への軌跡2022年

WAY TO SUCCESS

順天堂大医学部　2次合格
東京医科大(共テ)　2次合格
杏林大医学部　2次合格

僕でも、理転して1年で医学部に行けた"環境"は大きかった。

順天堂大医学部進学　日根野龍君(渋谷教育学園幕張高校卒)

それぞれの苦手科目、得意科目は？

西村:西村直記です。僕は、1次受かったのが愛知、岩手、聖マリ、北里、獨協、東医、昭和です。で、2次は、愛知、岩手、聖マリ、北里と東医に受かりました。最終的には東医です。東医に進学ですね。

日根野:日根野龍です。1次合格は、愛知、杏林、東医、藤田、関西医科、順天。で、2次合格来たのが、愛知、杏林、東医、順天来て、藤田と関医は棄権しました。東医の開示は、面接が満点でした(笑)。僕は、2浪目で、理転して、1年目は河合(塾)にいて、なんか環境が、やっぱ雰囲気、全然違いましたね。河合のときは、すごい緩かったんで、朝とか全然、授業始まるちょっと前とかに行って、何ならちょっと遅れてもいいかなみたいな感じで行ってたんですけど、で、午後も全然自習もせずに友達と、じゃあ帰るかっつって、なんか帰りがけにラーメン食べたりとかして帰ってただけだったんですけど、もうこっちは、なんかそんなことできず、空き時間こそあれど夜まで授業あるんで、朝早く来て勉強みたいな感じでしたね。月イチのマンスリーに向けて勉強するっていうよりは、毎日勉強していくうちに、マンスリーが来るみたいな。で、クラス懸かってるし。なんか、前回よりいい順位とか、クラスのために今やれることを今これやれって指示があったのがよかったですね。

西村：そうそうそう、クラスのために勉強してました。

日根野：理転だったんで、化学とか生物とか数学とか、初学のやつは本館で受けてて、俺、結構時間割がカスタマイズされて、多分、カスタマイズの恩恵一番受けてたの俺じゃないかなってぐらい、すごいカラフルになってた。

西村：僕は、英語が壊滅で、1回目のマンスリーで偏差値46とかだったんで、でも、数学のおかげで、M1にいけて、でも、英語は、M5に下げて、4クラス下の英語受けて、M5でも、付いていけるか怪しかったんですけど…、数学は、トップ(レベル)でずっと受けてました。数学は、なんか元から、結構、計算ミスとかは少なかったほうかな、でも、トップだと計算速い人とか結構いて。M1やM2の計算トレーニングみたいな授業とかあるんですけど、その中でも多分、僕、ビリのほうだったんですけど、スピードは。結構、刺激にはなってましたね。

日根野；やっぱ、生物と化学が、やばいっていうか、1浪人までノーベンなんで、右も左も分からないのは自覚してたんで、一応、マンツーマン取ってましたね。特に、どの先生が合うとかも分かんない段階だったんで、取りあえずランダムでお願いしたんですけど。結果的には、石原先生は、結局、もう最後まで、直前期までお願いしてたのですごいよかったですね。啓寿先生(佐藤慶寿先生)は、厳しいところは厳しく言ってくださる方だったので、公式覚えてなかったら、すごい、結構怒られて。正弦定理とか余弦定理とか覚えてなかったんですけど、なんかその場で導出してたんですけど、おかしいって言われて。理系じゃないって言われて。たたき込めって言われて、たたき込みました。普段優しいイメージの先生がすごい厳しく言ってくれて、だからなおさら、あ、じゃあやりますみたいになりました。小林先生は、なんか、主に有機お願いしてて。で、実際、俺、有機、なんか1学期の中盤ぐらいにはもう、マンスリーほぼ満点ぐらいは取れるようになってました。それと菊本先生にもプリントもらって並行して解いてたので、それのおかげは大きいと思います。その2人のおかげで、有機はもう、結局、終盤まで武器になったんで。

西村：英語できないっていうのがすごい有名だったんで(笑)。なんか、マンスリーのランキング、英語だけいない、みたいな。ガチ苦手だったんで。

日根野：他(の科目)、全部1桁台にいるのに、英語だけいないよ、あいつみたいな。逆算できるんですよ、

英語の点だけ(笑)。
西村：いや、ボーダーラインは届いたのか、結構怪しいんですけど。英語は、最後は、結構、文法を頑張ってました。なんか、長文はもう分かんなかったんで、文法でどうにかしようと思って、まあ、やったって感じです。はい。
日根野：すごいなんか、俺、菊本信者で。フフフ。化学は菊本先生の授業受けてればできるようになるみたいなって、出てたんで、百発百中。すごい、なんか、俺の考え方と菊本先生の、問題の解き方とかが、すごいマッチしてて。理論もそうだし、有機もそうだったんですけど。あと、菊本先生のプリントがすごい良くて。プリントもらって、問題も解き、教えてもらい、みたいな感じで。正直、化学は、1学期伸びたのは、菊本先生のプリント、めっちゃやったからだと思います。授業があるたびに、解いて持ってって、またもらって、解いて持ってって、もらってっていうのを繰り返してました。自習時間もしてましたよ。他の人に比べて、まあ、世間一般の、いわゆる大手に通ってる人たちよりは、はるかにしてたとは思います。

1年頑張り続けられた理由って？

西村：クラス懸かってるっていうか、月1回のマンスリーで。やっぱ下がりたくないよね。周りに、周り全員分かるもんね、下がったらね。やっぱそこが、1年間頑張り続けれた理由みたいなところになるのかな。そのー、ずっと走ってこれたみたいな。僕は結構もう下がるぎりぎりまでいってたんで、最初M1にいたんですけど、最初良くて調子乗ってたら、第3回ぐらいで結構やばくなっちゃって。いつ落とされるか分かんなかったんですけど、もう落ちないようにしないととしか思ってなかったです。夏とかやばかったです､1回、55まで下がってる。1回だけ。
日根野：危機感覚えるたびに、おまえ、持ち直してたよね。
西村：もう行ったり来たりみたいな､あ､落ちた､やばい、落ちる、みたいな感じでした。
日根野：ウイークリーは、俺は700選ちゃんとやってました。はい。胸張って言えます。1学期は全部満点だったかな。他の科目は、1週間の復習みたいな扱いでやってて、ある程度復習して、ウイークリーの対策をするっていうよりは、1週間、授業の復習したことの結果がどう出てるかなみたいな感じで。で、あ、ここ、もう覚えてなかったなみたいな、やんなきゃ、みたいな感じで受けてました。
西村：僕は、数学のトップ(レベル)、5人、4人とかしかいなくて、トップだけの数学のテストとかあったんで、ウイークリーが。もう、総合(ランキング)とか全然狙ってなくて、数学だけ頑張ってて、時間かけてもいいから、結構、記述だったんで、数学だけちゃんとやろうと思って。なんで数学以外は結構悪い点数取ったりしてた気がします。
日根野：僕は、英語できるようになったのは、700選おっきいんじゃないですかね。成績表、多分見てもらえれば分かりますけど、英語、後期にかけて急激に伸びたんで。やっぱ700選、素地つくるというか、パターンを、ガーって覚えて、そう、俺は特に、語彙と文法弱かったので、それを700選で補えたっていうのは大きかったかなと思います。フフフ。
西村：いや、いや、僕は全然、なんか。700選、結構やったんですけど、そもそもなんか、英語、本当に苦手で、700選やっても、そんなできるようになんなくて。やっぱ、覚え方なのかなって途中から思いだして、テストのために勉強するやり方の人と、ちゃんと理解する人っているじゃないですか。僕、多分、結構、テストのためだけにやってたりしたんで、まあ、いい加減だったのかなっていう面は、今思うと。はい。
日根野:そうですね。構造把握は大事だったと思います。本当に、英語は。
西村：数学は、薄先生、楽しかったんで、後期とか、薄先生の授業がテストゼミとかで、順位いいと貼られるんですけど、だからその、そのために頑張ったりしてましたけど。薄先生の教え方って、結構、他のいろんな卒業生にも聞くけど、すごいなんか独特というか、1個の方程式覚えたら全部解けるみたいなやり方教えてくれるっていうような、そんな感じだった。俺は結構好きだったすね。
日根野：俺は、薄先生が数Ⅲ担当だったんですけど、数Ⅲは俺、本当に苦手だったんで、なんかあんまり。すいません。授業中も、Ⅰ、ⅡBの知識使って解けるやつは、ごりごり計算して解いて、解けましたみたいなことができるみたいなことはあったんですけど。数Ⅲのごりごりの知識使わなきゃいけないときは、もう本当に分からず、先生の解説を待つみたいな状態でした。でも、朝の過去問。なんか朝、過去問解こうぜみたいな感じがあって。薄先生のやつ、結構それでテスト慣れとかもできました。それこそ、旦（伊藤旦：昭和大医学部進学）とか平井（平井豪：昭和大医学部）とか、そのグループで、6人ぐらいのグループからちょっと。本当に古い過去問の中で、薄先生が厳選してきたやつを、コピーして解けみたいな。それを朝来て、みんな7時ぐらいに来てやってました。普通に楽しかった。
西村：対決とかだったんで。
日根野：なんか友達と、競うの楽しかったんで。やっぱり、その場で丸付けして何点みたいな、俺、何問合ってた、みたいな。

ダレるというか、たるんだ時期もありましたか？

日根野：夏、なんか(笑)急に、呼び出されて。
西村：ああ、呼び出されましたね。
日根野：4人？プラス、旦と牧野(順天堂大医学部進学：牧野晃大)も。

西村：あと久保田(東北医科薬科大進学：久保田芳人)もいた。呼び出されて…。
日根野：5人だっけ、6人だっけ。なんか呼び出し。もう1人ぐらいいたよな。なんか、何人かで呼び出された気がします。呼び出されましたね。確かに。
西村：いや、やれよみたいな。ばれてんだね。
日根野：そう。なんか。ちゃんとばれてんだね。はい。まあ、結構(空き時間に)しゃべってたんで、それを注意されて以来は、それが結構、夏の序盤だったんで、結果的にはそのおかげで夏は勉強できたかなと思います。教室で話しちゃったりするときに、なんか事務の人が、結構圧力掛けに来たりするんですけど、やっぱ、それ結構、多分効果あったんじゃないかなって。
西村：それで結構、みんな自習室戻るとかあって。自分的にやったほうがいいけど、まあ、強制的に多分やらされることも多分大事だと思うんですよね。
日根野：そうですね。やっぱ、強制的って大事ですね。
西村：フフフフ。それはしみじみと思います。
日根野：普通、注意なんて来ないもんね。他の予備校とか。
西村：そうなんです。
日根野：まあ、河合塾にいたときは特にはなかったし、本当にひどい人たちとかもいて。ずっとしゃべってるような、あいつら、なにしに来てんだよ、みたいなのがあったんだけど、それ(注意されること)はなかったかなと思います。ここは、石井先生も、こう、ぴりっとね、空気締めるからね。
西村：そうですね。若干の恐怖心はあったかな。ちょっと。あんまり怒られたくなくって。やっぱり、山室先生にもそうですけど、石井先生にはもっと怒られたくないんで。ちゃんと見てるからね、石井先生ね。全員のこと見てるからね。うーん、確かに。フフフフ。サボれない雰囲気あった。まあでも、おかげで伸びたし、一気に、2個飛ばしで上がりましたね、俺は。うれしかったですね。なんか、M5に戻るのを目標にしてて、M4までは考えてなかったんで。

小論文や面接のほうの自信は？

西村；僕、小論は、面接だったっけ？、石井先生と高橋先生で、"ブラックリスト"っていうのを作るらしいんですけど、僕、選ばれてて。対策しっかりやらないとまずいって感じで、普段の授業から対策してもらって、なんか、話すのが遅いって言われて。話すのが遅いのと、話しだすのも遅いって言われて。あと、なんか、若く、若くないって。なんか、暗いって言われて。
日根野：若さがないって…(笑)。ランカーって呼んでました。ランキング入りしてるっていう。ブラックリストのランキング入りでランカーって呼んでました(笑)。
西村：若さがないみたいな。明るくやれみたいな感じで。フレッシュさっていう感じがなかったそうです。言葉が出てこない。常識がなかったらしくて。
日根野：ああ、それは言われてたね。
西村：本当に、国語ができないんで、僕。直前の1月の初めとかに、高橋先生のマンツーで、なんか通しでやるんですよ。そのとき、謙譲語ができてないぞと言われて。で、もう今からやっても、時間がないので、ですますしか使うなって言われて。丁寧語しか使わないでいけみたいなこと言われて、あ、はいみたいな感じで頑張ってました。結構言われましたね、知識系も全然、僕入ってなかったんで、知識も詰めてもらったり。
日根野:DVのDとVが何か知らなかったもんな。
西村：一般常識が、ないって、結構、そこ言われてましたね。この大学はこういうこと聞いてくるからみたいな感じで、対策はやってたので。授業でやりつつ、はい。
日根野：なんか面接のときだと、やっぱはきはきしてたほうがプラスには働くので、当然。

受験本番が始まってからの過ごし方は？

日根野：俺、戻ってきてましたね、予備校に。石井先生がおっしゃっていたように試験終わったら、戻って来てましたね、問題の確認とか、先生も結構いるんで。
西村：なんか丸付けしてなかった？　丸付けに戻って。
日根野：そうですね。なんかやっぱ、友達みんな戻ってきてたんで、戻ってきますよね。ていうか、1人で家帰って、言い方あれですけど、くよくよしたり、なんかナーバスになるよりは、友達と丸付けして。それこそ友達が逆に、あいつが大丈夫、この点なんだったら俺も大丈夫だなみたいなことになることもあったんで。まあ、その逆もありますけど、でもそっちのほうが大きいんで、安心感のほうが。
西村：心強かったです。2次試験会場とか代官山生だらけなんで。
日根野：ああ、分かります分かります。受験会場とか、心細さとかない。まあ、いつものマンスリーを受けてる感覚に。
西村：いや、そうです。結構近い。基本、しゃべって

んのは代官山生だけで、ホーム感ありましたね。
日根野：そう。ホームがありましたね。それこそ、愛知とか、俺、前が旦で、いつもの仲いい友達、前にいて。休み時間とかも、いつもどおりの代官山の日常みたいな感じで過ごし、だからなんか、マンスリーとかも受けてるような感覚で解いてっていう感じだったんで。リラックスしてたかな。精神安定にはなったよな。
西村：2次とかも、その一、2次、人数が少なくなるんで、他の学校は、1人とかで行くと思うんですけど、心細いけど、楽しくみんなでいましたね。結構、大学の1次合格のうち1割が代官山(生)っていう…。
日根野：それこそ、2次こそ一番緊張してたらまずいんで、やっぱ1人で緊張するより、俺も西村直記と行ったんですけど、2次、一緒に、新幹線から行って、それこそ面接の、これから始まる中堅の前哨戦みたいな感じで面接して。みそ煮込みうどん食べて帰ってくるって言う感じで。
西村：楽しかった。でも、1年間楽しかったです。
日根野：分かります。つらかった時期もあったんですけど、なんかその一、世間一般でいわれてる浪人生活とは、ちょっとまた違った面で、勉強しつつも、なんか、暗い感じではなく、ある程度の希望を持ってっていう感じだったんで。予備校で言うには適してるのかどうか分かんないですけど。いやまあ、楽しかったですね。
西村：友達の存在とか大きいと思うんですよ。僕、現役のとき、友達ゼロだったんで、本当、そもそも男子いなくて、誰ともしゃべらず来てたんですけど、結構苦痛でしたね。友達できてくると、気分転換にもなって、競争相手にもなるんで、結構大事だなって感じです。
日根野：それは分かりますね。なんか、友達つくんないで、一匹オオカミみたいに勉強する人もいるんですけど、なんか、多分、切磋琢磨する友達をつくったほうが、プラス、よりプラスになるんじゃないのかなとは思います。
一緒に競い合う、過去問解くとか、ランキングで競い合ってとか、そういう友達は、むしろつくるべきだと思うし。やっぱ、友達と話してると人間明るくなるんで。誰ともしゃべんなかったらしゃべり方忘れちゃうじゃないですか、2次面接だと、愛知みたいに特殊なところもあって、何て言うんですか、ぶっつけ本番の、対策の立てようがない質問みたいなものがあって。でも、臨機応変さを見られてるやつだと思うんで、やっぱ日々の生活環境ですかね、重要なのは。

1年、あらためて振り返って。
日根野：理転して1年で医学部へって、絶対書くよみたいなの言ってたんですけど、まさにそのとおりになって。理転して1年で医学部。順天医学部へ。フフフフ。OK。なかなかいないと思うんで、世の中に。
西村：すごい、友達とかもできて、すごい勉強について語れたっていうのもあったんですけど、やっぱその一、学力で、2号館と分けてんのも結構大きいと思うんで。周りに自分と同じぐらいの学力の人がいるから勉強の面で相談もできるし、結構、助けられることも多かったんで。あと、石井先生の授業はやっぱ残ってますね。何だかんだ、数学とかのほうが全然好きだったし、集中してたのも数学だと思うんですけど、今思い出してみて、何を教わったかとかは、何話されたか、数学そんな覚えてないんですけど。なんか、石井先生の授業は、話す、なんか授業の前にお話があるんですけど、結構、その言葉は、印象に残ってる言葉が結構多くて。これ、9月とかに言われたと思うんですけど、落ちたときに後悔に残るような行動はするな的なことを言われて。なんかそれ、本当、ずっと頭の中に残ってて。だからそれ、勉強以外にも使えると思うんですけど、スポーツやってて、くじけるときに、後に、後悔するようなことをできる限り減らせみたいな言葉は、結構心に残ってますね。そういう面で、代官山(MEDICAL)に通ったのは、よかったんじゃないかなって、今、思います。
日根野：石井先生、結構どきどきしてたんで。なんか、当てられるので。大勢いる中で当てられて、答えられないと、やっぱ恥ずかしいじゃないですか。ただ俺の場合、なんか和訳要員みたいになってて。本当に和訳、集中砲火して当てられてて。英語のちょっとした長文とか、みんな大体1文ずつとか、和訳しろって言われてるんですけど、俺の番になると、全文和訳になるんですよ、急に。なんか1人だけ長さ違くて。そうですね。なんか、そういう、ちょっとどきどき感あったんで、引き締まる授業ではありました。なんか、英語以外っていうか、勉強以外のことも結構教えてくれるって、やっぱ医学部について教えてくれる時間多いっていう、それも多いですね。最低点の話とか、あとはなんか、何人受かるかとか、結構勇気付けてくれる話は多かったです。なんか行けるって思えるような話もモチベーションにつながるし。俺は、英語さえできればってことはないですけど、やっぱ、英語を武器にできれば強いし、数学もやっぱり同じで。やっぱ、英数は、武器にはならずとも、プラスに持ってけるぐらいの実力は付けたほうがよくて。あと、俺は2次ですね。2次できれば何とかなったりするよって言いたくて。例えば俺、杏林とか、パーセンテージで言ったら65パーとかで1次。

西村：まあ、僕、多分、ぎりぎりで落ちた人なんで。

日根野：そう。65で同じだったんですよ。で、俺が受かって直記が落ちたんで、多分、俺がそのボーダーなんですけど。結局、2次で、多分、小論と面接、すごい感触良かったんで、それで、もう一気にひっくり返して。本来だったらボーダーぎりぎりの人って、2次、どうあがいても、結局落ちる人、多いと思うんですけど、俺、結局、補欠29番で。1次突破者の人数分かんないんであれですけど、2次面接で300～400人ぐらい抜いてるんで、順位。俺より10パーセントぐらい高かった人が、補欠順番が俺よりも50番下とかもあったんで。2次できると、やっぱ、奇跡が起こること多いなと思います。なんで、2次も軽視せずに、英数を頑張って、理科は、落とさなければ受かると思います。

卒業生が語る

合格への軌跡2022年

WAY TO SUCCESS

東邦大医学部	2次合格
福岡大医学部	2次正規合格

親が両方、別に医者じゃないんで、医学部っていうこと自体が、そもそも未知だったんで、どんぐらいやればいいかとかも全然、分かんなかったんで、家族全員が。

東邦大医学部進学　井吹 拓馬君（桐蔭学園高校卒）

自習室の整理整頓はできていました。

めちゃくちゃ、机はめっちゃきれいにしてました。やっぱ机をめっちゃきれいにすることによって、ちゃんと整頓してプリントごとに上に乗っけて、その出したいものすぐ出せるんで、それも勉強の効率アップにつながると思ったんで、あれは結構、効率的だったかなっていうふうに思います。自習室、個人的にはもう全然、広くて、快適で、むっちゃ広く使ってました。そうっすね。もう完全に、やるやつっていうのをその日に決めて、そのやるやつをこう、その机の上に置いて、他のやつは全部ロッカー入れてみたいな感じで。確認とかも、自分がそのずっと使ってるまとめみたいな、まとめてる教科書みたいなのを、僕は常に置いといてすぐ調べられるみたいな状態にしてたんで。

で、1次で合格したのは、岩手医科と東北医科薬科と福岡と東邦で。2次が来たのが、福岡と東邦。で、東邦大学に進学しました。大学生活は、めっちゃ楽しいです。部活(ラグビー)も宮本君(宮本秀太郎)と一緒なんで。楽しくやらせてもらってます。代官山(MEDICAL)に入って、毎朝、7時半ぐらいには来て、そっからもう休み時間とかもずっと勉強して、ずっと昼とかも5分ぐらいでぱぱっと済ませて、9時半ぐらいまではずっと勉強してました。携帯も、もう親に預けてって感じで。1年間、全く携帯持たず、ほぼ持ってなかったですね。本当に、僕、高校がすごい、高校の部活がすごい強豪で、もう1月ぐらいまで、部活動やってて、まあ本当に(知識)ゼロだったんで、浪人決まったときには、すごいやる気はあったんですけど、本当に何も知らない、全部何も知らない状態だったんで。だから、代官山で一つ一つ学ぶのが新鮮というか、すごい楽しかったっていう記憶ありますね。

代官山に入った瞬間からスイッチ入って、A8、A8のメンバー、みんな勉強しっかりやってて、丸山君(金沢医科大進学:丸山翔)とか、斎藤さん(愛知医科大進学:齊藤優希乃)とかいたんで、A8で真面目な人多かったんで、励みになったかなと思います。1学期がA8スタートで、そっから徐々に1個ずつ、そうですね。A8からA7、A6、A5、で、最後A5だったんで、ま、そんなに、クラスとしてはそんな上がってないですね、でも、正直、もうちょい上がりたかった。いや、すごい最初から飛ばしてたんで、最後の冬のほうは、最後まで化学はベーシックレベルだったんで、もう知ってるよみたいなこと最後のほう多かったりもしたんで、最後のほうはもうなんか大丈夫かなみたいな感じにはなってました、少し。で、受験期入って、最初に、岩手医科、1次通って、これ、どっかはくるなみたいな(笑)。

ゼロ、空っぽから始めるんだから、自己流は捨てた。

親が両方、別に医者じゃないんで、医学部っていうこと自体が、そもそも未知だったんで、どんぐらいやればいいかとかも全然、分かんなかったんで、家族全員が。なんで、本当にもう頼むよみたいな感じで。そうっすね。ただ、合格するまではあまり信頼はなかったです。合格した途端に、やっぱ、みんな手のひら返してくる(笑)、気持ちいいなと思いました。最後受かったとき喜んでくれて、泣いて、泣いて喜んでくれました。

正直、東邦は、めちゃくちゃうれしいですね。第1志望だったので。1学期とか振り返ってみて、結構、体力的には、部活動、やっぱ、でかかったかなっていうふうに思います。やっぱ、メンタル面的なところも鍛えられたんで、ラグビーで。もう本当に僕、高校の頃はラグビー一色だったんで、あんまり医学部とか目指してなくて。で、高校のときに、一応、親が1個、受けてみたらみたいな感じで東邦受けさせられて、東邦しか知らなかったんで。まあ、東邦、第1志望だったんですけど。

本当にA8ってみんな空っぽだと思うので、自分のやり方でやるっていうのはまず絶対やめたほうがいいと思って。もう全部、先生に聞こうっていうので、全部の集団授業とマンツー、それぞれ先生の言う通りの課題をこなして、って感じで、自己流は絶対にやめてました。英語なんかは、下地を作ってくれたのは、梅田先生でしたね。

やっぱり最初にA8の授業を担当、教えてもらって、すごい熱血な人だったんで、で、ちゃんと成果も上がって、最後のほうはちょっと伸び悩んだんですけども、もう完全に下地をつくってくれたのは、もう梅田先生かなって思いますね。梅田先生が作ってくれるプリントがめっちゃ良くて、めっちゃ厳選した上で、作ってくれてたんで。それ何回も、その厳選されたやつ何回も繰り返していくうちに、まあもう文法はもう、あっ、これやったやつだみたいな。すぐにぽんと出てきたんで、それはよかったかなというふうに思います。数学は、僕はもう完全に山室先生推しですね。本当に、もともとなんかセンスはあるみたいなことを言われたんすけどて、後にいろいろぼろかすに言われて、ほんと、まあ、メンタル強い人だったら、すごい向いてるかなっていう先生で。あの人に教われば、この人の言われたこと全部できるようになれば、まず間違いなく、どこにでも行けるかなというふうに思いますね。僕は、あの人のおかげで数学、得点源になったかなって。最後の冬のときにある、マーク対策みたいな、冬期の集団の授業のやつが、まじですごい助かりました。使えましたね、東邦でも何個か。

2号館も意識してやってました。

最初は、もうなんか友達つくらないでいこうとしてたんですけど、途中からそれはなんかちょっと情報が薄いなと思って。さっきの丸山君とか、斎藤さんあたりとは、よく勉強の話して。例えば、梅田先生のさっきのそのプリントとか、これ、前やったやつだよね、みたいな話とかやったりしてました。友達できて、情報共有とかがやっぱ強くなったって感じですね。予備校に朝から夜までいることで、結構、みんな大学について情報もらえるので、それで僕も医学部について情報ににもちょっと詳しくなったかなと思いますね、はい。
斎藤さんは、A8の中で一番最初に抜け出したかんじで、2回目のマンスリーぐらいからなんか突き抜けて、僕らのクラスで良かったんで、抜きたいなというふうには考えてました。マンスリーとか、他の友達とか意識して、ウイークリーも全部意識して、やっぱ点数を意識して、2号館にも負けないように、って。まず、(ランキングに)名前に載るっていうこと、目指して、2号館にも負けないぞっていう意気込みでやってました。
ウイークリーは、もう絶対にやったほうがいいですね。A8とかは、ベーシックレベルだと思うんで、逆に上の人たちが取れないところを絶対取れるから、そこでモチベーション上げたりもしてました。丸山君とかと競って、負けた、勝った負けたみたいな、一喜一憂というか、そこで、張り合ったりできるのが、ウイークリーの良さだなというふうに思います。

勉強の仕方がかわってきた。
夏は、夏さぼったら、やばいなっていうか、夏で、まあ、追い付こうみたいな気持ちでいたんで。僕みたいなそういう、自分でやれない人だと、授業もツメツメにしてもらって、絶対に単科とかも取ったほうがいいなっていうふうに思いますね。秋になって、なんか夏、伸びなかった物理が、秋に、あほみたいに伸びたんで。
小澤先生のプリントは、やったほうがいいですね。小澤先生もなんか、プリント厳選して、問題厳選してくれて。力学とか電磁気、熱、原子、波動それぞれ全部やって、その後、入試問題みたいなのを配られるんで、それも全部やれば、もう物理はもう完璧かなっていうふうに思いますね。もう完全に信用してやってましたね。もう本当に物理は、全部覚える。これ出たらもう答えこんな感じなくらいまでやり込んだので、それがやっぱ東邦、そういう小問が多いので、小問、すごい得意になったなっていう実感はあります。

マンスリーでも、秋、秋に急にぐんときて、最後のほうもなんか上位とかに食い込んでたりしてたので、小澤先生とか柳瀬先生とかにも、君、物理できるよねみたいな感じに言われるようになって、マンスリーテストとか見てる限り、2号館も別にそんな大したことないかなみたいなふうに思えてきたっていうか。あー、上の人たちもそんなもんかみたいな感じで。でも、なんか最初のほうは、もうなんかよく分かんないけどノート取ってるだけみたいなことがあったんですけど、後期になって、前のノート見返したときに、ああ、こういうことを先生、伝えたかったんだなみたいなのが分かってきて。石井先生とか、他のマンツーの先生とかから、もうこれやりなさい、これやりなさいみたいなこと言われるんで、あ、まあ、これやろうみたいな、素直に信じてやっていった、言われたことをやり続けてました。授業中も、同じことを何回も言ってくれるんで、2回目同じこと言われたとき、あっ、こういうこと言ってたんだみたいな。なんかその自分の理解が、先生が教えてたことと結び付いてきたみたいな実感ありますね。本当にまあ自分のやり方じゃなくて、先生に言われたとおり、まとめられ、こうやれって言われてこうやるみたいな。そのままやるっていう。それだけで、それを繰り返して身に付ければ、もう絶対、大丈夫だなっていうふうに思いますね。僕とかは、本当に、あんまり余分な知識がなかったので、すんなり先生の話とか受け入れられたんで。

先生の言葉でハッとなった。
そうですね。まあ石井先生は、大学の話とか、医学部ネタとか、結構詳しく、詳しい情報も教えてくれるので、そこの大学の話とか聞くうちに、医学部早く行きたいなみたいな気持ちにもなるんで、そういう話聞いて、俺も早く受かりたいな、代官山出て、大学行きたいなっていうふうに思ったんで、まあ、そういう面でも励みになりましたし。あとは、単純に、授業も面白かったんで。
こういう人が落ちる、こういう人が受かるみたいなことを、ズバズバおっしゃって、言われ続けてきて、まあ、こうならないようにしようっていうふうには頑張ってました。結構、精神論的な話、モチベーションアップするような、石井先生してくれるじゃないですか。一番石井先生の言葉で、ハっとなったのは、聞いてからやるのが愚者みたいな。賢者は歴史から学んで、愚者は、自らの失敗からはじめて学ぶ、だっけ。自分でやってそれ違うわ、って気付くのが愚者で、人が人のやり方を見て学ぶのが賢者みたいな、そういう話を聞いて、これも完全に俺だなみたいな。愚者のほうだわみたいな感じになってたんで。心に残りましたね。そうっすね。(メンタルが)落ちてるときに石井先生の話は、一番、聞くべきだと思います。

ハードル高いと思っていた小論文。

1学期から小論で結構、書き込んでいったときも、もうなんか、本当に最初入ったときは、もう別になんかどういうふうに書くとかも何も知らなかったんですけど。だからもう、最初のテストとかは、半分ぐらい、字、字足らずみたいなので、減点めっちゃ食らったんですけど。だから、高橋浩先生から教わって、こうやって書けみたいなこと言われたり、でもやっぱりそう指示されるっていうのが楽だなっていうのは思いましたね。あと、段落3には自分の具体例入れろみたいなこと言われて、で、まあ、そこ以外は全部もうなんか、もうほぼテンプレートだから、そこ考えるだけでいいみたいなふうになったので。やっぱり、すごい、小論もこんな簡単なんだなって、最初、すごい一番、不安だったんですけど、こんなに簡単なんだなみたいな。

高3卒業して、その後そのまま。

浪人が決まって、すぐまっすぐに、代官山MEDICALへ、真っ白な状態で。全く素養ができてない段階で代官山MEDICALに入るっていうのはとっても大事です。全部教えてくれるというか、下のクラスほど、下のクラスも全部、全部教えてくれるから、別に全然、ま、上の日医とかレベルになるとちょっと分かんないですけど、東邦とかマーク式だったらもう全然、チャンスはあるんじゃないかなっていうふうに思って、ゼロの状態だったから、逆に、素直に全部聞けたって、いうか、そうっすね。本当にゼロだからこそ、ゼロの人こそ代官山に行くべきです。先生も、別に上下あんま関係なく、下には、下の人の気持ち分かってるからみたいな。こうやってやるんだよみたいな。その先生なりのやり方があるんで、これいいなって思った人のやり方で、その教えてもらった人のやり方で、最初から最後までずっとそれやり続けてれば、本当に受かるんじゃないかなと。

逆に、本館でぺちゃくちゃしゃべってる人多かったんで、こいつらよりは勉強してるなみたいな、ハハハ。なんか常に性格悪くなって、言い方悪いですけど、本館は、あんまり、俺より成績いいやつはそんなにいないなみたいな、でも、俺より低いやつらも頑張ってるからみたいな、俺、俺ももっとやんないとみたいなふうにはなってました。自分を奮い立たせるっていうか、そうですね。やっぱ石井先生とか、その、イズム的な、受かるイズム的なのは結構、心地良かったっすね。最後まで石井先生の授業は出ておけば、石井先生がまあ、なんかそういう話をしてくれるので、ブレないですね。こう、頑張ろうっていうふうに必ずなるんで、石井先生の授業受ければ。そういう気持ちになりますね。もういいやみたいななったときでも、石井先生の授業受けると、あ、やんなきゃみたいな。

卒業生が語る

合格への軌跡2022年

WAY TO SUCCESS

東邦大医学部 2次正規合格(追試)
国際医療福祉大医学部 2次合格
杏林大医学部 2次合格
北里大医学部 2次合格

教科書の太字だけ覚えるのって、それでもう太刀打ちできないんですよ、医学部入試は。

東邦大医学部進学 村山優綺さん(東洋英和女学院高等部卒)

杏林大医学部	2次合格
聖マリアンナ医科大	前期2次正規合格
北里大医学部	2次合格
岩手医科大医学部	2次合格

自分がどこをできてないかとかを素直に認めて、自分はできないんだからやるしかないって思って、本当に謙虚にこつこつやんないと受かんないと思う。

杏林大医学部進学　小川加奈子さん（横浜雙葉高校卒）

ここに来たきっかけは？

村山：村山優綺です。東洋英和女学院高等部卒業で、今は東邦大学医学部に通っています。

小川：小川加奈子です。横浜雙葉高校出身で、今は杏林大学の医学部に通ってます。

村山：私はいろんな医学部予備校の資料を集めてて、それでいろんな所のを見て、実際に何校か行ったりしたんですけど。代官山だけ、こういうふうにちゃんと細かい合格体験記、その本人が言ったことがそのまま、それも長々と書いてあって、これって本当に合格した人の本音が分かるなって思ったのと。あとは、リアルな合格者数が出るじゃないですか。それが大きくて。私、駿台通ってたときも、え、こんなに合格した人いるっけっていう感じの数で。結構、本当はどうなんだろうっていうのが気になってて、それが一番気になってたので。代官山はリアルな人数があるっていうのもあるし、あとここで初めて石井先生とお話ししたときに、私の東洋英和の先輩が何名か通ってらっしゃって。その方がどういうふうに勉強してたのかとか、その方が現役のとき、どれくらいの成績だったのかっていうお話を聞いたら、私もここだったら１年頑張れる気がするって思ったので。高校の先輩がいたことと、リアルな指標があるっていうのが選んだきっかけです。

小川：私は兄がここで５年前ぐらいにお世話になってて。兄も結構いろんな大手の塾を行ってたんですけど、２浪目のときにここに来て、今までそんなに勉強得意って感じではなかったのに、代官山に来て、朝からすごい勉強してるところが出てきたらしく、朝から本館で、最初A8とかだったんですけど、開く前から並んで、一番ぐらいに登校して勉強してるみたいなことを言ってて。最終的に２号館に上がって合格させてもらえたので、代官山に対する信頼っていうか、ここに入れば頑張れるかなと思って、ここに行くことに決めました。

苦手の克服とか、勉強の習慣化などありますか？

村山：最初、この生活に慣れるのが結構大変で、自分が崩れちゃうというか、体調を崩したらどうしようとか。多分１日でも休んだら響いちゃうんで、どうしようって最初はすごい思ってたんですけど、やってるうちに慣れちゃったので、つらいとかいう概念がないっていうか。常に毎日やることが決まっているので勉強に迷いがなくて、４教科がルーティンだったので、別につらいとかは特になかったかなと。

小川：成績上がらなかったりしたら、つらいことはつらいんですけど、でもなんか私、意外と、塾来るの好きで。先生と仲良くなれたっていうのもそうなんですけど、ちょっと悩んでも青葉先生とか、緒方先生とかもすごい前向きな言葉を掛けてくれるので、頑張ろうって思って、そんなに落ち込むこともなく、さあ塾行くかみたいな感じで、淡々とやってて。今、振り返ってみれば普通に楽しかったかなと思います。

村山：朝は、計算（トレーニング）と、700選（の暗記）とかそういうのやったりとか、密にずっと授業入ってたので、安定してやれてました。日曜日だけは、一応６時までちゃんとやってるんですけど、家、帰ったらゆっくり過ごすというか。私は取りあえず東邦に行きたかったので、東邦のパンフレットを見てたりとか。あと普通にゆっくりお風呂入るとか、そういうことして。絶対SNSとかYouTubeは見ないようにしてました。

小川：薄先生には毎日、質問しに行ってました。本当に、最初、もう、数学ものすごいできなくて。マンスリーとかでも10点とか取ったことあるし。本当に去年、現役のときも全然できなかったんですけど、今年で決めるためには数学どうにかしなきゃなと思って。数学が10点とかっていう点数でも合格できたのは、基礎か

らやるっていうのがすごい大事で。薄先生って基礎的な考え方をもとにして難しい問題もできるようにっていうのをすごいおっしゃってて。いろんな難しい公式を覚えるとかじゃなくて、こういう考え方もできるようにしたら全部できるよ、みたいなのを授業で教えてもらえたので、それがすごい良かったです。あとは私、本当にできなかったので、量もこなさなきゃと思って、マンツーで確率とか、(問題の)冊子をすごい配ってくれて。何回も復習しろって言われて、それをもうずっとひたすら復習してました。

村山:薄先生もそうなんですけど、あと平パン（数学科:平野先生)。薄先生にはよく質問は行ってたんですけど、取りあえず代官山のテキストを何回もやって、ただ覚えるんじゃなくてちゃんと仕組みまで理解してれば、絶対合格できるからって言われてたんでそれをやってたのと、平パンからはいっぱい「確率」、100枚ぐらい「確率」だけのプリントをもらえてて、それを見せに行ったり、解いて見せに行って、これ、答え、たまたま合ってるよとか。「確率」って結構、たまたま合うみたいなのがあったので、それ、あんま良くないっていうか、本番でたまたま合ってたらいいけど、結局本番で間違っちゃったら意味ないので、そういうところから直してもらったりして。

小川:確かに数学、質も大事だと思うんですけど、すごい苦手だとそんな質っていうより量が大事かなって思って。直前期とかも薄先生に、1問解いたら0.01ずつぐらい偏差値上がると思って復習しな、みたいなの言われて。直前期に、テキストのコピーみたいなのを作ってくれて。

村山:もらったよね。

小川:テキスト問題だけをシャッフルしたプリントみたいなのを、すごい大量にくださって。これをとにかくやれって言われて、それをもうひたすらやって。その量をこなしたことで結構自信にもなるし、これだけやったから頑張れるわって思って。量も大事かなと思います。生物はオガティー(緒方先生)で。オガティーの板書は本当に分かりやすくて。学校の授業とかだと単語だけ一生懸命覚えてみたいな感じだったんですけど、オガティーの板書は、どうしてこうなってんのか、仕組みからしっかり理解できて。テスト中も解きながらその板書を頭に思い浮かべて、こうなってたなって思い出せる板書だったので、それがすごい良かったなと思います。

村山:私、現役のとき、生物の教科書の太字だけ覚えるってやってて。それでもう太刀打ちできないんですよ、医学部入試は。そういうんじゃなくって、ちゃんと理解してることがベースで、そっから知識は覚えるっていうのが大事なんだなと。ちゃんと原理を分かって覚えるっていうのが一番大切だったのかなと思います。

成績上がり始めてきて、これ、いけるなって思えた時期は?

小川:最後まで、絶対いけるわみたいな自信はなくて。数学がネックだったので、数学次第かなみたいな感じだったんですけど。直前期、冬に薄先生が過去問のやったほうがいいリストみたいなのを作ってくださって、それを朝に集まって解いてたんだよね。それを解いて、得点とかも書いてくる欄があって。それをやってくと、そのリストに入ってた、女子医の何年かの問題で、一回、満点取れて。すごい成長したなと思って、そこでやっと。私、女子医、現役のときに受けて、本当に大問1の1問目と2問目しかできなかったんですよ。今年は、入試って意外と授業でやった問題が出てたりして、実際の問題でこんぐらい取れてるんだって思って。ちょっとできるようになっているんだなと思って自信にはなりました。

村山:私も最後の最後まで、自信は全然なかったんですけど、最初の国際(医療福祉大)で1次が受かったときに、「あ」って思いました。国際は現役のときに、もう分かんなくて試験中、暇だったんですよ。全ての科目が暇でしょうがなくて。それが、なのに本当にこの1年(間)、浪人を経て受けたときに、数学とかも最後の最後のあと30秒ですって言われてもまだ手を動かしてて、普通にマーク埋めてたので、そのときに終わって、「あっ。できたかも。」ってちょっと感じたんですよ。ちょっとこれは来るかもしれないと思って。そっからはちょっと自信がついたというか。

小川:私、M2にいたんですけど、M2の中でそんなできるほうじゃなくて。一回、マンスリーとかでもすごい悪い点取って、本当に自信もなかったし、受かるのかなとか思ってたときもあったんですけど。最初のほうは本当に、普通の人は聞かないような簡単過ぎる質問みたいなのもしてて、でも、どんどん質問していくうちにちょっといい質問するようになったじゃんとか言ってもらえたりとか。ハイのクラスだったんですけど、ベーシックと下のテキストも渡されて、夏中にやってこいみたいに言われて。おおっと思ったんですけど、やってやろうと思って、ものすごい勢いでベーシックのテキストとか1週間ちょいぐらいで解いて、終わりましたとかいって出しに行って。そしたら、おお、やる気あんじゃんみたいな感じで、結構やるなみたいに言われて。そういうのをちょいちょい、ちょっと褒めてもらえるのが嬉しくて。このままいいとこ受かったら喜んでもらえるかなとか思って、そういうのもモチベーションになって、先生とのやりとりで結構頑張ろうって思えるところが多かったです。本当によく見ててくれてて、寝不足のときとかも、おまえ、絶対寝不足じゃんとか、ちゃんと寝なよみたいな言われて、そんなことまで見られてるんだと思って。勉強してなかったら絶対ばれるなと思って。

自習室での自習時間の使い方は？

村山：私は、1学期マンツー入れてなかったので、割と普通に自習時間ありましたね。2学期からは、化学と生物を入れてました。1学期は6時半を目安に来てました。開く時間には来てたって感じで。

小川：同じぐらいに来てたと思います。

村山：朝早く起きる習慣を付けておくと、本当に受験期、楽で。もう起きなきゃっていう感じで本能的に起きるようになる習慣が私は付いてたので、朝、受験期のときに、ぼーっと眠いなっていうふうな顔で行かなくて済む、しゃきっとした感じでいけるっていうのがよかったです。

小川：私は朝やることをすごい決めてて、朝来たら、取りあえず夜間(演習)のテキストの計算練習を1日15分やって、その後に700選の暗記をして、石井先生が夏ぐらいに『標準問題精講』っていう英語のテキストの写経するのがいいよっておっしゃってたので、それの写経をしてっていうのをいつも、毎日パターンで繰り返してて。朝、そういうのをやっておくと、眠いけど目覚ましにもなるし、1日の始まりをだらだらせずに済んだのも結構よかったかなと思います。

村山：日本語にはない英語の流れっていうか、言い方とかって、単に文法書だけを勉強するだけじゃ分かんないことっていっぱいあるじゃないですか。例えば自分が帰国子女とかでそういうのを知ってれば別の話なんですけど、純日本人だとそういう感覚っていうのがないので。そういうのを身に付けるのは写経をやってたから良かったのかなって思います。

小川：長文読んだときに、結構すうっと読めるっていうか。石井先生のθのテキストとか、ちょっと長めの文とかじゃないですか。それを毎日見てたことで、長文もすらすら読めるようになって、長文に対する抵抗もあんまなくて。実際、杏林の長文、満点で。すごい効果出たなと思って。英語でアドバンテージがすごい大きかったなと思います。完全に活字慣れと同じように英文慣れしていたって感じが、写経のおかげかも。

村山：あと内容を、θのテキストって選んで内容を載せてらっしゃるじゃないですか。そうすると、その似たようなテーマが出るんですよ、実際の英語の試験で。私、医科薬科（東北医科薬科大）1次受けたんですけど、そのときも、これどっかで聞いたことある話だなって最初の1段落読んだぐらいで、多分この話続きはこうなるんだろうなっていう、大体の結末というか、流れが見えてきて。

小川：事件もあったよね、同じ(問題)だっ！て思って。

村山：数学も、自分のルーティーンとして、朝、夜間(演習)の数学の問題を、朝10分って決めて、できるだけ多くの問題を解くっていうのをやってて。あと石井先生がおっしゃってたように700選もやって。あとはθの授業の前回習ったところのをもう一回自分でノートに作って、書いて、そこに自分なりに和訳とかを書いてって、やってました。ずっと、直前期までね。

自習室はもちろんみんなこつこつやっているのは分かっているんだけど。周りがやっているのを見て自分も刺激されてっていう相乗効果があったのかなって。

村山：それは大きいですね。

小川：みんな、めっちゃ真面目だった。

村山：みんな真面目だった。私、現役のとき駿台にいたんですけど、友達できなくて。できる環境じゃないっていうか、1人でやりなさいっていう感じだったので。それがみんながどれくらいできてるかとか、どういうところがみんな分かんないのかとか、私はどのぐらいのレベルなんだろうっていうのが全然分かってなかったので。ここ来て、一緒に頑張る仲間がいるっていうのが一番大きかったかなと思って。

小川：ここの前は、私も駿台に行ってたんですけど、難しかったし、友達も個々で勉強って感じだったので。

しかも先生に質問とかもすごい行きづらくて。質問とかしていいのかなみたいな感じで思ってて。奥のほうに講師室があって。
村山：行っちゃいけない部屋みたいな感じだった。
小川：こんな質問していいのかなとか思っちゃって、こんな基礎的なこと聞いたら嫌な顔されるんじゃないかなとか思って一回も質問したことなかったです。私、駿台行ってたときも、あんまり自習室も使ったことなくて。一回行ったときに、隣でYouTube見てる人とかもいたし。それに比べて代官山って本当にシーンとしてて、みんなコツコツ勉強してるし、そういう人たちを見て自分もやんなきゃって奮い立たせられるみたいなところもあって。周りがちゃんと真面目にやろうって、合格したいなっていうので一生懸命打ち込んでいる環境だからできることなのかな、って今になっては。付箋とかもいろいろ貼れるし。

マンスリーテストの活用術は？
小川：マンスリーって順位も貼り出されるし、気になるは気になるんですけど、それで結構泣いちゃってる子とかいるんですけど。入試本番って、毎日がマンスリーみたいな感じで、できなかったからって落ち込んでる時間もないし、次も受けなきゃいけないから、もう切り替えてできなかったとこ復習してこうみたいにしてかないと、本番きついかなと思って。私も、さっきも源河さんの名前出したと思うんですけど、自習室も近くて、マンスリー受けた後に会うことも多かったんで、ここら辺の大問、どんぐらい解けた？とか聞いて、できる人ってここ取ってるんだとかそういうのを知れて。じゃあここを復習しとこうとか思って。友達がここ解けてんのに、自分できてないなとか思ったら、そこを復習しといたりとか。逆に私、ちょっと英語得意だったので、英語、ここ、どんぐらいできた、とか聞かれたら、こんぐらいできたよみたいな感じでちょっと情報共有したりとかして。そういう使い方がいいかなって思います。M2の生物選択がもう、本当3人ぐらいしかいなかったから、そのメンバーで情報共有ができるのでよかったし、順位貼り出されてんの見て、この人、こんな上にいるわって思って。入試では負けたくないなって思ったりしてました。
村山:4月は予想外のM2に入れたんで、おって思ってたんですけど、それからずっと、成績は波を打つというか、いいときもあれば普通みたいなのもあって。ちょっと一喜一憂はしてたんですけど。あんまり振るわなかったときに、ショックが大き過ぎて。それを割と長引いちゃうというか、また思い出しちゃったみたいに、思い出しちゃうことがあって。それで、これ、ずっと1月までやってたら負のスパイラルだなと思って、もう切り替えてやんなきゃっていうふうにあるとき気付いて。でも割と自分はずっと、あんまり人にここ、できなかったとか言うのが結構恥ずかしいタイプだったので、自分だけのちょっとした目標を毎回決めて、化学苦手だからあと5点、次、プラスした点数取ろうかなとか、あとは自分よりクラスは下だけど、化学だけ上の子とかを見て、この子には追いつかないとなっていうのを、自分の心の中で、ランキング見たときに何となく目標を決めてやるっていうのを、マンスリーはそうやってやってました。

次年度、医学部合格を目指す後輩の方々へ
小川：謙虚に、先生に言われたことを素直にやるっていうことを一番伝えたくて。M2とか上のクラスにいたりとか、ちょっとマンスリー良くなったりすると、いけるとか思う人もいるかもしれないんですけど、私、現役のときも、受験生だったし、医学部受験するから、すごい自分頑張ってるって思ってたんですけど、今、浪人してそれを振り返ってみたら、あんときって本当に勉強してなかったなって気付いて。それを薄先生に話したら、それに気付くまでが浪人する時間だよね、みたいな感じの話になって、本当にそうだなと思って。自分がどこをできてないかとかを素直に認めて、自分はできないんだからやるしかないって思って、本当に謙虚にこつこつやんないと受かんないと思うし。ちょっと天狗になったりとか、なまけちゃったり、授業切っちゃう人とかもいるかもしんないですけど、そういうことやってると合格には近づけないかなって思います。プライドとか言ってる場合じゃない、本当に。もう必死だったので、絶対今年1年で受かりたいって思って。
村山：私も本当に謙虚っていうのは強く押したいんですけど。あと絶対、反抗しない、先生に歯向かわないっていう、これ、重要だって思って。学校とかだとよくあるんですけど、そういう人ってそこまで伸びないっていうか。先生が言ってることが一番正しいし、絶対それが近道だから、それを信じて、とにかくやり続けて。あと恥を捨てるというか。私、すごい生物、苦手で。毎回当てられても間違ってたんですけど。特に深瀧先生の授業とか、ずっと間違えてたんですけど。最初すごい恥ずかしいなって思ってて。自分のプライドがあるというか、そういうのもあるので恥ずかしかったんですけど。でも恥ずかしがってる場合じゃないし、自分が知らないわけだから、理解もできてないわけだから、それで1個プラスして、今、学べてるっていうふうにポジティブに考えるようにして。別にここの人たちに、あの人できないじゃんと思われてももういいやって思って、全部恥ずかしいけどさらけ出そうと思って、それで1年間頑張るっていうのも、絶対この1年しかないっていう強い気持ちを持ってやってったのがよかったのかなと思います。

卒業生が語る

合格への軌跡2022年

WAY TO SUCCESS

防衛医科大学校	2次合格
愛知医科大	2次合格
東北医科薬科大 A枠・一般枠	2次合格

代官山は、人生の岐路において、いい方向に舵を切ってくれた場所だった。

防衛医科大学校進学　檜 康友君（桐光学園高校卒）

3月29日に補欠、回ってきました！

檜 康友です。進学は防衛医科大学校で、1次受かった所は、愛知医科大学、東北医科薬科大学、防衛医科大学校、日大のⅡ期です。で、2次がその愛知医科(補欠42番で)と東北医科薬科のA枠と一般枠両方受かって、あと防衛医科大学校が受かりました。慈恵とかも受けたんですけど、日本医科とかも落ちました。むずかったです。日本医科、もう数学が全くできなかったんで。防衛医科の2次が、3月29日の夕方に回って来て、補欠回っても3月30日までで、たまに3月31日の回る年があるってことも聞いてたんですけど、一番最後来た人が、1人、3月30日の子がいるんで、その子がラストですね。フフ。危なかったです。東北医科にむちゃくちゃ行くつもり満々だったし、部屋探しに30日に仙台に行く予約取ってたんで。29日に防医、電話かかってきて、「このたび繰り上がりましたので、進学する意思はあられますか」っていうので、やりますって言ったら、いろいろ説明されてっていう感じです。フフ。飯が全部出ます。服も全部支給されます。本は、自分で買います。教科書もくれればいいすけど(笑)。代官山に入ったときは、クラス、A3でした。最後がM5です。出世しましたね。最初の4月にクラス分け(テスト)があって、ぎりA3は2号館だったんで、本館には落ちたくないなって、1学期、本当、死ぬ気でやって、割と5月6月は復習やレビュー回せて、失敗せずに。6月に関しては多分20番ぐらいだったんで、それで夏にA1まで上がって、2学期からM5になったって感じです。もともと英語はできなくて、夏明けにちょっと伸びたかなって、1回、英語マンスリーで13位取ったことあって、マンスリーの偏差値が59.8のとき、はい、それ最高値が10月ですね。防医って、問題傾向、結構、変わった問題出してくるじゃないですか、英語とかで。アメリカの選挙制度のやつで、勝者総取り方式を英語で言うとみたいな問題出て、winner take allというのを三ツ橋先生が授業中、言ってたんで、それを覚えてて、おかげでそういうところも取れたりしたなっていうのはあります。知識がないと絶対解けなかった問題なんで、覚えててすごいラッキーでした。

テキストがっつりやってたんで、本番でテキストから同じような問題が出て、高得点につながった。

純粋に、テキストとレギュラー授業と、あと夏期講習、冬期講習の集団授業の予習と復習、十分回せましたね。数学とかは、テキスト以外にも、夜間(演習)の計トレってあって、それだけで演習量もいかつくなっちゃうんで。量が、十分、受験で戦えるレベルにもなりますし。東北医科薬科に関しては、全部の大問がテキスト通りだったんで。東北医科薬科の大問1が接線、大問2が複素数で、大問3が図形で、全部テキストに載ってた問題で。もう全部、ほぼテキストで。平野先生もテキスト重視にやれば大丈夫って、言ってたんで。その東北医科薬科の問題、結構ネットも見ると、みんな出来が悪かったみたいなの書いてあったんすけど、岡宮（岡宮海：獨協医科大進学）とか、あんま数学得意じゃないやつでも、6割ぐらい取ってたりもしてたんで、やっぱりテキストやっとけとば、医学部に特化した予備校なんで、医学部の問題は全然、他の人より取れるんじゃないのかなと思うんで。化学も、結構もうほぼテキストとか、あとセミナー、結構やらされてたんで、そこの問題がめっちゃくちゃできたんで、結構なんか解きやすかったイメージはあります、大学によっては。愛知医科もですし、日大もですし。

現役で防医は、えげつないくらいできる。

防衛医大については、男女比は、男子が3で女子が1ぐらいです。女子が4分の1います。毎年割合が決まってます。多分1浪が一番多いですね。2浪も20人弱いると思うんで、20パー以上はいますね。結局やっぱ頭いいのは現役だったりします、10月の段階でもう浪人と戦える学力がもうできちゃってるってことなんで。みんな賢いですね。特に現役正規はえげつないです。結構、慶應、受かってるけど、ちょっと学費が2000幾らだから、防衛、受かったから防衛行くっていう子もいます。2次で身体測定やります。あと目が悪る過ぎると駄目なんで、まあ矯正してるって話あれば大丈夫なんで、そこはコンタクトで賄えちゃうんで心配しなくていいですけど。体重と身体測定以外は、もう勉強面ですかね。防医の対策に関して、石井先生とも話してて、あんまり対策しないでテキストやってて大丈夫って言われて、もう本当ずっとテキストやってたんで、それで受かってるんで、テキストやっておけば何とかなります。数学も、テキストの問題が出てきたん

で、防衛医大は。代官山のテキストの３集の問題だったんですけど、覚えてます。太郎さん(中村太郎先生)に授業やってもらった次の週に出てきたんで、うわ、これ授業じゃんと思って解けました。あと、平野先生に、コサイン10分のパイと、5分のパイ系列は、もう口酸っぱく覚えろ覚えろ言われてたんで、コサイン10分のパイも出てきましたし。計トレ出てきましたね。今でも覚えてます。結局、テキストだけやったからの勝利みたいな感じですね。

スランプはなかったですね。
石井先生も、常に(成績が)上がり続ける人はいないし、上がって落ちてを繰り返しながら底上げされていくみたいなこと言ってたんで、上がって上がってさらに上がってだと、多分、そんな都合のいい成績の取り方ないかなと思って。けど、7月のマンスリーは、落ち過ぎっちゃ落ち過ぎだったんですけど、まあ取りあえず開き直って、8月に備えようって思って、開き直って切り替えてました。石井先生のを聞いてたから開き直れた感じですね。英語以外にも受験の姿勢とか生活面とか医学部の話もしてくれたりしてて。例えば、受かる人って、典型的に、まあ人間は理性と感情でできてる生き物だから、コントロールが大事でそのときどっちが支配してるかって、感情と理性で、理性が上回れば、多分、受かるんですよ。でも感情っていうか欲望が上回ったら落ちちゃうんですよ。やっぱ楽しいとかって感情で感じるものなんで、楽しいほうに流れると欲望が勝っちゃうんですよ。それで僕、1浪目、落ちてるんで。1浪目、北九州のほうの予備校で。まあ、楽しかった、楽しかったっていうか、でも、ここも、友達と一緒に勉強したりして楽しかったは楽しかったですね、違う意味で。でも、向こう(北九州)は土日はもう完全に自由だったんすよ、寮も、母親とか父親からの目がもう完全になかったんで、遊び放題だったんですよ。けど、2浪目は実家から通ってたんで、行かないと親にもうシバかれるんで、それでもう行ってましたね。家が伊勢原で、結構遠かったですけど、単語とか覚える時間に使えたんで。朝、1学期はもう本当にもう気合入ってたんで、もう朝6時ぐらいに出て、もう7時半とかに自習室にいたりしてたんですけど、後半からちょっと、どんどん遅くなってって、9時ぐらいになってました。へへ。駄目、駄目で、フフフフ、フッ。家、帰るのも10時半過ぎ、で、そっからお風呂、ご飯、で、寝んのが12時前で、1学期はまだ最初だったんで、体力が余ってたんで、結構まあ5時半とかに起きちゃって、睡眠時間少なくてもいけたんですけど、途中からきつくなってきたんで。でも一回下げると、どんどん遅くなってくんで。志望校と一緒で一回下げたらどんどんもう妥協していっちゃうんで、まあもう本当キープすることが大事かなっていうのは感じましたね。電車の中で数学は、ぱっと見て解法が思い付くか思い付かないかってやって、夜、結構すいてるんですよ、新百合ヶ丘辺りからもうみんないなくなっちゃうんで電車の時間をうまく使いましたね。日曜日も来てました。全く来なかった日はないです、毎日来てました。物理は問題解いて、定義を覚えてを繰り返してました。定義を覚えろ覚えろって言われるんで、それは大前提だから、それをやりながら、テキストなり、基礎徹底演習だったりで問題を解いてました。

1年目と2年目での浪人生活の違い。
今年になって去年より勉強したからこそ、1年目の受験よりも2年目の受験のほうが不安でした。なんか1年目は、大して勉強もしてないのにやたら自信あったんですよ。今年で受かるかなみたいな。そしたら全部1次落ちて。で、2年目はまあ、そこそこ勉強したって自分でも思ってたんで、なのに、なんか落ちたらどうしようとか、絶対、学力は去年よりもその前よりも上がってるはずなのに、受かるのかなみたいなのはあって、不安は逆に増しました。真面目にやったからこそ。勉強すると、いろいろ粗が見えきて、やればやるほど穴が見つかってって埋めてっての繰り返しで、まあ正直、多分みんなそうだと思うんすけど、完璧にはなんないんで。ま、完璧を求め過ぎずにやろうって。

レビューテストもちゃんとやってました。
レビューテストは、自分のレベルの応じて出してもらえて、ちゃんとやれてましたね。でも分かんないところは質問行ってたり、あと、別の解法を聞きに行ったり、例えば、普通の大学受験のやり方で解く方法と、まあ外積使ってやる方法とっていうので。ベクトルがノリさん(高橋典先生)に担当してもらってたんで、1学期は。ノリさんとこに行って聞いたりしてました。記述じゃないところは、もう外積とかばんばん使ったほうが、多分、早く解けちゃったりもするんで。だから、大学受験の範囲ではないけど、使えたほうがいいかなというのはありました。科目にもよるんですけど、テキストは、1学期は4、5周したと思います、数学は。確率、ベクトル、複素数平面が苦手だったんで、2集と4集は特にやりました。物理は、3人、寺澤先生、小澤先生、野村先生に行ってました。野村先生は積分微分を使ってくれる感じで、結構すんなり入ってくるなっていうのがあって、けど、定義ってまあ根本は変わんないんで、3人の先生の説明聞いて、表現の仕方が違って、ようやく、あ、そういうことだ、理解できたというのもあったりするんで、誰がっていうのは特になく、3人に同じところを教わって、あ、こういう見方もあるんだって、理解が浸透して、理解が深まったっていう感じでしたね。

不安になるやつは暇人。
石井先生の授業は、すごい分かりやすかったです、予習もちゃんとしたし、なんか、すごい、もう前から2、3列目まで完璧に埋まってたんですよ。教室行くと、もう、1列目はもう女子とか占領してて。ピンポイントで当てられました、すごい当てられる時期があったりっていうのがあって。夏は日根野(順天堂大医学部進学：日根野龍)と一緒だったんですよ。んで、日根野がめちゃくちゃ当てられてるイメージあったんで、僕は、たまーにっていう感じで。いろいろ石井先生の言葉は刺さりました。はい。刺さってました、浪人中。一番刺さったのは、もう受験生に関しては、感情・欲望、上回ったら終わりだからっていうのと、あと、不安とかは暇人が感じるものだからっていうのは、もう言ってたんで、取りあえず目の前のこと手に付けて勉強しよってのは思ってましたね。復習するとき、結構、時間がたつと忘れちゃうていうか、忘れます。勉強自体、質と量の掛け算だから、質も上げていかなきゃいけないなっていうので、質は、相当考えてました。例えば、できるものだけをやっても、大事ですけど、できるとこだけやるのは勉強というよりかは、どっちかというと自己満足に近い感じなんで、できないものを、1学期中に、一掃してもう洗い流したんですよ、苦手分野。得意の中でも苦手分野っていうをノートにまとめて、そこをメインにやって、そのあと先生に過去問から引っ張り出してきてもらって、似たような問題を自分でやってたんで。数学とか、どっちかというと演習をがっつりやるって感じで、物理は結構2週間前の授業でやったところを、ちょっと変えて出してきたりもするんで、そういった面では、物理とかは復習になったりしました。授業、多くて、ちょっと最初、食らいました。やばいと思いました。多いです。でも、結構、適応能力早いほうなんで、5月ぐらいには全然慣れてたんで。授業中に復習する技を編み出すというか、他の授業で、例えば夜間で復習できたりしました。テキストが復習用になってたんで。問題見たときに、これどこの授業でやったかっていうのを思い出したりはしてました。

合格への軌跡は読んでましたね。

これ(合格への軌跡)、ちょっと盛ってないかみたいなのはありましたけど。でも、周りにも実際1年で受かったっていう人も結構多いので、塚崎さん(東京女子医科大：塚崎 彩乃)なんかもう、文系なんで多分ⅠA・ⅡBはかじってても、Ⅲは絶対やってないはずなんで、しかもあの人、物理・生物受験だし、不利かどうか、ちゃんと受かってっから、本当なんだろうなというのは。結構、(合格への軌跡)見てました、読んでました。僕自身は、結構さぼり癖あったんで、1浪目のときも遊んだりしてたんで、授業が多かった分、拘束時間も多かったんで、そこはよかったかなっていうのはありますね。拘束時間が嫌な人とかもいるんじゃないかと思うけど、僕はもう、そうじゃないとやらないんで、嫌とか関係なく、そっちがよかったですね。忍耐力は多分、付いたと思います。拘束されてる分、ずっと我慢してたとこはあったんで。昔は本当、勉強毛嫌いだったんですけど、浪人して今年になって勉強習慣がちゃんと付いたんで、その勉強習慣が今でも役に立ってんのかなというのはあります。

今年、医学部合格をねらう後輩の方へ

浪人って人生の岐路だと思ってて、父親とも話してて、正直2浪して駄目なら別に一般学部もありかなというのを考えてたりしてたんですけど、2浪目のときやっと、初めて目に見えて成績上がってきたんで、気持ちっていうかモチベも上がって、やっぱ医学部一本でいこうってなったんですけど。なんでまあ、代官山は、人生の岐路において、いい方向に舵を切ってくれた場所だなっていうのは感じました。特に数学は、市販の参考書とか手を付けず、テキストだけやってれば医学部受験は戦えるし、化学は多分、テキストやれって言われると思うんすけど、もう本当それだけで十分だし。英語も、相当テキストだけで、長文、多いし、医学部に特化した長文だから。文法書で『ネクステ』とか手出すのはいいとは思うんですけど、基本的に軸はテキストでやってったほうが、間違いはないかっていうのは思うんで、それを伝えたいですね。自分も1回いや、現役入れて2回、失敗してる人間なんで、ま、7時に来るって決めたらもうずっと7時に来て、いや、今日は7時半でいいかとかなっていくと、どんどんもう気付いたら9時とかなってるんで、本当、決めたらもうその時間に毎日来たほうがいいです。あと石井先生からも、ちゃんと均等にやれって言われると思うんで。やっぱ、僕もそうだと思うんです、夏までに(成績)上げたら、あとは波に乗りやすいかなというのもあるんで、夏は天王山って言いますけど、多分、浪人生に関しては夏前が天王山だとも思うんで、浪人はもう夏前までにはそこそこ取っておきたいなっていう、後から追い上げてくる現役のことも考えたりして。

卒業生が語る

合格への軌跡2022年

WAY TO SUCCESS

日本大医学部　I期2次合格
東京女子医科大　2次正規合格

ここにいれば、真面目にやれば絶対受かるよね。変に不安にならずに言われたことやってれば受かる

日本大医学部進学　大石真穂さん（大阪女子学院高校卒）

卒業生が語る

合格への軌跡2022年

WAY TO SUCCESS

日本大医学部	I期2次合格
東北医科薬科大医学部	2次合格
埼玉医科大	前期2次合格
獨協医科大	2次合格

やる意味あんのかなって 思うことほど強制的に やらされて良かったなって。

日本大医学部進学　佐々木青葉さん（東京女学館高校卒）

より厳しい環境を選んだのがよかったかも。
大石：大石真穂です。日本大学医学部に進学しました。1次合格は日大と女子医科、川崎医科、聖マ、東医、昭和。2次、受かったのが、日本大学と東京女子医科大学です。
佐々木：佐々木青葉です。日本大学医学部に進学しました。最終的に、2次合格いただいたのが、日本大学と東北医科薬科大学と埼玉医科大学と獨協医科大学です。結局、4校ですかね。
大石：私は、以前は大手の所に行ってて、駿台と河合に行ってたんですけど、何かあんまりプレッシャーも掛からないし、緩くて勉強できなかったときに、母が知り合いから勧められて。方波見さんっていう方に。
佐々木：私も駿台行ってて、駿台行ってるとき、何かただ、授業受けてるだけみたいになっちゃってて。高2の最後に医学部に行きたいっていうのを決めて、ちゃんと医専に行ったほうがいいと思っていろいろ調べて。学校の近くにあったのがここ(代官山MEDICAL)だったっていうのと、あと親が、同じ高校の人がいっぱい行ってるっていうことは何かいいところがあるんじゃないかって。おんなじ高校の友達が4人くらい行ってたので。須藤(北里大医学部進学：須藤晶紀)、塩尻(日本医科大進学：塩尻愛菜)とか、他の所も行ったんですけど、人数が少な過ぎて。他は割と人数、少ないんですよね、全体で、20人とかで。少ないと、自分の立ち位置がわからないし、競争がないから空気も緩くなるし。あと、ここ、ランキングが貼り出されてたじゃないですか。私がちゃんとできないっていうか、駿台行ってたとき、やっててもやってなくても誰も分かんないみたいな状態だったので。医学部目指してやるなら、そういうランキングとかはられるのきついけど、そういう状況に自分を置いてやったほうがいいんじゃないかなって。ランキングとか貼り出されるのマジで嫌だったんですけど。
大石：私はあんま人の名前は分かんなかったから。自分の位置しか見てなかったけど、ランキングがあったほうが、親にも頑張ったって言いやすいし。先月は何位だったのが今月は何位になったとか。
佐々木：モチベーションにはなるよ。
大石：目で見える数字とか言えるほうが私は好きですね。
佐々木：結構、周りの友達から、「めっちゃスパルタだね」みたいな。
大石：結構、言われるよね。めっちゃ言われるから。貼り出してる所ないから。
佐々木：ないんです。何校か見たんですけど、医専も。そういう競争みたいなのがなくて。親も、何かちょっと自分の世界だけで勉強するのはあんまり伸びないんじゃないかなみたいな話になって、自分の中でも、誰でも行ける所じゃないっていうか、医学部難しいのは分かってたので、やるならそういう所に身を置いてやったほうがいいのかなと思って、1年は追い込もうみたいな感じで。

ついに、合格通知が届いた瞬間。
佐々木：いや、もう、普通に両親で泣いてました。(補欠)番号ない学校ばっかりで、私が。それで埼玉はもう回ってこないかもみたいな番号で、獨協と東北が番号なくて。日大、103とかだったので。日大も回ってくるか分からなくて。本当に来るか分からないみたいな感じで、結構、もう、2浪がちらついて、マジで絶望みたいな感じで。外を歩いても全然楽しくないし、何してても楽しくないみたいな。2浪、どうするのか。浪人続けるかみたいな感じになって、毎日それ考えて。もう、2浪だったらしょうがないかなとは思ってたんですけど、毎日、しんどかったですね。受験勉強よりもつらかった。待つしかないので。しかももう勉強す

るなら早く勉強、2浪目の準備をしないと。そこのスタートつまずいちゃうと思ったので、取りあえず塾に毎日来て、自習室座ってみたいな。毎日来てました。ふた開けたら。一気に、何か、東北、来てから2週間後とかに日大来て。その3日後とかに獨協と埼玉、同じ日に来て。お母さんは結構、何でも泣いちゃうんですけど。お父さんも、だいぶ泣いてましたね。
大石：それはすごい。うちは軽いし。なので仕事中に一応ビデオ電話したんですけど、「よかったよかった。じゃあ仕事」みたいな感じで。

質問に行けるようになった。
大石：ある程度、質問とか、人生でここ（代官山）くるまでに行ったことなかったけど。そういう先生とかに話すのも嫌だったし、積極的には一切行けなかったけど、ちょっとは話しに行けるようになったし、自分のことをある程度自分でできるようになった、昔よりも。昔は全然自分から質問には行かなかった。高校卒業して他の予備校行っても、自ら質問は、話し掛けられない限り話さなかったし。質問、行ったことないし。行けなかった、雰囲気的に。ここはまだ行きやすいけど、先生もやたら多いし。みんな行ってるし。空気感的に、先生がばって集まってても、ここってまだみんなが見ててオープンだけど、講師だけの部屋にって言われたら、もう、入れない。
佐々木：私も駿台のとき、話し掛けにく過ぎて全然行ってなかった。ここ来てからかも。学校でも質問行ったりしてなかったから。もう、分かんなければそのままみたいな。
大石：いつか分かるだろうみたいな感じで。置いて。
佐々木：取りあえず一回置いとこうみたいな(笑)。こういうことなのかなみたいな感じで。
大石:聞けなかった、先生には。何でだろう？　雰囲気、ここいいよね、質問の行きやすさ、全然違う、他と。
佐々木:距離感が近いから、先生と。普通のときとかも。めっちゃ、エレベーターとかで会っても話してくれるから。それで、何か。
大石：集団の、ああいう、駿台とかだったら、自分、いてもいなくてもバレないし。
佐々木：誰かいたよね、下に行けば。誰かしら。
大石：質問がそんなたまったこともないし、だから何も考えずに今やることだけしかやってなかった感じ。
佐々木：しかも繰り返し授業で出てくるしね。授業で分かんなくて、質問行っても分からなかったりしても、また時間経って別の授業で出てきたり、何か同じこと3、4回出てくるから。何回もやってるうちに何となく分かってきたりするやつもあるから。
大石：数学とか特に何回も出てきたよね。
佐々木：なんかだんだん理解してって、毎回質問行って。でも、それだけにも時間割いてる意味もないから、取りあえず何となく理解して一回終わらせて、また次出てきて質問行って何となく理解して終わらせてみたいな、やってるうちにだんだん分かってくるようになるから。
大石：「前期テキストのあそこだったよね」って言ってくれるから、それで、やったと思って。そのときはちょっと慌ててその問題見て、私はちっちゃい付箋みたいなのにちょっと書いて周りに貼ってました。そしたらもう日々、目にするんで。
佐々木：似た問題何回もやってれば分かってくるのもあるかもしれない。
大石：結構、出てきた。
佐々木：さらっと何回か出てきたりするから。そこメインみたいな感じじゃなくても、話の中に出て来たりする。ていうか、先生たち、結構、テキストのあそこっていう言い方するから。
大石：それで伝わるよね。
佐々木:それ、しかも、自分が分かんないとき、ヤバい、復習やってないみたいな。ヤバい、ヤバいってなって。このテキストの何ページとか、前期の何回とか。
大石：うん。ここのなんちゃらだよとか。
佐々木：そう。回数とか覚えてるから。こっわと思いながら。

人間関係も気を付けた。
佐々木：自習室の外、出ちゃうと、人がいると、私、絶対しゃべっちゃう人だったから、浪人中、マジで人生で一番、口数は減らしてた気がする。この1年が一番しゃべってなかった。夏ぐらいに話せる子ができたぐらいで。でも、ここ1年でしゃべってもう1浪するのはちょっときついと思って。スマホも多分、人生で一番使ってない1年だった気がする。
大石：友達は、本当にもめるのが嫌だったからあまり何もうわさとかも聞かないけど。交わらなくて済むか

ら、聞かなかったし。携帯は2台持ってて、遊びというか、全部そういうのが入っている物は家に置いてて、電源も入れてなくて、週末ぐらいだけ見て。学校の友達も「日曜にしかLINE返さないから」って言っておいて、日曜にしか返してなくて。こっちの人とはLINE交換せずに。終わってからしたんですけど、終わるまでは一切誰とも交換しない。それで夜とかにLINEが来て返すのも面倒くさかったので。携帯を分けてました。2台で。片方は趣味で。もう一個は、ここに来る往復で親との連絡とか、何かあったとき用の。絶対、あると見ちゃうので。それこそ、誰がどこにいるとかの情報とかも入っちゃうから行きたくなるし、絶対見ない。

代官山に来なかったら受かってなかったかも。

大石：私は絶対に受かってない。大手の駿台と河合に行って、自分、駄目駄目で、もう、多分、諦めてたと思う、普通に。もういいやと思って。お母さんも、「もう、留学する」とか言って。「ハワイとかどう」とか言われてて、私、外国語無理だなみたいな感じで。それで最後ここで来てみて賭けてみるってなってもう一年になったけど、ここなら受かる希望が見えたから続けれたかな。他だったらもういいやってなってた。

佐々木：私も無理でしたね、多分。そもそもここ来るまで勉強の仕方を知らなかったので、そのまま多分、河合、駿台とか続けてても、勉強の仕方が分からないまま授業だけ行って、もうずっとその繰り返しになって成長しないで終わりみたいになってたので、そもそも大学も行けてたのかなみたいな。結構その次元で。

大石：勉強の仕方は確かにここで学んだかも。勉強のやり方、分かんなかった。

佐々木：細かく指示出してくれないとできなかったから、全部言ってくれたのはやりやすかったし、やることが明確にしてくれないと。

大石：できなかった。

佐々木：もう放置しちゃう人だったから。取りあえずテキストだけやればいいっていうのが私的にはやりやすかったから。いろんなのができないから、各科目これだけやれってのがあって、それだけはやればいいっていうか。

大石：私もそうだった。1個に絞ってた、やることも。これだけはみたいなの。

佐々木：そのほうが結構やりやすい。

大石：ここにいれば、真面目にやれば絶対受かるよね。変に不安にならずに言われたことやってれば受かるし、やんなかったらそれは駄目だし。だから普通に何も考えず言われたことだけやって安心していいと思う。

佐々木：微積とかも毎日やれって言われても、本当に意味あるかなとか思いながらやってたけど、終わってみれば、意味あったなって思うし、計算力も付くし。やっているうちにスピードも付いてたから、やる意味あんのかなって思うことほど強制的にやらされて良かったなって。でも、結果はすぐに出ないから微積計算、毎日のやつもやめちゃう人いるけど、薄先生とかはやり続けたほうがいいって、何でか分からなくても取りあえず言われたらやるみたいな。取りあえず素直に聞けば。

大石：駿台とか河合のときと比べて、やること多いけど、自分でやることがなかったら遊んじゃうし、あるほうが、朝の時間も、もう来ないと終わんないなと思うから来るし。そっちのほうが私は、決められたこと、言われたことをやるだけだったので楽でした。回んないなと思ったらすぐマンツーの先生に何やるか聞いてそれしかやってなかったから。私は、マンツーの先生がいてくれたから、回ってないなで焦ってることはなかったです。

佐々木：私も、スケジュール管理は難しかったけど、結構、最初のうちから、現役のときからそれぞれ各科目、先生決めてたっていうか、見てもらってたので。もう、浪人始まって最初のときから、これだけはやっておけよ、みたいなの言われたやつは絶対やって、予復習で無理なところ出てきたら、マホちゃん（大石真穂）と一緒で、全部聞きに行って、今、どこまで手が回ってなくて、何を省けばいいかとか、どこをやればいいのか聞いて、本当にそれだけやってみたいな感じでしたね。取りあえずやることを。私、ちゃんとやることを決めないとだらだらやっちゃって結局終わらなかったってなっちゃうので。石井先生が空きコマを半分に割って計画立てたほうがいいみたいなの言ってたので。長過ぎるとできないからみたいなので40分ずつで空きコマ何やるか、書き出して、1週間とかの予定表で、休み時間とかも何やるかとか全部書いてて。それを1個ずつやってくみたいな感じでやってました。いや、結構、計画、倒れちゃうこともあったんですけど。取りあえず、実行できたものを消してく感じが好

きだったので、私は。消えていく感じが達成感があって。20分の休み時間も書かないとしゃべっちゃったり、ぼーっとしちゃったり。書いて、それを消したいからやるみたいな感じで、20分休みも全部埋めてましたね。ご飯は5分ぐらいで食べてたのでお昼休みも書いてました。
大石：授業始まる5分前ぐらいに教室入って、何か、卵とかチーズとかパッと食べて授業受けるっていう。
佐々木：ここにいる時間、朝から増やして、とにかくここにいるみたいな。とにかく勉強するっていう。
でも、ここにずっといたら、夜型になっちゃいそうだから、だらだら勉強しちゃいそうだから、それを9、10時で切ってくれるのは逆によかったのかもしれない。
大石：石井先生もちゃんと寝てみたいなの言ってたよね。
佐々木：朝早く来れば夜も眠くなるから。それが大事な気がする。
大石：ちょうどあの時間に(体力的にも)限界が来る。9時半に。

自分にとって代官山の1年とは。

佐々木：一番真面目に向き合った気がする。物事に対して。部活とかも一生懸命にはやってたけど、やっぱり、人生掛かってたから、一番真剣に今まで取り組んだかなっていう一番長い期間だったし、1年っていうのはっていうのは思いますね。
大石：私、こんなに真面目になったことなかったし、焦ったこともなかったし、人生で。初めて焦ったし。何だろう。短かったけど、1個の学校卒業したくらい濃かった気はする。
佐々木：めっちゃ濃かった気がする。去年1年、適当精神やめた気がする。まあいっかっていつも思っちゃってたけど、迷ったらやるみたいな。やるかやんないか迷ったらやるようにしてみたいな。
大石：θの授業とかで、こういうやつは駄目だみたいなことを言うのが何個も結構、自分に当てはまってて。
佐々木：分かる。
大石：人として変えられた。
佐々木：ひやっとする。目を合わせられないよね。それで石井先生にばれてるよね。絶対ばれてる。
大石：そう。それが全部見られてる気がして。1年目はマジで最初、授業行くの嫌なぐらい怖かったけど、何か、全て自分のことを当てられている感じがして。自分のことを全部言われてるのかと思ってたけど。多分、そういう人がいっぱいいたからなんだけど。
佐々木：すごい、現役の自分だって思った。
大石：そう。めっちゃ言われるから怖かったけど、2年目からは、正されてる感があった。今までちょっとあまりにもなまけた人生を送ってたのを正されて、こう行けっていう。
佐々木：石井先生、立ち居振る舞いというか、見ただけでたるんでるかどうかまで分かるから、何か、先生の前でだけちゃんとしても、多分、ばれてるんだろうなと思って。常にやっぱりちゃんとやんなきゃみたいな。
大石：緊張感あったよね。
佐々木：どこにいても見られてる気がする(笑)。
大石：美容院とか行ったときとかも、これ、さぼってると思って見られたら嫌だなとか思ってた。何か、緊張感があった。
佐々木：めっちゃ怖いよね。常にちゃんとしないと。そうですね。もう、今、緩みまくってる。去年の反動で。ヤバい。
大石：緩いし、大学自体がね(笑)。
佐々木：確かに。しょうがないですね、ちょっと。テスト前だけ気を引き締めて。
大石：そうだね。

卒業生が語る

合格への軌跡2022年

WAY TO SUCCESS

昭和大医学部	I期2次正規合格
聖マリアンナ医科大	前期2次正規合格
岩手医科大医学部	2次合格
愛知医科大	2次合格

海外の医学部プログラムを断念したけど、代官山のA10からスタートして、昭和に受かった！！

昭和大医学部進学　奈良 拓矢君（広島三育学院高校卒）

海外の医学部プログラムを断念して、代官山のA10からスタートした。

今年、昭和、多いですね。代官山からほんと多いっすね。10人、それぐらいですね。一番最初、現役のときも医学部受けたときは、全落ちでしたね、全落ち、1次で全落ちかな。それから、最初は日本の予備校に行かないで、なんか、海外の医学部に行くみたいなやつのプログラムに通ってたんですけど、まあ、それが駄目、駄目で。その海外の大学を受ける受験までの間に、そこに向けた勉強をします、みたいなプログラム。で、そのプログラムをやってる会社の別の支部がそのヨーロッパのほうにもあって、そこでいろいろサポートとかも受けられますよみたいなやつですね。で、それが終わったのが確か9月ぐらいで、で、なんか終わっちゃったから、なんかぼーっとしてたら、ここに、親に、なんか連れて来られて、おまえここに入れみたいな(笑)。はい、みたいな感じで入ったんですけど。前に、いとこが代官山に入ったんで、奈良自由造(日本大医学部進学)と、えっと、もう一人、奈良禄太郎(北里大医学部進学)。いとこから、おまえ、よかったから行ってみたら、って勧められてって感じですかね。9月ぐらいか、途中からですね。もう1年目は、頑張ってはいましたけど、受かんないかなって思ってましたねやっぱり。9月からの1年目は、代官山になじんだかなぐらいで、あっという間に受験期に入っちゃったって感じで。もう本番っていうか、まあ、しっかり腰据えてっていうのが2年目からって感じで1年目は、マンスリーは全然できなかったんで、なんか4科目合計で、100点もいかなくて、たしか、合計で、30点、40点みたいな感じだったんで、2年目は、4月入って最初のマンスリーでなんかびっくりみたいな、えー、こんなに取れたっけみたいな感じでしたね。1年目が一番下だったんで、A10なんで、本館とか2号館ってなんだろうみたいな、ちょっと不思議な気持ちではありました。2年目の4月に、初めて2号館に行けて、その、雰囲気というか、がらっと変わって、ぜんっぜん違いますね。いや、絶対、2号館に行ったほうがいいと思いますよ。やっぱりみんな集中してるし、授業とかも、それぞれ受け方はあるけど、ちゃんとやってるなっていう印象はありましたね。先生が、そのレベルごとに違うんで、僕は2号館の先生のほうが分かりやすかったかなっていうか、いや実力が、理解力がついたんですよね。なんか、その最初の何カ月かは、なんで2号館にいられてるのか分からなかったんで、頑張って残るしかないみたいな。がむしゃらにやってた感じですかね、はい。

英語が特に苦手でした。

英語は、僕、苦手だったんですよねー。その中でも北林先生が、やっぱり分かりやすかった。北林先生に英文法見てもらってたんすよ、単語とかイディオムとか文法がもう終わってたんで、そういうやつの、まとめのプリントを配ってくれて、自分で、ネクステとか見て、まとめると時間かかるし、実際にどこが出るのかとかとかって、赤本解いてみないと分かんないじゃないですか。だから非効率だから、そういうこうなんかここが出ますみたいな所を教えてくれるのが、すごい良かったなって思いましたね。ちゃんとやってれば出るんで。やっぱ質問とか行きましたね。岩瀬先生も、めちゃめちゃ面倒見よくて、めっちゃプリントもらいました。ぎりぎりこなせるぐらいですね。いや、もう、うまい、出し方が。こう、ひたすら、問題が書いてあって、何見てもいいから解いて、で、持ってくみたいな。で、それをその授業で復習してみたいな。感じでしたね。もう、全部やりましたね。やっぱ役立った文法、それで伸びたなって。伸びたと思います。ただ、その文法とかって結局、知識じゃないですか。続けないとすぐ抜けちゃうんで、大変でしたね。岩瀬先生に文法見てもらいながら、伸ばしてって、正誤とかもやって、英作文もやって。代官山、どの教科も、いい先生、まあ、たくさんいるけど、結構シンプルに、覚えなくていいことをやらせないし。本当に医学部に合格するための勉強法というのを、ちゃっかり、こう、導いてくれるって感じかな。

授業で復習できるから、集中が続いた。

僕なんか、自習時間多過ぎると逆に集中できなくなっちゃうタイプだったんで、だから授業多かったのがちょうどよかったかなってのがあります。確かに結構ちゃんと詰まってて、なんか他の子もなんか、予備校行ってた子とかと話すと、めっちゃ授業多いねみたいな言われますけど、自習の効率落ちますからね、一人でやってると。授業で一度やったとこがまた出てくるので、授業で復習って感じが良かったですね。他の人だと、4時と5時には授業終わって、そっから自習みたいな予備校いってるけど、うち9時まであるから、まあ、やっぱ医専の強みっすよ。ただ、なんかリフレッシュしたいときとかはマンツーブース空いてるところに入ったりとか、下のラウンジで勉強したりみたいなのはやってましたね。何月ぐらいからかな、冬、11月の中旬ぐらいからは仲間と、よく一緒にいるやつらと勉強してたんで、ラウンジにいることもありましたね。ちょっとしたことだと聞きやすかったりするじゃないですか。なんかお互い勉強に、教えることで勉強にもなるしみたいな。それは良かったかなと思いましたね。12月に入って、マンスリー、ばーんって結果出たんで、いけるぞ、今年って思いましたね。あ、きました、みたいな。ありがとうございます、みたいな感じ。石井先生もま、今年はいけますねみたいな。ま、頑張りましょうねぐらいな感じだったんで、まあ、安心しましたね。先生からの、その、受かるよって言葉めちゃめちゃ。いや、もう確実なんで、石井先生、もう、神みたいなもんなんで、もう。あ、今年受かるみたいな。石井先生が言うんだから間違いないと。はい。いろんな受験生見てきてるから、その時点で確信しましたね。

やっぱり緊張感がある授業だから成績が伸びた。

石井先生のθ。θはやっぱり前で受けたほうがいいですね。最低3列目、だと思います。いや、なんかやっぱり僕1年目も、どうせ受かんないだろうなって思ってたんで、一番後ろで受けてたんですよ。まあ、下のほうのクラスだからあんまり緊張感がないってのもあると思うんですけど、やっぱり前で受けて、ちゃんとこう、びしばし当てられる位置で集中して受けたほうが、ためにもなるし、その参加してて楽しいっていうか。やっぱよく当てられました。前に行けば行くほど。当てられますね。なんか最初は3列目だったんですけど、こう、なんか2学期に入って2列目になってからは当てられるようになりましたね。やっぱある程度の緊張感持って授業受けないと、駄目ですね。やっぱ後ろに受けちゃうと、意識はしてても結局やっぱ、若干、前にいるやつとは、そこの熱量が違うんで。当てられるんで予習しないとやばいみたいな。そういうのがあるんで。もう恥ずかしいですもん、間違えたら。やってしまったー、みたいな。模試の前後とかで先輩がどうだったかとか、教えてもらったりして、それが参考になったかなーって思いますね。数々の医学部の合格者がいるから、やっぱ先生の話ってためになりますね。だから、英語がめっちゃ低い人でもどこどこ受かってるよみたいな。もう、希望ですよね。俺もそうなるんだみたいな。いろんな受かり方があるからさあって、教えてくれて。夏入る前に、M5に上がって、ようやくMクラスっていうか、マンスリー行けたんで、まあ、ワンチャンあるかなとは思ってたんですよ。だから、まあ、ほくほくでしたね。ついにMクラスだって、いや、ただ、Mでも下っ端なんで。頑張んないとなって思ってましたけども。

面接は、無対策は本当にヤバい。

2次の面接は、僕の場合、不安もいろいろあったんですけど、僕、正規が聖マリと昭和だったんですけど、どっちも、なんか高校の頃のことを聞かれて。聖マリが高校の頃のことだったんで、なんかそれ聞かれたら受かるのかなとか思って。で、昭和でも聞かれて、こ、これはもしやみたいな。感じでしたね。頑張ったこととか。寮だったんで、こう、なんか、寮の中でのこの、役員みたいなやつとかやってたり、ちょっと、何だろうな、なんか労働っていう授業があって、あまり、業者入れないで、自分たちでやりましょみたいな。あと、良い医師になるための素養って、なんですかねってなんか聞かれて、で、いくつか質問した後に、A、Bって紙が置いてあって、Bの紙を取ってくださいって言われて。で、何だったけな、一つに絞って深くやってる医師と、その浅く広く何でも診れる医師みたいな、で、自分はどちらだと思いますかみたいな。僕は、一つのことに絞って深くやってる医師だと思いますって言ったら、なんでですかって聞かれて、ま、いくつかは答えたんですけど、それを身に付けるためにはどうしたらいいですかみたいなっていうので、詰まっちゃったんですよ。なんか、こう、ま、答えたんですけど、それで本当に身に付くんですかみたいな。固まりましたよね。それだけは失敗したなーって思いました。代官山の小論文の授業で、結構、面接にも形式がいろいろあってみたいなのをちゃんと教えてくれて、こういうときはこう答えればいいっていうのをマニュアル的に習ってたんで、それがすごい良かったかな。英語が苦手とは言わないほうがいいとか、何だったけな、状況設定がされて、なんかこう、何回か答えていくみたいな。そういうとこも、すごいためになりましたね。東邦とかばっちり出たんで。まあ、落ちたんですけど。
質問の、なんかうまい返し方をするみたいな、そういうのもヒロ先生(小論文科;高橋浩先生)は教えてくれたのがすごい良かったな。全然違いますね。無対策だったら本当にやばいですもん。絶対やったほうがいい。

1年を振り返ってみて。

先生の質はやっぱり良かったかな。あと、結構、情報が、集まってるじゃないですか。だからその、どこの大学がどういう問題が出やすくて、配点がどれくらいでみたいな。そういう情報はすごいためになりましたね、特に受験期は、その時間配分とかを決める上でも、ためになるし、いかに戦略的に点数取るかっていうのがわかるっていうか、受験はまじで、ちゃんと作戦立てて、この問題は何分以内に解いてっていうのを決めたほうがいいと思います。やっぱり、勉強ができるとか、偏差値が高いだけで合格、イコール合格とはならないと思います。もう圧倒的にシビアなんで。時間が足りない。足りないですよ。60分の試験で、いかに、こう、戦略立てて、10問、例えば東邦とかもね、数学だったら10問あるうち、7問取れば受かる。この問題解けないとか、そうやって選ぶ力とか、そういうの大事なんで。だからそれを、決めるためにも赤本とかはやったほうがいいと思います。最後はやっぱり戦略立てて大学ごとが重要で、ただ頭いいだけじゃ受からない、そこは大事かな。ちゃんと作戦も一緒に先生教えてくれるし、ここの大学はこういうふうに解けとか、こういう時間配分でいけとか、それをちゃんと素直にできれば間違いなく受かる。1年で。フフフ。まじで、作戦立てないと落ちますね。や、1年目は本当にもう何も知らなかったんで、赤本とかも全然解いてなかったんで、まあ、それは落ちるよなって思いましたよね。やっぱ知識身に付けるだけじゃ、無理です。でも、最後の最後で、ぐーんと伸びましたね。

最初は化学をやっとけばいいと思います。いや、一番伸びやすいと僕は思うんですよ。知識ベースなんで。そう。それで自信付けば、他の科目もやる気になると思うんで。何もできないやつは、最初は化学をやればいいと思います。まあ、でも、頑張るだけなんで。ま、ただ、本館の人は2号館をひたすら目指したほうがいいと思います。はい。全然全然違うんで。違う塾かと思いましたもん。いや、もう、うらやましかった。

聖マリアンナ医科大 前期２次合格

石井先生がずばずば、
僕の痛いところ、
完全に見抜かれましたね。
本当にもう、何でも
分かるんだな、この先生はって。

聖マリアンナ医科大進学　足立博俊君（慶應義塾高校卒）

自分の生活がちゃんとできてないやつは、3浪する

1次受かったのが、えーと、昭和と聖マリと杏林と獨協だったかな。で、結局2次受かったのは聖マリが補欠2番で、昭和も補欠だけって感じですね。最終的には、まあ、聖マリに落ち着いて、出席とかもそんなに厳しく取られないんで、まあ、自分のペースでやれてるかなっていう感じです。2年生あたりから厳しくなりそうな気はするんですけど。結構一番大きかったのは、朝早いじゃないですか、代官山って。だから大学生活は、そんな苦じゃなく、朝から勉強することも、あんま大変じゃないかな。代官山には毎朝7時には来るようにしてました。遅くても7時半ぐらいって感じですね。他の人たちと比べて、そんな早いほうじゃないのかもしんないんですけど、他の塾とかと比べたら、やっぱ早いんかな。代官山に入って、生活態度もガラッと変わりましたね。自分の生活がちゃんとできてないやつは、3浪するみたいな、4浪するみたいな感じのことを言われて、まあ、確かに、みたいな。自分の生活のどこから改善していけるかなと思ったときに、まずは、朝早くから来て勉強するってことだし、あとカリキュラムもいっぱい詰まってるんで、朝から勉強しないと間に合わないみたいな感じもありました。

代官山に来て、生活態度も変わって、時間も有効に使えるようになった。

3浪目のときに代官山に来て、「君が3浪したのは、自分の生活がちゃんとできてないからだ」みたいな話をされて。確かになっていう感じはしましたね、その時。1浪目は、●合塾で、2浪目が、えーとー、渋谷の●●ンダムっていう塾にいて、●合塾の授業は、全ての分野を勉強し終わってる前提で始められて、化学とかが全然できずに、4月の一番やる気がある時期にもう一気に挫折しちゃって、もうそっから勉強もしなくなっちゃってって感じですね。僕、理転したんで。クラスの担任の人は分かってるんですけど、担当する講師は、やっぱ、別に事情とか関係なく、ただ自分の仕事やるだけなんで。授業をどれだけ分かりやすくできるかみたいな感じだったと思うんですけど、全然付いていけなくて。2年目で、まあ、医学部専門行こうと思って、●●ンダムは悪くはなかったんですけど、午後が丸々自習時間みたいな感じだったんで、そうなると、集中してできなくなるっていう、もう本当に自分の心の弱さかもしれないんですけど。なんか、だらだら勉強しちゃうみたいな感じになっちゃって。それが合う人もいると思うんですけど、僕はそれが合わなかったから。結局、うまくいかなかったですよね、2浪目のときも。いや、●●ンダム、続ける予定だったんですけど、ただ、親が本当にここでいいの？みたいな感じで、ちょっと調べて。で、代官山っていう、なんか、去年すごい合格者出してる所があるから、説明会だけ行こうみたいな。なんか、すごい塾だなって思った。すごい塾だなって。ちゃんとしたメソッドがあって思って。結構、石井先生がずばずば、僕の痛いところ突いてくるから、よく分かってるじゃんと、親にも言われて。見抜かれた、完全に。完全に見抜かれましたね。本当にもう、何でも分かるんだな、この先生はって。受験生のよくないところ、全部知ってるんじゃないかって。代官山は、時間を有効活用できるので、それがやっぱ、受験生としては大切かなと思って。特に、自分の気持ちとか、行動とか律してない人とかは、やっぱ代官山に来たほうがいいっていう気がします。まあ、強制ですよね。朝の9時から夜の21時までやって、帰って寝る、みたいな感じですよね、
だから、午前中の朝早く来た時間と空きコマを有効に活用して、やるべきこともはっきりと与えられて、勉強しないといけないから。やっぱ、ハードではありますし、やることはちゃんとやるよねっていう感じ、あります。
朝早く来て、朝のこの時間帯に微積やるとか、を決めてくっていうのが、やっぱ大切なのかなって思います。最初は大変だと思うんですけど、まあ、2、3週間経てば、大体慣れてくる。でも、周りも、やっぱ頑張るんで、そういう環境の中にいるから、みんな、相対的に上がっていく中で、ちょっとでも気、緩めたら落ちちゃうみたいな、厳しい環境でもあるかなって思います。父も母にも、さぼる隙もないんで、いい塾だねみたいな感じで言われてました。ちゃんと生活習慣も整いますし、さぼれないんで4月のクラス分けで、ラッキーなことに、2号館スタートだったんですけど、逆効果で、2号館入ったから、9割方受かるっしょ、みたいな。去年とかは、もうほとんど10割近く受かったみたいな話、聞いて。で、M3入れて。あ、これ、今年はいけるみ

たいな、謎の自信が生まれちゃったんですよね。やっぱ、でも下からがんがん成績上げてくる子とかもいて、自分は自分だなっていう、マイペースな気持ちでいたら、焦りとかなくやってたら、すごい子はいるもんで、後退していってしまった、というか。恥ずかしい話なんですけど、最初のほう、僕、マンスリー(ランキング)見なくて。競争とか嫌だみたいな、多分、自分の成績が普通に下だったから見たくなかった部分もあるんですけど。最初見てなくてやってたら、クラス落ちて、それでも見なくて。後期から、始まったときに、ようやく、ちょっとちゃんと見ようってなったんです。

夏にさぼってんのがバレて、マンツーマンとってみた。

あのー、夏に、ちょっと、さぼってんのばれて。夏にさぼってんのがばれて、夏休みに入って、気が緩みましたね。てか、気が緩んだっていうか、もうクラスも落ちちゃったからいいかなみたいな、諦めがちょっと出ちゃって。クラスも落ちて、もう無理みたいな。あのー、ガンプラ作ってるの、ばれて、家でやってんの、ばれて。なんでこの子、遊んでんの？みたいな形になって。周りから、がって言われたのがあったんで、まあ、やるしかないかみたいな、今年で終わらせるんでしょみたいな感じに。石井先生から、あのー、θの文章、全部書けみたいな課題出されて、それをやりつつ。あんまり、もう思い出したくないなって。まあ、無理やり修正してったって感じです。夏に、見かねてか、親にマンツーマンを取ったほうがいいみたいな話されたんですけど、えー、でも、別に授業でいっぱいいっぱいだしみたいな感じあったんで。マンツーは、あんま取らなかったですね。いや、でも、マンツーはまじで早めに取ったほうがいいと思います。絶対、早く取ったほうがいい。人気の先生、取られちゃうんで、後期とかになると。早めで空いてるうちに取っちゃったほうが、スタートダッシュにつながるかなって。夏休みのときに、親が相談して、で、ちょっと無理やり、薄先生入れてもらって。そこでもう、自分の足りなかった基礎知識とかを全部埋めてもらったんで。そこのスタートダッシュが、切れるのは、だいぶ、でかいと思います。夏に、横井先生、薄先生、三上先生、取ってやってみたら、1学期からやっときゃよかったっていうか、あとで、後悔しました、本当に。絶対、取ったほうがいいと思います。特に、ちょっとでも苦手に感じてる科目とか、苦手に感じてなくても、あんま点数取れないなみたいな科目は、絶対マンツー取ったほうがいいと思います。先生が集団を担当してくれているからこちらのことがよくわかって教えてくれるんですよね。もちろん、授業聞けばちゃんと分かるんですよ、先生は授業すごくうまいし。練習問題解けるっていうのも、先生の授業うまいから解けるっていうのもあるんで。でも、実際、じゃあテストやってみて、まあ、ウイークリーでも何でもいいんですけど、取れなかったらできないっていうことなんで。絶対、早めに取ったほうがいいかな。抵抗感もあると思うんですけど。1年で終わらせるんだったら、絶対マンツー取っといたほうがいいと思います。

入試が始まってからも、毎日、試験が終わった後、代官山に帰ってきた。

絶対、帰って来てました。分かんないところとかは全部消化していかないとまずいんで。万が一、他のところで出たら、すごい嫌な思いするじゃないですか。絶対に来て、どこできたか、どこできなかったとか、あとここは取るべきだったとか、問題の全体見て、じゃあ次の大学で、こういう問題出るかもねみたいな話とかはしてもらってましたね。絶対来てました。ていうか、家帰ったら、多分、何もやらないんですよ。あのー、1、2浪してるんで分かるんですけど、疲れて、多分寝るんですよね。で、気付いたら翌日になってるとか、食事になっても勉強に気持ち切り替えるのって結構大変で。それを塾に来て、無理やり変える、気持ち切り替えるっていうのが、やっぱ大きいと思いますね。1浪のときも2浪のときも、毎回落ち込んで家に帰ってましたけで、今年は、そんな暇ないんだよっていうのを塾が教えてくれてて、うん。絶対戻るようにしました、先生が待っててくれてるんで、大体4時、5時ぐらいで試験は終わると思うんで。まあ、2時間でもね、質問する時間は十分あるんで。ちゃんと有効活用したほうがいいと思います。周りにはできたってやつもいるので、本当に嫌でしたけど、気持ちの切り替えのほうが優先なんで。

先生、どの先生もちゃんと見てくださる、面倒見いい先生が多い。

面倒見がいいです、本当に。で、全部分かってるんで、勉強の仕方とかはね、ちゃんと見てくれてるんで、うん。誰か1人は仲いい先生、作っといたほうがいいと思います。石井先生の場合は、特に、受験生のことをよく知ってる、本当によく知ってるんで。あのー、何でも分かるんですよ。確かに他の先生とかも医学部のエキスパートではあるんですけど、その、科目のエキスパートっていうのもあるんで、そっちの分野が、やっぱ強いじゃないですか。石井先生の場合、全部知ってるんで、うん。だから、僕は石井先生をお薦めします。実際しゃべってみたら、しゃべってみると、結構ちゃんとフランクに、まあ、ずばずば言ってきますけど、割と遠慮なく言ってくるんですけど、でもちゃんと。逆に遠慮なく言われたほうがね、逆に、何ていうのかな、自分のやってることが間違ってるっていうのを。例えば、大丈夫、受かるよって言われるより、もう、いや、ここ、君、足りてないからって言われたら、自分のやることが、ぐって。確かに、実際に受かってるし、多分先生も受かってるっていう確信があったから言ってくれたと思うんですけど。でも駄目じゃないかなみたいな不安とかもあると思うんです。絶対ね、大丈夫って言われても。それをずばっと当ててくれるんで。

面接は、本当に大事です。やんないと２次で落ちます。
僕がどうして３浪してるのかっていうのと、やっぱちょっと、普通の浪人生とは違う経緯なんで。先生、結構昼休み返上してやったりしてくれるんで。ちゃんと見てもらえるから、ある程度、面接のテンプレートっていうか、自分用のテンプレートを作ってもらえるしその練習をしてくれるから、やっぱ大切だと思います。僕の場合は特に下手なこと言ったら、そこでもうどんどん、なし崩し的に落ちてっちゃうんで、ちゃんと言うこと決めてやってかないとっていうのはあります。授業だけで、小論とかは絶対できるようになるんですよ、マンスリーもあるから、小論は練習して対策できるんですよ。面接って、実際にちゃんと一対一で対話ができないと。ぼくは、緊張して、全然話せなくなるから。土台つくってかないと厳しいと思います。あとは話し方とか、自分の態度とか、あとどういうことに相手は気にしてるのかとか、どこ見てんの、とか、そういう、細々としたこと、例えばこういう返事の仕方をしたら、こう返されちゃうよみたいな、結構、圧迫面接とか言われるんですけども、そうじゃなくて自分の、結構、自分から隙を作っちゃってることとかが大きくあって。その隙を与えないための授業って感じです。あ、あと、代官山って、どういう塾だった？っていうのは聞かれました。朝早くから勉強して夜遅く、朝から夜まで勉強してましたみたいな、朝から晩まで勉強してましたっていう感じなんで。本当に単純化させるのが面接のこつだと思いますね。

１年を振り返ってみて。
絶対、医学部受かるんだったら、ここに来るのが一番近道だと思います。持ち上げるわけじゃないんですけど、大手と医専一つと、ここ来たんで、何となく分かります､うん。ここ行って受かるっていう気がします。ちゃんとやれば代官山が医学部受験の一番の近道。軌道修正できなかったら、ちょっと厳しかったかもしれないです。でも、しっかり受かったんでよかったです。正直に言うと、やっぱ本館にいる子たちは絶対２号館に上がらないといけなくて。で､２号館にいる人たちは、一番下のA3とかは、もう危機感持ってやるべきですし、M1だからっていいってわけじゃなくて。だから、ちゃんと、自分のやってることの現状を認識しながら、受験勉強するのが大切で。あとは先生の言ってることをちゃんとやる、それだけだと思います。ちゃんと勉強するってぐらいです。てか、もう本当に自分から洗脳されにいったほうがいいかもしれないです。洗脳っていうとちょっと悪いイメージあると思うんですけど、本当に先生の言われるがまま流されて、で、やることはちゃんとやるっていうのが。実際に、その先生が言ったことを、６割とかじゃなくて、ちゃんとある程度、９割は一番良くて、ベスト10割っていうか、100パーセントなんですけど、それぐらいに近づけていくっていうのが、うん。そうすれば、受かると思いますね。素直さです。吸収力というか。素直さです。反骨心も出てくると思うんですけど、先生は、何年か何十年とかやってる人もいるんで、やっぱ、その先生の言ってることが、やっぱ正しいわけで。だから、先生のことを好きになって、先生の言うことを言われるがままにやるのが一番ベストだと思います。で､朝は早く来ると、そういう感じですね、うん。それが大切だと思います。

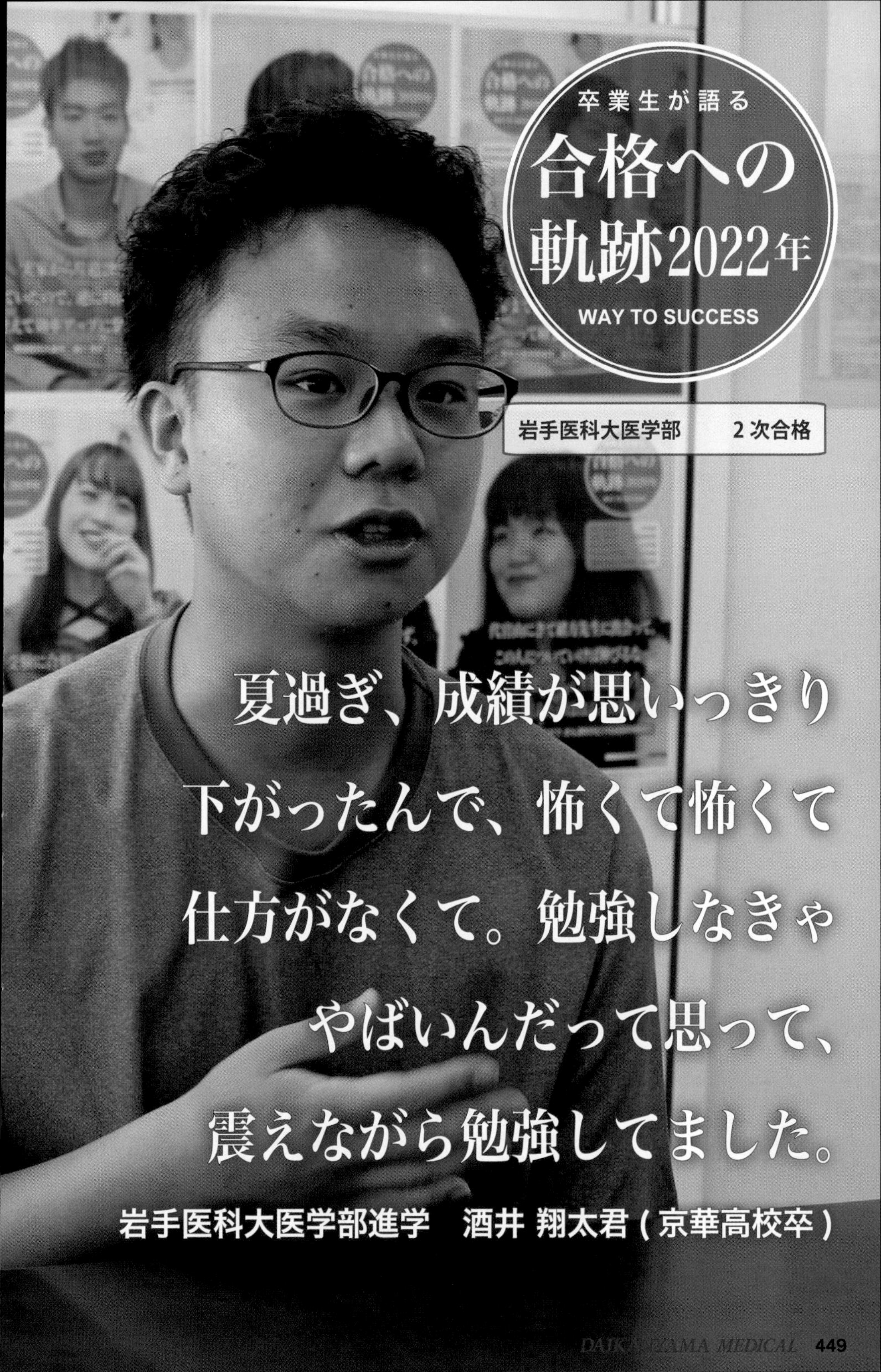

卒業生が語る

合格への軌跡2022年

WAY TO SUCCESS

岩手医科大医学部　2次合格

夏過ぎ、成績が思いっきり
下がったんで、怖くて怖くて
仕方がなくて。勉強しなきゃ
やばいんだって思って、
震えながら勉強してました。

岩手医科大医学部進学　酒井 翔太君（京華高校卒）

卒業生が語る

合格への軌跡2022年

WAY TO SUCCESS

昭和大医学部 Ⅱ期	2次正規合格
杏林大医学部	2次合格
北里大医学部	2次正規合格
東京女子医科大	2次正規合格

受験で、”時間管理術”を身に着けることができた。

昭和大医学部進学　中村弥貴さん（東京女子学館高校卒）

高１から始めました。

中村弥貴です、東京女学館高校出身で、昭和大学に入学しました。ありがとうございます。２次最終合格が、杏林と北里と女子医と昭和のⅡ期ですね。正規は昭和のⅡ期と北里と女子医が正規でした。私もびっくりですよ。自分でも絶対、受かると思ってなかったからびっくりしましたね。なんか、１次こんな受かると思ってなかったし、結構、多分、２次が弱かったのかなって思います。高１から代官山MEDICALに入りました。高１の春の途中から入りました。女学館の人、多いから、近いし。英語は青葉先生と三ツ橋先生で、数学は五十嵐先生と山室先生だったかな、高１の最初。で、化学は高橋龍先生。３科目スタートで、最初、はい。高１のときはもう、取りあえず楽しく勉強してた。勉強が楽しいって思えるような１年でしたね。ま、ずっとなんですけど、それが。

高２の夏ぐらいからはちょっと本気でやり始めたかなって感じですね。高３からだったらちょっと遅かったかなって思います。私、英語が苦手で、高２の途中で、青葉先生のテストゼミでも、ランキングが出るんですよ。それもなんか最下位とかで、あ、これはやばいわって思って英語をちゃんと勉強し始めたって感じですかね、高２から。ランキングで自分の位置が分かるから大きかったです。学校の成績は普通に、まあ、全然、平均は超えてる位置にいた感じかな。高３のときは、定期テストとか全く勉強してないんで。志望校は、ずっと高１のときからお父さんが東医だから、東医、行きたいなとか言ってたけど、高３のとき、目標を高く持って昭和とか言って、勉強してたら受かっちゃいましたね。うれしかったです。今でも、実感、湧いてないみたいな感じ。なんで昭和、行ってんだろうみたいな感じです。

英語は苦手だったっていうか、あんまり好きじゃなかった。

これ言ったら結構やばいんですけど、英語に関しては、もう全部、４択とか”勘”だと思ってて、真央ちゃん(日本大医学部進学：髙田真央)も言ってたんですけど、英語は勘だよねとか言って、最初、話してて。なんかもう、解き方とかもよく分かってなかったから。でも、ちゃんと先生の授業聞いてしっかりやってたら、あ、全然、違うんだなって思って気付いて、そっから語法1000もちゃんと一個一個、解き方、その文法の解き方を勉強するようになりました。そっから伸びたかなって感じですね。青葉先生、めっちゃ優しいし真面目だし、ちゃんとアドバイスしてくれるし。めっちゃいい先生でしたね、はい。高３の最後は、記述みたいな。添削してもらってましたね。英作とか、丁寧に見てくれてって感じでしたね。青葉先生は一番お世話になった人。

いろいろな先生の解き方を身につけられた。

質問は、結構行けてました、質問、行ってめっちゃ分かりやすいのは、中村(太郎)先生、めっちゃ分かりやすいし丁寧だし、あと、薄先生もめっちゃ分かりやすかったなって思います。優しい、本当に。フフフ。ヒラパン(平野先生)は、やる気の出る言葉を掛けてくださるから、それはそれでヒラパンは好きでした。それが結構、励みになってたかな。ヒラパンにやれとか言われたことはちゃんとやるようにしてたから、これはもう絶対この解き方でやれとか、ヒラパンの言うこと、めっちゃ聞いてたって感じ。いろんな先生に習うと、解き方も考え方も違ったりするから、自分はこのやり方がいいとかもそれで選べたし、自分に合ったやり方を選べてよかったなって思います。だから、いろんな先生に質問、行ってたと思います。物理の小澤先生は作問者の意図をめっちゃ丁寧に解説してくれるし、解き方が丁寧だから、一番、合ってたかなって思います。寺澤先生はめっちゃ、もう大好きなんですけど、寺澤先生はなんか必殺技みたいな教えてくれるんですけど、小澤先生は、基本を丁寧に教えてくれて着実に解いてく感じで、癖のない感じで分かりやすかったです。優しかったし。先生とやったところ、試験中、本番で、聞こえたんですよ。

点数開示しました。

東医だけ見れました。東医はあと４点でした。はい。しかもそれがなんか、数学の解答を１個ずらしてその後めっちゃ泣いたのは覚えてます。しかもなんか、回収される直前、気付いて。それをずらしてなかったら、あと４点だから、もしかしたらいってたかもしれないですね。それはショックです、本当に。数学が一番低かったのもあって。Ⅱ期まで頑張って。Ⅱ期まで頑張って。Ⅱ期、でも、昭和のⅠ期が、Ⅰ期の２次が落ちたときはめっちゃ一番、悲しかったですね、もう。もしかしたら行けるって思ってたから、それで悔しくて、一応、後期も出願して、昭和だけ出願しました。受かると思ってなかったですけど一応みたいな。

高３の夏は、理論と無機をめっちゃ、やった。

もう夏ですね。夏、めっちゃ無機やった。高３の夏はめっちゃ化学をやったイメージがあります。理論の冊子、１学期の冊子も夏だけで、３周とかして、そんな難しい問題じゃないんですよ、でもそれ、基礎をめっちゃ固めて高３の夏で。それで、理論の大体の問題はできるようになって、その夏の授業がなんか演習だったんですよ。だからそれがちょっと難しい問題とかやるので、その、冊子をいっぱいやってたから、自然と応用できて、結構、解けるようになってたかなって思います。で、夏明けに伸びた気がします。夏明けの一発目の英語で５位、取って。なんか、１回、θの授業で石井先生に褒められて、それもめっちゃうれしくて、そこからもっと勉強するようになりました、英語がそのとき５位だったから、中村さん最近、調子いいじゃんみたいな。Θの授業中にみんなの前で言ってくださったからうれしかったですね。

規則正し生活をできてたかな。

朝は6時台には来るようにしてました。ほとんど6時台に来て最後までやってましたね。毎日。
朝ご飯も食べないで来て、朝ご飯、おにぎりとか持ってきて、で、朝、駄目だと思うんですけど、食べながら積分とかしながらおにぎり食べてやってましたね。勉強しながら食べてやってました。朝はなんか、中村先生に積分をやれって高2のときに言われたのをずっと覚えてて、朝は計算しなさいみたいな。だから、それを守ってましたね。朝は絶対、積分計算して、そこから始めてました。英語は眠くなるから数学を無心で積分してました。フフフ。夏とかは昼とかも、おにぎり2個買って、立って、無機とか見ながら、もう10分で食べるくらいの、すぐ済ませてましたね。ゆっくりぐだぐだ食べたりはしてなかったかな。

友人、ライバルが勉強の励みになって。

真央ちゃんの勉強への熱がすごくて、それ見て驚いて、思わず真央ちゃんに刺激されて勉強してたかな。真央ちゃん、テストでできなくて泣いてたりするから、こんな勉強熱心な子いるんだって思って、見習って頑張るようにしてました。高1のときから、勉強めっちゃしてたから、ありがたいです。まじ、真央ちゃんいなかったら受かってなかったかなって。学校では内職してました。ずっと内職、もう内職しかしてないで、短い10分休みは友達としゃべって気分転換して、長い昼休みとかは早弁するんです、お弁当を変な時間に食べて、昼休みになった瞬間、ダッシュで図書館に行って過去問1個、解いてました。学校では、まじ、学校時間、無駄にしたくないと思って。先生、ごめんって感じだけど、ま、内職してました。めっちゃ集中して内職してました。もう何回も遅刻はしましたけど。申書的に遅刻の回数って載って、25回くらいしたんです、遅刻を。載ってたのかな。学校で、学校では、あの、終礼のときは先生が起立って言って、さようならを言い終わる前に教室から出てダッシュでバス停、向かって、もう即帰ってました。で、もう、誰よりも早く帰りたくて、で、すぐ代官山に行きたくてって感じですね。誰もまだ帰ってないときに自分一人だけ、校門出るっていうのが。1人で、みんなよりも1個早いバスに乗りたくて、誰もいない。走っていってましたね。優越感です、ですね。高3の中でも代官山に来てるの一番早かった、と思います、一番。

自習室は先輩の席を受け継いで。

3階の入って真っすぐ行って、奥から2番目。うん。フフフ。ちょっと愛菜先輩(日本医科大進学：塩尻愛菜)の受け継いだんですよ。その席を。それもあって、ちょっと、うれしかったですね。日医、受かった人がここで勉強してたんだと思って勉強してました。本当にずっと自習席で勉強してました。ブースとか全然使わないで、ずっと自分の席でやってました。ポストイット貼って覚えなきゃいけないやつ、貼ってましたよ。でもなんか、貼ると安心しちゃって意外と覚えてないみたいなことが、それに気付いてあんまり貼るのやめちゃいましたね。普通に暗記はちゃんと書いてやってました。もう、取りあえず繰り返す、同じ問題、繰り返すって感じ。テキストに四角と日付書いて、そこに丸、バツ、三角で出来を書いてやってました。物理の類題集とかはもう多分、何周、5周とかしたんだと思います。それでだんだん、最初バツだったのが丸になって、1回、丸だっただけじゃ安心できないから、また何週間後かに解いて、また丸だったら、あ、これもうできるようになったんだなと思ってやってました。うれしいです。丸になると。本当に同じテキストを何周もっていうのが一番大事だなと思いますね。本当にセミナー、なんか、何だろう。物理も類題集が配られてたんですけど、それしかやってないかなってぐらい。それと、それを取りあえず、もう何周も繰り返すのと、なんか、本当に分かんなかったら基礎から分かんねえってなったらセミナーに戻ってやったり。で、もうセミナーと、その類題集、あとはもう授業で復習みたいな、それだけですね。いつも。

ウイークリーはガチでやってました。

結構、ウイークリー、ガチ勢だったんですけど。、ウイークリーが類題集から出るみたいな感じだったんで、全科目、満点、取りたくてウイークリーは。だからもう何周もやってましたね。ウイークリー大事にしてました。英語も、700選とか、あれもなんか結構、捨てでる人とかいたけど、何回も学校とかでもずっと書いたりしてた。それで結構、英語も力になったと思うし、数学は、テキストの類題みたいなの出るから、もうテキスト何回もやってたし、ウイークリー、まじで満点取りたかったから。毎回、2位ぐらいにはいたかなって感じですね、はい。
1位は、黒坂(昭和大医学部進学：黒坂陽一郎)かな、多分、物理と生物で難易度違うから、生物の人とはあんま比べたりはしないけど、必死にウイークリーの勉強してました。ウイークリーをちゃんとやってたら意外とできるようになるから。入試でもウイークリーの問題と同じような問題が出たりするし。ウイークリーはちゃんとやったほうがいいかなと思います。

現役で医学部に受かるために大切な事。
高校生は、浪人生と比べて、とにかく時間がないから先生に言われたことを最低限こなす。学校の時間もちゃんと有効活用してできるだけ早く代官山に来ることですね。あとは、無駄に周りとしゃべったりしない。休み時間に立ってしゃべったりはもうしないで、自分は、みんながしゃべってる時間も勉強するぞと思って、休み時間もずっと勉強しました。あと、ご飯とかも、あの、おにぎりだけ立って食べる。何か暗記しながら。そういうのが多分、大事だったんだろうなって思います。家では何もやってなかった。家、帰ってお風呂、入ってすぐ寝て、朝はできるだけ早く来る。学校、来る前にも来れたら、来たらいいと思います。

受験で、時間管理術を学んだ。
大きかったですね。本当になんか、夏、そうだ、石井先生に、あの、ああいう予定表あるじゃないですか。あれを1コマを半分に切って書いてやれって言われて、それをまじでちゃんとやりました。写真あるんですけど。
え、そうそう。拡大コピーして半分に割ってやること書いて、で、それをちゃんとできたらチェックしてみたいな。もう本当にちゃんとやりました、そこは。時間管理術、っていうか、そういうことも学んだ感じする、受験のときに。夏は特に本当、この時間でこれやってみたいな。でもなんか、中途半端なところで終わっても石井先生が、その、ちゃんと切れって言われたから、そこはもう長引かせずに、全然、解き終わんなくても潔く一回それはやめてってやってましたね。中途半端なときもあって、気持ち悪かったですけど、そう先生に言われたことをちゃんと。1個ずつ細かく、朝は計算やってみたいな。分けて、こうやってやってました。結果、内容的にバランスとれてました。携帯のストップウオッチ置いて。はい、終わりって感じでやってました。素直にやることが大事です、本当に、言われたことを。これはめっちゃ素直だったなって自分でもそう思います。その成果、やっぱり秋に出て。出ましたね、最後のほうに。本当、ずっと偏差値50の前後をうろうろしてて、大体50ぐらいで、最後に、なんか、55なって60になって終わったって感じです。最後、初めて60台いったから、もう気持ちよく入試が受けられました。自分でも可愛いいなと思います、本当に、今、思えば。本当に可愛いいなって。素直だった。

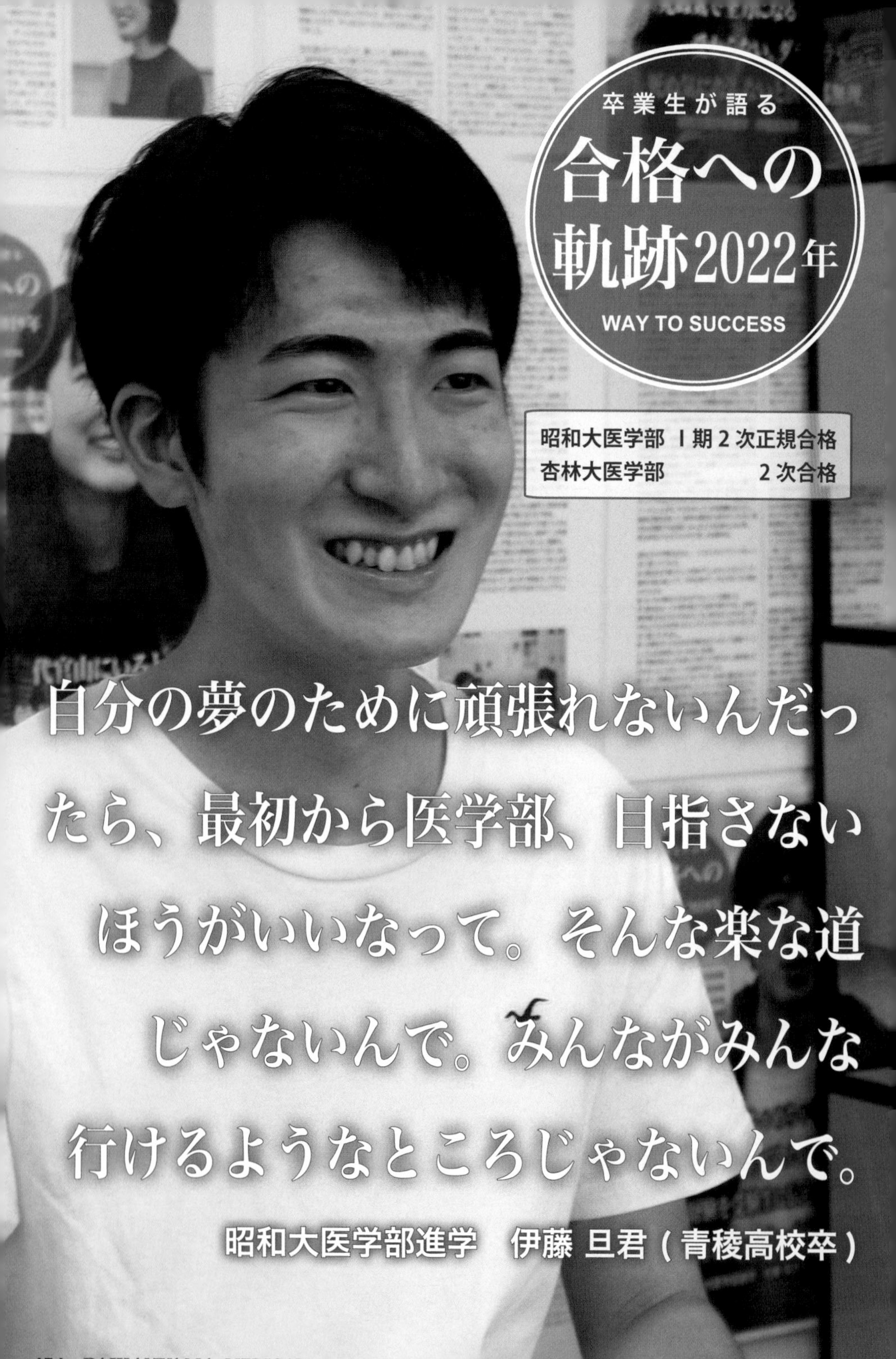

卒業生が語る

合格への軌跡2022年

WAY TO SUCCESS

昭和大医学部 Ⅰ期2次正規合格	
杏林大医学部	2次合格

自分の夢のために頑張れないんだったら、最初から医学部、目指さないほうがいいなって。そんな楽な道じゃないんで。みんながみんな行けるようなところじゃないんで。

昭和大医学部進学　伊藤 旦君（青稜高校卒）

3浪目で、宅浪しようかと思たけど、代官山 MEDICALへ来てよかった。

1次合格は、慈恵、昭和、杏林で、2次合格は杏林と昭和で、進学は昭和です。楽しいです、やっぱり。寮なので他の大学と違って、ずっと友達といる時間なので、ちょっと修学旅行がずっと続いてるっていう感じがちょっと近いかな(笑)。きれいなほうの寮です、僕は。白樺です、黒坂とか武田とか平井とか大鹿とかも同じ寮ですね。

第1志望は特にあんまなくて、まあ、浪人数も浪人数だったんで、上位校行ければいいかな、っていうのはあったんですけど、3浪目だったんで、はい。1浪は●台にいて、2浪は●田●ル●にいました。金沢とか1次は行けたんですけど、駄目で、やっぱ2次が強い予備校とかに行ってちゃんと対策しないと駄目だなって思いながらも、僕はもうそのとき、もう勉強ちょっと疲れちゃったりとかして、宅浪でもいいかなって、3浪目は。全然、自分で塾とか探してなくて母が結構ネットで調べたら、なんかこの代官山 MEDICALが2次対策がすごい強いっていうので、ここ入ってみたらっていうので来た感じですね。2浪目までは、2次の授業みたいなのはあったんですけど、なんか一方的に聞いてるだけっていう感じで、あまり2次を重視してるって感じじゃなかったんで。あんまり面接対策とかできないまま、面談もなしで。で、母の勧めで、代官山 MEDICALに来たときは定員締切ぎりぎりだったんです。それこそ、3月末とかかなと思います。本当にぎりぎりで、ラスト1枠2枠ぐらいで入った感じだったんで、ラッキーでしたね。まあ、宅浪しようかなって思ってたけど、まあ、親もいいよって言ってくれたんで、じゃあ、腹決めてこの1年で最後、代官山で決めるかって感じでしたね。

逃げたら、あとで、後悔すると思った。

やっぱりここで(3浪目になって)、逃げたら、絶対、後で後悔するなと思った。ここまで来たらもう引き下がれないなっていうのはありましたし、親にもやっぱお金も出してもらってたし、時間も使ってるんで、もうここまで来たら逃げられないっていうのはあったし、やっぱ自分の医者を目指したきっかけっていうのが、すごい大きいものだったんで。僕が高校のときに1年留学してたんですけど、そのときのホストファミリーのお子さん2人いたんですけど、男の子2人兄弟でどっちも年下だったんですけど、弟のほうが病気の子で。で、その、病気の人がいる家庭で自分も実際に生活してみて、自分自身もつらいだろうし、一緒に生活してる家族もその病気の子とは違った不安だったりとか悩みとかつらさっていうのがあるなっていうのを、そこで自分で体感して、こういう人たちの手助けだったり、こういう人たちの負担、減らせたらいいなって思って、そこで医者を目指すようになったんで。もともと医者家系だったからとかじゃなくて、全然、両親も医者とかじゃないし、兄弟に医者がいるとかでもないんですけど。応援してくれた親には、本当に感謝。でも最初お母さんに言ったとき、「厳しい道だけど覚悟はあるの?」って聞かれて、「やる」って言って、そこからずっと、応援してくれて納得いくまでやりなさいっていう感じだったんで、そこはすごい感謝してます。いや、もう留学中に言いましたね、「医学部入りたい」って言って。自分の夢のために頑張れないんだったら、最初から医学部、目指さないほうがいいなって思いますけど。そんな楽な道じゃないんで。それこそみんながみんな行けるようなところじゃないんで、ほとんどの人がやっぱ絶対、苦労してから入るべき場所っていうか、入る場所なんで、生半可な気持ちで目指すのは良くないなって思いますね。僕の場合は、医者になりたいっていう明確な目標があったからこそ挫折しなかったのがあるかなと思います。漠然と医者になりたいなぐらいだったら、他の職業もあるしなっていうふうに、多分、途中で諦めがついちゃうと思うんですけど、僕はやっぱそれがちゃんとあったんで。今年、2次の面接で、杏林だったかな、で聞かれた気がします。医学部受けるのやめようとか思わなかったのみたいなのとか聞かれました。自分の夢だったんで諦められませんでしたって。この1年で、浪人して、成績上がりましたかとか勉強の仕方とか受験に対しての捉え方変わりましたか?みたいなのは聞かれて、僕は、自分の夢のためにやっぱ真面目に取り組むことが大事だなって思うようになりましたみたいな感じで答えました。それこそなんで今まで受かんなかったと思う?みたいな聞かれたときに、自分では頑張ってるつもりだったんですけど、今、考えれば甘かったんだなって思いますって答えました。両親には、「よく頑張った」って言われました。いや、もう本当に。で、昭和は正規だったんで、もう結果出た瞬間、安心というか、やっと終わるって思って、僕もなんか涙出ちゃって。外科志望です。

ウィークリーを完璧にやれば、マンスリーの対策になる。

途中からはやっぱどんどん友達とかもできて話すようにはなってたんですけど、でも僕自身としては、そこが、一番大きかったかなと思いますね。1浪2浪のときはもう塾では誰ともしゃべらないで、友達も作らなかったんでずっと1人だったんですけど、代官山 MEDICALで初めて、人と話すようになって。もともとメンタルは強いほうだったんで、1浪2浪のときもそう、病むとかはなかったんですけど、やっぱ友達と話せば気は楽にもなるし楽しいし、結構、真面目に取り組みやすい環境ではあったかなと思います。微積の計算のスピードを計る授業だったかな、それがきっかけで、周りと話すようになって、クラスの人と。阿部ちゃん(杏林大医学部進学:阿部尚樹)、えーっと、河原佳生(金沢医科大進学)とか、あとは長谷川靖(岩手医科大進学)、なんか男子が結構、少なかった気がするんすよ、女子が、源河さん(昭和大医学部進学：源河史歩)、小川加奈子さん(杏林大医学部進学)、内山さん(東京医科大進学：内山莉佳子)、川島さん(日本大医学部進学：川島綾美)とかとも、授業でやった問題の解法とかウィークリーのランキングについてとか話してましたね。
長谷川靖、彼に関しては、多分、僕と出会ってなかったら今年も駄目だったんだろうなと思います。どんどん人を失っていくんですよ。彼もその一人で、結構、失いかけて、失ってたんですよ。僕と話すようになってから、少しずつ、僕の友達とも話すようになって、そしたらどんどん僕の知らない間にいろんな人と話すようになってて。で、みんなからヤッシー、ヤッシーって呼ばれるようになって、すごい最初の頃は全然、笑わなかったんですけど、冬ぐらいにはもう、すごいよく笑うようになってて、ハハハ。それで、面接の印象とかも変わったのかなとは思います。最初来たときは本当にもう暗い感じで怖かったんですけど、今はそこまで、最初の印象とは全然違う感じにはなってる。だから人に恵まれたかなって思いますね、今年は。周りがよかったかなって思います。高め合える環境がよかったですね。僕は、ウイークリーは英語は2、3回ちょっと満点逃したんですけど、あとはほとんど満点でやってましたね。前期はそれこそ前の週とか、その前の週ぐらいの内容が出るっていうのだったんで、ちゃんと復習をして臨んでっていう繰り返しをしてたんで、そこでもまた復習ができるんで。英語の『700選』は、構文の勉強っていうのもありましたけど、自分の中で、いかにして暗記を最短で終わらせるかっていう自分の頭の使い方だったり覚え方っていう意味でも、勉強にはなってたんで。代官山のテキストの場合、章の数もあるし問題数も多いんで、全部覚え切るっていうのはなかなかで、1回、授業終わって復習して、ウイークリーのためにもう一回復習して、そこで2回復習できるんで、結局ウイークリーのための勉強が自分のための勉強にもなるんで、復習っていう点では、うまく活用してやってました。そうすると結局それがマンスリーの勉強にもつながってるんで、わざわざマンスリー対策しなくても、ウイークリー対策しておけば結局、自動的に復習はできてるんで、わざわざマンスリーに力割かなくてもっていう点では、マンスリー対策に充てる時間を他の勉強に使えるんで。なるべくうまく使うのがいいかなって思います。

今年、代官山にいた1年が、僕の中で強烈な1年でした。

それこそ浪数重ねると成績伸びにくいみたいなこと言われてると思うんですけど、僕は本当に自分でも伸びたなって分かるぐらい今年は伸びたんで、あんまり浪人数は関係ないと思いますし、自分のやる気とやり方次第っていうのがすごい大事なのかなって思いました。それこそスポーツとかだったら、努力は裏切らないみたいな、と思うんですけど、勉強は結構、平気で裏切ってくるんで、やり方と、時間の使い方だったりを間違えちゃうと、本当にそれが無駄になっちゃうんで。暗記の仕方とか覚えやすさとか、計算の速さとかって、絶対に僕と同じ人っていうのは絶対、誰もいないんですよ。だから自分で見つけていかない限りは、自分に合ったやり方っていうのは分からない。個人的にはやっぱり夏で本当に完結っていう感じです。夏に前期の内容を固めておけないと、後期の演習のときに解けないんで、解けないとまた後期の復習をしなきゃいけないんですけど、解ければ別にそこまで復習に時間割かなくていいんで、他の勉強ができるんで、そこもやっぱまた効率化につながってくるんで、前期の内容をいかに夏固めるかで後期も決まってきますし。で、後期の問題解ければ、そこで自信も付くし、自分のメンタルケアにもなって、解ければ他の問題にも挑戦してみようって意欲にもなるんで、そうなるとやっぱ冬とかにもまたつながってきて、それが結局、受験にまで全部つながってくるみたいな。だから、簡単に言うと夏で受験は完結っていう言い方になりますね。

2次での逆転も十分にありうるので。

僕は、この1年間、2次対策が重要だなって思って生活してたんで、やっぱそれこそ上位校を目指してる子とか、マンスリーが振るってないなっていう子とか、マンスリーに載ってるけどちょっと下のほうだなっていう子とかは、絶対に小論文やったほうがいいなって思いますね。マンツーで2次の面接の対策はやっぱやっといたほうがいいなと思います。そこで逆転全然ありますね。逆に素点めちゃくちゃ良かったのに、最後そこでひっくり返ることだってあるので、2次の自信があるとないとで、全然、気持ちも変わってきますし。それこそ僕は、1次さえ通っちゃえば2次落ちはないっていうぐらいの自信があったんで、取りあえず1次通すっていうふうになれば、どこも合格来ないっていう状況には多分ならないかなと思うんで、早めに対策してちゃんとできるようにしといたほうがいいなって思います。代官山 MEDICAL は2次力強いから、1次突破してからの2次合格率はかなり高いんで。

3浪目こそ、授業も充実していました。

結構、勉強に集中はしてたんで、充実はしてたかなと思います。授業は、学びが多かったんでやっぱり面白かったですね、授業は。個人的にはやっぱ数学が、一番印象が強かったですね。平野先生。薄先生、長澤先生、特にその3人が僕は分かりやすくて好きでしたね。もともと数学が苦手だったし、数学だけクラスは下に下がってて、でも、その3人の授業受けて、ちゃんと復習してできるようになるっていうのがすごい、目に見えて分かる授業だったんで。授業での定着率がすごい高いっていうか、授業内での理解度が高かったんで復習してても、授業中に先生が言ってたこととか、授業中の映像っていうのがすごい頭の中でよみがえるっていうのが多くて、そのおかげで、やっぱ復習もはかどるし、自分が間違いやすいポイントとかも、先生「ココ、ポイントだな」って言ってたっていうのとかも全部思い出せるし、すごいできるようになりました。全然違いましたね。定着率が違う。先生の教え方がうまいっていうのもあるのかもしれないんですけど、すごい分かりやすいなって。根本理解もありますし、アプローチの仕方とかも明確に教えてくれましたし、なんでそのアプローチをするのかっていうのとか、こういう仕組みだからこう考えるんだっていう土台の部分を一から丁寧に教えてもらったんで、そこがやっぱ理解の助けにはなったかなと思います。生物も、やっぱり単純に覚えるだけだって思ってても、実はこういうこう原理があって、こういうメリットがあるからこういう仕組みがあるんだよっていうので、流れができるというか、自分の知ってたものと知ってたものの間がこうつながって、あ、そういうことなのかっていうので理解しやすくなって覚えやすくなるとかっていうのもありましたね。緒方先生が結構そういうつながりが多かったかなと思いますね。結構、説明に時間をかける先生なので。化学は、原先生もそうですし三上先生とかも、こういうふうになってるからこうなるんだっていう考え方っていうか、なんでこういうふうになるのかっていう原理を教えてもらうっていうのがすごい多かったですね。朝は、1年間ずっと平日、土曜日までは7時に来て、日曜日は8時ぐらいに来て、ラストまでいるって感じでした。朝の2時間は、授業中に先生の指示が計算やれって言ってたんで、最初のほうは計算やってたんですけど、あとあと、そ数学の復習とかをやってました。代官山のテキストしかやってないです。『チャート』はそれこそ浪人、現役も含めて、ほとんど触ったことないです。面接対策は、確か、初回か2回目ぐらいの授業で、ヒロさんが授業中に、何浪、3浪以上、再受験、あと去年2次落ちみたいな、三つ候補挙げて、これに1個でも当てはまる人はちょっと私のところに来てくださいみたいなので、僕は、二つ当てはまってたんで、ちょっと行かなきゃなと思って行って、見てもらったら、やっぱ全然できなくて、これで自分、去年、落ちたんだなって、そこですごい痛感して、それで対策をみっちりやってもらって。面接で言っちゃいけない答えとか、言っちゃいけない言い方とかをすごいしてたなっていうふうに気付かされて。これ駄目なんだっていうのが多くて。なんか基本的に素直にしゃべればいいよって言われてしゃべってみたら、そのとき思ったことを言ってみたら、それじゃ駄目なんだっていうのを、2次対策授業で、分からされたっていうか。全然、言い方一つで変わるなっていうのをすごい痛感しました。面接をやってたら、この問題の捉え方っていうのが徐々に見えるようになってきて、それが小論文で応用できるようになって、気付いたら小論文が書けるっていう状況になってました。

卒業生が語る

合格への軌跡2022年

WAY TO SUCCESS

埼玉医科大　後期２次合格

浪人生は特に、対面授業がいいです。
浪人ってやっぱり、自分の生活がたるんでたから、受かる生活をしてなかったから落ちたわけで。

埼玉医科大進学　藤川晴英君（長野日本大学高校卒）

最後の砦としての代官山 MEDICAL

藤川晴英です。1次合格は、杏林と東医と埼玉後期で、2次合格が埼玉後期です。進学先も埼玉医科大学ということになりました。僕、3浪目ですね、3浪目でここに来ました。3浪目で代官山 MEDICAL に来て、で、1年で合格。1浪目のときは、長野の予備校にいて、えっと、2浪目は、● MS に行ったんです。長野予備学校っていう。アハハ。ちょっと、●台がちょっと絡んでるぐらいの予備校なんですけど。医学部のコースにいたけど、医専じゃないです。はい。現役の時は、ちょっと国立医学部志望が強かったんで。医学部、受けたけど、まあ、センターで足切りとかでしたかね。推薦だったんですけど、評点が良かったんで。推薦で出したんだけど、ちょっとセンターの点数が足りなかったなって。2浪目から共通テストになりました。長野の予備校、行って、まあ、1浪して。まあ、で、次、やっぱ、東京に行かなきゃってなって、その時に親戚とかの勧めもあって、もともと、浪人する時から、ちょっと東京に行こうかなと思ってたけど、高校の友達もみんな長野の予備校にいるし、自分、いいかなと思って。多分、いけるでしょみたいな感じで、一応、長野、行ったんで。で、駄目で、あ、やっぱ駄目だって、そんで東京、出てきて。周りの勉強がちがちで高校生活やってきた人たちの姿、やっぱ見ていかないとな、と思って。親に頼んで代官山 MEDICAL に行かせてもらいました。関東圏の大学を狙ってたっていうわけではなく、単純にやっぱ、予備校を東京の予備校のほうが、いいんじゃないかって。2浪目のときも、国立はちょっと若干狙ってて、まあ、だから、私立専願にしたのは、本当に今年っていうか,3浪目のときですね。3年目で、まあ、医専にしようと。医専の私学にしようと。ここ(代官山 MEDICAL) は、もともと、いとこが通ってて、鈴木啓太(東邦大医学部卒)っていうんですけど。かなり前に卒業してて、ちょっと年齢が離れてるんで。で、その子が1年で受かってたっていうの聞いたんで。ああ、じゃあ、代官山 MEDICAL しかないなと。最後の砦だったんで。ハハハ。啓太が通ってた時代から、ずっと実績がすごいと思って、結構、実績、出てたんで。私学実績が。やっぱ、代官山、行こうかなって思って、来ました。もう、ここしかないねって。ハハハハ。後がないからかな、もう。縛られた環境になっちゃうけど、もう、それぐらいやんないと駄目だなって。やっぱこのままだと受かんないっていうふうに思ったんで。ちょっと● MS は自由なところもあるんで。あと、朝はこっちのほうが全然早いし。代官山のときは、朝6時ぐらいに起きてたし、朝ちょっと、朝ご飯、食べるの遅かったりしたんで、ちょっと早めに起きて。自習室行くと、もう、他に来てる人結構いて、勉強していると、自分も、あ、やべ、やんないとってなっちゃうんで。初めから2号館です。6時台に来てる人,結構いました、いました。それこそ、僕の自習室の隣に桑満(杏林大医学部進学:桑満隆生)とかいたんですけど、桑満とか阿部(杏林大医学部進学:阿部尚樹)は僕よりいつも早く来てて。で、ずっと勉強したんで。益子(国際医療福祉大医学部進学:益子友里)か、あと、宮本(東邦大医学部進学:宮本秀太郎)とか。みんな早かったんだ。そうですね。でも、あの列は、かなり刺激的でしたね。いい列でしたね、前も後ろも。アハハハ。2号館の自習室はある意味盛り上がってるというか。だんだん受験に近づいてくると、ありますね。

空き時間が増えると、だらけてしまうので、授業が詰まっててよかった。

僕は、A1スタートです。僕としては、もうちょっと上に行きたかったかなって、やっぱ、M3、M4とかにいたかったかなって思ったんですけど、でも、蓋開けてみれば、A1も、それこそ本当に、桑満がいて、益子がいて、井原(日本大医学部進学:井原幸佑)がいて、中(金沢医科大進学:中川伶)がいたり、その辺が結構、刺激的で。あと、久保田(東北医科薬科大医学部進学:久保田芳人)とか。ある意味、緩い環境の予備校から、自分にこう、強制かけれなかった状態から、もう、強制的にやるしかない環境に追い込まれて、いや、僕、結構、適応が早くて、すぐ慣れましたね。もう、気合、入れて。もう、がつがつやってこっていう。で、夏、入って、M5に上がったんですけど、何だろう。ちょっとね、全科目、そろわなくなってきたんですよね。まず、物理とかが、ちょっと落ち始めちゃって。で、えっと、数学も、なんか、ちょっと、ミスっちゃってっていう。ケアレスミスで。それが、本当しょうもないミスなんですよ。ああ、ここ、文章読めてたら、絶対もっと点数取れたな、みたいな。ちょっと後悔の連続でしたね、そこは。M5に上がって、授業が急に分からなくなったっていうよりかは…,自滅ですね、テストになると獲れなかったですね。そうですね。僕は、授業中以外は、あんまり人の目、気にしてなかったんで。きっと、下から上がってA1で、また上に上がっていく人も、まあ、いれば、A1で2号館、上がって、満足して、下に落ちるって人も、きっといるんだろうなって思って。自分で成績どうだろうと、結果、受かればいいんでっていうふうに思って。それでも、ちょっと低迷したときはランキング見に行きませんでしたね。うん、見ないですね。あのー、化学だけちょっと見てたかな。ちょっと、1階の、2号館の1階のMとかNだったかな、あの辺に行きながら、おー、あ、載ってる。アハハハ。あー、全然、凝視はしない。別に取ってても。結局、受験で落ちてしまえば意味ないから。あんま気にしないですね。いや。3浪だからかな。アハハ。そうですね。気には、もちろんなってるんですよ。なんだけど、まあ、気にしないようにしたっていうほうが正解かな。1学期と夏期講習の面談期間ですか、そのなんか空白の時期に、だらけるっていうか、多分、夏期講習のときの予定見れば分かるんですけど、1日中、オール空いてるっていう日がたまにあったと思うんですよ。で、それ、２日連続とか、３日連続ぐらいになると、かなり暇なんですよ。そうすると、集中力が一気に下がっちゃうんですよね。だから、ちょっと忙しいぐらいがいいかなって思って。特に夕方がきつくなるんですよ。帰りたくなっちゃうんですよ、だんだんね。授業あると、やっぱ先生の顔を見て、さぼれないなって、やっぱ、あらためて気、引き締まるところが。ずっと自習室いるとね。なかなか。あとは、ちょっと環境を変える、勉強する環境を変える、自習室にずっといるっていうよりは、ちょっと開放的な教室で授業を受けるっていうのでめりはりを付けるっていう、そういうのも狙って。

面接で、特に、多浪対策っていうものは必要かも。

「なんでそんなに浪人しちゃったの？」みたいな話とか、普通に聞かれたたら、普通に答えられるようなことでも、いざ、面接の本番になると、答えられないことがあるんですよ、頭、固くって。で、それの練習をしてみたり、多浪生って、何だろうな、学力が多少高くても、面接で、ちょっと、人間的に難があるみたいな、やはり、社会に出てないんで。まあ、あくまで、僕の考えですけれど、多少マイナス面が出ちゃうっていう、だからこそ、前向きに考えるっていうことを教わってましたね。あんまネガティブなことを言わないっていう。いい方向にこう、言い換えるみたいな。あとは、やはり論理的に破綻しないようにって、人前で話すのが苦手だったけれど。普通にはできるようになりました、戦えるレベルになりました、みたいな、軸が、ぶれない話し方だったり、小論文の書き方だったり、ある意味、ぐさぐさと多浪に対しては、聞いてくる面接に対しても、こう答えるのがいいよ、とか、僕の場合、こう答えてもいいんじゃないとかって、オリジナルのある面接対策を浩先生がしてくれたのが大きかったですね。それこそ、一番初めの、小論の授業が結構、多かったんですけど、小論文の授業でも、ちゃんと、４段落に分けてって。ちゃんと起承転結つけてっていうふうに、あと具体的にっていうのも、結構、言われてきたんで。で、そこは、入試んときも、ひたすら意識しながら、テーマに対して、ぶれないように、あとは自分の体験談を書くっていう、自分は体験談に関しては、多少、ちょっと想像入ってもいいからって感じで。うん。ひたすら字を埋めるっていうことをやってました。

三者面談で、「行けるよ」って言われて自信をもって、試験に臨めた。

三者面談のときに、「いよいよ化学が１次突破は行けるラインにいるけどね」って石井先生に言われて。それまで自分、そんなに化学、まあ、２浪目までは、化学なんて本当、嫌いだったし。で、石井先生に言われて、ちょっと自信持って、臨めるようになって。冬期とかも演習講座になるんですけど、そのときに、自信持って、スピーディーに正確に、ばあーって解けるようになって、みたいな。やっぱ、いいんですよね。石井先生の言葉は、かなり心にくるというか。モチベーションにつながるというか。石井先生がやばいよって言ったら、本当にやばいんだろうし。石井先生が大丈夫って言うんだったら、まあ、多少のことがあっても、まあ、耐えるっていう、ちょっと、うん。うれしかったかなって。まじで、これぐらいの点数取ってたら、この大学、行けるからっていうふうに。他の人は、本当にパーセンテージを言ってくれるんでしょうけど、僕の場合はそこまでじゃなかったんで。もう、ちょっと、がくんっていったとき、あったんで。で、がくんっていったときに、ちょうど三者面談も入ってたんで。で、パーセンテージまで言われなくても、全然、「石井先生、あのー、慈恵、受けたいです、日医、受けたいです」って言っても、止めないでくれましたし、うん、止めませんでしたね。

オンラインは緩くなってしまう、対面が一番。

やっぱ、コロナあっても、ちゃんと、来て学ぶっていうのが大事です。だから、大学は今、オンデマンド、Zoom、対面っていう、まあ、遠隔授業や対面授業のハイブリッドなんですけれども、対面の場合は、いろんな人がいてその人の勉強してる姿を見ながら、教授の話を聞いて、ノート取ってくっていう、そういうこともできますし。帰り道とか友達と話したりするっていうこともできるし。で、それに比べて、オンデマンド、Zoomだけだと、一方的に先生がひたすらしゃべってて、ちょっと、たるみにつながっちゃうし、浪人生は特に、対面が一番いいです、うん。浪人って、やっぱり、現役時代、落ちた年に、自分の生活がたるんでたから、受かる生活をしてなかったから落ちたわけであって、ちゃんと受かる生活してたら受かってるんですから、ちゃんと。現役だろうと。それこそ代官山の現役で受かった高校生も、そうです、黒坂(昭和大医学部進学：黒坂陽一郎)とか、森口とかね。あと、髙田さんとかあの辺がいて。で、あいつら結構がっつがつやるんですよ。学校、終わって、制服姿で。あれ見てると、ああ、若いなっていう。ハハハ。いやあ、自分も高校生のときは、これぐらいできればなと思って。うーん。やってみたかったですよね。あれぐらいの生活ね。確かに、現役生もやっぱ、刺激されてるんで、こっちが。現役生はずっと塾いれないからっていうのを、反面、来たときの集中度っていうのがすごく高くて。すごいですよ。切り替えがすごいですよね。あの人たちは。何だろう、だから、本当に、いろんな意味で切磋琢磨できる校舎ですよね、代官山 MEDICAL は、本当に。いろんな意味で切磋琢磨できる。同じクラスでもそうだし。あとは、上のクラスの人たちとか。自習室、同じとか。結構、面識もできるんで、やってると。目標がみんな医学部合格を目指して頑張ってきて、しかも対面なんで、授業終わった後、授業始まる前に、話したりして、まあ、いろんな意味で友達もできますんで、それこそ、受験会場でも顔を見かけるんで、愛知から、東北医科薬科ときも、あんなところに井原いるし、みたいな。アハハハハ。隣に山原いて、あれ、マンスリーかなって。アハハ。聖マリも、隣、岡宮で、で、斜め前に益子いてっていう。アハハ。かといって、僕、そんなに、べちゃべちゃ話す人でもなかったんで、ある程度、適切な距離感持って。あんまり干渉しない程度で話すっていうぐらいだったら、まあ、いいんじゃないですかね。受験、終わった後とかも、井原とかしゃべりながら、奈良拓とか、武田とか岡宮とか一緒に帰ったりしましたね。あの辺、アハハハ。代官山ならではですね。

代官山は、他の予備校とは違う。

いやあ、僕の場合、ここも含めて、予備校は３つ行ったんで、思うんですけど、ここはもう、他の予備校とは、いろいろと違うんですよね、なんかね。まず、先生の距離感、違います。あと、マンツーっていうのがあって。で、授業のレベルは科目ごとに合わせてくれるし、オリジナルなテキストの授業っていうのがあって。そのテキストも、ちゃんと実用性のあるもので。先生たちも、力のある先生がいっぱいいて、友達もみんな真面目で。うん。不抜けてる人なんて、全然いないんで。あとは、朝早くから開いてて。夜は９時半まで開いてるっていう。あとは、タイムカード。あれも実は、ちゃんと見てて、あー、ちょっと、朝、遅いなと思ったり。夜、頑張ってると思ったり、そういう指標となるものが結構あるんですよ。だから、マンスリーやウイークリーの順位表とか特に自分の指標にしてましたね。あとは、授業の中での、何だろうな、実戦的に問題解かせて、テストゼミやって。みんなの出来具合見るとかね。この問題できてるできてない、っていうオープンなとこがあってね、この問題、こいつはできてる、みたいな。で、あ、すげえとか思ったり。刺激もいろいろと受けれますね。

卒業生が語る

合格への軌跡2022年

WAY TO SUCCESS

昭和大医学部 Ⅰ期２次正規合格
杏林大医学部 ２次正規合格

「おまえ、何しにここに来てんの？受かるためじゃないの？　３浪もしてるんでしょ」って、岡宮に、めちゃめちゃストレートに全部言って。「おまえ、勉強するしかないじゃん。」

昭和大医学部進学　武田真輝君（東京都市大学付属高校卒）

A2は、今思うと、いいクラスでしたね。

昭和大医学部と杏林大医学部が2次(合格)出て、昭和に進学しました。自分でも、やべえなと思ったんですけど、先生方も、1次(合格)の数が少なかったのを結構言ってて。「どうしたの?」って。まあ、3つしかなかったんで、結局、1次では。東医も開示したら、1次、最低点だったので。杏林は、受けた瞬間、1科目目の理科で受かったと思ったんで確信できた。昭和はまじで受かったと思ってなかったですね。もう、物理、ぼろっぼろだったのと、英語も何も分からなかったし。落ちた。採点するじゃないですか、最初、ここに帰ってきて。英語の文法、丸付けて。15個中4、5個しか合ってなかった。ああ、もう落ちた、もう無理だと思って、みんなに、笑って「俺もう落ちた、昭和」と言ってたら、慈恵の試験終わった後に親からLINE来て、何かあるんだけどみたいな。1次合格してるよって。え?って思いました。あり得ない、あり得ないみたいな。結果、2次も受かって。ふた開けてみたら意外と物理がちゃんと合ってて、化学が、みんなできてないところを、ばんばん当たってたっていうのがあったかな。自分は、1次、杏林が最初出て、そこからは一個も出なかったんで、昭和までは。最後の最後まで残るのかなみたいなの思ってたら、一番最初に合格が決まったので、東京の中で。杏林、2次受かった瞬間、やっと受験が終わったって。現役のとき、後期試験まで受け終わって、受かんないかなあと思いながら、親に、「じゃあ塾はどうするの?」ってなって、最初、●クサスに1週間体験に、なんか普通に行きそうになったんですけど、で、授業受けて、1週間したら入塾みたいな感じの流れになりそうになったんですけど、途中、代官山MEDICALの面談を受けてみたら、実績も全然違うし、●クサスは、なんか人がいないっていうか、活気がなかったんで、最後、1週間ぐらい経って、●クサスは辞退して、代官山MEDICALにそのままその日のうちに入ったんです。雰囲気というか、代官山のほうが、何か明るそうだなってと思って、こっちに来ましたね。ここ(代官山MEDICAL)は、選抜試験がないので、すんなり最初のクラス分け受けてみて、いやあ、びっくりでしたね。いや、全然、もっと下だと思ってたんですけど、案外、別に普通なんだなと思って。自分の高校の成績だと、下から3分の1にはずっといたので。結構、2号館すんなり入っちゃったなと思って。今思い返せば、入ったクラスが受かった要因なのかなと思ってます。A2、いいクラスでしたね。周りが良かった。だって、あれですよ、最初のA2の中で3人、昭和なので、最終的に9人中3人が昭和なんで。しかもその3人は全員M5まで上がった人たちなので、奈良(奈良 拓矢君)も含めて。A2は、岡宮(岡宮 海君:獨協医科大進学)がいたのもそうだし、結構、女子陣も強い人が多かったので、楽しかったです。最初の4月のどっかの岩崎先生の授業で、一気に仲が深まりました。盛り上がったんです、みんな全然、英語分かってなかったって。仮定法の授業か何かで、みんな、俺も、フフッ、その、ifしか書けてないっていうところで、めちゃめちゃ。そこで一気になごんだかなっていう、一気に仲良くなりましたね、そこで。それでちょっと、自分は英語できなかったんで、安心しました。

物理がマジ、ヤバかったんです。

寺澤先生がK教室でめちゃめちゃでかい声でやって。やっべえ人いるって。ちょっと、最初どん引きしましたね、やべえ人いると思って。でも授業聞いたら、めっちゃくちゃ分かりやすいじゃんって、面白いっすって、仲良くなりましたね。力学、分かりやすかったんですよ。まじ、最初は耳が半端なくやばかったですけど。すごい先生なんですけど、結構繊細らしいんで、それもちょっと面白いなと思って。物理は、クラスの調整があって、レベル下げてもらって、物理は本当に一番、ど底辺だったと思うので。うん。いや、まじで、化学と数学に助けられたおかげでA2に入ったなと思うので。多分、それなかったら昭和受かってないかなって思って。で、このままじゃ物理無理だと思って、親と相談して、6月にマンツーを入れましたね。柳瀬先生、すごい良かったです。はまりましたね。自分の決断したタイミングが良かったのかなと。柳瀬先生、後期から、本館の人がめちゃめちゃマンツー申し込み始めて。けど、自分が先に6月にはもう取ったので。そこからは一回もちゃんと崩さずやり続けられましたね。教え方っていうか、柳瀬先生は、基本は忠実にみたいな。で、プリントをうまく使ってやってましたね。何か段階踏んで。後期から冬期のプリントで、100題ぐらいを渡してもらって。そこからいっぱい出ましたね。東医、昭和に、類題とか、愛知でも結構ありましたし、よかったです。聖マリは結構、ドンピシャだったって感じでしたよ。しかも、100問、バラバラに出されるだけじゃなくて、100問のその1問がどこに該当するかのテキストのページまで書いてくれたんで、1問ずつやって、それができなかったら戻ってやる感じで、演習量を相当増やせましたね、多分、俺以上に物理やった人、いないんじゃないですか。そんな感覚だと思います。テキストやって徹底(問題演習)やって、後期のテキストもやって柳瀬先生のプリントも全部やってたので、多分。そこまで物理は、頑張ってやり込みましたね。でも、一番苦しかったのは10月で河合記述模試のときの物理。柳瀬先生にめちゃめちゃ頑張って教えてもらって。自分もめちゃめちゃ、毎授業、プリント終わらせて持ってくぐらいの勢いでやってたんですけど、にもかかわらず、河合の偏差値52で、ショックで、みんなの20点ぐらい下だったのかな、一瞬メンタルにはきましたね。いやあ、しんどかったですね、あの時は。確かにショックでしたけど、まあ、下向いてもしょうがないし。結構、そこは、きつかったというより、やばいと思って。メンタル的にやられたというか、このままじゃやべえな、やるしかないんだなと思って、そこからまた馬力かかりましたね。

ウィークリーは、満点を目指していました。

ウィークリーについては、代官山MEDICALに入ったとき、満点取ろうと思ってました。英語は1回だけでしたね、満点じゃなかったのは。めちゃめちゃ悔しかったですね、もう。そうなんです、16回目ぐらいです、確か。最後の最後で、カンマか何かがなかったみたいな。俺はもう、帰ってきた瞬間、はあって感じ。去年、1人だけだったんですよね、多分、ずっと満点だったの。めちゃめちゃ悔しいです。最後の2人まで残ったんで。「英語満点は当たりまえ」ってみんなに言ってたんで。だから、それを言うことで、自分にもちゃんとプレッシャーかけながら、多分、自分の性格上、決めたことは絶対やるっていうのは、高校の部活のときにアメフトを始めたときもそうだし。ダイエットもそうなんですけど。やるって決めててそのダイエットも始めたんですけど、結局、30キロ減ったんで。いや、ウィークリーの英語は、やれば、誰でもできるんで。「やればできることは、ちゃんとやろう」ってみんなに言ってました。岡宮とか特に、「まじ、満点取れない」とか言ってたんで。「いや、意味分かんないよ」つって。あれで満点取れなかったら受験受かるわけないじゃんっていう感じのレベルで言ってたんですよ、全部。けど、それをメンタル弱い子とかに言うと危ないんで、それはちゃんと人考えて。てか、ここにいる人たちはみんな受かるんだろうなと、思ってましたね。まあ、ウィークリーの英語で取れないんだったら、マンスリーも順位に載れるわけないじゃないですか、英語は覚えるだけなのでそこを覚えて頑張って満点取ろうよって。そういう成功体験を増やすほうが、結果、マンスリーに載るのにも近づくのかなみたいな、思ってたので。ウィークリーは、ひたすらやってたほうだと思いますね。4科目の合計で、ランキング、外したことないと思う、多分。最後らへんとか、多分、トップ10にずっと入ってた気がする。言い方はすごいあれだけど、単純明快で、毎週毎週やったことの復習をできないやつが、受験受かるわけないじゃんっていう。みんな、やるのが遅過ぎるんですよね。まあ、1日前に1回書いた程度で覚えられる人は、英語できると思うんですけど、あんまり英語得意じゃない人がそれやっても、結局、無理なんですね。自分は、最初は、どのぐらいやれば満点取れるか分からなかったので、10回以上は書いてたんですよね、試験前までに。で、最終的に夏以降は、だんだん10回から3回とか2回とか減らしてって、まあ、音読したら覚えるよねみたいな感じに変えてきてましたね。あれにずっと時間使うのは逆に意味ないと思います。無駄かなって思う。数学もやってて得意だったんですけど、数学はなかなか満点が逆に取れなかったですね。

メンタルは強かったし、負けず嫌いだったんで

メンタルは、強いですよ、自分負けず嫌いなので。みんなを、結構鼓舞してたっていうか、同じA2のクラスの岡宮にも、結構言ったんですけど、めちゃめちゃ俺がいたから受かったみたいに言ってた。それは正直、そうかなと思う。いや、もう、色んな人から、陰で色々言われて。で、それを俺に言ってきて、「それじゃあ、おまえ、何しにここに来てんの？」って岡宮に言って。「受かるためじゃないの？ 3浪もしてるんでしょ」って、もう、めちゃめちゃストレートに全部言って。「じゃあ、おまえ、勉強するしかないじゃん。別にそんな人、関係なく、受かれば何でもいいんだから、まず勉強しろ」みたいなことを結構ちゃんと言ったら、多分、効いたのか、やりだして。で、「化学もセミナーやれ」つったら、セミナーやってたかは分からないですけど、三上先生のプリント頑張ってやってたらしくて、一回、マンスリー、負けそうだったんです。それぐらい、頑張ってたんで。で、もともと英語はできてたから、まあ、大丈夫かなって。そうですね、まあ、仲良くなりつつ、こいつにも頑張って欲しいっていうあれがあったんで、去年、自分も受かったのは、必然かなと思って。だから、よかったかなと思いますね、今。やっぱ、代官山MEDICALってそうやって生徒同士が仲良くなるところもあるから、いい意味で。まあ、言い方は悪いけど、やっぱ、他の予備校とかじゃ、ちょっと、流される子たちもやっぱいるっしょ。でも同じ医学部目指してるんだし、ちゃんとやる人が多かったですね、そういう意味でA2良かったですよ。あと、源河(源河 史歩さん：昭和大医学部進学）さん、やばかったです。佐久間さん（佐久間 悠希さん：北里大医学部進学）もやばかったですね。あの人だけじゃないですかね、ほぼ6時にずっと来て。まあ、平井（平井 豪君：昭和大進学）も

途中からだったんですけど。佐久間さんのあれは、いや、体調悪くなるんじゃないかと、ずっと心配してて。言われましたもん、結構、前期とかA2で、隣の席座るときとか多かったですんけど、「もし倒れたら助けてね」って(笑)。

先生の活用術
先生、うまく活用したほうがいいですね、絶対。質問の内容とかも大事で、やっぱ、本館の人が先生に質問してる時のやつ聞いてるんですけど、長いなと思って聞いてると、それ、質問なのか？っていうのもあるし。で、質問の仕方がちゃんとしてる人は結構、受かるかなっていうのがありますね。的確にね。「こうこうこうで、僕はここまでやったんで、ここでつまずいてると。これが分かんないですよ」とか、ただ話しに行ってるんだったら、ちょっと、止めてほしいかなみたいなの、それは思ってましたね。自分がわざわざ20分の間に来てるのに、それはちょっと違うかなと。やっぱ自分で考えないと駄目ですね。その、勉強の仕方は。うん。結局はやり方は自分次第なので。まあ、質問に20分かけるとしたら、難問も聞いてます、多分。それだけ先生の質は高いです。うん、質めっちゃ高い。数学は特に2号館での先生はすごいっす。全員、もう。びびりますね。やっぱ、全然違う？いや、すごいですよ。なんで一瞬で分かるんだっていう。すごいと思いますね。まあ、これはこうじゃない？って。やっべえと思って。

「足切り」を経験しました。
聖マリ落ちたときは、まじで意味分かんなかったっすもん。自分よりできてないと思ってた人が、どんどん1次合格取ってるのを見ると、メンタルにきましたね。は？と思いました。あり得なくね？と思って。で、聖マリはやっと謎が解明できて。開示したら、1次の最低点より高かったんですよ。でも点数が、足切りくらってた。英語が足切りくらってたみたいです。全体は1次合格の10点ぐらい高かったです、平均50点で37点だったんです。確実に受かったと思ってたんで、受けたとき。化学が25点ぐらい高かったんですよ、平均よりも。で、数学も21点かな、高くて。物理も10点ぐらい高かったんですよ。だから普通に、受かってんなと思ってたら。受験者全体の平均なんでちょっと微妙なんですけど。

最後に、言っておきたいこと。
友達は選んだほうがいいですね。あと、授業は切らないのは、間違いないですね。うん。授業切ることにあんまり意味をなさない。結局その時間やってんのかって話なので。大学生になったら自分も切りだしたので、今はその取捨選択をできる立場にいないよっていうのは分かってほしいかなと。何でもどんどん入れてかないと。吸収していかないとね。まあ、別に、聞くだけが全てじゃないし。自分で考えなきゃいけない。真面目過ぎるのは良くないです、多分。真面目な女の子は結構、危ないかなあって。いや、何か、真面目過ぎる女の子は特に、みんな、色んな先生に聞くじゃないですか。で、そのまま忠実にやろうとするので。自分がない、そもそも。なので、色んな人に合わせ過ぎて結局うまくいかない。で、成績はなぜか下がる、頑張ってるのに、みたいになっちゃう。自分で考えてやることが一番、受かるかなって思いますね。そこが一番大事じゃないですか。

卒業生が語る

合格への軌跡2022年

WAY TO SUCCESS

金沢医科大　前期２次合格

間違いなく、１次試験の点数がぶっちぎって取れていたから受かった。結局のところ、私立医学部は点数至上主義なんで。

金沢医科大進学　中川 伶君（清風高校卒）

代官山に来てから、すごく変わりました。

中川伶です。進学先は金沢医科大学で、2次受かったのも金沢医科大学のみで、1次、受かったのは、えっと、金沢医科、東北医科薬科、聖マリ、あと獨協の4つっす。きっかけは、母親が予備校をいろいろ探してくれて、僕は、もともと東京医科大学に行きたかったっていうのが、まずあって。東京医科大学にめっちゃ行きたいっていう気持ちが、ずっと、大阪おったときからあって。やっぱ、東京の大学ってなると、東京の予備校が、情報多いっていうのがあるから、母親の中では東京の予備校に行かせて、なおかつ、寮に住まわせるほうが、人として成長できるんじゃないかっていうのもあるから、いろいろ探していく中で、ホームページ見たら、代官山 MEDICALが、すごく、見てていいなっていうのを、母親から聞いて、それも自分見て、ここに決めましたね。現役、1浪のときは大阪のほうに出てて、現役の時は、ちょっと、名前、出しますけど、メディカ●ラ●って所に行ってたんです。正直、僕は、ラ●では、成績もあんまり伸びなかったし、なんか講師もカリキュラムもここと比べて全然違うし、まあ、でも行かないと分かんないのもあるんで、だから、要するに、あんまり僕はいい所っていうふうには思ってなかった。で、1浪も1浪で、完全個別塾というか、医専を名乗ってる個別塾、行ってたんですけど、親身になってくれなかったっていうのは、その1浪のときありました、その予備校。で、2浪目から、代官山でやらしてもらって。でも、はたから見たら、何ていうか、めっちゃ時間かかっとるとやんけっていうふうに思われても仕方ないんすけど、僕としては、すごく最短で、行けたんじゃないかって、思ってて。実際問題、学力レベルが、高校のときとか、偏差値も全体で40いってるか、いってないかぐらいやったんで。全統記述もそうですし、あとは、まあ、駿台の全国模試とか、偏差値40前後とかやったんで、だから、それを今、医学部、行けるまでの学力にしてくれたのは、間違いなく代官山のおかげっていうの、思ってますよね。感謝してもしきれないぐらいあります、代官山に対して。まあ、1年目のときは、僕、あれ、あれやったんすよ、A10、スタートだったんで。だから、すごい底辺からのスタートやったんですよ、1年目。1年目は、ひたすら、がむしゃらにやって。ひたすらやっていく中で、どうやったら勉強する時間を確保できるかっていうのも考えるようなったし、なりふり構わず先生に聞きにいくようになれたし、おかげで、考える姿勢というか、どうやったら効率良く事を進められるかっていう思考回路が、手に入れることができましたね。代官山 MEDICALに来て、その、自分の精神力がちゃんと前を向くようになったというか、医学部に本気で行きたいっていうふうに、やっと思えるようになったんで。そうです。代官山 MEDICALに来てから、すごく変わりました。まあ、やっぱり、周りの友達がすごく、なんか、意識高いっていうか、自分も医学部、行きたいっていう人も、すごくいてたので、自分も感化されましたよね。いや、まあ、最初は慣れなかったっす。まず、方言というか。僕が、こういう、関西弁、バリバリしゃべる人間なんで、とてつもなく標準語、周り標準語だらけやんみたいな。当たり前なんですけど、ギャップというか、カルチャーショックはありました、ある程度は。あと人生初の1人暮らしってのもあって。

もともと最初からできる生徒は、あまりおらんと思いました。

もともと、最初から優秀な子は、言うとおり、多分、いなくてというか、いないっすね。石井先生も、それ、おっしゃってましたよ。本当に、自分でできなかったりとかっていう子が、確かに多いなって印象なんだけど、やっぱ、それはあって。で、やっぱ、じゃあ、それは先生たちの引っ張り方とか、まあ、石井先生の、こう、授業だったりとかっていうので、やっぱ、そういう子たちも、みんな、できるようになるって印象はある。やっぱ、あのー、石井先生の言うこと聞いてる人は、まず、伸びましたよね。で、僕は、1年目、2年目、まあ、1年目は、結構、言うこと聞いてたほうではあったんですけど、でも、途中から、良くも悪くも、運よく、マンスリーの点数が徐々にガンって上がってきたんですよ。それが、逆に勘違いを生んでしまった。自分は、もう、できるわ、みたいな。2年目、代官山でお世話になるってなったときに、やっぱ、自分の心のどこかで、まだ、甘えがあったのかなっていうのはあったんですよ。で、もう、甘えがなくなった人って、もう、目が怖いんですよね。あの、もう、今日、絶対やらんとあかんとか、明日も絶対やらんとあかんって、毎日を、そう、死に物狂いで生きてる人が、結局、1年で受かったりとか。一緒に頑張れば何とかなるかっていう、ちょっと甘え、甘える方向にいってしまったんすよ。だから、それが、まあ、最終的に1次、受かったけど、2次まで、つかめることができなかった、勝ち取ることができなかったっていうのは、

僕にとってのターニングポイントがあった。

チューターで来てくれてた深井悠介君(東京慈恵会医科大進学)とか、東医、行った鈴木雄哉君(東京医科大進学)とかもチューターで来てて、たまに会うとき、いろいろ、相談とか乗ってくれたりとか、俺の話、聞いてくれたりとか、すごいありがたかったっすよね。だから、そういう人がいるから、そういう人がいてくれてるから、自分もその期待に応えたいっていうか、自分も医大生に早くなって、なんか、医学のことで関わるというか、語れるようになりたいみたいな、同じ分野を語れるようになりたいっていうのはすごくありましたね。去年の同僚っていうか、同じ年のメンバーで仲の良かった二神拓路君(聖マリアンナ医科大進学)とか、小原久幸君(埼玉医科大進学)とか、あと石原彰悟(東邦大医学部進学)。この3人は、めっちゃ仲良か

ったっていうのもあるし、彼らにも、すごい、応援してもらったりとか。二神と、小原君に関しては、しゃあないってか、普通に受かるレベルっていうのは認識してたんですけど、まあ、ちょっと失礼かもしれないっすけど、石原彰悟に関しては、もう1回一緒に1年やるっていうふうに思ってたんす、正直。クラスもほぼ一緒やったし、あと、彰悟自身も半分諦めてたんですよね。でも、なんか、最後まで諦めずに、後期試験のときも、勉強、自習室で頑張ってやってて、1次は、6個か受かってたけど、全然、補欠回ってこなくて、もう1年かなっていうふうに思ってたら、最後の最後で東邦、回ってきて、もう、めっちゃ、いい所を一本釣りしたっていうのが、なんか、まあ、ちょっとショックやったんすよ、僕としては。本人は、すごい嬉しいので、それは本人の気持ち尊重しますけど。ただやっぱり、僕からすれば、ああ、受かったんかみたいな。「おめでとう」って言いましたけど、でも、やっぱ、素直におめでとうとは言えなかったっすよね、僕が受かってないから。だから、彰悟に関しては、先に受かっていったのは、辛かったっていうか。正直、ちょっと、泣きましたね、彰悟が受かったとき。ああ、彰悟に置いていかれてしまった、どないしよう、みたいな。なんか、思わず、ふと、泣いてしまったときはありましたね。めっちゃ苦しかったんで、あんときは、バリバリ、苦しかったんで、それが僕としては、ある意味ターニングポイントというか。本気で、本気でやらんとあかんみたいな。朝の、あそこ6時に開くんで、6時前とかに、なるべく行くようにしてて、仮に遅くても、朝の6時15分とかに来て、タイムカード押して、自習してましたね。

浪人してて、どうしようもないぐらい、自分でできない人やったら、代官山が一番効果的な環境やと思う。

代官山MEDICALに来てまず、思ったのは、医専の先生っていうだけあってめっちゃ詳しいです。代官山MEDICAL以外で、こんなに、いい、親身になって聞いてくれる先生がそろってた予備校ってないと思って、僕はここ来て良かったなって、めっちゃ、思います。先生に話いろいろ聞いてもらえるっていか、勉強だけじゃないから、受験って。

最終的には、それはもちろん、点数しか見ないんだけど、それだけを伸ばそうと思っても、なかなか伸びないから、心の支えだったりとか、相談乗ってくれる人がおるっていうのは心強かった。クラス分け、毎回のクラス分けでも、この子は、点数、上がってるけど、実際、得点力はあるけど、実力的にはどうなんやろとか、努力の継続力っていうか、こいつ、上げたときに、ほんまに、そのまま上っていくタイプか、ちょっとだらけるタイプか、多分、そんなとこまで見られてるんやと思う。めっちゃ、言われました。そこができてる、できてないで、結構、変わるし、だから、精神的に大人になった人は上げられてる印象がありましたね、僕の中では。なんか、勉強できてても、結局、なんか、人としてできてなかったら。ここが駄目なんやったら、ここ直そう、ここがあかんのやったら、ここ直せばいけるかなみたいなっていうのは考えるようになりましたよね。そこが、他の予備校と、違うとこかなっていう、やっぱり、そいつの、多分、個人個人を、ちゃんと見てるから。すこぶる食い縛った結果、あのー、今があるんで。そこは、やっぱ、感謝してますよね。代官山のおかげでもあるし、代官山の先生がたが、めっちゃ励ましてくれたんで。何より、山﨑先生と、小椋先生、太郎先生や高橋典先生は、めっちゃ励ましてくれましたよ。ノリ先生には、いろいろ自分の話、聞いてもらって、今年は大丈夫やっていうふうに、断言して言ってくれたっていうか、ノリ先生の、あの一言は、でかかったですね。いろんな先生と多分、僕、しゃべってます、基本。大手の予備校とかでは親身になる先生なんて、絶対、ありえないと思います。まず、大手の予備校でいないと思います。そのぐらい、ここが、環境として素晴らしい。精神的に弱い子とかには、いいのかもな、こっちのほうが。自分でできる人は、まず、そもそも浪人とかしてないと思いますよ。浪人してて、なおかつ、どうしようもないぐらい自分でできない人やったら、ここはすごく適切というか、代官山が一番、効果的なんじゃないですか。僕は、絶対、そうですね、代官山を超える医専はないと思ってます。自分でできる人は、基本的に、大手の予備校行って、自分で突き詰めて、計画立てて、それこそ、現役で受かるし、なんなら、国立の大学に受かるんで。だから、そういう人じゃない、そういう部類に入らない人は、間違いなく代官山で1年頑張ったら、普通は受かると思います。

僕が特殊なだけで。やっぱ、こういう人もいるよっていうことだけは､声を大にして伝えたいです。やっぱり、意識高い人は、新年度が始まる前から準備してるんで。それこそ、鈴木雄哉とかは、春の先取りのときからずーっとやってたっていうのを聞いたんで。だから､彼も、東医にめっちゃ行きたいって言ってたんで、実際、その行きたかった東医に、今、行ってるんで、彼は。だから、そこが決定的な差なんかなっていうのは感じます。春、大事です、やっぱり。本当、それは思います。ただ、でも、春からできる人って、元から、高校のときから頑張ってた人とかやと思うんですよ。受験が終わってもすぐにスタートを切れる人、苦じゃないっていうか、勉強を楽しんでいるようにさえ見えた、京極政樹君(東京慈恵会医科大進学)っているんですけど。慈恵に行った京極君とかやったら、数学が大好きなんですよね、彼。で、物理も、嫌いじゃないとか言ってたんで、だから、勉強好きやったら苦じゃないっていうのを、彼、見て思いましたね。だから、やらなあかんというよりかは、勉強を楽しむっていう思考におるほうが、いい所、受かるんかなっていう気がしますね。僕は、そういう思考には、さすがになれなかったですけど。ただ、今、まだ、こうやって、代官山で頑張ってる人やったりとか、あとは、代官山、これから、浪人を考えてる人やったりとか、現役で医学部、受かりたいと思ってる人が、この合格の軌跡、読んでるんやったら、まず、勉強を楽しむっていうのを、ここで、味わうほうが、一番、手っ取り早いと思います。

私立医学部は実力至上主義。

心の余裕が、今、すごいあるんで。なんせ、医学部にいるっていう事実が、自分を、すごい自信付けてくれるし、医学部に行っている自分が、誇らしいから。今は。勉強、楽しもうっていうふうにもなれるし、大学に入った今は、勉強、楽しめてるのは、今まで習ったことないことを楽しめてるのは、間違いなく代官山MEDICALでやってきたから、芽生えた思考なんやなと。でも、僕の場合は、多浪っていうなんかうしろめたさ見たいのがずっとぬぐい切れなくて、でも、多浪生とかも、いると思うんですけど、確実に、医学部行きたいって気持ちが、なくならない限り、希望は絶対にあるので、あとは、根性を見せるしかないなっていうのは思いますね、男は。いや、折れないのが、まず、大事です。俺も折れなかったんで。折れなかったから、医学部受かったんで。やっぱり､勉強めっちゃ頑張って、1次試験、ぶっちぎって点数取れてるからこそ、こう、ディスアドバンテージがなくなったっていうのがあるからだと思うんすよね。代官山の先輩で、僕が一番印象的な人でいうと、杏林行った安永君(安永尚生)とかは、杏林の正規やった理由は、間違いなく、1次試験がぶっちぎってたからって、聞いて、端から見たら、4浪なわけなんですよ。あと、東邦に受かった白須さん(白須大士)が、6浪って聞いてたんで、彼に関しても、やっぱ、点数、ちゃんと取れるとこ、がっつり取ってったから。そうなんですよ。6浪なのに、聖マリ、受かってる、正規で。だから、それは、間違いなく1次試験の点数が、ぶっちぎって取れていたから、頑張って取ったから、これだけ受かったってのもあるんじゃないかっていうふうに、僕は見てて思いますね。結局のところ、私立医学部は点数至上主義なんで。

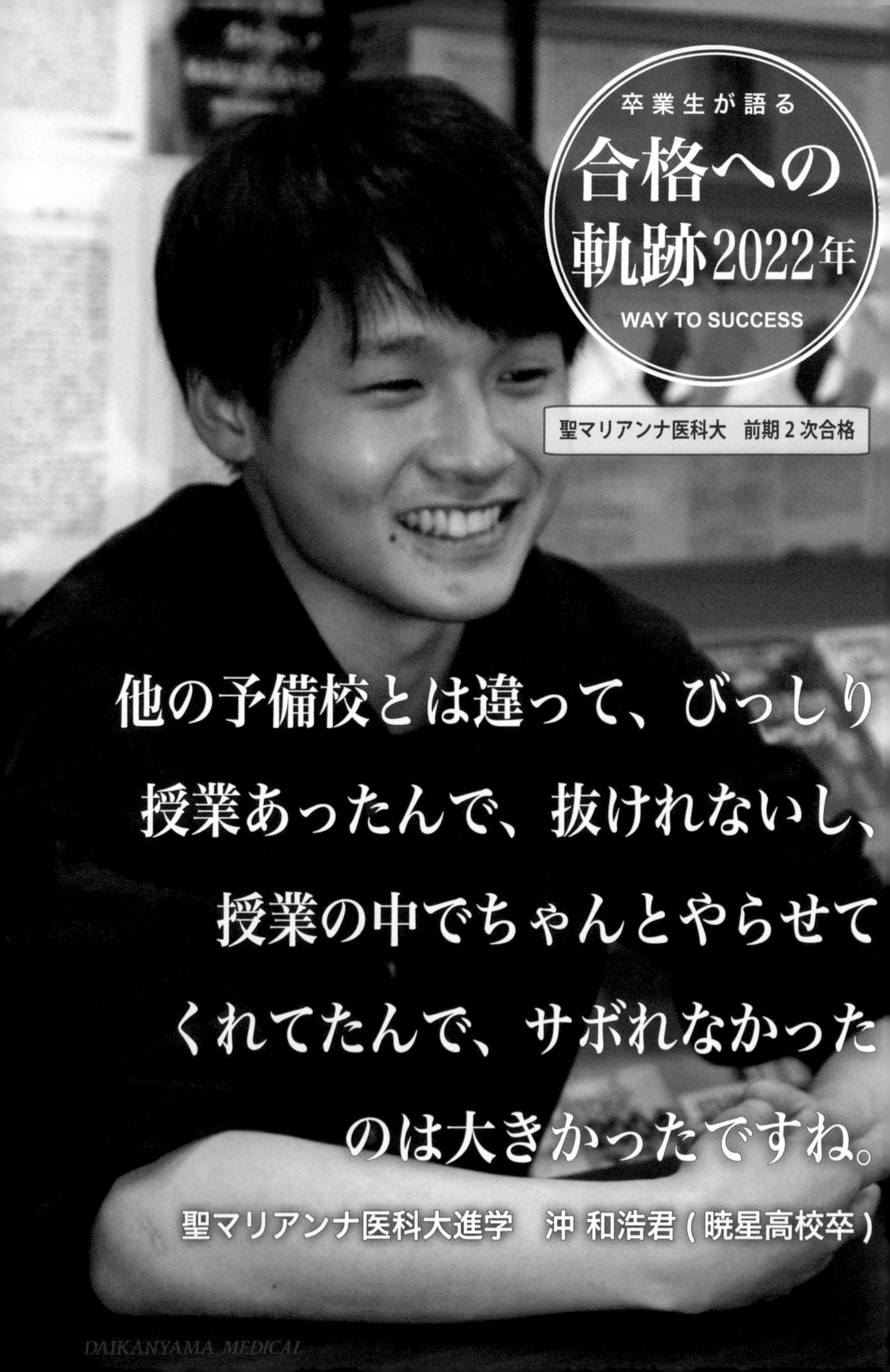

卒業生が語る

合格への軌跡2022年

WAY TO SUCCESS

聖マリアンナ医科大　前期２次合格

他の予備校とは違って、びっしり
授業あったんで、抜けれないし、
授業の中でちゃんとやらせて
くれてたんで、サボれなかった
のは大きかったですね。

聖マリアンナ医科大進学　沖 和浩君（暁星高校卒）

サボれなかったのは大きかった

1次合格をもらったのが、帝京大学と東北医科薬科大学と聖マリアンナ医科大学です。2次合格がきたのが聖マリアンナ医科大だけですね。浪人生活を、代官山MEDICALで過ごして、1年で受かりました。現役の時は、勉強、全然してなかった、正直に言っちゃうと、全くしてなかったんで。代官山で勉強の毎日の習慣は付いたかなとは思ってます。現役のときは、10月までずっとサッカーやってて。で、えーとまあ、言い訳にはなるんですけど、ずっと部活やってたんで、疲れたっていうのもあるんですけど、やる気が起きなかったっていうのが大きくて。で、なんか周りが結構焦って勉強とかしていく中で、まあ、俺は何とかなんじゃね、みたいな、そんな思いがあったんで。あんま勉強はしてなかったんですよね。で、現役の時は、1次合格は1個もなかったですね。代官山MEDICALに来て見て違ったことは、石井先生が一番、何て言うんだろう、合格へのビジョンを見せてくれたっていうのが大きかった。現役の時は野●ク●に通ってたんですけど、そこの塾、時間帯が悪かったってのもあるのかもしれないすけど、先生がその授業の前後しか、捕まんなかったり、なんかちょっと質問したくても、受付んとこに事務の方しかいらっしゃらなかったりとかあったんで。それに比べると、(代官山MEDICALは) 6階来て、誰か数学の先生いないかなみたいな感じで。しかも1人の先生にずっと教わってるわけじゃなくて、色んな先生に教えてもらってるんで。それに先生はすぐ名前を覚えてくれるんで、質問、なんか全然違う分野のとこでも質問はいけるんで。分かんない時にすぐ対応してもらえるのは、代官山MEDICALのいいとこだなと思います。他の塾とは違って、びっしり授業あってって感じだったんでなんか抜けれなそうだなっていう。長時間自習頑張ったっていうよりも、ちゃんとやらせてくれてたんで授業の中で。サボれなかったのは大きかったですね。なんかその、代官山じゃない友達とかにも、何時まで勉強やってんだってって、9時まで授業あるからっつったら、なんか、うぇーみたいな感じになるんで(笑)すけど、ほんと、授業多いのはのはメリットですよ。1年間監獄みたいな感じでしたけど、受かるかなっていう思いはありました。

友達みたいな先生が多くて、すぐ6階来て質問に行けた

いや、良かったですね。結構、薄先生とか緒方先生とか記憶残ってますけど、何て言うんだろ、馬鹿でも分かるように説明してくれるっていうか。当時多分、何にも分かってなかったと思うんですけど、僕は。でもちゃんとやれば俺でもできるなって思った授業ではありました。なんかちょっと、言い方悪いかもしんないですけど、友達みたいな先生が多くて、すぐ6階来て質問に行けるっていうか、そういうのが良かった。分かんなかったら、友達よりも、先生に質問しに来たかなって感じがします。英語、別に得意ではなかったんですけど、根拠のない自信っていうか、まあ、いけるっしょみたいな感じでいたんすけど、そのなんか、一番最初の授業を受けてみて、一番最初の誰の授業だったかな、えーっと多分、田中先生、田中良平先生だ、授業で文法やってもらったときに、思ってたより何にも分かんなくて。なんか日本語で説明してくれてることをいまいち理解できなくて、何言ってんだろってなっちゃって。で、もういよいよ、マンツー必要だなって思ってたのと、なんか1週目の授業を受けてみて、ちょっと面白かったから田中先生と岩瀬先生取ってみようかなって思って、二つ取ってみました。いや、田中先生も良かったんですけど、岩瀬先生すごい良かったです。色々まあ、まとまったプリントみたいのがあるんですけど、語呂合わせとかダジャレとか、色々あって。覚えやすいっていうのもあるし、授業をしてもらってて、すごい楽しかったっていうのもあります。なんか5, 7、5みたいな感じで。あのー、先生の、何て言うんだろう、理にかなったじゃないすけど、何だろう。先生がしっくりきたやつしか、そこには載ってないんですよ。なんですけど、すごいしょうもないダジャレとかが、その授業中にはポロポロ出てくるんで、そういうの、なんか笑いながら覚えてた気がします。生物の山﨑先生は本当に、あの、図。教科書の図とかって、細かくいろいろ書いてあるじゃないですか。それを山﨑先生は結構簡略化して書いてくれて、まず重要なところを説明してくれて、細かいところはまたその後で質問しなくても、言ってくれるんですけど。まずここ、覚えるっていうのを簡略化した図で教えてくれて、その後にいろいろ教えてくれるんで、すごい好きでした。

2号館上がったときは、めっちゃ嬉しかったです。

夏のマンスリーの結果で、あの紙(ランキング)に、一番下の方だったんですけど、(自分が) 載ったのは結構嬉しかったですね。載ってからは毎回意識するようになりましたね、あと何点で載れたのに、みたいなのはありました。なんか載ったらやっぱ、格好いいじゃないですか。俺、生物だけは多分結構、毎回のように載ってたんですけど、他(の科目)は全然載ってなくて。生物だったら同じクラスで、あんまり負けてなかったんで。自分は生物が得意だったんで、1個だけでも自分の得意教科があることに安心感を持ってたっていうか、あんま危機感はなかったんですかね。ちょっと、今考えるともうちょっと危機感を持ったほうがいいかなと思うんですけど。ウィークリーなんかも返ってきた時に、0点で返ってくるのがどうしても嫌で、何て言うんだろう、その単元によっては、もうこれやりたくねえよみたいなのもあったっちゃ、あったんですけど、まあちゃんとやりましたね。言うてテストじゃないですか、テストで手抜くの嫌だったんですよ。だか

らちゃんとやってました。ウィークリーは、ちゃんとした復習の場じゃないですか。テスト系がなかったら、やらないと思うんですよ、俺の性格だと。ウィークリーがあるから、やばい、復習しなきゃ、みたいになるんで。1学期の内容って復習すると結構価値あるじゃないですか。それはうまくいってたかなと思います。緒方先生にマンスリー見せに行ったときに、「ちゃんとウィークリー取れてるからいいね」って言って、全然ウィークリーちゃんとやってなかった人とかには、毎回ウィークリーのチェックが入ってたりするらしいんですけど。俺はその、毎回ちゃんとやってたんで、点数もそれなりに良くて、ウィークリーだけだったらまあ結構良くて。お前はちゃんと大丈夫みたいな認識を受けてたんで、ちゃんとやってて良かったなと思います。目の前の課題っていうか、どんどん詰め込まれるじゃないすか。ウィークリー、ウィークリー、マンスリーみたいな感じで。ああ次ウィークリーだ、ああ次ウィークリーだみたいな感じで。どんどんやっていくうちに、ちょっとずつ学力上がってったかなって感じはします。その成果もあって、本館から2号館に移った時はめちゃめちゃ嬉しかったですね。まじで嬉しかったっす。A2上がった時のマンスリーで、結構できたって感触があって、その時が40番ぐらいだったのかな総合(ランキング)で、確かそのぐらいだったと思うんですけど、その紙（ランキング）の中段ぐらいに、自分の名前あるのを見て、「ん！？」みたいな(笑)そのときが、はい、11月のマンスリーだと思うんですけど、多分それが一番（得点）高かったです。2号館ってそんななんか、雰囲気がキツイみたいなそういう感じあんまりなかったんですけど、その休み時間とか空き教室で、めちゃめちゃ3、4人ぐらいでグループになって、過去問解いてたりするのはなんか、2号館ぽいなって感じはしてましたね。M1の人とかがガチで勉強してんのを見ると、ウォーって思いましたし、「これが受験か」と思って。ちゃんと過去問とか解き始めましたね、自分でも。

冬のマンツーで苦手を補強できて、絶対的な安心感があった

山﨑先生には、基本的に過去問ベースで進ませてもらったんですけど、嫌いな範囲、やってない範囲が出てきた時に、ぼろぼろなのが、結構もろかったのがそこで分かったというか、分かったつもりだけで、実際は、こんなできないのかなっていう。冬とかに、自分で過去問やる緩さよりも、先生がちゃんと見てくれる過去問演習って違うと思うんですよ。山﨑先生と一緒に過去問やって、そこを解説してもらうって、穴埋め、ポロポロあったし、ぼろぼろって崩れそうなところを補強できたのかなって感じがして。やっぱ、冬にマンツー取ってるとなんか安心感が違いますね。俺、補強されたなって実感が湧くっていうか、ここは補強されたからもう大丈夫みたいな。ちゃんと冬と直前でちゃんと補強してもらったから、ここは大丈夫みたいな、なんか絶対的安心感があったんですよ。それはすごい良かったですね。だから実際、生物で、植物は結構出たんですけど、何個か直接習った内容が、その合格に結びついたかなって言いすぎな気もするけど、マンスリーとか模試をやってくと、自分が解ける問題と、自分が解けない問題って多分、ぱっと見で8割方分かると思うんですよ。ぱっと、ただすらっーと読んで、これは解けるなっていうやつと、これはちょっと厳しくね、みたいなのが多分、分かれてて。これは解けるなっていうところはちゃんと先生もなんか、君はここはもうできるって言われてるところとか、もうその何回も復習して自分の中でここはできるって自信を持ってるところとか、そういうところは絶対取ろうっていうふうに思ってて。それで時間が余ったら、無理じゃねって思ったところをちょっとチャレンジしてみて、最初の2、3問ぐらい解けたら万々歳みたいな。

一本の軸に先生のアドバイスや自分の考えを付け足していく

全然、最初から軸なんてなくて、なんか、無一文みたいな状態で代官山MEDICALに来たっていうんだったら、多分先生の言うことをそのまま聞いてれば、そのままそれが軸になっていくと思うんで良いと思うんですけど。ギュウギュウに詰め込みすぎて、なんかちょっとノイローゼみたいになっちゃいましたとか、もう学校来たくありませんとか、そういうふうになるぐらいだったら、自分の芯をしっかり持ちながら、先生の言うことを聞き、まあ先生の言うことを無視するってのは絶対ない、駄目だと思うんですけど。先生の言うことは絶対聞いて、その先生がこうしたほうがいいよって言ってきて、俺こう思ってたんですけど、こういうの駄目ですかって言って。なんか、あ、それでもいいんじゃないって言われたら、その自分の軸に、その先生が言ったことをちょこちょこ付け足すとか。逆にそれはちょっと駄目だなって言って、先生がこういうふうにしたほうがいいよって言うんだったら、そこに、その先生のほうを軸にして自分のを付け足していくでもいいし。なんか、軸は1本必要なのかなとは思ってるんで、そこは重要だと思います。なんかストレスをため過ぎないように、俺、勉強別に好きじゃないんで、ストレスはたまるっちゃたまるんですけど、溜まって、「あああ！」ってなるよりかは、自分のペースで、無理やり前を走ってる人を捕まえに行かなくても、なんか最低合格ライン、文字通り合格のラインを自分の、マラソンぐらいの、そんなマラソン42キロを、なんかガチダッシュしてる連中に追いつくんじゃなくて、チョロチョロ3時間ぐらいで走ろうかなっていう。それくらいの気持ちでやってましたね。そこまで頑張って追いつこうとして、途中でなんか、もう無理ってなるよりかは、自分の中で頑張る、頑張れる範囲で頑張ろうかなとは思いました。みんなで過去問バリバリ解いてるっていうのもいい習慣だと思うんですけど、僕の中ではやり過ぎて疲れて、ダメになるくらいなら、一本軸のある考え方で、自分のペースで走っていく方が良いと思いますね。

獨協医科大　　2次合格

テストの結果とかは納得して受け入れる。それで、次どうするかって話なんで。一喜一憂しないで結果出すために次何考えるかってやってきたんで合格したんだと思います。

獨協医科大進学　大西 真理子さん（淑徳高校卒）

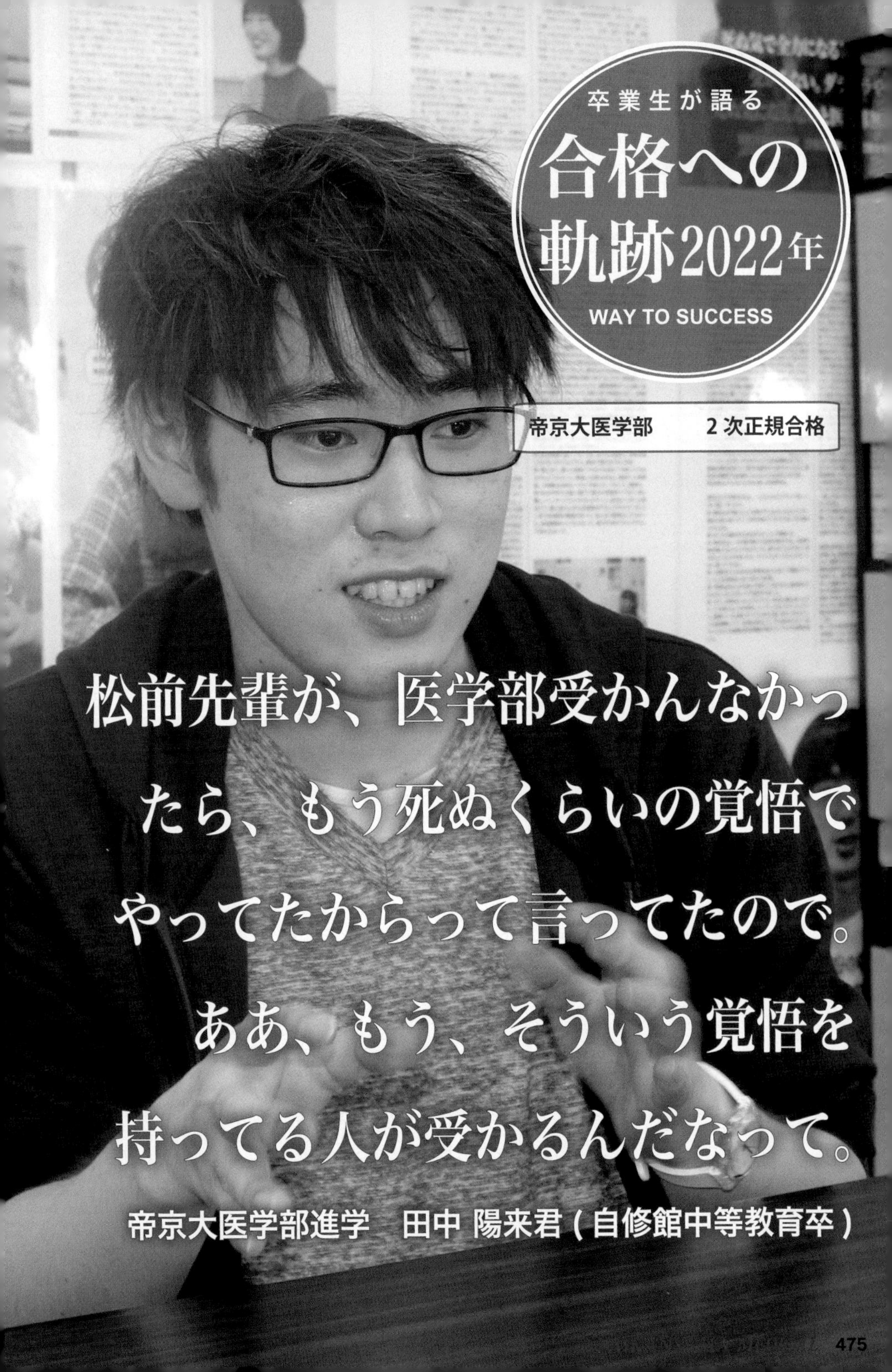

卒業生が語る

合格への軌跡2022年

WAY TO SUCCESS

帝京大医学部　2次正規合格

松前先輩が、医学部受かんなかったら、もう死ぬくらいの覚悟でやってたからって言ってたので。ああ、もう、そういう覚悟を持ってる人が受かるんだなって。

帝京大医学部進学　田中 陽来君（自修館中等教育卒）

ウィークリーは、満点目指してました。

田中陽来です。1次試験受かったのは杏林と東北医科薬科と帝京と獨協と昭和前期と、聖マリ後期です。で、2次試験受かれたのが帝京で、進学先も帝京に通ってます。自分入れて3人ですね。渡邉裕佳さんと愛甲くん(愛甲尚哉)。受験時期の最後のほうになると、いつも、もう無理じゃね?って思ってしまって、家だとネガティブになってしまって、自分一人だけだとネガティブになってたんですけど、ここに(代官山MEDICALに)来てからは、そういう思考にならないようになって、もっと頑張ろうって思って、1年頑張って、足らなかったところを補って補って、やっとたどり着いたって感じです。自分、割とウィークリーを大事にしてて、とくに英語は大体、満点狙ってやってたし、載ったらそれがめちゃくちゃうれしいし。数学もテキストの復習してればちゃんと反映されるようなテストが多いから、それも頑張ってやるとランキング載れたりしてやる気も出るし、しかも、総合ランキングで載ってるとうれしいなって思って頑張れたし。あとは、普段の授業とか質問しに先生にしょっちゅう聞きに行ってたんですけど、そのときも、ただ問題をやっているだけじゃなくて、先生が求めていることを先に言えてると、すごい褒めてくれたから。なんか、そういうのをモチベーションに頑張れたかなって気はします。

先生たちは、授業終わった後でも、20分でも30分でも付き合ってくれた。

1浪目は、千駄ヶ谷の予備校にいました。なんか、医専でしたけど、メ●●カっていう所にいました。いや、まず、開いてる時間帯が違うし授業数も全く違うし、演習量ももちろん違うし。まあ、正直、授業の中身も全く違ったとは思います。代官山MEDICALは、全部、先生たちが決めてくれて、これやらなきゃいけない、あれやらなきゃいけないっていうので最初、面食らった、いや、まあ、正直、びっくりしました。自分で決めずに、言われたものをやるってこういうことなんだって、最初の1カ月くらいは思ってたりしました。代官山は、紹介してもらって、小川君(小川智成:聖マリアンナ医科大進学)に教えてもらって来ました、その人もちゃんと1年で受かってたから、それと同じことやろうっていうか、先生に言われたことをやろうって思って通い始めてたから。まあ、慣れるまでは大変だったけど、だんだん慣れていきましたし、きっと周りの子もそうだからって思うようにしたら、ちょっと気は楽になるし。授業中も、当てられて仮に間違えたとしても、間違えたほうが記憶に残るっていうか、あのとき間違えたなって、テストのときに思い出して正しい答え書けたら、それはそれでいいのかなって思うし。数学の演習のテストゼミのとかで、薄先生が教室内を見て回ってるときに、薄先生と同じ解法とか、前期に習った解法どおりに解けてると、当てられるじゃないですけど、なんか、ポンポンってやられて、グー(Good)ってやられるとめちゃめちゃうれしかったですね。で、たまに、解説するときに、田中の答案が良かったから、それでやるわってわざわざ言ってくれたりして。実際、自分の答案じゃないけど、多分、先生たちのをまねして解いてるだけだから、自分で作り出した答案とかじゃないけど、そう言われると自信になるし、もっと復習しようってなってましたね。自分のとこまで見てくれてるの?って思ったりしました。ノートの取り方っていうか、ノートに解いているものを見て判断されてるんだなって純粋に思ったし。そんなの、1浪のときにはなかったから。すごい見てくれてるんだなって思いましたね。数学の啓寿先生にも、解いた答案が見たいからノート持ってきてねって言われたりしてたし。野村先生も、ノートに解いて、丸付けせずに持ってって、どこまでできてるか、ここから間違ってるから、じゃあ、そこから解説しようか、みたいな感じだったから。いや、めちゃくちゃすごいと思います。本当に、頭が上がんないですね、先生たちに。生徒がどういう状況かとか、どこまで理解しているかとか、しかも、それがめちゃめちゃ正確だから。信頼できる先生に会えたかな、代官山で。もう、恵まれてました。授業終わって帰るか移動するかくらいなのに、質問に行くと、あ、いいよ全然っつって20分、30分、付き合ってくれたりして。試験期間中も、本当は1コマしか来ないのに、その後ろずっと付き合ってくれたりして。本当に助けられました。

ここ(代官山MEICAL)に来て大きく変わったこと。

まず、なんか、やる前に諦めなくなったかなって気はします。来る前、ここにお世話になる前とかは、なんか、いや、無理でしょって最初に思うほうだったんですけど。なんかそれが、やれば、時間はかかるかもしれないけど、結果につながるし。そうすると、お、いけんじゃん、もっとやろうってさらに上がっていくこともあるし。で、それで、ここ(代官山MEDICAL)だったらランキングが貼り出されるから、そこで1位とかになると、しゃべったことない人からすごいね、とか言われるし。あと、先生とかにもなんか、急に背中たたかれて、おまえやったやん、みたいなこと言われたりするし。そしたらなんか、余計、満足するんじゃなくて、もっとやろうってなるし。で、それは、1浪目にはなかったことだから、進化できたのかなって思いました、今になってから思うと。もちろん休んだことは一回もないと思います。ぶっちぎったセンスとかないから、コツコツやってないと崩れ落ちちゃいそうって思ってるし、そうしないとできる子たちにかなわないなって思ってたから、絶対休まないようにしようって思ってました。体調を理由に、やっぱ、休むのは良くないなって思ってずっと通ってました。毎日、帰る前に、「明日のやることリスト」を、時間割の裏紙に、チェックリストを作って、来たときにやること迷わないようにしておいて。で、朝来たら予習やって、ルーティーンがどんどん出来上がってきて、それを崩すの嫌だなって純粋に思うから、それを守るためにも行かなきゃって思ってた感じですかね。自習室は入ってすぐのとこだったから、いなかったり休んでたりすると、みんなが感心あるかどうかは置いといて、多分、バレはするから。あ、それも嫌だなって思ってたし。休めない。授業１回休んだだけで相当な痛手だから。なんか、学校の授業と違って１コマで何かの単元が終わっちゃうかもしれないから。しかも、見てくれてる先生がいっぱいいるんだから、それは休めないですよ。特に、浪人してる間は余計に多分、自信がなくなっちゃってると思うから、先生たちに助けられたことは多分、幾度となくありましたね。いや、でも、いつも不安でしたね。成績的にはいい感じじゃんって言われることがあったんですけど、それでも全然、自信になんないし。だから本番そうなるかどうかなんて誰にも分からないから。なんか、θ の授業で突然、石井先生に名前呼ばれて。え、俺なんかしたかなって思ったら、英語ランキング１位とか言われて。ちょっと言葉が出なくて、驚いてますねってフォローが入ったんですけど、いや、でも、うれしかったですね。しかも、同じクラスの子とか一緒の授業を受けてた子たちが、あいつすごくね？みたいになったから、頑張らなきゃって余計、思いました。

毎朝。おばちゃんが「おはよっ」て。

夜更かしとかは絶対にしないようにしてました。生活リズムが乱れるようなことはないように。いつも決まった時間帯。大体 12 時くらいに寝て、6 時くらいに起きてっていうのをずっと繰り返してた感じですかね。ご飯は、着いてから食べてました。6 時に起きて 7 時半くらいに着くから、それで２号館の教室に１人でこもってやって、８時半過ぎたら勉強止めて、ご飯食べて１限に向かう、みたいな。そのルーティーンで。しかも、そういうルーティーン化していると、２号館の朝、来てくれてるスタッフの方いるじゃないですか、おばちゃん。その人が、なんか、よくあいさつに来てくれるようになったから。そういうあいさつに来てくれるから、行かなきゃってなるし、そこでも。コンコンって来て、おはようって入ってきてくれるようになったから。そう、そのあいさつをするために７時半にいて勉強しなきゃって。小さいけど、すごい元気なおばちゃん。そうそう、めちゃめちゃ元気。また明日ねって。そうやって自分頑張ってるのを、認めてくれてるっうか、なんか、声掛けてくれるって大きかったですね。

合格者座談会の一言が重かった。

ここ (代官山 MEDICAL) って、なんか、毎年夏の前くらいに、去年の合格者が予備校に訪問するってやつ、あるじゃないですか、合格者座談会って、はい、松前くん (日本大医学部進学 : 松前和輝)、って人が目の前で行ってたんですけど、医学部受かんなかったら、もう死ぬくらいの覚悟でやってたからって言ってたので。ああ、もう、そういう覚悟を持ってる人が受かるんだなって、そのときに。やっぱ、直接言われるのは、やっぱ、重みがあるので。なんか、文字とかでも確かに感じるけど、やっぱ、直接言われたら、そりゃ重いし。実際、影響を受けました。石井先生も、メンタル的に強くなるワードとかいっぱい言ってくれてたのを今も覚えてるし、出願のときの戦略も詳しく教えてくれて、あの先生、すごくてこう、相手に合わせるのめちゃめちゃうまくて、質問待ってるときに別の子が質問してたんですけど、なんか、自分のときとは、対応が違うって言ったら変だけど、雰囲気がちょっと違くて。なんか、びっくりした覚えがあります。僕は、いや、行きやすかったです、本当に。

先生のおっしゃることは、なるべく多くを吸収して、発揮できなかったことがあったとしても受かるくらいになれるといいのかなって感じですね。なんか、石井先生が言ってたと思うんですけど、100 パーセントを目指すんじゃなくて、120 パーセントを目指す、目標の大学もワンランク上げないと自分の志望校は受からないって、人生、第２志望からだって。

卒業生が語る

合格への軌跡 2021年

WAY TO SUCCESS

順天堂大医学部	2次合格
昭和大医学部	Ⅰ期2次特待合格
聖マリアンナ医科大	前期2次正規合格
日本大医学部	2次正規合格
東京女子医科大	2次正規合格
北里大医学部	2次正規合格
愛知医科大	2次正規合格
岩手医科大	2次合格

1浪目のとき先生に質問するとか助けを求めにいくのが苦手だった、で、代官山、来てから人に頼れるようになって、先生とか親身になってくれて遠回りせずに、勉強することができた。

順天堂大医学部進学　長谷川 れい佳 さん(聖心女学院高校卒)

卒業生が語る

合格への軌跡 2021年

WAY TO SUCCESS

東京慈恵会医科大	2次正規合格
日本医科大前期	2次合格
聖マリアンナ医科大	2次正規合格
愛知医科大	2次正規合格
東北医科薬科大医学部	2次正規合格
国際医療福祉大医学部	2次合格

実際、慈恵は医科歯科落ち、千葉医落ちとか、慶医落ち、ざらっすね。本当に行きたい所の1個上、2個上ぐらいはもう周りに言っちゃうみたいな、感じでやってました。

東京慈恵会医科大学進学　京極 政樹 君(浜松西高校卒)

卒業生が語る

合格への軌跡 2021年

WAY TO SUCCESS

埼玉医科大　公募推薦合格

なんか運が良かったのか分からないですけど、A8→A6→A4→A1って、クラスが最後めちゃくちゃ上がったんで、モチベーションになりました

卒業生が語る

合格への軌跡 2021年

WAY TO SUCCESS

獨協医科大	2次合格
岩手医科大	2次合格

代官山に来る前は…、駿台模試の偏差値42.1で、ここに来て64.8に、22も偏差値が上がった。

獨協医科大進学　吉住 拓真 君(成蹊高校卒)

卒業生が語る

合格への軌跡 2021年

WAY TO SUCCESS

東京医科大	2次合格
杏林大医学部	2次正規合格
東京女子医科大	2次合格
北里大医学部	2次合格
帝京大医学部	2次合格
岩手医科大医学部	2次合格

代官山で積み上げてきたことや、
自分がやったことをちゃんと見て、
これぐらいやってきたから、
準備してきたから、もう自分を
信じるべきだって思えたから合格できた。

東京医科大進学　鈴木 優 さん(山脇学園高校卒)

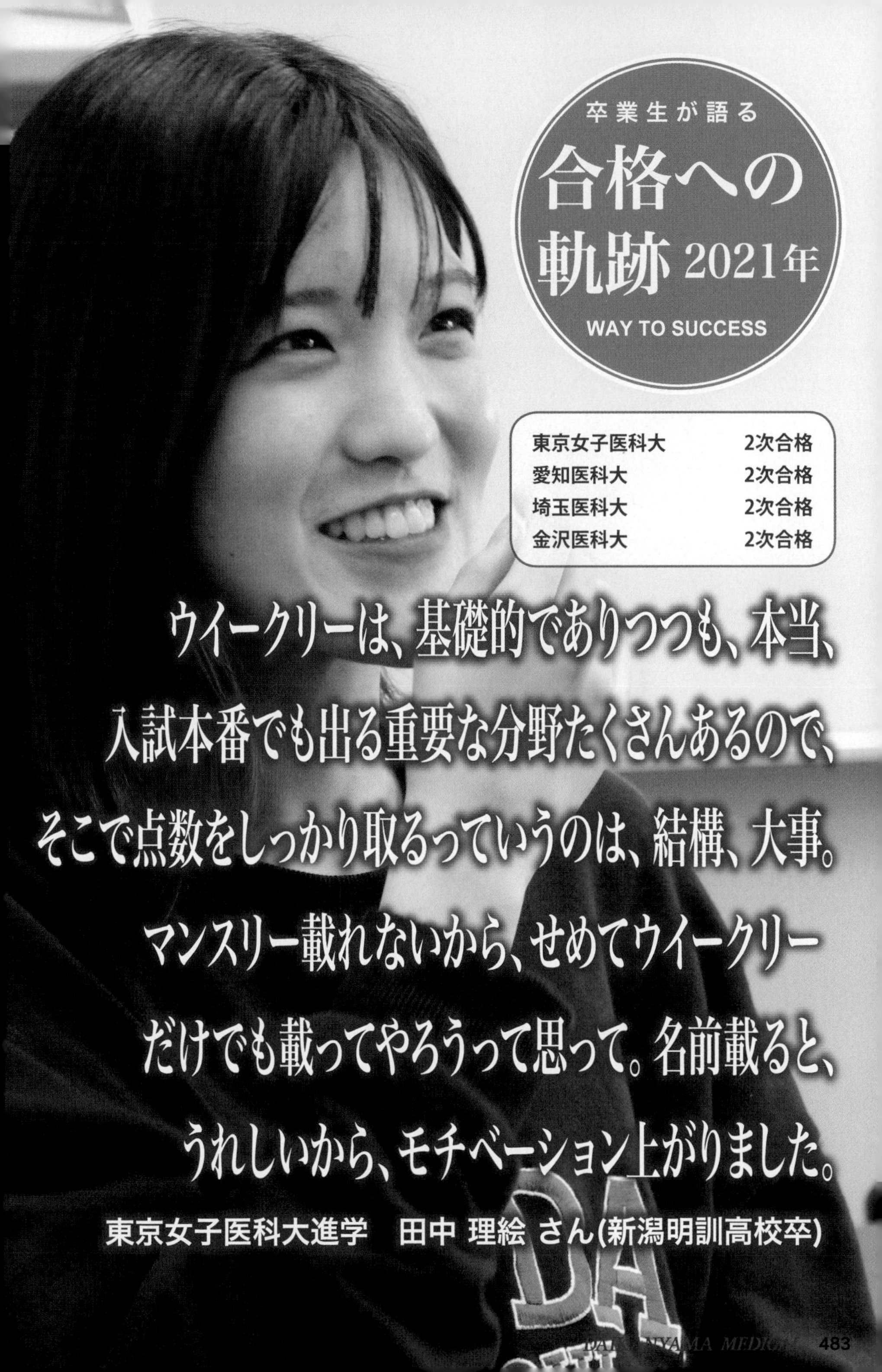

卒業生が語る

合格への軌跡 2021年

WAY TO SUCCESS

東京女子医科大	2次合格
愛知医科大	2次合格
埼玉医科大	2次合格
金沢医科大	2次合格

ウイークリーは、基礎的でありつつも、本当、
入試本番でも出る重要な分野たくさんあるので、
そこで点数をしっかり取るっていうのは、結構、大事。
マンスリー載れないから、せめてウイークリー
だけでも載ってやろうって思って。名前載ると、
うれしいから、モチベーション上がりました。

東京女子医科大進学　田中 理絵 さん(新潟明訓高校卒)

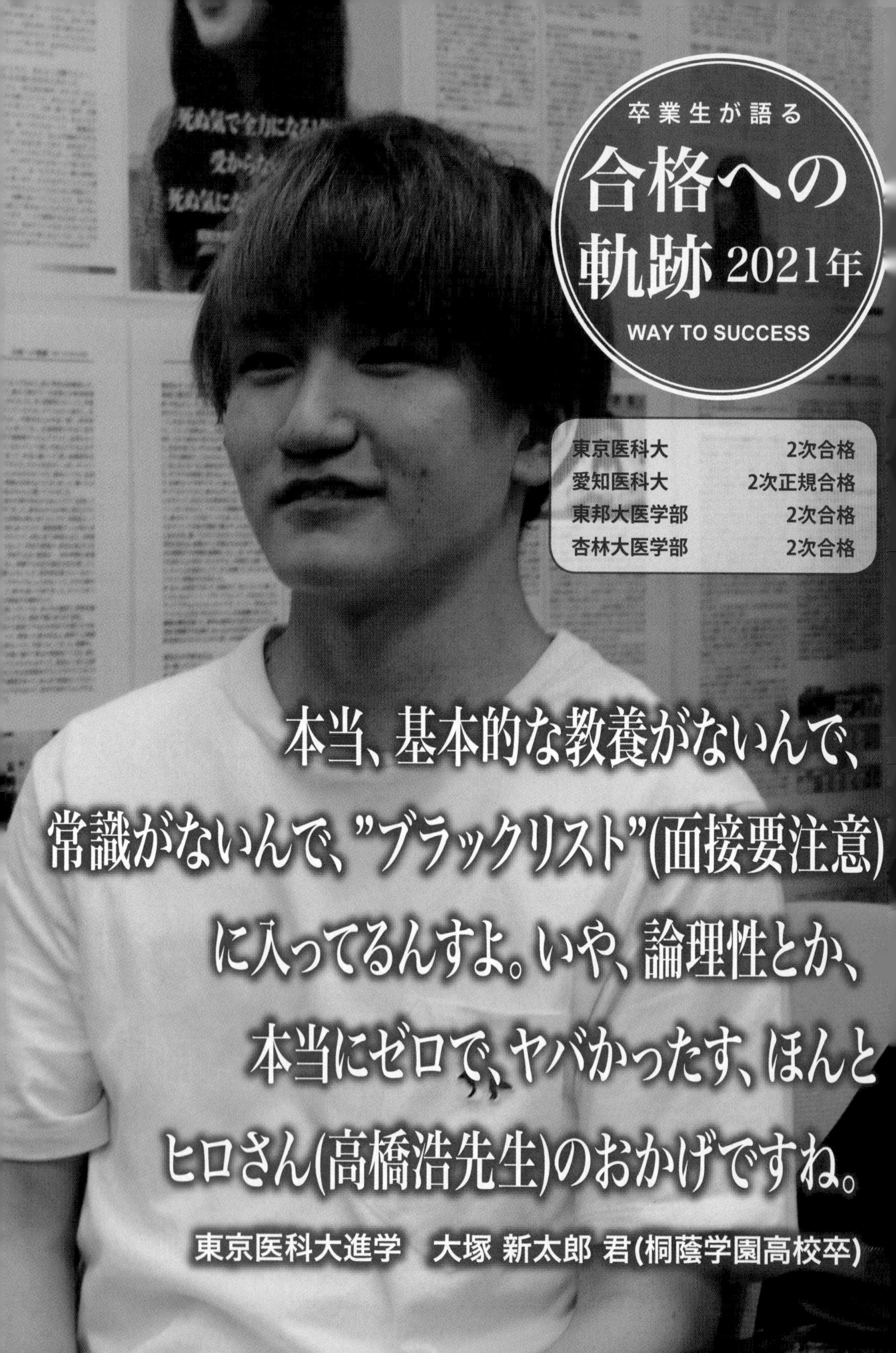

卒業生が語る

合格への軌跡 2021年

WAY TO SUCCESS

東京医科大	2次合格
愛知医科大	2次正規合格
東邦大医学部	2次合格
杏林大医学部	2次合格

本当、基本的な教養がないんで、
常識がないんで、"ブラックリスト"(面接要注意)
に入ってるんすよ。いや、論理性とか、
本当にゼロで、ヤバかったす、ほんと
ヒロさん(高橋浩先生)のおかげですね。

東京医科大進学　大塚 新太郎 君(桐蔭学園高校卒)

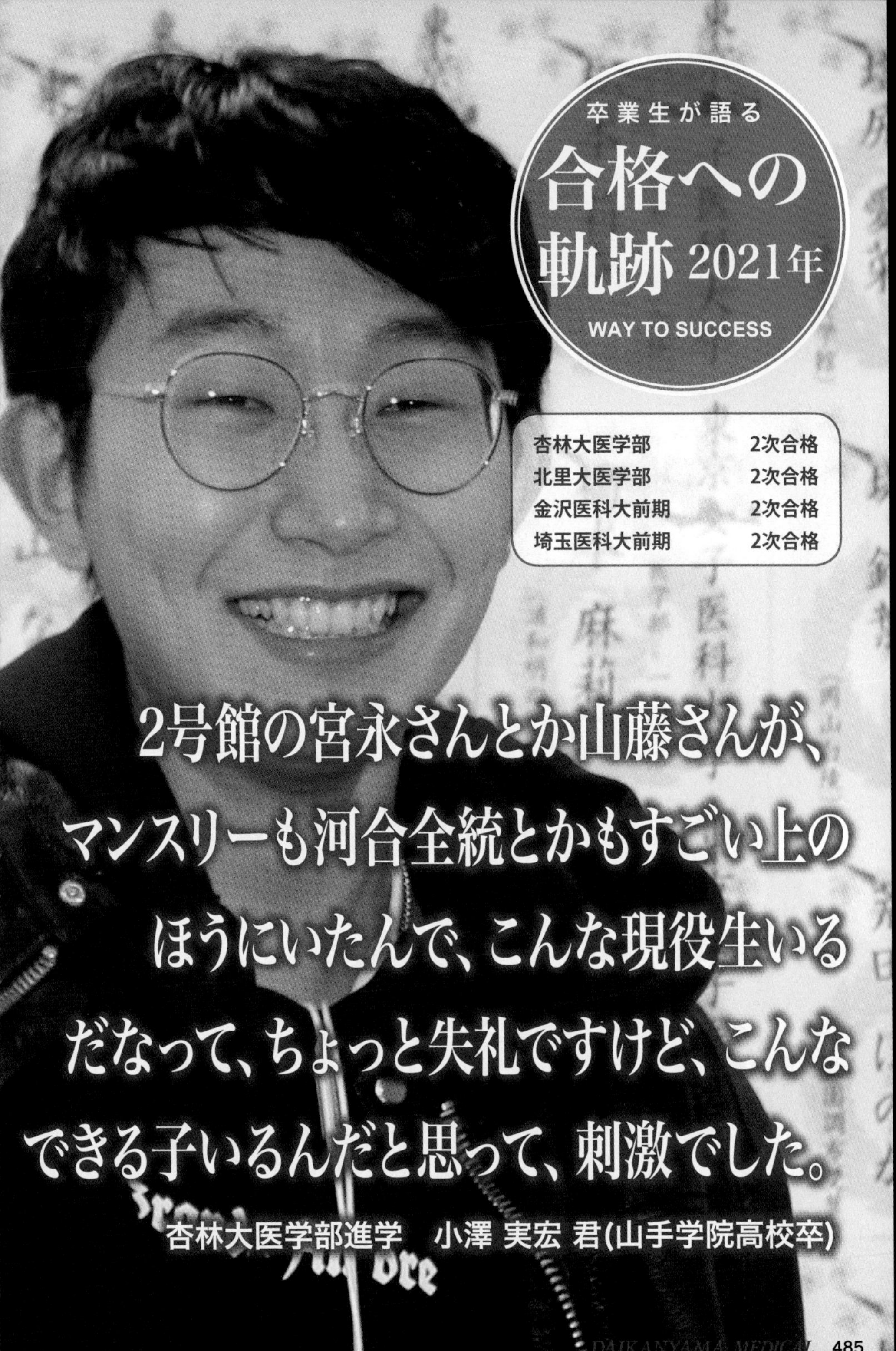

卒業生が語る

合格への軌跡 2021年

WAY TO SUCCESS

杏林大医学部	2次合格
北里大医学部	2次合格
金沢医科大前期	2次合格
埼玉医科大前期	2次合格

2号館の宮永さんとか山藤さんが、マンスリーも河合全統とかもすごい上のほうにいたんで、こんな現役生いるだなって、ちょっと失礼ですけど、こんなできる子いるんだと思って、刺激でした。

杏林大医学部進学　小澤 実宏 君(山手学院高校卒)

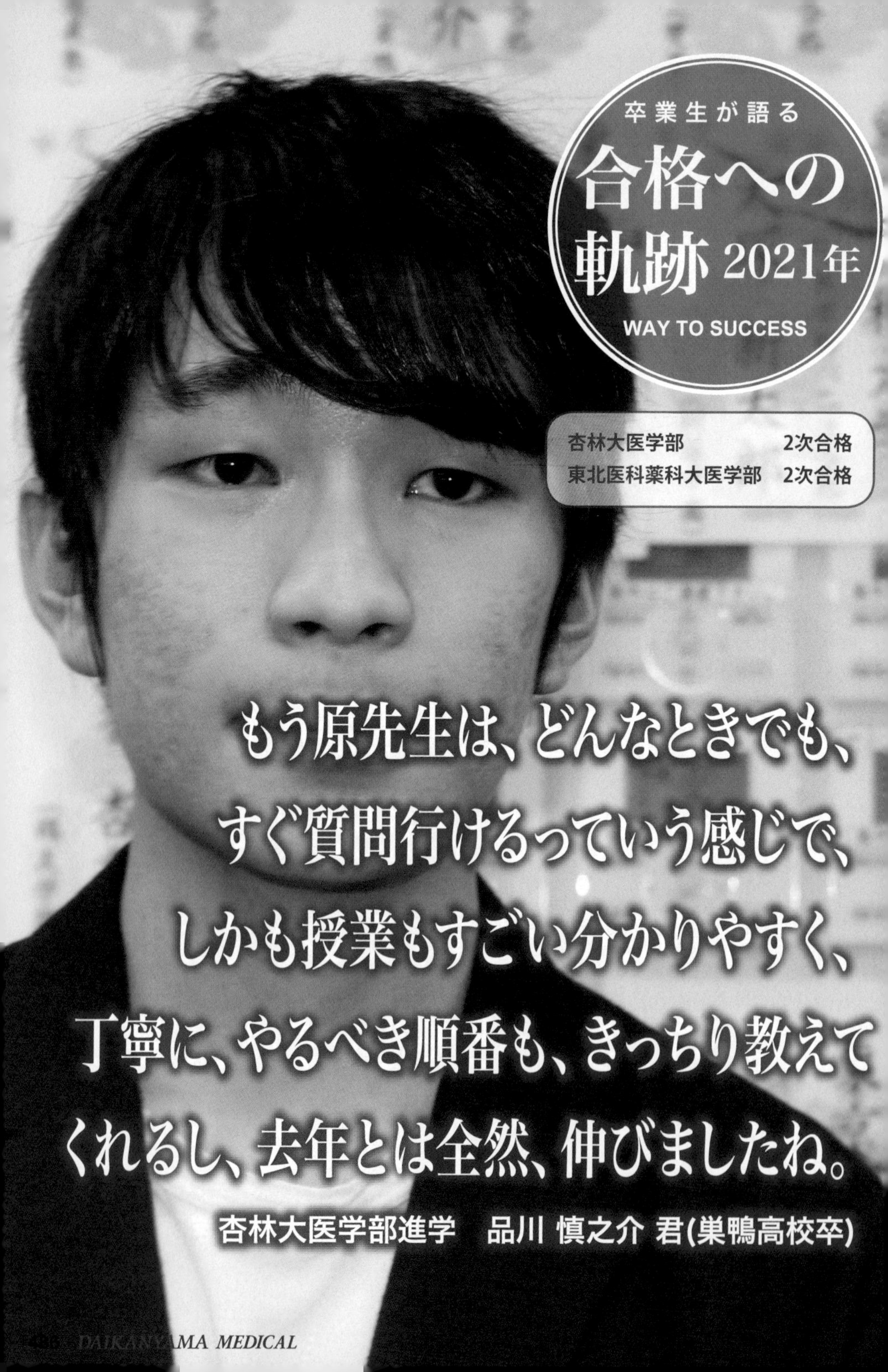

卒業生が語る

合格への軌跡 2021年

WAY TO SUCCESS

杏林大医学部　2次合格
東北医科薬科大医学部　2次合格

もう原先生は、どんなときでも、
すぐ質問行けるっていう感じで、
しかも授業もすごい分かりやすく、
丁寧に、やるべき順番も、きっちり教えて
くれるし、去年とは全然、伸びましたね。

杏林大医学部進学　品川 慎之介 君(巣鴨高校卒)

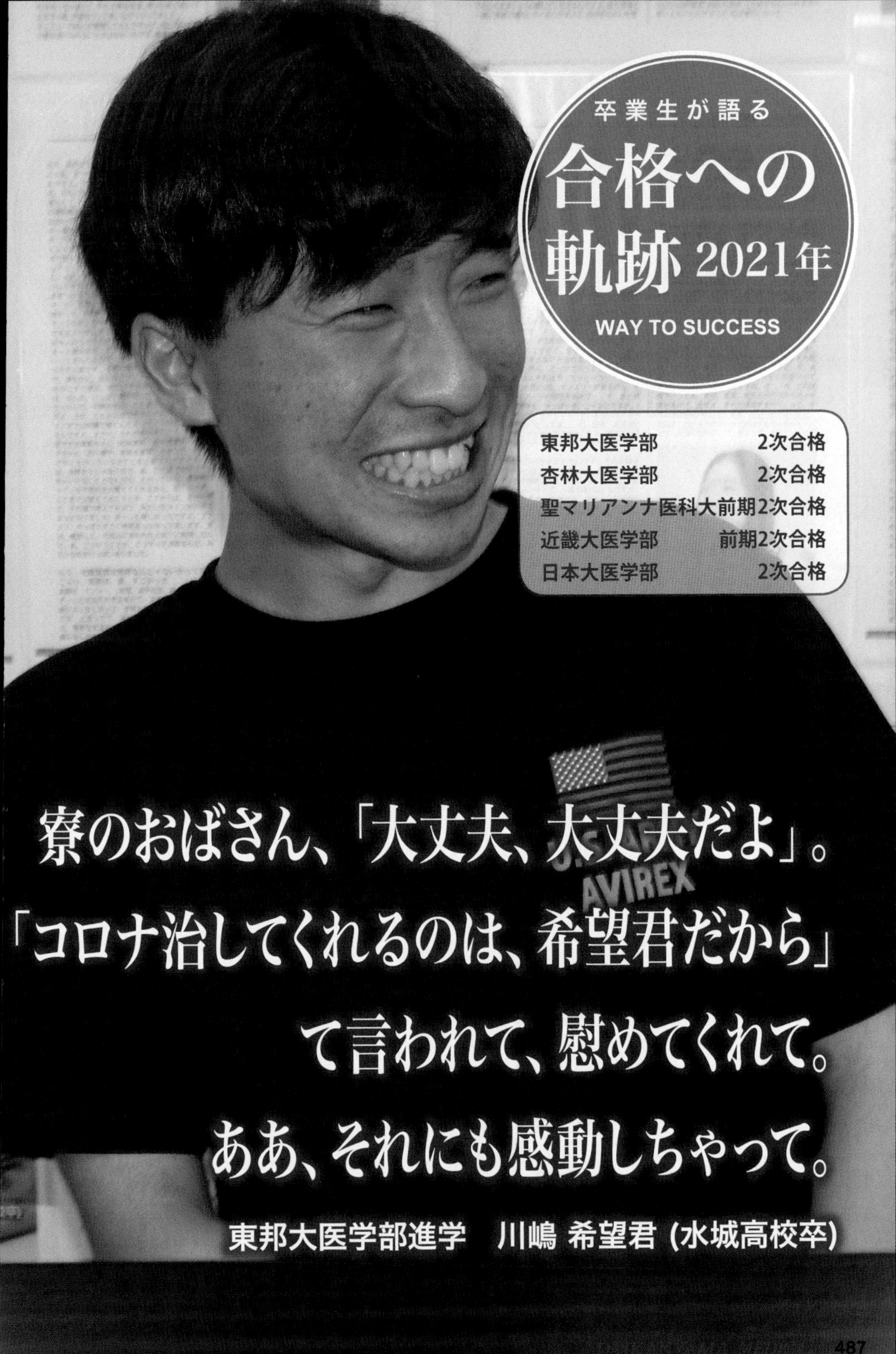

卒業生が語る

合格への軌跡 2021年

WAY TO SUCCESS

東邦大医学部	2次合格
杏林大医学部	2次合格
聖マリアンナ医科大	前期2次合格
近畿大医学部	前期2次合格
日本大医学部	2次合格

寮のおばさん、「大丈夫、大丈夫だよ」。
「コロナ治してくれるのは、希望君だから」
て言われて、慰めてくれて。
ああ、それにも感動しちゃって。

東邦大医学部進学　川嶋 希望君（水城高校卒）

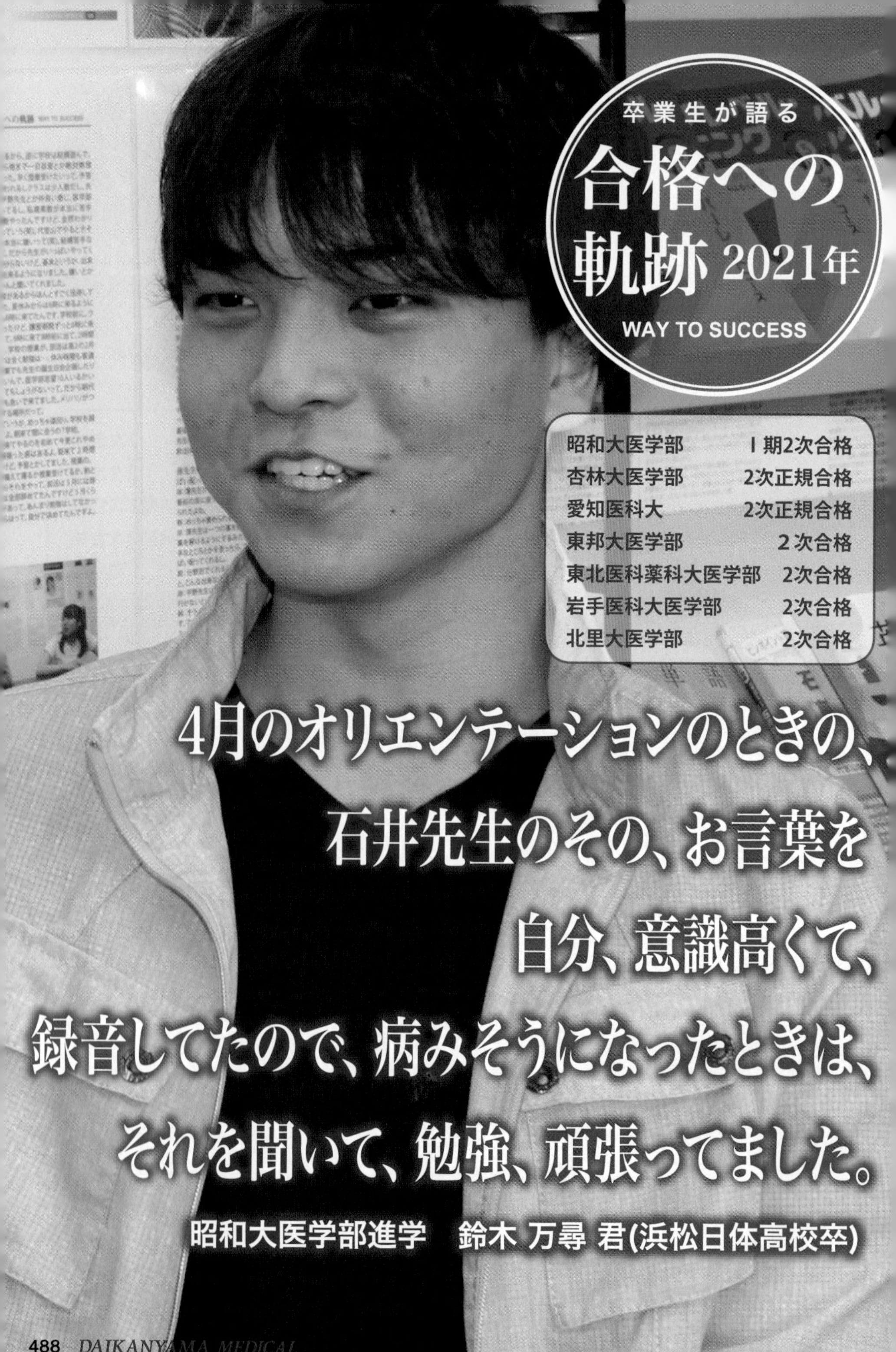

卒業生が語る

合格への軌跡 2021年

WAY TO SUCCESS

昭和大医学部	I期2次合格
杏林大医学部	2次正規合格
愛知医科大	2次正規合格
東邦大医学部	2次合格
東北医科薬科大医学部	2次合格
岩手医科大医学部	2次合格
北里大医学部	2次合格

4月のオリエンテーションのときの、石井先生のその、お言葉を自分、意識高くて、録音してたので、病みそうになったときは、それを聞いて、勉強、頑張ってました。

昭和大医学部進学　鈴木 万尋 君(浜松日体高校卒)

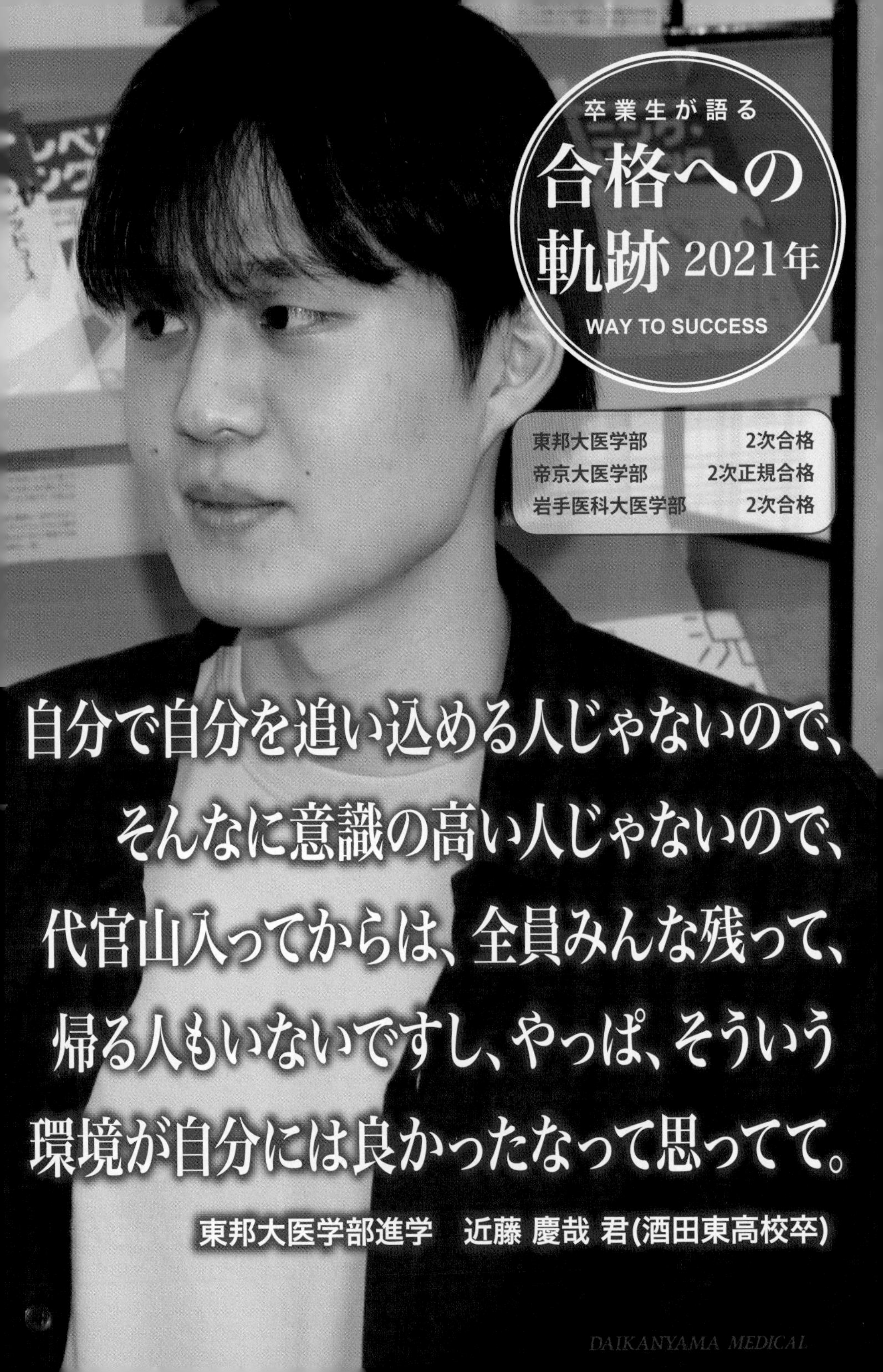

卒業生が語る

合格への軌跡 2021年

WAY TO SUCCESS

東邦大医学部	2次合格
帝京大医学部	2次正規合格
岩手医科大医学部	2次合格

自分で自分を追い込める人じゃないので、
そんなに意識の高い人じゃないので、
代官山入ってからは、全員みんな残って、
帰る人もいないですし、やっぱ、そういう
環境が自分には良かったなって思ってて。

東邦大医学部進学　近藤 慶哉 君(酒田東高校卒)

卒業生が語る

合格への軌跡 2021年

WAY TO SUCCESS

東京医科大	2次合格
杏林大医学部	2次合格
北里大医学部	2次正規合格
愛知医科大	2次正規合格
岩手医科大医学部	2次正規合格

代官山って、正直、真面目に勉強してれば1年で終わる。

東京医科大進学　鈴木雄哉君(成蹊高校卒)

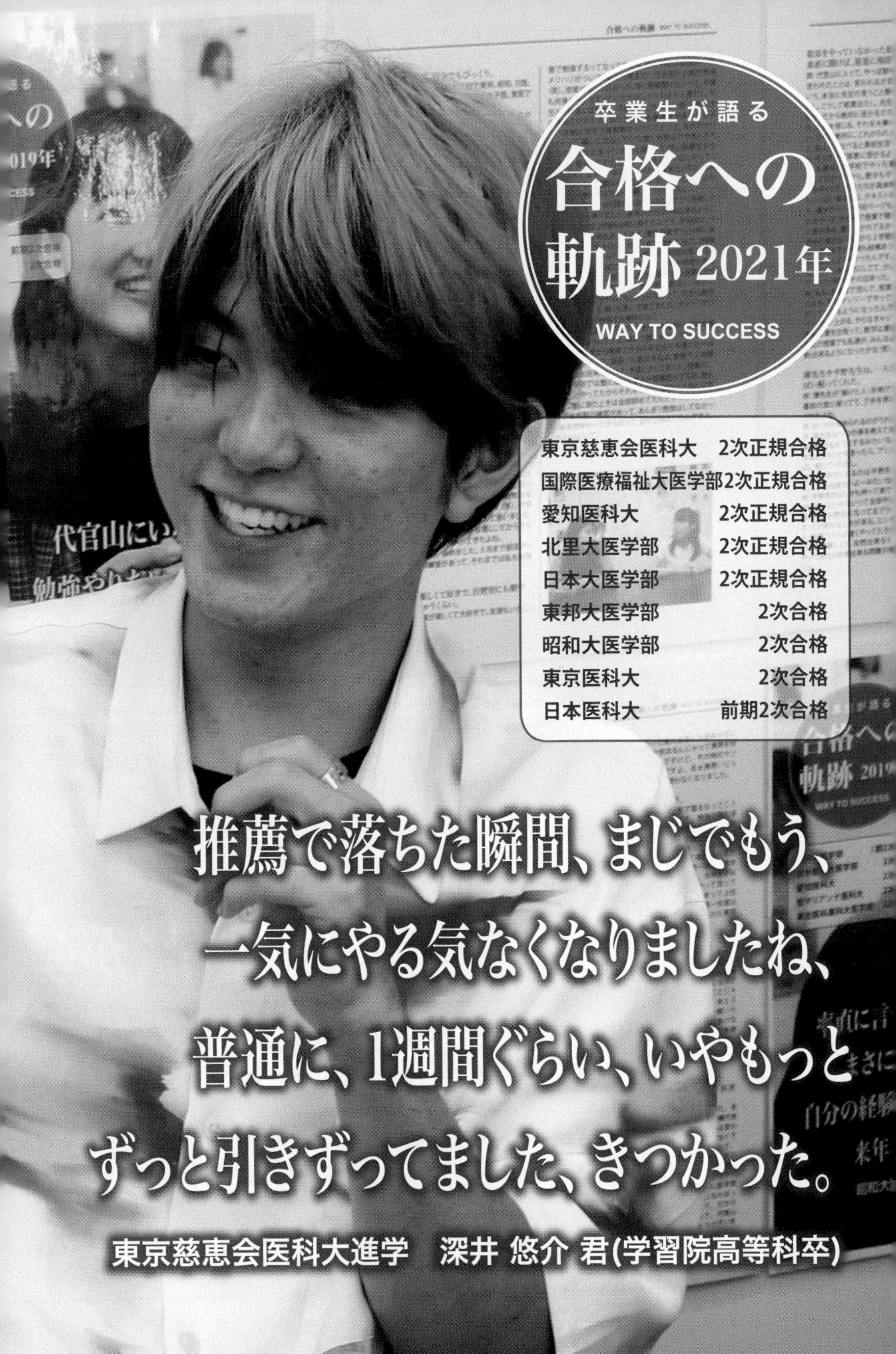

卒業生が語る

合格への軌跡 2021年

WAY TO SUCCESS

東京慈恵会医科大	2次正規合格
国際医療福祉大医学部	2次正規合格
愛知医科大	2次正規合格
北里大医学部	2次正規合格
日本大医学部	2次正規合格
東邦大医学部	2次合格
昭和大医学部	2次合格
東京医科大	2次合格
日本医科大	前期2次合格

推薦で落ちた瞬間、まじでもう、一気にやる気なくなりましたね、普通に、1週間ぐらい、いやもっとずっと引きずってました、きつかった。

東京慈恵会医科大進学　深井 悠介 君(学習院高等科卒)

卒業生が語る

合格への軌跡 2021年

WAY TO SUCCESS

北里大医学部	2次合格
帝京大医学部	2次合格
岩手医科大医学部	2次合格

生活習慣を早くから身に付けること。受験体制を整えるっていうのはすごい大事だなと思います。

北里大医学部進学　須藤 晶紀 さん(東京女学館高校卒)

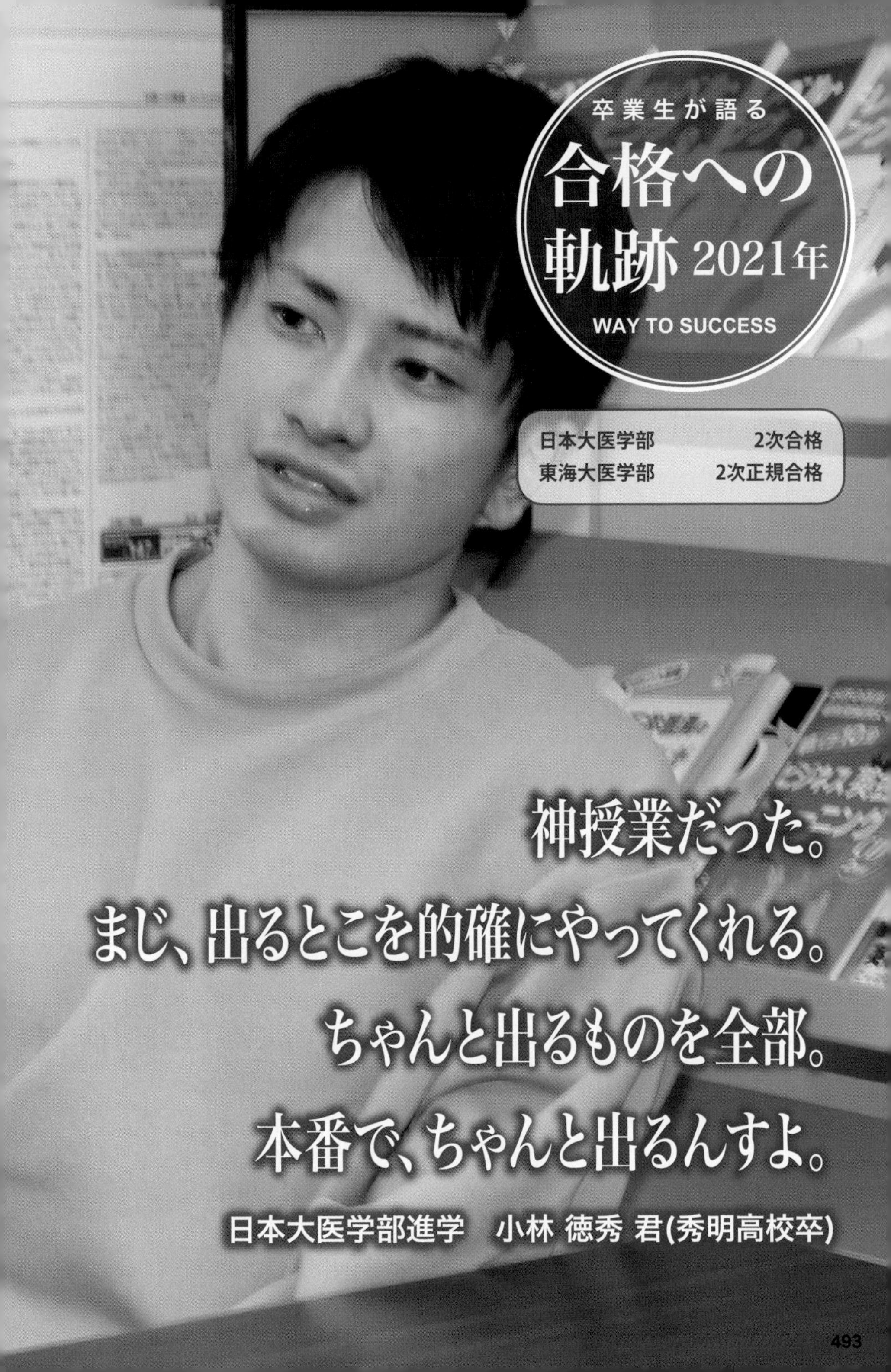

卒業生が語る

合格への軌跡 2021年

WAY TO SUCCESS

日本大医学部	2次合格
東海大医学部	2次正規合格

神授業だった。
まじ、出るとこを的確にやってくれる。
ちゃんと出るものを全部。
本番で、ちゃんと出るんすよ。

日本大医学部進学　小林 徳秀 君(秀明高校卒)

卒業生が語る

合格への軌跡 2021年

WAY TO SUCCESS

東京医科大	2次合格
愛知医科大	2次正規合格
東北医科薬科大医学部	2次合格
岩手医科大医学部	2次正規合格

物理は野村先生の授業と演習で極められました。

東京医科大進学　松脇 伊吹 君(高輪高校卒)

卒業生が語る

合格への軌跡 2021年

WAY TO SUCCESS

杏林大医学部	2次正規合格
愛知医科大	2次正規合格

授業がもう、神。

杏林大医学部進学　後藤 駿太 君(桐朋高校卒))

卒業生が語る

合格への軌跡 2021年

WAY TO SUCCESS

北里大医学部	2次合格
愛知医科大	2次正規合格
岩手医科大医学部	2次正規合格
獨協医科大	2次合格

本番でいろんなとこで、「全く一緒だったよね、問題」みたいな。真面目に復習してると、そういうのがちゃんと取れるんです。

北里大医学部進学　小川 野乃花 さん(会津学鳳高校卒)

卒業生が語る

合格への軌跡 2021年

WAY TO SUCCESS

東京女子医科大	2次正規合格
東北医科薬科大医学部	2次合格
川崎医科大	2次合格

野村先生の冬期講習で電気回路やったんですよ。で、そしたら全く一緒の問題が女子医で出て、多分それで正規だったかもしれないです。

東京女子医科大進学　奥村 美夏 さん(静岡高校卒)

卒業生が語る

合格への軌跡 2021年

WAY TO SUCCESS

杏林大医学部	2次正規合格
岩手医科大医学部	2次合格
愛知医科大	2次合格

本館にいるときは、一回もエレベーター使ってないです。階段で7階まで。毎日、やると決めたことなんで。

杏林大医学部進学　竹永 萌 さん(八王子学園高校卒)

卒業生が語る

合格への軌跡 2021年

WAY TO SUCCESS

東京医科大	2次合格
愛知医科大	2次合格
岩手医科大医学部	2次正規合格
杏林大医学部	2次合格
聖マリアンナ医科大前期	2次合格
埼玉医科大後期	2次合格
北里大医学部	2次合格

石井先生も、授業中に春ぐらいに、「ここで友達作って、ちゃんと話した方がいい、解き方とか、互いの気づきで、はっとするから」って言ってましたね。

東京医科大進学　益田 大貴 君(淑徳高校卒)

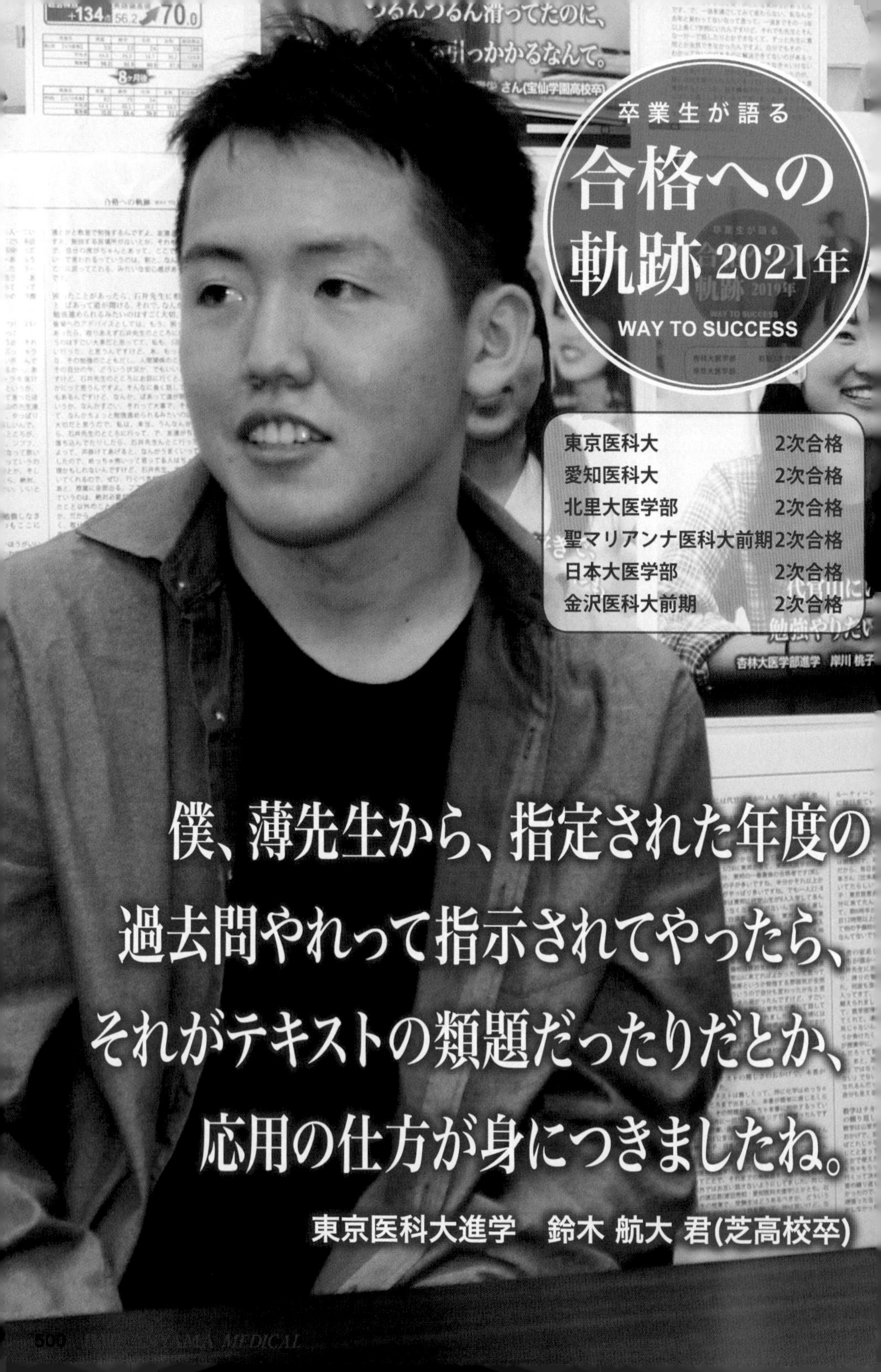

卒業生が語る

合格への軌跡 2021年

WAY TO SUCCESS

東京医科大	2次合格
愛知医科大	2次合格
北里大医学部	2次合格
聖マリアンナ医科大前期	2次合格
日本大医学部	2次合格
金沢医科大前期	2次合格

僕、薄先生から、指定された年度の過去問やれって指示されてやったら、それがテキストの類題だったりだとか、応用の仕方が身につきましたね。

東京医科大進学　鈴木 航大 君(芝高校卒)

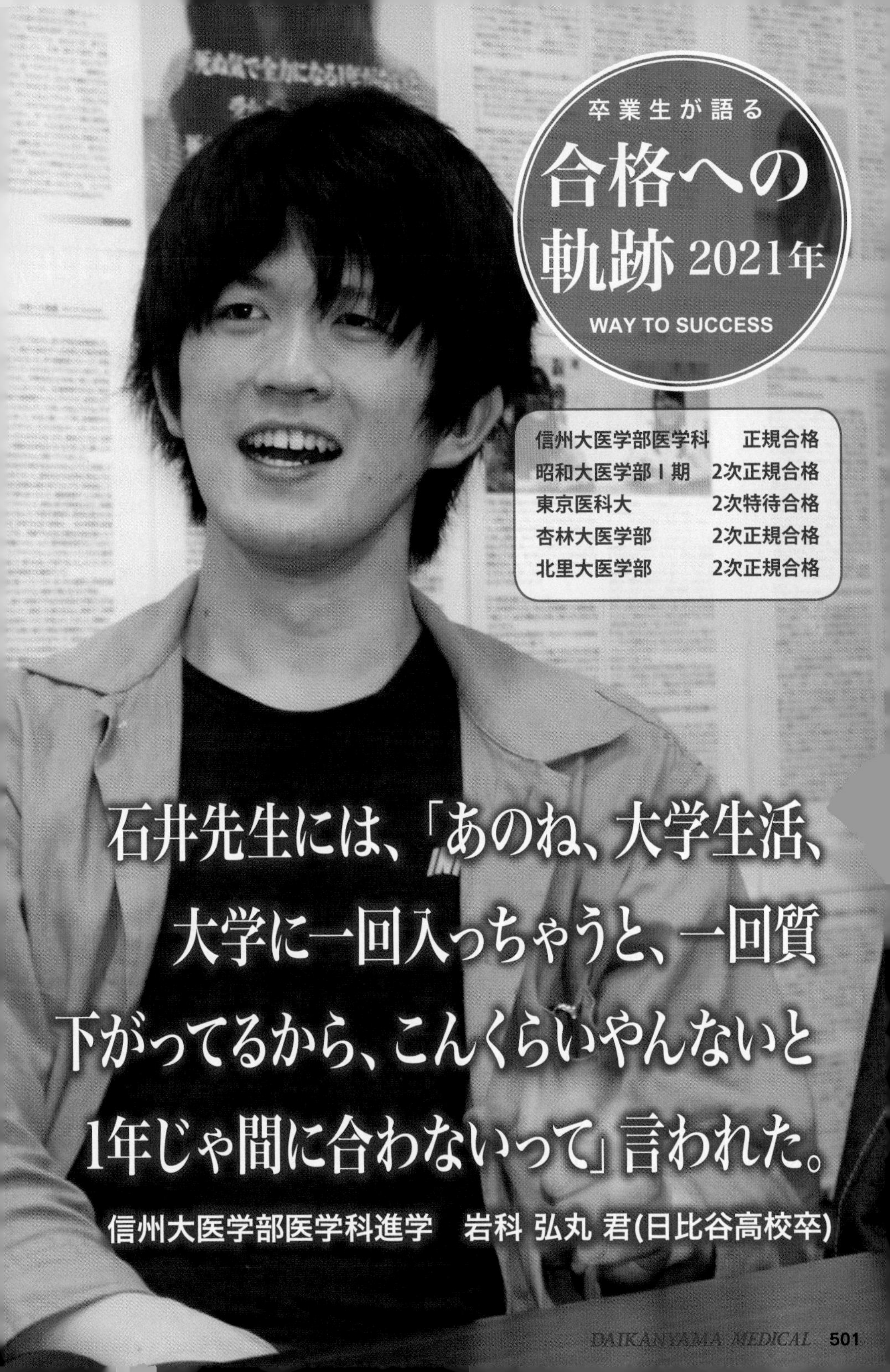

卒業生が語る

合格への軌跡 2021年

WAY TO SUCCESS

信州大医学部医学科	正規合格
昭和大医学部Ⅰ期	2次正規合格
東京医科大	2次特待合格
杏林大医学部	2次正規合格
北里大医学部	2次正規合格

石井先生には、「あのね、大学生活、大学に一回入っちゃうと、一回質下がってるから、こんくらいやんないと1年じゃ間に合わないって」言われた。

信州大医学部医学科進学　岩科 弘丸 君(日比谷高校卒)

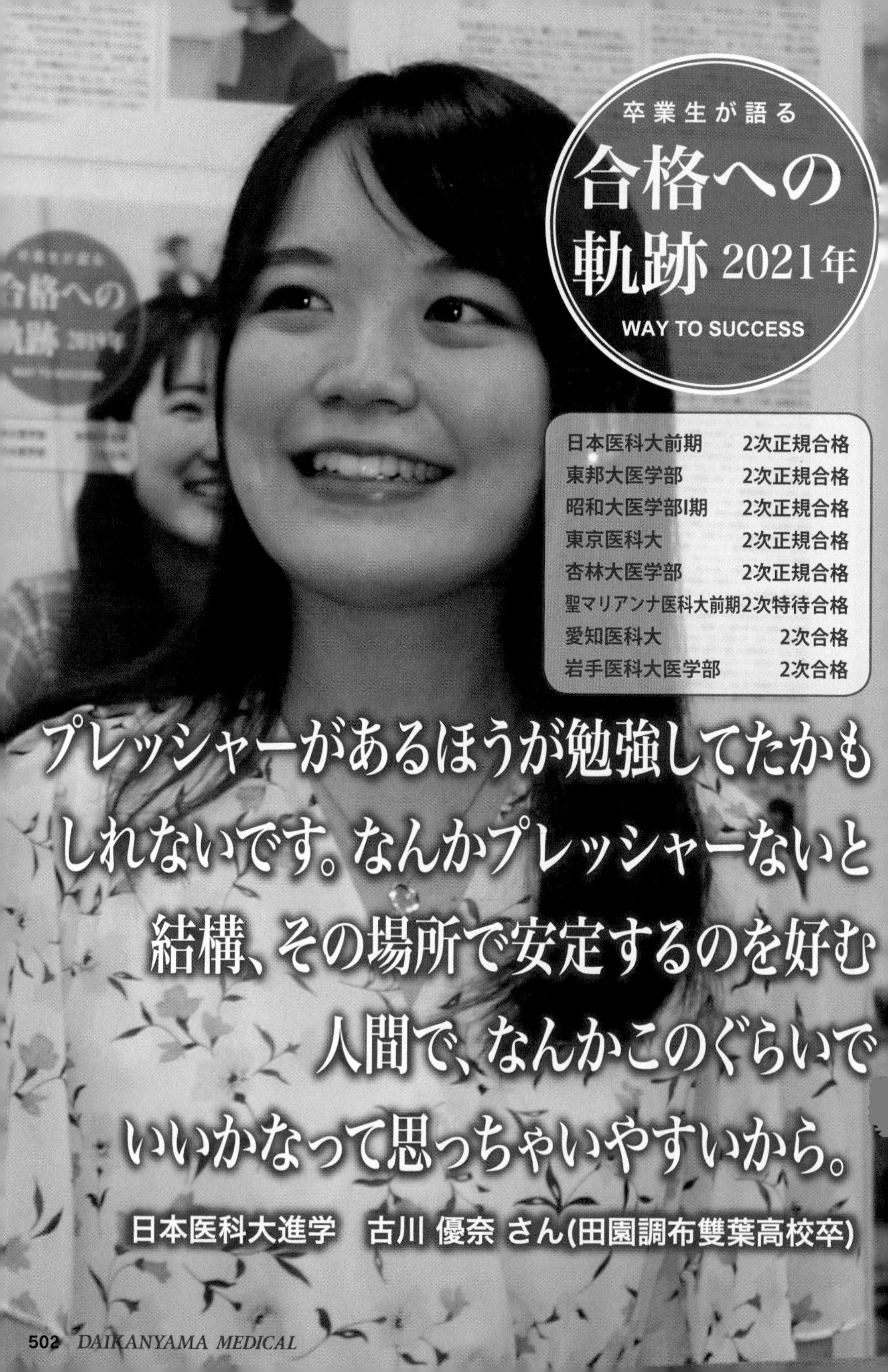

卒業生が語る

合格への軌跡 2021年

WAY TO SUCCESS

日本医科大前期	2次正規合格
東邦大医学部	2次正規合格
昭和大医学部I期	2次正規合格
東京医科大	2次正規合格
杏林大医学部	2次正規合格
聖マリアンナ医科大前期	2次特待合格
愛知医科大	2次合格
岩手医科大医学部	2次合格

プレッシャーがあるほうが勉強してたかもしれないです。なんかプレッシャーないと結構、その場所で安定するのを好む人間で、なんかこのぐらいでいいかなって思っちゃいやすいから。

日本医科大進学　古川 優奈 さん(田園調布雙葉高校卒)

卒業生が語る

合格への軌跡 2021年

WAY TO SUCCESS

東京慈恵会医科大	2次合格
順天堂大医学部	2次合格
国際医療福祉大医学部	2次正規合格
東京医科大	2次正規合格
東京女子医科大	2次正規合格
愛知医科大	2次正規合格
聖マリアンナ医科大前期	2次合格

ここに来てからは、戸惑ってはいなかったですね。
これやりなさいみたいなのがはっきりしてるから、
そのとおりやっていった感じですね。それを
やることで自分が、あ、これ分かるように
なったなって思ったのが楽しくて。

東京慈恵会医科大進学　清水 遥 さん(長野高校卒)

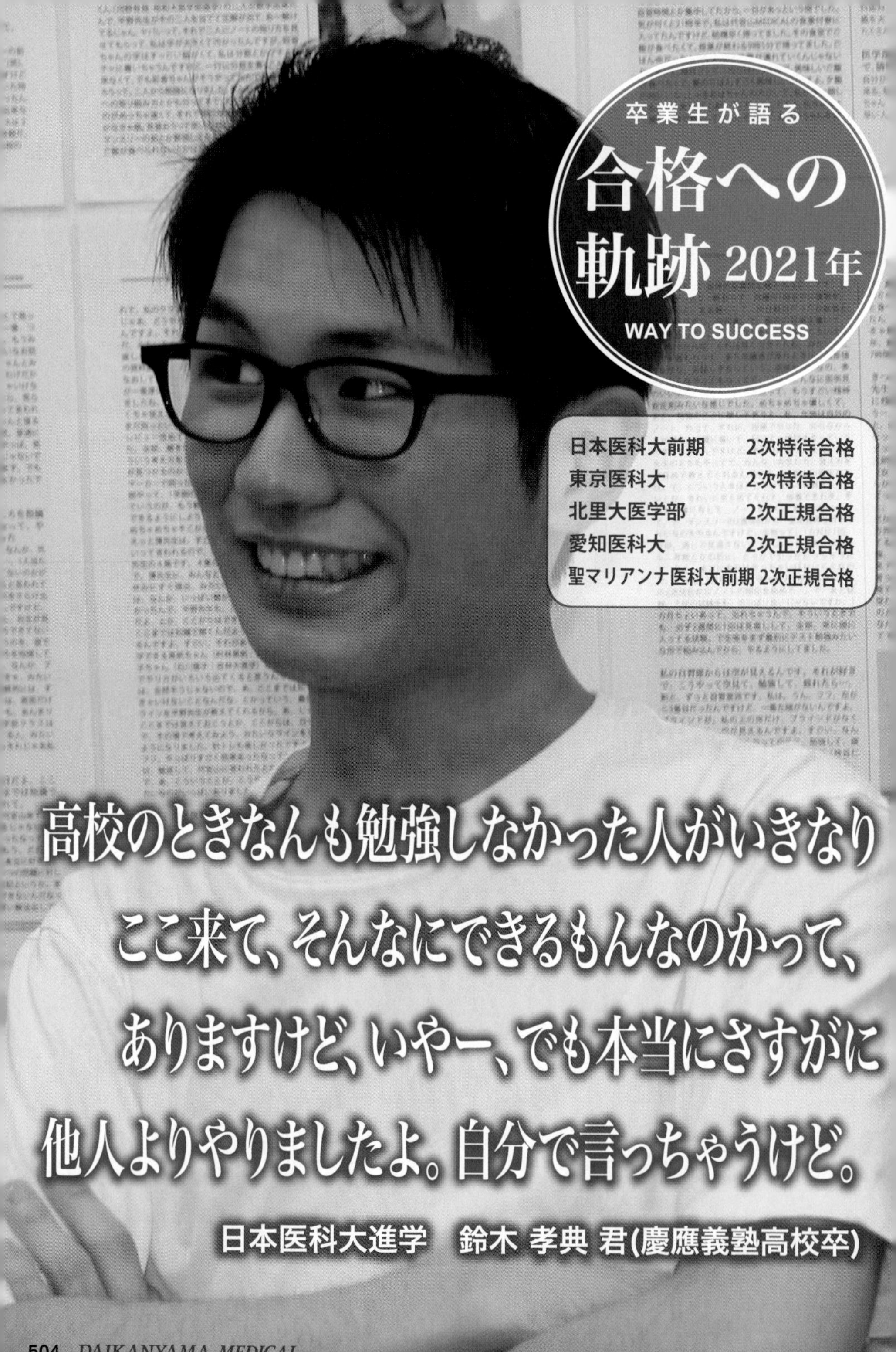

卒業生が語る

合格への軌跡 2021年

WAY TO SUCCESS

日本医科大前期　2次特待合格
東京医科大　2次特待合格
北里大医学部　2次正規合格
愛知医科大　2次正規合格
聖マリアンナ医科大前期 2次正規合格

高校のときなんも勉強しなかった人がいきなりここ来て、そんなにできるもんなのかって、ありますけど、いやー、でも本当にさすがに他人よりやりましたよ。自分で言っちゃうけど。

日本医科大進学　鈴木 孝典 君(慶應義塾高校卒)

卒業生が語る

合格への軌跡 2021年

WAY TO SUCCESS

東京慈恵会医科大	2次合格
日本大医学部	2次合格
杏林大医学部	2次正規合格
愛知医科大	2次正規合格
聖マリアンナ医科大	前期2次正規合格
北里大医学部	2次合格

ちゃんと一人一人、見てくれてることが、すごい嬉しかった。先生たちも、名前を覚えてくれて、ちゃんと出来ないことも把握してくれてるので。

東京慈恵会医科大進学　原島弘典 君(札幌光星高校卒)

卒業生が語る

合格への軌跡 2021年

WAY TO SUCCESS

東京女子医科大	2次合格
金沢医科大	前期2次正規合格
埼玉医科大	前期2次合格
北里大医学部	2次合格
獨協医科大	2次合格

私、低レベル過ぎて、医学部がどれだけ大変か、入るのにどれだけ大変かを知らなかったから。両親も「やばくね」って言ってましたけど(笑)。

東京女子医科大進学　松原 有希 さん(明星学園高校卒)

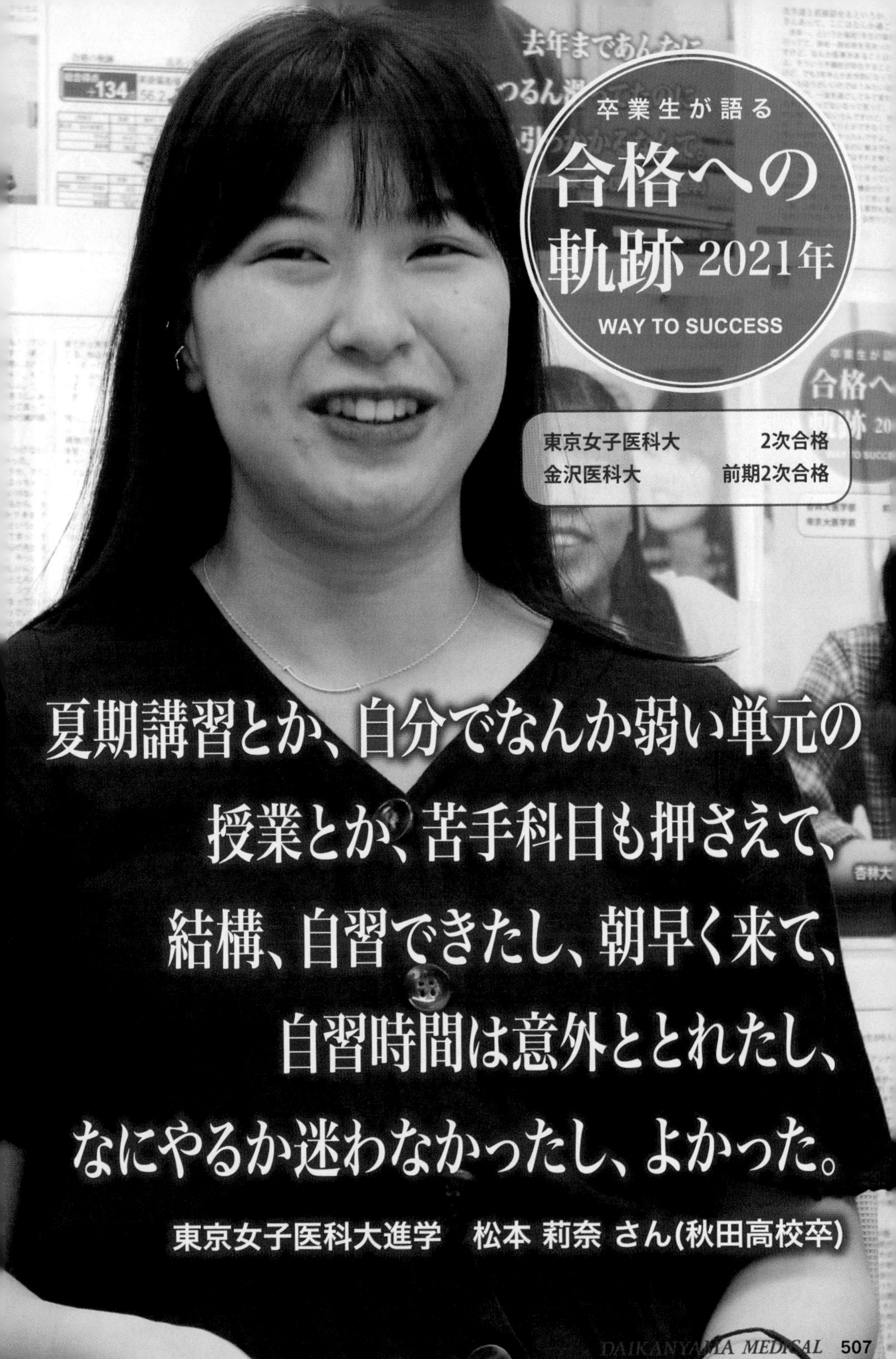

卒業生が語る

合格への軌跡 2021年

WAY TO SUCCESS

東京女子医科大	2次合格
金沢医科大	前期2次合格

夏期講習とか、自分でなんか弱い単元の授業とか、苦手科目も押さえて、結構、自習できたし、朝早く来て、自習時間は意外ととれたし、なにやるか迷わなかったし、よかった。

東京女子医科大進学　松本 莉奈 さん(秋田高校卒)

卒業生が語る
合格への軌跡 2021年
WAY TO SUCCESS
愛知医科大 2次合格
1年目はスタートがやっぱ、
バカだったのもあるし。2年目のほうが、
ちょっと心に余裕を持ってましたね。
愛知医科大進学 杉浦 るみの さん(秀明高校卒)

卒業生が語る

合格への軌跡 2021年

WAY TO SUCCESS

獨協医科大	2次正規合格
金沢医科大	前期2次合格
埼玉医科大	後期2次合格

私は代官山に来て良かった。本当に先生たちが大好きで。ハハハハ。

獨協医科大進学　盧 雛乃さん(西武学園文理高校卒)

卒業生が語る

合格への軌跡 2020年

WAY TO SUCCESS

東京慈恵会医科大	2次正規合格
順天堂大医学部	2次正規合格
日本医科大前期	2次正規合格
日本大医学部	2次正規合格
東邦大医学部	2次正規合格
昭和大医学部	I期2次合格
獨協医科大	2次正規合格
国際医療福祉大医学部	2次正規合格

石井先生も水は低きに流れるって
よく言ってて、まぁ、なんで、
低きに流れないように、強い意志を
持ってやったほうがいいと思います。

東京慈恵会医科大進学　鹿山 竜輔 くん(前橋高校卒)

卒業生が語る

合格への軌跡 2020年

WAY TO SUCCESS

日本医科医科大	前期2次合格
日本大医学部	2次合格
昭和大医学部	I期2次合格
杏林大医学部	2次合格
聖マリアンナ医科大	2次正規合格

朝は，もう開く前に来て朝から勉強して，
友達とはしゃべらないで。ふふふ
自習室にこもる。で、先生のことは聞く。
無駄に反抗しない。

日本医科大進学　大竹 理央 さん(雙葉高校卒)

卒業生が語る

合格への軌跡 2020年

WAY TO SUCCESS

日本医科大	前期2次合格
大阪医科大	正規合格
藤田医科大	2次正規合格
金沢医科大	前期2次合格

前にいた予備校と違って、代官山は相当ハード(笑)。

日本医科大進学　百瀬 慧さん(松本深志高校卒)

卒業生が語る

合格への軌跡 2020年

WAY TO SUCCESS

杏林大医学部	2次合格
獨協医科大	2次合格
埼玉医科大	後期2次合格

いやー、なんか、ここでこんなにやって
受かんないんだったら受かんないと思う。って。
ていうぐらい、代官山で普通にやってたら、
それぐらいの量やるんで、受かると思います。

杏林大医学部進学　大西杏佳 さん(加藤学園暁秀高校卒)

卒業生が語る

合格への軌跡 2020年

WAY TO SUCCESS

昭和大医学部Ⅰ期	2次特待合格
東京女子医科大	2次合格

死ぬ気で全力になる1年がないと受からない。ダラダラやって死ぬ気になんないと医学部無理。

昭和大医学部進学　伊藤友梨那 さん(立教女学院卒)

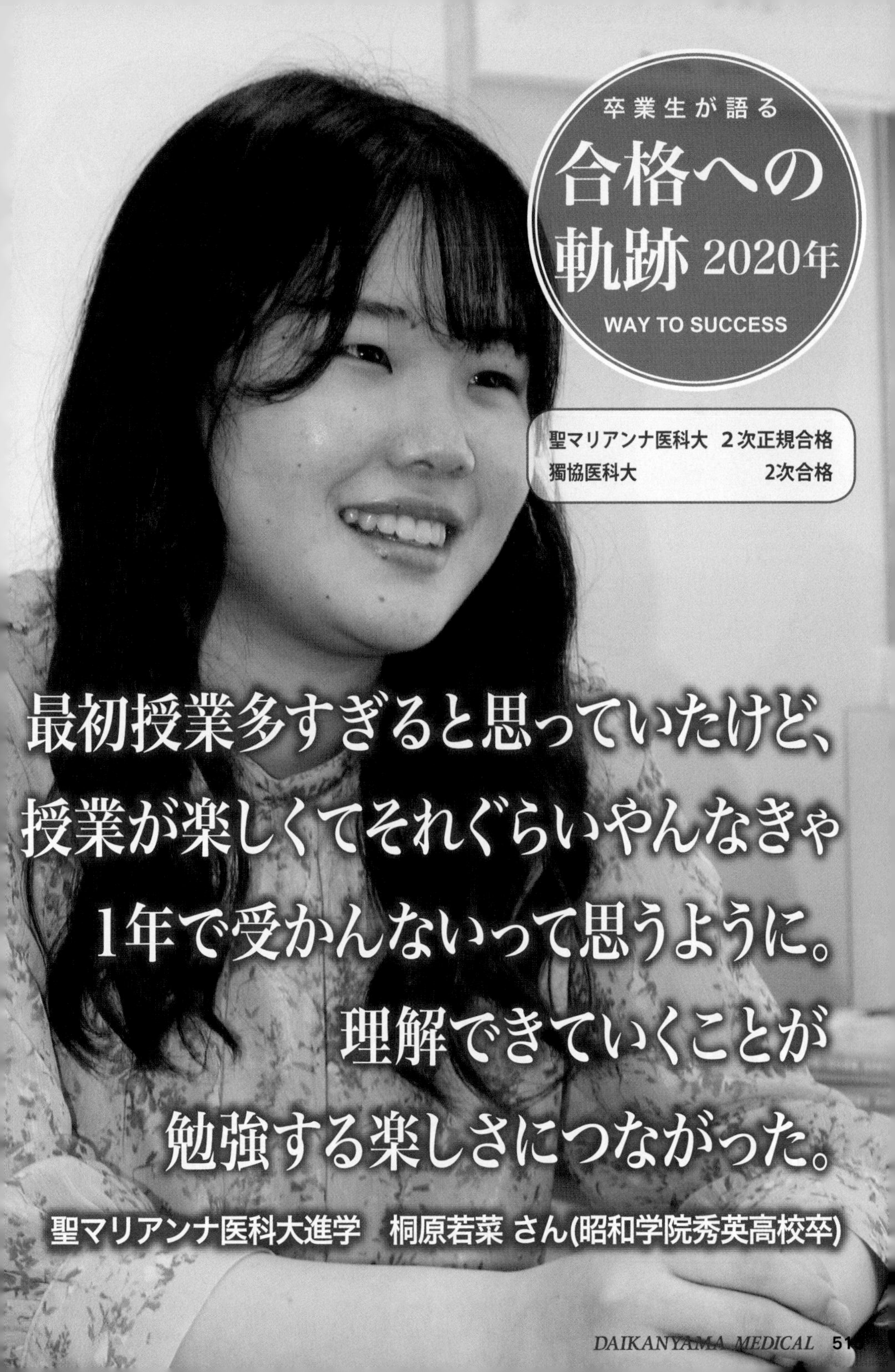

卒業生が語る

合格への軌跡 2020年

WAY TO SUCCESS

聖マリアンナ医科大　２次正規合格
獨協医科大　2次合格

最初授業多すぎると思っていたけど、授業が楽しくてそれぐらいやんなきゃ1年で受かんないって思うように。理解できていくことが勉強する楽しさにつながった。

聖マリアンナ医科大進学　桐原若菜 さん(昭和学院秀英高校卒)

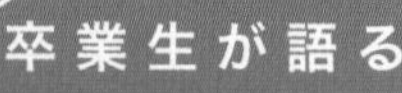

合格への軌跡 2020年

WAY TO SUCCESS

聖マリアンナ医科大　2次合格

代官山はできない人でも受かってるなー
絶対自分もやってやろうって強く思った

聖マリアンナ医科大進学　吉田彩花 さん（東京女学館高校卒）

卒業生が語る

合格への軌跡 2020年

WAY TO SUCCESS

日本大医学部	2次合格
杏林大医学部	2次合格
金沢医科大	前期2次合格

自分一人では気づかない、学科の知識以上に大事なことも教えてもらえた1年でした。

日本大医学部進学　島田雛子 さん(清泉女学院高校卒)

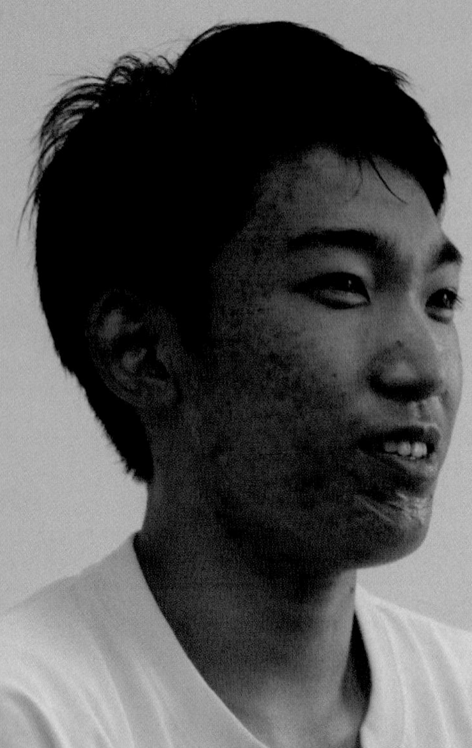

卒業生が語る

合格への軌跡 2020年

WAY TO SUCCESS

昭和大医学部	I期２次合格
東邦大医学部	２次合格
杏林大医学部	２次合格
日本大医学部	２次合格
岩手医科大医学部	２次合格

当たり前のことを当たり前にやる。代官山MEDICALの当たり前にやらざるを得ない環境が合格を確実にしてくれた。

昭和大医学部進学　矢島瑞己 君（早稲田実業高校卒）

卒業生が語る

合格への軌跡 2020年

WAY TO SUCCESS

帝京大医学部	2次正規合格
獨協医科大	2次正規合格
金沢医科大前期	2次合格

偏差値30スタートで、ホント最初はここまで来れるとは思わなかった。代官山の環境ならこれ以上の所ないと思うんですよ。マジで。

帝京大医学部進学　三鶴 隆晃君　（青山学院高等部卒）

卒業生が語る

合格への軌跡 2020年

WAY TO SUCCESS

東邦大医学部	2次合格
帝京大医学部	2次正規合格
東京女子医科大	2次合格
岩手医科大医学部	2次合格
国際医療福祉大医学部	2次合格

代官山にきて緒方先生に出会って、この人についていけば伸びるなって思ったし、生物頑張ろうって思えたのはほんとに初めて。

東邦大医学部進学　関 ひかり さん(東京学芸大学附属国際中等教育卒)

卒業生が語る

合格への軌跡 2020年

WAY TO SUCCESS

杏林大医学部	2次正規合格
帝京大医学部	2次合格

絶対一日、これだけはやるっていうのを決めて、それをほんとに毎日実行するっていうのはほんとに大事だと思いますね。

杏林大医学部進学　森口徳之 君(世田谷学園高校卒)

卒業生が語る

合格への軌跡 2020年

WAY TO SUCCESS

杏林大医学部	2次正規合格
埼玉医科大	後期2次正規合格
愛知医科大	2次正規合格

受験よりも先、今後生きていく上で必要な考え方を身につけられるから、それはなんか、いい人生経験になった。

杏林大医学部進学　進藤 晃仁 君(穎明館高校卒)

卒業生が語る

合格への軌跡 2020年

WAY TO SUCCESS

東邦大医学部	2次合格
東京女子医科大	2次合格
帝京大医学部	2次正規合格

去年と同じ失敗をしそうな私に、ベストタイミングで石井先生が的確にアドバイスをくれた。

東邦大医学部進学　山本百合さん(桐朋女子高校卒)

卒業生が語る

合格への軌跡 2020年

WAY TO SUCCESS

杏林大医学部	2次合格
藤田医科大	2次正規合格

英語ってほんとにやれば伸びる教科だなって体現できました。

杏林大医学部進学　田中 瑠くん(学習院高等科卒)

卒業生が語る

合格への軌跡 2020年

WAY TO SUCCESS

杏林大医学部	2次合格
聖マリアンナ医科大	2次合格
金沢医科大	前期2次正規合格
埼玉医科大	後期2次合格

何から優先的にやればいいのかがわかって目の前のことをやれるようになってきた。

杏林大医学部進学　深江桃さん(札幌南高校卒)

順天堂大学医学部

2024年度　入学試験日程

<table>
<tr><th colspan="2">入試方式</th><th>募集人員</th><th>出願期間</th><th>一次試験</th><th>一次合格発表</th><th>二次試験</th><th>二次合格発表</th></tr>
<tr><td colspan="2">一般選抜A方式</td><td>64</td><td rowspan="12">12/11〜
1/11</td><td>2/3 学力, 小論文</td><td rowspan="2">2/8</td><td rowspan="2">2/10〜12 面接
3 日間から 1 日</td><td rowspan="2">2/17</td></tr>
<tr><td colspan="2">前期共通テスト利用選抜</td><td>10</td><td>共通テスト
2/3 小論文</td></tr>
<tr><td colspan="2">一般選抜B方式</td><td>5</td><td>2/3 学力</td><td rowspan="3">2/17</td><td rowspan="3">3/4 小論文・英作文
3/5 面接</td><td rowspan="3">3/9</td></tr>
<tr><td colspan="2">共通テスト・一般独自併用選抜</td><td>12</td><td>共通テスト
2/3 学力</td></tr>
<tr><td colspan="2">後期共通テスト利用選抜</td><td>5</td><td>共通テスト</td></tr>
<tr><td rowspan="6">地域枠選抜※</td><td>東京都地域枠選抜</td><td>10</td><td rowspan="7">2/3 学力, 小論文</td><td rowspan="7">2/8</td><td>2/12 面接</td><td rowspan="7">2/17</td></tr>
<tr><td>新潟県地域枠選抜</td><td>1</td><td rowspan="6">2/10〜12 面接
3 日間から 1 日</td></tr>
<tr><td>千葉県地域枠選抜</td><td>5</td></tr>
<tr><td>埼玉県地域枠選抜</td><td>10</td></tr>
<tr><td>静岡県地域枠選抜</td><td>5</td></tr>
<tr><td>茨城県地域枠選抜</td><td>2</td></tr>
<tr><td colspan="2">研究医特別選抜※</td><td>2</td></tr>
</table>

※地域枠選抜および研究医特別選抜は増員認可申請中のため、入試内容は予定であり変更が生じる場合があります。

入学試験の詳細は医学部 Web サイトに掲載の学生募集要項をご確認ください。

https://www.juntendo.ac.jp/admission/exam/nyushi/med/exam_info/

お問合せ先：医学部入試係　〒113-8421　東京都文京区本郷 2-1-1　TEL 03(5802)1021

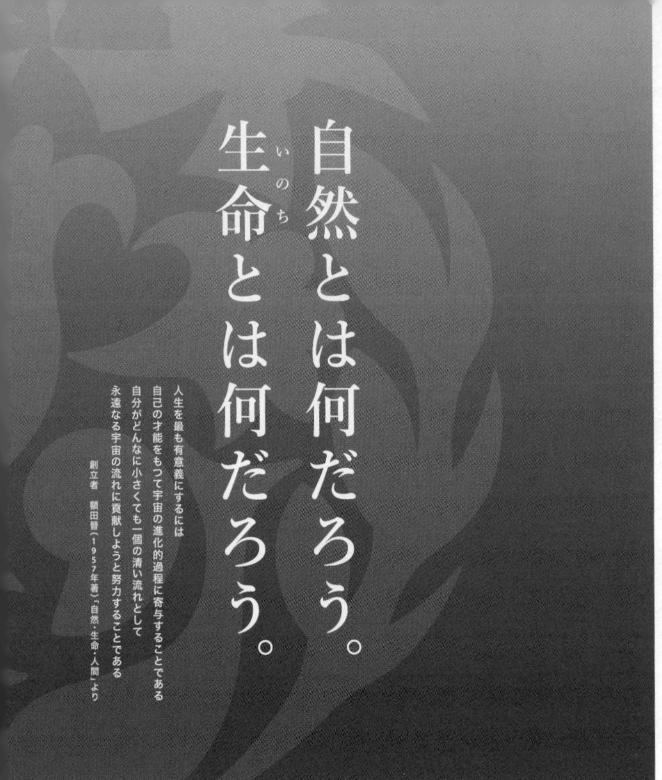

東邦大学

医学部
医学科

看護学部
看護学科

薬学部
薬学科

理学部
化学科
生物学科
生物分子科学科
物理学科
情報科学科
生命圏環境科学科

健康科学部
看護学科

生命(いのち)の科学で未来をつなぐ
www.toho-u.ac.jp

［2024年度 東邦大学医学部入学試験概要］

	試験区分		試験科目		配点
東邦大学医学部	一般	一次	理科	物理（物理基礎、物理） 化学（化学基礎、化学）　から２科目選択 生物（生物基礎、生物）	150
			数学	数学Ⅰ、Ⅱ、Ⅲ、A、B 数学Ｂ：「数列とベクトル」のみ	100
			外国語	コミュニケーション英語Ⅰ、Ⅱ、Ⅲ 英語表現Ⅰ、Ⅱ	150
			基礎学力	論理的思考能力・数理解析能力等	―
		二次	面接	１次試験合格者のみ	―

※物理・化学・生物・数学・外国語に基準点を設け、１科目でも基準点に達しない場合は、不合格になることがあります。

試験区分	募集人員	出願期間	試験日	合格発表	手続期限
一般入試	約70名※1	2023年12月11日(月) ～ 2024年1月24日(水)必着 窓口:1月23日(火)・24日(水) 9:00～17:00	一次:2月6日(火) 二次:2月14日(水)・2月15日(木)のうちいずれか1日	一次:2月9日(金)正午 二次:2月17日(土)正午	2月22日(木)
一般入試(千葉県地域枠)	2名				
一般入試(新潟県地域枠)	2名				

※1 総合入試、同窓生子女入試、推薦入試(附属校制)の結果、入学予定者が募集人員に満たない場合は一般入試の募集人員に充てます。

［お問い合わせ］〒143-8540　東京都大田区大森西5-21-16　TEL 03-5763-6670(医学部入試係)

❗必ず学生募集要項をご確認下さい。

奨学金TOPICS

			対象入試
医学部医学科特別貸与奨学金	（貸与）	年額200万円（6年間1,200万円）	一般選抜、大学入学共通テスト利用選抜、総合型選抜（希望の星育成）
静岡県医学修学研修資金	（貸与）	年額240万円（6年間1,440万円）	静岡県地域枠選抜
神奈川県地域医療医師修学資金	（貸与）	年額120万円（6年間720万円）	神奈川県地域枠選抜
医学部医学科特別選抜奨学金	（給付）	150万円（入学時のみ）	特別選抜（展学のすすめ）

2024年度入試日程

入試種別	募集人員	試験日		試験会場
一般選抜	60名	第一次選考	2024年2月2日（金）・3日（土） ※受験日自由選択。2日間受験可	東京・横浜・名古屋・大阪・福岡
		第二次選考	2024年2月11日（日・祝）・12日（月・休） ※受験日は出願時に選択	東海大学伊勢原キャンパス
大学入学共通テスト利用選抜	10名	第一次選考 （大学入学共通テスト）	2024年1月13日（土）・14日（日）	大学入学共通テスト受験会場
神奈川県地域枠選抜※ （大学入学共通テスト利用型）	5名			
静岡県地域枠選抜※ （大学入学共通テスト利用型）	3名	第二次選考	2024年2月11日（日・祝）・12日（月・休） ※受験日は出願時に選択	東海大学伊勢原キャンパス

※申請予定

その他の入試　現役生向け　総合型選抜（希望の星育成）募集人員10名　社会人向け　特別選抜（展学のすすめ）募集人員10名

最新情報は、東海大学オフィシャルサイトへGO！ https://www.u-tokai.ac.jp/examination-admissions/

東海大学 メディカルサイエンスカレッジオフィス（教学ユニット）

〒259-1193 神奈川県伊勢原市下糟屋 143　Tel.0463-93-1121（代）　URL http://www.med.u-tokai.ac.jp

ホームページはこちら

杏林大学 医学部
東京・三鷹の地で６年間一貫教育
2022年４月完成の新たな講義棟で
「杏林」の名にふさわしい良医を育成
杏林大学
KYORIN UNIVERSITY
お問い合わせ先
入学センター（井の頭キャンパス）
東京都三鷹市下連雀 5-4-1
☎ 0422-47-0077
ホームページ
受験生サイト

医学部設置50周年を迎え、新たなステージへ進む教育と研究

「臨床」と「研究」が連携する最先端の教育環境をもつ藤田医科大学では、「がん」「精神・神経」「再生医療」「感染症」に特化した研究センターを開設し、国際水準の医学研究に取り組んでいます。これら研究分野の第一線で活躍する著名な教員の講義や指導を受けることができるのも本学の魅力の一つです。

試験区分		募集人員	Web出願期間【書類提出期限】	試験日	合格発表日	入学手続	試験会場
ふじた未来入試	高3一般枠 独創一理枠	高3一般枠と独創一理枠合わせて12名	10月2日(月)～11月2日(木)【11月6日(月)必着】	一次：11月12日(日)	11月16日(木)	一括納入 11月29日(水)	本学
				二次：11月19日(日)	11月22日(水)		
一般入試	前期	一般枠：78名 地域枠：5名	12月11日(月)～1月26日(金)【1月29日(月)必着】	一次：2月4日(日)	2月8日(木)	2月21日(水) 3月11日(月)	東京・名古屋・大阪・本学
				二次：2月12日(月)または13日(火)	2月14日(水)		本学
	後期	一般枠：5名 地域枠：5名	1月23日(火)～2月27日(火)【2月28日(水)必着】	一次：3月3日(日)	3月7日(木)	一括納入 3月22日(金)	東京・名古屋
				二次：3月14日(木)	3月15日(金)		本学
共通テスト利用入試	前期	10名	12月11日(月)～1月12日(金)【1月15日(月)必着】	一次：共通テスト	2月8日(木)	2月21日(水) 3月11日(月)	
				二次：2月12日(月)または13日(火)	2月14日(水)		本学
	後期	5名	1月23日(火)～2月27日(火)【2月28日(水)必着】	一次：共通テスト	3月7日(木)	一括納入 3月22日(金)	
				二次：3月14日(木)	3月15日(金)		本学

早期臨床体験　実際の医療現場で、なぜ専門職連携が必要かを学ぶ

1年次の早期段階では、医療的な専門知識の習得を前に、チーム医療の実際を学ぶための必要な考え方や態度を身につける実習を行います。医科以外に、看護部・薬剤部・食養部などの各部の仕事内容や、部門の役割、連携などを包括的に学ぶことで、メディカルスタッフの全体像を把握し、治療への的確なアプローチの基本と流れを理解します。

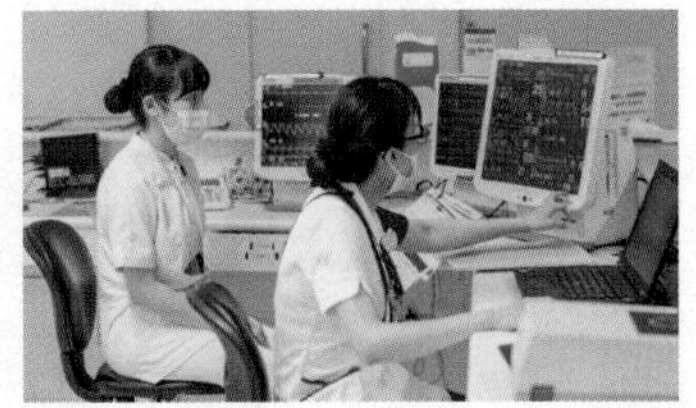

藤田医科大学　医学部

〒470-1192 愛知県豊明市沓掛町田楽ヶ窪1番地98 医学部入試係 TEL 0562-93-2493

岩手医科大学 令和6年度 入学試験概要

一般選抜	募集人員	85名※
	出願期間	2023年12月4日(月)～2024年1月5日(金)
	試験日	【1次試験】2024年1月17日(水) 【2次試験】2024年1月26日(金)・27日(土)※希望日を選択
	合格発表日	【1次試験】2024年1月23日(火)14時 【2次試験】2024年2月1日(木)12時
	手続締切日	2024年2月8日(木)

学校推薦型選抜	募集人員	37名※
	出願期間	2023年11月1日(水)～2023年11月10日(金)
	試験日	2023年11月18日(土)
	合格発表日	2023年12月1日(金)17時
	手続締切日	2023年12月11日(月)

※記載の募集人員は定員増認可前の人員が含まれており、地域枠の募集人員も含まれております。
詳細は、学生募集要項ならびに本学ホームページでご確認ください。
【一般選抜】地域枠C 5名、地域枠D 7名 【学校推薦型選抜】地域枠A 15名、地域枠B 8名、秋田県地域枠 2名

〒028-3694 岩手県紫波郡矢巾町医大通1-1-1
入試・キャリア支援課 Tel.019-651-5110(内5105) URL https://www.iwate-med.ac.jp/

東京医科大学
TOKYO MEDICAL UNIVERSITY

試験区分	学校推薦型選抜					一般選抜	共通テスト利用選抜
	一般公募	茨城地域枠	新潟地域枠	埼玉地域枠	全国ブロック別		
募集人員	20名以内	8名以内	3名以内	2名以内	6名以内 ※各ブロック1名以内	74名	10名以内
出願期間	2023年12月11日（月）～2024年1月10日（水）						
第1次試験日	2023年12月2日（土）					2024年2月7日（水）	大学入学共通テストに準じる
第1次試験合格発表日	2023年12月7日（木）10:00 ※全国ブロック別は基礎学力検査合格発表					2024年2月15日（木）10:00	2024年2月15日（木）10:00
第2次試験日	―	―	―	―	2023年12月16日（土）	2024年2月17日（土）	2024年2月17日（土）
第2次試験合格発表日					2023年12月21日（木）10:00	2024年2月22日（木）10:00	2024年2月22日（木）10:00
入学手続期間	2023年12月7日（木）10:00～ 2023年12月14日（木）15:00				2023年12月21日（木）10:00～ 2023年12月28日（木）15:00	2024年2月22日（木）10:00～ 2024年3月4日（月）15:00	2024年2月22日（木）10:00～ 2024年3月4日（月）15:00
補欠合格発表	―	―	―	―	―	2024年3月6日（水）10:00	2024年3月6日（水）10:00

【お問い合わせ先】
東京医科大学　アドミッションセンター　Tel：03-3351-6141（代）
https://www.tokyo-med.ac.jp/admission-med/

●●● 代官山*MEDICAL*石井雅勇学院長のプロフィール ●●●

医学部予備校**代官山***MEDICAL*学院長。英語教育研究家。兵庫県姫路市市長よりひめじ観光大使に任命される。
NHK Eテレ「テストの花道ニューベンゼミ」の監修・出演の他、日本医学教育学会入学者選抜委員会シンポジウム(於:慶應義塾大学医学部)にて文部科学省の担当官とともに医学部入試に関する講演会など多数行う。
「石井の授業」を受けて半年くらいで偏差値が20も伸びる生徒が多い。生徒のみならず保護者の方々からの信頼も厚く、1年で医学部に合格させる代官山メソッドを確立し、生徒一人ひとりを確実に合格させる手腕には定評がある。
著書には、私立開成高校・灘高校・桜蔭高校をはじめ数多くの超進学校で採用されている「Multi-level Listening全6巻」(語学春秋社)をはじめ、「英単語WIZ1900」(Z会)、「1週間でTOEIC200点アップの突破法」(講談社)、「TOEICテスト速攻!耳トレ勉強法」(語学春秋社)、「聞き取れる、話せる英語音」(講談社)、「石井雅勇の『前置詞』がスーッとわかる本」(あすとろ出版)、「看護医療系の英語」(学研)、「9コマまんがで楽しむ英語 笑うコマ単」(小学館)、などほか多数。NHK Eテレ テストの花道ニューベンゼミの番組の監修・出演。

2024年度版
私立医学部 入試攻略本
～医学部合格の栄冠～

2024年1月15日発行
第1刷発行
著者＝医学部予備校 代官山*MEDICAL*
発行人＝石井雅勇

発行元＝医学部予備校 代官山*MEDICAL*
〒150-0031 東京都渋谷区桜丘町 18-6
TEL:03-3780-3073 FAX:03-3780-3174

発売元＝太陽出版
〒113-0033 東京都文京区本郷 3-43-8-101
TEL:03-3814-0471 FAX:03-3814-2366

ISBN978-4-86723-157-9